肇庆市
标准地名录
上

肇庆市民政局
肇庆市地理信息与规划编制研究中心 | 编

世界图书出版公司
广州·上海·西安·北京

图书在版编目（CIP）数据

肇庆市标准地名录 / 肇庆市民政局，肇庆市地理信息与规划编制研究中心编 . — 广州：世界图书出版广东有限公司，2020.6
　　ISBN 978-7-5192-7398-9

　　Ⅰ . ①肇… Ⅱ . ①肇… ②肇… Ⅲ . ①地名—肇庆—名录 Ⅳ . ① K926.53-62

中国版本图书馆 CIP 数据核字（2020）第 047241 号

书　　名	肇庆市标准地名录 ZHAOQING SHI BIAOZHUN DIMING LU
编　　者	肇庆市民政局　肇庆市地理信息与规划编制研究中心
责任编辑	程　静
装帧设计	米非米
责任技编	刘上锦
出版发行	世界图书出版广东有限公司
地　　址	广州市新港西路大江冲 25 号
邮　　编	510300
电　　话	020-84451969　84453623　84184026　84459579
网　　址	http：//www.gdst.com.cn
邮　　箱	wpc_gdst@163.com
印　　刷	广州小明数码快印有限公司
开　　本	787 mm × 1092 mm 1/16
印　　张	120.75
字　　数	1570 千字
版　　次	2020 年 6 月第 1 版　2020 年 6 月第 1 次印刷
国际书号	ISBN 978-7-5192-7398-9
定　　价	398.00 元（全 3 册）

版权所有，侵权必究

咨询、投稿：020-84451258　gdstchj@126.com

编纂人员

一、《肇庆市标准地名录》编纂委员会

主　编：伍泽国

副主编：林淑华　江小翠　夏少红　黄朝安

委　员：陈日东　陈远通　周启力　陈进安　温定豪
　　　　谢觉明　刘长洪　陈德通　文永贤　王戈亮

二、《肇庆市标准地名录》编辑部

主　任：林淑华

常务副主任：江小翠

副主任：陈日东　黄朝安　陈远通

成　员：李颖雯　王志伟　林　展　罗庆湘　甘日照　黄智文
　　　　戴敏静　何杰斌　李海文　聂艮华　植成兴　戴江铃
　　　　何春华　高永珍　徐晓朗　张馨文　黄志强　姜世汉
　　　　钟宝莹　黄永昌　覃子洋　陈旭辉　侯学丽　杜剑毅
　　　　陈丽君　梁建森　苏婉华　伍慧娟　曾楚倩

前 言

地名，人们赋予某一特定空间位置上自然或人文地理实体的专有名称，作为基础地理信息，在社会生产生活中发挥着重要作用。肇庆市第二次全国地名普查工作在市委、市政府的正确领导及广东省第二次全国地名普查办公室的大力支持下，从 2014 年 7 月 1 日开始，到 2018 年 6 月 30 日结束。普查标准时点为 2014 年 12 月 31 日。经过市、县两级有关部门和地名普查机构、广大普查人员扎实工作，开拓进取，全面完成地名普查和成果数据的检查验收上报工作，并顺利通过国家验收。

为推进地名普查成果转化利用，根据国家和省的第二次全国地名普查成果转化规划，肇庆市依托第二次全国地名普查资料，编纂出版一批标准地名图（集）、标准地名录、标准地名词典、标准地名志等权威地名工具图书，充分满足社会对地名信息的需求。编纂《肇庆市标准地名录》是肇庆市地名普查成果转化工作之一。

《肇庆市标准地名录》完整全面地列举当前肇庆市各类地理实体的标准名称、读音、位置、类别等基本信息。全书共收录地名 49968 条，以表为主，图、文结合，以地名为主线，并概括地反映了肇庆市地理特征及历史、经济、文化等状况。

《肇庆市标准地名录》是社会各界使用标准地名的工具书，也是研究肇庆地名，以及历史、地理、经济、文化的重要参考书。《肇庆市标准地名录》的编纂力求数据准确、文字精简、科学实用，更好地服务人民群众。但由于普查和编纂涉及的范围较广，条目繁多，加之编纂时间有限，错漏难免，敬请读者指正。

《肇庆市标准地名录》编纂委员会

2020 年 5 月

凡 例

一、《肇庆市标准地名录》按照《广东省第二次全国地名普查领导小组办公室关于做好编纂出版标准地名图录典志工作的通知》[粤地名普查办函（2017）48号]要求，根据肇庆市第二次全国地名普查成果编纂而成。

二、本书资料以肇庆市第二次全国地名普查标准时点2014年12月31日为截止时间，原则上在此时间之后变动的地名不予以反映，地名分布以2014年肇庆市行政区划为准。

三、本书收录国家地名信息库中已入库的地名，其中按国家有关规定不得对外公开位置的地名不收录。

四、本书行政区划编排顺序按广东省统计信息网《广东省县及县以下行政区划代码》（2014年12月底前）执行。编排顺序为端州区、鼎湖区、广宁县、怀集县、封开县、德庆县、高要市、四会市。每个县（市、区）的标准地名分：现今地名、历史地名和地名文化遗产保护三大类。其中现今地名又分为11类：行政区域类，非行政区域类，群众自治组织类，居民点类，交通运输设施类，水利、电力、通信设施类，纪念地、旅游胜地类，建筑物类，单位类，陆地水系类，陆地地形类。

五、本书地名的用字原则上以《通用规范汉字表》（2013年发布）规定使用的规范字为准。按地名的习性，个别地名仍使用地方方言习惯用字。

六、本书地名的汉语拼音字母拼写规则以《中国地名汉语拼音拼写规则（汉语地名部分）》为准。按地名的习性，个别地名按照地方方言读音注音。

2014年肇庆市行政区划统计表

	县级以上行政区划代码	乡镇（街道）总数（个）	其中			乡镇（街道）名称
			镇（个）	街道（个）	民族乡（个）	
端州区	441202	4		4		城东街道、城西街道、黄岗街道、睦岗街道。
鼎湖区	441203	7	4	3		桂城街道、坑口街道、广利街道、永安镇、沙浦镇、凤凰镇、莲花镇。
四会市	441284	13	10	3		东城街道、贞山街道、城中街道、龙甫镇、大沙镇、地豆镇、罗源镇、威整镇、迳口镇、黄田镇、石狗镇、下茆镇、江谷镇。
高要市	441283	17	16	1		南岸街道、河台镇、乐城镇、水南镇、禄步镇、小湘镇、大湾镇、新桥镇、白诸镇、莲塘镇、活道镇、蛟塘镇、回龙镇、白土镇、金渡镇、蚬岗镇、金利镇。
广宁县	441223	15	15			南街镇、排沙镇、潭布镇、江屯镇、螺岗镇、北市镇、坑口镇、赤坑镇、宾亨镇、五和镇、横山镇、木格镇、石咀镇、古水镇、洲仔镇。
德庆县	441226	13	12	1		德城街道、新圩镇、官圩镇、马圩镇、高良镇、莫村镇、永丰镇、武垄镇、播植镇、凤村镇、九市镇、悦城镇、回龙镇。
封开县	441225	16	16			江口镇、南丰镇、长安镇、金装镇、白垢镇、莲都镇、渔涝镇、杏花镇、罗董镇、长岗镇、平凤镇、大洲镇、都平镇、大玉口镇、江川镇、河儿口镇。
怀集县	441224	19	18		1	怀城镇、连麦镇、中洲镇、洽水镇、凤岗镇、坳仔镇、诗洞镇、桥头镇、大岗镇、梁村镇、岗坪镇、马宁镇、冷坑镇、汶朗镇、甘洒镇、永固镇、闸岗镇、蓝钟镇、下帅壮族瑶族乡。

肇庆市概况

肇庆市位于广东省中西部、珠江三角洲西部，在北纬22°47′~24°24′和东经111°21′~112°52′之间。北回归线横贯封开县、德庆县、广宁县和四会市区域。东部和东南部与佛山市接壤，西南部与云浮市相连，西部及西北部与广西壮族自治区的梧州市、贺州市交界，北部和东北部与清远市相邻。2014年辖端州区、鼎湖区、广宁县、怀集县、封开县、德庆县，代管四会市和高要市，另设肇庆高新技术产业开发区、肇庆新区和粤桂合作特别试验区（肇庆），下辖12个街道、91个镇和1个民族乡，设293个社区、1255个行政村。土地面积1.49万平方千米（其中城区面积750平方千米）。2014年末统计的户籍人口为433.73万人；常住人口为403.58万人，其中城镇人口177.63万人。祖籍肇庆的海外华人、华侨和港澳台同胞70多万人，主要侨乡有高要市、四会市和广宁县。市委驻天宁北路80号，市政府驻城中路49号。

秦朝，今肇庆地域分属南海郡和桂林郡。汉时设高要、端溪、广信、封阳等县，属苍梧郡。西晋太康三年（282），大部分改属广州。南朝梁置高要郡；隋开皇九年（589）置端州，后改为信安郡。唐朝复称端州。北宋元符三年（1100），端州由军事州升为节度州，称兴庆军。政和三年（1113）十一月，兴庆军升格为兴庆府。政和八年（1118）十月，兴庆府易名肇庆府，"肇庆"意为"开始吉庆"，此名沿用至今。元至元十六年（1279），改肇庆府为肇庆路。明洪武元年（1368）复称肇庆府，至清末不变。明朝嘉靖四十三年（1564）至清朝乾隆十一年（1746），肇庆是两广总督府驻地。1912年至1949年9月，现肇庆地域先后属肇罗绥靖处、粤海道、肇庆善后督办处、西区绥靖公署、西江行政区、西北区绥靖委员会公署、广东省第三行政督察专员公署、西江行署、第四专署行政督察区、第十一专署行政督察区、第十二专署行政督察区。1949年10月，属西江专区管辖；同年11月属西江行政督察专员公署。1950年3月改属广东省西江行政督察专员公署，同年9月改称广东省人民政府西江区专员公署。1952年11月改属粤中行政区。1956年1月属高要专区。1958年改属江门专区。1961年4月改称肇庆专区。1970年10月改称肇庆地区，辖肇庆市（县级）和高要、四会等10县。1988年1月，国务院批准撤销肇庆地区，肇庆市升格为地级市，直属广东省管辖。1994年4月，从肇庆市划出云浮、罗定、郁南、新兴成立云浮地级市。

肇庆地势西北部高，东部和南部较低，以中低山及丘陵为主，呈西北往东南倾斜走向，形成山地、盆地、丘陵、冲积平原等形态相间分布的山区地貌。1000米以上的山峰有大稠顶、北岭山、鼎湖山、百册山等40多座，位于怀集县北部新岗林场境内的大稠顶1626米，是全市最高山。中低山与丘陵占全市土地面积的81%。冬半年盛行东北季风，较为干冷，夏半年盛行西南和东南季风，高温多雨。多年平均气温22.6℃，1月平均气温13.7℃，7月平均气温28.8℃。平均气温年较差8.7℃。年平均降水量1649毫米，年平均降雨日数为156天。降雨集中在4月至9月，5月最多。平均相对湿度80%。境内有属珠江水水系的西江干流和北江干流，其中西江干流水量在全国各大河流中仅次于长江，平均径流量2241.3亿立方米，平均流量每秒7107立方米。西江自西向东流经封开县、德庆县、高要市、端州区、鼎湖区，流向佛山市三水区。

2014年，肇庆市有耕地面积14.91万平方千米，粮食播种面积20.21万平方千米，粮食总产量115.58万吨。林地面积105.52万平方千米，森林覆盖率69.8%，森林蓄积量5332万立方米。有省级以上自然保护区5个，总面积2.38万平方千米。其中鼎湖山1155平方千米，是国家级自然保护区；封开黑石顶、怀集大稠顶和三岳、高要烂柯山（又称斧柯山）是省级自然保护区。广宁竹海8500平方千米，是国家级森林公园；星湖湿地公园935平方千米，是国家级湿地公园。城市人均公园绿地面积21.17平方米。植物类型大部分属南亚热带常绿季雨林，其代表是鼎湖山和黑石顶自然保护区。国家一级重点保护植物有银杏、苏铁、银杉等51种，二级重点保护植物有苏铁蕨、格木、降香檀、红豆树、桫椤等203种。有陆生野生动物516多种，其中国家一级重点保护野生动物有蟒、巨蜥、云豹、白颈长尾雉、黄腹角雉等7种，二级重点保护野生动物有猕猴、藏酋猴、穿山甲等56种。重要矿产资源有金、铁、石灰石、石膏、高岭土、花岗岩、砚石等60多种。高要市是广东省"黄金之乡"。砚石是肇庆特有工艺观赏石矿产，远景储量约240万吨。端砚位列中国四大名砚之首，广绿玉是中国五佳石之一，均获国家地理标志产品保护。土特产有端砚、广绿玉、裹蒸、高要花席、肉桂、松脂、肇实（芡实）、紫背天葵、七星剑花、竹笋、何首乌、巴戟天、贡柑、沙糖桔、封开油栗、茶秆竹、茶油鸡、杏花鸡、文㞡鲤、麦溪鲤、燕窝、六十日黄菜、疍家糕、竹篙粉、大船糕等。肇庆既是国家历史文化名城、中国优秀旅游城市、国家园林城市、国家卫生城市、中国砚都、国家环境保护模范城市、中国投资环境百佳城市、中国最佳休闲旅游城市，也是广东最大的柑橘种植基地、主要淡水养殖基地、蔬菜生产基地、重要林业产业基地。

2014年，肇庆市有高新技术企业117家，国家级创新平台5家，省级工程研究中心47家。有各级各类学校（含幼儿园）915所，在校学生89.08万人，其中幼儿园479所、小学219所、初中142所、高中32所、特殊教育学校8所、中等职业技术学校28所（8所技工学校）、普通高等教育院校7所（肇庆学院、肇庆医学高等专科学校、广东理工学院、广东工商职业学院、广东信息工程职业学院、广东金融学院肇庆校区、肇庆广播电视大学）。有县级及以上公共图书馆9座，博物馆7座，群众艺术、文化馆9座，陈列馆、纪念馆各1座，档案馆12座；广播电视台10座，有线广播电视用户74.17万户，有线数字电视用户38.34万户。本地电话用户61.2万户、移动电话用户343.8万户、国际互联网用户268万户。医疗卫生机构3120个（含村卫生站），三级甲等医院2所（肇庆市第一人民医院、肇庆市中医院）、二级医院21所；有医院、卫生院床位1.29万张，各类卫生技术人员2.01万人；其中执业（助理）医师6146人、注册护士7793人。国家高水平体育后备人才基地2个，省优秀运动队后备人才训练基地5个；肇庆市运动员获世界冠军3个、亚洲冠军4个、全国冠军19个、广东省冠军42个。

肇庆市是广府文化发祥地。有文物古迹300多处，其中全国重点文物保护单位有梅庵、德庆学宫、悦城龙母祖庙、肇庆古城墙、七星岩摩崖石刻，省级文物保护单位有叶挺独立团团部旧址、崇禧塔、石峒古庙等29处，县（市）级文物保护单位有清风阁摩崖石刻、元魁塔等216处。国家级非物质文化遗产有端砚制作技艺和悦城龙母诞，端砚入选"岭南文化十大名片"；省级非物质文化遗产有肇庆裹蒸制作技艺、高要春社、五马巡城、贵儿戏等17个。地方特色旅游资源单位95个，星湖风景名胜区、德庆悦城龙母祖庙景区、德庆学宫景区、德庆盘龙峡生态旅游区和广宁宝锭山景区为AAAA级景区。

2014年，肇庆市地区生产总值1845.06亿元，三次产业比例为14.8∶50.0∶35.2；人均地区生产总值4.58万元；规模以上工业总产值3886.83亿元；农林牧渔业总产值409.54亿元；固定资产投资1138.73亿元；社会消费品零售总额559.90亿元；外贸进口总额32.25亿美元，外贸出口总额46.17亿美元；实际利用外资13.31亿美元；地方一般公共预算收入139.10亿元；接待过夜旅游者1112.38万人，旅游收入221.17亿元；城镇常住居民人均可支配收入2.17万元，农村常住居民人均可支配收入1.26万元。

2014年，肇庆市公路通车里程13634.50千米，其中高速公路里程288.83千米。有铁路营业里程285.50千米，途经肇庆的铁路有广茂铁路、贵广高铁、南广高铁；高速公路有二广高速（G55）、广昆高速（G80）、珠三角环线（G94），有国道G321线和G324线，S260、S354等12条省道经过境内。境内通航河道总长698.8千米，主要港口有肇庆三榕港、肇庆新港、高要港、四会马房港和德庆康州港。

肇庆人杰地灵，名人辈出。著名历史人物有经学家陈钦和陈元，禅宗一代宗师石头和尚希迁，广东第一位状元莫宣卿，翰林直学士李积中，刑部尚书李质，江南提督张国梁，书法家、诗人彭泰来，东河总督苏廷魁，陕西巡抚、书画家冯誉骥，翰林院编修吴桂丹，黄花岗七十二烈士之一李炳辉，中国同盟会早期会员黎仲实，广东四大农运领袖之一周其鉴，中共中央候补委员薛六，中共广西特委书记邓拔奇，肇庆第一位留学博士、孔学大师陈焕章，中共粤桂湘边工委副书记钱兴，华侨领袖彭泽民，中国第一个共产国际代表刘泽荣，国民党中央常委梁寒操，篆刻大师吴子复，美籍华裔科学家李敏求，国民党陆军一级上将余汉谋，开创专业承包经营的先锋陈志雄，南拳王邱建国，政协全国委员会副主席邓兆祥，昆虫学家赵善欢，中国物理学之父吴大猷，国画大师黎雄才，名老中医梁剑波。古往今来，佛教禅宗六祖惠能、唐代书法家李邕、日本入唐留学僧人荣睿、唐代诗人李绅、北宋名臣包拯、意大利天主教传教士利玛窦、革命先行者孙中山、国民革命军独立团团长叶挺、党和国家领导人陈毅、朱德、张闻天、郭沫若、叶剑英、胡耀邦、习仲勋等，均在肇庆留下足迹。

目　录

前　言 ... I
凡　例 ... I
肇庆市地图 ... I
2014年肇庆市行政区划统计表 ... I
肇庆市概况 ... I

端州区

概　况 ... 3
　一、现今地名 ... 4
　　（一）行政区域类 ... 4
　　（二）非行政区域类 ... 4
　　（三）群众自治组织类 ... 5
　　（四）居民点类 ... 7
　　（五）交通运输设施类 ... 33
　　（六）水利、电力、通信设施类 ... 63
　　（七）纪念地、旅游胜地类 ... 64
　　（八）建筑物类 ... 67
　　（九）单位类 ... 78
　　（十）陆地水系类 ... 157
　　（十一）陆地地形类 ... 158
　二、历史地名 ... 162
　三、地名文化遗产保护 ... 163

鼎湖区

概　况 ... 167
　一、现今地名 ... 168
　　（一）行政区域类 ... 168

（二）非行政区域类·················168
　　（三）群众自治组织类···············178
　　（四）居民点类····················180
　　（五）交通运输设施类···············200
　　（六）水利、电力、通信设施类·······227
　　（七）纪念地、旅游胜地类···········228
　　（八）建筑物类····················238
　　（九）单位类······················241
　　（十）陆地水系类··················269
　　（十一）陆地地形类················270
　二、历史地名·······················282
　三、地名文化遗产保护················284

广宁县

概　况·····························289
　一、现今地名·······················290
　　（一）行政区域类··················290
　　（二）非行政区域类················291
　　（三）群众自治组织类··············292
　　（四）居民点类····················298
　　（五）交通运输设施类··············414
　　（六）水利、电力、通信设施类······424
　　（七）纪念地、旅游胜地类··········425
　　（八）建筑物类····················426
　　（九）单位类······················426
　　（十）陆地水系类··················441
　　（十一）陆地地形类················441
　二、历史地名·······················505
　三、地名文化遗产保护···············507

地名分类索引表·····················509

肇庆市标准地名录　端州区

七星岩牌坊

肇庆市环星湖绿道中心地段风光

肇庆古城墙

概 况

端州区位于肇庆市中部,是肇庆市的政治、经济和文化中心,是中共肇庆市委和肇庆市人民政府所在地。东邻鼎湖区,西连高要市小湘镇,南临西江,北依北岭山脉。在北纬23°2′~23°11′和东经112°23′~112°34之间′。2014年辖黄岗、睦岗、城东、城西4个街道,下辖60个社区。土地面积154平方千米。年末户籍人口37.09万人、常住人口49.11万人。区人民政府政府驻古塔中路15号,邮政编码526060。

汉元鼎六年(公元前111)首设高要县,以今端州城区为县治,一直沿袭至1986年(高要县党政机关迁往西江南岸)。自南朝梁开始至辛亥革命前,该地为郡治、州治、府治、路治。梁天监六年(507)为高要郡治。隋开皇九年(589)设立端州,因"取界内端溪"而得名。1949年中华人民共和国成立至1961年,肇庆市与高要县"三分二合"。1961年4月,肇庆市第三次设立。此后,肇庆市作为县级市的建制与高要县从此分治。1988年3月,肇庆市升格为地级市,在原肇庆市区域设立端州区。

端州区,地处西江中下游北岸的河谷盆地,地势北高南低,北部是构造剥蚀山地,中部为冲积平原,南部有西江环抱。北部山地以东西走向为主体。最高点大旺坑顶海拔759米。境内最大的河流为西江,自西向东穿越境域的三榕峡、大鼎峡、羚羊峡。城区距广州白云国际机场约1小时车程,到香港、澳门约2.5小时车程。国道G321线、G321线和南广高铁贯穿全境,西江黄金水道3000-5000吨级集装箱码头通江达海。

端州区矿产资源不丰富,主要有制作水泥原料的石灰岩和制作端砚的含铁质的泥板岩。土特产有端砚、剑花、肇实(芡实)、裹蒸、疍家糕等。端砚石是端州特有的工艺观赏石矿产,端砚被誉为"国之瑰宝",在唐武德年间著称于世,列中国"四大名砚"之首,入选"岭南文化十大名片"。端砚文化和端州文化是广东省首批 25 个"珠江文化星座"之一。主要旅游景点有七星岩景区、将军山旅游风景区、环星湖绿道、牌坊公园、波海公园、肇庆古城墙、高要学宫（肇庆府学宫）、崇禧塔、阅江楼、丽谯楼、梅庵、端砚文化村等。星岩烟雨、牌坊夜韵、宋城揽古、江堤塔影、江楼浩气、梅庵香雪入选新肇庆八景。梅庵、肇庆古城墙、七星岩摩崖石刻为全国重点文物保护单位。端砚制作技艺是国家级非物质文化遗产。省级非物质文化遗产有肇庆裹蒸制作技艺和疍家糕制作技艺。有省级文物保护单位叶挺独立团团部旧址、崇禧塔、高要学宫、包公井、石洞古庙、丽谯楼基座，市级文物保护单位 43 处。特色民俗有伍丁宝诞。

2014 年，端州区生产总值 181.06 亿元，三次产业比例为 0.2∶40.8∶59，规模以上工业增加值 64.06 亿元，人均地区生产总值 9.23 万元。固定资产投资 130.56 亿元，社会消费品零售总额 146.35 亿元，外贸出口总额 9.24 亿美元，外贸进口总额 2.74 亿美元，实际吸收外资 1.62 亿美元；地方一般公共预算收入 13.75 亿元，城镇常住居民人均收入 2.39 万元，农村常住居民人均收入 1.72 万元。

一、现今地名

（一）行政区域类

标准名称	汉语拼音	地名类别	相对位置	驻地
肇庆市	Zhàoqìng Shì	地级行政区	广东省中西部	城中路 49 号
端州区	Duānzhōu Qū	县级行政区	肇庆市中部偏西	古塔中路 15 号
城东街道	Chéngdōng Jiēdào	乡级行政区	端州区东部	塔东三路 18 号
城西街道	Chéngxī Jiēdào	乡级行政区	端州区西部	康乐南路 22 号
黄岗街道	Huánggǎng Jiēdào	乡级行政区	端州区东部	端州二路 8 号
睦岗街道	Mùgǎng Jiēdào	乡级行政区	端州区西部	端州八路 8 号

（二）非行政区域类

标准名称	汉语拼音	地名类别	相对位置
兰龙林场	Lánlóng Línchǎng	林区	端州区西北部
北岭林场榄坑工区	Běilǐnglínchǎng Lǎnkēng Gōngqū	林区	端州区西北部
大路田工区	Dàlùtián Gōngqū	林区	端州区中部
维龙工业园	Wéilóng Gōngyèyuán	工业区	端州区东南部
大洲工业区	Dàzhōu Gōngyèqū	工业区	端州区西南部
棠下工业区	Tángxià Gōngyèqū	工业区	端州区西部

(续上表)

标准名称	汉语拼音	地名类别	相对位置
泰隆工业园	Tàilóng Gōngyèyuán	工业区	端州区西部
格布工业区	Gébù Gōngyèqū	工业区	端州区西南部
风华电子工业园	Fēnghuá Diànzǐ Gōngyèyuán	工业区	端州区西南部
俊富肇庆科技园	Jùnfù Zhàoqìng Kējìyuán	工业区	端州区西南部
俊富肇庆工业园	Jùnfù Zhàoqìng Gōngyèyuán	工业区	端州区西部
大洲向东工业区	Dàzhōu Xiàngdōng Gōngyèqū	工业区	端州区西南部
大路田工业园	Dàlùtián Gōngyèyuán	工业区	端州区中部
沙寮工业区	Shāliáo Gōngyèqū	工业区	端州区东南部
端城工业区	Duānchéng Gōngyèqū	工业区	端州区东部
鸿宇工业园	Hóngyǔ Gōngyèyuán	工业区	端州区东部
黄岗工业园	Huánggǎng Gōngyèyuán	工业区	端州区东部
锦田工业园	Jǐntián Gōngyèyuán	工业区	端州区东南部
蓝田工业园	Lántián Gōngyèyuán	工业区	端州区东南部
羚山工业区	Língshān Gōngyèqū	工业区	端州区东南部
兰龙工业园	Lánlóng Gōngyèyuán	工业区	端州区西北部
中巴软件园	Zhōngbā Ruǎnjiànyuán	开发区	端州区中部
小湘	Xiǎoxiāng	地片	端州区西部
蚬口沙	Xiǎnkǒushā	地片	端州区西部
塘头尾	Tángtóuwěi	地片	端州区东部
青石	Qīngshí	地片	端州区东部
梅亭	Méitíng	地片	端州区东部
葵岭	Kuílǐng	地片	端州区东部
黄岗圩	Huánggǎng Xū	区片	端州区东部
睦岗圩	Mùgǎng Xū	区片	端州区西部

（三）群众自治组织类

标准名称	汉语拼音	地名类别	相对位置
工农居委会	Gōngnóng Jūwěihuì	社区居委会	端州区政府驻地西南部
古塔居委会	Gǔtǎ Jūwěihuì	社区居委会	端州区政府驻地西北部
和平居委会	Hépíng Jūwěihuì	社区居委会	端州区政府驻地东北部
景德居委会	Jǐngdé Jūwěihuì	社区居委会	端州区政府驻地东北部

（续上表）

标准名称	汉语拼音	地名类别	相对位置
景山岗居委会	Jǐngshāngǎng Jūwěihuì	社区居委会	端州区政府驻地西北部
柳园居委会	Liǔyuán Jūwěihuì	社区居委会	端州区政府驻地东南部
明珠居委会	Míngzhū Jūwěihuì	社区居委会	端州区政府驻地东南部
前进居委会	Qiánjìn Jūwěihuì	社区居委会	端州区政府驻地东北部
塔脚居委会	Tǎjiǎo Jūwěihuì	社区居委会	端州区政府驻地南部
文明居委会	Wénmíng Jūwěihuì	社区居委会	端州区政府驻地西南部
信安居委会	Xìn'ān Jūwěihuì	社区居委会	端州区政府驻地东北部
星湖居委会	Xīnghú Jūwěihuì	社区居委会	端州区政府驻地西北部
杏花居委会	Xìnghuā Jūwěihuì	社区居委会	端州区政府驻地东南部
雅图居委会	Yǎtú Jūwěihuì	社区居委会	端州区政府驻地西北部
岩前居委会	Yánqián Jūwěihuì	社区居委会	端州区政府驻地西北部
阅江居委会	Yuèjiāng Jūwěihuì	社区居委会	端州区政府驻地西南部
跃龙居委会	Yuèlóng Jūwěihuì	社区居委会	端州区政府驻地西南部
厚岗居委会	Hòugǎng Jūwěihuì	社区居委会	端州区政府驻地东南部
白沙居委会	Báishā Jūwěihuì	社区居委会	端州区政府驻地西南部
百花居委会	Bǎihuā Jūwěihuì	社区居委会	端州区政府驻地西北部
伴月居委会	Bànyuè Jūwěihuì	社区居委会	端州区政府驻地西北部
宝月居委会	Bǎoyuè Jūwěihuì	社区居委会	端州区政府驻地西南部
波海居委会	Bōhǎi Jūwěihuì	社区居委会	端州区政府驻地西北部
城中居委会	Chéngzhōng Jūwěihuì	社区居委会	端州区政府驻地西南部
出头居委会	Chūtóu Jūwěihuì	社区居委会	端州区政府驻地西北部
登高居委会	Dēnggāo Jūwěihuì	社区居委会	端州区政府驻地西部
芙蓉居委会	Fúróng Jūwěihuì	社区居委会	端州区政府驻地西北部
黄塘居委会	Huángtáng Jūwěihuì	社区居委会	端州区政府驻地西北部
康乐居委会	Kānglè Jūwěihuì	社区居委会	端州区政府驻地西北部
桥北居委会	Qiáoběi Jūwěihuì	社区居委会	端州区政府驻地西北部
清风居委会	Qīngfēng Jūwěihuì	社区居委会	端州区政府驻地西南部
沙街居委会	Shājiē Jūwěihuì	社区居委会	端州区政府驻地西南部
宋城居委会	Sòngchéng Jūwěihuì	社区居委会	端州区政府驻地西南部
下瑶居委会	Xiàyáo Jūwěihuì	社区居委会	端州区政府驻地西北部

（续上表）

标准名称	汉语拼音	地名类别	相对位置
星荷居委会	Xīnghé Jūwěihuì	社区居委会	端州区政府驻地西北部
正西居委会	Zhèngxī Jūwěihuì	社区居委会	端州区政府驻地西南部
大冲居委会	Dàchōng Jūwěihuì	社区居委会	端州区政府驻地东北部
东岗居委会	Dōnggǎng Jūwěihuì	社区居委会	端州区政府驻地东北部
河旁居委会	Hépáng Jūwěihuì	社区居委会	端州区政府驻地东北部
嘉湖居委会	Jiāhú Jūwěihuì	社区居委会	端州区政府驻地东北部
蓝塘居委会	Lántáng Jūwěihuì	社区居委会	端州区政府驻地东北部
沙湖居委会	Shāhú Jūwěihuì	社区居委会	端州区政府驻地东北部
石牌居委会	Shípái Jūwěihuì	社区居委会	端州区政府驻地东北部
双东北居委会	Shuāngdōngběi Jūwěihuì	社区居委会	端州区政府驻地东北部
双东南居委会	Shuāngdōngnán Jūwěihuì	社区居委会	端州区政府驻地东北部
下黄冈二居委会	Xiàhuánggāng'èr Jūwěihuì	社区居委会	端州区政府驻地东北部
下黄冈一居委会	Xiàhuánggāngyī Jūwěihuì	社区居委会	端州区政府驻地东北部
新元居委会	Xīnyuán Jūwěihuì	社区居委会	端州区政府驻地东北部
大龙居委会	Dàlóng Jūwěihuì	社区居委会	端州区政府驻地西北部
大洲居委会	Dàzhōu Jūwěihuì	社区居委会	端州区政府驻地西北部
桂林街居委会	Guìlínjiē Jūwěihuì	社区居委会	端州区政府驻地西北部
玑东居委会	Jīdōng Jūwěihuì	社区居委会	端州区政府驻地西北部
蕉园居委会	Jiāoyuán Jūwěihuì	社区居委会	端州区政府驻地西北部
兰龙居委会	Lánlóng Jūwěihuì	社区居委会	端州区政府驻地西北部
龙塘居委会	Lóngtáng Jūwěihuì	社区居委会	端州区政府驻地西北部
睦岗居委会	Mùgǎng Jūwěihuì	社区居委会	端州区政府驻地西北部
三村居委会	Sāncūn Jūwěihuì	社区居委会	端州区政府驻地西北部
棠下居委会	Tángxià Jūwěihuì	社区居委会	端州区政府驻地西北部
站北居委会	Zhànběi Jūwěihuì	社区居委会	端州区政府驻地西北部
站北西居委会	Zhànběixi Jūwěihuì	社区居委会	端州区政府驻地西北部

（四）居民点类

标准名称	汉语拼音	别名	地名类别	相对位置
雍城山庄	Yōngchéng Shānzhuāng	—	城镇	黄岗街道肇庆行政学院南侧路东

（续上表）

标准名称	汉语拼音	别名	地名类别	相对位置
星湖山庄	Xīnghú Shānzhuāng	——	城镇	睦岗街道瑞士花园东侧路北
星荷豪苑	Xīnghé Háoyuàn	——	城镇	城西街道翠星路2号
新世纪花园	Xīnshìjì Huāyuán	——	城镇	城西街道波海社区
七星花园	Qīxīng Huāyuán	——	城镇	城西街道西江北路
景源新村	Jǐngyuán Xīncūn	——	城镇	城东街道前进南路16号
凤凰山庄	Fènghuáng Shānzhuāng	——	城镇	睦岗街道九龙湖风景区附近
叠翠新村	Diécuì Xīncūn	——	城镇	黄岗街道棠岗路
翠岗新村	Cuìgǎng Xīncūn	——	城镇	黄岗街道景泰路
百花园住宅区	Bǎihuāyuán Zhùzháiqū	——	城镇	城西街道大桥路与牡丹路交叉口东150米
安居工程住宅区	Ānjū Gōngchéng Zhùzháiqū	——	城镇	黄岗街道嘉湖社区
四季康庭小区	Sìjìkāngtíng Xiǎoqū	——	城镇	黄岗街道二塔路东侧、塘尾村北侧
九三三地质队宿舍	Jiǔsānsān Dìzhìduì Sùshè	——	城镇	城东街道星湖东路6号
安居华苑	Ānjū Huáyuàn	——	城镇	城东街道建设二路北侧
安居家园	Ānjū Jiāyuán	——	城镇	城东街道端州三路七巷8号
安居尚苑	Ānjū Shàngyuàn	——	城镇	城西街道前沙街113号
安居雅苑	Ānjū Yǎyuàn	——	城镇	城西街道厂排街二巷19号
安逸花园	Ānyì Huāyuán	——	城镇	黄岗街道信安路西侧
安逸居庭	Ānyì Jūtíng	——	城镇	黄岗街道棠岗路1号
安逸尚轩	Ānyì Shàngxuān	——	城镇	城东街道景德社区
安逸雅苑	Ānyì Yǎyuàn	——	城镇	黄岗街道叠翠路西侧、叠翠名庭东侧
八小宿舍	Bāxiǎo Sùshè	——	城镇	城西街道桥北社区
八一小区	Bāyī Xiǎoqū	——	城镇	城西街道鸿苑东街八一小区
百花园百合苑	Bǎihuāyuán Bǎihé Yuàn	——	城镇	城西街道阳光华庭首层
百花园桂花苑	Bǎihuāyuán Guìhuā Yuàn	——	城镇	城西街道西江北路33号
百花园荷花苑	Bǎihuāyuán Héhuā Yuàn	——	城镇	城西街道大桥路
百花园菊花苑	Bǎihuāyuán Júhuā Yuàn	——	城镇	城西街道兰花街12号

(续上表)

标准名称	汉语拼音	别名	地名类别	相对位置
百花园兰花苑	Bǎihuāyuán Lánhuā Yuàn	—	城镇	城西街道桂花一街中房
百花园李花苑	Bǎihuāyuán Lǐhuā Yuàn	—	城镇	城西街道西江北路37号
玫瑰园小区	Méiguīyuán Xiǎoqū	—	城镇	城西街道阳光华庭南侧
百花园梅花苑	Bǎihuāyuán Méihuā Yuàn	—	城镇	城西街道兰花苑1幢18号
百花园牡丹苑	Bǎihuāyuán Mǔdān Yuàn	—	城镇	城西街道牡丹路15号
百花园桃花苑	Bǎihuāyuán Táohuā Yuàn	—	城镇	城西街道风华路中房
百花园杏花苑	Bǎihuāyuán Xìnghuā Yuàn	—	城镇	城西街道西江北路13号
百花园阳光华庭	Bǎihuāyuán Yángguāng Huátíng	—	城镇	城西街道风华路西端南侧
百花园嘉馨苑	Bǎihuāyuán Jiāxīn Yuàn	—	城镇	城西街道西江北路41号
伴月花园	Bànyuè Huāyuán	—	城镇	城西街道翠星路北二街8号
伴月新世界花园	Bànyuè Xīnshìjiè Huāyuán	—	城镇	城西街道绿荷路西侧、伴月路北侧
宝翠园	Bǎocuì Yuán	—	城镇	睦岗街道龙塘路东侧、二桂路北侧
波海蓝湾	Bōhǎilánwān	—	城镇	城西街道绿荷路西侧、星湖奥园南侧
波海雅筑小区	Bōhǎiyǎzhù Xiǎoqū	—	城镇	睦岗街道肇庆大道南侧
彩虹湾小区	Cǎihóngwān Xiǎoqū	—	城镇	城东街道古塔南路西侧
草场小区	Cǎochǎng Xiǎoqū	—	城镇	城西街道草场路128号
城东二区	Chéngdōng Èrqū	—	城镇	城东街道柳园南路与蓓蕾北路交叉口西南50米
城东花苑	Chéngdōng Huāyuán	—	城镇	城东街道和平路44号
城东三区	Chéngdōng Sānqū	—	城镇	城东街道建设二路62号附近
城东一区	Chéngdōng Yīqū	—	城镇	城东街道建设二路与柳园路交叉口西100米
城悦轩	Chéngyuè Xuān	—	城镇	黄岗街道建设二路南侧
春晖园	Chūnhuī Yuán	—	城镇	城东街道建设三路30号
翠芙居	Cuìfú Jū	—	城镇	城西街道芙蓉西一街17号
翠岗花园	Cuìgǎng Huāyuán	—	城镇	黄岗街道岗尾村北侧
翠湖居	Cuìhú Jū	—	城镇	城西街道翠湖路
翠景苑	Cuìjǐng Yuàn	—	城镇	黄岗街道黄岗二路南侧

（续上表）

标准名称	汉语拼音	别名	地名类别	相对位置
翠然居	Cuìrán Jū	——	城镇	城东街道景泰路4号
翠庭湖轩	Cuìtínghú Xuān	——	城镇	城西街道康乐北路40号
翠庭居	Cuìtíng Jū	黄塘东10号	城镇	城西街道黄塘东路10号
翠星路六号小区	Cuìxīnglù Liùhào Xiǎoqū	——	城镇	城西街道翠星路6号
翠雅苑	Cuìyǎ Yuàn	明星楼	城镇	城西街道翠湖路
翠逸苑小区	Cuìyìyuàn Xiǎoqū	——	城镇	城东街道端州三路37号
翠雍华庭	Cuìyōng Huátíng	——	城镇	城东街道景德社区
大桥西宿舍	Dàqiáoxī Sùshè	——	城镇	城西街道宋城三路北50米
大唐盛世	Dàtángshèngshì	——	城镇	城东街道星湖大道西侧、端州四路北侧
登高三巷小区	Dēnggāo Sānxiàng Xiǎoqū	——	城镇	城西街道登高三巷129号
帝和豪庭	Dìhé Háotíng	——	城镇	城东街道端州三路22号
第二人民医院宿舍	Dì'èr Rénmín Yīyuàn Sùshè	——	城镇	黄岗街道和平路二巷11幢
电机厂小区	Diànjīchǎng Xiǎoqū	——	城镇	城东街道端州四路7号
叠翠名庭	Diécuì Míngtíng	——	城镇	黄岗街道棠岗路东侧、叠翠路西北侧
鼎湖新村二区	Dǐnghúxīncūn Èrqū	——	城镇	城东街道城东街道五花路
鼎湖新村三区	Dǐnghúxīncūn Sānqū	——	城镇	城东街道前进南路12号
鼎湖新村一区	Dǐnghúxīncūn Yīqū	——	城镇	城东街道建设二路16号
东城明园	Dōngchéng Míngyuán	东岸明园	城镇	黄岗街道端州二路北侧
东方家园	Dōngfāng Jiāyuán	——	城镇	城东街道塘尾村西侧、和平综合市场北侧
东湖居	Dōnghú Jū	——	城镇	黄岗街道星湖大道东侧
东华苑	Dōnghuá Yuàn	——	城镇	黄岗街道端州二路南侧、河旁路西侧
东景华府	Dōngjǐng Huáfǔ	——	城镇	城东街道古塔中路与塔东二路交汇东50米
东俊名庭	Dōngjùn Míngtíng	——	城镇	城东街道厚岗路8号
东雅苑	Dōngyǎ Yuàn	——	城镇	城东街道和平路42号

（续上表）

标准名称	汉语拼音	别名	地名类别	相对位置
东怡花苑	Dōngyí Huāyuàn	——	城镇	城东街道和平路16号
东怡居小区	Dōngyíjū Xiǎoqū	——	城镇	黄岗街道二塔路东侧、建设二路南侧
二塔小区	Èrtǎ Xiǎoqū	——	城镇	城东街道二塔路38号
金旺花园	Jīnwàng Huāyuán	——	城镇	城东街道二塔路西侧
翡翠小区	Fěicuì Xiǎoqū	——	城镇	城西街道南兴四路锦纶街3号
华骏凤凰台	Huájùn Fènghuángtái	——	城镇	睦岗街道北岭四路5号
芙蓉小区	Fúróng Xiǎoqū	——	城镇	城西街道芙蓉西二街
芙蓉轩	Fúróng Xuān	——	城镇	城西街道芙蓉东街16号
芙蓉雅居	Fúróng Yǎjū	——	城镇	城西街道芙蓉西二街26号
福星小区	Fúxīng Xiǎoqū	——	城镇	城西街道黄塘东路14号
富康新邨	Fùkāng Xīncūn	——	城镇	城西街道西江北路25号
柑园花苑	Gānyuán Huāyuàn	——	城镇	城东街道建设三路16号
柑园雅苑	Gānyuán Yǎyuàn	——	城镇	城东街道柑园南路北端西侧
港景蓝山	Gǎngjǐnglánshān	——	城镇	城西街道江滨西路14号
港湾名家	Gǎngwān Míngjiā	——	城镇	黄岗街道新元西路5号
港湾名居	Gǎngwān Míngjū	——	城镇	黄岗街道新园北路西侧
高富花苑	Gāofù Huāyuàn	——	城镇	城西街道城中路107号
高要粮局宿舍	Gāoyào Liángjú Sùshè	——	城镇	城东街道登高路4号
高要邮电宿舍	Gāoyào Yóudiàn Sùshè	——	城镇	城西街道宋城三路
公路局宿舍小区	Gōnglùjú Sùshè Xiǎoqū	——	城镇	黄岗街道和平路5号
供电宿舍小区	Gòngdiàn Sùshè Xiǎoqū	——	城镇	城东街道明珠路3号附近
古塔南一巷小区	Gǔtǎ Nányīxiàng Xiǎoqū	——	城镇	城东街道塔脚社区
新新雅苑	Xīnxīn Yǎyuàn	——	城镇	城东街道古塔中路7号
观园小区	Guānyuán Xiǎoqū	——	城镇	城东街道景德路3号
广仪二区	Guǎngyí Èrqū	——	城镇	城东街道星湖社区
广仪三区	Guǎngyí Sānqū	——	城镇	城东街道星湖社区
海伦堡花园	Hǎilúnbǎo Huāyuán	——	城镇	黄岗街道肇庆大道东南侧、石东路西北侧
海涛花园	Hǎitāo Huāyuán	——	城镇	城东街道端州三路9号
海怡居	Hǎiyí Jū	——	城镇	城西街道江滨西路8号

（续上表）

标准名称	汉语拼音	别名	地名类别	相对位置
翰林锦苑	Hànlín Jǐnyuàn	——	城镇	城东街道大花坛跃龙路1号
豪景花园	Háojǐng Huāyuán	——	城镇	睦岗街道百花路西侧、水果综合批发市场南侧
豪威阁	Háowēi Gé	——	城镇	城东街道前进北路6号
濠江名庭	Háojiāng Míngtíng	——	城镇	城东街道建设二路6号
和成豪庭小区	Héchéngháotíng Xiǎoqū	——	城镇	黄岗街道建设一路31号
和基小区	Héjī Xiǎoqū	——	城镇	城东街道工农北路46号
和平四巷小区	Hépíng Sìxiàng Xiǎoqū	——	城镇	城东街道和平路四巷
恒福雅苑	Héngfú Yǎyuàn	——	城镇	城西街道梅庵路7号
恒晖阁	Hénghuī Gé	——	城镇	城西街道芙蓉社区
恒星花苑	Héngxīng Huāyuàn	——	城镇	城西街道康乐北路34号
恒裕海湾	Héngyùhǎiwān	——	城镇	城东街道星湖大道9号
恒裕花园	Héngyù Huāyuán	——	城镇	城东街道莲湖中路2号
恒裕轩	Héngyù Xuān	——	城镇	城东街道建设三路3号
鸿福新村	Hóngfú Xīncūn	——	城镇	城西街道康乐北路36号
鸿景观园	Hóngjǐng Guānyuán	——	城镇	城东街道棠岗路西侧、信安路北侧
鸿景嘉园	Hóngjǐng Jiāyuán	——	城镇	城东街道柑园南路四巷8号南侧、阅江路北侧
鸿景锦园	Hóngjǐng Jǐnyuán	——	城镇	睦岗街道风华路北侧
鸿景悦园	Hóngjǐng Yuèyuán	——	城镇	黄岗街道祥福路两侧
鸿景紫园	Hóngjǐng Zǐyuán	——	城镇	睦岗街道北岭旅游度假区
湖景居	Hújǐng Jū	——	城镇	城西街道西江北路东侧
升华湖景丽苑	Shēnghuáhújǐng Lìyuàn	——	城镇	城东街道星湖东路7号
湖景名居	Hújǐng Míngjū	——	城镇	城西街道西江北路东侧
湖景园	Hújǐng Yuán	——	城镇	城东街道星湖大道
华安居	Huá'ān Jū	——	城镇	城东街道景泰路4号附近
华生中心	Huáshēng Zhōngxīn	——	城镇	黄岗街道信安五路东南侧
华庭苑	Huátíng Yuàn	——	城镇	城东街道工农北路46号
华英花苑	Huáyīng Huāyuán	——	城镇	城西街道江滨东路59号
华英居	Huáyīng Jū	——	城镇	城东街道建设三路32号

（续上表）

标准名称	汉语拼音	别名	地名类别	相对位置
华英名都	Huáyīng Míngdū	——	城镇	睦岗街道玑东路西侧、三榕工业园南侧
华英新城	Huáyīng Xīnchéng	——	城镇	城东街道跃龙路46幢
华英雅筑	Huáyīngyǎzhù	——	城镇	城东街道古塔南路一巷1号
黄岗花园	Huánggǎng Huāyuán	——	城镇	黄岗街道建设一路80区
黄浦花苑	Huángpǔ Huāyuán	——	城镇	城西街道端州七路北侧
黄塘花园	Huángtáng Huāyuán	——	城镇	城西街道西江北路25号
汇通国际公寓	Huìtōng Guójì Gōngyù	——	城镇	城西街道中医院西北
惠福居	Huìfú Jū	——	城镇	睦岗街道大洲社区
惠民居	Huìmín Jū	——	城镇	睦岗街道端州四路
加洲阳光	Jiāzhōuyángguāng	——	城镇	黄岗街道棠岗路76区
嘉城雅苑	Jiāchéng Yǎyuàn	——	城镇	城东街道建设二路南侧、厚岗村民宅西侧
嘉湖绿洲花园	Jiāhú Lǜzhōu Huāyuán	——	城镇	睦岗街道桂园路南侧、睦洲路东侧
嘉湖新都市	Jiāhú Xīndūshì	——	城镇	黄岗街道叠翠路1号
嘉仕翠园	Jiāshì Cuìyuán	——	城镇	城西街道芙蓉路19号
嘉宜花园	Jiāyí Huāyuán	——	城镇	城西街道桥北路8号
嘉盈居	Jiāyíng Jū	——	城镇	城东街道建设三路北侧
建恒花园	Jiànhéng Huāyuán	——	城镇	睦岗街道肇庆大道南侧
建设前进小区	Jiànshè Qiánjìn Xiǎoqū	——	城镇	城西街道建设二路17号
江景花苑	Jiāngjǐng Huāyuán	——	城镇	城东街道阅江路210号
江南居	Jiāngnán Jū	——	城镇	城西街道前沙街113号
江南美誉苑	Jiāngnánměiyù Yuàn	——	城镇	黄岗街道二塔路东侧
江南苑	Jiāngnán Yuàn	——	城镇	城西街道西江南路西侧、公路学校南侧
江兆豪庭	Jiāngzhào Háotíng	——	城镇	城西街道端州七路北侧
蕉园岗侧别墅群	Jiāoyuángǎngcè Biéshùqún	——	城镇	城西街道波海社区
较边小区	Jiàobiān Xiǎoqū	——	城镇	城东街道古塔北路6号
黄塘东教育小区	Huángtángdōng Jiàoyù Xiǎoqū	——	城镇	城西街道黄塘东路7—9号

（续上表）

标准名称	汉语拼音	别名	地名类别	相对位置
金桂苑	Jīnguì Yuàn	——	城镇	城东街道和平路20号
金雅居	Jīnyǎ Jū		城镇	城西街道彩云路7号
金泽小区	Jīnzé Xiǎoqū		城镇	城西街道芙蓉西一街4、6、12号
锦绣莱茵名苑	Jǐnxiùláiyīn Míngyuàn		城镇	黄岗街道叠翠路西侧、新元路北侧
锦绣山河	Jǐnxiùshānhé		城镇	睦岗街道龟顶山东侧和西北侧片区
锦绣园	Jǐnxiù Yuán		城镇	睦岗街道锦绣南路7号
景翠苑	Jǐngcuì Yuàn		城镇	城东街道景德路西侧
景德花园	Jǐngdé Huāyuán		城镇	城东街道景德路18号
景德尚都	Jǐngdéshàngdū		城镇	城东街道景德路西侧
景雅苑	Jǐngyǎ Yuàn		城镇	城东街道景德路西侧
景逸苑	Jǐngyì Yuàn		城镇	城东街道景德路西侧
九里香小区	Jiǔlǐxiāng Xiǎoqū	九里乡小区	城镇	城西街道端州六路与龙马街交叉口南100米
聚贤居小区	Jùxiánjū Xiǎoqū		城镇	城西街道芙蓉西一街
聚星阁	Jùxīng Gé	聚星阁综合楼	城镇	城西街道康乐北路6号
君海湾	Jūnhǎiwān	——	城镇	城西街道波海湖南侧
凯利汇星苑	Kǎilìhuìxīng Yuàn		城镇	城西街道桥北路东侧
凯信星悦	Kǎixìnxīngyuè		城镇	城东街道莲湖东路6号
凯逸半岛豪庭	Kǎiyìbàndǎo Háotíng	——	城镇	黄岗街道星湖大北侧
凯悦华庭	Kǎiyuè Huátíng		城镇	城西街道西江南路28号
康乐花园	Kānglè Huāyuán		城镇	城西街道黄塘东路1号
康乐名庭	Kānglè Míngtíng		城镇	城西街道西江北路10号
康泰花苑	Kāngtài Huāyuán		城镇	睦岗街道玑东社区
康怡居	Kāngyí Jū		城镇	城西街道端州六路9号B幢
兰桂居	Lánguì Jū	——	城镇	城东街道信安大道棠兴路1号
蓝带百合苑	Lándài Bǎihé Yuàn		城镇	城西街道桥北路
蓝钻公寓	Lánzuàn Gōngyù	——	城镇	城西街道西江南路16号

（续上表）

标准名称	汉语拼音	别名	地名类别	相对位置
朗晴海岸花园	Lǎngqínghǎi'àn Huāyuán	——	城镇	黄岗街道堤下路北侧
朗晴轩	Lǎngqíng Xuān		城镇	城东街道景泰路东侧
乐华园	Lèhuá Yuán		城镇	城西街道黄塘中路5号
乐怡居	Lèyí Jū		城镇	城东街道前进北路4号
丽湖居	Lìhú Jū		城镇	城东街道端州四路6号
丽景南湾	Lìjǐngnánwān		城镇	城东街道工农南路9—10号
丽景雅苑	Lìjǐng Yǎyuàn		城镇	城西街道端州七路8号
丽日华庭	Lìrì Huátíng		城镇	城东街道工农南路6号
莲湖湾畔	Liánhúwānpàn		城镇	城东街道莲湖东路西北侧
莲湖新邨	Liánhú Xīncūn		城镇	城东街道莲湖西路1号
六合台别墅区	Liùhétái Biéshùqū		城镇	城东街道古塔南路6号西侧
龙安一区	Lóng'ān Yīqū		城镇	城西街道南安街
龙景花园	Lóngjǐng Huāyuán		城镇	城东街道端州三路55号
龙马街小区	Lóngmǎjiē Xiǎoqū		城镇	城西街道龙马街2号
龙田里小区	Lóngtiánlǐ Xiǎoqū		城镇	城西街道端州六路
龙禧小学公户	Lóngxǐxiǎoxué Gōnghù		城镇	城东街道莲湖中路2号
进南绿茵家园	Jìnnánlǜyīn Jiāyuán		城镇	睦岗街道西江北路西侧
民福新村	Mínfú Xīncūn		城镇	黄岗街道信安路1号
民裕新邨	Mínyù Xīncūn		城镇	城西街道石瑶街
名门花园	Míngmén Huāyuán		城镇	睦岗街道端州七路北侧
名仕荟花苑	Míngshìhuì Huāyuán		城镇	城东街道景德路12号
明景居	Míngjǐng Jū		城镇	城东街道塔东三路1号
明轩居	Míngxuān Jū		城镇	城东街道塔东三路33号
明雅居	Míngyǎ Jū		城镇	城东街道明珠路10号北侧
明珠花苑	Míngzhū Huāyuán		城镇	城东街道明珠路11号
明珠新区	Míngzhū Xīnqū		城镇	城东街道明珠路11号
南区小区	Nánqū Xiǎoqū		城镇	城东街道明珠社区
南雅苑小区	Nányǎyuàn Xiǎoqū		城镇	城西街道宋城二路
进南花苑	Jìnnán Huāyuán		城镇	城东街道前进南路10号
东堤湾小区	Dōngdīwān Xiǎoqū		城镇	城东街道前进南路18号

（续上表）

标准名称	汉语拼音	别名	地名类别	相对位置
水岸花城	Shuǐ'ànhuāchéng	——	城镇	城东街道二塔路68号附近
前景小区	Qiánjǐng Xiǎoqū	——	城镇	城东街道端州三路11号
侨兴新村	Qiáoxìng Xīncūn	——	城镇	城东街道玑东社区
侨兴新都汇	Qiáoxìng Xīndūhuì	——	城镇	睦岗街道智慧路3号
侨寓小区	Qiáoyù Xiǎoqū	——	城镇	城东街道沙墩路
侨苑小区	Qiáoyuàn Xiǎoqū	——	城镇	城东街道建设二路
大洲二区	Dàzhōu Èrqū	——	城镇	睦岗街道大洲社区
大洲一区	Dàzhōu Yīqū	——	城镇	睦岗街道大洲社区
晴天雅苑	Qíngtiān Yǎyuàn	——	城镇	黄岗街道叠翠路东南侧、叠翠三街西北路口
群星居	Qúnxīng Jū	——	城镇	睦岗街道七星街北130米
人民北住宅小区	Rénmínběi Zhùzhái Xiǎoqū	——	城镇	城西街道人民北路与端州六路交叉口西北100米
沙街花园	Shājiē Huāyuán	——	城镇	城西街道前沙街109号
山水晴天	Shānshuǐqíngtiān	——	城镇	城西街道绿荷路西侧
上海城	Shànghǎi Chéng	——	城镇	城西街道端州七路23号
上瑶南	Shàngyáonán	——	城镇	城西街道黄塘东路3号
尚德园	Shàngdé Yuán	——	城镇	睦岗街道北岭锦绣园北侧
星湖尚景苑	Xīnghúshàngjǐng Yuàn	——	城镇	城东街道星湖七星岩东大门入口对面（即国税大楼南侧）
燊荣豪庭	Shēnróng Háotíng	——	城镇	睦岗街道盘古路1号
省第五地质队宿舍	Shěng Dìwǔ Dìzhìduì Sùshè	——	城镇	城西街道白沙社区
圣地名轩	Shèngdì Míngxuān	——	城镇	城东街道信安路北侧、市交警汽车检测站东侧
盛福花苑	Shèngfú Huāyuán	——	城镇	城东街道端州四路3号
盛恒居	Shènghéng Jū	——	城镇	城西街道彩云路七星花园东侧
盛嘉苑	Shèngjiā Yuàn	——	城镇	城西街道西江北路15号
盛景豪庭	Shèngjǐng Háotíng	——	城镇	黄岗街道星湖大道东南侧
盛景华庭	Shèngjǐng Huátíng	——	城镇	黄岗街道星湖大道东南侧
盛居庭苑	Shèngjū Tíngyuàn	——	城镇	城东街道端州三路35号

（续上表）

标准名称	汉语拼音	别名	地名类别	相对位置
盛雅苑	Shèngyǎ Yuàn	——	城镇	城东街道莲湖西路
盛泽港湾小区	Shèngzégǎngwān Xiǎoqū	——	城镇	城东街道明珠路6号
盛泽明苑	Shèngzé Míngyuàn	——	城镇	城东街道蓓蕾南路10号
翠星路石瑶小区	Cuìxīnglù Shíyáo Xiǎoqū	——	城镇	城西街道石瑶街
食品厂宿舍	Shípǐnchǎng Sùshè	——	城镇	城西街道宋城三路
市建宿舍	Shìjiàn Sùshè	——	城镇	城西街道桥北社区
市农业局宿舍小区	Shì Nóngyèjú Sùshè Xiǎoqū	——	城镇	城东街道跃龙路
市生产资料公司宿舍小区	Shì Shēngchǎnzīliào Gōngsī Sùshè Xiǎoqū	——	城镇	城东街道和平路15号
市水务局宿舍小区	Shì Shuǐwùjú Sùshè Xiǎoqū	——	城镇	城东街道工农北路17号
顺景花苑	Shùnjǐng Huāyuàn	——	城镇	城西街道西江北路39号
莲花小苑	Liánhuā Xiǎoyuàn	——	城镇	城东街道塔东一路36号
台湾城小区	Táiwānchéng Xiǎoqū	——	城镇	睦岗街道太和北路1号
太和公馆	Tàihé Gōngguǎn	——	城镇	睦岗街道太和北路1号
泰和花园	Tàihé Huāyuán	——	城镇	睦岗街道北岭路南侧
陶然居	Táorán Jū	——	城镇	城东街道莲湖中路7号
天鹅堡	Tiāné Bǎo	——	城镇	黄岗街道信安六路8号
天和轩	Tiānhé Xuān	——	城镇	黄岗街道端州二路南
天汇城小区	Tiānhuìchéng Xiǎoqū	——	城镇	睦岗街道玑西路西、太和北路东侧
天籁之星	Tiānlàizhīxīng	——	城镇	黄岗街道棠岗路1号
天澜花园	Tiānlán Huāyuán	——	城镇	黄岗街道二塔路东侧
端州影院小区	Duānzhōuyǐngyuàn Xiǎoqū	——	城镇	城东街道天宁北路20号
万子坳	Wànzǐ'ào	——	城镇	城西街道端州七路
文明花苑	Wénmíng Huāyuàn	——	城镇	城东街道建设三路34号
西江花园	Xījiāng Huāyuán	——	城镇	城西街道端州七路3号
西江林业局大院	Xījiāng Línyèjú Dàyuàn	——	城镇	城西街道康乐路136号
西江明珠	Xījiāngmíngzhū	——	城镇	城东街道端州三路6号之一

（续上表）

标准名称	汉语拼音	别名	地名类别	相对位置
喜利天澜小区	Xǐlìtiānlán Xiǎoqū	——	城镇	黄岗街道沙布村一巷21号
心语轩	Xīnyǔ Xuān	——	城镇	睦岗街道西江北路西侧、二桂干渠北
新豪华府	Xīnháo Huáfǔ	——	城镇	睦岗街道蕉园路南侧
新华苑	Xīnhuá Yuàn	——	城镇	城西街道芙蓉西二街22号
新景苑	Xīnjǐng Yuàn	——	城镇	城东街道跃龙北路14号
新元花苑	Xīnyuán Huàyuàn	——	城镇	黄岗街道锦绣路5号
新悦轩	Xīnyuè Xuān	——	城镇	城东街道明珠路11号
新中源锦绣江南苑	Xīnzhōngyuán Jǐnxiùjiāngnán Yuàn	——	城镇	城东街道蓝塘路东侧、黄岗路南侧
星堤湾小区	Xīngdīwān Xiǎoqū	——	城镇	城西街道波海社区
星荷二区	Xīnghé Èrqū	——	城镇	城西街道星荷路二区3号
星荷湖畔小区	Xīnghéhúpàn Xiǎoqū	——	城镇	城西街道翠湖路北侧、伴月路南侧
星荷路四区	Xīnghélù Sìqū	市财政宿舍小区	城镇	城西街道星荷路
星荷三区	Xīnghé Sānqū	——	城镇	城西街道星荷路与龙安路交叉口西南150米
星荷雅苑	Xīnghé Yǎyuàn	——	城镇	城西街道黄塘东路2号
星荷一区	Xīnghé Yīqū	——	城镇	城西街道天宁北路与端州五路交叉口西北50米
星湖奥园	Xīnghú Āoyuán	——	城镇	城西街道蕉园岗南侧
星湖八号	Xīnghú Bāhào	——	城镇	睦岗街道西江北路西侧、蕉园派出所东侧
星湖观澜	Xīnghúguānlán	——	城镇	城东街道星湖湾住宅小区西南侧
星湖华府	Xīnghú Huáfǔ	——	城镇	城东街道端州三路56号
星湖名郡	Xīnghú Míngjùn	——	城镇	黄岗街道七星路北侧
星湖上院	Xīnghú Shàngyuàn	——	城镇	睦岗街道北岭路88号
星湖湾	Xīnghúwān	——	城镇	城东街道星湖东路14号
星湖御园	Xīnghú Yùyuán	——	城镇	睦岗街道北岭旅游度假区一区（北岭山麓排洪渠南侧）

（续上表）

标准名称	汉语拼音	别名	地名类别	相对位置
兴华苑	Xìnghuá Yuàn	——	城镇	城西街道西江北路13号
逸翠园	Yìcuì Yuán	——	城镇	城东街道渡头村西侧
幸福港湾	Xìngfúgǎngwān	——	城镇	城东街道工农南路3号
幸福豪苑	Xìngfú Háoyuàn	——	城镇	城东街道端州三路12号
雅图花园	Yǎtú Huāyuán	——	城镇	城东街道端州四路9号
雅图商业城	Yǎtú Shāngyèchéng	——	城镇	城东街道端州四路13号
雅怡居	Yǎyí Jū	——	城镇	城西街道市皮肤医院北侧、鸿苑西街南侧
岩前新村二区	Yánqiánxīncūn Èrqū	——	城镇	城东街道岩前社区
阳明山庄	Yángmíng Shānzhuāng	——	城镇	睦岗街道北岭四路4号
一中宿舍	Yīzhōng Sùshè	——	城镇	城东街道阅江社区
壹品湖山	Yīpǐnhúshān	——	城镇	黄岗街道肇庆大道南侧、砚都大道北端东侧
怡景城	Yíjǐng Chéng	——	城镇	睦岗街道蕉园路
怡景居	Yíjǐng Jū	——	城镇	城东街道景泰路13号
怡乐园小区	Yílèyuán Xiǎoqū	——	城镇	城东街道柳园南路5号
映翠名居	Yìngcuì Míngjū	——	城镇	城西街道西江北路6号
御翠轩	Yùcuì Xuān	——	城镇	睦岗街道玑东社区
御景花园	Yùjǐng Huāyuán	——	城镇	城西街道翠湖路10号
御景湾	Yùjǐng Wān	——	城镇	睦岗街道玑东路东侧
御景轩	Yùjǐng Xuān	——	城镇	城西街道端州五路2号
富地御龙湾	Fùdì Yùlóngwān	——	城镇	城西街道星湖奥园北侧、西江北路东侧
御怡茗轩	Yùyí Míngxuān	——	城镇	城东街道端州三路北侧
裕景花园	Yùjǐng Huāyuán	——	城镇	城西街道八一路西侧、市第七小学北侧
月桂轩	Yuèguì Xuān	——	城镇	睦岗街道二桂干渠北侧
月圆花园南苑	Yuèyuánhuāyuán Nányuàn	——	城镇	城东街道古塔北路1号
阅景花苑	Yuèjǐng Huāyuán	——	城镇	城东街道阅江路1区
跃龙雅苑	Yuèlóng Yǎyuàn	——	城镇	城东街道和平路19号

（续上表）

标准名称	汉语拼音	别名	地名类别	相对位置
跃龙苑	Yuèlóng Yuàn	——	城镇	城东街道跃龙路39号
云雅苑	Yúnyǎ Yuàn	——	城镇	睦岗街道西江北路
站前小区	Zhànqián Xiǎoqū	——	城镇	睦岗街道长途汽车客运总站前
肇庆敏捷城	Zhàoqìng Mǐnjiéchéng	——	城镇	黄岗街道信安三路3号
肇庆市府一区住宅小区	Zhàoqìng Shìfǔyīqū Zhùzhái Xiǎoqū	星荷路一区	城镇	城西街道端州五路一巷交叉口西150米
肇庆市工商行住宅小区	Zhàoqìngshì Gōngshāngháng Zhùzhái Xiǎoqū	——	城镇	城西街道龙安路3号附近
肇庆新世界花园	Zhàoqìng Xīnshìjiè Huāyuán	——	城镇	城西街道中调洪湖西北侧
真空泵小区	Zhēnkōngbèng Xiǎoqū	——	城镇	城西街道康乐社区
臻汇园	Zhēnhuì Yuán	——	城镇	黄岗街道星湖大道北侧、石东路南侧
中心花园	Zhōngxīn Huāyuán	——	城镇	城东街道阅江社区
中央艺墅	Zhōngyāng Yìshù	——	城镇	黄岗街道棠岗新村东南侧、新园北东侧
中原翠筑	Zhōngyuán Cuìzhù	——	城镇	城东街道大花坛建设三路南
中源名都	Zhōngyuán Míngdū	——	城镇	黄岗街道叠翠路西侧
紫金台	Zǐjīn Tái	——	城镇	城东街道古塔北路东侧、月圆花园西侧
荣盛小区	Róngshèng Xiǎoqū	——	城镇	城东街道阅江社区
柏丽雅居	Bǎilì Yǎjū	——	城镇	城东街道建设三路10号
星湖湾二区	Xīnghúwān Èrqū	——	城镇	城东街道星湖社区
星湖湾一区	Xīnghúwān Yīqū	——	城镇	城东街道星湖社区
星湖湾三区	Xīnghúwān Sānqū	——	城镇	城东街道星湖社区
水岸花城北区	Shuǐ'ànhuāchéng Běiqū	——	城镇	城东街道二塔路68号
车站宿舍区	Chēzhàn Sùshèqū	——	城镇	城东街道文明路32号
检验检疫局宿舍	Jiǎnyànjiǎnyìjú Sùshè	——	城镇	城东街道古塔南路5号
城东广场小区	Chéngdōngguǎngchǎng Xiǎoqū	——	城镇	城东街道建设二路41号
万松苑	Wànsōng Yuàn	——	城镇	城东街道七星岩风景区西门前100米处

（续上表）

标准名称	汉语拼音	别名	地名类别	相对位置
公安局宿舍	Gōng'ānjú Sùshè	——	城镇	城东街道莲湖中路青莲路5号
肇庆市电影公司宿舍	Zhàoqìng Shì Diànyǐnggōngsī Sùshè	——	城镇	城东街道跃龙路90幢
名城星岸	Míngchéngxīng'àn	——	城镇	城东街道端州三路
和兴居	Héxìng Jū	——	城镇	城东街道和平东路61号
侨寓新村	Qiáoyù Xīncūn	——	城镇	城东街道和平路37号
北院	Běiyuàn	——	城镇	城东街道文明社区
木桥头小区	Mùqiáotóu Xiǎoqū	——	城镇	城东街道端州四路5号7幢
肇庆自动化仪表公司宿舍小区	Zhàoqìng Zìdònghuà Yíbiǎo Gōngsī Sùshè Xiǎoqū	——	城镇	城东街道星湖大道10号
和平花园	Hépíng Huāyuán	——	城镇	城东街道和平路6号
月圆雅居	Yuèyuán Yǎjū	——	城镇	城东街道景德路18号
华英新城聚雅苑	Huáyīngxīnchéng Jùyǎ Yuàn	——	城镇	城东街道工农北路9号
盈翠苑	Yíngcuì Yuàn	——	城镇	城东街道华英新城H区
朗晴苑	Lǎngqíng Yuàn	——	城镇	城东街道大花坛跃龙中路
堤湾雅苑	Dīwān Yǎyuàn	——	城镇	城东街道前进北路9号
幸福港湾北区	Xìngfúgǎngwān Běiqū	——	城镇	城东街道工农南路3号
民和新村	Mínhé Xīncūn	——	城镇	城东街道前进中路22-12号
杏花庄电视台宿舍	Xìnghuāzhuāng Diànshìtái Sùshè	——	城镇	城东街道五花路南
新新雅舍	Xīnxīn Yǎshè	——	城镇	城东街道跃龙中路53号
升华花苑	Shēnghuá Huāyuán	——	城镇	城东街道和平路32号
逸涛苑	Yìtāo Yuàn	——	城镇	城东街道华英新城C区
汇景苑	Huìjǐng Yuàn	——	城镇	城东街道二塔路东侧、塘尾村北侧
金茗花苑	Jīnmíng Huāyuán	——	城镇	城东街道前进北路3号
华英新城雍雅苑	Huáyīngxīnchéng Yōngyǎ Yuàn	——	城镇	城东街道工农北路11号
景源小区	Jǐngyuán Xiǎoqū	——	城镇	城东街道前进南路16号

（续上表）

标准名称	汉语拼音	别名	地名类别	相对位置
四通花苑	Sìtōng Huāyuàn	——	城镇	城东街道前进北路 13 号
翔盛花园	Xiángshèng Huāyuán	——	城镇	城东街道前进北路 3 号
景山花园	Jǐngshān Huāyuán	——	城镇	城东街道颂德路 2 号
友谊花苑	Yǒuyì Huāyuàn	——	城镇	城东街道工农北路 43 号
外经工业村	Wàijīng Gōngyècūn	——	城镇	城东街道端州三路 6 号
青莲小区	Qīnglián Xiǎoqū	——	城镇	城东街道星湖东路 4 号
月圆花园北苑	Yuèyuánhuāyuán Běiyuàn	——	城镇	城东街道星湖大道 1 号
港景棕榈园	Gǎngjǐng Zōnglú Yuán	——	城镇	城东街道建设二路北侧
肇庆市委住宅小区	Zhàoqìng Shìwěi Zhùzhái Xiǎoqū	——	城镇	城东街道天宁北路 80 号
紫荆花园	Zǐjīng Huāyuán	——	城镇	城东街道柑园南路 5 号
丽日蓝湾	Lìrìlánwān	——	城镇	城东街道跃龙南路 3 号
紫美轩	Zǐměi Xuān	——	城镇	城西街道翠星路北一街 24 号
阳光华庭二期	Yángguānghuátíng Èrqī	——	城镇	城西街道大桥路与风华路交叉口西南 50 米
康乐北二街小区	Kānglè Běi'èrjiē Xiǎoqū	——	城镇	城西街道康乐北路 16 号
康乐北三区	Kānglè Běisānqū	——	城镇	城西街道端州六路 6 号
肇庆市人大住宅小区	Zhàoqìng Shì Réndà Zhùzhái Xiǎoqū	——	城镇	城西街道翠星路 22 号
康乐居	Kānglè Jū	——	城镇	城西街道康乐南路西门
横巷小区	Héngxiàng Xiǎoqū	——	城镇	城西街道西江南路 23 号横巷第三幢
滨河小苑	Bīnhé Xiǎoyuàn	——	城镇	城西街道宋城社区
腾龙芙蓉阁小区	Ténglóng Fúrónggé Xiǎoqū	——	城镇	城西街道西江北路 2 号
侨兴星河湖畔	Qiáoxìng Xīnghéhúpàn	——	城镇	城西街道伴月路
芙蓉花园	Fúróng Huāyuán	——	城镇	城西街道芙蓉东街 13 号
翠星三号小区	Cuìxīngsānhào Xiǎoqū	——	城镇	城西街道伴月路翠星三号
长线局宿舍	Chángxiànjú Sùshè	——	城镇	城西街道康乐北路 38 号 3 幢
黄塘三区	Huángtáng Sānqū	——	城镇	城西街道黄塘花园东南
宋城雅筑	Sòngchéng Yǎzhù	——	城镇	城西街道草场路 79 号

(续上表)

标准名称	汉语拼音	别名	地名类别	相对位置
康宁轩	Kāngníng Xuān	——	城镇	城西街道攫英路3号
雅居阁	Yǎjū Gé	——	城镇	城西街道西江北路23号之三
惠畅居	Huìchàng Jū	——	城镇	城西街道白沙村北侧地块
瑶池西街小区	Yáochí Xījiē Xiǎoqū	——	城镇	城西街道瑶池西街13号
御江南	Yùjiāngnán	——	城镇	城西街道前沙街与西江南路交叉口南50米
南溪一号大院	Nánxīyīhào Dàyuàn	——	城镇	城西街道南溪路1号
港航小区	Gǎngháng Xiǎoqū	——	城镇	城西街道江滨西路3号
金芙蓉小区	Jīnfúróng Xiǎoqū	——	城镇	城西街道芙蓉西二街4号
登高小区	Dēnggāo Xiǎoqū	——	城镇	城西街道登高三巷129号
龙前小区	Lóngqián Xiǎoqū	——	城镇	城西街道朱加里49号附近
旧康乐小区	Jiùkānglè Xiǎoqū	——	城镇	城西街道登高社区
朱家里小区	Zhūjiālǐ Xiǎoqū	——	城镇	城西街道康乐中路
翠星路石瑶新村	Cuìxīnglù Shíyáo Xīncūn	——	城镇	城西街道翠星路14号附近
康乐二小区	Kānglè Èrxiǎoqū	——	城镇	城西街道康乐北路16号
端城雅苑	Duānchéng Yǎyuàn	——	城镇	城西街道厂排街1巷5号
曙光巷小区	Shǔguāngxiàng Xiǎoqū	——	城镇	城西街道康乐南路7号
和熙名园	Héxī Míngyuán	——	城镇	城西街道西江北路与红棉一路交叉口
波海湖花园	Bōhǎihú Huāyuán	——	城镇	城西街道波海社区
南景新邨	Nánjǐng Xīncūn	——	城镇	城西街道南溪路18号
鸿苑一区	Hóngyuàn Yīqū	——	城镇	城西街道黄塘社区
百花园	Bǎihuā Yuán	——	城镇	城西街道大桥路与牡丹路交叉口东150米
西江名苑	Xījiāng Míngyuàn	——	城镇	城西街道西江南路13号
幸福新城	Xìngfú Xīnchéng	——	城镇	城西街道宋城西路14号
帝景轩	Dìjǐng Xuān	——	城镇	城西街道时代广场B幢
西湖居	Xīhú Jū	——	城镇	城西街道厂排街24号
德星巷住宅小区	Déxīngxiàng Zhùzhái Xiǎoqū	——	城镇	城西街道府前路99号
新世界星玺	Xīnshìjiè Xīngxǐ	——	城镇	城西街道伴月路西

（续上表）

标准名称	汉语拼音	别名	地名类别	相对位置
奔庆小区	Bēnqìng Xiǎoqū	——	城镇	睦岗街道风华路1号
中铁港航局三公司住宅小区南区	Zhōngtiěgǎnghángjú Sāngōngsī Zhùzháixiǎoqū Nánqū	——	城镇	睦岗街道站北路45号
群星居一区	Qúnxīngjū Yīqū	——	城镇	睦岗街道群星居A区（七星街北130米）
客运段公寓	Kèyùnduàn Gōngyù	——	城镇	睦岗街道站北路15号
侨城豪苑	Qiáochéng Háoyuàn	——	城镇	睦岗街道龙塘路10号
金鑫公寓	Jīnxīn Gōngyù	——	城镇	睦岗街道端州七路24号
龙馨苑	Lóngxīn Yuàn	——	城镇	睦岗街道端州七路
群星居二区	Qúnxīngjū Èrqū	——	城镇	睦岗街道七星街17号
侨光花苑	Qiáoguāng Huāyuàn	——	城镇	睦岗街道玑东社区
三茂铁路肇庆文明小区	Sānmào Tiělù Zhàoqìng Wénmíng Xiǎoqū	——	城镇	睦岗街道站北路
金鼎湾国际别墅社区	Jīndǐngwān Guójì Biéshù Shèqū	——	城镇	睦岗街道北岭五路北侧、肇庆市委党校西侧
鸿景花园	Hóngjǐng Huāyuán	——	城镇	睦岗街道宋城西路9号
金盛花苑	Jīnshèng Huāyuàn	——	城镇	睦岗街道肇庆大道与矶东路交汇处西南角
肇中高中部第三期工程教师公寓	Zhàozhōng Gāozhōngbù Dìsānqī Gōngchéng Jiàoshī Gōngyù	——	城镇	黄岗街道石牌社区
至尊豪庭	Zhìzūn Háotíng	——	城镇	黄岗街道东岗西路西150米
紫金公寓	Zǐjīn Gōngyù	——	城镇	黄岗街道西北部
新恒盛伯爵金殿	Xīnhéngshèng Bójué Jīndiàn	——	城镇	黄岗街道建设一路栢力羽毛球俱乐部附近
新龙城花苑	Xīnlóngchéng Huāyuàn	——	城镇	黄岗街道肇庆大道辅路
西湖新筑	Xīhú Xīnzhù	——	城镇	睦岗街道星湖名郡开发小区内、盘古路东侧
西苑	Xīyuàn	——	城镇	黄岗街道文绣路与灵珠路交叉口西50米
塘尾公寓	Tángwěi Gōngyù	——	城镇	城东街道二塔路22号
石牌工业小区	Shípái Gōngyè Xiǎoqū	——	城镇	黄岗街道星湖大道与砚都大道交叉口西100米

（续上表）

标准名称	汉语拼音	别名	地名类别	相对位置
尚林苑	Shànglín Yuàn	——	城镇	睦岗街道星湖名郡开发小区内、盘古路东侧
景园	Jǐngyuán	——	城镇	黄岗街道北岭四路西150米
聚雅轩	Jùyǎ Xuān	——	城镇	黄岗街道裕兴街28号
兰瑰雅别墅区	Lánguīyǎ Biéshùqū	——	城镇	黄岗街道星湖名郡七星苑西侧
七星苑	Qīxīng Yuàn	——	城镇	睦岗街道石牌路西侧、七星路北侧
集雅园	Jíyǎ Yuán	——	城镇	黄岗街道沙布村七巷13号
嘉禾花园	Jiāhé Huāyuán	——	城镇	黄岗街道棠岗路
金海湾别墅	Jīnhǎiwān Biéshù	——	城镇	黄岗街道建设一路31号
经典名门	Jīngdiǎn Míngmén	——	城镇	黄岗街道河旁社区
桂雨苑	Guìyǔ Yuàn	——	城镇	黄岗街道七星街75号
和成金海湾	Héchéng Jīnhǎiwān	——	城镇	黄岗街道建设一路31号
恒裕海景	Héngyù Hǎijǐng	——	城镇	黄岗街道103区星湖大道北
华侨城	Huáqiáo Chéng	——	城镇	黄岗街道东岗社区
安逸花园一期	Ānyìhuāyuán Yīqī	——	城镇	黄岗街道信安路西侧
博雅轩	Bóyǎ Xuān	——	城镇	黄岗街道新元社区
藏锋墅	Cángfēng Shù	——	城镇	黄岗街道蓝塘四路
丹霞苑	Dānxiá Yuàn	——	城镇	睦岗街道星湖名郡开发小区内、盘古路东侧
东安花苑	Dōng'ān Huāyuàn	——	城镇	黄岗街道新达路2号
翠湖居	Cuìhú Jū	——	城镇	城西街道翠湖路
粮食小区	Liángshí Xiǎoqū	——	城镇	城西街道登高社区
明翠居	Míngcuì Jū	——	城镇	城东街道明珠路7号
御景轩	Yùjǐng Xuān	——	城镇	城西街道端州五路2号
七一九地质队宿舍	Qīyījiǔ Dìzhìduì Sùshè	——	城镇	黄岗街道新元社区
奔成天悦豪庭	Bēnchéngtiānyuè Háotíng	——	城镇	黄岗街道东湖南路北侧
城市阳光花园	Chéngshìyángguāng Huāyuán	——	城镇	黄岗街道新园中路北侧
东盛名苑	Dōngshèng Míngyuàn	——	城镇	黄岗街道星湖大道

（续上表）

标准名称	汉语拼音	别名	地名类别	相对位置
益华山海郡	Yìhuáshānhǎi Jùn	——	城镇	黄岗街道端州一路56号
华英城北园	Huáyīngchéng Běiyuán	——	城镇	黄岗街道东湖三路5号
华英城汇景湾	Huáyīngchéng Huìjǐngwān	——	城镇	黄岗街道信安路97区
华英城墅景湾	Huáyīngchéng Shùjǐngwān	——	城镇	黄岗街道信安三路8号
江山汇花园	Jiāngshānhuì Huāyuán	——	城镇	黄岗街道羚山东南侧
君安花苑	Jūn'ān Huāyuàn	——	城镇	黄岗街道星湖大道西侧
天誉花园	Tiānyù Huāyuán	——	城镇	黄岗街道信安路东侧
羚山小区	Língshān Xiǎoqū	——	城镇	黄岗街道双东南社区
尚东康城	Shàngdōng Kāngchéng	——	城镇	黄岗街道黄岗二路东
尚东名筑花园	Shàngdōngmíngzhù Huāyuán	——	城镇	黄岗街道信安路北侧
盛庭雅苑	Shèngtíng Yǎyuàn	——	城镇	黄岗街道端州二路南侧、市第三医院东侧
四季天悦小区	Sìjìtiānyuè Xiǎoqū	——	城镇	黄岗街道双东南社区
泰湖花园	Tàihú Huāyuán	——	城镇	黄岗街道新元社区
星光礼誉花园	Xīngguānglǐyù Huāyuán	——	城镇	黄岗街道端州一路西侧
星弘誉景花园	Xīnghóngyùjǐng Huāyuán	——	城镇	黄岗街道星湖大道西
砚都蓝亭	Yàndū Lántíng	——	城镇	黄岗街道端州一路北侧
中源名苑	Zhōngyuán Míngyuàn	——	城镇	黄岗街道东湖二路与黄岗一路交汇东北
中源誉峰	Zhōngyuán Yùfēng	——	城镇	黄岗街道星湖大道东侧
山水苑	Shānshuǐ Yuàn	——	城镇	黄岗街道北岭四区水基新村东侧
尚东雅轩	Shàngdōng YǎXuān	——	城镇	黄岗街道信安路西
君安峰景湾	Jūn'ān Fēngjǐngwān	——	城镇	黄岗街道端州一路
华英城	Huáyīng Chéng	——	城镇	黄岗街道信安三路8号
肇庆学院教工之家	Zhàoqìng Xuéyuàn Jiàogōngzhījiā	——	城镇	黄岗街道迎宾大道肇庆学院体育馆附近
镇南村	Zhènnáncūn	苏塘村、冧咀岗村	农村	端州区政府驻地西北部

(续上表)

标准名称	汉语拼音	别名	地名类别	相对位置
镇坊社	Zhènfāngshè	——	农村	端州区政府驻地北部
油柑岭	Yóugānlǐng	——	农村	端州区政府驻地北部
杏花庄	Xìnghuāzhuāng	——	农村	端州区政府驻地东南部
新屋	Xīnwū	——	农村	端州区政府驻地西北部
新湾村	Xīnwāncūn	——	农村	端州区政府驻地北部
新村	Xīncūn	——	农村	端州区政府驻地西北部
向阳村	Xiàngyángcūn	——	农村	端州区政府驻地北部
下外坑	Xiàwàikēng	——	农村	端州区政府驻地西北部
下龙塘	Xiàlóngtáng	——	农村	端州区政府驻地西部
下黄岗一村	Xiàhuánggǎngyīcūn	——	农村	端州区政府驻地东北部
下黄岗二村	Xiàhuánggǎng'èrcūn	黄冈二村	农村	端州区政府驻地东北部
细岭	Xìlǐng	——	农村	端州区政府驻地北部
西蕉园村	Xījiāoyuáncūn	——	农村	端州区政府驻地西北部
卫村	Wèicūn	——	农村	端州区政府驻地西部
围外	Wéiwài	——	农村	端州区政府驻地东北部
外坑	Wàikēng	——	农村	端州区政府驻地西北部
头村	Tóucūn	——	农村	端州区政府驻地西部
塘前	Tángqián	——	农村	端州区政府驻地北部
塘岗	Tánggǎng	——	农村	端州区政府驻地北部
塘窦口	Tángdòukǒu	——	农村	端州区政府驻地北部
棠下村	Tángxiàcūn	——	农村	端州区政府驻地西北部
苏塘	Sūtáng	——	农村	端州区政府驻地北部
水基村	Shuǐjīcūn	——	农村	端州区政府驻地东北部
石牌村	Shípáicūn	石排	农村	端州区政府驻地北部
蛇尾村	Shéwěicūn	——	农村	端州区政府驻地北部
上外坑	Shàngwàikēng	——	农村	端州区政府驻地西北部
上黄岗	Shànghuánggǎng	——	农村	端州区政府驻地西部
沙街村	Shājiēcūn	——	农村	端州区政府驻地西南部
沙湖村	Shāhúcūn	——	农村	端州区政府驻地东部

（续上表）

标准名称	汉语拼音	别名	地名类别	相对位置
森村	Sēncūn	——	农村	端州区政府驻地西北部
青莲村	Qīngliáncūn	——	农村	端州区政府驻地西北部
前村	Qiáncūn	钱村	农村	端州区政府驻地东北部
南岗湾	Nángǎngwān	——	农村	端州区政府驻地西北部
南安	Nán'ān	——	农村	端州区政府驻地西部
马头岗	Mǎtóugǎng	——	农村	端州区政府驻地东北部
蓝塘村	Lántángcūn	——	农村	端州区政府驻地东北部
兰龙村	Lánlóngcūn	拦龙村	农村	端州区政府驻地西北部
军屯	Jūntún	——	农村	端州区政府驻地西南部
景山岗村	Jǐngshāngǎngcūn	——	农村	端州区政府驻地北部
金鸡村	Jīnjīcūn	金鸡咀	农村	端州区政府驻地东北部
较边村	Jiàobiāncūn	——	农村	端州区政府驻地北部
鸡寮村	Jīliáocūn	——	农村	端州区政府驻地东北部
黄巷	Huángxiàng	——	农村	端州区政府驻地东北部
黄塘头	Huángtángtóu	——	农村	端州区政府驻地西北部
国际村	Guójìcūn	——	农村	端州区政府驻地北部
贵屯	Guìtún	——	农村	端州区政府驻地南部
岗边	Gǎngbiān	——	农村	端州区政府驻地西北部
独石	Dúshí	——	农村	端州区政府驻地西北部
都草	Dōucǎo	——	农村	端州区政府驻地西北部
大洲村	Dàzhōucūn	——	农村	端州区政府驻地西部
大洲	Dàzhōu	——	农村	端州区政府驻地东北部
大仙岗	Dàxiāngǎng	——	农村	端州区政府驻地西北部
大龙村	Dàlóngcūn	——	农村	端州区政府驻地西北部
大岭岗	Dàlǐnggǎng	——	农村	端州区政府驻地北部
大基磅	Dàjīpáng	——	农村	端州区政府驻地北部
出头村	Chūtóucūn	——	农村	端州区政府驻地西北部
隔塘村	Gétángcūn	——	农村	端州区政府驻地东北部
坳头村	Àotóucūn	——	农村	端州区政府驻地西北部
云路村	Yúnlùcūn	——	农村	端州区政府驻地西北部

（续上表）

标准名称	汉语拼音	别名	地名类别	相对位置
岩前村	Yánqiáncūn	——	农村	端州区政府驻地北部
向西村	Xiàngxīcūn	——	农村	端州区政府驻地西北部
向南村	Xiàngnáncūn	——	农村	端州区政府驻地西北部
向东村	Xiàngdōngcūn	——	农村	端州区政府驻地西北部
下瑶	Xiàyáo	——	农村	端州区政府驻地西北部
下坑村	Xiàkēngcūn	——	农村	端州区政府驻地西北部
下黄岗	Xiàhuánggǎng	——	农村	端州区政府驻地东北部
湾头村	Wāntóucūn	——	农村	端州区政府驻地西部
外迳村	Wàijìngcūn	——	农村	端州区政府驻地西北部
塘心㘵	Tángxīnbù	——	农村	端州区政府驻地西北部
塘尾村	Tángwěicūn	——	农村	端州区政府驻地东部
塘基头村	Tángjītóucūn	——	农村	端州区政府驻地西北部
棠美村	Tángměicūn	塘尾	农村	端州区政府驻地西部
松岭村	Sōnglǐngcūn	——	农村	端州区政府驻地北部
水松根村	Shuǐsōnggēncūn	——	农村	端州区政府驻地西部
仕贤村	Shìxiáncūn	长塘仔、莲花地	农村	端州区政府驻地东北部
上园村	Shàngyuáncūn	上元村	农村	端州区政府驻地西部
上瑶村	Shàngyáocūn	上窑	农村	端州区政府驻地西部
上龙塘村	Shànglóngtángcūn	龙塘村	农村	端州区政府驻地西部
山寺村	Shānsìcūn	——	农村	端州区政府驻地西北部
山坳村	Shān'àocūn	山凹村	农村	端州区政府驻地北部
沙头村	Shātóucūn	——	农村	端州区政府驻地东北部
沙塾村	Shādūncūn	——	农村	端州区政府驻地北部
沙堆村	Shāduīcūn	——	农村	端州区政府驻地西北部
区田村	Ōutiáncūn	——	农村	端州区政府驻地北部
芹田村	Qíntiáncūn	——	农村	端州区政府驻地西部
睦岗村	Mùgǎngcūn	——	农村	端州区政府驻地西北部
岭塘村	Lǐngtángcūn	——	农村	端州区政府驻地北部
塱心三村	Lǎngxīnsāncūn	塱三村	农村	端州区政府驻地西北部

（续上表）

标准名称	汉语拼音	别名	地名类别	相对位置
塱心	Lǎngxīn	——	农村	端州区政府驻地西北部
塱心二村	Lǎngxīn'èrcūn	——	农村	端州区政府驻地西北部
塱心一村	Lǎngxīnyīcūn	——	农村	端州区政府驻地西北部
坑尾村	Kēngwěicūn	——	农村	端州区政府驻地北部
坑边村	Kēngbiāncūn	——	农村	端州区政府驻地西部
坎脚村	Kǎnjiǎocūn	——	农村	端州区政府驻地东北部
基围头村	Jīwéitóucūn	——	农村	端州区政府驻地西南部
基东村	Jīdōngcūn	——	农村	端州区政府驻地东部
厚岗村	Hòugǎngcūn	——	农村	端州区政府驻地东南部
工农新村	Gōngnóng Xīncūn	——	农村	端州区政府驻地西南部
格埠	Gébù	——	农村	端州区政府驻地西部
岗尾村	Gǎngwěicūn	——	农村	端州区政府驻地东北部
岗头村	Gǎngtóucūn	——	农村	端州区政府驻地东北部
岗咀村	Gǎngzuǐcūn	江咀村	农村	端州区政府驻地西北部
渡头村	Dùtóucūn	——	农村	端州区政府驻地东南部
东岗村	Dōnggǎngcūn	东江	农村	端州区政府驻地东北部
大塘面村	Dàtángmiàncūn	——	农村	端州区政府驻地东北部
大坪村	Dàpíngcūn	——	农村	端州区政府驻地北部
大路田村	Dàlùtiáncūn	——	农村	端州区政府驻地北部
大岗头村	Dàgǎngtóucūn	——	农村	端州区政府驻地西部
大菜园村	Dàcàiyuáncūn	——	农村	端州区政府驻地西部
宾日村	Bīnrìcūn	宾日社	农村	端州区政府驻地东北部
白石村	Báishícūn	——	农村	端州区政府驻地东北部
白沙村	Báishācūn	白沙孔村	农村	端州区政府驻地西部
大冲村	Dàchōngcūn	——	农村	端州区政府驻地东北部
大粉村	Dàfěncūn	——	农村	端州区政府驻地西部
大柑园	Dàgānyuán	——	农村	端州区政府驻地西南部
大龙二村	Dàlóng'èrcūn	——	农村	端州区政府驻地西北部
大龙三村	Dàlóngsāncūn	——	农村	端州区政府驻地西北部
大龙一村	Dàlóngyīcūn	——	农村	端州区政府驻地西北部

（续上表）

标准名称	汉语拼音	别名	地名类别	相对位置
带村	Dàicūn	——	农村	端州区政府驻地东北部
东禺村	Dōngyúcūn	——	农村	端州区政府驻地东北部
凤东	Fèngdōng	——	农村	黄岗街道东北部
凤岗村	Fènggǎngcūn	封岗	农村	端州区政府驻地东北部
凤西	Fèngxī	——	农村	黄岗街道东北部
阜通村	Fùtōngcūn	——	农村	端州区政府驻地东北部
隔岗村	Gégǎngcūn	隔岗圩	农村	端州区政府驻地西部
河旁村	Hépángcūn	——	农村	端州区政府驻地东北部
黄龙岗	Huánglónggǎng	——	农村	端州区政府驻地东北部
黄茅岗村	Huángmáogǎngcūn	——	农村	端州区政府驻地西北部
蕉园二村	Jiāoyuán'èrcūn	——	农村	端州区政府驻地西北部
蕉园三村	Jiāoyuánsāncūn	——	农村	端州区政府驻地西北部
蕉园四村	Jiāoyuánsìcūn	——	农村	端州区政府驻地西北部
蕉园一村	Jiāoyuányīcūn	——	农村	端州区政府驻地西北部
军东	Jūndōng	——	农村	端州区政府驻地西南部
军西	Jūnxī	——	农村	端州区政府驻地西南部
南陈村	Nánchéncūn	——	农村	端州区政府驻地西北部
南联村	Nánliáncūn	——	农村	端州区政府驻地西北部
芹田三村	Qíntiánsāncūn	——	农村	端州区政府驻地西部
芹田一村	Qíntiányīcūn	——	农村	端州区政府驻地西部
稔塘村	Rěntángcūn	——	农村	端州区政府驻地东北部
沙布村	Shābùcūn	——	农村	黄岗街道东南部
沙村	Shācūn	——	农村	端州区政府驻地东北部
沙寮村	Shāliáocūn	新村	农村	端州区政府驻地东北部
泰宁村	Tàiníngcūn	——	农村	端州区政府驻地东北部
泰宁二村	Tàiníng'èrcūn	——	农村	端州区政府驻地东北部
泰宁一村	Tàiníngyīcūn	——	农村	端州区政府驻地东北部
棠下一村	Tángxiàyīcūn	——	农村	端州区政府驻地西北部
棠下联村	Tángxiàliáncūn	——	农村	端州区政府驻地西北部
棠下二村	Tángxià'èrcūn	——	农村	端州区政府驻地西北部

（续上表）

标准名称	汉语拼音	别名	地名类别	相对位置
棠下三村	Tángxiàsāncūn	——	农村	端州区政府驻地西北部
棠下四村	Tángxiàsìcūn	——	农村	端州区政府驻地西北部
塘岗二村	Tánggǎng'èrcūn	——	农村	端州区政府驻地北部
外迳二村	Wàijìng'èrcūn	——	农村	端州区政府驻地西北部
外迳三村	Wàijìngsāncūn	——	农村	端州区政府驻地西北部
外迳一村	Wàijìngyīcūn	——	农村	端州区政府驻地西北部
外坑二村	Wàikēng'èrcūn	——	农村	端州区政府驻地西北部
外坑三村	Wàikēngsāncūn	——	农村	端州区政府驻地西北部
外坑一村	Wàikēngyīcūn	——	农村	端州区政府驻地西北部
五花庄	Wǔhuāzhuāng	——	农村	端州区政府驻地东部
元咀村	Yuánzuǐcūn	圆咀	农村	端州区政府驻地东北部
长湖村	Chánghúcūn	——	农村	端州区政府驻地东北部
正西村	Zhèngxīcūn	——	农村	端州区政府驻地西南部
中国端砚文化村	Zhōngguó Duānyàn Wénhuàcūn	——	农村	端州区政府驻地东北部
岩象岗	Yánxiànggǎng	——	农村	端州区政府驻地北部
圩头村	Xūtóucūn	——	农村	端州区政府驻地西部
大盼村	Dàpàncūn	——	农村	端州区政府驻地西部
下三村	Xiàsāncūn	——	农村	端州区政府驻地西部
忽布	Hūbù	——	农村	端州区政府驻地西北部
棠尾	Tángwěi	——	农村	端州区政府驻地西部
猪吻塘	Zhūwěntáng	——	农村	端州区政府驻地东北部
大涌	Dàchōng	——	农村	端州区政府驻地东北部
向西新村	Xiàngxī Xīncūn	——	农村	端州区政府驻地西南部
水上新村	Shuǐshàng Xīncūn	——	农村	端州区政府驻地西南部
西巷新村	Xīxiàng Xīncūn	——	农村	端州区政府驻地西部
沙岗新村	Shāgǎng Xīncūn	——	农村	端州区政府驻地西部
新村	Xīncūn	——	农村	端州区政府驻地北部
金花新村	Jīnhuā Xīncūn	——	农村	端州区政府驻地西部
墩头新村	Dūntóu Xīncūn	——	农村	端州区政府驻地西部

（续上表）

标准名称	汉语拼音	别名	地名类别	相对位置
虎头岗	Hǔtóugǎng	——	农村	端州区政府驻地西北部
三家村	Sānjiācūn	——	农村	端州区政府驻地西北部
桑思根	Sāngsīgēn	——	农村	端州区政府驻地西北部
黄岗三家村	Huánggǎngsānjiācūn	——	农村	端州区政府驻地东北部

（五）交通运输设施类

1. 水上运输

标准名称	汉语拼音	地名类别	相对位置	所在水域
肇庆三榕港	Zhàoqìng Sānróng Gǎng	河港	端州区政府驻地西北部	西江

2. 公路运输、城镇交通运输

标准名称	汉语拼音	别名	地名类别	相对位置	起讫点
广成公路	Guǎngchéng Gōnglù	321国道	国道	端州区中部	四会榄岗—封开下典口
桥西至睦岗公路	Qiáoxī Zhì Mùgǎng Gōnglù	——	县道	端州区西南部	肇庆市第八中学—肇庆三榕港
小湘至岭塘公路	Xiǎoxiāng Zhì Lǐngtáng Gōnglù	——	乡道	端州区北部	小湘—岭塘
上外坑至新村公路	Shàngwàikēng Zhì Xīncūn Gōnglù	——	乡道	端州区中部	上外坑—新村
过境路至云路村公路	Guòjìnglù Zhì Yúnlùcūn Gōnglù	——	乡道	端州区中部	肇庆大道—云路村
睦岗至上外坑公路	Mùgǎng Zhì Shàngwàikēng Gōnglù	——	乡道	端州区西部	睦岗—上外坑
大冲至北岭公路	Dàchōng Zhì Běilǐng Gōnglù	——	乡道	端州区东部	大冲—北岭山
广海北至沙湖公路	Guǎnghǎiběi Zhì Shāhú Gōnglù	——	乡道	端州区南部	端州一路—沙湖
大冲至田茛公路	Dàchōng Zhì Tiánlàng Gōnglù	——	乡道	端州区东部	大冲—金鸡村

（续上表）

标准名称	汉语拼音	别名	地名类别	相对位置	起迄点
铁路至大路田公路	Tiělù Zhì Dàlùtián Gōnglù	——	乡道	端州区中部	三茂铁路—大路田村
石牌至大坪公路	Shípái Zhì Dàpíng Gōnglù	——	乡道	端州区南部	石牌—大坪
棉纺厂至下外坑公路	Miánfǎngchǎng Zhì Xiàwàikēng Gōnglù	——	乡道	端州区南部	棉纺厂—下外坑
狮岗至东岗公路	Shīgǎng Zhì Dōnggǎng Gōnglù	——	乡道	端州区南部	东岗—321国道
大桥路	Dàqiáo Lù	——	快速路	端州区南部	风华路—西江大桥
肇庆大道	Zhàoqìng Dàdào	——	快速路	端州区中部	端州一路—三榕峡北峡口
砚都大道	Yàndū Dàdào	——	快速路	端州区东南部	肇庆大道—信安路
星湖大道	Xīnghú Dàdào	——	主干路	端州区南部	端州四路—庆迎路
信安路	Xìn'ān Lù	——	主干路	端州区南部	肇庆大道—星湖大道
棠岗路	Tánggǎng Lù	——	主干路	端州区南部	星湖大道—信安五路
蓝塘四路	Lántáng 4 Lù	——	主干路	端州区东部	蓝塘三路—肇庆大道
蓝塘三路	Lántáng 3 Lù	——	主干路	端州区东部	蓝塘二路—蓝塘四路
康乐中路	Kānglè Zhōnglù	——	主干路	端州区南部	端州六路—宋城二路
康乐南路	Kānglè Nánlù	——	主干路	端州区南部	康乐中路—提下路
康乐北路	Kānglè Běilù	——	主干路	端州区南部	伴月路—端州六路
玑西路	Jīxī Lù	——	主干路	端州区南部	肇庆大道—端州七路
古塔中路	Gǔtǎ Zhōnglù	——	主干路	端州区南部	友谊路—和平路
古塔南路	Gǔtǎ Nánlù	——	主干路	端州区南部	建设二路—江滨三路
古塔北路	Gǔtǎ Běilù	——	主干路	端州区南部	和平路—端州三路
风华路	Fēnghuá Lù	——	主干路	端州区南部	西江北路—玑东路
端州四路	Duānzhōu 4 Lù	——	主干路	端州区南部	古塔路—牌坊
端州七路	Duānzhōu 7 Lù	——	主干路	端州区南部	梅庵—睦岗
端州二路	Duānzhōu 2 Lù	——	主干路	端州区东南部	黄岗—二塔路
端州八路	Duānzhōu 8 Lù	——	主干路	端州区西南部	睦岗—二柱水库

（续上表）

标准名称	汉语拼音	别名	地名类别	相对位置	起讫点
蓝塘一路	Lántáng 1 Lù	—	主干路	端州区东部	羚化街—蓝兴路
蓝塘二路	Lántáng 2 Lù	—	主干路	端州区东部	蓝塘三路—端州一路
端州一路	Duānzhōu 1 Lù	—	主干路	端州区南部	蓝塘—黄岗
端州五路	Duānzhōu 5 Lù	过境公路	主干路	端州区南部	牌坊—人民北路
端州三路	Duānzhōu 3 Lù	—	主干路	端州区南部	二塔路—古塔路
端州六路	Duānzhōu 6 Lù	—	主干路	端州区南部	人民北路—梅庵
伴月路	Bànyuè Lù	—	主干路	端州区南部	西江北路—星湖西路
站北路	Zhànběi Lù	—	次干路	端州区中部	七星街—肇庆大道
星荷路	Xīnghé Lù	—	次干路	端州区南部	伴月路—端州五路
祥福路	Xiángfú Lù	—	次干路	端州区东南部	新风北路—沙寮三巷
西江南路	Xījiāng Nánlù	—	次干路	端州区南部	端州六路—江滨五路
西江北路	Xījiāng Běilù	—	次干路	端州区南部	肇庆大道—端州六路
文明路	Wénmíng Lù	—	次干路	端州区南部	端州四路—建设三路
天宁南路	Tiānníng Nánlù	水街	次干路	端州区南部	建设三路—江滨四路
天宁北路	Tiānníng Běilù	—	次干路	端州区南部	端州四路—建设三路
太和南路	Tàihé Nánlù	—	次干路	端州区西南部	太和北路—大鼎路
太和北路	Tàihé Běilù	—	次干路	端州区西南部	肇庆大道—端州七路
宋城一路	Sòngchéng 1 Lù	—	次干路	端州区南部	天宁北路—人民中路
宋城三路	Sòngchéng 3 Lù	—	次干路	端州区南部	西江南路—白沙路
宋城二路	Sòngchéng 2 Lù	—	次干路	端州区南部	人民中路—西江南路
石东二路	Shídōng 2 Lù	—	次干路	端州区南部	砚都大道—蓝塘四路
人民中路	Rénmín Zhōnglù	—	次干路	端州区南部	端州五路—宋城一路
人民南路	Rénmín Nánlù	—	次干路	端州区南部	宋城一路—江滨五路
前进中路	Qiánjìn Zhōnglù	—	次干路	端州区南部	建设二路—和平路
前进南路	Qiánjìn Nánlù	—	次干路	端州区南部	建设二路—江滨三路
前进北路	Qiánjìn Běilù	—	次干路	端州区南部	端州三路—和平路
蓝田路	Lántián Lù	—	次干路	端州区东部	端州一路—信安路
景泰路	Jǐngtài Lù	—	次干路	端州区南部	信安六路—端州三路
蕉园路	Jiāoyuán Lù	—	次干路	端州区西部	西江北路—玑东路

（续上表）

标准名称	汉语拼音	别名	地名类别	相对位置	起讫点
江滨四路	Jiāngbīn 4 Lù	——	次干路	端州区南部	古塔南路——天宁南路
江滨三路	Jiāngbīn 3 Lù	——	次干路	端州区南部	二塔路——古塔南路
建设一路	Jiànshè 1 Lù	——	次干路	端州区东南部	蓝塘路——河旁路
建设三路	Jiànshè 3 Lù	——	次干路	端州区南部	古塔中路——天宁北路
建设二路	Jiànshè 2 Lù	——	次干路	端州区南部	二塔路——建设三路
玑东路	Jīdōng Lù		次干路	端州区南部	肇庆大道——端州七路
黄塘路	Huángtáng Lù		次干路	端州区南部	人民北路——大桥路
河旁路	Hépáng Lù		次干路	端州区东南部	端州二路——江滨东路
和平路	Hépíng Lù		次干路	端州区南部	工农北路——前进中路
桂园路	Guìyuán Lù		次干路	端州区西部	玑东路——睦洲路
工农南路	Gōngnóng Nánlù		次干路	端州区南部	建设三路——江滨四路
工农北路	Gōngnóng Běilù		次干路	端州区南部	友谊路——端州三路
岗美路	Gǎngměi Lù		次干路	端州区东南部	黄岗南路——端州二路
二塔路	Èrtǎ Lù		次干路	端州区南部	江滨二路——端州二路
翠星路	Cuìxīng Lù		次干路	端州区南部	星荷路——康乐北路
白沙路	Báishā Lù		次干路	端州区南部	端州七路——江滨六路
山河路	Shānhé Lù		次干路	端州区南部	江滨六路——大鼎路
沙湖路	Shāhú Lù		次干路	端州区东部	端州一路——沙湖新区二巷
人民北路	Rénmín Běilù		次干路	端州区南部	南安街——端州五路
前村路	Qiáncūn Lù		次干路	端州区东部	端州一路——肇庆大道
庙前路	Miàoqián Lù		次干路	端州区南部	前村路——东岗西路
江滨五路	Jiāngbīn 5 Lù		次干路	端州区南部	江滨四路——白沙龙母庙
东岗西路	Dōnggǎng Xīlù		次干路	端州区东部	端州一路——七星二路
叠翠路	Diécuì Lù		次干路	端州区南部	砚都大道——东湖三路
星湖西路	Xīnghú Xīlù		次干路	端州区南部	肇庆大道——端州五路
七星街	Qīxīng Jiē		次干路	端州区中部	站北路——盘古路
紫荆路	Zǐjīng Lù	——	支路	端州区东部	文绣路——海荣路
忠勇路	Zhōngyǒng Lù	聚庆社	支路	端州区南部	宝月路——城北路

（续上表）

标准名称	汉语拼音	别名	地名类别	相对位置	起讫点
正西路新巷	Zhèngxī Lù Xīnxiàng	——	支路	端州区南部	正西路—沙街社区
正西路	Zhèngxī Lù	——	支路	端州区南部	康乐路—西江路
正东路	Zhèngdōng Lù	——	支路	端州区南部	阅江楼—城中路
振岗路	Zhèngǎng Lù	——	支路	端州区南部	端州一路—东兴南路
长湖街	Chánghú Jiē	——	支路	端州区东南部	河旁路—振岗路
跃龙中路	Yuèlóng Zhōnglù	——	支路	端州区南部	友谊路—和平路
阅江路	Yuèjiāng Lù	——	支路	端州区南部	柑园南路—正东路
友谊路	Yǒuyì Lù	——	支路	端州区南部	工农北路—古塔中路
瑶池西街	Yáochí Xījiē	——	支路	端州区南部	瑶池路—康乐北路
瑶池路	Yáochí Lù	——	支路	端州区南部	黄塘路—瑶池西街
雅图路	Yǎtú Lù	——	支路	端州区南部	工农北路—文明路
杏园路	Xìngyuán Lù	——	支路	端州区南部	建设二路—渡头村
兴贤里	Xīngxián Lǐ	——	支路	端州区南部	五经里—兴贤里一巷
星湖西一路	Xīnghú Xī 1 Lù	——	支路	端州区南部	肇庆大道—星湖西路
新元西路	Xīnyuán Xīlù	——	支路	端州区南部	信安大道—星湖大道
新街	Xīn Jiē	——	支路	端州区南部	正东路—江滨西路
五花路	Wǔhuā Lù	——	支路	端州区南部	建设二路—金津路
天后街	Tiānhòu Jiē	——	支路	端州区南部	正西路—堤下路
体育路	Tǐyù Lù	南门石路	支路	端州区南部	南溪路—堤下路
塔东二路	Tǎdōng 2 Lù	——	支路	端州区南部	厚岗南街一巷—裕基楼
双东南路	Shuāngdōng Nánlù	——	支路	端州区东南部	景福围—端州二路
双东北路	Shuāngdōng Běilù	——	支路	端州区东南部	端州二路—双东北三巷
石瑶街	Shíyáo Jiē	——	支路	端州区南部	翠星路—黄塘路
石咀街西巷	Shízuǐjiē Xīxiàng	——	支路	端州区南部	康乐南路—天后街
石咀街东巷	Shízuǐjiē Dōngxiàng	——	支路	端州区南部	康乐南路—人民南路

（续上表）

标准名称	汉语拼音	别名	地名类别	相对位置	起讫点
十字路	Shízì Lù	——	支路	端州区南部	城中路—宋城一路
沙墩路	Shādūn Lù	——	支路	端州区南部	和平路—建设二路
三都街	Sāndū Jiē	——	支路	端州区南部	振岗龙园—河旁路
庆迎路	Qìngyíng Lù	——	支路	端州区东部	端州一路—肇庆大道
芹田一路	Qíntián 1 Lù	——	支路	端州区南部	文明路—柑园北路
芹田桥巷	Qíntiánqiáo Xiàng	——	支路	端州区南部	——
芹田路	Qíntián Lù	——	支路	端州区南部	建设三路—芹田一路
芹田二路	Qíntián 2 Lù	——	支路	端州区南部	工农北路—芹田路
前沙街二巷	Qiánshājiē 2 Xiàng	——	支路	端州区南部	前沙街—滨江西路
前沙街	Qiánshā Jiē	——	支路	端州区南部	西江南路—桥西南路
前村西路	Qiáncūn Xīlù	——	支路	端州区东部	——
前村东路	Qiáncūn Dōnglù	——	支路	端州区东部	端州一路—星湖大道
南亚路	Nányà Lù	——	支路	端州区南部	龙塘路—桂林路
南溪路	Nánxī Lù	——	支路	端州区南部	立新路—康乐南路
睦洲路	Mùzhōu Lù	——	支路	端州区南部	肇庆大道—上园村
睦民路	Mùmín Lù	——	支路	端州区南部	宋城一路—江滨二马路
睦岗路	Mùgǎng Lù	——	支路	端州区西部	智慧路—端州七路
明珠路	Míngzhū Lù	——	支路	端州区南部	建设二路—前进南路
梅岗路	Méigǎng Lù	——	支路	端州区南部	端州七路—市国土资源局端州分局
梅庵路	Méi'ān Lù	——	支路	端州区南部	端州七路—西江南路
绿荷路	Lùhé Lù	——	支路	端州区南部	翠湖路—西江北路
龙珠北路	Lóngzhū Běilù	——	支路	端州区南部	桂园路—端州七路
龙田里	Lóngtián Lǐ	——	支路	端州区南部	端州六路—登高路四巷
龙塘路	Lóngtáng Lù	——	支路	端州区西部	桂园路—端州七路
龙马街	Lóngmǎ Jiē	——	支路	端州区南部	端州六路—宋城二路
龙安路	Lóng'ān Lù	——	支路	端州区南部	星荷路—端州五路
柳园南路	Liǔyuán Nánlù	——	支路	端州区南部	蓓蕾北路—建设二路

（续上表）

标准名称	汉语拼音	别名	地名类别	相对位置	起讫点
柳园路	Liǔyuán Lù	——	支路	端州区南部	蓓蕾北路—建设二路
灵珠路	Língzhū Lù		支路	端州区东部	文绣路—紫荆路
紫荆街	Zǐjīng Jiē	——	支路	端州区中部	——
紫荆大道	Zǐjīng Dàdào	——	支路	端州区中部	北岭四路—荔枝路
孖土地巷	Mātǔdì Xiàng		支路	端州区南部	登高路—登高四巷
擢英路	Zhuóyīng Lù		支路	端州区南部	天宁北路—睦民路
竹芯巷	Zhúxīn Xiàng		支路	端州区南部	竹芯巷1号—竹芯巷20号
竹家路	Zhújiā Lù		支路	端州区南部	竹家路1号—竹家路18号
朱家里	Zhūjiā Lǐ		支路	端州区南部	三朝古墓—九里香
忠和路	Zhōnghé Lù		支路	端州区南部	忠和路1号—忠和路18号
中衙巷	Zhōngyá Xiàng		支路	端州区南部	米仓巷—城中路
中心东巷	Zhōngxīn Dōngxiàng		支路	端州区南部	星湖大道—塘岗村
中南巷	Zhōngnán Xiàng		支路	端州区东南部	江滨东路—江滨二马路
正东路横巷	Zhèngdōnglù Héngxiàng		支路	端州区南部	正东路横巷1号—正东路横巷15号
镇中南路	Zhènzhōng Nánlù		支路	端州区南部	三都街—河旁路五巷
镇中路	Zhènzhōng Lù		支路	端州区南部	端州二路—长湖街
镇园路	Zhènyuán Lù		支路	端州区南部	龙珠南路—太和南路
长砦街	Chángzhài Jiē		支路	端州区南部	长砦街1号—长砦街18号
站前西路	Zhànqián Xīlù		支路	端州区中部	西江北路—太和北路
跃龙南路	Yuèlóng Nánlù		支路	端州区南部	建设三路—丽日蓝湾
跃龙北路	Yuèlóng Běilù		支路	端州区南部	跃龙中路—端州四路
阅江路一巷	Yuèjiāng Lù 1 Xiàng		支路	端州区南部	阅江路—巷尾
阅江路三巷	Yuèjiāng Lù 3 Xiàng		支路	端州区南部	阅江路—巷尾

（续上表）

标准名称	汉语拼音	别名	地名类别	相对位置	起讫点
阅江路二巷	Yuèjiāng Lù 2 Xiàng	——	支路	端州区南部	阅江路—巷尾
苑中路	Yuànzhōng Lù	——	支路	端州区中部	苑中路—苑西四路
苑西一路	Yuànxī 1 Lù	——	支路	端州区中部	苑中路—苑西二路
苑西四路	Yuànxī 4 Lù	——	支路	端州区中部	苑中路—苑西四路
苑西三路	Yuànxī 3 Lù	——	支路	端州区中部	苑中路—苑西四路
苑西二路	Yuànxī 2 Lù	——	支路	端州区中部	苑中路—苑西三路
苑东一路	Yuàndōng 1 Lù	——	支路	端州区中部	苑中路—苑东二路
苑东三路	Yuàndōng 3 Lù	——	支路	端州区中部	苑中路—苑东二路
苑东二路	Yuàndōng 2 Lù	——	支路	端州区中部	苑中路—苑东三路
园江一巷	Yuánjiāng 1 Xiàng	——	支路	端州区南部	岗头大道—园江路
园江路	Yuánjiāng Lù	——	支路	端州区南部	端州区人民检察院—园江一巷
玉屏三街	Yùpíng 3 Jiē	——	支路	端州区东南部	北岭四路—鸿景紫园
玉兰街	Yùlán Jiē	——	支路	端州区南部	金鼎湾国际别墅社区—金鼎湾国际别墅社区
禹门坊正巷	Yǔménfāng Zhèngxiàng	——	支路	端州区南部	禹门坊正巷1号—禹门坊正巷22号
禹门坊一巷	Yǔménfāng 1 Xiàng	——	支路	端州区南部	禹门坊一巷1号—禹门坊一巷22号
禹门坊四巷	Yǔménfāng 4 Xiàng	——	支路	端州区南部	禹门坊四巷1号—禹门坊四巷22号
禹门坊三巷	Yǔménfāng 3 Xiàng	——	支路	端州区南部	禹门坊三巷1号—禹门坊三巷27号
禹门坊二巷	Yǔménfāng 2 Xiàng	——	支路	端州区南部	禹门坊二巷1号—禹门坊二巷27号
娱家巷	Yújiā Xiàng	——	支路	端州区南部	——
涌面路	Yǒngmiàn Lù	——	支路	端州区南部	友谊路—跃龙中路
永和一巷	Yǒnghé 1 Xiàng	——	支路	端州区南部	龙珠北路—太和北路
永和五巷	Yǒnghé 5 Xiàng	——	支路	端州区南部	龙珠北路—太和北路
永和四巷	Yǒnghé 4 Xiàng	——	支路	端州区南部	龙珠北路—太和北路

（续上表）

标准名称	汉语拼音	别名	地名类别	相对位置	起讫点
永和三巷	Yǒnghé 3 Xiàng	——	支路	端州区南部	龙珠北路—太和北路
永和二巷	Yǒnghé 2 Xiàng	——	支路	端州区南部	龙珠北路—太和北路
永安街	Yǒng'ān Jiē	——	支路	端州区南部	龙珠南路—华兴街
迎思巷	Yíngsī Xiàng	——	支路	端州区南部	江滨东路—江滨二马路
迎恩巷	Yíng'ēn Xiàng	——	支路	端州区南部	二马路—江滨四路
溢思路	Yìsī Lù	——	支路	端州区南部	学府西路—紫荆路
砚都大道辅路	Yàndūdàdào Fǔlù	——	支路	端州区东南部	端州一路—信安大道
岩前宝环大道	Yánqiánbǎohuán Dàdào	——	支路	端州区南部	星湖大道—星湖大道
巡捕巷	Xúnbǔ Xiàng	——	支路	端州区南部	城中路—巷尾
学前西巷	Xuéqián Xīxiàng	——	支路	端州区南部	学前西巷1号—学前西巷38号
学前东巷	Xuéqián Dōngxiàng	——	支路	端州区南部	学前东巷1号—学前东巷24号
学府西路	Xuéfǔ Xīlù	——	支路	端州区中部	学府南路—溢思路
学府南路	Xuéfǔ Nánlù	——	支路	端州区中部	海容路—学府西路
幸福街	Xìngfú Jiē	——	支路	端州区南部	工农南路—柑园南路
杏花街	Xìnghuā Jiē	——	支路	端州区南部	建设二路—水岸花城
兴园一路	Xīngyuán 1 Lù	——	支路	端州区南部	工业园区内—工业园区内
兴贤里一巷	Xīngxián Lǐ 1 Xiàng	——	支路	端州区南部	兴贤里—兴贤里二巷
兴贤里三巷	Xīngxián Lǐ 3 Xiàng	——	支路	端州区南部	兴贤里—兴贤里一巷
兴贤里二巷	Xīngxián Lǐ 2 Xiàng	——	支路	端州区南部	兴贤里—兴贤里一巷
星湖湾内街	Xīnghúwān Nèijiē	——	支路	端州区南部	星湖大道—星湖湾
新南街	Xīnnán Jiē	——	支路	端州区南部	为民街—为民街
新龙街	Xīnlóng Jiē	——	支路	端州区南部	睦岗路—桂林路
新街横巷	Xīnjiē Héngxiàng	——	支路	端州区南部	新街—江滨二马路

（续上表）

标准名称	汉语拼音	别名	地名类别	相对位置	起讫点
新风北路	Xīnfēng Běilù	——	支路	端州区南部	祥福路—带村
新村巷	Xīncūn Xiàng	——	支路	端州区南部	星湖大道—新村
小花园西街	Xiǎohuāyuán Xījiē	——	支路	端州区南部	宋城二路—西江南路
小花园东街	Xiǎohuāyuán Dōngjiē	——	支路	端州区南部	西江南路—巷尾
祥和街	Xiánghé Jiē	——	支路	端州区南部	太和南路—顺景批发市场
县前街	Xiànqián Jiē	——	支路	端州区南部	城中路158、160号旁—街尾
下瑶西正巷	Xiàyáo Xī Zhèngxiàng	——	支路	端州区南部	下瑶南正巷—上瑶北十巷
下瑶南正巷	Xiàyáo Nán Zhèngxiàng	——	支路	端州区南部	南安街—下瑶西正巷
西仁里	Xīrén Lǐ	——	支路	端州区东南部	人民南路—城南路
五经里一巷	Wǔjīng Lǐ 1 Xiàng	——	支路	端州区南部	五经里一巷1号—五经里一巷21号
五经里三巷	Wǔjīng Lǐ 3 Xiàng	——	支路	端州区南部	五经里三巷1号—五经里三巷44号
五经里二巷	Wǔjīng Lǐ 2 Xiàng	——	支路	端州区南部	五经里二巷1号—五经里二巷30号
五经里	Wǔjīng Lǐ	——	支路	端州区南部	五经里1号—五经里52号
文绣路	Wénxiù Lù	——	支路	端州区南部	学府西路—学府西路
文明路一巷	Wénmíng Lù 1 Xiàng	——	支路	端州区南部	文明路—巷尾
文明路六巷	Wénmíng Lù 6 Xiàng	——	支路	端州区南部	文明路—巷尾
文锦路	Wénjǐn Lù	——	支路	端州区中部	灵珠路—学府南路
为民街	Wéimín Jiē	——	支路	端州区南部	龙珠南路—太和南路
桃园路	Táoyuán Lù	——	支路	端州区南部	肇庆大道—凤凰路
桃花街	Táohuā Jiē	——	支路	端州区南部	风华路—荷花路
塘尾环村西十二巷	Tángwěihuáncūn Xī 12 Xiàng	——	支路	端州区南部	二塔路—塘尾村

（续上表）

标准名称	汉语拼音	别名	地名类别	相对位置	起讫点
塘基头横巷	Tángjītóu Héngxiàng	—	支路	端州区南部	人民南路—巷尾
棠兴路	Tángxīng Lù	—	支路	端州区南部	颂德路—信安大道
坛前街	Tánqián Jiē	坛前	支路	端州区东部	端州区人民医院后门接独立营—草声路
泰安路	Tài'ān Lù	—	支路	端州区南部	景德路—景泰路
太平里	Tàipíng Lǐ	—	支路	端州区南部	府前路中间—青宁坊
塔脚路五巷	Tǎjiǎo Lù 5 Xiàng	—	支路	端州区南部	塔脚路—巷尾
塔脚路	Tǎjiǎo Lù	—	支路	端州区南部	塔东二路—明珠路
塔东一路	Tǎdōng 1 Lù	—	支路	端州区南部	二塔路—前进南路
塔东三路	Tǎdōng 3 Lù	—	支路	端州区南部	古塔南路—工农南路
素馨路	Sùxīn Lù	—	支路	端州区中部	紫荆大道—荔枝路
颂德路	Sòngdé Lù	—	支路	端州区南部	星湖大道—棠岗路
松下径	Sōngxiàjìng	—	支路	端州区南部	端州一路—信安大道
水塔街	Shuǐtǎ Jiē	—	支路	端州区东南部	正西路—街尾
水师营	Shuǐshīyíng	—	支路	端州区南部	天宁北路—巷尾
双东南五巷东	Shuāngdōng Nán 5 Xiàngdōng	—	支路	端州区东南部	振岗路—双东南路
双东南三巷	Shuāngdōng Nán 3 Xiàng	—	支路	端州区东南部	振岗路—双东南路
双东南七巷东	Shuāngdōng Nán 7 Xiàngdōng	—	支路	端州区东南部	振岗路—双东南路
双东南六巷东	Shuāngdōng Nán 6 Xiàngdōng	—	支路	端州区东南部	振岗路—双东南路
双东北一巷	Shuāngdōng Běi 1 Xiàng	—	支路	端州区东南部	东兴北路—新风北路
双东北五巷	Shuāngdōng Běi 5 Xiàng	—	支路	端州区东南部	东兴北路—新风北路
双东北四巷	Shuāngdōng Běi 4 Xiàng	—	支路	端州区东南部	东兴北路—新风北路

（续上表）

标准名称	汉语拼音	别名	地名类别	相对位置	起讫点
双东北三巷	Shuāngdōng Běi 3 Xiàng	——	支路	端州区东南部	东兴北路—新风北路
双东北六巷	Shuāngdōng Běi 6 Xiàng	——	支路	端州区东南部	东兴北路—新风北路
双东北二巷	Shuāngdōng Běi 2 Xiàng	——	支路	端州区东南部	东兴北路—新风北路
曙光巷	Shǔguāng Xiàng	——	支路	端州区南部	江滨西路—巷尾
市场西街	Shìchǎng Xījiē	——	支路	端州区东南部	建设二路—江滨东路
市场五街	Shìchǎng 5 Jiē	——	支路	端州区东南部	市场西街—市场街
市场四街	Shìchǎng 4 Jiē	——	支路	端州区东南部	河旁路—塘尾村
市场七街	Shìchǎng 7 Jiē	——	支路	端州区东南部	市场西街—市场街
市场六街	Shìchǎng 6 Jiē	——	支路	端州区东南部	市场西街—市场街
市场街	Shìchǎng Jiē	——	支路	端州区东南部	建设一路—市场四街
仕贤街	Shìxián Jiē	——	支路	端州区南部	蓝塘四路—肇庆中学
石瑶街一巷	Shíyáo Jiē 1 Xiàng	——	支路	端州区南部	翠星路—石瑶街
石瑶街四巷	Shíyáo Jiē 4 Xiàng	——	支路	端州区南部	黄塘路—翠星路
石瑶街三巷	Shíyáo Jiē 3 Xiàng	——	支路	端州区南部	石瑶街四巷—石瑶街一巷
石榕街	Shíróng Jiē	——	支路	端州区南部	金鼎湾国际别墅社区—金鼎湾国际别墅社区
石咀街	Shízuǐ Jiē	——	支路	端州区南部	人民南路—天后街
石东路	Shídōng Lù	——	支路	端州区南部	蓝塘四路—海伦堡·林隐天下
十字大巷	Shízì Dàxiàng	——	支路	端州区南部	十字路—巷尾
狮岗北路	Shīgǎng Běilù	——	支路	端州区南部	砚都大道—星湖大道
上游街	Shàngyóu Jiē	——	支路	端州区南部	堤下路—巷尾
上瑶北正巷	Shàngyáo Běi Zhèngxiàng	——	支路	端州区南部	端州六路—上瑶北十巷
上瑶北十巷	Shàngyáo Běi 10 Xiàng	——	支路	端州区南部	上瑶北正巷—下瑶西正巷
商业街	Shāngyè Jiē	——	支路	端州区南部	凤凰路—龙眼路

（续上表）

标准名称	汉语拼音	别名	地名类别	相对位置	起讫点
沙寮三巷	Shāliáo 3 Xiàng	——	支路	端州区东部	祥福路—沙寮村
沙寮东街	Shāliáo Dōngjiē	——	支路	端州区东部	双东南路—振岗路
沙井街	Shājǐng Jiē	——	支路	端州区东部	人民中路—坡云楼脚
沙湖新区二巷	Shāhú Xīnqū 2 Xiàng	——	支路	端州区东部	——
沙湖路西二巷	Shāhú Lù Xī 2 Xiàng	——	支路	端州区东部	——
沙墩西一巷	Shādūn Xī 1 Xiàng	——	支路	端州区南部	跃龙路94栋东侧—古塔中路20号
沙墩西四巷	Shādūn Xī 4 Xiàng	——	支路	端州区南部	跃龙路116栋—古塔中路沙墩西四巷1栋
沙墩西三巷	Shādūn Xī 3 Xiàng	——	支路	端州区南部	沙墩西二巷15号—沙墩西四巷1栋
沙墩西二巷	Shādūn Xī 2 Xiàng	——	支路	端州区南部	跃龙路116栋—沙墩西二巷15号
沙布村一巷	Shābùcūn 1 Xiàng	——	支路	端州区南部	市场西街—塘尾村
三圣宫六巷	Sānshènggōng 6 Xiàng	——	支路	端州区南部	三圣宫六巷10号—三圣宫六巷29号
三联巷	Sānlián Xiàng	——	支路	端州区南部	宋城二路—正西路
润芳街	Rùnfāng Jiē	——	支路	端州区南部	肇庆大道—肇庆大道
稔塘村南二巷	Rěntángcūn Nán 2 Xiàng	——	支路	端州区东部	稔塘村北一巷—稔塘村
稔塘村北一巷	Rěntángcūn Běi 1 Xiàng	——	支路	端州区东部	稔塘村南二巷—稔塘村
群庆街一巷	Qúnqìng Jiē 1 Xiàng	——	支路	端州区南部	塔东二路—古塔南路一巷
群庆街四巷	Qúnqìng Jiē 4 Xiàng	——	支路	端州区南部	塔东二路—古塔南路一巷
群庆街三巷	Qúnqìng Jiē 3 Xiàng	——	支路	端州区南部	塔东二路—古塔南路一巷
群庆街二巷	Qúnqìng Jiē 2 Xiàng	——	支路	端州区南部	塔东二路—古塔南路一巷
群庆街	Qúnqìng Jiē	——	支路	端州区南部	阅江路—建设二路
庆园街	Qìngyuán Jiē	——	支路	端州区西部	龙园路—睦洲路

（续上表）

标准名称	汉语拼音	别名	地名类别	相对位置	起讫点
清太里	Qīngtài Lǐ	——	支路	端州区南部	——
青宁坊	Qīngníng Fāng	——	支路	端州区南部	德星巷尾—城南路尾
秦宁大道	Qínníng Dàdào	——	支路	端州区东南部	端州一路—景福围
麒麟街	Qílín Jiē	——	支路	端州区中部	宋城一路—正东路
七星四路	Qīxīng 4 Lù	——	支路	端州区中部	盘古路—肇庆大道
七星路	Qīxīng Lù	——	支路	端州区中部	华骏·凤凰台—北岭四路
披云楼脚	Pīyúnlóujiǎo	——	支路	端州区南部	市单车零件三厂—城基脚
盘古路	Pángǔ Lù	——	支路	端州区中部	北岭五路—肇庆大道
牌坊步行街	Páifāng Bùxíngjiē	——	支路	端州区南部	天宁北路—端州四路
南龙一巷	Nánlóng 1 Xiàng	——	支路	端州区西部	太和南路—龙珠南路
南龙路	Nánlóng Lù	——	支路	端州区西部	太和南路—龙珠南路
南龙二巷	Nánlóng 2 Xiàng	——	支路	端州区西部	太和南路—龙珠南路
南龙东一巷	Nánlóng Dōng 1 Xiàng	——	支路	端州区西部	——
南龙东路	Nánlóng Dōnglù	——	支路	端州区西部	——
南龙东二巷	Nánlóng Dōng 2 Xiàng	——	支路	端州区西部	——
南安南	Nán'ānnán	——	支路	端州区南部	——
南安里	Nán'ān Lǐ	——	支路	端州区南部	——
南安街	Nán'ān Jiē	——	支路	端州区南部	龙安路—人民北路
睦民路一巷	Mùmín Lù 1 Xiàng	——	支路	端州区南部	——
睦民路四巷	Mùmín Lù 4 Xiàng	——	支路	端州区南部	——
睦民路三巷	Mùmín Lù 3 Xiàng	——	支路	端州区南部	——
睦民路横巷	Mùmín Lù Héngxiàng	——	支路	端州区南部	豪居路—睦民路
睦民路二巷	Mùmín Lù 2 Xiàng	——	支路	端州区南部	——

（续上表）

标准名称	汉语拼音	别名	地名类别	相对位置	起讫点
牡丹路	Mǔdān Lù	——	支路	端州区南部	西江北路—大桥路
明直街	Míngzhí Jiē	——	支路	端州区南部	正东路—水师营
民兴街	Mínxìng Jiē	——	支路	端州区南部	——
米仓巷	Mǐcāng Xiàng	——	支路	端州区南部	——
梅花路	Méihuā Lù	——	支路	端州区南部	荷花路—黄塘路
麦仔园一巷	Màizǎiyuán 1 Xiàng	——	支路	端州区南部	麦仔园一巷1号—麦仔园一巷66号
麦仔园二巷	Màizǎiyuán 2 Xiàng	——	支路	端州区南部	麦仔园二巷1号—麦仔园二巷27号
绿荷西路	Lǜhé Xīlù	——	支路	端州区南部	彩云路—绿荷路
龙珠南路	Lóngzhū Nánlù	——	支路	端州区南部	端州七路—大鼎路
龙园路	Lóngyuán Lù	——	支路	端州区南部	端州七路—龟顶山
龙园街一巷	Lóngyuán Jiē 1 Xiàng	——	支路	端州区南部	龙园街—巷尾
龙园街四巷	Lóngyuán Jiē 4 Xiàng	——	支路	端州区南部	龙园街—巷尾
龙园街三巷	Lóngyuán Jiē 3 Xiàng	——	支路	端州区南部	龙园街—巷尾
龙园街二巷	Lóngyuán Jiē 2 Xiàng	——	支路	端州区南部	龙园街—巷尾
龙园街	Lóngyuán Jiē	——	支路	端州区南部	睦洲路—龙园路
龙眼路	Lóngyǎn Lù	——	支路	端州区中部	商业街—绿林山庄
龙腾路	Lóngténg Lù	——	支路	端州区中部	紫荆路—肇庆学院体育馆
龙塘北路一巷	Lóngtáng Běilù 1 Xiàng	——	支路	端州区西部	龙塘路—向南村
龙塘北路五巷	Lóngtáng Běilù 5 Xiàng	——	支路	端州区西部	——
龙塘北路四巷	Lóngtáng Běilù 4 Xiàng	——	支路	端州区西部	龙塘路—恒信五金制品厂
龙塘北路三巷	Lóngtáng Běilù 3 Xiàng	——	支路	端州区西部	龙塘路—向南村
龙塘北路七巷	Lóngtáng Běilù 7 Xiàng	——	支路	端州区西部	——

（续上表）

标准名称	汉语拼音	别名	地名类别	相对位置	起讫点
龙塘北路六巷	Lóngtáng Běilù 6 Xiàng	——	支路	端州区西部	——
龙塘北路二巷	Lóngtáng Běilù 2 Xiàng	——	支路	端州区西部	龙塘路—向南村
龙塘北路八巷	Lóngtáng Běilù 8 Xiàng	——	支路	端州区西部	——
龙圣里	Lóngshèng Lǐ	——	支路	端州区南部	城中路—巷尾
龙华一巷	Lónghuá 1 Xiàng	——	支路	端州区西南部	——
龙华街	Lónghuá Jiē	——	支路	端州区西南部	龙珠北路—龙塘路
龙华二巷	Lónghuá 2 Xiàng	——	支路	端州区西南部	——
龙湖路	Lónghú Lù	——	支路	端州区东南部	祥福路—东兴北路
龙桂路一巷	Lóngguì Lù 1 Xiàng	——	支路	端州区西南部	——
龙桂路五巷	Lóngguì Lù 5 Xiàng	——	支路	端州区西南部	——
龙桂路四巷	Lóngguì Lù 4 Xiàng	——	支路	端州区西南部	——
龙桂路三巷	Lóngguì Lù 3 Xiàng	——	支路	端州区西南部	——
龙桂路六巷	Lóngguì Lù 6 Xiàng	——	支路	端州区西南部	——
龙桂路二巷	Lóngguì Lù 2 Xiàng	——	支路	端州区西南部	——
龙桂路	Lóngguì Lù	——	支路	端州区西南部	端州七路—龙园路
羚化街	Línghuà Jiē	——	支路	端州区东部	东湖一路—蓝塘一路
莲湖中路二街	Liánhú Zhōnglù 2 Jiē	——	支路	端州区南部	莲湖中路—莲湖东路
莲湖中路	Liánhú Zhōnglù	——	支路	端州区南部	端州四路—肇庆市广雅幼儿园
莲湖西路	Liánhú Xīlù	——	支路	端州区南部	端州四路—荫梓岗
莲湖东路	Liánhú Dōnglù	——	支路	端州区南部	端州四路—莲湖中路二街
荔枝路	Lìzhī Lù	——	支路	端州区中部	紫荆大道—素馨路
立新街一巷	Lìxīn Jiē 1 Xiàng	——	支路	端州区南部	——

（续上表）

标准名称	汉语拼音	别名	地名类别	相对位置	起讫点
立新街二巷	Lìxīn Jiē 2 Xiàng	——	支路	端州区南部	——
立新街	Lìxīn Jiē	——	支路	端州区南部	正东路—江滨五路
李花街	Lǐhuā Jiē	——	支路	端州区南部	西江北路—百花路
揽人路	Lǎnrén Lù	——	支路	端州区中部	商业街—桂花路
蓝兴路	Lánxīng Lù	——	支路	端州区东部	羚化街—蓝塘一路
蓝带大道	Lándài Dàdào	——	支路	端州区西部	肇庆大道—肇庆大道
兰花街	Lánhuā Jiē	——	支路	端州区南部	荷花街—大桥路
康宁街	Kāngníng Jiē	——	支路	端州区南部	——
康乐北一街	Kānglè Běi 1 Jiē	——	支路	端州区南部	康乐北路—芙蓉路
康乐北二街	Kānglè Běi 2 Jiē	——	支路	端州区南部	康乐北路—芙蓉路
康华街	Kānghuá Jiē	——	支路	端州区南部	睦岗路—华龙街
君子里	Jūnzǐ Lǐ	——	支路	端州区南部	——
九里香	Jiǔlǐxiāng	九里乡	支路	端州区南部	康乐中路—端州六路
景德路	Jǐngdé Lù	——	支路	端州区南部	端州三路—信安大道
景安北街	Jǐng'ān Běijiē	——	支路	端州区东南部	端州二路—黄岗南路
近圣里一巷	Jìnshèng Lǐ 1 Xiàng	——	支路	端州区南部	近圣里一巷1号—近圣里一巷10号
近圣里五巷	Jìnshèng Lǐ 5 Xiàng	——	支路	端州区南部	近圣里五巷1号—近圣里五巷11号
近圣里四巷	Jìnshèng Lǐ 4 Xiàng	——	支路	端州区南部	近圣里四巷1号—近圣里四巷15号
近圣里三巷	Jìnshèng Lǐ 3 Xiàng	——	支路	端州区南部	近圣里三巷1号—近圣里三巷13号
近圣里二巷	Jìnshèng Lǐ 2 Xiàng	——	支路	端州区南部	近圣里二巷1号—近圣里二巷14号
近圣里	Jìnshèng Lǐ	——	支路	端州区南部	近圣里十巷1号—近圣里一巷10号
锦绣南路	Jǐnxiù Nánlù	——	支路	端州区南部	锦绣园—锦绣园
金龙街	Jīnlóng Jiē	——	支路	端州区南部	东兴北路—新风北路
金津路	Jīnjīn Lù	——	支路	端州区南部	前进南路—水岸花城
较边村东巷	Jiàobiāncūn Dōngxiàng	——	支路	端州区南部	较边村二巷—较边小区

（续上表）

标准名称	汉语拼音	别名	地名类别	相对位置	起讫点
江滨中路	Jiāngbīn Zhōnglù	——	支路	端州区南部	人民南路—和旁路
江滨西横巷	Jiāngbīnxī Héngxiàng	——	支路	端州区南部	南溪路—江滨五路
江滨东路横巷	Jiāngbīn Dōnglù Héngxiàng	——	支路	端州区南部	堤下路—巷尾
江滨东路	Jiāngbīn Dōnglù	——	支路	端州区南部	景福围—江滨三路
建设三路一巷	Jiànshè 3 Lù 1 Xiàng	——	支路	端州区南部	建设三路一巷1号—建设三路一巷28号
建设三路二巷	Jiànshè 3 Lù 2 Xiàng	——	支路	端州区南部	建设三路二巷1号—建设三路二巷4号
建设二街	Jiànshè 2 Jiē	——	支路	端州区南部	市场西街—河旁路
建平街	Jiànpíng Jiē	——	支路	端州区南部	建设二路—和平东路
建安街	Jiàn'ān Jiē	——	支路	端州区南部	二塔路—前进中路
嘉馨街	Jiāxīn Jiē	——	支路	端州区南部	西江北路—百花路
吉星巷	Jíxīng Xiàng	——	支路	端州区南部	——
吉祥路	Jíxiáng Lù	——	支路	端州区南部	建设一路—市场西街
基围头村二巷	Jīwéitóu cūn 2 Xiàng	——	支路	端州区南部	厂排街—沙岗新村
惠福坊六巷	Huìfúfāng 6 Xiàng	——	支路	端州区南部	端州一路—艺荣庄
黄塘西路	Huángtáng Xīlù	——	支路	端州区南部	——
黄塘东路	Huángtáng Dōnglù	——	支路	端州区南部	石瑶街—下瑶西正巷
黄岗中路	Huánggǎng Zhōnglù	——	支路	端州区东部	宾日路—东湖二路
黄岗南路	Huánggǎng Nánlù	——	支路	端州区东部	祥福路—端州三路四巷
黄岗北路	Huánggǎng Běilù	——	支路	端州区东部	蓝田路—东湖二路
环山公路	Huánshān Gōnglù	——	支路	端州区中部	北岭四路—云修台
华兴街	Huáxīng Jiē	——	支路	端州区南部	永安街—南龙路
华龙街	Huálóng Jiē	——	支路	端州区南部	睦洲路—睦岗路

(续上表)

标准名称	汉语拼音	别名	地名类别	相对位置	起讫点
花园大道	Huāyuán Dàdào	——	支路	端州区南部	金鼎湾国际别墅社区—金鼎湾国际别墅社区
花园后街	Huāyuán Hòujiē	——	支路	端州区南部	花园后街1号—花园后街19号
湖江路	Hújiāng Lù	——	支路	端州区东南部	端州二路—河旁路五巷
厚岗西街	Hòugǎng Xījiē	——	支路	端州区南部	建设二路—厚岗北街
厚岗南街一巷	Hòugǎng Nánjiē 1 Xiàng	——	支路	端州区南部	厚岗南街—前进南路
厚岗南街	Hòugǎng Nánjiē	——	支路	端州区南部	厚岗东街—厚岗村
厚岗路	Hòugǎng Lù	——	支路	端州区南部	建设二路—厚岗北街
厚岗东街	Hòugǎng Dōngjiē	——	支路	端州区南部	建设二路—厚岗南街
厚岗北街	Hòugǎng Běijiē	——	支路	端州区南部	厚岗东街—厚岗西街
后西街	Hòuxī Jiē	——	支路	端州区南部	后西街1号—后西街22号
后沙街北巷	Hòushā Jiē Běixiàng	——	支路	端州区南部	前沙街—景福围
后沙街	Hòushā Jiē	——	支路	端州区南部	西江南路—后沙街东巷
后东街	Hòudōng Jiē	——	支路	端州区南部	后东街1号—后东街19号
鸿苑路	Hóngyuàn Lù	——	支路	端州区南部	鸿苑东街—端州七路
鸿苑东街	Hóngyuàn Dōngjiē	——	支路	端州区南部	大桥路—西江北路
鸿苑一街	Hóngyuàn 1 Jiē	——	支路	端州区南部	西江北路—鸿苑路
红星巷	Hóngxīng Xiàng	——	支路	端州区南部	南溪路—堤下路
红棉街	Hóngmián Jiē	——	支路	端州区南部	金鼎湾国际别墅社区—金鼎湾国际别墅社区
荷香街	Héxiāng Jiē	——	支路	端州区南部	宝月路—宝月路
荷李街	Hélǐ Jiē	——	支路	端州区南部	李花街—荷花路
荷花路	Héhuā Lù	——	支路	端州区南部	西江北路—大桥路
河旁路五巷	Hépáng Lù 5 Xiàng	——	支路	端州区东南部	河旁路—双东南路

（续上表）

标准名称	汉语拼音	别名	地名类别	相对位置	起讫点
河旁路十巷	Hépáng Lù 10 Xiàng	——	支路	端州区东南部	河旁路—双东南路
河旁路三巷	Hépáng Lù 3 Xiàng	——	支路	端州区东南部	河旁路—双东南路
和平路四巷	Hépíng Lù 4 Xiàng	——	支路	端州区南部	端州三路—和平路
和平路二巷	Hépíng Lù 2 Xiàng	——	支路	端州区南部	古塔中路—和平路
豪居路一巷	Háojū Lù 1 Xiàng	——	支路	端州区南部	——
豪居路五巷	Háojū Lù 5 Xiàng	——	支路	端州区南部	——
豪居路四巷	Háojū Lù 4 Xiàng	——	支路	端州区南部	——
豪居路三巷	Háojū Lù 3 Xiàng	——	支路	端州区南部	——
豪居路七巷	Háojū Lù 7 Xiàng	——	支路	端州区南部	——
豪居路六巷	Háojū Lù 6 Xiàng	——	支路	端州区南部	——
豪居路二巷	Háojū Lù 2 Xiàng	——	支路	端州区南部	——
豪居路八巷	Háojū Lù 8 Xiàng	——	支路	端州区南部	——
豪居路	Háojū Lù	——	支路	端州区南部	宋城一路—正东路
海容路	Hǎiróng Lù	——	支路	端州区东北部	肇庆学院门口—北岭四路
桂林路	Guìlín Lù	——	支路	端州区西南部	端州七路—南亚路
桂花一街	Guìhuā 1 Jiē	——	支路	端州区南部	西江北路—梅花路
桂花三街	Guìhuā 3 Jiē	——	支路	端州区南部	荷花路—桂花一街
桂花路	Guìhuā Lù	——	支路	端州区南部	紫荆大道—揽人路
桂花二街	Guìhuā 2 Jiē	——	支路	端州区南部	荷花路—黄塘路
广元街	Guǎngyuán Jiē	——	支路	端州区南部	吉祥路—二塔路
光明街一巷	Guāngmíng Jiē 1 Xiàng	——	支路	端州区南部	光明街一巷1号—光明街一巷66号

（续上表）

标准名称	汉语拼音	别名	地名类别	相对位置	起讫点
光明街五巷	Guāngmíng Jiē 5 Xiàng	——	支路	端州区南部	光明街五巷1号—光明街五巷111号
光明街六巷	Guāngmíng Jiē 6 Xiàng	——	支路	端州区南部	光明街六巷1号—光明街六巷62号
光明街	Guāngmíng Jiē	——	支路	端州区南部	——
古塔南路一巷	Gǔtǎ Nánlù 1 Xiàng	——	支路	端州区南部	古塔南路—塔东二路
公正路	Gōngzhèng Lù	——	支路	端州区南部	工农北路—古塔中路
隔岗路	Gégǎng Lù	——	支路	端州区南部	端州五路—城北路
高墩里一巷	Gāodūn Lǐ 1 Xiàng	——	支路	端州区南部	高墩里一巷1号—高墩里一巷16号
高墩里三巷	Gāodūn Lǐ 3 Xiàng	——	支路	端州区南部	高墩里三巷1号—高墩里三巷41号
高墩里二巷	Gāodūn Lǐ 2 Xiàng	——	支路	端州区南部	高墩里二巷1号—高墩里二巷9号
高第里	Gāodì Lǐ	——	支路	端州区南部	市疾控中心旁—清太里中
岗头大道	Gǎngtóu Dàdào	——	支路	端州区东南部	端州二路—园江一巷
柑园南路	Gānyuán Nánlù	——	支路	端州区南部	柑园南路1号—柑园南路37号
柑园北路	Gānyuán Běilù	——	支路	端州区南部	建设三路—芹田一路
富民路	Fùmín Lù	——	支路	端州区南部	——
富华路	Fùhuá Lù	——	支路	端州区南部	智慧路—太和北路
府前路	Fǔqián Lù	——	支路	端州区南部	城中路—城中路
福兴街	Fúxīng Jiē	——	支路	端州区南部	龙塘路—睦岗路
福星巷	Fúxīng Xiàng	——	支路	端州区南部	府前路尾—巷尾
福建巷	Fújiàn Xiàng	——	支路	端州区南部	——
芙蓉西一街	Fúróng Xī 1 Jiē	——	支路	端州区南部	芙蓉路—西江北路
芙蓉西二街	Fúróng Xī 2 Jiē	——	支路	端州区南部	芙蓉路—西江北路
芙蓉路	Fúróng Lù	——	支路	端州区南部	端州六路—黄塘路
芙蓉东街	Fúróng Dōngjiē	——	支路	端州区南部	——
凤凰路	Fènghuáng Lù	——	支路	端州区中部	商业街—桃园路

（续上表）

标准名称	汉语拼音	别名	地名类别	相对位置	起讫点
凤凰街	Fènghuáng Jiē	——	支路	端州区中部	金鼎湾国际别墅社区—金鼎湾国际别墅社区
凤东环村东路	Fèngdōnghuáncūn Dōnglù	——	支路	端州区东部	凤东村—凤东村
凤东大巷上路	Fèngdōng Dàxiàng Shànglù	——	支路	端州区东部	凤东村—凤东村
纺织路	Fǎngzhī Lù	——	支路	端州区北部	——
二马路	2 Mǎlù	——	支路	端州区南部	朝圣路—新街
端州三路四巷	Duānzhōu 3 Lù 4 Xiàng	——	支路	端州区南部	信安大道—端州三路
端州六路一巷	Duānzhōu 6 Lù 1 Xiàng	——	支路	端州区南部	端州六路—巷尾
端州六路三巷	Duānzhōu 6 Lù 3 Xiàng	——	支路	端州区南部	端州六路—巷尾
端州六路二巷	Duānzhōu 6 Lù 2 Xiàng	——	支路	端州区南部	端州六路—巷尾
渡头街	Dùtóu Jiē	——	支路	端州区南部	金津路—江滨三路
独石一巷	Dúshí 1 Xiàng	——	支路	端州区东南部	翠星路—独石六巷
独石六巷	Dúshí 6 Xiàng	——	支路	端州区东南部	伴月路三巷—独石一巷
独立营	Dúlìyíng	——	支路	端州区南部	人民中路—城北路
东园街	Dōngyuán Jiē	——	支路	端州区西部	南亚路—睦岗路
东禹中路	Dōngyú Zhōnglù	——	支路	端州区东南部	端州一路—景福围
东禹东路	Dōngyú Dōnglù	——	支路	端州区东南部	端州一路—东禹村
东兴南路	Dōngxìng Nánlù	——	支路	端州区东南部	端州二路—景福围
东兴北路西横巷	Dōngxìng Běilù Xīhéngxiàng	——	支路	端州区东南部	东兴北路—黄岗南路
东兴北路东横巷	Dōngxìng Běilù Dōnghéngxiàng	——	支路	端州区东南部	南亚路—睦岗路
东兴北路	Dōngxìng Běilù	——	支路	端州区东南部	端州二路—黄岗路
东湖一路	Dōnghú 1 Lù	——	支路	端州区南部	东湖二路—端洲工业城
东湖三路	Dōnghú 3 Lù	——	支路	端州区南部	东湖二路—星湖大道

(续上表)

标准名称	汉语拼音	别名	地名类别	相对位置	起讫点
东湖二路	Dōnghú 2 Lù	——	支路	端州区南部	东湖一路—东湖三路
东岗路	Dōnggǎng Lù	——	支路	端州区东部	星湖大道—端州一路
东堤湾侧巷	Dōngdīwān Cèxiàng	——	支路	端州区南部	东堤二路—东堤二路
东安街	Dōng'ān Jiē	——	支路	端州区南部	端州二路—黄岗南路
叠翠南路	Diécuì Nánlù	——	支路	端州区南部	新元西路—棠岗路
叠翠北路	Diécuì Běilù	——	支路	端州区南部	新元西路—叠翠路
堤下路	Dīxià Lù	——	支路	端州区南部	天宁南路—西江南路
堤外路	Dīwài Lù	——	支路	端州区南部	堤下路—堤下路
登高一巷	Dēnggāo 1 Xiàng	——	支路	端州区南部	登高路—登高二巷
登高路四巷	Dēnggāo Lù 4 Xiàng	——	支路	端州区南部	宋城二路—大盼村
登高路三巷	Dēnggāo Lù 3 Xiàng	——	支路	端州区南部	端州六路—登高三巷小区
登高路	Dēnggāo Lù	——	支路	端州区南部	草场路—康乐中路
登高二巷	Dēnggāo 2 Xiàng	——	支路	端州区南部	登高路一巷—上瑶南
德星巷	Déxīng Xiàng	——	支路	端州区南部	府前路—德星巷住宅小区
丹桂街	Dānguì Jiē	——	支路	端州区中部	金鼎湾国际别墅社区—金鼎湾国际别墅社区
带村一巷	Dàicūn 1 Xiàng	——	支路	端州区西南部	祥福路—带村
大厅西巷	Dàtīng Xīxiàng	——	支路	端州区西部	——
大厅东巷	Dàtīng Dōngxiàng	——	支路	端州区西部	——
大坪东路	Dàpíng Dōnglù	——	支路	端州区东部	信安大道—端州一路
大鼎路	Dàdǐng Lù	——	支路	端州区西南部	宋城三路交界—睦岗
大冲村北一巷	Dàchōngcūn Běi 1 Xiàng	——	支路	端州区西南部	113乡道—大涌村
村中大道	Cūnzhōng Dàdào	——	支路	端州区南部	惠福坊六巷—白石村

（续上表）

标准名称	汉语拼音	别名	地名类别	相对位置	起讫点
翠星路五巷	Cuìxīng Lù 5 Xiàng	——	支路	端州区西南部	翠星二巷—翠星路七巷
翠星路七巷	Cuìxīng Lù 7 Xiàng	——	支路	端州区南部	伴月路—伴月路三巷
翠星路北一街	Cuìxīng Lù Běi 1 Jiē	——	支路	端州区西南部	伴月路—翠星路
翠星二巷	Cuìxīng 2 Xiàng	——	支路	端州区南部	翠星路五巷—宝林苑
翠湖路	Cuìhú Lù	——	支路	端州区南部	康乐北路—西江北路
城中路	Chéngzhōng Lù	——	支路	端州区南部	正东路—正西路
城南路	Chéngnán Lù	——	支路	端州区南部	城中路—南溪路
城基脚	Chéngjījiǎo	——	支路	端州区西南部	康乐中路中—清风坛
城北路	Chéngběi Lù	——	支路	端州区南部	宋城一路—端州五路
朝圣路	Cháoshèng Lù	——	支路	端州区西南部	正东路—江滨四路
厂排街一巷	Chǎngpái Jiē 1 Xiàng	——	支路	端州区西南部	前沙街与厂排街交汇处—真空设备厂
厂排街二巷	Chǎngpái Jiē 2 Xiàng	——	支路	端州区西南部	前沙街—华达集团有限公司
厂排街	Chǎngpái Jiē	——	支路	端州区西南部	桥西南路—龟山路
曾加巷	Céngjiā Xiàng	——	支路	端州区南部	——
草鞋街	Cǎoxié Jiē	——	支路	端州区南部	城中路—巷尾
草场路	Cǎochǎng Lù	——	支路	端州区南部	忠勇路—人民中路
彩云路	Cǎiyún Lù	——	支路	端州区南部	星湖西堤—大桥路
波海堤	Bōhǎi Dī	——	支路	端州区中部	西江北路—星湖西路
宾日上路	Bīnrì Shànglù	——	支路	端州区东南部	端州一路—西江大堤景福段
宾日路	Bīnrì Lù	——	支路	端州区东南部	信安大道—肇庆大桥
宾日横巷	Bīnrì Héngxiàng	——	支路	端州区东南部	宾日下路—宾日上路
宾日村下路	Bīnrìcūn Xiàlù	——	支路	端州区东南部	端州一路—宾日横巷
蓓蕾南路	Bèilěi Nánlù	——	支路	端州区南部	沙墩路—古塔中路
蓓蕾北路	Bèilěi Běilù	——	支路	端州区南部	前进路—古塔中路
北岭五路	Běilǐng 5 Lù	——	支路	端州区中部	华骏·凤凰台—北岭四路

（续上表）

标准名称	汉语拼音	别名	地名类别	相对位置	起讫点
北岭四路	Běilǐng 4 Lù	——	支路	端州区东北部	北岭五路—海荣路
保安里	Bǎo'ān Lǐ		支路	端州区南部	府前路中—青宁坊
宝月路	Bǎoyuè Lù	宝月台	支路	端州区南部	忠勇路—城北路
宝砚路	Bǎoyàn Lù		支路	端州区南部	新风北路—双东北路
伴月路三巷	Bànyuè Lù 3 Xiàng		支路	端州区南部	独石六巷—翠星路七巷
百花路	Bǎihuā Lù		支路	端州区南部	风华路—荷花路
百合街	Bǎihé Jiē		支路	端州区南部	大桥路—紫荆路
白沙五巷	Báishā 5 Xiàng		支路	端州区南部	前沙街—大鼎路
八一路	Bāyī Lù		支路	端州区南部	端州六路—宋城二路
永和街	Yǒnghé Jiē		支路	端州区南部	风华路—富华路
智慧路	Zhìhuì Lù		支路	端州区西部	风华路—睦岗路
石牌路	Shípái Lù		支路	端州区中部	肇庆大道—北岭路
文明北路	Wénmíng Běilù	——	支路	端州区南部	星湖大道—端州四路

3. 铁路运输

标准名称	汉语拼音	地名类别	相对位置	起讫点
广茂铁路	Guǎngmào Tiělù	铁路	端州区中部	广州—茂名
南广高铁	Nánguǎng Gāotiě	铁路	端州区中部	广州—南宁

4. 桥梁

标准名称	汉语拼音	地名类别	相对位置	所在线路	所跨河流（道路等）
肇庆西江大桥	Zhàoqìng Xījiāng Dàqiáo	桥梁	城西街道办事处驻地西部	——	西江
七星岩大桥	Qīxīngyán Dàqiáo	桥梁	城东街道办事处驻地北部	——	——
波海二桥	Bōhǎi Èrqiáo	桥梁	城东街道办事处驻地西北部	——	——
波海桥	Bōhǎi Qiáo	桥梁	城东街道办事处驻地西北部	——	——
水月桥	Shuǐyuè Qiáo	桥梁	城东街道办事处驻地西北部	——	——
旺斯桥	Wàngsī Qiáo	桥梁	睦岗街道办事处驻地东北部	小湘至岭塘公路	——

（续上表）

标准名称	汉语拼音	地名类别	相对位置	所在线路	所跨河流（道路等）
彩虹桥	Cǎihóng Qiáo	桥梁	端州区七星岩风景区中部	——	里湖
红莲桥	Hónglián Qiáo	桥梁	端州区七星岩风景区中部	——	——
七星桥	Qīxīng Qiáo	桥梁	端州区七星岩风景区中部	——	——
肇庆大桥	Zhàoqìng Dàqiáo	桥梁	端州区南部	——	西江
时碑桥	Shíbēi Qiáo	桥梁	端州区北部	小湘至岭塘公路	——

5. 其他类

标准名称	汉语拼音	地名类别	相对位置
肇庆长途汽车客运站	Zhàoqìng Chángtú Qìchē Kèyùnzhàn	长途汽车站	端州区政府驻地西北部
肇庆城东粤运汽车站	Zhàoqìng Chéngdōng Yuèyùn Qìchēzhàn	长途汽车站	端州区政府驻地东北部
肇庆桥西客运站	Zhàoqìng Qiáoxī Kèyùnzhàn	长途汽车站	端州区政府驻地西部
肇庆粤运汽车总站	Zhàoqìng Yuèyùn Qìchēzǒngzhàn	长途汽车站	端州区政府驻地西北部
城西汽车客运站	Chéngxī Qìchē Kèyùnzhàn	长途汽车站	端州区政府驻地西北部
端州收费站	Duānzhōu Shōufèizhàn	收费站	端州区政府驻地东北部
肇庆火车站	Zhàoqìng Huǒchēzhàn	火车站	端州区政府驻地西北部
上海城公交首末站	Shànghǎichéng Gōngjiāo Shǒumòzhàn	公共交通车站	端州区上海城附近
安居华苑公交首末站	Ānjūhuáyuàn Gōngjiāo Shǒumòzhàn	公共交通车站	端州区安居华苑附近
北岭山森林公园公交首末站	Běilǐngshān Sēnlíngōngyuán Gōngjiāo Shǒumòzhàn	公共交通车站	端州区北岭山森林公园附近
奥威斯酒店停车场	Àowēisījiǔdiàn Tíngchēchǎng	停车场	城东街道办事处驻地北部
城东公园停车场	Chéngdōnggōngyuán Tíngchēchǎng	停车场	城东街道办事处驻地东北部
城裕商务酒店停车场	Chéngyùshāngwùjiǔdiàn Tíngchēchǎng	停车场	城西街道办事处驻地西北部

（续上表）

标准名称	汉语拼音	地名类别	相对位置
翠庭湖轩停车场	Cuìtínghúxuān Tíngchēchǎng	停车场	城西街道办事处驻地西北部
大时代停车场	Dàshídài Tíngchēchǎng	停车场	城东街道办事处驻地西北部
帝和豪庭停车场	Dìhéháotíng Tíngchēchǎng	停车场	城东街道办事处驻地东北部
东堤湾小区停车场	Dōngdīwānxiǎoqū Tíngchēchǎng	停车场	城东街道办事处驻地东南部
芙蓉花园停车场	Fúrónghuāyuán Tíngchēchǎng	停车场	城西街道办事处驻地西北部
柑园市场停车场	Gānyuánshìchǎng Tíngchēchǎng	停车场	城东街道办事处驻地西南部
高要市府第二招待所旅业部停车场	Gāoyāo Shìfǔ Dì-2 Zhāodàisuǒ Lǚyèbù Tíngchēchǎng	停车场	城西街道办事处驻地西南部
濠江名庭停车场	Háojiāngmíngtíng Tíngchēchǎng	停车场	城东街道办事处驻地东部
恒裕海湾停车场	Héngyùhǎiwān Tíngchēchǎng	停车场	城东街道办事处驻地北部
恒裕停车场	Héngyù Tíngchēchǎng	停车场	城东街道办事处驻地西北部
红茶馆停车场	Hóngcháguǎn Tíngchēchǎng	停车场	城西街道办事处驻地西北部
鸿景观园停车场	Hóngjǐngguānyuán Tíngchēchǎng	停车场	城东街道办事处驻地东北部
花塔酒店停车场	Huātǎjiǔdiàn Tíngchēchǎng	停车场	城东街道办事处驻地西南部
花园酒店停车场	Huāyuánjiǔdiàn Tíngchēchǎng	停车场	城东街道办事处驻地西部
华德园林酒店停车场	Huádéyuánlínjiǔdiàn Tíngchēchǎng	停车场	城东街道办事处驻地东北部
华英花苑停车场	Huáyīnghuāyuàn Tíngchēchǎng	停车场	城西街道办事处驻地东南部
华英居停车场	Huáyīngjū Tíngchēchǎng	停车场	城东街道办事处驻地西部
皇朝酒店停车场	Huángcháojiǔdiàn Tíngchēchǎng	停车场	城西街道办事处驻地东北部

（续上表）

标准名称	汉语拼音	地名类别	相对位置
汇星苑停车场	Huìxīngyuàn Tíngchēchǎng	停车场	城西街道办事处驻地西北部
金鹏巴顿酒店肇庆店停车场	Jīnpéngbādùnjiǔdiàn Zhàoqìngdiàn Tíngchēchǎng	停车场	城西街道办事处驻地西南部
金山酒店停车场	Jīnshānjiǔdiàn Tíngchēchǎng	停车场	城西街道办事处驻地西北部
九鼎花园酒店停车场	Jiǔdǐnghuāyuánjiǔdiàn Tíngchēchǎng	停车场	城东街道办事处驻地东部
聚龙轩停车场	Jùlóngxuān Tíngchēchǎng	停车场	城西街道办事处驻地西北部
凯德广场肇庆停车场	Kǎidéguǎngchǎng Zhàoqìng Tíngchēchǎng	停车场	城东街道办事处驻地西北部
康乐国际广场停车场	Kānglè Guójìguǎngchǎng Tíngchēchǎng	停车场	城西街道办事处驻地西北部
丽景南湾停车场	Lìjǐngnánwān Tíngchēchǎng	停车场	城东街道办事处驻地西南部
丽逸休闲中心停车场	Lìyì Xiūxiánzhōngxīn Tíngchēchǎng	停车场	城东街道办事处驻地西南部
龙景花园停车场	Lóngjǐnghuāyuán Tíngchēchǎng	停车场	城东街道办事处驻地西北部
龙泉停车场	Lóngquán Tíngchēchǎng	停车场	城西街道办事处驻地西南部
美地天鹅堡停车场	Měidì Tiān'ébǎo Tíngchēchǎng	停车场	黄岗街道办事处驻地西北部
明星休闲中心停车场	Míng Xīngxiūxiánzhōngxīn Tíngchēchǎng	停车场	城东街道办事处驻地西北部
农业银行停车场	Nóngyèyínháng Tíngchēchǎng	停车场	城东街道办事处驻地北部
七星公园停车场	Qīxīng Gōngyuán Tíngchēchǎng	停车场	睦岗街道办事处驻地东北部
七星岩景区停车场	Qīxīngyán Jǐngqū Tíngchēchǎng	停车场	城东街道办事处驻地西北部
侨兴商务酒店停车场	Qiáoxīngshāngwù Jiǔdiàn Tíngchēchǎng	停车场	城东街道办事处驻地西北部
侨兴停车场	Qiáoxīng Tíngchēchǎng	停车场	城东街道办事处驻地西北部

（续上表）

标准名称	汉语拼音	地名类别	相对位置
山水晴天停车场	Shānshuǐqíngtiān Tíngchēchǎng	停车场	城西街道办事处驻地西北部
商业大厦停车场	Shāngyèdàshà Tíngchēchǎng	停车场	城东街道办事处驻地西北部
圣地名轩停车场	Shèngdìmíngxuān Tíngchēchǎng	停车场	城东街道办事处驻地北部
时代广场停车场	Shídàiguǎngchǎng Tíngchēchǎng	停车场	城西街道办事处驻地东北部
松涛宾馆停车场	Sōngtāobīnguǎn Tíngchēchǎng	停车场	城东街道办事处驻地西北部
宋城大酒店停车场	Sòngchéngdàjiǔdiàn Tíngchēchǎng	停车场	城西街道办事处驻地西南部
唯美创展停车场	Wéiměichuàngzhǎn Tíngchēchǎng	停车场	城西街道办事处驻地西北部
维也纳停车场	Wéiyěnà Tíngchēchǎng	停车场	城西街道办事处驻地西北部
文化假日酒店停车场	Wénhuàjiàrìjiǔdiàn Tíngchēchǎng	停车场	城西街道办事处驻地东南部
新城市广场停车场	Xīnchéngshìguǎngchǎng Tíngchēchǎng	停车场	城西街道办事处驻地东南部
新城信大厦停车场	Xīnchéngxìndàshà Tíngchēchǎng	停车场	城西街道办事处驻地西北部
新世界花园停车场	Xīnshìjièhuāyuán Tíngchēchǎng	停车场	城西街道办事处驻地西北部
星大停车场	Xīngdà Tíngchēchǎng	停车场	城东街道办事处驻地西北部
星湖明珠大酒店停车场	Xīnghúmíngzhūdàjiǔdiàn Tíngchēchǎng	停车场	城东街道办事处驻地西北部
星湖尚景苑停车场	Xīnghú Shàngjǐngyuàn Tíngchēchǎng	停车场	城东街道办事处驻地东北部
星湖湾一区停车场	Xīnghúwān Yīqū Tíngchēchǎng	停车场	城东街道办事处驻地西北部
星湖湾二区停车场	Xīnghúwān Èrqū Tíngchēchǎng	停车场	城东街道办事处驻地西北部
星湖湾三区停车场	Xīnghúwān Sānqū Tíngchēchǎng	停车场	城东街道办事处驻地西北部

（续上表）

标准名称	汉语拼音	地名类别	相对位置
杏林停车场	Xìnglín Tíngchēchǎng	停车场	城东街道办事处驻地西南部
银河大酒店停车场	Yínhédàjiǔdiàn Tíngchēchǎng	停车场	城东街道办事处驻地西北部
月圆花园北苑停车场	Yuèyuánhuāyuán Běiyuàn Tíngchēchǎng	停车场	城东街道办事处驻地北部
粤高宾馆停车场	Yuègāobīnguǎn Tíngchēchǎng	停车场	城西街道办事处驻地西北部
肇庆市国信商务酒店停车场	Zhàoqìng Shì Guóxìnshāngwùjiǔdiàn Tíngchēchǎng	停车场	城西街道办事处驻地西北部
肇庆裕龙大酒店停车场	Zhàoqìng Yùlóngdàjiǔdiàn Tíngchēchǎng	停车场	城西街道办事处驻地西北部
肇庆站停车场	Zhàoqìngzhàn Tíngchēchǎng	停车场	睦岗街道办事处驻地东北部
臻汇园停车场	Zhēnhuìyuán Tíngchēchǎng	停车场	黄岗街道办事处驻地北部
中国石化加油智能卡销售点停车场	Zhōngguóshíhuà Jiāyóuzhìnéngkǎ Xiāoshòudiǎn Tíngchēchǎng	停车场	城东街道办事处驻地西北部
紫金台停车场	Zǐjīntái Tíngchēchǎng	停车场	城东街道办事处驻地北部
金沙湾海鲜城停车场	Jīnshāwān Hǎixiānchéng Tíngchēchǎng	停车场	黄岗街道办事处驻地南部
一河两岸停车场	Yīhéliǎng'àn Tíngchēchǎng	停车场	黄岗街道办事处驻地东北部
白沙四通加油站	Báishāsìtōng Jiāyóuzhàn	加油站	城西街道办事处驻地西南部
城北加油站	Chéngběi Jiāyóuzhàn	加油站	黄岗街道办事处驻地西北部
大冲加油站	Dàchōng Jiāyóuzhàn	加油站	黄岗街道办事处驻地东北部
广肇加油站	Guǎngzhào Jiāyóuzhàn	加油站	城西街道办事处驻地西北部
汉邦加油站	Hànbāng Jiāyóuzhàn	加油站	黄岗街道办事处驻地西北部
华安加油站	Huá'ān Jiāyóuzhàn	加油站	睦岗街道办事处驻地东南部

（续上表）

标准名称	汉语拼音	地名类别	相对位置
景山岗加油站	Jǐngshāngǎng Jiāyóuzhàn	加油站	城东街道办事处驻地西北部
蓝塘加油站	Lántáng Jiāyóuzhàn	加油站	黄岗街道办事处驻地东北部
梅庵加油站	Méi'ān Jiāyóuzhàn	加油站	城西街道办事处驻地西北部
三兴加油站	Sānxīng Jiāyóuzhàn	加油站	睦岗街道办事处驻地西北部
西郊加油站	Xījiāo Jiāyóuzhàn	加油站	睦岗街道办事处驻地西北部
端州七星加油站	Duānzhōu Qīxīng Jiāyóuzhàn	加油站	睦岗街道办事处驻地东北部
肇庆星湖加油站	Zhàoqìng Xīnghú Jiāyóuzhàn	加油站	黄岗街道办事处驻地东北部
星岩加油站	Xīngyán Jiāyóuzhàn	加油站	城东街道办事处驻地东北部
西江北加油站	Xījiāngběi Jiāyóuzhàn	加油站	城西街道办事处驻地西北部
端二加油站	Duān'èr Jiāyóuzhàn	加油站	黄岗街道办事处驻地西部
中石化肇庆城区二塔水上加油站	Zhōngshíhuà Zhàoqìng Chéngqū Èrtǎ Shuǐshàng Jiāyóuzhàn	加油站	城东街道办事处驻地东南部
中石化肇庆城区祥兴水上加油站	Zhōngshíhuà Zhàoqìng Chéngqū Xiángxīng Shuǐshàng Jiāyóuzhàn	加油站	城西街道办事处驻地西南部
中石化肇庆城区新兴水上加油站	Zhōngshíhuà Zhàoqìng Chéngqū Xīnxīng Shuǐshàng Jiāyóuzhàn	加油站	睦岗街道办事处驻地西北部
肇庆三和加油站	Zhàoqìng Sānhé Jiāyóuzhàn	加油站	端州区政府驻地西部

（六）水利、电力、通信设施类

标准名称	汉语拼音	地名类别	相对位置
东旺塘	Dōngwàng Táng	池塘	端州区政府驻地东北部
狮演塘	Shīyǎn Táng	池塘	端州区政府驻地东北部
区田水库	Ōutián Shuǐkù	水库	端州区东北部
大龙灌区	Dàlóng Guànqū	灌区	端州区西北部

（七）纪念地、旅游胜地类

标准名称	汉语拼音	别名	地名类别	相对位置
梅庵	Méi Ān	——	人物纪念地	端州区政府驻地西部
包公祠	Bāogōng Cí	——	人物纪念地	端州区政府驻地西南部
邓兆祥故居	Dèngzhàoxiáng Gùjū	——	人物纪念地	端州区政府驻地西南部
邓兆祥祖宅	Dèngzhàoxiáng Zǔzhái	——	人物纪念地	端州区政府驻地西南部
冯誉骥宅	Féngyùjì Zhái	——	人物纪念地	端州区政府驻地西南部
梁荣墀宅	Liángróngchí Zhái	——	人物纪念地	端州区政府驻地西南部
覃元超宅	Qínyuánchāo Zhái	——	人物纪念地	端州区政府驻地东北部
王泮生祠	Wángpàn Shēngcí	——	人物纪念地	端州区政府驻地南部
湘柱俞公祠	Xiāngzhùyúgōng Cí	——	人物纪念地	端州区政府驻地西北部
叶挺独立团团部旧址	Yètǐng Dúlìtuán Tuánbù Jiùzhǐ	——	人物纪念地	端州区政府驻地西南部
赵善欢故居	Zhàoshànhuān Gùjū	——	人物纪念地	端州区政府驻地西北部
朱梁二先生祠	Zhūliáng'èr Xiānshēng Cí	——	人物纪念地	端州区政府驻地北部
出头村族墓	Chūtóucūn Zúmù	——	人物纪念地	端州区政府驻地西北部
东岗知青楼旧址	Dōnggǎng Zhīqīnglóu Jiùzhǐ	——	人物纪念地	端州区政府驻地东北部
蒙友恭堂	Méngyǒugōng Táng	——	人物纪念地	端州区政府驻地西南部
塘岗知青场旧址	Tánggǎng Zhīqīngchǎng Jiùzhǐ	——	人物纪念地	端州区政府驻地东北部
古端名郡	Gǔduānmíngjùn	——	事件纪念地	端州区政府驻地西南部
景福公所旧址	Jǐngfú Gōngsuǒ Jiùzhǐ	——	事件纪念地	端州区政府驻地西南部
三朝遗址	Sāncháo Yízhǐ	——	事件纪念地	端州区政府驻地西部
狮岗炮台	Shīgǎng Pàotái	——	事件纪念地	端州区政府驻地东北部
西约公所	Xīyuē Gōngsuǒ	——	事件纪念地	端州区政府驻地西北部
禽庐	Xīlú	——	事件纪念地	端州区政府驻地西南部
岩前村落遗址	Yánqiáncūnluò Yízhǐ	——	事件纪念地	端州区政府驻地西北部
荥阳书室	Yíngyáng Shūshì	——	事件纪念地	端州区政府驻地西北部
肇庆古城墙	Zhàoqìng Gǔchéngqiáng	宋城	事件纪念地	端州区政府驻地西南部
清心园	Qīngxīn Yuán	——	事件纪念地	端州区政府驻地西南部
耀明园	Yàomíng Yuán	——	事件纪念地	端州区政府驻地西北部

（续上表）

标准名称	汉语拼音	别名	地名类别	相对位置
湖溪书室	Húxī Shūshì	——	事件纪念地	端州区政府驻地东北部
护龙祖庙	Hùlóng Zǔmiào	——	事件纪念地	端州区政府驻地东北部
培德家塾	Péidé Jiāshú	——	事件纪念地	端州区政府驻地东北部
镇龙祖庙	Zhènlóng Zǔmiào	——	事件纪念地	端州区政府驻地东北部
肇庆府学宫	Zhàoqìng Fǔxué Gōng	文庙	事件纪念地	端州区政府驻地西南部
阅江楼	Yuèjiāng Lóu	——	事件纪念地	端州区政府驻地西南部
丽谯楼	Lìqiáo Lóu	红楼	事件纪念地	端州区政府驻地西南部
城东清真寺	Chéngdōng Qīngzhēn Sì	——	寺	端州区政府驻地西南部
城西清真寺	Chéngxī Qīngzhēn Sì	——	寺	端州区政府驻地西南部
利玛窦仙花寺遗址	Lìmǎdòu Xiānhuā Sì Yízhǐ	——	寺	端州区政府驻地西南部
前村庙	Qiáncūn Miào	——	庙	端州区政府驻地东北部
岑圣庙	Língshèng Miào	——	庙	端州区政府驻地东北部
白沙龙母庙	Báishā Lóngmǔ Miào	——	庙	端州区政府驻地西南部
城东观音庙	Chéngdōng Guānyīn Miào	——	庙	端州区政府驻地西北部
簕竹围天主堂	Lèzhúwéi Tiānzhǔ Táng	——	教堂	端州区政府驻地西南部
基督教端州堂	Jīdūjiào Duānzhōu Táng	——	教堂	端州区政府驻地西南部
城东公园	Chéngdōng Gōngyuán	——	公园	端州区东南部
肇庆北岭山森林公园	Zhàoqìng Běilǐngshān Sēnlín Gōngyuán	——	公园	端州区北部
肇庆星湖国家湿地公园	Zhàoqìng Xīnghú Guójiā Shīdì Gōngyuán	——	公园	端州区中部
羚羊山森林公园	Língyángshān Sēnlín Gōngyuán	——	公园	端州区东南部
儿童公园	Értóng Gōngyuán	——	公园	端州区南部
七星公园	Qīxīng Gōngyuán	——	公园	端州区中部
牌坊公园	Páifāng Gōngyuán	——	公园	端州区中部偏南
星湖湾公园	Xīnghúwān Gōngyuán	——	公园	端州区中南部
波海公园	Bōhǎi Gōngyuán	——	公园	端州区中部
白沙公园	Báishā Gōngyuán	——	公园	端州区西南部
宝月公园	Bǎoyuè Gōngyuán	——	公园	端州区西南部

（续上表）

标准名称	汉语拼音	别名	地名类别	相对位置
芙蓉公园	Fúróng Gōngyuán	——	公园	端州区西南部
宝月荷香	Bǎoyuèhéxiāng	——	公园	端州区西南部
伴月湖公园	Bànyuèhú Gōngyuán	——	公园	端州区西南部
龟顶山森林公园	Guīdǐngshān Sēnlín Gōngyuán	——	公园	端州区西南部
河苑公园	Héyuàn Gōngyuán	——	公园	端州区东南部
中山公园	Zhōngshān Gōngyuán	——	公园	端州区中部
波海湖公园	Bōhǎihú Gōngyuán	——	公园	端州区中部
七星岩公园	Qīxīngyán Gōngyuán	——	公园	端州区中部
水月宫	Shuǐyuè Gōng	——	风景区	端州区中部
双源洞	Shuāngyuán Dòng	双鱼洞	风景区	端州区中南部
七星岩风景区	Qīxīngyán Fēngjǐngqū	——	风景区	端州区中南部
披云楼	Pīyún Lóu	飞云楼	风景区	端州区西南部
波海楼	Bōhǎi Lóu	——	风景区	端州区中南部
广东七星岩旅游度假区	Guǎngdōng Qīxīngyán Lǚyóudùjiàqū	——	风景区	端州区中南部
七星岩动物化石点	Qīxīngyán Dòngwùhuàshídiǎn	——	风景区	端州区中南部
七星岩牌坊	Qīxīngyán Páifāng	——	风景区	端州区政府驻地西北部
桂花轩	Guìhuā Xuān	——	风景区	端州区中南部
含珠洞	Hánzhū Dòng	——	风景区	端州区中南部
凌霄宫	Língxiāo Gōng	——	风景区	端州区中南部
石室洞	Shíshì Dòng	黑岩洞	风景区	端州区中南部
太和洞天	Tàihédòngtiān	——	风景区	端州区中南部
仙湖湾	Xiānhú Wān	——	风景区	端州区中南部
出米洞	Chūmǐ Dòng	——	风景区	端州区中南部
丹顶鹤生态园	Dāndǐnghè Shēngtàiyuán	——	风景区	端州区中南部
东方禅林	Dōngfāngchánlín	——	风景区	端州区中南部
星湖风景名胜区	Xīnghú Fēngjǐngmíngshèngqū	——	风景区	端州区中部
七星岩三仙观	Qīxīngyán Sānxiān Guàn	——	风景区	端州区中南部

（续上表）

标准名称	汉语拼音	别名	地名类别	相对位置
七星岩白端石矿场遗址	Qīxīngyán Báiduān Shíkuàngchǎng Yízhǐ	——	风景区	端州区中南部
七星岩文昌宫	Qīxīngyán Wénchāng Gōng	——	风景区	端州区中南部
玉皇殿	Yùhuáng Diàn	——	风景区	端州区中南部
天后宫	Tiānhòu Gōng	——	风景区	端州区中部
七星岩石峒古庙	Qīxīngyán Shídòng Gǔmiào	——	风景区	端州区中南部
崧台书院	Sōngtái Shūyuàn	——	风景区	端州区南部
将军山景区	Jiāngjūnshān Jǐngqū	——	风景区	端州区中部
盘古生态文化景区	Pángǔ Shēngtàiwénhuà Jǐngqū	——	风景区	端州区中部
云修台	Yúnxiū Tái	——	风景区	端州区中部
岭南原始森林景区	Lǐngnán Yuánshǐsēnlín Jǐngqū	——	风景区	端州区中部
阿坡岩摩崖石刻	Āpōyán Móyáshíkè	——	风景区	端州区中南部
宝光洞	Bǎoguāng Dòng	藏龙洞	风景区	端州区中南部
朝天	Cháotiān	——	风景区	端州区南部
阆风岩摩崖石刻	Lángfēngyán Móyáshíkè	——	风景区	端州区中南部
七星岩壁立石刻	Qīxīngyán Bìlìshíkè	——	风景区	端州区中南部
玉屏岩摩崖石刻	Yùpíngyán Móyáshíkè	——	风景区	端州区中南部
清风阁摩崖石刻	Qīngfēnggé Móyáshíkè	——	风景区	端州区东南部
百仙洞	Bǎixiān Dòng	——	风景区	端州区中部
皎杯石	Jiǎobēi Shí	——	风景区	端州区中部

（八）建筑物类

标准名称	汉语拼音	地名类别	相对位置
大洲程氏宗祠	Dàzhōu Chéngshì Zōngcí	房屋	端州区政府驻地西北部
独石黄氏宗祠	Dúshí Huángshì Zōngcí	房屋	端州区政府驻地西北部
渡头梁氏宗祠	Dùtóu Liángshì Zōngcí	房屋	端州区政府驻地东南部
凤东梁氏宗祠	Fèngdōng Liángshì Zōngcí	房屋	端州区政府驻地东北部
凤西梁氏宗祠	Fèngxī Liángshì Zōngcí	房屋	端州区政府驻地东北部

（续上表）

标准名称	汉语拼音	地名类别	相对位置
岗边杜氏宗祠	Gǎngbiān Dùshì Zōngcí	房屋	端州区政府驻地西北部
梁家大屋	Liángjiā Dàwū	房屋	端州区政府驻地西部
龙塘莫氏宗祠	Lóngtáng Mòshì Zōngcí	房屋	端州区政府驻地西北部
南陈陈氏公祠	Nánchén Chénshì Gōngcí	房屋	端州区政府驻地西北部
青宁坊邓家大屋	Qīngníngfāng Dèngjiā Dàwū	房屋	端州区政府驻地西南部
森村梁氏宗祠	Sēncūn Liángshì Zōngcí	房屋	端州区政府驻地西北部
水松根郑氏宗祠	Shuǐsōnggēn Zhèngshì Zōngcí	房屋	端州区政府驻地西北部
棠下程氏宗祠	Tángxià Chéngshì Zōngcí	房屋	端州区政府驻地西北部
棠下何氏宗祠	Tángxià Héshì Zōngcí	房屋	端州区政府驻地西北部
棠下赵氏宗祠	Tángxià Zhàoshì Zōngcí	房屋	端州区政府驻地西北部
塘岗李氏宗祠	Tánggǎng Lǐshì Zōngcí	房屋	端州区政府驻地东北部
兴贤里冯家大屋	Xīngxiánlǐ Féngjiā Dàwū	房屋	端州区政府驻地西南部
阅江路陈家大屋	Yuèjiānglù Chénjiā Dàwū	房屋	端州区政府驻地西南部
中衙巷周家大屋	Zhōngyáxiàng Zhōujiā Dàwū	房屋	端州区政府驻地西南部
白石李氏宗祠	Báishí Lǐshì Zōngcí	房屋	端州区政府驻地东北部
大冲邓氏宗祠	Dàchōng Dèngshì Zōngcí	房屋	端州区政府驻地东北部
东禺陈氏宗祠	Dōngyú Chénshì Zōngcí	房屋	端州区政府驻地东北部
东禺梁氏宗祠	Dōngyú Liángshì Zōngcí	房屋	端州区政府驻地东北部
光耀李公祠	Guāngyào Lǐgōng Cí	房屋	端州区政府驻地东北部
光耀李氏宗祠	Guāngyào Lǐshì Zōngcí	房屋	端州区政府驻地东北部
黄龙岗黄氏宗祠	Huánglónggǎng Huángshì Zōngcí	房屋	端州区政府驻地东北部
蓝塘周氏宗祠	Lántáng Zhōushì Zōngcí	房屋	端州区政府驻地东北部
稔塘朱氏宗祠	Rěntáng Zhūshì Zōngcí	房屋	端州区政府驻地东北部
泰宁黄氏宗祠	Tàiníng Huángshì Zōngcí	房屋	端州区政府驻地东北部
泰宁梁氏宗祠	Tàiníng Liángshì Zōngcí	房屋	端州区政府驻地东北部
泰宁马氏宗祠	Tàiníng Mǎshì Zōngcí	房屋	端州区政府驻地东北部
覃氏宗祠	Qínshì Zōngcí	房屋	端州区政府驻地东南部
兰龙古屋	Lánlóng Gǔwū	房屋	端州区政府驻地西北部
兰龙毓秀坊门楼	Lánlóng Yùxiùfāng Ménlóu	房屋	端州区政府驻地西北部
塘岗门楼	Tánggǎng Ménlóu	房屋	端州区政府驻地东北部

（续上表）

标准名称	汉语拼音	地名类别	相对位置
炮楼	Pàolóu	房屋	端州区政府驻地西北部
金叶大厦	Jīnyè Dàshà	房屋	端州区政府驻地西南部
金茗大厦	Jīnmíng Dàshà	房屋	端州区政府驻地东北部
鸿基大厦	Hóngjī Dàshà	房屋	端州区政府驻地西北部
华盛楼	Huáshèng Lóu	房屋	端州区政府驻地西北部
新城信大厦	Xīnchéngxìn Dàshà	房屋	端州区政府驻地西南部
端盛楼	Duānshèng Lóu	房屋	端州区政府驻地西北部
乐基楼	Lèjī Lóu	房屋	端州区政府驻地西北部
康泰楼	Kāngtài Lóu	房屋	端州区政府驻地西北部
大桥北陶瓷城	Dàqiáoběi Táocíchéng	房屋	端州区政府驻地西北部
交行大厦	Jiāoháng Dàshà	房屋	端州区政府驻地东北部
嘉信大厦	Jiāxìn Dàshà	房屋	端州区政府驻地西北部
蔬菜商贸楼	Shūcài Shāngmàolóu	房屋	端州区政府驻地东北部
端房大楼	Duānfáng Dàlóu	房屋	端州区政府驻地西南部
华侨大厦	Huáqiáo Dàshà	房屋	端州区政府驻地西南部
侨联大厦	Qiáolián Dàshà	房屋	端州区政府驻地西南部
端溪大厦	Duānxī Dàshà	房屋	端州区政府驻地西南部
康达楼	Kāngdá Lóu	房屋	端州区政府驻地西北部
端江端祥楼	Duānjiāng Duānxiáng Lóu	房屋	端州区政府驻地西南部
创裕楼	Chuàngyù Lóu	房屋	端州区政府驻地西北部
文化创意大厦	Wénhuà Chuàngyì Dàshà	房屋	端州区政府驻地西北部
英锋大厦	Yīngfēng Dàshà	房屋	端州区政府驻地东北部
景山楼	Jǐngshān Lóu	房屋	端州区政府驻地西北部
鼎盛大厦	Dǐngshèng Dàshà	房屋	端州区政府驻地西北部
财联大厦	Cáilián Dàshà	房屋	端州区政府驻地西南部
肇庆市医药大楼	Zhàoqìng Shì Yīyào Dàlóu	房屋	端州区政府驻地西南部
河旁商贸城	Hépáng Shāngmàochéng	房屋	端州区政府驻地东北部
城投汇金大厦	Chéngtóuhuìjīn Dàshà	房屋	端州区政府驻地东北部
幸福楼	Xìngfú Lóu	房屋	端州区政府驻地东北部
泉康堂医药商场	Quánkāngtáng Yīyào Shāngchǎng	房屋	端州区政府驻地东南部

（续上表）

标准名称	汉语拼音	地名类别	相对位置
金华医药商场	Jīnhuá Yīyào Shāngchǎng	房屋	端州区政府驻地东北部
肇庆胜利交电商场	Zhàoqìng Shènglì Jiāodiàn Shāngchǎng	房屋	端州区政府驻地西南部
培华楼	Péihuá Lóu	房屋	端州区政府驻地东南部
万佳乐购物商场	Wànjiālè Gòuwù Shāngchǎng	房屋	端州区政府驻地东南部
湖滨商场	Húbīn Shāngchǎng	房屋	端州区政府驻地西南部
星影商场	Xīngyǐng Shāngchǎng	房屋	端州区政府驻地西南部
蓝宫商场	Lángōng Shāngchǎng	房屋	端州区政府驻地西南部
工影商场	Gōngyǐng Shāngchǎng	房屋	端州区政府驻地西南部
荣基楼	Róngjī Lóu	房屋	端州区政府驻地西北部
边检大楼	Biānjiǎn Dàlóu	房屋	端州区政府驻地南部
肇庆农信大厦	Zhàoqìng Nóngxìn Dàshà	房屋	端州区政府驻地西北部
宏基楼	Hóngjī Lóu	房屋	端州区政府驻地东北部
置利商住楼	Zhìlì Shāngzhùlóu	房屋	端州区政府驻地东南部
永盛楼	Yǒngshèng Lóu	房屋	端州区政府驻地东南部
肇庆中行新办公大楼	Zhàoqìng Zhōngháng Xīnbàngōng Dàlóu	房屋	端州区政府驻地东南部
财政大楼	Cáizhèng Dàlóu	房屋	端州区政府驻地东南部
中电大楼	Zhōngdiàn Dàlóu	房屋	端州区政府驻地西南部
中国电信大厦	Zhōngguó Diànxìn Dàshà	房屋	端州区政府驻地东南部
中国联通大厦	Zhōngguó Liántōng Dàshà	房屋	端州区政府驻地东北部
裕基楼	Yùjī Lóu	房屋	端州区政府驻地南部
恒基楼	Héngjī Lóu	房屋	端州区政府驻地西北部
龙华楼	Lónghuá Lóu	房屋	端州区政府驻地东北部
彩华楼	Cǎihuá Lóu	房屋	端州区政府驻地东南部
华丽楼	Huálì Lóu	房屋	端州区政府驻地东北部
玉华楼	Yùhuá Lóu	房屋	端州区政府驻地东北部
兴华楼	Xīnghuá Lóu	房屋	端州区政府驻地东南部
广华楼	Guǎnghuá Lóu	房屋	端州区政府驻地东南部
公路大楼	Gōnglù Dàlóu	房屋	端州区政府驻地西南部
祥荣楼	Xiángróng Lóu	房屋	端州区政府驻地东北部

（续上表）

标准名称	汉语拼音	地名类别	相对位置
银海大厦	Yínhǎi Dàshà	房屋	端州区政府驻地东北部
国裕大厦	Guóyù Dàshà	房屋	端州区政府驻地东北部
供销大厦	Gòngxiāo Dàshà	房屋	端州区政府驻地西南部
侨兴商务大厦	Qiáoxìng shāngwù Dàshà	房屋	端州区政府驻地西北部
肇庆建安集团大厦	Zhàoqìng Jiàn'ān Jítuán Dàshà	房屋	端州区政府驻地西北部
肇庆建安集团大厦中座	Zhàoqìng Jiàn'ān Jítuán Dàshà Zhōngzuò	房屋	端州区政府驻地西北部
百利大厦	Bǎilì Dàshà	房屋	端州区政府驻地西北部
永利大厦	Yǒnglì Dàshà	房屋	端州区政府驻地东南部
永阳大厦	Yǒngyáng Dàshà	房屋	端州区政府驻地东南部
岗尾大厦	Gǎngwěi Dàshà	房屋	端州区政府驻地东北部
宏誉大厦	Hóngyù Dàshà	房屋	端州区政府驻地东北部
裕福大厦	Yùfú Dàshà	房屋	端州区政府驻地西南部
万仕达大厦	Wànshìdá Dàshà	房屋	端州区政府驻地西南部
端州农商行大厦	Duānzhōu Nóngshāngháng Dàshà	房屋	端州区政府驻地西南部
保利大厦	Bǎolì Dàxià	房屋	端州区政府驻地东南部
昊业商务大厦	Hàoyè Shāngwù Dàshà	房屋	端州区政府驻地东北部
星湖国际广场写字楼	Xīnghú Guójìguǎngchǎng Xiězìlóu	房屋	端州区政府驻地西北部
肇庆市商业大厦	Zhàoqìng Shì Shāngyè Dàshà	房屋	端州区政府驻地西南部
建设银行大楼	Jiànshèyínháng Dàlóu	房屋	端州区政府驻地西南部
嘉润大厦	Jiārùn Dàshà	房屋	端州区政府驻地南部
教育楼	Jiàoyù Lóu	房屋	端州区政府驻地东北部
至高文具商场	Zhìgāo Wénjù Shāngchǎng	房屋	端州区政府驻地西北部
肇庆市委招待所商场	Zhàoqìng Shìwěi Zhāodàisuǒ Shāngchǎng	房屋	端州区政府驻地西南部
肇宇大厦	Zhàoyǔ Dàshà	房屋	端州区政府驻地东南部
方原电子设备商场	Fāngyuán Diànzǐshèbèi Shāngchǎng	房屋	端州区政府驻地西南部
侨兴康乐大厦	Qiáoxìng Kānglè Dàshà	房屋	端州区政府驻地西北部
天宁写字楼	Tiānníng Xiězìlóu	房屋	端州区政府驻地西南部
端州信社楼	Duānzhōu Xìnshè Lóu	房屋	端州区政府驻地西南部

（续上表）

标准名称	汉语拼音	地名类别	相对位置
农机大厦	Nóngjī Dàshà	房屋	端州区政府驻地西北部
蓝带楼	Lándài Lóu	房屋	端州区政府驻地西南部
肇庆市中医院培训综合楼	Zhàoqìng Shì Zhōngyīyuàn Péixùn Zōnghélóu	房屋	端州区政府驻地西北部
裕龙大厦	Yùlóng Dàshà	房屋	端州区政府驻地西部
汇美居	Huìměi Jū	房屋	端州区政府驻地西北部
广兴阁	Guǎngxìng Gé	房屋	端州区政府驻地西北部
家欢阁	Jiāhuān Gé	房屋	端州区政府驻地西北部
端州六路四号综合楼	Duānzhōu 6 Lù 4 Hào Zōnghélóu	房屋	端州区政府驻地西北部
鸿滨楼	Hóngbīn Lóu	房屋	端州区政府驻地西南部
民政大楼	Mínzhèng Dàlóu	房屋	端州区政府驻地西部
银丰楼	Yínfēng Lóu	房屋	端州区政府驻地西北部
兆基楼	Zhàojī Lóu	房屋	端州区政府驻地西北部
文康楼	Wénkāng Lóu	房屋	端州区政府驻地西北部
金满楼	Jīnmǎn Lóu	房屋	端州区政府驻地西北部
好景楼	Hǎojǐng Lóu	房屋	端州区政府驻地西北部
肇庆市环卫大楼	Zhàoqìng Shì Huánwèi Dàlóu	房屋	端州区政府驻地西北部
肇庆教育大楼	Zhàoqìng Jiàoyù Dàlóu	房屋	端州区政府驻地西北部
大菜园康乐楼	Dàcàiyuán Kānglè Lóu	房屋	端州区政府驻地西南部
中国电信大楼	Zhōngguó Diànxìn Dàlóu	房屋	端州区政府驻地西北部
鸿都楼	Hóngdōu Lóu	房屋	端州区政府驻地西南部
肇林大厦	Zhàolín Dàshà	房屋	端州区政府驻地西南部
广发银行大厦	Guǎngfāyínháng Dàshà	房屋	端州区政府驻地西南部
金鼎大厦	Jīndǐng Dàshà	房屋	端州区政府驻地西南部
肇庆旅游大厦	Zhàoqìng Lǚyóu Dàshà	房屋	端州区政府驻地西北部
芙蓉新天地大厦	Fúróng Xīntiāndì Dàshà	房屋	端州区政府驻地西北部
长线大厦	Chángxiàn Dàshà	房屋	端州区政府驻地西北部
联合担保大厦	Liánhédānbǎo Dàshà	房屋	端州区政府驻地西北部
华骏腾龙大厦	Huájùn Ténglóng Dàshà	房屋	端州区政府驻地西北部
芙蓉大厦	Fúróng Dàshà	房屋	端州区政府驻地西北部

(续上表)

标准名称	汉语拼音	地名类别	相对位置
华达大厦	Huádá Dàshà	房屋	端州区政府驻地西南部
十八号大楼	18 Hào Dàlóu	房屋	端州区政府驻地西南部
肇庆人才大厦	Zhàoqìng Réncái Dàshà	房屋	端州区政府驻地西南部
七星银座	Qīxīng Yínzuò	房屋	端州区政府驻地西南部
恒利通农产品综合商贸城	Hénglìtōng Nóngchǎnpǐn Zōnghé Shāngmàochéng	房屋	端州区政府驻地西北部
常成购物商场	Chángchéng Gòuwù Shāngchǎng	房屋	端州区政府驻地西北部
益隆商场	Yìlóng Shāngchǎng	房屋	端州区政府驻地西北部
江佳购物商场	Jiāngjiā Gòuwù Shāngchǎng	房屋	端州区政府驻地西北部
瑞丰百货商场	Ruìfēng Bǎihuò Shāngchǎng	房屋	端州区政府驻地西北部
短租房公寓	Duǎnzūfáng Gōngyù	房屋	端州区政府驻地西北部
锦园写字楼	Jǐnyuán Xiězìlóu	房屋	端州区政府驻地西北部
肇庆市残疾人康复综合服务大楼	Zhàoqìng Shì Cánjírén Kāngfù Zōnghé Fúwù Dàlóu	房屋	端州区政府驻地西北部
华南智慧城	Huánán Zhìhuìchéng	房屋	端州区政府驻地西北部
民主大楼	Mínzhǔ Dàlóu	房屋	端州区政府驻地西北部
翔宇大厦	Xiángyǔ Dàshà	房屋	端州区政府驻地西北部
汉一中誉大厦	Hànyīzhōngyù Dàshà	房屋	端州区政府驻地西北部
洋湖百货商场	Yánghúbǎihuò Shāngchǎng	房屋	端州区政府驻地西北部
电力大楼	Diànlì Dàlóu	房屋	端州区政府驻地东北部
瑞安大厦	Ruì'ān Dàshà	房屋	端州区政府驻地东北部
香樟楼	Xiāngzhāng Lóu	房屋	端州区政府驻地西北部
兴业商务大厦	Xìngyè Shāngwù Dàshà	房屋	端州区政府驻地东北部
永兴楼	Yǒngxìng Lóu	房屋	端州区政府驻地东北部
云海楼	Yúnhǎi Lóu	房屋	端州区政府驻地西北部
肇庆市疾控中心综合楼	Zhàoqìng Shì Jíkòngzhōngxīn Zōnghélóu	房屋	端州区政府驻地东北部
肇庆学院艺术教学大楼	Zhàoqìngxuéyuàn Yìshù Jiàoxué Dàlóu	房屋	端州区政府驻地东北部
汇和大厦	Huìhé Dàshà	房屋	端州区政府驻地西北部
星岩礼堂	Xīngyán Lǐtáng	房屋	端州区政府驻地西南部

（续上表）

标准名称	汉语拼音	地名类别	相对位置
网商大厦	Wǎngshāng Dàshà	房屋	端州区政府驻地西北部
华强楼	Huáqiáng Lóu	房屋	端州区政府驻地西北部
东岗市场	Dōnggǎng Shìchǎng	房屋	端州区政府驻地东北部
二马路市场	2 Mǎlù Shìchǎng	房屋	端州区政府驻地西南部
柑园南菜市场	Gānyuánnán Càishìchǎng	房屋	端州区政府驻地西南部
海鲜市场	Hǎixiān Shìchǎng	房屋	端州区政府驻地西南部
河旁市场	Hépáng Shìchǎng	房屋	端州区政府驻地东北部
华英名都综合市场	Huáyīngmíngdū Zōnghé Shìchǎng	房屋	端州区政府驻地西北部
华英市场	Huáyīng Shìchǎng	房屋	端州区政府驻地西南部
嘉湖市场	Jiāhú Shìchǎng	房屋	端州区政府驻地东北部
江南蔬果批发市场	Jiāngnán Shūguǒ Pīfā Shìchǎng	房屋	端州区政府驻地西北部
景山岗市场	Jǐngshāngǎng Shìchǎng	房屋	端州区政府驻地西北部
康乐市场	Kānglè Shìchǎng	房屋	端州区政府驻地西北部
龙安市场	Lóng'ān Shìchǎng	房屋	端州区政府驻地西北部
睦岗农贸市场	Mùgǎng Nóngmào Shìchǎng	房屋	端州区政府驻地西北部
桥东市场	Qiáodōng Shìchǎng	房屋	端州区政府驻地西北部
站北市场	Zhànběi Shìchǎng	房屋	端州区政府驻地西北部
沙街市场	Shājiē Shìchǎng	房屋	端州区政府驻地西南部
石咀街市场	Shízuǐjiē Shìchǎng	房屋	端州区政府驻地西南部
顺景批发市场	Shùnjǐng Pīfā Shìchǎng	房屋	端州区政府驻地西北部
泰安市场	Tài'ān Shìchǎng	房屋	端州区政府驻地东北部
肇庆市五金批发市场	Zhàoqìng Shì Wǔjīn Pīfā Shìchǎng	房屋	端州区政府驻地西北部
西江路水果批发市场	Xījiānglù Shuǐguǒ Pīfā Shìchǎng	房屋	端州区政府驻地西北部
新百花市场	Xīnbǎihuā Shìchǎng	房屋	端州区政府驻地西北部
新街批发市场	Xīnjiē Pīfā Shìchǎng	房屋	端州区政府驻地西南部
瑶池海鲜综合市场	Yáochí Hǎixiān Zōnghé Shìchǎng	房屋	端州区政府驻地西北部
裕景花园肉菜综合市场	Yùjǐnghuāyuán Ròucài Zōnghé Shìchǎng	房屋	端州区政府驻地西部
中心市场	Zhōngxīn Shìchǎng	房屋	端州区政府驻地西部
前进市场	Qiánjìn Shìchǎng	房屋	端州区政府驻地东南部

(续上表)

标准名称	汉语拼音	地名类别	相对位置
肇庆冷冻食品市场	Zhàoqìng Lěngdòngshípǐn Shìchǎng	房屋	端州区政府驻地西北部
黄塘综合市场	Huángtáng Zōnghé Shìchǎng	房屋	端州区政府驻地西北部
光达旧货交易市场	Guāngdá Jiùhuò Jiāoyì Shìchǎng	房屋	端州区政府驻地西部
天成服装批发市场	Tiānchéng Fúzhuāng Pīfā Shìchǎng	房屋	端州区政府驻地西北部
永顺二手市场	Yǒngshùn Èrshǒu Shìchǎng	房屋	端州区政府驻地西北部
肇庆市站前综合批发市场	Zhàoqìng Shì Zhànqián Zōnghépīfā Shìchǎng	房屋	端州区政府驻地西北部
黄岗市场	Huánggǎng Shìchǎng	房屋	端州区政府驻地东北部
河旁石材市场	Hépáng Shícái Shìchǎng	房屋	端州区政府驻地东北部
厚岗综合市场	Hòugǎng Zōnghé Shìchǎng	房屋	端州区政府驻地东南部
跃龙海鲜批发市场	Yuèlóng Hǎixiān Pīfā Shìchǎng	房屋	端州区政府驻地南部
百花购物公园	Bǎihuā Gòuwù Gōngyuán	房屋	端州区政府驻地西北部
古玩文玩城	Gǔwán Wénwán Chéng	房屋	端州区政府驻地西北部
人民中市场	Rénmínzhōng Shìchǎng	房屋	端州区政府驻地西部
岗尾市场	Gǎngwěi Shìchǎng	房屋	端州区政府驻地东北部
华美大厦	Huáměi Dàshà	房屋	端州区政府驻地西北部
翠岗楼	Cuìgǎng Lóu	房屋	端州区政府驻地东北部
北岭公馆	Běilǐng Gōngguǎn	房屋	端州区政府驻地西北部
华丰楼	Huáfēng Lóu	房屋	端州区政府驻地西部
华康楼	Huákāng Lóu	房屋	端州区政府驻地西北部
华胜楼	Huáshèng Lóu	房屋	端州区政府驻地西北部
端华楼	Duānhuá Lóu	房屋	端州区政府驻地西北部
端荣楼	Duānróng Lóu	房屋	端州区政府驻地西北部
高荣楼	Gāoróng Lóu	房屋	端州区政府驻地西北部
光泰楼	Guāngtài Lóu	房屋	端州区政府驻地西北部
皇冠楼	Huángguàn Lóu	房屋	端州区政府驻地西南部
建发楼	Jiànfā Lóu	房屋	端州区政府驻地西部
建尚楼	Jiànshàng Lóu	房屋	端州区政府驻地西北部
建裕楼	Jiànyù Lóu	房屋	端州区政府驻地西北部

（续上表）

标准名称	汉语拼音	地名类别	相对位置
建定楼	Jiàndìng Lóu	房屋	端州区政府驻地西北部
侨裕楼	Qiáoyù Lóu	房屋	端州区政府驻地西南部
裕新楼	Yùxīn Lóu	房屋	端州区政府驻地西北部
蓝塘村牌坊	Lántángcūn Páifāng	房屋	端州区政府驻地东北部
艳兴商场	Yànxìng Shāngchǎng	房屋	端州区政府驻地东北部
裕佳商场	Yùjiā Shāngchǎng	房屋	端州区政府驻地东北部
蓝塘市场	Lántáng Shìchǎng	房屋	端州区政府驻地东北部
泰安自选商场	Tài'ān Zìxuǎn Shāngchǎng	房屋	端州区政府驻地东北部
黄岗粮站	Huánggǎng Liángzhàn	房屋	端州区政府驻地东北部
肇东市场	Zhàodōng Shìchǎng	房屋	端州区政府驻地东北部
天宁广场	Tiānníng Guǎngchǎng	房屋	端州区政府驻地西南部
时代广场	Shídài Guǎngchǎng	房屋	端州区政府驻地西北部
建鸿基和平广场	Jiànhóngjī Hépíng Guǎngchǎng	房屋	端州区政府驻地东北部
昌大昌超级购物广场	Chāngdàchāng Chāojí Gòuwù Guǎngchǎng	房屋	端州区政府驻地东北部
敏捷广场	Mǐnjié Guǎngchǎng	房屋	端州区政府驻地东北部
肇庆市国际商业广场	Zhàoqìng Shì Guójì Shāngyè Guǎngchǎng	房屋	端州区政府驻地西北部
康乐广场	Kānglè Guǎngchǎng	房屋	端州区政府驻地西北部
新城市服装批发广场	Xīnchéngshì Fúzhuāng Pīfā Guǎngchǎng	房屋	端州区政府驻地西南部
碧湖广场	Bìhú Guǎngchǎng	房屋	端州区政府驻地西北部
凯德广场	Kǎidé Guǎngchang	房屋	端州区政府驻地西北部
星湖国际广场	Xīnghú guójì Guǎngchǎng	房屋	端州区政府驻地西北部
裕景广场	Yùjǐng Guǎngchǎng	房屋	端州区政府驻地西北部
端州青少年文化广场	Duānzhōu Qīngshǎonián Wénhuà Guǎngchǎng	房屋	端州区政府驻地东南部
东方广场	Dōngfāng Guǎngchǎng	房屋	端州区政府驻地东北部
天南广场	Tiānnán Guǎngchǎng	房屋	端州区政府驻地西南部
城东广场	Chéngdōng Guǎngchǎng	房屋	端州区政府驻地东南部
天福大型服装批发广场	Tiānfú Dàxíng Fúzhuāng Pīfā Guǎngchǎng	房屋	端州区政府驻地西南部

（续上表）

标准名称	汉语拼音	地名类别	相对位置
发展广场	Fāzhǎn Guǎngchǎng	房屋	端州区政府驻地西南部
肇庆站广场	Zhàoqìngzhàn Guǎngchǎng	房屋	端州区政府驻地西北部
安逸广场	Ānyì Guǎngchǎng	房屋	端州区政府驻地东北部
海逸广场	Hǎiyì Guǎngchǎng	房屋	端州区政府驻地东北部
凯旋门广场	Kǎixuánmén Guǎngchǎng	房屋	端州区政府驻地东北部
新万悦购物广场	Xīnwànyuè Gòuwù Guǎngchǎng	房屋	端州区政府驻地东北部
合百利广场	Hébǎilì Guǎngchǎng	房屋	端州区政府驻地西南部
金元广场	Jīnyuán Guǎngchǎng	房屋	端州区政府驻地东北部
大冲广场	Dàchōng Guǎngchǎng	房屋	端州区政府驻地东北部
尚读广场	Shàngdú Guǎngchǎng	房屋	端州区政府驻地东北部
三村五金城	Sāncūn Wǔjīnchéng	房屋	端州区政府驻地西北部
梁焕明端砚艺术博物馆	Liánghuànmíng Duānyàn Yìshù Bówùguǎn	房屋	端州区政府驻地东北部
七星岩阅湖楼	Qīxīngyán Yuèhú Lóu	房屋	端州区政府驻地西北部
出头四村礼堂	Chūtóusìcūn Lǐtáng	房屋	端州区政府驻地西北部
出头三村礼堂	Chūtóusāncūn Lǐtáng	房屋	端州区政府驻地西北部
出头一村礼堂	Chūtóuyīcūn Lǐtáng	房屋	端州区政府驻地西北部
出头二村礼堂	Chūtóu'èrcūn Lǐtáng	房屋	端州区政府驻地西北部
宾日礼堂	Bīnrì Lǐtáng	房屋	端州区政府驻地东北部
前村礼堂	Qiáncūn Lǐtáng	房屋	端州区政府驻地东北部
肇庆二手车交易市场	Zhàoqìng Èrshǒuchē Jiāoyì Shìchǎng	房屋	端州区政府驻地东北部
荫梓亭	Yīnzǐ Tíng	亭	端州区政府驻地西北部
摘星亭	Zhāixīng Tíng	亭	端州区政府驻地西北部
十友亭	Shíyǒu Tíng	亭	端州区政府驻地北部
北海碑亭	Běihǎibēi Tíng	亭	端州区政府驻地西北部
五龙亭	Wǔlóng Tíng	亭	端州区政府驻地西北部
南华亭	Nánhuá Tíng	亭	端州区政府驻地西北部
七星古亭	Qīxīng Gǔtíng	亭	端州区政府驻地西北部
石桥亭	Shíqiáo Tíng	亭	端州区政府驻地西南部

（续上表）

标准名称	汉语拼音	地名类别	相对位置
城中路止戈亭	Chéngzhōnglù Zhǐgē Tíng	亭	端州区政府驻地西南部
菁英亭	Jīngyīng Tíng	亭	端州区政府驻地西北部
伴月亭	Bànyuè Tíng	亭	端州区政府驻地西北部
钓鱼台	Diàoyú Tái	台	端州区政府驻地西北部
崇禧塔	Chóngxǐ Tǎ	塔	端州区政府驻地南部
元魁塔	Yuánkuí Tǎ	塔	端州区政府驻地东南部
牌坊广场	Páifāng Guǎngchǎng	广场	端州区南部
七星岩东门广场	Qīxīngyán Dōngmén Guǎngchǎng	广场	端州区东南部
龙塘社区文化广场	Lóngtáng Shèqū Wénhuà Guǎngchǎng	广场	端州区西北部
万信诚时装广场	Wànxìnchéng Shízhuāng Guǎngchǎng	广场	端州区东南部
羚山社区文化广场	Língshān Shèqū Wénhuà Guǎngchǎng	广场	端州区东南部
龙母广场	Lóngmǔ Guǎngchǎng	广场	端州区西南部
肇庆市体育中心	Zhàoqìng Shì Tǐyùzhōngxīn	体育场	端州区西南部
西江体育场	Xījiāng Tǐyùchǎng	体育场	端州区西南部
端州体育馆	Duānzhōu Tǐyùguǎn	体育场	端州区南部
肇星保龄球馆	Zhàoxīng Bǎolíngqiúguǎn	体育场	端州区西南部
星湖山水体育健身广场	Xīnghú Shānshuǐ Tǐyù Jiànshēn Guǎngchǎng	体育场	端州区西南部
肇庆学院体育馆	Zhàoqìngxuéyuàn Tǐyùguǎn	体育场	端州区西南部
南拳王武术馆	Nánquánwáng Wǔshùguǎn	体育场	端州区西南部
端州游泳场	Duānzhōu Yóuyǒngchǎng	体育场	端州区东南部
恒裕海湾体育馆	Héngyùhǎiwān Tǐyùguǎn	体育场	端州区东南部
健益羽毛球馆	Jiànyì Yǔmáoqiúguǎn	体育场	端州区西南部

（九）单位类

标准名称	汉语拼音	地名类别	相对位置
端州区文化和体育局	Duānzhōu Qū Wénhuàhétǐyùjú	党政机关	天宁北路73号

（续上表）

标准名称	汉语拼音	地名类别	相对位置
端州区统计局	Duānzhōu Qū Tǒngjìjú	党政机关	古塔中路15号
端州区司法局	Duānzhōu Qū Sīfǎjú	党政机关	二塔路区司法局大楼内
端州区民政局	Duānzhōu Qū Mínzhèngjú	党政机关	人民中路20号
端州区粮食局	Duānzhōu Qū Liángshíjú	党政机关	厚岗路6号
肇庆市公安局端州分局	Zhàoqìng Shì Gōng'ānjú Duānzhōu Fēnjú	党政机关	古塔北路8号
端州区发展和改革局	Duānzhōu Qū Fāzhǎnhégǎigéjú	党政机关	厚岗路6号
肇庆市城市管理和综合行政执法局	Zhàoqìng Shì Chéngshìguǎnlǐhézōnghéxíngzhèngzhífǎjú	党政机关	天宁北路75号
肇庆市城市管理和综合行政执法局端州区分局	Zhàoqìng Shì Chéngshìguǎnlǐhézōnghéxíngzhèngzhífǎjú Duānzhōu Qū Fēnjú	党政机关	和平路12号
端州区卫生和计划生育局	Duānzhōu Qū Wèishēnghéjìhuáshēngyùjú	党政机关	柳园路7号
中共肇庆市委员会	Zhōnggòng Zhàoqìng Shì Wěiyuánhuì	党政机关	天宁北路80号
黄岗街道办事处	Huánggǎngjiēdào Bànshìchù	党政机关	端州二路8号
城中派出所	Chéngzhōng Pàichūsuǒ	党政机关	南溪路18号
城西街道办事处	Chéngxījiēdào Bànshìchù	党政机关	康乐南路22号
端州区机构编制委员会办公室	Duānzhōu Qū Jīgòubiānzhì Wěiyuánhuì Bàngōngshì	党政机关	古塔中路15号
肇庆市档案局	Zhàoqìng Shì Dàng'ànjú	党政机关	天宁北路80号
广东省西江航道局	Guǎngdōng Shěng Xījiānghángdàojú	党政机关	彩云路
肇庆海事局	Zhàoqìng Hǎishìjú	党政机关	西江北路18号
肇庆市林业局	Zhàoqìng Shì Línyèjú	党政机关	人民南路24号

（续上表）

标准名称	汉语拼音	地名类别	相对位置
端州区人民法院	Duānzhōu Qū Rénmínfǎyuàn	党政机关	前进南路 9 号
肇庆市中级人民法院	Zhàoqìng Shì Zhōngjí Rénmínfǎyuàn	党政机关	信安大道 97 区
端州区水利局	Duānzhōu Qū Shuǐlìjú	党政机关	工农北路 38 号
端州区事业单位登记管理局	Duānzhōu Qū Shìyèdānwèidēngjìguǎnlǐjú	党政机关	古塔中路 15 号
端州区农林局	Duānzhōu Qū Nónglínjú	党政机关	工农北路 55 号
端州区住房和城乡建设局	Duānzhōu Qū Zhùfánghéchéngxiāngjiànshèjú	党政机关	和平路 1 号
阅江派出所	Yuèjiāng Pàichūsuǒ	党政机关	兴贤里 10 号
城东街道办事处	Chéngdōngjiēdào Bànshìchù	党政机关	古塔中路 13 号
宝月派出所	Bǎoyuè Pàichūsuǒ	党政机关	草场路 78 号
七星派出所	Qīxīng Pàichūsuǒ	党政机关	北岭旅游度假区内
端州区人民政府	Duānzhōu Qū Rénmínzhèngfǔ	党政机关	古塔中路 15 号
肇庆市人民检察院	Zhàoqìng Shì Rénmínjiǎncháyuàn	党政机关	端州三路 37 号
白沙派出所	Báishā Pàichūsuǒ	党政机关	前沙街 108 号
大冲派出所	Dàchōng Pàichūsuǒ	党政机关	大冲水基
古塔派出所	Gǔtǎ Pàichūsuǒ	党政机关	沙墩路 3 号
湖滨派出所	Húbīn Pàichūsuǒ	党政机关	青莲路 3 号
黄岗派出所	Huánggǎng Pàichūsuǒ	党政机关	岗头大道
蕉园派出所	Jiāoyuán Pàichūsuǒ	党政机关	润芳街 3 号

（续上表）

标准名称	汉语拼音	地名类别	相对位置
康乐派出所	Kānglè Pàichūsuǒ	党政机关	翠星路5号
睦岗派出所	Mùgǎng Pàichūsuǒ	党政机关	太和北路9号
星湖派出所	Xīnghú Pàichūsuǒ	党政机关	七星岩风景区西门停车场西侧
端州区地税局办税服务厅	Duānzhōu Qū Dìshuìjú Bànshuì Fúwùtīng	党政机关	东湖三路中源名都22号楼
端州区分局城东执法大队	Duānzhōu Qū Fēnjú Chéngdōng Zhífǎdàduì	党政机关	端州三路35号
端州区黄岗街道人民调解委员会	Duānzhōu Qū Huánggǎngjiēdào Rénmíntiáojiě Wěiyuánhuì	党政机关	黄岗街道办事处西侧
端州区人民法院交通专业法庭	Duānzhōu Qū Rénmínfǎyuàn Jiāotōng Zhuānyè Fǎtíng	党政机关	前进南路
端州区人民政府残疾人工作委员会	Duānzhōu Qū Rénmínzhèngfǔ Cánjírén Gōngzuò Wěiyuánhuì	党政机关	前进南路鼎湖新邨小区附近
端州区社会保险基金管理局	Duānzhōu Qū Shèhuìbǎoxiǎnjījīnguǎnlǐjú	党政机关	景德路5号
端州区食品药品监督管理局	Duānzhōu Qū Shípǐnyàopǐnjiāndūguǎnlǐjú	党政机关	古塔中路17号
端州区司法局城西司法所	Duānzhōu Qū Sīfǎjú Chéngxī Sīfǎsuǒ	党政机关	府前路79号
端州区司法局黄岗司法所	Duānzhōu Qū Sīfǎjú Huánggǎng Sīfǎsuǒ	党政机关	端州二路8号
端州区政府金融工作局	Duānzhōu Qū Zhèngfǔ Jīnrónggōngzuòjú	党政机关	古塔中路13号鸿基大厦
高要市对外贸易局	Gāoyào Shì Duìwàimàoyìjú	党政机关	康乐南路11号
高要市外经贸办事处	Gāoyào Shì Wàijīngmào Bànshìchù	党政机关	西江北路21号附近
广东省高要市旅游局	Guǎngdōng Shěng Gāoyào Shì Lǚyóujú	党政机关	人民中路12号
广东省森林公安局西江分局	Guǎngdōng Shěng Sēnlín Gōng'ānjú Xījiāng Fēnjú	党政机关	康乐中路136号
广东省水文局肇庆分局	Guǎngdōng Shěng Shuǐwénjú Zhàoqìng Fēnjú	党政机关	城区新园路水文局办公大楼内

（续上表）

标准名称	汉语拼音	地名类别	相对位置
肇庆市通信建设管理办公室	Zhàoqìng Shì Tōngxìnjiànshèguǎnlǐ Bàngōngshì	党政机关	蓓蕾北路13号
广东省西江林业局	Guǎngdōng Shěng Xījiāng Línyèjú	党政机关	康乐中路136号
肇庆市国家税务局	Zhàoqìng Shì Guójiāshuìwùjú	党政机关	端州棠岗路1号
广州铁路公安局肇庆分局	Guǎngzhōu Tiělù Gōng'ānjú Zhàoqìng Fēnjú	党政机关	站北路2号
建设邮局	Jiànshè Yóujú	党政机关	建设三路33号
宋城西邮局	Sòngchéngxī Yóujú	党政机关	宋城西路16号
西江邮局	Xījiāng Yóujú	党政机关	西江北路10号
肇庆出入境检验检疫局火车站办事处	Zhàoqìng Chūrùjìng Jiǎnyànjiǎnyìjú Huǒchēzhàn Bànshìchù	党政机关	古塔南路1号
肇庆港务局	Zhàoqìng Gǎngwùjú	党政机关	江滨西路2号
肇庆海关	Zhàoqìng Hǎiguān	党政机关	端州七路13号
肇庆市安全生产监督管理局	Zhàoqìng Shì Ānquánshēngchǎn Jiāndūguǎnlǐjú	党政机关	西江北路2号安监大楼
肇庆市版权局	Zhàoqìng Shì Bǎnquánjú	党政机关	星湖大道76号
肇庆市财政局	Zhàoqìng Shì Cáizhèngjú	党政机关	信安四路8号
肇庆市城市管理和综合行政执法局端州区分局城西执法大队	Zhàoqìng Shì Chéngshìguǎnlǐhézōnghéxíngzhèngzhífǎjú Duānzhōu Qū Fēnjú Chéngxī Zhífǎdàduì	党政机关	端州五路
肇庆市城市管理和综合行政执法局端州区分局专业执法大队	Zhàoqìng Shì Chéngshìguǎnlǐhézōnghéxíngzhèngzhífǎjú Duānzhōu Qū Fēnjú Zhuānyè Zhífǎdàduì	党政机关	忠勇路21号
肇庆市城乡规划局端州分局	Zhàoqìng Shì Chéngxiāngguīhuájú Duānzhōu Fēnjú	党政机关	信安五路8号规划大院内
肇庆市代建局	Zhàoqìng Shì Dàijiànjú	党政机关	城中路49号36幢

（续上表）

标准名称	汉语拼音	地名类别	相对位置
肇庆市地方税务局	Zhàoqìng Shì Dìfāngshuìwùjú	党政机关	西江北路28号
肇庆市地方税务局稽查局	Zhàoqìng Shì Dìfāngshuìwùjú Jīchájú	党政机关	西江北路28号
肇庆市电信局	Zhàoqìng Shì Diànxìnjú	党政机关	建设三路33号
端州区安全生产监督管理局	Duānzhōu Qū Ānquánshēngchǎnjiāndūguǎnlǐjú	党政机关	肇庆跃龙路36幢
端州区财政局	Duānzhōu Qū Cáizhèngjú	党政机关	蓓蕾北路11号
端州区残疾人联合会	Duānzhōu Qū Cánjírén Liánhéhuì	党政机关	前进南路鼎湖新邨三区一幢
端州区城市综合管理局	Duānzhōu Qū Chéngshìzōnghéguǎnlǐjú	党政机关	古塔中路13号鸿基大厦
端州区档案局	Duānzhōu Qū Dàng'ànjú	党政机关	古塔中路15号
端州区地方税务局	Duānzhōu Qū Dìfāngshuìwùjú	党政机关	蓓蕾南路6号
端州区地税局稽查局	Duānzhōu Qū Dìshuìjú Jīchájú	党政机关	棠岗路鼎盛大厦A幢
端州区防汛防旱防风指挥部	Duānzhōu Qū Fángxùnfánghànfángfēng Zhǐhuībù	党政机关	工农北路38号第一幢
端州区房产建设管理局	Duānzhōu Qū Fángchǎnjiànshèguǎnlǐjú	党政机关	和平路1号
端州区妇女联合会	Duānzhōu Qū Fùnǚ Liánhéhuì	党政机关	古塔中路15号
端州区工商业联合会	Duānzhōu Qū Gōngshāngyè Liánhéhuì	党政机关	忠勇路21号
端州区归国华侨联合会	Duānzhōu Qū Guīguóhuáqiáo Liánhéhuì	党政机关	古塔中路15号
端州区国家税务局	Duānzhōu Qū Guójiāshuìwùjú	党政机关	东岗东路3号
端州区红十字会	Duānzhōu Qū Hóngshízìhuì	党政机关	建设二路城东一区21幢
端州区机关事务管理局	Duānzhōu Qū Jīguānshìwùguǎnlǐjú	党政机关	端州城中路49号市府大院

（续上表）

标准名称	汉语拼音	地名类别	相对位置
端州区计划生育协会	Duānzhōu Qū Jìhuáshēngyù Xiéhuì	党政机关	柳园路7号
端州区监察局	Duānzhōu Qū Jiānchájú	党政机关	古塔中路15号
端州区教育局	Duānzhōu Qū Jiàoyùjú	党政机关	古塔中路2号
端州区经济和信息化局	Duānzhōu Qū Jīngjìhéxìnxīhuàjú	党政机关	跃龙路36栋
端州区科学技术局	Duānzhōu Qū Kēxuéjìshùjú	党政机关	建设三路31号
端州区农业局	Duānzhōu Qū Nóngyèjú	党政机关	工农北路55号
端州区人大常委会	Duānzhōu Qū Réndà Chángwěihuì	党政机关	古塔中路15号
端州区人大常委会机关	Duānzhōu Qū Réndà Chángwěihuì Jīguān	党政机关	古塔中路15号
端州区人力资源和社会保障局	Duānzhōu Qū Rénlìzīyuánhéshèhuìbǎozhàngjú	党政机关	景德路5号
端州区人民检察院	Duānzhōu Qū Rénmínjiǎncháyuàn	党政机关	78区祥福路南侧
端州区人民政府办公室	Duānzhōu Qū Rénmínzhèngfǔ Bàngōngshì	党政机关	古塔中路15号
端州区商务局	Duānzhōu Qū Shāngwùjú	党政机关	古塔中路
端州区社会科学联合会	Duānzhōu Qū Shèhuìkēxué Liánhéhuì	党政机关	古塔中路15号
端州区审计局	Duānzhōu Qū Shěnjìjú	党政机关	古塔中路15号
端州区台胞台属联谊会	Duānzhōu Qū Táibāotáishǔ Liányìhuì	党政机关	古塔中路15号
端州区文化广电新闻出版局	Duānzhōu Qū Wénhuàguǎngdiànxīnwénchūbǎnjú	党政机关	古塔中路15号
端州区文学艺术界联合会	Duānzhōu Qū Wénxuéyìshùjiè Liánhéhuì	党政机关	古塔中路15号
端州区物价局	Duānzhōu Qū Wùjiàjú	党政机关	厚岗路8号

（续上表）

标准名称	汉语拼音	地名类别	相对位置
端州区信访局	Duānzhōu Qū Xìnfǎngjú	党政机关	古塔中路 10 号
睦岗街道办事处	Mùgǎngjiēdào Bànshìchù	党政机关	端州八路睦岗街道办事处大院
端州区政协机关	Duānzhōu Qū Zhèngxiéjīguān	党政机关	古塔中路 15 号
端州区中小企业局	Duānzhōu Qū Zhōngxiǎoqǐyèjú	党政机关	古塔中路 15 号
端州区总工会	Duānzhōu Qū Zǒnggōnghuì	党政机关	忠勇路 21 号
肇庆市对外贸易经济合作局	Zhàoqìng Shì Duìwàimàoyì Jīngjìhézuòjú	党政机关	江滨西路 18 号
肇庆市发展和改革局	Zhàoqìng Shì Fāzhǎnhégǎigéjú	党政机关	城中路 49 号
肇庆市法制局	Zhàoqìng Shì Fǎzhìjú	党政机关	城中路 49 号
肇庆市防汛防旱防风总指挥部	Zhàoqìng Shì Fángxùnfánghànfángfēng Zǒngzhǐhuībù	党政机关	新元北路 12 号
肇庆市房产管理局	Zhàoqìng Shì Fángchǎnguǎnlǐjú	党政机关	和平路房产交易办证大楼
肇庆市港澳事务局	Zhàoqìng Shì Gǎng'àoshìwùjú	党政机关	城中路 122 号
肇庆市港航管理局	Zhàoqìng Shì Gǎnghángguǎnlǐjú	党政机关	建设二路 9 号
肇庆市工商行政管理局	Zhàoqìng Shì Gōngshāngxíngzhèngguǎnlǐjú	党政机关	二塔路 68 号
肇庆市工商行政管理局端州分局	Zhàoqìng Shì Gōngshāngxíngzhèngguǎnlǐjú Duānzhōu Fēnjú	党政机关	柳园南路 8 号
肇庆市公安局	Zhàoqìng Shì Gōng'ānjú	党政机关	前进中路 3 号
肇庆市公安局森林分局	Zhàoqìng Shì Gōng'ānjú Sēnlín Fēnjú	党政机关	人民南路 24 号
肇庆市国家税务局车辆购置税征收管理分局	Zhàoqìng Shì Guójiāshuìwùjú Chēliànggòuzhìshuì Zhēngshōuguǎnlǐ Fēnjú	党政机关	前进南路 6 号

（续上表）

标准名称	汉语拼音	地名类别	相对位置
肇庆市国家税务局第一稽查局	Zhàoqìng Shì Guójiāshuìwùjú Dìyī Jīchájú	党政机关	棠岗路1号
肇庆市国家税务局稽查局	Zhàoqìng Shì Guójiāshuìwùjú Jīchájú	党政机关	棠岗路1号
肇庆市国家税务局直属税务分局	Zhàoqìng Shì Guójiāshuìwùjú Zhíshǔshuìwù Fēnjú	党政机关	棠岗路3号
肇庆市国土资源局	Zhàoqìng Shì Guótǔzīyuánjú	党政机关	信安六路9号
肇庆市国土资源局端州分局	Zhàoqìng Shì Guótǔzīyuánjú Duānzhōu Fēnjú	党政机关	大鼎路与白沙路交叉口东200米
肇庆市红十字会	Zhàoqìng Shì Hóngshízìhuì	党政机关	康乐北路一街
肇庆市环境保护局	Zhàoqìng Shì Huánjìngbǎohùjú	党政机关	星湖东路76区
肇庆市纪检委	Zhàoqìng Shì Jìjiǎnwěi	党政机关	天宁北路80号
肇庆市检察院反渎职侵权局	Zhàoqìng Shì Jiǎncháyuàn Fǎndúzhíqīnquánjú	党政机关	端州三路38号
肇庆市检察院反贪局	Zhàoqìng Shì Jiǎncháyuàn Fǎntānjú	党政机关	端州三路37号
肇庆市交通工程质量监督管理局	Zhàoqìng Shì Jiāotōnggōngchéngzhìliàngjiāndūguǎnlǐjú	党政机关	建设二路9号
肇庆市交通管理总站	Zhàoqìng Shì Jiāotōngguǎnlǐzǒngzhàn	党政机关	前进南路9号附近
肇庆市交通局综合行政执法局	Zhàoqìng Shì Jiāotōngjú Zōnghéxíngzhèng Zhífǎjú	党政机关	二马路5号附近
肇庆市交通运输局	Zhàoqìng Shì Jiāotōngyùnshūjú	党政机关	建设二路14号
肇庆市教育局	Zhàoqìng Shì Jiàoyùjú	党政机关	西江北路教育大楼
肇庆市经济和信息化局	Zhàoqìng Shì Jīngjìhéxìnxīhuàjú	党政机关	城中路49号
肇庆市科学技术局	Zhàoqìng Shì Kēxuéjìshùjú	党政机关	端州六路芙蓉西二街科技中心大楼
肇庆市劳动争议仲裁委员会	Zhàoqìng Shì Láodòngzhēngyì Zhòngcái Wěiyuánhuì	党政机关	古塔中路16号附近

（续上表）

标准名称	汉语拼音	地名类别	相对位置
肇庆市粮食局	Zhàoqìng Shì Liángshíjú	党政机关	西江北路 55 号
肇庆市旅游发展局	Zhàoqìng Shì Lǚyóufāzhǎnjú	党政机关	古塔南路 3 号附近
肇庆市旅游局	Zhàoqìng Shì Lǚyóujú	党政机关	信安六路 9 号
肇庆市绿化委	Zhàoqìng Shì Lǜhuàwěi	党政机关	人民南路 24 号
肇庆市民政局	Zhàoqìng Shì Mínzhèngjú	党政机关	城中路 49 号
肇庆市农业局	Zhàoqìng Shì Nóngyèjú	党政机关	端州三路 52 号
肇庆市人力资源和社会保障局	Zhàoqìng Shì Rénlìzīyuánhéshèhuìbǎozhàngjú	党政机关	信安路 92 区
肇庆市人民政府	Zhàoqìng Shì Rénmínzhèngfǔ	党政机关	城中路 49 号
肇庆市人民政府机关事务管理局	Zhàoqìng Shì Rénmínzhèngfǔ Jīguānshìwùguǎnlǐjú	党政机关	端州城中路 49 号
肇庆市商务局	Zhàoqìng Shì Shāngwùjú	党政机关	江滨西路 18 号
肇庆市社会保险基金管理局	Zhàoqìng Shì Shèhuìbǎoxiǎnjījīnguǎnlǐjú	党政机关	西江南路 26 号
肇庆市审计局	Zhàoqìng Shì Shěnjìjú	党政机关	城中路 122 号
肇庆市食品药品监督管理局	Zhàoqìng Shì Shípǐnyàopǐnjiāndūguǎnlǐjú	党政机关	东岗东路 12 号
肇庆市水务局	Zhàoqìng Shì Shuǐwùjú	党政机关	新园北路 12 号
肇庆市司法局	Zhàoqìng Shì Sīfǎjú	党政机关	景泰路 1 号
肇庆市体育局	Zhàoqìng Shì Tǐyùjú	党政机关	西江北路体育中心北门第一幢
肇庆市外事侨务局	Zhàoqìng Shì Wàishìqiáowùjú	党政机关	城中路 122 号
肇庆市卫生和计划生育局	Zhàoqìng Shì Wèishēnghéjìhuáshēngyùjú	党政机关	城东 82 区新元北路 4 号

（续上表）

标准名称	汉语拼音	地名类别	相对位置
肇庆市文广新局	Zhàoqìng Shì Wénguǎngxīnjú	党政机关	星湖大道76号
肇庆市物价局	Zhàoqìng Shì Wùjiàjú	党政机关	西江北路55号
肇庆市信访局	Zhàoqìng Shì Xìnfǎngjú	党政机关	城中路49号
肇庆市信息服务中心	Zhàoqìng Shì Xìnxīfúwùzhōngxīn	党政机关	城中路49号
肇庆市邮政管理局	Zhàoqìng Shì Yóuzhèngguǎnlǐjú	党政机关	蓓蕾北路13号
肇庆市邮政局端州分局	Zhàoqìng Shì Yóuzhèngjú Duānzhōu Fēnjú	党政机关	黄岗街道黄岗邮电大楼
肇庆市邮政局邮政营业局	Zhàoqìng Shì Yóuzhèngjú Yóuzhèng Yíngyèjú	党政机关	黄岗街道黄岗邮电大楼
肇庆市政府金融工作局	Zhàoqìng Shì Zhèngfǔjīnrónggōngzuòjú	党政机关	信安三路6号
肇庆市质量技术监督局	Zhàoqìng Shì Zhìliàngjìshùjiāndūjú	党政机关	新元西路
肇庆市总工会	Zhàoqìng Shì Zǒnggōnghuì	党政机关	天宁北路76号
肇庆铁路运输检察院	Zhàoqìng Tiělùyùnshū Jiǎncháyuàn	党政机关	站北路6号
中共城北街道工作委员会	Zhōnggòng Chéngběijiēdào Gōngzuò Wěiyuánhuì	党政机关	和平路12号附近
中共城东街道工作委员会	Zhōnggòng Chéngdōngjiēdào Gōngzuò Wěiyuánhuì	党政机关	古塔中路13号
中共睦民社区支部委员会	Zhōnggòng Mùmínshèqū Zhībù Wěiyuánhuì	党政机关	睦民路11-1号附近
中共端州区纪律检查委员会	Zhōnggòng Duānzhōu Qū Jìlǜjiǎnchá Wěiyuánhuì	党政机关	天宁北路80号
中共端州区委办公室	Zhōnggòng Duānzhōu Qūwěi Bàngōngshì	党政机关	古塔中路15号
中共端州区委统一战线工作部	Zhōnggòng Duānzhōu Qūwěi Tǒngyīzhànxiàn Gōngzuòbù	党政机关	古塔中路15号
中共端州区委宣传部	Zhōnggòng Duānzhōu Qūwěi Xuānchuánbù	党政机关	古塔中路15号

(续上表)

标准名称	汉语拼音	地名类别	相对位置
中共端州区委员会	Zhōnggòng Duānzhōu Qū Wěiyuánhuì	党政机关	古塔中路 15 号
中共端州区委政法委员会	Zhōnggòng Duānzhōu Qūwěi Zhèngfǎ Wěiyuánhuì	党政机关	古塔中路 15 号
中共端州区委组织部	Zhōnggòng Duānzhōu Qūwěi Zǔzhībù	党政机关	古塔中路 15 号
中共端州区直属机关工作委员会	Zhōnggòng Duānzhōu Qū Zhíshǔjīguān Gōngzuò Wěiyuánhuì	党政机关	古塔中路 15 号
中共肇庆市委台湾工作办公室	Zhōnggòng Zhàoqìng Shìwěi Táiwān Gōngzuò Bàngōngshì	党政机关	天宁北路 80 号
中国共产主义青年团端州区委员会	Zhōngguó Gòngchǎnzhǔyì Qīngniántuán Duānzhōu Qū Wěiyuánhuì	党政机关	古塔中路 15 号
肇庆出入境检验检疫局	Zhàoqìng Chūrùjìng Jiǎnyànjiǎnyìjú	党政机关	信安五路 13 号
端州区人民武装部	Duānzhōu qū Rénmínwǔzhuāngbù	党政机关	端州二路 8 号
端州区童星幼儿园	Duānzhōu Qū Tóngxīng Yòu'éryuán	民间组织	前进南路杏花庄（旧电视台内）
端州区华英居幼儿园	Duānzhōu Qū Huáyīngjū Yòu'éryuán	民间组织	建设三路 28 号华英居 2 楼
端州区东堤湾幼儿园	Duānzhōu Qū Dōngdīwān Yòu'éryuán	民间组织	前进南路东侧建设二路南侧
端州区华聪幼儿园	Duānzhōu Qū Huácōng Yòu'éryuán	民间组织	前进南路厚岗第二经济合作社综合楼
端州区星湖湾幼儿园	Duānzhōu Qū Xīnghúwān Yòu'éryuán	民间组织	星湖东路 8 号
端州区小清华幼儿园	Duānzhōu Qū Xiǎoqīnghuá Yòu'éryuán	民间组织	星湖大道岩前 5 队文化楼
端州区厚德幼儿园	Duānzhōu Qū Hòudé Yòu'éryuán	民间组织	建设二路 10 号
端州区塘尾幼儿园	Duānzhōu Qū Tángwěi Yòu'éryuán	民间组织	二塔路塘尾村
端州区城东幼儿园	Duānzhōu Qū Chéngdōng Yòu'éryuán	民间组织	柳园南路 10 号 C 幢 2 楼
肇庆市二轻幼儿园	Zhàoqìng Shì Èrqīng Yòu'éryuán	民间组织	文明路六巷 8 幢

（续上表）

标准名称	汉语拼音	地名类别	相对位置
端州区欢乐中英文幼儿园	Duānzhōu Qū Huānlè Zhōngyīngwén Yòu'éryuán	民间组织	工农北路1号
端州区星晨幼儿园	Duānzhōu Qū Xīngchén Yòu'éryuán	民间组织	光明街福利厂2楼
端州区蓓乐幼儿园	Duānzhōu Qū Bèilè Yòu'éryuán	民间组织	建设二路厚岗路招商楼
端州区雅图幼儿园	Duānzhōu Qū Yǎtú Yòu'éryuán	民间组织	工农北路36号2楼
端州区红缨枪美术培训中心	Duānzhōu Qū Hóngyīngqiāng Měishùpéixùnzhōngxīn	民间组织	柳园南路10号城东广场2楼
端州区华宝幼儿园	Duānzhōu Qū Huábǎo Yòu'éryuán	民间组织	黄岗街道办事处东侧2栋
端州区爱爱幼儿园	Duānzhōu Qū Ài'ài Yòu'éryuán	民间组织	鼎湖新村五幢2楼
端州区风云职业培训学校	Duānzhōu Qū Fēngyún Zhíyèpéixùnxuéxiào	民间组织	景德路5号
端州区中联中英文幼儿园	Duānzhōu Qū Zhōnglián Zhōngyīngwén Yòu'éryuán	民间组织	前进南路12号
端州区英才实验学校	Duānzhōu Qū Yīngcái Shíyàn Xuéxiào	民间组织	前进南厚岗第二经济社综合楼
端州区交通幼儿园	Duānzhōu Qū Jiāotōng Yòu'éryuán	民间组织	跃龙路19幢
端州区英伦外语教育培训中心	Duānzhōu Qū Yīnglún Wàiyǔjiàoyùpéixùnzhōngxīn	民间组织	星湖大道9号恒裕海湾2楼
端州区爱尔贝蒙台梭利早教幼儿园	Duānzhōu Qū Ài'ěrbèiméngtáisuōlì Zǎojiào Yòu'éryuán	民间组织	蓓蕾北路15号大院第1幢
端州区东方爱婴早期教育中心	Duānzhōu Qū Dōngfāng'àiyīng Zǎoqījiàoyùzhōngxīn	民间组织	恒裕海湾C栋201房
端州区景蓝幼儿园	Duānzhōu Qū Jǐnglán Yòu'éryuán	民间组织	端州三路37号7幢3楼
端州区育才幼儿园	Duānzhōu Qū Yùcái Yòu'éryuán	民间组织	蓓蕾北路11号2幢
端州区景雯幼儿园	Duānzhōu Qū Jǐngwén Yòu'éryuán	民间组织	和平路和平花园A幢1-3楼
端州区欢乐彩虹幼儿园	Duānzhōu Qū Huānlècǎihóng Yòu'éryuán	民间组织	古塔南路8号

(续上表)

标准名称	汉语拼音	地名类别	相对位置
端州区新爱婴早教中心	Duānzhōu Qū Xīn'àiyīng Zǎojiàozhōngxīn	民间组织	景德路景翠苑2层写字楼
端州区文明幼儿园	Duānzhōu Qū Wénmíng Yòu'éryuán	民间组织	文明路5巷
肇庆市星岩书院青少年体育俱乐部	Zhàoqìng Shì Xīngyánshūyuàn Qīngshàoniántǐyù Jùlèbù	民间组织	建设三路46号
端州区博雅幼儿园	Duānzhōu Qū Bóyǎ Yòu'éryuán	民间组织	景泰路1号
端州区卡尔幼儿家园早教中心	Duānzhōu Qū Kǎ'ěr Yòu'érjiāyuán Zǎojiàozhōngxīn	民间组织	端州四路5号9幢2楼
端州区名师教育培训中心	Duānzhōu Qū Míngshī Jiàoyùpéixùnzhōngxīn	民间组织	建设三路16号4楼
端州区爱迪幼儿教育培训中心	Duānzhōu Qū Àidí Yòu'érjiàoyùpéixùnzhōngxīn	民间组织	和平路30号
端州区越华幼儿园	Duānzhōu Qū Yuèhuá Yòu'éryuán	民间组织	跃龙北路2号
端州区百分教育培训中心	Duānzhōu Qū Bǎifēn Jiàoyùpéixùnzhōngxīn	民间组织	星湖大道景山岗村景山楼
端州区文洋教育培训中心	Duānzhōu Qū Wényáng Jiàoyùpéixùnzhōngxīn	民间组织	恒裕海湾C5幢
端州区奥星托管中心	Duānzhōu Qū Àoxīng Tuōguǎnzhōngxīn	民间组织	柳园南路12号2楼
端州区颂星托管中心	Duānzhōu Qū Sòngxīng Tuōguǎnzhōngxīn	民间组织	沙墩路8号
端州区童园托管中心	Duānzhōu Qū Tóngyuán Tuōguǎnzhōngxīn	民间组织	和平路55号
端州区新启航教育培训中心	Duānzhōu Qū Xīnqǐháng Jiàoyùpéixùnzhōngxīn	民间组织	古塔北路月圆花园北苑第七幢
端州区个体劳动者协会	Duānzhōu Qū Gètǐláodòngzhě Xiéhuì	民间组织	柳园路8号
端州区私营企业协会	Duānzhōu Qū Sīyíngqǐyè Xiéhuì	民间组织	柳园路8号
端州区青年商会	Duānzhōu Qū Qīngnián Shānghuì	民间组织	古塔中路15号区府大院13楼
端州区美术家协会	Duānzhōu Qū Měishùjiā Xiéhuì	民间组织	前进路10号英锋大厦

（续上表）

标准名称	汉语拼音	地名类别	相对位置
端州区书法家协会	Duānzhōu Qū Shūfǎjiā Xiéhuì	民间组织	前进路10号英锋大厦
端州区安全生产管理协会	Duānzhōu Qū Ānquánshēngchǎn Guǎnlǐ Xiéhuì	民间组织	路龙路36幢
端州区青年网商协会	Duānzhōu Qū Qīngniánwǎngshāng Xiéhuì	民间组织	古塔中路15号
城东街道社会工作者协会	Chéngdōng Jiēdào Shèhuìgōngzuòzhě Xiéhuì	民间组织	明珠路28号
端州区英豪幼儿园	Duānzhōu Qū Yīngháo Yòu'éryuán	民间组织	建设三路34号文明花苑综合楼3楼
端州区青湖英语辅导中心	Duānzhōu Qū Qīnghú Yīngyǔfǔdǎozhōngxīn	民间组织	芙蓉路27号3楼303室
端州区百花小龄童幼儿园	Duānzhōu Qū Bǎihuā Xiǎolíngtóng Yòu'éryuán	民间组织	百花园桃花苑10—15栋2楼
端州区智星教育辅导中心	Duānzhōu Qū Zhìxīng Jiàoyùfǔdǎozhōngxīn	民间组织	睦民路7号
端州区精英教育培训中心	Duānzhōu Qū Jīngyīng Jiàoyùpéixùnzhōngxīn	民间组织	康乐北路1号康乐广场3楼
端州区旭宏教育培训中心	Duānzhōu Qū Xùhóng Jiàoyùpéixùnzhōngxīn	民间组织	康乐北路国际广场3楼
端州区翠星新桃源幼儿园	Duānzhōu Qū Cuìxīngxīntáoyuán Yòu'éryuán	民间组织	翠星路17号
端州区晖睿教育培训中心	Duānzhōu Qū Huīruì Jiàoyùpéixùnzhōngxīn	民间组织	康乐北路5号康乐南楼2楼201房
端州区迪星艺术培训学校	Duānzhōu Qū Díxīng Yìshùpéixùnxuéxiào	民间组织	宝月路1号201房
端州区红红幼儿园	Duānzhōu Qū Hónghóng Yòu'éryuán	民间组织	西江北路9号2楼
端州区开心幼儿园	Duānzhōu Qū Kāixīn Yòu'éryuán	民间组织	端州六路龙马街14号2、3楼
端州区真真幼儿园	Duānzhōu Qū Zhēnzhēn Yòu'éryuán	民间组织	康乐北路一街21幢2楼
端州区云雀幼儿园	Duānzhōu Qū Yúnquè Yòu'éryuán	民间组织	前沙街107号
端州区海燕作文培训中心	Duānzhōu Qū Hǎiyàn Zuòwénpéixùnzhōngxīn	民间组织	草场路79号宋城雅筑一幢201

（续上表）

标准名称	汉语拼音	地名类别	相对位置
端州区新苗幼儿园	Duānzhōu Qū Xīnmiáo Yòu'éryuán	民间组织	天宁北路20号端州影剧院北楼
端州区向日葵幼儿园	Duānzhōu Qū Xiàngrìkuí Yòu'éryuán	民间组织	城中路193号综合楼
端州区建设第二幼儿园	Duānzhōu Qū Jiànshè Dì'èr Yòu'éryuán	民间组织	西江路33号好景楼2、3楼
端州区龙田小博士幼儿园	Duānzhōu Qū Lóngtiánxiǎobóshì Yòu'éryuán	民间组织	端州六路龙田里5号
端州区蓓蕾幼儿园	Duānzhōu Qū Bèilěi Yòu'éryuán	民间组织	西江南路9号1—3楼
端州区睦岗小太阳幼儿园	Duānzhōu Qū Mùgǎng Xiǎotàiyáng Yòu'éryuán	民间组织	睦岗镇出头村
端州区金太阳幼儿园	Duānzhōu Qū Jīntàiyáng Yòu'éryuán	民间组织	草场路131号2楼
端州区阳光幼儿园	Duānzhōu Qū Yángguāng Yòu'éryuán	民间组织	康乐南路12号
端州区芙蓉艺术培训中心	Duānzhōu Qū Fúróng Yìshùpéixùnzhōngxīn	民间组织	石瑶街
端州区小天鹅幼儿园	Duānzhōu Qū Xiǎotiān'é Yòu'éryuán	民间组织	黄塘西路黄塘花园5幢2楼
端州区紫瑛园艺术培训中心	Duānzhōu Qū Zǐyīngyuán Yìshùpéixùnzhōngxīn	民间组织	宝月荷香街6幢201、202号
端州区新桃源幼儿园	Duānzhōu Qū Xīntáoyuán Yòu'éryuán	民间组织	黄塘西路3号综合楼
端州区英才幼儿园	Duānzhōu Qū Yīngcái Yòu'éryuán	民间组织	黄塘东路翠庭居B、C幢2楼
端州区新恒丰会计培训中心	Duānzhōu Qū Xīnhéngfēng Kuàijìpéixùnzhōngxīn	民间组织	端州五路18号6楼
端州区人民南幼儿园	Duānzhōu Qū Rénmínnán Yòu'éryuán	民间组织	人民南路29号
端州区天宁幼儿园	Duānzhōu Qū Tiānníng Yòu'éryuán	民间组织	天宁北路新城市广场新富楼3楼
端州区骄阳职业技能培训学校	Duānzhōu Qū Jiāoyáng Zhíyèjìnéngpéixùnxuéxiào	民间组织	端州五路18号大楼7楼
端州区百花园实验幼儿园	Duānzhōu Qū Bǎihuāyuán Shíyàn Yòu'éryuán	民间组织	百花园住宅区杏花苑内

（续上表）

标准名称	汉语拼音	地名类别	相对位置
端州区三色艺术幼儿园	Duānzhōu Qū Sānsèyìshù Yòu'éryuán	民间组织	西江北路鸿苑东街13号
端州区方力教育培训中心	Duānzhōu Qū Fānglì Jiàoyùpéixùnzhōngxīn	民间组织	人民南路11号3楼
端州区培信国际幼儿园	Duānzhōu Qū Péixìn Guójì Yòu'éryuán	民间组织	康乐北一街23号
端州区长江教育培训中心	Duānzhōu Qū Chángjiāng Jiàoyùpéixùnzhōngxīn	民间组织	端州五路18号3楼
端州区财经幼儿园	Duānzhōu Qū Cáijīng Yòu'éryuán	民间组织	正西路小花园东街2号
端州区百海教育培训中心	Duānzhōu Qū Bǎihǎi Jiàoyùpéixùnzhōngxīn	民间组织	黄塘西路1号金元广场2楼
端州区穗华幼儿园	Duānzhōu Qū Suìhuá Yòu'éryuán	民间组织	西江北路星湖奥园悉尼幼儿园综合楼
端州区博雅教育培训中心	Duānzhōu Qū Bóyǎ Jiàoyùpéixùnzhōngxīn	民间组织	忠勇路21号首层
端州区博雅托管中心	Duānzhōu Qū Bóyǎ Tuōguǎnzhōngxīn	民间组织	忠勇路21号首层及二层
端州区商会	Duānzhōu Qū Shānghuì	民间组织	忠勇路21号2楼
端州区和谐端州协进会	Duānzhōu Qū Héxiéduānzhōu Xiéjìnhuì	民间组织	忠勇路21号2楼
端州区嘉湖幼儿园	Duānzhōu Qū Jiāhú Yòu'éryuán	民间组织	星湖大道嘉湖新都市美湖居3E4幢1、2楼
端州区卓越艺术幼儿园	Duānzhōu Qū Zhuóyuèyìshù Yòu'éryuán	民间组织	市建设一路南侧和盛豪庭81区A1-A4楼
端州区中源名都幼儿园	Duānzhōu Qū Zhōngyuánmíngdū Yòu'éryuán	民间组织	星湖大道95区东湖三路中源名都小区东侧
端州区金贝安托管中心	Duānzhōu Qū Jīnbèi'ān Tuōguǎnzhōngxīn	民间组织	星湖大道嘉湖新都市赏湖A幢首层A05卡之二、之三商铺及A幢2层A05卡之二商铺
端州区星湖幼儿园	Duānzhōu Qū Xīnghú Yòu'éryuán	民间组织	星湖大道东湖居路口

(续上表)

标准名称	汉语拼音	地名类别	相对位置
端州区冠华实验学校	Duānzhōu Qū Guànhuá Shíyàn Xuéxiào	民间组织	岗尾村内
端州区河苑幼儿园	Duānzhōu Qū Héyuàn Yòu'éryuán	民间组织	端州二路河旁管理区办事处
端州区星湖名郡华一幼儿园	Duānzhōu Qū Xīnghúmíngjùn Huáyī Yòu'éryuán	民间组织	七星路88号
端州区东方剑桥林隐天下幼儿园	Duānzhōu Qū Dōngfāngjiànqiáolínyǐntiānxià Yòu'éryuán	民间组织	蓝塘四路1号
端州区新纪元教育培训学校	Duānzhōu Qū Xīnjìyuán Jiàoyùpéixùnxuéxiào	民间组织	建设三路城悦轩A、B、C座商住2层06写字楼
端州区天才宝贝幼儿园	Duānzhōu Qū Tiāncáibǎobèi Yòu'éryuán	民间组织	黄岗市场西街36–38号
端州区南粤企业家商会	Duānzhōu Qū Nányuèqǐyèjiā Shānghuì	民间组织	康乐北路9号国际广场4楼
端州区红慧星幼儿园	Duānzhōu Qū Hónghuìxīng Yòu'éryuán	民间组织	站北路46号
端州区绿茵家园幼儿园	Duānzhōu Qū Lǜyīnjiāyuán Yòu'éryuán	民间组织	西江北路63号绿茵家园A1幢2楼
端州区南国中英文幼儿园	Duānzhōu Qū Nánguó Zhōngyīngwén Yòu'éryuán	民间组织	站北路21号
端州区贝尔幼儿园	Duānzhōu Qū Bèi'ěr Yòu'éryuán	民间组织	太和北路东格布村综合大楼
端州区德智幼儿园	Duānzhōu Qū Dézhì Yòu'éryuán	民间组织	睦岗镇格布村口
端州区晶晶幼儿园	Duānzhōu Qū Jīngjīng Yòu'éryuán	民间组织	睦岗镇龙塘开发区新南街22号
端州区睦岗幼儿园	Duānzhōu Qū Mùgǎng Yòu'éryuán	民间组织	睦岗镇龙塘北路8号
端州区大光幼儿园	Duānzhōu Qū Dàguāng Yòu'éryuán	民间组织	端州八路市八中斜对面50米
端州区爱华学校	Duānzhōu Qū Àihuá Xuéxiào	民间组织	端州七路与睦洲路交汇附近
端州区华英名都幼儿园	Duānzhōu Qū Huáyīngmíngdū Yòu'éryuán	民间组织	玑东路华英名都D2、D3栋首层
端州区南国中英文学校	Duānzhōu Qū Nánguó Zhōngyīngwén Xuéxiào	民间组织	火车站西侧下外坑

（续上表）

标准名称	汉语拼音	地名类别	相对位置
端州区育才欢欣欣幼儿园	Duānzhōu Qū Yùcáihuānxīnxīn Yòu'éryuán	民间组织	睦岗镇桂林街5层综合楼
端州区一鸣幼儿园	Duānzhōu Qū Yīmíng Yòu'éryuán	民间组织	太和北路东侧24区商业办公楼B幢
端州区华南智慧城教育培训中心	Duānzhōu Qū Huánánzhìhuìchéng Jiàoyùpéixùnzhōngxīn	民间组织	太和北路12号
端州区乐颐年颐养院	Duānzhōu Qū Lèyínián Yíyǎngyuàn	民间组织	端州八路东侧大洲村
端州区华星幼儿园	Duānzhōu Qū Huáxīng Yòu'éryuán	民间组织	端州二路37号
端州区天才幼儿园	Duānzhōu Qū Tiāncái Yòu'éryuán	民间组织	黄岗镇湖江路17号
端州区童乐幼儿园	Duānzhōu Qū Tónglè Yòu'éryuán	民间组织	黄岗镇镇中南路22号
端州区水基幼儿园	Duānzhōu Qū Shuǐjī Yòu'éryuán	民间组织	北岭西区内
端州区中源名苑澳华幼儿园	Duānzhōu Qū Zhōngyuánmíngyuàn Àohuá Yòu'éryuán	民间组织	黄岗一路110区中源名苑小区内
端州区智博幼儿园	Duānzhōu Qū Zhìbó Yòu'éryuán	民间组织	蓝塘新区三巷39号
端州区黄岗泰宁幼儿园	Duānzhōu Qū Huánggǎng Tàiníng Yòu'éryuán	民间组织	黄岗泰宁村
端州区培育幼儿园	Duānzhōu Qū Péiyù Yòu'éryuán	民间组织	黄岗双东北宝砚路23号
端州区成才幼儿园	Duānzhōu Qū Chéngcái Yòu'éryuán	民间组织	端州一路东如中路
端州区双东幼儿园	Duānzhōu Qū Shuāngdōng Yòu'éryuán	民间组织	黄岗镇镇中路11号
端州区飞扬幼儿园	Duānzhōu Qū Fēiyáng Yòu'éryuán	民间组织	黄岗镇镇中路3号、5号
端州区春晖实验学校	Duānzhōu Qū Chūnhuī Shíyàn Xuéxiào	民间组织	沙湖路西200米
端州区佛教协会	Duānzhōu Qū Fójiào Xiéhuì	民间组织	护龙祖庙内
端州区端砚协会	Duānzhōu Qū Duānyàn Xiéhuì	民间组织	星湖大道石牌工业小区2号楼一层商铺3-8卡

(续上表)

标准名称	汉语拼音	地名类别	相对位置
端州区多智乐幼儿园	Duānzhōu Qū Duōzhìlè Yòu'éryuán	民间组织	端州一路宾日村口
端州区海蓝天幼儿园	Duānzhōu Qū Hǎilántiān Yòu'éryuán	民间组织	黄岗镇蓝塘村一区100号
端州区景山实验幼儿园	Duānzhōu Qū Jǐngshān Shíyàn Yòu'éryuán	民间组织	和平路和平花园2幢2楼
端州区丰蕾幼儿园	Duānzhōu Qū Fēnglěi Yòu'éryuán	民间组织	建设二路30号之二
端州区小天使幼儿园	Duānzhōu Qū Xiǎotiānshǐ Yòu'éryuán	民间组织	端州三路23号
端州区育才乐欣欣幼儿园	Duānzhōu Qū Yùcáilèxīnxīn Yòu'éryuán	民间组织	西江北路29号
端州区安安幼儿园	Duānzhōu Qū Ān'ān Yòu'éryuán	民间组织	康乐北路瑶池西街13号2楼
端州区健愉幼儿园	Duānzhōu Qū Jiànyú Yòu'éryuán	民间组织	星荷路五区21幢
端州区诚谦教育培训中心	Duānzhōu Qū Chéngqiān Jiàoyùpéixùnzhōngxīn	民间组织	端州五路财联大厦2楼
端州区启思幼儿园	Duānzhōu Qū Qǐsī Yòu'éryuán	民间组织	黄岗岗尾村东大道北16-17号
端州区花朵幼儿园	Duānzhōu Qū Huāduǒ Yòu'éryuán	民间组织	黄岗镇沙寮村西侧
肇庆市希望外语培训中心	Zhàoqìng Shì Xīwàng Wàiyǔpéixùnzhōngxīn	民间组织	和平路44号和基楼2楼
肇庆市政策研究学会	Zhàoqìng Shì Zhèngcèyánjiū Xuéhuì	民间组织	市委大院市政研究室内
肇庆市对外文化交流协会	Zhàoqìng Shì Duìwàiwénhuàjiāoliú Xiéhuì	民间组织	市委大院市委宣传部外宣办
肇庆市监察学会	Zhàoqìng Shì Jiānchá Xuéhuì	民间组织	市委大院市监察局内
肇庆市奇石根艺盆景协会	Zhàoqìng Shì Qíshígēnyìpénjǐng Xiéhuì	民间组织	二塔路2号
肇庆市中共党史学会	Zhàoqìng Shì Zhōnggòngdǎngshǐ Xuéhuì	民间组织	市委大院党史办
肇庆市美术家协会	Zhàoqìng Shì Měishùjiā Xiéhuì	民间组织	市委大院市文联内

（续上表）

标准名称	汉语拼音	地名类别	相对位置
肇庆市群众文化学会	Zhàoqìng Shì Qúnzhòngwénhuà Xuéhuì	民间组织	市府大院市文化广电新闻出版局内
肇庆市书法家协会	Zhàoqìng Shì Shūfǎjiā Xiéhuì	民间组织	市委大院市文联
肇庆市古文化艺术研究会	Zhàoqìng Shì Gǔwénhuàyìshù Yánjiūhuì	民间组织	和平路 38 号和平花苑 C 幢之八
肇庆市拍卖行业协会	Zhàoqìng Shì Pāimàihángyè Xiéhuì	民间组织	江滨东路 59 号 A 幢 201A
肇庆市养猪行业协会	Zhàoqìng Shì Yǎngzhūhángyè Xiéhuì	民间组织	跃龙北路 12 号
肇庆市保险行业协会	Zhàoqìng Shì Bǎoxiǎnhángyè Xiéhuì	民间组织	柑园南路 1 号柑园雅苑 1 幢 201
肇庆市摄影学会	Zhàoqìng Shì Shèyǐng Xuéhuì	民间组织	工农北路 34 号大众摄影店
肇庆市特种设备行业协会	Zhàoqìng Shì Tèzhǒngshèbèihángyè Xiéhuì	民间组织	和平路 44 号城东花苑 1 楼
肇庆市柑橘协会	Zhàoqìng Shì Gānjú Xiéhuì	民间组织	工农北路 56 号综合楼 2 楼
肇庆市收藏家协会	Zhàoqìng Shì Shōucángjiā Xiéhuì	民间组织	端州六路 12 号 1 栋东边 2 楼
肇庆市文艺批评家协会	Zhàoqìng Shì Wényìpīpíngjiā Xiéhuì	民间组织	市委大院市委宣传部内
肇庆市职工服务类社会组织联合会	Zhàoqìng Shì Zhígōngfúwùlèi Shèhuìzǔzhī Liánhéhuì	民间组织	天宁北路 76 号职工文化教育大楼内
端州区建设幼儿园	Duānzhōu Qū Jiànshè Yòu'éryuán	民间组织	古塔北路 1 号月圆花园南苑首层
端州区商业幼儿园	Duānzhōu Qū Shāngyè Yòu'éryuán	民间组织	柑园南路 3 号
端州区海外联谊会	Duānzhōu Qū Hǎiwài Liányìhuì	民间组织	西江北路 55 号
肇庆市建设教育培训中心	Zhàoqìng Shì Jiànshèjiàoyùpéixùn-zhōngxīn	民间组织	工农北路 39 号
肇庆市蓝天教育培训中心	Zhàoqìng Shì Lántiān Jiàoyùpéixùn-zhōngxīn	民间组织	古塔中路市就业训练中心大楼 5 层南侧

(续上表)

标准名称	汉语拼音	地名类别	相对位置
肇庆市蓝天教师教育专业发展研究院	Zhàoqìng Shì Lántiān Jiàoshījiàoyù Zhuānyèfāzhǎn Yánjiūyuàn	民间组织	古塔中路市就业训练中心大楼4层东南面
肇庆市砚都文化艺术创作院	Zhàoqìng Shì Yàndū Wénhuàyìshù Chuàngzuòyuàn	民间组织	沙墩路10号西江日报社内
肇庆市弘艺书画研修院	Zhàoqìng Shì Hóngyì Shūhuàyánxiūyuàn	民间组织	端州四路2号之一
肇庆市西江画院	Zhàoqìng Shì Xījiāng Huàyuàn	民间组织	二塔路12号祥兴楼1、2层
肇庆市工人科技职业技能培训中心	Zhàoqìng Shì Gōngrén Kējìzhíyèjìnéngpéixùnzhōngxīn	民间组织	天宁北路76号工人文化宫内
肇庆市天使乐园儿童康复训练中心	Zhàoqìng Shì Tiānshǐlèyuán Értóngkāngfùxùnliànzhōngxīn	民间组织	和平路35号5楼
肇庆市标准化计量协会	Zhàoqìng Shì Biāozhǔnhuàjìliàng Xiéhuì	民间组织	和平路44号城东花苑1楼
肇庆市社会科学界联合会	Zhàoqìng Shì Shèhuìkēxuéjiè Liánhéhuì	民间组织	天宁北路80号市委大院内
肇庆市医学会	Zhàoqìng Shì Yīxuéhuì	民间组织	芹田路37号
肇庆市美容美发行业协会	Zhàoqìng Shì Měiróngměifàhángyè Xiéhuì	民间组织	星湖西路11号
肇庆市技工教育和职业培训教研会	Zhàoqìng Shì Jìgōngjiàoyùhézhíyèpéixùn Jiàoyánhuì	民间组织	信安路92区市人力资源市场内
肇庆市计算机学会	Zhàoqìng Shì Jìsuànjī Xuéhuì	民间组织	古塔中路27号市电大内
肇庆市建筑学会	Zhàoqìng Shì Jiànzhù Xuéhuì	民间组织	工农北路39号8楼
肇庆市水利学会	Zhàoqìng Shì Shuǐlì Xuéhuì	民间组织	工农北路17号市水利局内
肇庆市档案学会	Zhàoqìng Shì Dàng'àn Xuéhuì	民间组织	市委大院档案局内
肇庆市畜牧兽医学会	Zhàoqìng Shì Chùmùshòuyī Xuéhuì	民间组织	工农北路56号大院一幢
肇庆市新闻工作者协会	Zhàoqìng Shì Xīnwéngōngzuòzhě Xiéhuì	民间组织	沙墩路10号西江报社内

（续上表）

标准名称	汉语拼音	地名类别	相对位置
肇庆市工会俱乐部协会	Zhàoqìng Shì Gōnghuìjùlèbù Xiéhuì	民间组织	天宁北路76号
肇庆市康复医学会	Zhàoqìng Shì Kāngfù Yīxuéhuì	民间组织	建设一路第二人民医院内
肇庆市房地产行业协会	Zhàoqìng Shì Fángdìchǎnhángyè Xiéhuì	民间组织	和平路43号市房管大楼9楼
肇庆市道路运输行业协会	Zhàoqìng Shì Dàolùyùnshūhángyè Xiéhuì	民间组织	建设二路12号
肇庆市燃气行业协会	Zhàoqìng Shì Ránqìhángyè Xiéhuì	民间组织	正东路68号
肇庆市动漫画协会	Zhàoqìng Shì Dòngmànhuà Xiéhuì	民间组织	沙墩路10号
肇庆市预防医学会	Zhàoqìng Shì Yùfáng Yīxuéhuì	民间组织	城东82区新元西路北侧
肇庆市室内装饰行业协会	Zhàoqìng Shì Shìnèizhuāngshìhángyè Xiéhuì	民间组织	沙墩路8号永阳大厦
肇庆市建筑安全行业协会	Zhàoqìng Shì Jiànzhù'ānquánhángyè Xiéhuì	民间组织	工农北路39号建委培训中心4楼
肇庆市福建商会	Zhàoqìng Shì Fújiàn Shānghuì	民间组织	和平路4号8楼
肇庆市水产学会	Zhàoqìng Shì Shuǐchǎn Xuéhuì	民间组织	和平路36号
肇庆市医师协会	Zhàoqìng Shì Yīshī Xiéhuì	民间组织	芹田路37号
肇庆市农业生产资料流通行业协会	Zhàoqìng Shì Nóngyèshēngchǎnzīliàoliútōnghángyè Xiéhuì	民间组织	江滨二马路5号3楼
肇庆市检察官协会	Zhàoqìng Shì Jiǎncháguān Xiéhuì	民间组织	端州三路37号市检察院内
肇庆市饲料行业协会	Zhàoqìng Shì Sìliàohángyè Xiéhuì	民间组织	跃龙北路12号市畜牧兽医局内
肇庆市青年企业家协会	Zhàoqìng Shì Qīngniánqǐyèjiā Xiéhuì	民间组织	端州四路2号第3幢
肇庆市硬笔书法协会	Zhàoqìng Shì Yìngbǐshūfǎ Xiéhuì	民间组织	江滨路阅江楼内
肇庆市志愿者联合会	Zhàoqìng Shì Zhìyuànzhě Liánhéhuì	民间组织	天宁北路80号团市委内

（续上表）

标准名称	汉语拼音	地名类别	相对位置
肇庆市环境卫生协会	Zhàoqìng Shì Huánjìngwèishēng Xiéhuì	民间组织	西江北路市环卫大楼内
肇庆市家禽行业协会	Zhàoqìng Shì Jiāqínhángyè Xiéhuì	民间组织	跃龙北路12号
肇庆市企业联合会	Zhàoqìng Shì Qǐyè Liánhéhuì	民间组织	古塔中路23号
肇庆市舞蹈家协会	Zhàoqìng Shì Wǔdǎojiā Xiéhuì	民间组织	市委大院综合楼4楼市文联内
肇庆市会议展览业协会	Zhàoqìng Shì Huìyìzhǎnlǎnyè Xiéhuì	民间组织	工农北路27号百利大厦305室
肇庆市建筑节能协会	Zhàoqìng Shì Jiànzhùjiēnéng Xiéhuì	民间组织	和平路43号房管大楼8楼
肇庆市文物博物馆协会	Zhàoqìng Shì Wénwùbówùguǎn Xiéhuì	民间组织	江滨东路阅江楼内
肇庆市社会科学普及协会	Zhàoqìng Shì Shèhuìkēxuépǔjí Xiéhuì	民间组织	天宁北路80号市委大院小岛综合楼3楼
肇庆市快递行业协会	Zhàoqìng Shì Kuàidìhángyè Xiéhuì	民间组织	蓓蕾北路13号
肇庆市液压传动与气动学会	Zhàoqìng Shì Yèyāchuándòngyǔqìdòng Xuéhuì	民间组织	建设三路31号1楼西一室
肇庆市湖北商会	Zhàoqìng Shì Húběi Shānghuì	民间组织	工农北路27号百利大厦3层302房
肇庆市老年教育研究会	Zhàoqìng Shì Lǎoniánjiàoyù Yánjiūhuì	民间组织	端州四路2号B幢
肇庆市汽车行业协会	Zhàoqìng Shì Qìchēhángyè Xiéhuì	民间组织	工农北路27号3楼
肇庆市保龄球协会	Zhàoqìng Shì Bǎolíngqiú Xiéhuì	民间组织	端州三路岗美路2号翠雍华庭A幢114-118卡
端州区精华幼儿园	Duānzhōu Qū Jīnghuá Yòu'éryuán	民间组织	跃龙北路2号
端州区精华明珠幼儿园	Duānzhōu Qū Jīnghuámíngzhū Yòu'éryuán	民间组织	明珠花园内
肇庆市博爱医院	Zhàoqìng Shì Bó'ài Yīyuàn	民间组织	康乐北路康乐花园5幢E1区

（续上表）

标准名称	汉语拼音	地名类别	相对位置
肇庆市中福在线芙蓉销售厅	Zhàoqìng Shì Zhōngfúzàixiàn Fúróng Xiāoshòutīng	民间组织	芙蓉西一街6号8-9卡
肇庆市狩猎俱乐部	Zhàoqìng Shì Shòuliè Jùlèbù	民间组织	人民南路24号
肇庆市地方税收研究会	Zhàoqìng Shì Dìfāngshuìshōu Yánjiūhuì	民间组织	西江北路28号市地方税务局内
肇庆市中医药学会	Zhàoqìng Shì Zhōngyīyào Xuéhuì	民间组织	端州六路20号市中医院内
肇庆市林学会	Zhàoqìng Shì Línxuéhuì	民间组织	人民南路24号市林业局内
肇庆市电信企业管理协会	Zhàoqìng Shì Diànxìnqǐyèguǎnlǐ Xiéhuì	民间组织	芙蓉西二街23号
肇庆市翻译协会	Zhàoqìng Shì Fānyì Xiéhuì	民间组织	城中路122号市外事服务中心内
肇庆市审计学会	Zhàoqìng Shì Shěnjì Xuéhuì	民间组织	城中路122号市审计局内
肇庆市人力资源管理协会	Zhàoqìng Shì Rénlìzīyuánguǎnlǐ Xiéhuì	民间组织	端州五路19号人才大厦
肇庆市内部审计协会	Zhàoqìng Shì Nèibùshěnjì Xiéhuì	民间组织	城中路122号市审计局内
肇庆市棋类协会	Zhàoqìng Shì Qílèi Xiéhuì	民间组织	登高路1号
肇庆市音乐家协会	Zhàoqìng Shì Yīnlèjiā Xiéhuì	民间组织	天宁北路1号新城市广场新富楼2楼
肇庆市曲艺家协会	Zhàoqìng Shì Qǔyìjiā Xiéhuì	民间组织	江滨大堤西路1号
肇庆市基督教协会	Zhàoqìng Shì Jīdūjiào Xiéhuì	民间组织	城中路112号
肇庆市基督教三自爱国会	Zhàoqìng Shì Jīdūjiào Sānzì'àiguóhuì	民间组织	城中路112号
肇庆市人民对外友好协会	Zhàoqìng Shì Rénmín Duìwàiyǒuhǎo Xiéhuì	民间组织	城中路122号3楼
肇庆市老年人骑游协会	Zhàoqìng Shì Lǎoniánrénqíyóu Xiéhuì	民间组织	体育路9号西江体育场内
肇庆市登山户外运动协会	Zhàoqìng Shì Dēngshānhùwàiyùndòng Xiéhuì	民间组织	江滨东路23号楼

(续上表)

标准名称	汉语拼音	地名类别	相对位置
肇庆市家庭和谐促进会	Zhàoqìng Shì Jiātínghéxié Cùjìnhuì	民间组织	星湖西路油柑顶（党校内）
肇庆市江苏商会	Zhàoqìng Shì Jiāngsū Shānghuì	民间组织	西江南路12号市自来水公司银都宾馆7楼
肇庆市郁南商会	Zhàoqìng Shì Yùnán Shānghuì	民间组织	东湖二路长信酒家1楼
端州区天星幼儿园	Duānzhōu Qū Tiānxīng Yòu'éryuán	民间组织	厂排街8号
肇庆市达德教育培训中心	Zhàoqìng Shì Dádé jiàoyùpéixùnzhōngxīn	民间组织	天宁北路75号发展广场20楼
端州区医学会康乐诊所	Duānzhōu Qū Yīxuéhuì Kānglè Zhěnsuǒ	民间组织	端州六路22号
肇庆科技咨询服务中心	Zhàoqìng Kējìzīxúnfúwùzhōngxīn	民间组织	端州六路芙蓉西科技大楼6楼
肇庆市华武武术俱乐部	Zhàoqìng Shì Huáwǔ Wǔshù Jùlèbù	民间组织	人民南路11号207
肇庆市职业技术教育学会	Zhàoqìng Shì Zhíyèjìshùjiàoyù Xuéhuì	民间组织	西江北路市教育局内
肇庆市教育学会	Zhàoqìng Shì Jiàoyù Xuéhuì	民间组织	西江北路教育大楼702室
肇庆市炎黄文化研究会	Zhàoqìng Shì Yánhuángwénhuà Yánjiūhuì	民间组织	市忠勇路22号2楼
肇庆市商会	Zhàoqìng Shì Shānghuì	民间组织	端州六路22号之四2楼
肇庆市地方金融行业协会	Zhàoqìng Shì Dìfāngjīnrónghángyè Xiéhuì	民间组织	天宁北路75号之一广发银行大厦5楼
肇庆市罗定商会	Zhàoqìng Shì Luódìng Shānghuì	民间组织	正西路28号
肇庆市毽球运动协会	Zhàoqìng Shì Jiànqiúyùndòng Xiéhuì	民间组织	绿荷路山水晴天西门18卡商铺
肇庆市民政培训中心	Zhàoqìng Shì Mínzhèng Péixùnzhōngxīn	民间组织	火车站西侧（军供酒店内）
肇庆公路技工学校	Zhàoqìng Gōnglùjìgōng Xuéxiào	民间组织	前沙街15号

(续上表)

标准名称	汉语拼音	地名类别	相对位置
端州区阳光华庭明慧幼儿园	Duānzhōu Qū Yángguānghuátíng Mínghuì Yòu'éryuán	民间组织	风华路阳光华庭20幢
肇庆市高要区第二幼儿园	Zhàoqìng Shì Gāoyào Qū Dì'èr Yòu'éryuán	民间组织	人民南路西仁里116号
肇庆市粤剧团	Zhàoqìng Shì Yuèjùtuán	民间组织	体育路6号
端州艺展中心	Duānzhōu Yìzhǎn Zhōngxīn	民间组织	宝月路文化宫附近
翠星幼儿家园	Cuìxīng Yòu'érjiāyuán	民间组织	翠星西路荷豪苑西楼
肇庆市伊斯兰教协会	Zhàoqìng Shì Yīsīlánjiào Xiéhuì	民间组织	康乐中路
肇庆市幸福艺术团	Zhàoqìng Shì Xìngfú Yìshùtuán	民间组织	星湖大道东湖市妇女儿童活动中心蓓蕾楼2楼
肇庆市东方亮居家养老信息服务中心	Zhàoqìng Shì Dōngfāngliàng Jūjiāyǎnglǎoxìnxīfúwùzhōngxīn	民间组织	肇庆工商职业技术学院大学生孵化中心1楼
肇庆市气象学会	Zhàoqìng Shì Qìxiàng Xuéhuì	民间组织	信安大道南西江流域气象灾害监测预防中心
肇庆市人口学会	Zhàoqìng Shì Rénkǒu Xuéhuì	民间组织	城东82区新元西路北侧市人口计生局内
肇庆市计划生育协会	Zhàoqìng Shì Jìhuáshēngyù Xiéhuì	民间组织	城东82区新元西路北侧市人口计生局内
肇庆市税务学会	Zhàoqìng Shì Shuìwù Xuéhuì	民间组织	棠岗路1号国家税务局内
肇庆市哲学学会	Zhàoqìng Shì Zhéxué Xuéhuì	民间组织	肇庆学院内
肇庆市经济与管理学会	Zhàoqìng Shì Jīngjìyǔguǎnlǐ Xuéhuì	民间组织	肇庆学院经济与管理学院内
肇庆市心理学会	Zhàoqìng Shì Xīnlǐ Xuéhuì	民间组织	肇庆学院内
肇庆市合唱协会	Zhàoqìng Shì Héchàng Xiéhuì	民间组织	肇庆学院音乐楼4楼

(续上表)

标准名称	汉语拼音	地名类别	相对位置
肇庆市社会研究与实践学会	Zhàoqìng Shì Shèhuìyánjiūyǔshíjiàn Xuéhuì	民间组织	肇庆学院西江历史文化研究院201室
肇庆市中巴软件园职业培训学校	Zhàoqìng Shì Zhōngbāruǎnjiànyuán Zhíyèpéixùn Xuéxiào	民间组织	北郊中巴软件园综合大楼3楼
肇庆市私营企业协会	Zhàoqìng Shì Sīyíngqǐyè Xiéhuì	民间组织	二塔路68号市工商局内
肇庆市个体劳动者协会	Zhàoqìng Shì Gètǐláodòngzhě Xiéhuì	民间组织	二塔路68号市工商局内
肇庆市温州商会	Zhàoqìng Shì Wēnzhōu Shānghuì	民间组织	七星路星湖名郡新筑苑1幢219号
肇庆市太极拳协会	Zhàoqìng Shì Tàijíquán Xiéhuì	民间组织	江滨东路阅江楼东侧办公楼A幢201室
肇庆市机动车驾驶人协会	Zhàoqìng Shì Jīdòngchējiàshǐrén Xiéhuì	民间组织	迎宾大道北侧（肇庆学院东侧）
端州区蒙泰教育培训中心	Duānzhōu Qū Méngtài Jiàoyùpéixùnzhōngxīn	民间组织	宋城一路端州机关幼儿园附近
东岗幼儿园	Dōnggǎng Yòu'éryuán	民间组织	黄岗镇东岗村
端州区蓓乐朗晴幼儿园	Duānzhōu Qū Bèilèlǎngqíng Yòu'éryuán	民间组织	二塔路东侧朗晴海岸第一幢
肇庆市价格协会	Zhàoqìng Shì Jiàgé Xiéhuì	民间组织	西江北路华胜楼
肇庆市浙江商会	Zhàoqìng Shì Zhèjiāng Shānghuì	民间组织	西江北路50号
肇庆市邵阳商会	Zhàoqìng Shì Shàoyáng Shānghuì	民间组织	七星街宝庆食府内
肇庆市科技中等职业学校	Zhàoqìng Shì Kējì Zhōngděng Zhíyèxuéxiào	民间组织	玑东路
大龙学校逸夫校区	Dàlóng Xuéxiào Yìfū Xiàoqū	民间组织	睦岗镇大龙村委侧
端州区培兴幼儿园	Duānzhōu Qū Péixìng Yòu'éryuán	民间组织	睦岗镇小湘水泥厂区
爱尔贝幼儿园	Ài'ěrbèi Yòu'éryuán	民间组织	江滨西路24号附近
浙江温州商会	Zhèjiāng Wēnzhōu Shānghuì	民间组织	西江北路

（续上表）

标准名称	汉语拼音	地名类别	相对位置
肇庆市文学艺术界联合会	Zhàoqìng Shì Wénxuéyìshùjiè Liánhéhuì	民间组织	文明路20号附近
东堤湾业主委员会	Dōngdīwānyèzhǔ Wěiyuánhuì	民间组织	淘金路水岸商业区B2区9幢第12卡
端州区青少年科技活动教育中心	Duānzhōu Qū Qīngshàonián Kējìhuódòng Jiàoyùzhōngxīn	民间组织	建设三路28号华英居第6幢附近
肇庆星湖国家龙舟训练基地	Zhàoqìng Xīnghú Guójiā Lóngzhōuxùnliànjīdì	民间组织	星湖西路波海楼斜对面
端州区宝月少儿教育培训中心	Duānzhōu Qū Bǎoyuè Shào'érjiàoyùpéixùnzhōngxīn	民间组织	古塔中路市就业训练中心大楼3楼
端州区尚德幼儿园	Duānzhōu Qū Shàngdé Yòu'éryuán	民间组织	工农北路51号与建设三路交汇处
端州区雅信幼儿园	Duānzhōu Qū Yǎxìn Yòu'éryuán	民间组织	星荷路绿道旁
肇庆市基本医疗保险协作单位管理协会	Zhàoqìng Shì Jīběnyīliáobǎoxiǎn Xiézuòdānwèiguǎnlǐ Xiéhuì	民间组织	信安路92区市人力资源市场
肇庆市十砚堂端砚博物馆	Zhàoqìng Shì Shíyàntáng Duānyàn Bówùguǎn	民间组织	端州一路（98区）黄岗二社
肇庆市珠算协会	Zhàoqìng Shì Zhūsuàn Xiéhuì	民间组织	信安四路8号市财政局内
肇庆市会计学会	Zhàoqìng Shì Kuàijì Xuéhuì	民间组织	信安四路8号市财政局内
肇庆市注册会计师协会	Zhàoqìng Shì Zhùcèkuàijìshī Xiéhuì	民间组织	信安四路8号市财政局内
肇庆市端砚协会	Zhàoqìng Shì Duānyàn Xiéhuì	民间组织	端州一路中国端砚展览馆1楼东侧
肇庆市工艺美术行业协会	Zhàoqìng Shì Gōngyìměishùhángyè Xiéhuì	民间组织	工农北路华英雅苑37卡
肇庆市专家博士协会	Zhàoqìng Shì Zhuānjiābóshì Xiéhuì	民间组织	信安大道92号市人保局内
肇庆仁爱手外科医院	Zhàoqìng Rén'àishǒu Wàikē Yīyuàn	民间组织	端州大道大冲广场东侧3号
康源尚东幼儿园	Kāngyuánshàngdōng Yòu'éryuán	民间组织	黄岗二路尚东康城东侧
冠华实验远方学校	Guànhuá Shíyàn Yuǎnfāng Xuéxiào	民间组织	岗尾村村东大道北1巷19号附近

(续上表)

标准名称	汉语拼音	地名类别	相对位置
肇庆市粤剧演艺中心	Zhàoqìng Shì Yuèjù Yǎnyìzhōngxīn	民间组织	体育路6号之一
端州区城市管理监察中心	Duānzhōu Qū Chéngshìguǎnlǐ Jiāncházhōngxīn	事业单位	和平路12号
肇庆市人民政府地方志办公室	Zhàoqìng Shì Rénmínzhèngfǔ Dìfāngzhì Bàngōngshì	事业单位	城中路49号市政府大院一号楼2楼
黄岗医院	Huánggǎng Yīyuàn	事业单位	黄岗街道端州一路南侧
端州区困难职工帮扶中心	Duānzhōu Qū Kùnnánzhígōngbāngfúzhōngxīn	事业单位	忠勇路21号
睦岗街道水利管理站	Mùgǎngjiēdào Shuǐlì Guǎnlǐzhàn	事业单位	端州七路睦岗镇龙塘社区为民街12号5楼
端州区欧田水库管理处	Duānzhōu Qū Ōutiánshuǐkù Guǎnlǐchù	事业单位	工农北路38号1幢
端州区土地储备中心	Duānzhōu Qū Tǔdìchǔbèizhōngxīn	事业单位	玑东路27号
肇庆市技师学院	Zhàoqìng Shì Jìshī Xuéyuàn	事业单位	城西街道前沙街
广东肇庆中学	Guǎngdōng Zhàoqìng Zhōngxué	事业单位	仕贤路1号
肇庆火葬场	Zhàoqìng Huǒzàngchǎng	事业单位	321国道
广东工商职业学院	Guǎngdōng Gōngshāng Zhíyè Xuéyuàn	事业单位	七星旅游渡假区二区广东工商职业学院
逸夫小学	Yìfū Xiǎoxué	事业单位	005乡道
外贸学校	Wàimào Xuéxiào	事业单位	幸福新城内
铁道部第五工程局三处	Tiědàobù Dìwǔ Gōngchéngjú Sānchù	事业单位	睦岗铁五局三处
端州区华佗医院	Duānzhōu Qū Huátuó Yīyuàn	事业单位	和平路29号
高要教师进修学校	Gāoyào Jiàoshījìnxiū Xuéxiào	事业单位	宋城三路第八小学附近

（续上表）

标准名称	汉语拼音	地名类别	相对位置
肇庆市端州中学	Zhàoqìng Shì Duānzhōu Zhōngxué	事业单位	和平路47号
东岗小学	Dōnggǎng Xiǎoxué	事业单位	黄岗街道东岗村
爱尔贝早期教育中心	Ài'ěrbèi ZǎoqīJiàoyùzhōngxīn	事业单位	蓓蕾北路15号东2楼
奥星少儿服务中心	Àoxīng Shào'érfúwùzhōngxīn	事业单位	柳园南路
奥园社区卫生中心	Àoyuánshèqū Wèishēngzhōngxīn	事业单位	西江北路
白云国际科学院肇庆分院	Báiyún Guójì Kēxuéyuàn Zhàoqìng Fēnyuàn	事业单位	星湖大道丹顶鹤生态园附近
北京交通大学深圳教学中心肇庆分教处	Běijīng Jiāotōng Dàxué Shēnzhèn Jiàoxuézhōngxīn Zhàoqìng Fēnjiàochù	事业单位	宋城二路
北京四中网校	Běijīng 4 Zhōng Wǎngxiào	事业单位	杏花街
城东街道行政服务中心	ChéngdōngJiēdào Xíngzhèngfúwù Zhōngxīn	事业单位	古塔中路11号
城东邮局	Chéngdōng YóuJú	事业单位	蓓蕾路10号
城西办事处小区综合管理服务中心	Chéngxī Bànshìchù Xiǎoqūzōnghéguǎnlǐ Fúwùzhōngxīn	事业单位	府前路79号
城西防范和处理邪教问题办公室	Chéngxī Fángfànhéchùlǐxiéjiàowèntí Bàngōngshì	事业单位	府前路
城西规划站	Chéngxī Guīhuázhàn	事业单位	睦岗太和路
城中房管站	Chéngzhōng Fángguǎnzhàn	事业单位	阅江路351号
城中派出所治安执勤点	Chéngzhōng Pàichūsuǒ Zhì'ān Zhíqíndiǎn	事业单位	堤下路
大洲村卫生站	Dàzhōucūn Wèishēngzhàn	事业单位	睦洲路
端城美术馆	Duānchéng Měishùguǎn	事业单位	人民中路18号大楼
端州科学馆	Duānzhōu Kēxuéguǎn	事业单位	建设三路31号

（续上表）

标准名称	汉语拼音	地名类别	相对位置
端州区城北居委经济管理办公室	Duānzhōu Qū Chéngběijūwěi Jīngjìguǎnlǐ Bàngōngshì	事业单位	登高路
端州区城北社区综合服务中心	Duānzhōu Qū Chéngběishèqū Zōnghéfúwùzhōngxīn	事业单位	睦民路
端州区城东防范和处理邪教问题办公室	Duānzhōu Qū Chéngdōngfángfànhéchǔlǐxiéjiàowèntí Bàngōngshì	事业单位	塔东二路
端州区城东综治信访维稳中心	Duānzhōu Qū Chéngdōng Zōngzhìxìnfǎng Wéiwěnzhōngxīn	事业单位	塔东二路
端州区城区中队交通业务办理厅	Duānzhōu Qū Chéngqūzhōngduì Jiāotōngyèwù Bànlǐtīng	事业单位	城东街道厚岗路
端州区川仪学校	Duānzhōu Qū Chuānyí Xuéxiào	事业单位	黄岗街道岗头大道
端州区打击传销办公室	Duānzhōu Qū Dǎjīchuánxiāo Bàngōngshì	事业单位	沙墩路古塔派出所内
端州区大昌学校	Duānzhōu Qū Dàchāng Xuéxiào	事业单位	岗尾村村中大道北23号
端州区地方税务局城西税务分局	Duānzhōu Qū Dìfāngshuìwùjú Chéngxī sShuìwù FēnJú	事业单位	东湖三路中源名都21号楼
端州区房地产交易所	Duānzhōu Qū Fángdìchǎn Jiāoyìsuǒ	事业单位	和平路1号写字楼的第2、3层
端州区房管所北区房管站	Duānzhōu Qū Fángguǎnsuǒ Běiqū Fángguǎnzhàn	事业单位	阅江路351号
端州区复退军人服务中心	Duānzhōu Qū Fùtuìjūnrén Fúwùzhōngxīn	事业单位	人民中路20号民政局大院1楼
端州区公安治安大队	Duānzhōu Qū Gōng'ān Zhì'āndàduì	事业单位	工农北路30号
黄岗街道劳动保障事务所	Huánggǎngjiēdào Láodòngbǎozhàngshìwùsuǒ	事业单位	黄岗南路
端州区建设局房屋管理所机企用房管理站	Duānzhōu Qū Jiànshèjú Fángwūguǎnlǐsuǒ Jīqǐyòngfáng Guǎnlǐzhàn	事业单位	睦民路
端州区经济贸易局招商引资办公室	Duānzhōu Qū Jīngjìmàoyìjú Zhāoshāngyǐnzī Bàngōngshì	事业单位	古塔中路
端州区流动人口和出租屋管理服务领导小组办公室	Duānzhōu Qū Liúdòngrénkǒuhéchūzūwū Guǎnlǐfúwù Lǐngdǎoxiǎozǔ Bàngōngshì	事业单位	跃龙路33号
端州区启智学校	Duānzhōu Qū Qǐzhì Xuéxiào	事业单位	天宁北路麦仔园一巷7号之二

（续上表）

标准名称	汉语拼音	地名类别	相对位置
端州区翘楚幼儿园	Duānzhōu Qū Qiàochǔ Yòu'éryuán	事业单位	前沙街114号
端州区人才服务管理办公室	Duānzhōu Qū Réncáifúwùguǎnlǐ Bàngōngshì	事业单位	景德路5号
端州区人力资源市场	Duānzhōu Qū Rénlìzīyuán Shìchǎng	事业单位	景德路5号
端州区巡警大队	Duānzhōu Qū Xúnjǐngdàduì	事业单位	端州三路
端州三社区服务站	Duānzhōu Sānshèqū Fúwùzhàn	事业单位	端州三路37号附近
高要市妇幼保健院第一门诊部	Gāoyào Shì Fùyòubǎojiànyuàn Dìyī Ménzhěnbù	事业单位	黄塘东路1号
高要区人民医院	Gāoyào Qū Rénmín Yīyuàn	事业单位	天宁北路72号
高要水文站	Gāoyào Shuǐwénzhàn	事业单位	高要区江滨西路9号
广东划船学校	Guǎngdōng Huáchuán Xuéxiào	事业单位	星湖西堤青少年体育俱乐部附近
广东金融学院肇庆校区	Guǎngdōng Jīnróng Xuéyuàn Zhàoqìng Xiàoqū	事业单位	星湖石牌村迎宾大道
广东理工学院	Guǎngdōng Lǐgōng Xuéyuàn	事业单位	玑东路（北校区）
广东明镜司法鉴定所	Guǎngdōng Míngjìng Sīfǎ Jiàndìngsuǒ	事业单位	端州六路22号之三第3层
广东七星岩旅游度假区管理委员会	Guǎngdōng Qīxīngyán Lǚyóudùjiàqū Guǎnlǐ Wěiyuánhuì	事业单位	七星五路附近
广东省保险行业协会肇庆市办事处	Guǎngdōng Shěng Bǎoxiǎnhángyèxiéhuì Zhàoqìng Shì Bànshìchù	事业单位	古塔北路9号
广东省城市供水水质监测网肇庆监测站	Guǎngdōng Shěng Chéngshìgòngshuǐ Shuǐzhìjiāncèwǎng Zhàoqìng Jiāncèzhàn	事业单位	西江南路
广东省地质局第五地质大队	Guǎngdōng Shěng Dìzhìjú Dìwǔ Dìzhìdàduì	事业单位	梅庵路9号
广东省地质勘查局七一九地质大队	Guǎngdōng Shěng Dìzhìkāncháju Qīyījiǔ Dìzhìdàduì	事业单位	地质中学内
广东省电信规划设计院肇庆分院	Guǎngdōng Shěng Diànxìnguīhuá Shèjìyuàn Zhàoqìng Fēnyuàn	事业单位	蓓蕾北路13号

(续上表)

标准名称	汉语拼音	地名类别	相对位置
高要市机电排灌管理总站	Gāoyāo Shì Jīdiànpáiguàn Guǎnlǐzǒngzhàn	事业单位	前沙街118号
广东省三茂铁路运输技工学校	Guǎngdōng Shěng Sānmàotiělù Yùnshūjìgōng Xuéxiào	事业单位	站北路13号
广东省西江航道局西江航标与测绘所	Guǎngdōng Shěng Xījiānghángdàojú Xījiāng Hángbiāoyǔcèhuìsuǒ	事业单位	江滨西路14号
肇庆食盐专卖局睦岗分局	Zhàoqìng Shíyánzhuānmàijú Mùgǎng Fēnjú	事业单位	站北路
肇庆市第十六小学宝月校区	Zhàoqìng Shì Dì-16 Xiǎoxué Bǎoyuè Xiàoqū	事业单位	宝月路26号
肇庆市端城公证处	Zhàoqìng Shì Duānchéng Gōngzhèngchù	事业单位	跃龙路78幢201室
肇庆市端州针灸学会	Zhàoqìng Shì Duānzhōu Zhēnjiǔ Xuéhuì	事业单位	和平路
肇庆市端州中医药学会	Zhàoqìng Shì Duānzhōu Zhōngyīyào Xuéhuì	事业单位	和平路
肇庆市气象局	Zhàoqìng Shì Qìxiàngjú	事业单位	信安五路12号
肇庆市商业技工中专学校	Zhàoqìng Shì Shāngyèjìgōng Zhōngzhuān Xuéxiào	事业单位	肇庆大道
肇庆市特种设备检验所	Zhàoqìng Shì Tèzhǒngshèbèi Jiǎnyànsuǒ	事业单位	古塔南路5号
肇庆市药品检验所	Zhàoqìng Shì Yàopǐn Jiǎnyànsuǒ	事业单位	芹田路31幢
肇庆市质量计量监督检测所	Zhàoqìng Shì Zhìliàngjìliàngjiāndū Jiǎncèsuǒ	事业单位	古塔南路5号
广东书画艺术研究会肇庆办事处	Guǎngdōng Shūhuàyìshù Yánjiūhuì Zhàoqìng Bànshìchù	事业单位	星湖大道于东湖三路交汇处
广东肇庆广播电视大学	Guǎngdōng Zhàoqìng Guǎngbōdiànshì Dàxué	事业单位	古塔中路27号
广东肇庆中学旧校区	Guǎngdōng Zhàoqìng Zhōngxué Jiùxiàoqū	事业单位	城中路167号
广东中鹏司法会计鉴定所	Guǎngdōng Zhōngpéng Sīfǎkuàijì Jiàndìngsuǒ	事业单位	和平路
广州铁路卫生监督所肇庆分所	Guǎngzhōu Tiělù Wèishēngjiāndūsuǒ Zhàoqìng Fēnsuǒ	事业单位	站北路10号

（续上表）

标准名称	汉语拼音	地名类别	相对位置
哈佛精英国际学校	Hāfó Jīngyīng Guójì Xuéxiào	事业单位	城东街道棠岗路74区荷苑6号
颔首巧容幼儿园	Hànshǒuqiǎoróng Yòu'éryuán	事业单位	翠湖路
厚岗邮政所	Hòugǎng Yóuzhèngsuǒ	事业单位	建设二路39号附近
华师宏达数学学校	Huáshī Hóngdá Shùxué Xuéxiào	事业单位	黄塘路
黄岗综治信访维稳中心	Huánggǎng Zōngzhìxìnfǎngwéiwěnzhōngxīn	事业单位	黄岗南路
蕉园外坑卫生站	Jiāoyuán Wàikēng Wèishēngzhàn	事业单位	睦岗蕉园外坑社区内
立新社区市民婚育学校	Lìxīnshèqū Shìmín Hūnyù Xuéxiào	事业单位	江滨东路横巷
柳园卫生服务站	Liǔyuán Wèishēng Fúwùzhàn	事业单位	建设二路
睦岗芙蓉西预防接种门诊	Mùgǎng Fúróngxī Yùfángjiēzhǒng Ménzhěn	事业单位	端州六路芙蓉西二街14号A幢睦岗镇宿舍芙蓉小区
启思幼儿园	Qǐsī Yòu'éryuán	事业单位	端州三路1号
前景幼儿园	Qiánjǐng Yòu'éryuán	事业单位	端州七路
三村第二卫生站	Sāncūn Dì'èr Wèishēngzhàn	事业单位	端州七路南区21号
三村第一卫生站	Sāncūn Dìyī Wèishēngzhàn	事业单位	端州七路附近
双东南卫生站	Shuāngdōngnán Wèishēngzhàn	事业单位	黄岗街道沙圳村一巷5号
水质监测站	Shuǐzhì Jiāncèzhàn	事业单位	西江南路
斯美剑桥英语学校	Sīměijiànqiáo Yīngyǔ Xuéxiào	事业单位	星荷路和翠星路的交叉口附近
棠下卫生站	Tángxià Wèishēngzhàn	事业单位	端州八路

（续上表）

标准名称	汉语拼音	地名类别	相对位置
天宁邮政所	Tiānníng Yóuzhèngsuǒ	事业单位	天宁南路26号1栋天南广场24卡商铺邮政银行旁边
铁路工程公安局第一派出所	Tiělùgōngchéng Gōng'ānjú Dì-1 Pàichūsuǒ	事业单位	站北路
童真幼儿园	Tóngzhēn Yòu'éryuán	事业单位	睦岗街道厂排街沙岗新村一巷10号
西江日报电脑印刷中心	Xījiāngrìbào Diànnǎoyìnshuā Zhōngxīn	事业单位	玑西路
西江日报社	Xījiāng Rìbàoshè	事业单位	沙墩路10号
星湖水产水库管理处	Xīnghú Shuǐchǎnshuǐkù Guǎnlǐchù	事业单位	七星岩风景区内
岩前小学	Yánqián Xiǎoxué	事业单位	岩前宝环大道七星岩风景区东门岩前村段
砚都医院	Yàndū Yīyuàn	事业单位	端州二路
肇庆爱尔眼科医院	Zhàoqìng Ài'ěr Yǎnkē Yīyuàn	事业单位	建设二路30号
肇庆地质科技馆	Zhàoqìng Dìzhì Kējìguǎn	事业单位	地质中学内
肇庆福康医院	Zhàoqìng Fúkāng Yīyuàn	事业单位	前进北路1号
肇庆妇产医院	Zhàoqìng Fùchǎn Yīyuàn	事业单位	端州六路八一路1号
肇庆港航局城区管理所	Zhàoqìng Gǎnghángjú Chéngqū Guǎnlǐsuǒ	事业单位	前进南路14号
肇庆红星骨科医院	Zhàoqìng Hóngxīng Gǔkē Yīyuàn	事业单位	建设二路16号
肇庆进出境货运车检场	Zhàoqìng Jìnchūjìng Huòyùnchējiǎnchǎng	事业单位	肇庆大道向阳村东北方向250米
肇庆市经贸中等职业学校星湖校区	Zhàoqìng Shì Jīngmào Zhōngděng Zhíyè Xuéxiào Xīnghú Xiàoqū	事业单位	321国道（肇庆大道）
肇庆理工中等职业学校	Zhàoqìng Lǐgōng Zhōngděng Zhíyè Xuéxiào	事业单位	西江北路（火车站对面）

(续上表)

标准名称	汉语拼音	地名类别	相对位置
肇庆民和医院	Zhàoqìng Mínhé Yīyuàn	事业单位	豪居路54号民和医院1楼
肇庆农信网络中心	Zhàoqìng Nóngxìn Wǎngluòzhōngxīn	事业单位	和平路
肇庆汽车技工学校	Zhàoqìng Qìchējìgōng Xuéxiào	事业单位	人民南路16号
肇庆汽车技校	Zhàoqìng Qìchē Jìxiào	事业单位	端州大道南250米
肇庆实验幼儿园	Zhàoqìng Shíyàn Yòu'éryuán	事业单位	建设三路31号之二
肇庆市爱华实验学校	Zhàoqìng Shì Àihuá Shíyàn Xuéxiào	事业单位	端州七路与睦洲路交汇附近
肇庆市安全生产监督管理局办证大厅	Zhàoqìng Shì Ānquánshēngchǎn Jiāndūguǎnlǐjú Bànzhèngdàtīng	事业单位	西江北路
肇庆市奥威斯实验小学	Zhàoqìng Shì Àowēisī Shíyàn Xiǎoxué	事业单位	棠岗路76区
肇庆市奥威斯实验小学东岗校区	Zhàoqìng Shì Àowēisī Shíyàn Xiǎoxué Dōnggǎng Xiàoqū	事业单位	东岗西路东岗村西侧
肇庆市奥威斯实验小学新华校区	Zhàoqìng Shì Àowēisī Shíyàn Xiǎoxué Xīnhuá Xiàoqū	事业单位	凤岗村西侧
肇庆市奥威斯实验小学岩前分教点	Zhàoqìng Shì Àowēisī Shíyàn Xiǎoxué Yánqián Fēnjiàodiǎn	事业单位	星湖东路
肇庆市百花园小学	Zhàoqìng Shì Bǎihuāyuán Xiǎoxué	事业单位	西江北路百花园小区内
肇庆市百花园小学实验校区	Zhàoqìng Shì Bǎihuāyuán Xiǎoxué Shíyàn Xiàoqū	事业单位	巩东路
肇庆市百花中学	Zhàoqìng Shì Bǎihuā Zhōngxué	事业单位	大桥西侧34区
肇庆市边检站	Zhàoqìng Shì Biānjiǎnzhàn	事业单位	信安路
肇庆市殡仪馆	Zhàoqìng Shì Bìnyíguǎn	事业单位	321国道
肇庆市博物馆	Zhàoqìng Shì Bówùguǎn	事业单位	江滨四路7号
肇庆市财经中等职业学校	Zhàoqìng Shì Cáijīng Zhōngděng Zhíyè Xuéxiào	事业单位	睦岗街道巩东路8号东侧

(续上表)

标准名称	汉语拼音	地名类别	相对位置
城东新区开发建设领导小组	Chéngdōng Xīnqū Kāifājiànshè Lǐngdǎoxiǎozǔ	事业单位	星湖大道星湖建设开发公司附近
肇庆市城建管理监察大队	Zhàoqìng Shì Chéngjiànguǎnlǐ Jiāncházhōngduì	事业单位	端州五路
肇庆市城建管理监察大队睦岗中队	Zhàoqìng Shì Chéngjiànguǎnlǐ Jiāncházhōngduì Mùgǎng Zhōngduì	事业单位	睦岗为民街12号（水务集团背后）
肇庆市城建管理监察大队园林中队	Zhàoqìng Shì Chéngjiànguǎnlǐ Jiāncházhōngduì Yuánlín Zhōngduì	事业单位	端州三路27号
肇庆市城建管理监督大队城西中队	Zhàoqìng Shì Chéngjiànguǎnlǐ Jiāndūdàduì Chéngxī Zhōngduì	事业单位	府前路
肇庆市城区渠网管理中心	Zhàoqìng Shì Chéngqūqūwǎng Guǎnlǐzhōngxīn	事业单位	信安大道鸿景观园
肇庆市城乡规划局城东规划管理站	Zhàoqìng Shì Chéngxiāngguīhuájú Chéngdōngguīhuá Guǎnlǐzhàn	事业单位	黄岗街道黄岗南路
肇庆市畜牧兽医局	Zhàoqìng Shì Chùmùshòuyījú	事业单位	跃龙北路12号
肇庆市地方公路管理总站	Zhàoqìng Shì Dìfānggōnglù Guǎnlǐzǒngzhàn	事业单位	建设二路9号
肇庆市地方税务局车船使用税征收管理所	Zhàoqìng Shì Dìfāngshuìwùjú Chēchuánshǐyòngshuìzhēngshōu Guǎnlǐsuǒ	事业单位	信安路1号
肇庆市地质中学	Zhàoqìng Shì Dìzhì Zhōngxué	事业单位	梅庵路9号
肇庆市第八小学	Zhàoqìng Shì Dì-8 Xiǎoxué	事业单位	宋城三路白沙五巷北
肇庆市第八中学	Zhàoqìng Shì Dì-8 Zhōngxué	事业单位	端州八路
肇庆市第二技工学校	Zhàoqìng Shì Dì-2 Jìgōng Xuéxiào	事业单位	景德路16号
肇庆市第二人民医院	Zhàoqìng Shì Dì-2 Rénmín Yīyuàn	事业单位	建设二路2号
肇庆市第二职业中学	Zhàoqìng Shì Dì-2 Zhíyè Zhōngxué	事业单位	人民南路42号
肇庆市第二中学	Zhàoqìng Shì Dì-2 Zhōngxué	事业单位	人民南路42号
肇庆市第九小学	Zhàoqìng Shì Dì-9 Xiǎoxué	事业单位	三圣宫二巷1号

（续上表）

标准名称	汉语拼音	地名类别	相对位置
肇庆市第六小学	Zhàoqìng Shì Dì-6 Xiǎoxué	事业单位	登高路四巷65号
肇庆市第六中学	Zhàoqìng Shì Dì-6 Zhōngxué	事业单位	本部地址（田家炳校区）古塔中路2号，砚都校区地址端州一路
肇庆市第七小学	Zhàoqìng Shì Dì-7 Xiǎoxué	事业单位	宋城西八一路3号
肇庆市第七中学	Zhàoqìng Shì Dì-7 Zhōngxué	事业单位	城区城北路97号
肇庆市第三技工学校	Zhàoqìng Shì Dì-3 Jìgōng Xuéxiào	事业单位	站北路
肇庆市第三幼儿园	Zhàoqìng Shì Dì-3 Yòu'éryuán	事业单位	城中路138号
肇庆市第十二中学	Zhàoqìng Shì Dì-12 Zhōngxué	事业单位	黄塘东路5号
肇庆市第十三小学	Zhàoqìng Shì Dì-13 Xiǎoxué	事业单位	建设三路贵屯村南巷99号
肇庆市第十五小学	Zhàoqìng Shì Dì-15 Xiǎoxué	事业单位	总校区人民南路43号
肇庆市第十一小学	Zhàoqìng Shì Dì-11 Xiǎoxué	事业单位	江滨东路横巷14号
肇庆市第四小学	Zhàoqìng Shì Dì-4 Xiǎoxué	事业单位	主校区地址是忠勇路46号，分校区地址是城北路97号（原第七中学旧址）
肇庆市第四中学	Zhàoqìng Shì Dì-4 Zhōngxué	事业单位	端州二路3号
肇庆市第五中学	Zhàoqìng Shì Dì-5 Zhōngxué	事业单位	正西路新巷三十一号
肇庆市第一人民医院北岭分院	Zhàoqìng Shì Dì-1 Rénmín Yīyuàn Běilǐng Fēnyuàn	事业单位	站北路8号
肇庆市第一小学	Zhàoqìng Shì Dì-1 Xiǎoxué	事业单位	文明路六巷九幢
肇庆市第一中等职业学校	Zhàoqìng Shì Dì-1 Zhōngděngzhíyè Xuéxiào	事业单位	古塔中路27号

(续上表)

标准名称	汉语拼音	地名类别	相对位置
肇庆市第一中学	Zhàoqìng Shì Dì-1 Zhōngxué	事业单位	建设三路四十六号（初中部），建设一路128区（高中部）
肇庆市端城小学	Zhàoqìng Shì Duānchéng Xiǎoxué	事业单位	前进中路建安街3号
肇庆市端州青少年军校	Zhàoqìng Shì Duānzhōu Qīngshàonián Jūnxiào	事业单位	睦岗大龙
端州区爱国卫生服务中心	Duānzhōu Qū Àiguówèishēng Fúwùzhōngxīn	事业单位	柳园路7号
端州区安全生产应急救援指挥中心	Duānzhōu Qū Ānquánshēngchǎn Yìngjíjiùyuán Zhǐhuīzhōngxīn	事业单位	跃龙路36幢
端州区北岭排洪渠工程管理处	Duānzhōu Qū Běilǐng Páihóngqúgōngchéng Guǎnlǐchù	事业单位	北岭山星湖上院物业部旁
端州区财政局票据管理中心	Duānzhōu Qū Cáizhèngjú Piàojùguǎnlǐzhōngxīn	事业单位	建设二路9号厚岗综合楼
端州区财政局投资评审中心	Duānzhōu Qū Cáizhèngjú Tóuzīpíngshěnzhōngxīn	事业单位	蓓蕾北路11号
端州区残疾人劳动服务站	Duānzhōu Qū Cánjírénláodòngfúwùzhàn	事业单位	前进南路29号附近
端州区城东办事处文化站	Duānzhōu Qū Chéngdōng Bànshìchù Wénhuàzhàn	事业单位	城东塔东三路18号
端州区城东第二社区卫生服务中心	Duānzhōu Qū Chéngdōng Dì'èr Shèqū Wèishēngfúwùzhōngxīn	事业单位	端州三路37号之一
城东街道安全生产监督管理所	Chéngdōngjiēdào Ānquánshēngchǎn Jiāndūguǎnlǐsuǒ	事业单位	塔东三路18号
城东街道环卫所	Chéngdōngjiēdào Huánwèisuǒ	事业单位	塔东三路18号
城东街道人力资源和社会保障服务所	Chéngdōngjiēdào Rénlìzīyuánhéshèhuìbǎozhàngfúwùsuǒ	事业单位	古塔中路13号
城东社区卫生服务中心	Chéngdōngshèqū Wèishēngfúwùzhōngxīn	事业单位	建设三路8号四楼
端州区城区打击生猪私宰专门执法队	Duānzhōu Qū Chéngqū Dǎjīshēngzhūsīzǎi Zhuānménzhífǎduì	事业单位	跃龙路36栋楼下
端州区城市照明管理中心	Duānzhōu Qū Chéngshìzhàomíng Guǎnlǐzhōngxīn	事业单位	工农南路2号之一

（续上表）

标准名称	汉语拼音	地名类别	相对位置
端州区城西第二社区卫生服务中心	Duānzhōu Qū Chéngxī Dì'èrshèqū Wèishēngfúwùzhōngxīn	事业单位	上瑶北正巷115号
城西街道安全生产监督管理所	Chéngxījiēdào Ānquánshēngchǎnjiāndūguǎnlǐsuǒ	事业单位	人民中路8号新城信大厦
城西街道环卫所	Chéngxījiēdào Huánwèisuǒ	事业单位	康乐南路22号
城西街道人力资源和社会保障服务所	Chéngxījiēdào Rénlìzīyuánhéshèhuìbǎozhàng Fúwùsuǒ	事业单位	府前路62号
端州区城西社区卫生服务中心	Duānzhōu Qū Chéngxīshèqū Wèishēngfúwùzhōngxīn	事业单位	康乐南路22、24号
端州区城乡居民基本医疗保险服务中心	Duānzhōu Qū Chéngxiāngjūmín Jīběnyīliáobǎoxiǎnfúwùzhōngxīn	事业单位	景德路5号
端州区出头小学	Duānzhōu Qū Chūtóu Xiǎoxué	事业单位	城西街道办事处出头村
端州区储备粮管理中心	Duānzhōu Qū Chǔbèiliángguǎnlǐzhōngxīn	事业单位	厚岗路6号
端州区畜牧兽医局	Duānzhōu Qū Chùmùshòuyījú	事业单位	工农北路55号农林局1层
端州区慈善会	Duānzhōu Qū Císhànhuì	事业单位	人民中路20号
端州区大龙学校	Duānzhōu Qū Dàlóng Xuéxiào	事业单位	睦岗街道大龙居委旁
端州区党委系统信息化中心	Duānzhōu Qū Dǎngwěixìtǒngxìnxīhuàzhōngxīn	事业单位	古塔中路15号
端州区动物防疫监督所	Duānzhōu Qū Dòngwùfángyìjiāndūsuǒ	事业单位	工农北路36号桥盛楼201室
端州区发展和改革局价格认证中心	Duānzhōu Qū Fāzhǎnhégǎigéjú Jiàgérènzhèngzhōngxīn	事业单位	厚岗路6号
端州区法律援助处	Duānzhōu Qū Fǎlǜyuánzhùchù	事业单位	二塔路28号
端州区防汛防旱防风指挥中心	Duānzhōu Qū Fángxùnfánghànfángfēng Zhǐhuīzhōngxīn	事业单位	工农北路38号第一幢
端州区房产档案馆	Duānzhōu Qū Fángchǎndàng'ànguǎn	事业单位	和平路1号写字楼第7、8层
端州区房屋管理所	Duānzhōu Qū Fángwūguǎnlǐsuǒ	事业单位	建设三路35号办公楼2—5层

(续上表)

标准名称	汉语拼音	地名类别	相对位置
端州区房屋管理所城东住房管理站	Duānzhōu Qū Fángwūguǎnlǐsuǒ ChéngDōngzhùfáng Guǎnlǐzhàn	事业单位	建设二路城东二区17幢首层
端州区房屋管理所城西住房管理站	Duānzhōu Qū Fángwūguǎnlǐsuǒ Chéngxīzhùfáng Guǎnlǐzhàn	事业单位	人民南路30号
端州区房屋管理所城中住房管理站	Duānzhōu Qū Fángwūguǎnlǐsuǒ Chéngzhōngzhùfáng Guǎnlǐzhàn	事业单位	阅江路351号
端州区房屋管理所商业用房管理站	Duānzhōu Qū Fángwūguǎnlǐsuǒ Shāngyèyòngfáng Guǎnlǐzhàn	事业单位	天宁北路天宁广场D幢康宁轩2楼
端州区福利彩票发行中心	Duānzhōu Qū Fúlìcǎipiàofāxíngzhōngxīn	事业单位	工农北路55号
端州区妇幼保健院	Duānzhōu Qū Fùyòubǎojiànyuàn	事业单位	宝月路27号
端州区公共资源交易中心	Duānzhōu Qū Gōnggòngzīyuán Jiāoyìzhōngxīn	事业单位	蓓蕾北路11号
端州区公职律师事务所	Duānzhōu Qū Gōngzhílǜshī Shìwùsuǒ	事业单位	二塔路区司法局大楼内
端州区广播电视中心	Duānzhōu Qū Guǎngbōdiànshì Zhōngxīn	事业单位	古塔中路15号
端州区国库支付中心	Duānzhōu Qū Guókùzhīfùzhōngxīn	事业单位	蓓蕾北路11号
端州区红十字会医院	Duānzhōu Qū Hóngshízìhuì Yīyuàn	事业单位	建设三路8号
端州区环境卫生管理中心	Duānzhōu Qū Huánjìngwèishēng Guǎnlǐzhōngxīn	事业单位	西江北路西侧环卫大楼
黄岗街道安全生产监督管理所	Huánggǎngjiēdào Ānquánshēngchǎnjiāndūguǎnlǐsuǒ	事业单位	端州二路8号
黄岗街道环卫所	Huánggǎngjiēdào Huánwèisuǒ	事业单位	黄岗街道府
黄岗街道计划生育服务所	Huánggǎngjiēdào Jìhuáshēngyùfúwùsuǒ	事业单位	黄岗街道东兴路13号3楼
黄岗街道人力资源和社会保障服务所	Huánggǎngjiēdào Rénlìzīyuánhéshèhuìbǎozhàngfúwùsuǒ	事业单位	黄岗街道政府大院
黄岗街道水利管理站	Huánggǎngjiēdào Shuǐlìguǎnlǐzhàn	事业单位	端州二路29号
端州区机关会议服务中心	Duānzhōu Qū Jīguānhuìyìfúwùzhōngxīn	事业单位	古塔中路15号府

（续上表）

标准名称	汉语拼音	地名类别	相对位置
端州区机关幼儿园	Duānzhōu Qū Jīguān Yòu'éryuán	事业单位	忠勇路70号
端州区计划生育服务站	Duānzhōu Qū Jìhuáshēngyùfúwùzhàn	事业单位	跃龙路33幢
端州区计划生育服务中心	Duānzhōu Qū Jìhuáshēngyùfúwùzhōngxīn	事业单位	跃龙路33幢
端州区教育财务结算中心	Duānzhōu Qū Jiàoyùcáiwùjiésuànzhōngxīn	事业单位	古塔中路2号
端州区教育局教研室	Duānzhōu Qū Jiàoyùjú Jiàoyánshì	事业单位	古塔中路2号
端州区教育局现代教育技术和装备中心	Duānzhōu Qū Jiàoyùjú Xiàndàijiàoyùjìshùhézhuāngbèizhōngxīn	事业单位	古塔中路2号
端州区就业服务管理中心	Duānzhōu Qū Jiùyèfúwùguǎnlǐzhōngxīn	事业单位	景德路5号
端州区科技创新服务中心	Duānzhōu Qū Kējìchuàngxīnfúwùzhōngxīn	事业单位	建设三路31号
端州区科学技术协会	Duānzhōu Qū Kēxuéjìshù Xiéhuì	事业单位	建设三路31号
端州区老干部服务中心	Duānzhōu Qū Lǎogànbù Fúwùzhōngxīn	事业单位	宝月路31号
端州区民康芙蓉专科门诊部	Duānzhōu Qū Mínkāngfúróng Zhuānkē Ménzhěnbù	事业单位	芙蓉路
睦岗街道安全生产监督管理所	Mùgǎngjiēdào Ānquánshēngchǎnjiāndūguǎnlǐsuǒ	事业单位	端州八路睦岗镇人民政府大院内
睦岗街道环卫所	Mùgǎngjiēdào Huánwèisuǒ	事业单位	端州七路睦岗龙塘社区为民街12号
睦岗街道计划生育服务所	Mùgǎngjiēdào Jìhuáshēngyùfúwùsuǒ	事业单位	端州八路睦岗镇政府2楼205室
睦岗街道人力资源和社会保障服务所	Mùgǎngjiēdào Rénlìzīyuánhéshèhuìbǎozhàngfúwùsuǒ	事业单位	为民街12号3楼
睦岗街道文化服务中心	Mùgǎngjiēdào Wénhuàfúwùzhōngxīn	事业单位	端州八路睦岗镇政府2楼
睦岗街道文化站	Mùgǎngjiēdào Wénhuàzhàn	事业单位	端州八路睦岗镇政府大院内
端州区睦岗小学	Duānzhōu Qū Mùgǎng Xiǎoxué	事业单位	端州八路北侧

（续上表）

标准名称	汉语拼音	地名类别	相对位置
睦岗小学实验校区	Mùgǎng Xiǎoxué Shíyàn Xiàoqū	事业单位	端州七路南侧
端州区普查中心	Duānzhōu Qū Pǔcházhōngxīn	事业单位	古塔中路 15 号
端州区青少年文化宫	Duānzhōu Qū Qīngshàonián Wénhuàgōng	事业单位	古塔中路 9 号
端州区人民法院司法技术辅助工作中心	Duānzhōu Qū Rénmínfǎyuàn Sīfǎjìshùfǔzhùgōngzuòzhōngxīn	事业单位	前进南路 9 号
端州区人民医院	Duānzhōu Qū Rénmín Yīyuàn	事业单位	城北路 69 号
端州区婚姻登记处	Duānzhōu Qū Hūnyīndēngjìchù	事业单位	人民中路 20 号
端州区审计局审计中心	Duānzhōu Qū Shěnjìjú Shěnjìzhōngxīn	事业单位	古塔中路 15 号
端州区史志办公室	Duānzhōu Qū Shǐzhì Bàngōngshì	事业单位	古塔中路 15 号
端州区市政设施管理中心	Duānzhōu Qū Shìzhèng Shèshīguǎnlǐzhōngxīn	事业单位	棠岗路 6 号星湖尚景苑 AB 幢 2 层
端州区市政资源管理中心	Duānzhōu Qū Shìzhèng Zīyuánguǎnlǐzhōngxīn	事业单位	古塔中路 13 号 4 楼西面
端州区水利水电工程质量监督站	Duānzhōu Qū Shuǐlìshuǐdiàngōngchéngzhìliàngjiāndūzhàn	事业单位	工农北路 38 号第一幢
端州区投资和贸易服务促进中心	Duānzhōu Qū Tóuzīhémàoyìfúwùcùjìnzhōngxīn	事业单位	古塔中路 15 号
端州区文化馆	Duānzhōu Qū Wénhuàguǎn	事业单位	宝月路 31 号
端州区文化和体育管理服务中心	Duānzhōu Qū Wénhuàhétǐyùguǎnlǐ fúwùzhōngxīn	事业单位	天宁北路 75 号
端州区无偿献血工作领导小组办公室	Duānzhōu Qū Wúchángxiànxuè Gōngzuòlǐngdǎoxiǎozǔ Bàngōngshì	事业单位	柳园路 7 号
端州区下岗失业人员小额贷款担保中心	Duānzhōu Qū Xiàgǎngshīyèrényuán Xiǎo'édàikuǎndānbǎozhōngxīn	事业单位	景德路 5 号
端州区下瑶小学	Duānzhōu Qū Xiàyáo Xiǎoxué	事业单位	龙安路
端州区新闻中心	Duānzhōu Qū Xīnwénzhōngxīn	事业单位	古塔中路 15 号

（续上表）

标准名称	汉语拼音	地名类别	相对位置
端州区信息中心	Duānzhōu Qū Xìnxīzhōngxīn	事业单位	古塔中路15号
端州区业余体育学校	Duānzhōu Qū Yèyútǐyù Xuéxiào	事业单位	天宁北路73号
端州区伊斯兰教协会机关	Duānzhōu Qū Yīsīlánjiàoxiéhuì Jīguān	事业单位	古塔中路15号
端州区园林绿化管理中心	Duānzhōu Qū Yuánlínlǜhuàguǎnlǐzhōngxīn	事业单位	和平路39号
端州区园林绿化管理中心白沙公园管理所	Duānzhōu Qū Yuánlínlǜhuàguǎnlǐzhōngxīn Báishāgōngyuán Guǎnlǐsuǒ	事业单位	前沙街白沙公园内
端州区招生考试工作办公室	Duānzhōu Qū Zhāoshēngkǎoshìgōngzuò Bàngōngshì	事业单位	古塔中路2号
端州区政府性资产管理中心	Duānzhōu Qū Zhèngfǔxìng-zīchǎnguǎnlǐzhōngxīn	事业单位	蓓蕾北路11号
端州区政务和公益机构域名注册服务中心	Duānzhōu Qū Zhèngwùhégōngyìjīgòu Yùmíngzhùcè Fúwùzhōngxīn	事业单位	古塔中路15号
端州区职工服务中心	Duānzhōu Qū Zhígōngfúwùzhōngxīn	事业单位	人民中路12号
端州区职业训练中心	Duānzhōu Qū Zhíyèxùnliànzhōngxīn	事业单位	景德路5号
端州区中小学生综合实践活动教育基地	Duānzhōu Qū Zhōngxiǎoxuéshēng Zōnghéshíjiànhuódòngjiàoyùjīdì	事业单位	建设三路一巷10号
肇庆市端州图书馆	Zhàoqìng Shì Duānzhōu Túshūguǎn	事业单位	宝月路30号
肇庆市防汛防旱防风指挥调度中心	Zhàoqìng Shì Fángxùnfánghànfángfēng Zhǐhuīdiàodùzhōngxīn	事业单位	新元北路12号
肇庆市防制重大动物疫病指挥部	Zhàoqìng Shì Fángzhìzhòngdàdòngwùyì-bìng Zhǐhuībù	事业单位	跃龙北路
肇庆市房产交易所	Zhàoqìng Shì Fángchǎnjiāoyìsuǒ	事业单位	古塔中路
肇庆市肺科医院	Zhàoqìng Shì Fèikē Yīyuàn	事业单位	端州六路24号
肇庆市妇幼保健计划生育服务中心	Zhàoqìng Shì Fùyòubǎojiànjìhuáshēngyù Fúwùzhōngxīn	事业单位	建设二路2号
肇庆市妇幼保健院	Zhàoqìng Shì Fùyòubǎojiànyuàn	事业单位	建设二路2号

(续上表)

标准名称	汉语拼音	地名类别	相对位置
肇庆市干部学校	Zhàoqìng Shì Gànbù Xuéxiào	事业单位	隔岗路人才大厦东楼
肇庆市高要区中等职业学校	Zhàoqìng Shì Gāoyāo Qū Zhōngděngzhíyè Xuéxiào	事业单位	宋城三路第八小学附近
肇庆市工人文化宫	Zhàoqìng Shì Gōngrén Wénhuàgōng	事业单位	天宁北路76号
黄岗工商所	Huánggǎng Gōngshāngsuǒ	事业单位	景安北路18号
建设工商所	Jiànshè Gōngshāngsuǒ	事业单位	正东路
睦岗工商所	Mùgǎng Gōngshāngsuǒ	事业单位	端州八路
人民中工商所	Rénmínzhōng Gōngshāngsuǒ	事业单位	康乐中路9号附近人民中工商所
跃龙工商所	Yuèlóng Gōngshāngsuǒ	事业单位	柳园南路
肇庆市工商业联合会	Zhàoqìng Shì Gōngshāngyè Liánhéhuì	事业单位	端州六路（北路）22号之四2楼
肇庆市工业研究所	Zhàoqìng Shì Gōngyè Yánjiūsuǒ	事业单位	端州三路六巷
肇庆市公安局端州分局巡警大队	Zhàoqìng Shì Gōng'ānjú Duānzhōu Fēnjú Xúnjǐngdàduì	事业单位	端州三路19号
肇庆市公安局交警支队车辆管理所机动车登记服务站	Zhàoqìng Shì Gōng'ānjú Jiāojǐngzhīduì Chēliàngguǎnlǐsuǒ Jīdòngchēdēngjì Fúwùzhàn	事业单位	玑东路
肇庆市公安局交通警察支队	Zhàoqìng Shì Gōng'ānjú Jiāotōngjǐngchá Zhīduì	事业单位	信安大道
城西机动车登记服务站	Chéngxī Jīdòngchēdēngjì Fúwùzhàn	事业单位	宋城三路
肇庆市公安局交通警察支队第一大队	Zhàoqìng Shì Gōng'ānjú Jiāotōngjǐngcházhīduì Dì-1 Dàduì	事业单位	厚岗路
交通警察支队黄岗中队	Jiāotōngjǐngchá Zhīduì Huánggǎng Zhōngduì	事业单位	市场西街
交通警察支队睦岗中队	Jiāotōngjǐngchá Zhīduì Mùgǎng Zhōngduì	事业单位	西江北路29号
交通警察支队星湖中队	Jiāotōngjǐngchá Zhīduì Xīnghú Zhōngduì	事业单位	狮岗北路

（续上表）

标准名称	汉语拼音	地名类别	相对位置
肇庆市公共资源交易中心	Zhàoqìng Shì Gōnggòngzīyuánjiāoyìzhōngxīn	事业单位	端州三路24号
肇庆市公路局	Zhàoqìng Shì Gōnglùjú	事业单位	古塔路12号
肇庆市公路局城区分局	Zhàoqìng Shì Gōnglùjú Chéngqū Fēnjú	事业单位	端州三路59号
肇庆市公路局二塔战备渡口所	Zhàoqìng Shì Gōnglùjú Èrtǎzhànbèidùkǒusuǒ	事业单位	二塔路与江滨东路交汇处
肇庆市公路局职工培训中心	Zhàoqìng Shì Gōnglùjú Zhígōngpéixùnzhōngxīn	事业单位	西江南路
肇庆市公路勘察规划设计所	Zhàoqìng Shì Gōnglùkāncháguīhuá shèjìsuǒ	事业单位	芹田路9号
肇庆市公路勘察设计院	Zhàoqìng Shì Gōnglùkāncháshèjìyuàn	事业单位	芹田路9号
肇庆市公路路政巡查大队	Zhàoqìng Shì Gōnglùlùzhèngxúnchádàduì	事业单位	古塔中路12号
肇庆市供销合作联社	Zhàoqìng Shì Gòngxiāohézuòliánshè	事业单位	江滨二马路5号2楼
肇庆市广播电视台	Zhàoqìng Shì Guǎngbō Diànshìtái	事业单位	星湖大道76号
肇庆市广雅幼儿园	Zhàoqìng Shì Guǎngyǎ Yòu'éryuán	事业单位	莲湖中路
肇庆市国防教育训练基地	Zhàoqìng Shì Guófángjiàoyù Xùnliànjīdì	事业单位	005乡道
肇庆市国家水上运动训练基地	Zhàoqìng Shì Guójiā Shuǐshàngyùndòng Xùnliànjīdì	事业单位	星湖西路波海楼附近
肇庆市国有林业总场	Zhàoqìng Shì Guóyǒulínyè Zǒngchǎng	事业单位	端州六路13号
肇庆市国有企业改革工作领导小组办公室	Zhàoqìng Shì Guóyǒuqǐyè Gǎigégōngzuòlǐngdǎoxiǎozǔ Bàngōngshì	事业单位	翠星路
肇庆市环境保护监测站	Zhàoqìng Shì Huánjìngbǎohùjiāncèzhàn	事业单位	芹田路17号
肇庆市环境监察支队	Zhàoqìng Shì Huánjìngjiāncházhīduì	事业单位	星湖大道嘉湖新都市东侧
肇庆市环境科学研究所	Zhàoqìng Shì Huánjìngkēxuéyánjiūsuǒ	事业单位	芹田路17号

(续上表)

标准名称	汉语拼音	地名类别	相对位置
肇庆市环境卫生管理处清洁服务队	Zhàoqìng Shì Huánjìngwèishēngguǎnlǐchù Qīngjié Fúwùduì	事业单位	西江北路环卫大楼2楼
肇庆市疾病预防控制中心	Zhàoqìng Shì Jíbìngyùfángkòngzhìzhōngxīn	事业单位	新元北路6号
肇庆市技工学校	Zhàoqìng Shì Jìgōng Xuéxiào	事业单位	前沙街43号
肇庆市加美学校	Zhàoqìng Shì Jiāměi Xuéxiào	事业单位	七星岩旅游度假区西区
肇庆市建设工程施工安全监督站	Zhàoqìng Shì Jiànshègōngchéng shīgōng'ānquánjiāndūzhàn	事业单位	建设二路城东一区四幢2楼
肇庆市建设局工程竣工验收备案管理处	Zhàoqìng Shì Jiànshèjú Gōngchéngjùngōngyànshōubèi'àn Guǎnlǐchù	事业单位	康乐北二街
肇庆市建筑设计院有限公司工程勘察队	Zhàoqìng Shì Jiànzhùshèjìyuàn Yǒuxiàngōngsī Gōngchéngkāncháduì	事业单位	端州六路
肇庆市交警支队	Zhàoqìng Shì Jiāojǐng Zhīduì	事业单位	肇庆大道
肇庆市交通工程质量监督管理站	Zhàoqìng Shì Jiāotōnggōngchéng Zhìliàngjiāndūguǎnlǐzhàn	事业单位	建设二路
肇庆市交通技术培训学校	Zhàoqìng Shì Jiāotōngjìshùpéixùn Xuéxiào	事业单位	建设二路12号
肇庆市交通局驻肇庆城东客运站交管所	Zhàoqìng Shì Jiāotōngjú Zhù Zhàoqìng Chéngdōng Kèyùnzhàn Jiāoguǎnsuǒ	事业单位	端州三路
肇庆市交通运输管理总站	Zhàoqìng Shì Jiāotōngyùnshūguǎnlǐzǒngzhàn	事业单位	和平路
肇庆市教师进修学校	Zhàoqìng Shì Jiàoshījìnxiū Xuéxiào	事业单位	古塔中路2号
肇庆市结核病防治所	Zhàoqìng Shì Jiéhébìng Fángzhìsuǒ	事业单位	端州六路24号
肇庆市经贸中等职业学校	Zhàoqìng Shì Jīngmào Zhōngděng Zhíyèxuéxiào	事业单位	江滨西路24号
肇庆市景丰联围管理局	Zhàoqìng Shì Jǐngfēngliánwéi Guǎnlǐjú	事业单位	新元北路10号
肇庆市景福围工程管理处	Zhàoqìng Shì Jǐngfúwéigōngchéng Guǎnlǐchù	事业单位	江滨三路
肇庆市康复幼儿园	Zhàoqìng Shì Kāngfù Yòu'éryuán	事业单位	西江北路华康苑

（续上表）

标准名称	汉语拼音	地名类别	相对位置
肇庆市科学技术协会	Zhàoqìng Shì Kēxuéjìshù Xiéhuì	事业单位	芙蓉西二街科技中心8楼
肇庆市困难职工帮扶中心	Zhàoqìng Shì Kùnnánzhígōng Bāngfúzhōngxīn	事业单位	天宁北路76号
肇庆市老干部服务中心	Zhàoqìng Shì Lǎogànbù Fúwùzhōngxīn	事业单位	端州四路
肇庆市老干部活动中心	Zhàoqìng Shì Lǎogànbù Huódòngzhōngxīn	事业单位	端州四路
肇庆市老干部职工大学	Zhàoqìng Shì Lǎogànbù Zhígōng Dàxué	事业单位	端州四路
肇庆市老干所	Zhàoqìng Shì Lǎogànsuǒ	事业单位	端州四路
肇庆市立德学校	Zhàoqìng Shì Lìdé Xuéxiào	事业单位	睦岗镇下外坑纺织路东侧
肇庆市林业科学研究所	Zhàoqìng Shì Línyè Kēxué Yánjiūsuǒ	事业单位	北岭盘古路
肇庆市龙禧小学	Zhàoqìng Shì Lóngxǐ Xiǎoxué	事业单位	星湖东路2号
肇庆市路灯管理处	Zhàoqìng Shì Lùdēng Guǎnlǐchù	事业单位	工农南路
肇庆市旅游质量监督管理所	Zhàoqìng Shì Lǚyóuzhìliàngjiāndū Guǎnlǐsuǒ	事业单位	信安六路9号
肇庆市睦岗交警支队	Zhàoqìng Shì Mùgǎng Jiāojǐng Zhīduì	事业单位	西塘北路与黄塘路交叉口
肇庆市农机监理办证厅	Zhàoqìng Shì Nóngjījiānlǐ Bànzhèngtīng	事业单位	工农北路56号
肇庆市皮肤病医院	Zhàoqìng Shì Pífūbìng Yīyuàn	事业单位	端州七路9号
肇庆市启聪学校	Zhàoqìng Shì Qǐcōng Xuéxiào	事业单位	西江北路41号（教育大楼背后）
肇庆市群众艺术馆	Zhàoqìng Shì Qúnzhòng Yìshùguǎn	事业单位	江滨四路
肇庆市人民政府行政服务中心	Zhàoqìng Shì Rénmínzhèngfǔ Xíngzhèngfúwùzhōngxīn	事业单位	信安四路8号
肇庆市商业幼儿园	Zhàoqìng Shì Shāngyè Yòu'éryuán	事业单位	建设三路花园后街第五、六栋

(续上表)

标准名称	汉语拼音	地名类别	相对位置
肇庆市社会主义学院	Zhàoqìng Shì Shèhuìzhǔyì Xuéyuàn	事业单位	002 乡道
肇庆市实验小学	Zhàoqìng Shì Shíyàn Xiǎoxué	事业单位	沙墩路 6 号
肇庆市市场物业管理服务总站	Zhàoqìng Shì Shìchǎngwùyèguǎnlǐ Fúwùzǒngzhàn	事业单位	阅江路 83 号附近
肇庆市水产技术推广中心	Zhàoqìng Shì Shuǐchǎnjìshùtuīguǎngzhōngxīn	事业单位	和平路 36 号
肇庆市水务技术中心	Zhàoqìng Shì Shuǐwùjìshùzhōngxīn	事业单位	新元北路 10 号
肇庆市司法干部学校	Zhàoqìng Shì Sīfǎgànbù Xuéxiào	事业单位	景泰路
肇庆市颂德学校	Zhàoqìng Shì Sòngdé Xuéxiào	事业单位	颂德路 6 号
肇庆市体育学校	Zhàoqìng Shì Tǐyù Xuéxiào	事业单位	西江北路肇庆体育中心
肇庆市体育中心管理处	Zhàoqìng Shì Tǐyùzhōngxīn Guǎnlǐchù	事业单位	西江北路体育中心内
肇庆市铁路学校	Zhàoqìng Shì Tiělù Xuéxiào	事业单位	站北路 28 号
肇庆市土地储备中心	Zhàoqìng Shì Tǔdìchǔbèizhōngxīn	事业单位	信安六路 9 号
肇庆市外贸幼儿园	Zhàoqìng Shì Wàimào Yòu'éryuán	事业单位	端州六路龙马街 15 号
肇庆市卫生监督所	Zhàoqìng Shì Wèishēngjiāndūsuǒ	事业单位	新元北路新星二街 2 号
肇庆市卫生检验中心	Zhàoqìng Shì Wèishēngjiǎnyànzhōngxīn	事业单位	城中路
肇庆市文化馆	Zhàoqìng Shì Wénhuàguǎn	事业单位	江滨大堤西路 1 号
肇庆市物业管理总站	Zhàoqìng Shì Wùyèguǎnlǐzǒngzhàn	事业单位	阅江路 83 号附近
肇庆市医学会医疗事故技术鉴定工作办公室	Zhàoqìng Shì Yīxuéhuì Yīliáoshìgù Jìshùjiàndìnggōngzuò Bàngōngshì	事业单位	芹田路
肇庆市邮政局	Zhàoqìng Shì Yóuzhèngjú	事业单位	肇庆火车站附近

（续上表）

标准名称	汉语拼音	地名类别	相对位置
肇庆市邮政局电子信息分局	Zhàoqìng Shì Yóuzhèngjú Diànzǐxìnxī Fēnjú	事业单位	建设三路33号
肇庆市园林管理处	Zhàoqìng Shì Yuánlín Guǎnlǐchù	事业单位	和平路39号
肇庆市园林管理处城区绿化管理所	Zhàoqìng Shì Yuánlínguǎnlǐchù Chéngqūlǜhuà Guǎnlǐsuǒ	事业单位	柳园路
肇庆市震东公证处	Zhàoqìng Shì Zhèndōng Gōngzhèngchù	事业单位	景泰路1号
肇庆市直属机关第二幼儿园	Zhàoqìng Shì Zhíshǔjīguān Dì-2 Yòu'éryuán	事业单位	宝月路30号
肇庆市直属机关第一幼儿园	Zhàoqìng Shì Zhíshǔjīguān Dì-1 Yòu'éryuán	事业单位	正西路75号
肇庆市职业病防治所	Zhàoqìng Shì Zhíyèbìng Fángzhìsuǒ	事业单位	和平路16号
肇庆市中级人民法院训练基地	Zhàoqìng Shì Zhōngjí Rénmínfǎyuàn Xùnliànjīdì	事业单位	321国道
肇庆市中心血站	Zhàoqìng Shì Zhōngxīn Xuèzhàn	事业单位	绿荷路6号
肇庆市中医院	Zhàoqìng Shì Zhōngyīyuàn	事业单位	端州六路20号
肇庆市仲裁委员会	Zhàoqìng Shì Zhòngcáiwěiyuánhuì	事业单位	城中路122号前幢
肇庆市住房公积金管理委员会	Zhàoqìng Shì Zhùfánggōngjījīnguǎnlǐ-wěiyuánhuì	事业单位	城中路
肇庆市住房公积金管理中心	Zhàoqìng Shì Zhùfánggōngjījīnguǎnlǐ-zhōngxīn	事业单位	明珠路7号
肇庆市注册会计师协会联合党支部	Zhàoqìng Shì Zhùcèkuàijìshīxiéhuì Liánhédǎngzhībù	事业单位	和平路48号附近
肇庆铁路运输法院执行所	Zhàoqìng Tiělùyùnshū Fǎyuàn Zhíhángsuǒ	事业单位	站北路1号附近
肇庆现代男科医院	Zhàoqìng Xiàndài Nánkē Yīyuàn	事业单位	二塔路东侧塘尾村综合楼
肇庆星湖风景名胜区管理局	Zhàoqìng Xīnghú Fēngjǐngmíng-shèngqū Guǎnlǐjú	事业单位	文明北路1号
肇庆学院	Zhàoqìng Xuéyuàn	事业单位	黄岗街道东岗村

(续上表)

标准名称	汉语拼音	地名类别	相对位置
肇庆学院星湖校区	Zhàoqìng Xuéyuàn Xīnghú Xiàoqū	事业单位	星湖大道于砚都大道交汇处
肇庆医学高等专科学校第二附属医院	Zhàoqìng Yīxuégāoděngzhuānkē Xuéxiào Dì-2 Fùshǔyīyuàn	事业单位	建设二路
肇庆医学高等专科学校附属医院	Zhàoqìng Yīxuégāoděngzhuānkē Xuéxiào Fùshǔyīyuàn	事业单位	正西路93号
肇庆医学高等专科学校中职部	Zhàoqìng Yīxuégāoděngzhuānkē Xuéxiào Zhōngzhíbù	事业单位	西江南路6号
肇庆职业学校	Zhàoqìng Zhíyè Xuéxiào	事业单位	人民南路42号
肇庆中大口腔医院	Zhàoqìng Zhōngdà Kǒuqiāng Yīyuàn	事业单位	端州六路7号
肇水集团供水监测管理处	Zhàoshuǐ Jítuán Gōngshuǐjiāncè Guǎnlǐchù	事业单位	西江南路
镇中卫生站	Zhènzhōng Wèishēngzhàn	事业单位	市场街
中共端州区委党校	Zhōnggòng Duānzhōu Qūwěi Dǎngxiào	事业单位	星荷路
中共肇庆市委党校	Zhōnggòng Zhàoqìng Shìwěi Dǎngxiào	事业单位	七星岩旅游度假区
中国科学院计算技术研究所肇庆分所	Zhōngguó Kēxuéyuàn Jìsuànjìshù Yánjiūsuǒ Zhàoqìng Fēnsuǒ	事业单位	肇庆学院内
中国药学会肇庆分会	Zhōngguó Yàoxuéhuì Zhàoqìng Fēnhuì	事业单位	正东路
中国银行业监督管理委员会肇庆监管分局	Zhōngguó Yínhángyè Jiāndūguǎnlǐ Wěiyuánhuì Zhàoqìng Jiānguǎn Fēnjú	事业单位	前进北路5号
中国渔政	Zhōngguó Yúzhèng	事业单位	江滨四路
肇庆市国民体质监测中心	Zhàoqìng Shì Guómíntǐzhì Jiāncèzhōngxīn	事业单位	翠星路附近
肇庆市国有林业总场北岭山林场	Zhàoqìng Shì Guóyǒulínyè Zǒngchǎng Běilǐngshān Línchǎng	事业单位	和平路53号第二幢
肇庆市第三人民医院	Zhàoqìng Shì Dì Sān Rénmín Yīyuàn	事业单位	端州二路1号
省地质局肇庆地质队	Shěng Dìzhìjú Zhàoqìng Dìzhìduì	事业单位	108乡道

（续上表）

标准名称	汉语拼音	地名类别	相对位置
端州区黄岗小学	Duānzhōu Qū Huánggǎng Xiǎoxué	事业单位	端州一路白石村旁
工业城建设指挥部	Gōngyèchéng Jiànshè Zhǐhuībù	事业单位	东湖一路
第一技工学校	Dì-1 Jìgōng Xuéxiào	事业单位	带村东侧
端州区河苑小学	Duānzhōu Qū Héyuàn Xiǎoxué	事业单位	三都街1号
黄岗街道环境卫生管理所	Huánggǎngjiēdào Huánjìngwèishēng Guǎnlǐsuǒ	事业单位	三都街
端州区汽车修理技能考核鉴定中心	Duānzhōu Qū Qìchēxiūlǐ Jìnéngkǎohé Jiàndìngzhōngxīn	事业单位	端州一路沙湖小学
肇庆市第十六小学明月校区	Zhàoqìng Shì Dì-16 Xiǎoxué Míngyuè Xiàoqū	事业单位	东湖二路明月路
肇庆学院附属中学	Zhàoqìng Xuéyuàn Fùshǔ Zhōngxué	事业单位	端州一路大冲广场东侧
华师附属肇庆学园	Huáshī Fùshǔ Zhàoqìng Xuéyuán	事业单位	星湖大道
黄岗街道双东北社区服务中心	Huánggǎngjiēdào Shuāngdōngběi Shèqū Fúwùzhōngxīn	事业单位	黄岗东兴北路40号
黄岗街道敬老院	Huánggǎngjiēdào Jìnglǎoyuàn	事业单位	带村新区北一巷3号
蓝塘小学	Lántáng Xiǎoxué	事业单位	蓝塘村
蓝田卫生站	Lántián Wèishēngzhàn	事业单位	端州一路
双东北卫生站	Shuāngdōngběi Wèishēngzhàn	事业单位	金龙街
下黄岗二卫生站	Xiàhuánggǎng'èr Wèishēngzhàn	事业单位	道宾日村下路
肇庆城区打击生猪私宰执法队	Zhàoqìng Chéngqū Dǎjīshēngzhūsīzǎi Zhífǎduì	事业单位	羚山冲附近
肇庆市城建管理监察大队黄岗中队	Zhàoqìng Shì Chéngjiànguǎnlǐ Jiānchádàduì Huánggǎngzhōngduì	事业单位	东兴北路13号
肇庆市低压化成铝箔工程技术研究开发中心	Zhàoqìng Shì Dīyāhuàchénglǔbó Gōngchéngjìshù Yánjiūkāifā Zhōngxīn	事业单位	蓝兴路

（续上表）

标准名称	汉语拼音	地名类别	相对位置
肇庆市第六中学砚都校区	Zhàoqìng Shì Dì-6 Zhōngxué Yàndū Xiàoqū	事业单位	端州一路
肇庆市第一人民医院	Zhàoqìng Shì Dì-1 Rénmín Yīyuàn	事业单位	东岗东路9号
肇庆市第一中学高中部	Zhàoqìng Shì Dì-1 Zhōngxué Gāozhōngbù	事业单位	建设一路128区（高中部）
端州区河苑小学大冲校区	Duānzhōu Qū Héyuàn Xiǎoxué Dàchōng Xiàoqū	事业单位	端州一路大冲广场附近
黄岗街道文化站	Huánggǎng Jiēdào Wénhuàzhàn	事业单位	端州二路
黄岗社区卫生服务中心	Huánggǎngshèqū Wèishēng Fúwùzhōngxīn	事业单位	端州一路
端州区沙湖小学	Duānzhōu Qū Shāhú Xiǎoxué	事业单位	端州一路沙湖村
端州区跃龙幼儿园	Duānzhōu Qū Yuèlóng Yòu'éryuán	事业单位	双东南街31号
端州区长田实验学校	Duānzhōu Qū Chángtián Shíyàn Xuéxiào	事业单位	98区端州一路西侧
肇庆市工业贸易学校	Zhàoqìng Shì Gōngyè Màoyì Xuéxiào	事业单位	端州一路
肇庆市公安干部学校	Zhàoqìng Shì Gōng'āngànbù Xuéxiào	事业单位	元咀
肇庆市公安局端州区分局机动训练大队	Zhàoqìng Shì Gōng'ānjú Duānzhōu Qū Fēnjú Jīdòngxùnliàn Dàduì	事业单位	端州一路大冲社区居委会南侧
肇庆市公安局特警支队	Zhàoqìng Shì Gōng'ānjú Tèjǐng Zhīduì	事业单位	端州一路沙湖村
肇庆市公路工程质量检测站	Zhàoqìng Shì Gōnglù Gōngchéngzhìliàng Jiǎncèzhàn	事业单位	大冲肇庆大道南侧
肇庆市技师学院大冲校区	Zhàoqìng Shì Jìshī Xuéyuàn Dàchōng Xiàoqū	事业单位	大冲村北一巷
肇庆市就业服务管理中心	Zhàoqìng Shì Jiùyèfúwù Guǎnlǐzhōngxīn	事业单位	信安大道
肇庆市社会福利院	Zhàoqìng Shì Shèhuì Fúlìyuàn	事业单位	黄岗南路87区南侧
肇庆市图书馆	Zhàoqìng Shì Túshūguǎn	事业单位	信安大道

（续上表）

标准名称	汉语拼音	地名类别	相对位置
肇庆外语学校	Zhàoqìng Wàiyǔ Xuéxiào	事业单位	端州一路大冲广场东侧
中国端砚展览馆	Zhōngguó Duānyàn Zhǎnlǎnguǎn	事业单位	端州一路端砚潮庭附近
中山医科大学科技开发部	Zhōngshān Yīkē Dàxué Kējìkāifābù	事业单位	端州一路
端州区中小企业服务中心	Duānzhōu Qū Zhōngxiǎoqǐyèfúwù Zhōngxīn	事业单位	星湖西路肇庆立仁实验学校
中国邮政银行伴月路营业所	Zhōngguóyóuzhèngyínháng Bànyuèlù Yíngyèsuǒ	企业	伴月路星荷湖畔小区H幢首层第二卡、第三卡
中国石化肇庆分公司	Zhōngguóshíhuà Zhàoqìng Fēngōngsī	企业	西江北路101号
中国建设银行肇庆市分行	Zhōngguójiànshèyínháng Zhàoqìng Shì Fēnháng	企业	建设二路85号
中国农业银行肇庆分行	Zhōngguónóngyèyínháng Zhàoqìng Fēnháng	企业	和平路26号
中国建设银行肇庆端州四路分理处	Zhōngguójiànshèyínháng Zhàoqìng Duānzhōu 4 Lù Fēnlǐchù	企业	端州四路3号碧湖广场4-7号商铺
中国建设银行肇庆翠星分理处	Zhōngguójiànshèyínháng Zhàoqìng Cuìxīng Fēnlǐchù	企业	翠星路37号首层
中国工商银行肇庆分行	Zhōngguógōngshāngyínháng Zhàoqìng Fēnháng	企业	端州三路3 4号
中国邮政肇庆市黄岗邮政支局	Zhōngguóyóuzhèng Zhàoqìng Shì Huánggǎng Yóuzhèngzhī Jú	企业	端州二路黄岗邮电大楼
中国邮政肇庆市分公司	Zhōngguóyóuzhèng Zhàoqìng Shì Fēngōngsī	企业	西江北路肇庆火车站广场西南侧
端州农商银行股份有限公司	Duānzhōunóngshāngyínháng Gǔfènyǒuxiàngōngsī	企业	建设二路83号
肇庆南方畜牧有限公司羚山种鸡场	Zhàoqìng Nánfāng Xùmù Yǒuxiàngōngsī Língshān Zhǒngjīchǎng	企业	郊羚山
泰康人寿肇庆中心支公司	Tàikāngrénshòu Zhàoqìng Zhōngxīn Zhīgōngsī	企业	和平路25号2-5层及1楼大堂往东三卡商铺、古塔中路27号大院内一号楼3—5层

(续上表)

标准名称	汉语拼音	地名类别	相对位置
中国移动肇庆分公司	Zhōngguóyídòng Zhàoqìng Fēngōngsī	企业	棠岗路东侧中国移动肇庆分公司办公楼
风华高科利华电解电容器分公司	Fēnghuágāokēlìhuá Diànjiědiànróngqì Fēngōngsī	企业	云桂路北边、大鼎路东侧6区（棠美工业园利华公司）
广东羚光新材料股份有限公司肇庆分公司	Guǎngdōng Língguāng Xīncáiliào Gǔfènyǒuxiàngōngsī Zhàoqìng Fēngōngsī	企业	纺织路广庆厂内
广州银行肇庆分行	Guǎngzhōuyínháng Zhàoqìng Fēnháng	企业	星湖大道9号恒裕海湾A1、A2、A3、A5幢217商铺，A6幢1—2层02号商铺，A6幢首层03、04号商铺，A7–A11、B5–B7、C6–C10幢A区2层01、02号商铺
交通银行肇庆分行	Jiāotōngyínháng Zhàoqìng Fēnháng	企业	信安五路5号交行大厦1、2层
上海浦发银行肇庆分行	Shànghǎi Pǔfāyínháng Zhàoqìng Fēnháng	企业	星湖大道六路36号大唐盛世第一幢1层7–10号商铺及2层202室
沃尔玛肇庆端州四路分店	Wò'ěrmǎ Zhàoqìng Duānzhōu 4 Lù Fēndiàn	企业	端州四路牌坊广场东侧深国投商业中心1—4层
端州农商银行星湖湾分理处	Duānzhōu Nóngshāngyínháng Xīnghúwān Fēnlǐchù	企业	莲湖中路二街6巷1号
广东南粤银行肇庆端州支行	Guǎngdōng Nányuèyínháng Zhàoqìng Duānzhōu Zhīháng	企业	星湖大道嘉湖新都市三期乐湖居5B幢5B3—首层04号商场
端州农商银行睦岗支行	Duānzhōu Nóngshāngyínháng Mùgǎng Zhīháng	企业	端州六路芙蓉西一街5号
中国工商银行宋城路支行	Zhōngguógōngshāngyínháng Sòngchénglù Zhīháng	企业	豪居路71号首层1—7卡

（续上表）

标准名称	汉语拼音	地名类别	相对位置
端州农商银行翠星支行	Duānzhōu Nóngshāngyínháng Cuìxīng Zhīháng	企业	康乐北路40号翠庭湖轩C2幢首层南往北3—8卡
中国工商银行肇庆伴月湖支行	Zhōngguógōngshāngyínháng Zhàoqìng Bànyuèhú Zhīháng	企业	康乐北路40号翠庭湖轩C幢首层商铺5—9卡
中国工商银行肇庆滨湖支行	Zhōngguógōngshāngyínháng Zhàoqìng Bīnhú Zhīháng	企业	端州四路13号建安大厦第7卡
中国工商银行肇庆城东支行	Zhōngguógōngshāngyínháng Zhàoqìng Chéngdōng Zhīháng	企业	建设二路72号
中国工商银行肇庆第一支行	Zhōngguógōngshāngyínháng Zhàoqìng Dìyī Zhīháng	企业	端州五路10号
中国工商银行肇庆东风支行	Zhōngguógōngshāngyínháng Zhàoqìng Dōngfēng Zhīháng	企业	天宁北路新城市广场C3—C4卡
中国工商银行肇庆端州六路支行	Zhōngguógōngshāngyínháng Zhàoqìng Duānzhōu 6 Lù Zhīháng	企业	端州六路12号
中国工商银行肇庆端州支行	Zhōngguógōngshāngyínháng Zhàoqìng Duānzhōu Zhīháng	企业	工农北路5号
中国工商银行肇庆鸿景支行	Zhōngguógōngshāngyínháng Zhàoqìng Hóngjǐng Zhīháng	企业	信安路北侧棠岗路鸿景观园第八幢首层3—6卡
中国工商银行肇庆黄岗支行	Zhōngguógōngshāngyínháng Zhàoqìng Huánggǎng Zhīháng	企业	端州二路黄岗市场西侧3号1楼商铺
中国工商银行肇庆康乐支行	Zhōngguógōngshāngyínháng Zhàoqìng Kānglè Zhīháng	企业	黄塘东路1号康乐花苑第24幢首层第7、8、9卡
中国工商银行肇庆南方支行	Zhōngguó gōngshāngyínháng Zhàoqìng Nánfāng Zhīháng	企业	和平路44号城东花苑23卡
中国工商银行肇庆西江支行	Zhōngguógōngshāngyínháng Zhàoqìng Xījiāng Zhīháng	企业	星荷路四区26幢第9卡
中国工商银行肇庆西区支行	Zhōngguógōngshāngyínháng Zhàoqìng Xīqū Zhīháng	企业	正西路33号
中国工商银行肇庆星湖湾支行	Zhōngguógōngshāngyínháng Zhàoqìng Xīnghúwān Zhīháng	企业	端州四路莲湖中二街3号莲湖湾畔A幢5、6卡
中国工商银行肇庆智慧城支行	Zhōngguógōngshāngyínháng Zhàoqìng Zhìhuìchéng Zhīháng	企业	太和北路12号B1区1、2、3幢首层第9—11卡

(续上表)

标准名称	汉语拼音	地名类别	相对位置
中国建设银行肇庆叠翠支行	Zhōngguójiànshèyínháng Zhàoqìng Diécuì Zhīháng	企业	叠翠南路东南侧安逸雅苑首层1号商铺
中国建设银行肇庆端州支行	Zhōngguójiànshèyínháng Zhàoqìng Duānzhōu Zhīháng	企业	端州六路13号第一幢首层第1—8卡商铺
中国建设银行肇庆府前支行	Zhōngguójiànshèyínháng Zhàoqìng Fǔqián Zhīháng	企业	城中路77号
中国建设银行肇庆公正支行	Zhōngguójiànshèyínháng Zhàoqìng Gōngzhèng Zhīháng	企业	古塔中路19号沙墩综合大楼1—7卡商铺
中国建设银行肇庆火车站支行	Zhōngguójiànshèyínháng Zhàoqìng Huǒchēzhàn Zhīháng	企业	西江北路星湖8号国际公馆2幢首层27-33卡商铺
中国建设银行肇庆天宁支行	Zhōngguójiànshèyínháng Zhàoqìng Tiānníng Zhīháng	企业	天宁北路77号首层B03、B05商铺
中国建设银行肇庆文明路支行	Zhōngguójiànshèyínháng Zhàoqìng Wénmínglù Zhīháng	企业	建设三路34号文明花苑综合楼首层11号商铺8—10号仓库
中国建设银行肇庆西江支行	Zhōngguójiànshèyínháng Zhàoqìng Xījiāng Zhīháng	企业	西江路东侧创裕楼首层商铺
中国农业银行肇庆百花园支行	Zhōngguónóngyèyínháng Zhàoqìng Bǎihuāyuán Zhīháng	企业	西江北路41号嘉馨苑22幢首层
中国农业银行肇庆伴月支行	Zhōngguónóngyèyínháng Zhàoqìng Bànyuè Zhīháng	企业	伴月湖路星荷湖畔A栋湖翠轩首层1-7卡
中国农业银行肇庆城区支行	Zhōngguónóngyèyínháng Zhàoqìng Chéngqū Zhīháng	企业	黄岗二路2号尚东花园
中国农业银行肇庆城中支行	Zhōngguónóngyèyínháng Zhàoqìng Chéngzhōng Zhīháng	企业	城中路88号首层
中国农业银行肇庆端州支行	Zhōngguónóngyèyínháng Zhàoqìng Duānzhōu Zhīháng	企业	星湖大道9号恒裕海湾A1幢1楼
中国农业银行肇庆古塔支行	Zhōngguónóngyèyínháng Zhàoqìng Gǔtǎ Zhīháng	企业	建设二路64-66号
中国农业银行肇庆好世界支行	Zhōngguónóngyèyínháng Zhàoqìng Hǎoshìjiè Zhīháng	企业	天宁北路好世界首层
中国农业银行肇庆嘉州支行	Zhōngguónóngyèyínháng Zhàoqìng Jiāzhōu Zhīháng	企业	棠岗北路华生加洲阳光G栋首层

(续上表)

标准名称	汉语拼音	地名类别	相对位置
中国农业银行肇庆康乐支行	Zhōngguónóngyèyínháng Zhàoqìng Kānglè Zhīháng	企业	黄塘东路1号康乐花园G幢5—6卡
中国农业银行肇庆睦岗支行	Zhōngguónóngyèyínháng Zhàoqìng Mùgǎng Zhīháng	企业	端州八路睦岗镇
中国农业银行肇庆新村支行	Zhōngguónóngyèyínháng Zhàoqìng Xīncūn Zhīháng	企业	端州七路3号江兆豪庭1、2号楼首层07、08、09、10号商铺
中国农业银行肇庆银通支行	Zhōngguónóngyèyínháng Zhàoqìng Yíntōng Zhīháng	企业	端州四路7号之一首层A1-A3卡及夹层、第二层K-1/E轴
中国农业银行肇庆中原支行	Zhōngguónóngyèyínháng Zhàoqìng Zhōngyuán Zhīháng	企业	建设三路16号
中国银行肇庆端州三路支行	Zhōngguóyínháng Zhàoqìng Duānzhōu 3 Lù Zhīháng	企业	端州三路12号幸福豪苑B幢首层112、113、115、116卡
中国银行肇庆端州支行	Zhōngguóyínháng Zhàoqìng Duānzhōu Zhīháng	企业	古塔北路10号
中国银行肇庆恒裕花园支行	Zhōngguóyínháng Zhàoqìng Héngyùhuāyuán Zhīháng	企业	端州四路莲湖中路2号恒裕花园A1幢 A1-D、A1-E、A1-F、A1-G卡
中国银行肇庆建设二路支行	Zhōngguóyínháng Zhàoqìng Jiànshè 2 Lù Zhīháng	企业	建设二路18号3—7卡
中国银行肇庆康乐北路支行	Zhōngguóyínháng Zhàoqìng Kānglèběilù Zhīháng	企业	康乐北路17号1层、2层商铺
中国银行肇庆人民南路支行	Zhōngguóyínháng Zhàoqìng Rénmínnánlù Zhīháng	企业	人民南路36-37号
中国银行肇庆人民中路支行	Zhōngguóyínháng Zhàoqìng Rénmínzhōnglù Zhīháng	企业	人民中路9号
中国银行肇庆宋城一路支行	Zhōngguóyínháng Zhàoqìng Sòngchéng 1 Lù Zhīháng	企业	忠勇路1号第1-5卡商铺
中国银行肇庆新世界花园支行	Zhōngguóyínháng Zhàoqìng Xīnshìjièhuāyuán Zhīháng	企业	绿荷路山水晴天第九幢首层37-41卡
中国银行肇庆幸福新城支行	Zhōngguóyínháng Zhàoqìng Xìngfúxīnchéng Zhīháng	企业	西江南路幸福新城南雅苑首层9—11号

(续上表)

标准名称	汉语拼音	地名类别	相对位置
中国银行肇庆鸿景观园支行	Zhōngguóyínháng Zhàoqìng Hóngjǐngguānyuán Zhīháng	企业	信安大道鸿景观园首层商铺
肇庆端州农商银行黄岗支行	Zhàoqìng Duānzhōu Nóngshāngyínháng Huánggǎng Zhīháng	企业	河旁路信用社宿舍1—3层
中国农业银行肇庆华英支行	Zhōngguónóngyèyínháng Zhàoqìng Huáyīng Zhīháng	企业	108区信安路西侧华英城二期2幢48、49、50卡商铺
中国农业银行肇庆黄岗支行	Zhōngguónóngyèyínháng Zhàoqìng Huánggǎng Zhīháng	企业	88区端州二路东南侧盛庭雅苑商住小区第1幢首层第4卡
中国银行肇庆黄岗支行	Zhōngguóyínháng Zhàoqìng Huánggǎng Zhīháng	企业	端州二路75—78号
中国邮政银行肇庆市信安支行	Zhōngguóyóuzhèngyínháng Zhàoqìng Shì Xìn'ān Zhīháng	企业	信安大道南侧天鹅堡第1幢首层2—4卡
中国建设银行肇庆市分行黄岗办事处	Zhōngguójiànshèyínháng Zhàoqìng Shì Fēnháng Huánggǎng Bànshìchù	企业	端州二路黄岗镇政府东侧第六卡（明星酒店首层）
中国建设银行肇庆城西分理处	Zhōngguójiànshèyínháng Zhàoqìng Chéngxī Fēnlǐchù	企业	端州七路9号首层
肇庆市宏志建设有限公司	Zhàoqìng Shì Hóngzhìjiànshè Yǒuxiàngōngsī	企业	工农北路23号西座2楼
肇庆市新阳光汽车运输有限公司	Zhàoqìng Shì Xīnyángguāng Qìchēyùnshū Yǒuxiàngōngsī	企业	站前西路北、肇庆火车站西南办公楼
广东华南智慧城发展有限公司	Guǎngdōng Huánánzhìhuìchéng Fāzhǎn Yǒuxiàngōngsī	企业	太和北路12号B1区5幢601办公楼之一
肇庆市新大力设备制造安装有限公司	Zhàoqìng Shì Xīndàlì Shèbèizhìzào'ānzhuāng Yǒuxiàngōngsī	企业	端州八路南侧（10）区上园路路口第一幢厂房
肇庆市浩通电子商务有限公司	Zhàoqìng Shì Hàotōng Diànzǐshāngwù Yǒuxiàngōngsī	企业	太和路12号B1区1幢402B房
肇庆市华泰高科金属制品有限公司	Zhàoqìng Shì Huátàigāokē Jīnshǔzhìpǐn Yǒuxiàngōngsī	企业	睦岗镇棠美经济社圣棠前开发区
肇庆市天天道供应链管理有限公司	Zhàoqìng Shì Tiāntiāndào Gòngyīngliànguǎnlǐ Yǒuxiàngōngsī	企业	睦岗镇棠下村委会七队白结容宅

（续上表）

标准名称	汉语拼音	地名类别	相对位置
广东天禾农资肇庆配送有限公司	Guǎngdōng Tiānhénóngzī Zhàoqìng Pèisòng Yǒuxiàngōngsī	企业	肇庆大道南侧、端州八路东侧（棠下工业区第一幢仓库）
肇庆市山水时尚酒店有限公司	Zhàoqìng Shì Shānshuǐshíshàngjiǔdiàn Yǒuxiàngōngsī	企业	端州四路5号新2幢东楼1—9层
广东民生眼科医院	Guǎngdōng Mínshēng Yǎnkē Yīyuàn	企业	西江路
肇庆市粮油购销公司	Zhàoqìng Shì Liángyóugòuxiāo Gōngsī	企业	站港北路南侧粮仓办公楼
肇庆市盈禾塑胶制品有限公司	Zhàoqìng Shì Yínghé Sùjiāozhìpǐn Yǒuxiàngōngsī	企业	睦岗镇大亦制衣厂内
广东华红饲料科技有限公司	Guǎngdōng Huáhóng Sìliàokējì Yǒuxiàngōngsī	企业	玑西路8号办公楼2楼
肇庆市智翔物业服务有限公司	Zhàoqìng Shì Zhìxiáng Wùyèfúwù Yǒuxiàngōngsī	企业	太和北路12号B1区5幢701办公楼之四
肇庆恒锋建设有限公司	Zhàoqìng Héngfēng Jiànshè Yǒuxiàngōngsī	企业	端州八路技工学校对面
肇庆市致美物流有限公司	Zhàoqìng Shì Zhìměi Wùliú Yǒuxiàngōngsī	企业	站前西路北侧
端州区威达制衣有限公司	Duānzhōu Qū Wēidá Zhìyī Yǒuxiàngōngsī	企业	河旁南路之东侧河旁村综合大楼第3—4层
端州区百通物流有限公司	Duānzhōu Qū Bǎitōng Wùliú Yǒuxiàngōngsī	企业	端州八路西三榕峡口东三榕港办公楼01号办公楼2楼01室
肇庆南国投资开发有限公司	Zhàoqìng Nánguó Tóuzīkāifā Yǒuxiàngōngsī	企业	火车站西侧下外坑
肇庆绿宝石电子科技股份有限公司	Zhàoqìng Lùbǎoshí Diànzǐkējì Gǔfènyǒuxiàngōngsī	企业	肇庆大道南侧、端州八路西侧2区厂区
肇庆华兴纸品有限公司	Zhàoqìng Huáxìngzhǐpǐn Yǒuxiàngōngsī	企业	端州八路
广东华红农牧集团股份有限公司	Guǎngdōng Huáhóngnóngmùjítuán Gǔfènyǒuxiàngōngsī	企业	玑西路8号4楼401室

(续上表)

标准名称	汉语拼音	地名类别	相对位置
广东展泰建设投资有限公司	Guǎngdōng Zhǎntàijiànshètóuzī Yǒuxiàngōngsī	企业	风华路1号中誉大厦6层603室
广东展泰旅游文化产业有限公司	Guǎngdōng Zhǎntài Lǚyóuwénhuà chǎnyè Yǒuxiàngōngsī	企业	风华路1号中誉大厦6层602室
端州区宏锦源贸易有限公司	Duānzhōu Qū Hóngjǐnyuán Màoyì Yǒuxiàngōngsī	企业	星湖大道9号恒裕海湾自用综合楼五层2号商场540卡
广东爱晟电子科技有限公司	Guǎngdōng Àishèng Diànzǐkējì Yǒuxiàngōngsī	企业	睦岗镇棠下工业区
肇庆星湖大酒店	Zhàoqìng Xīnghú Dàjiǔdiàn	企业	端州四路37号
太平洋制罐有限公司	Tàipíngyáng Zhìguàn Yǒuxiàngōngsī	企业	端州八路
肇庆彩印厂	Zhàoqìng Cǎiyìnchǎng	企业	建设三路7号之一2楼2室
海日酒店	Hǎirì Jiǔdiàn	企业	端州六路13号一幢第2层
广东环球净化科技有限公司	Guǎngdōng Huánqiú Jìnghuàkējì Yǒuxiàngōngsī	企业	太和路西俊富科技园第一幢厂房（西北角）
广东肇庆动力金属股份有限公司	Guǎngdōng Zhàoqìng Dònglì Jīnshǔ Gǔfèn Yǒuxiàngōngsī	企业	高新区北江大道18号富民大厦1507房自编6号
广东省盐业集团肇庆有限公司	Guǎngdōng Shěng Yányèjítuán Zhàoqìng Yǒuxiàngōngsī	企业	肇庆大道7号
肇庆市建筑工程有限公司	Zhàoqìng Shì Jiànzhùgōngchéng Yǒuxiàngōngsī	企业	西江南路4号
广东省肇庆化工厂有限公司	Guǎngdōng Shěng Zhàoqìng Huàgōngchǎng Yǒuxiàngōngsī	企业	厂排街27号（龟顶山东侧，西江北岸）
广东省肇庆市钢铁厂有限公司	Guǎngdōng Shěng Zhàoqìng Shì Gāngtiěchǎng Yǒuxiàngōngsī	企业	厂排街26号（龟顶山东麓）
广东省肇庆新华印刷有限公司	Guǎngdōng Shěng Zhàoqìng Xīnhuá Yìnshuā Yǒuxiàngōngsī	企业	芹田路5幢6号9层12—28号房
广东华南智慧城科技发展有限公司	Guǎngdōng Huánánzhìhuìchéng Kējìfāzhǎn Yǒuxiàngōngsī	企业	太和北路12号B1区4幢201A单元
肇庆市兆油能源有限公司	Zhàoqìng Shì Zhàoyóunéngyuán Yǒuxiàngōngsī	企业	321国道三榕峡段、西江纸厂南侧都草坑

（续上表）

标准名称	汉语拼音	地名类别	相对位置
广东肇庆星湖生物科技股份有限公司	Guǎngdōng Zhàoqìng Xīnghú Shēngwùkējì Gǔfènyǒuxiàngōngsī	企业	工农北路 67 号
肇庆市蓝带啤酒高利有限公司	Zhàoqìng Shì Lándàipíjiǔ Gāolì Yǒuxiàngōngsī	企业	端州八路北侧（北邻北岭山，西临西江）
广东兆晖生物科技有限公司	Guǎngdōng Zhàohuī Shēngwùkējì Yǒuxiàngōngsī	企业	西郊钓鱼台
高要市裕华针织厂	Gāoyāo Shì Yùhuázhēnzhīchǎng	企业	端州城区西部，厂排街二巷
肇庆星湖制药有限公司	Zhàoqìng Xīnghú Zhìyào Yǒuxiàngōngsī	企业	前沙街 103 号
广东肇庆星湖松涛宾馆	Guǎngdōng Zhàoqìng Xīnghúsōngtāo Bīnguǎn	企业	肇庆七星岩风景区内
创科食品科技肇庆有限公司	Chuàngkē Shípǐnkējì Zhàoqìng Yǒuxiàngōngsī	企业	桂园路北侧、玑东路西侧（三榕工业园办公楼侧）
端州区北苑时尚酒店	Duānzhōu Qū Běiyuànshíshàng Jiǔdiàn	企业	肇庆火车站西侧（肇庆军供接待楼 1—5 层）
端州区金鹏巴顿酒店	Duānzhōu Qū Jīnpéngbādùn Jiǔdiàn	企业	西江南路 1 号 8—10 楼
端州区银河大酒店	Duānzhōu Qū Yínhé Dàjiǔdiàn	企业	建设二路 22 号厚岗第二经济合作社综合楼
广东大家食品有限公司	Guǎngdōng Dàjiā Shípǐn Yǒuxiàngōngsī	企业	端州七路西郊电站侧（肇庆广牧饲料有限公司办公楼 3 楼 301 室）
广东风华高新科技股份有限公司	Guǎngdōng Fēnghuá Gāoxīnkējì Gǔfènyǒuxiàngōngsī	企业	风华路 18 号风华电子工业城
广东华达集团有限公司	Guǎngdōng Huádájítuán Yǒuxiàngōngsī	企业	厂排街二巷 21 号
广东华南智慧谷发展有限公司	Guǎngdōng Huánán Zhìhuìgǔfāzhǎn Yǒuxiàngōngsī	企业	太和北路 12 号 B1 区 4 幢 201D 单元
广东三茂铁路股份有限公司肇庆车务段	Guǎngdōng Sānmàotiělù Gǔfènyǒuxiàngōngsī Zhàoqìng Chēwùduàn	企业	站北路铁路口岸联检大楼 3 楼

(续上表)

标准名称	汉语拼音	地名类别	相对位置
广东三茂铁路股份有限公司肇庆信号水电段	Guǎngdōng Sānmàotiělù Gǔfènyǒuxiàngōngsī Zhàoqìng Xìnhàoshuǐdiànduàn	企业	广东三茂铁路肇庆段 B 区 33 号
广东省肇庆港航集团有限公司	Guǎngdōng Shěng Zhàoqìng Gǎnghángjítuán Yǒuxiàngōngsī	企业	江滨西路 3 号
广东省肇庆市超能实业有限公司	Guǎngdōng Shěng Zhàoqìng Shì Chāonéngshíyè Yǒuxiàngōngsī	企业	睦岗镇水松根村
广东省肇庆市供销储运公司	Guǎngdōng Shěng Zhàoqìng Shì Gòngxiāochǔyùn Gōngsī	企业	建设二路 16 号
广东省肇庆市建筑设计院有限公司	Guǎngdōng Shěng Zhàoqìng Shì Jiànzhù Shèjìyuàn Yǒuxiàngōngsī	企业	端州六路 28 号
广东省肇庆市矿冶工业供销公司	Guǎngdōng Shěng Zhàoqìng Shì Kuàngyěgōngyègòngxiāo Gōngsī	企业	端州四路 41 号
广东肇庆派瑞净化设备有限公司	Guǎngdōng Zhàoqìng Pàiruì Jìnghuàshèbèi Yǒuxiàngōngsī	企业	三榕工业开发区泰隆包装机械有限公司厂房西 7 卡之一
广东致晟节能环保科技有限公司	Guǎngdōng Zhìshèng Jiénénghuánbǎokējì Yǒuxiàngōngsī	企业	太和北路 12 号 B1 区 5 幢 701 办公楼之五
广州市恒富物流有限公司肇庆分公司	Guǎngzhōu Shì Héngfùwùliú Yǒuxiàngōngsī Zhàoqìng Fēngōngsī	企业	太和北路 12 号 B1 区 3 幢 701 房
上海佳吉快运有限公司肇庆分公司	Shànghǎi Jiājíkuàiyùn Yǒuxiàngōngsī Zhàoqìng Fēngōngsī	企业	玑东路西侧市物流园内 168 号
世安半导体有限公司	Shì'ān Bàndǎotǐ Yǒuxiàngōngsī	企业	玑西路西、太和北路东（22 区）A 幢第一卡
维也纳酒店	Wéiyěnà Jiǔdiàn	企业	宋城二路军分区东侧
祥昱鞋业有限公司	Xiángyù Xiéyè Yǒuxiàngōngsī	企业	端州八路二区棠下工业园 B 栋厂房
肇庆邦泰贸易有限公司	Zhàoqìng Bāngtài Màoyì Yǒuxiàngōngsī	企业	玑东路北段康泰花苑 2 楼
肇庆本田金属有限公司	Zhàoqìng Běntián Jīnshǔ Yǒuxiàngōngsī	企业	三榕港工业加工区玑东路
肇庆滨江置业有限公司	Zhàoqìng Bīnjiāng Zhìyè Yǒuxiàngōngsī	企业	太和北路 12 号 B1 区 5 幢 601 办公楼之二

（续上表）

标准名称	汉语拼音	地名类别	相对位置
肇庆常青仙乐园	Zhàoqìng Chángqīngxiānlèyuán	企业	睦岗镇云路村背河排山
肇庆朝阳高新技术产业开发有限公司	Zhàoqìng Cháoyáng Gāoxīnjìshùchǎnyèkāifā Yǒuxiàngōngsī	企业	玑东路27号三榕工业园办公大楼3楼西面
肇庆城西客运站有限公司	Zhàoqìng Chéngxī Kèyùnzhàn Yǒuxiàngōngsī	企业	端州八路二区站港北路南侧
肇庆端州天悦机电安装工程有限公司	Zhàoqìng Duānzhōu Tiānyuè Jīdiàn-'ānzhuānggōngchéng Yǒuxiàngōngsī	企业	信安三路8号墅景湾第5幢首层第61卡
肇庆风华机电进出口有限公司	Zhàoqìng Fēnghuá Jīdiànjìnchūkǒu Yǒuxiàngōngsī	企业	风华路18号
肇庆风华网络科技有限公司	Zhàoqìng Fēnghuá Wǎngluòkējì Yǒuxiàngōngsī	企业	风华路17号鸿景锦园第1幢2层01号商铺
肇庆冠宇电气自动化设备有限公司	Zhàoqìng Guānyǔ Diànqìzìdònghuàshèbèi Yǒuxiàngōngsī	企业	太和路西俊富工业园第一、二栋
肇庆广海混凝土有限公司	Zhàoqìng Guǎnghǎi Hùnníngtǔ Yǒuxiàngōngsī	企业	睦岗镇大洲村向东股份合作经济社（大洲果场）山坡地
肇庆国际大酒店有限公司	Zhàoqìng Guójìdàjiǔdiàn Yǒuxiàngōngsī	企业	康乐北路9号
肇庆恒胜模具技术有限公司	Zhàoqìng Héngshèng Mójùjìshù Yǒuxiàngōngsī	企业	睦岗镇棠美工业区内（圣堂前）5、6区
肇庆鸿胜金属制品有限公司	Zhàoqìng Hóngshèng Jīnshǔzhìpǐn Yǒuxiàngōngsī	企业	睦岗镇棠美工业区内（圣堂前）1—4区
肇庆华红好滋润食品有限公司	Zhàoqìng Huáhónghǎozīrùn Shípǐn Yǒuxiàngōngsī	企业	玑西路8号办公楼3楼301室
肇庆华红投资有限公司	Zhàoqìng Huáhóng Tóuzī Yǒuxiàngōngsī	企业	玑西路8号办公楼3楼301室
肇庆华融贸易发展有限公司	Zhàoqìng Huáróng Màoyìfāzhǎn Yǒuxiàngōngsī	企业	玑西路8号办公楼4楼403室
肇庆嘉丰工艺品实业有限公司	Zhàoqìng Jiāfēng Gōngyìpǐnshíyè Yǒuxiàngōngsī	企业	端州八路西侧6区（棠美工业区）东起第16卡

(续上表)

标准名称	汉语拼音	地名类别	相对位置
肇庆金钻大酒店有限公司	Zhàoqìng Jīnzuàndàjiǔdiàn Yǒuxiàngōngsī	企业	端州三路32号东起首层1-3卡、第5—14层
肇庆俊富纤网材料有限公司	Zhàoqìng Jùnfù Xiānwǎngcáiliào Yǒuxiàngōngsī	企业	太和路俊富科技园
肇庆快捷物流有限公司	Zhàoqìng Kuàijié Wùliú Yǒuxiàngōngsī	企业	西江北路水果批发市场南侧第六卡商铺
肇庆蓝带啤酒有限公司	Zhàoqìng Lándài Píjiǔ Yǒuxiàngōngsī	企业	端州八路
肇庆蓝威酒业销售有限公司	Zhàoqìng Lánwēi Jiǔyèxiāoshòu Yǒuxiàngōngsī	企业	端州八路蓝带集团办公楼第二幢
肇庆联丰轻工纸品厂有限公司	Zhàoqìng Liánfēng Qīnggōngzhǐpǐnchǎng Yǒuxiàngōngsī	企业	睦岗镇
肇庆明志彩色印务有限公司	Zhàoqìng Míngzhì Cǎisèyìnwù Yǒuxiàngōngsī	企业	纺织路塘基头村北侧塘表之一
肇庆南粤苑度假中心有限公司	Zhàoqìng Nányuèyuàn Dùjiàzhōngxīn Yǒuxiàngōngsī	企业	星湖万松岗南粤苑综合楼
肇庆全维登包装材料有限公司	Zhàoqìng Quánwéidēng Bāozhuāngcáiliào Yǒuxiàngōngsī	企业	西江北路蕉园二村综合大楼1楼第7、8卡
肇庆日德阀门制造有限公司	Zhàoqìng Rìdé Fáménzhìzào Yǒuxiàngōngsī	企业	睦岗镇外坑北侧（原嘉庆食品开发公司厂房内）
肇庆润兴电梯经营有限公司	Zhàoqìng Rùnxīng Diàntījīngyíng Yǒuxiàngōngsī	企业	西江北路东二村综合楼2楼（三房）
肇庆上美纸品包装有限公司	Zhàoqìng Shàngměi Zhǐpǐnbāozhuāng Yǒuxiàngōngsī	企业	太和路西俊富工业园第一幢首层中间厂房
肇庆圣莎拉制衣厂有限公司	Zhàoqìng Shèngshālā Zhìyīchǎng Yǒuxiàngōngsī	企业	建设二路1号
肇庆市艾丰贸易有限公司	Zhàoqìng Shì Àifēng Màoyì Yǒuxiàngōngsī	企业	太和北路12号B1区5幢701办公楼之一
肇庆市傲翔科技信息有限公司	Zhàoqìng Shì Àoxiáng Kējìxìnxī Yǒuxiàngōngsī	企业	太和北路12号B1区5幢702办公楼之一

（续上表）

标准名称	汉语拼音	地名类别	相对位置
肇庆市白沙加油站有限公司	Zhàoqìng Shì Báishājiāyóuzhàn Yǒuxiàngōngsī	企业	前沙街白沙公园西侧
肇庆市包装容器厂有限公司	Zhàoqìng Shì Bāozhuāngróngqìchǎng Yǒuxiàngōngsī	企业	肇庆大道（过境公路）南侧4区（即棠下工业区东侧第一幢厂房）
肇庆市宝星发展有限公司星酒店	Zhàoqìng Shì Bǎoxīngfāzhǎn Yǒuxiàngōngsī Xīngjiǔdiàn	企业	端州四路10号星湖国际广场5层商场之四
肇庆市保地房地产开发有限公司	Zhàoqìng Shì Bǎodì Fángdìchǎnkāifā Yǒuxiàngōngsī	企业	睦岗镇棠下村东路口（文化广场侧）1楼东边之一
肇庆市博士芯电子科技有限公司	Zhàoqìng Shì Bóshìxīn Diànzǐkējì Yǒuxiàngōngsī	企业	睦岗镇端州八路西侧6区2楼厂房
肇庆市成田喷涂有限公司	Zhàoqìng Shì Chéngtiánpēntú Yǒuxiàngōngsī	企业	纺织路12区龙还洲
肇庆市大润发商业有限公司	Zhàoqìng Shì Dàrùnfā Shāngyè Yǒuxiàngōngsī	企业	端州四路10号星湖国际广场2、3层商场
肇庆市大唐福年纸业有限公司	Zhàoqìng Shì Dàtángfúnián Zhǐyè Yǒuxiàngōngsī	企业	龙桂路四巷20号富年大厦2楼201室
肇庆市德葆能源设备有限公司	Zhàoqìng Shì Débǎo Néngyuánshèbèi Yǒuxiàngōngsī	企业	太和北路12号B1区1幢801房C单位
肇庆市第二机床厂有限公司	Zhàoqìng Shì Dì'èr Jīchuángchǎng Yǒuxiàngōngsī	企业	梅庵路18号
肇庆市东润贸易有限公司	Zhàoqìng Shì Dōngrùn Màoyì Yǒuxiàngōngsī	企业	太和北路12号华南智慧城B1区3幢402B2单元
肇庆市端化离子树脂有限公司	Zhàoqìng Shì Duānhuà Lízǐshùzhī Yǒuxiàngōngsī	企业	西郊下三村
肇庆市端惠塑胶纸品厂有限公司	Zhàoqìng Shì Duānhuì Sùjiāozhǐpǐnchǎng Yǒuxiàngōngsī	企业	端州七路28号
肇庆市端州科技工业园建设实业有限公司	Zhàoqìng Shì Duānzhōu Kējìgōngyèyuánjiànshèshíyè Yǒuxiàngōngsī	企业	珑东路27号三榕工业园办公大楼1楼西面

(续上表)

标准名称	汉语拼音	地名类别	相对位置
肇庆市端州区宝华彩印厂	Zhàoqìng Shì Duānzhōu Qū Bǎohuá Cǎiyìnchǎng	企业	太和路西俊富工业园第二幢（南边第1层厂房）
端州区标荣贸易有限公司	Duānzhōu Qū Biāoróng Màoyì Yǒuxiàngōngsī	企业	江滨东路59号华英花苑叠翠台D栋第7卡商铺
肇庆市端州区方元投资开发有限公司	Zhàoqìng Shì Duānzhōu Qū Fāngyuán Tóuzīkāifā Yǒuxiàngōngsī	企业	玥东路三榕工业园办公大楼3楼
肇庆市端州区丰洋物流有限公司	Zhàoqìng Shì Duānzhōu Qū Fēngyáng Wùliú Yǒuxiàngōngsī	企业	玥东路西侧肇庆物流园内109号商铺
肇庆市端州区金信电热管厂	Zhàoqìng Shì Duānzhōu Qū Jīnxìn Diànrèguǎnchǎng	企业	大洲森村村边厂房
端州区凯涛机械制造有限公司	Duānzhōu Qū Kǎitāo Jīxièzhìzào Yǒuxiàngōngsī	企业	端州八路南侧岗元嘴之一厂房
端州区快活林食家	Duānzhōu Qū Kuàihuólín Shíjiā	企业	西江北路以西（即水果批发市场南侧）
肇庆市端州区蓝科机械设备有限公司	Zhàoqìng Shì Duānzhōu Qū Lánkē Jīxièshèbèi Yǒuxiàngōngsī	企业	纺织路大洲塘基头村边一栋厂房（即隆安包装印刷有限公司侧）
肇庆市端州区立信达电热科技有限公司	Zhàoqìng Shì Duānzhōu Qū Lìxìndá Diànrèkējì Yǒuxiàngōngsī	企业	棠下科技工业园南侧厂房第一幢首层
肇庆市端州区龙基房地产开发有限公司	Zhàoqìng Shì Duānzhōu Qū Lóngjī Fángdìchǎnkāifā Yǒuxiàngōngsī	企业	工农北路34号
端州区桥北陶瓷建材城有限公司	Duānzhōu Qū Qiáoběi Táocíjiàncáichéng Yǒuxiàngōngsī	企业	桥北路海关东侧装饰五金材料批发市场第20幢18号
端州区锐志印刷有限公司	Duānzhōu Qū Ruìzhì Yìnshuā Yǒuxiàngōngsī	企业	湾头村新区谢嫦芳宅
端州区顺和货物运输代理有限公司	Duānzhōu Qū Shùnhé Huòwùyùnshūdàilǐ Yǒuxiàngōngsī	企业	百花路1号豪景花园第A/B幢首层第25、26卡商铺
端州区腾飞策划顾问有限公司	Duānzhōu Qū Téngfēi Cèhuáguwèn Yǒuxiàngōngsī	企业	太和北路12号B1区3幢302C之一
肇庆市端州区新大力不锈钢设备厂	Zhàoqìng Shì Duānzhōu Qū Xīndàlì Búxiùgāngshèbèichǎng	企业	上元路麦塘厂旁

（续上表）

标准名称	汉语拼音	地名类别	相对位置
端州区炫丽电子有限公司	Duānzhōu Qū Xuànlì Diànzǐ Yǒuxiàngōngsī	企业	上园路西侧6号厂房A幢3楼北面1—8卡
端州区益邦货运有限公司	Duānzhōu Qū Yìbāng Huòyùn Yǒuxiàngōngsī	企业	睦岗路东侧（桂林街）民兴街13号首层
肇庆市方佳气动有限公司	Zhàoqìng Shì Fāngjiā Qìdòng Yǒuxiàngōngsī	企业	端州八路南侧岗元嘴厂房
肇庆市风华锂电池有限公司	Zhàoqìng Shì Fēnghuá Lǐdiànchí Yǒuxiàngōngsī	企业	太和路
肇庆市峰明光电科技有限公司	Zhàoqìng Shì Fēngmíng Guāngdiànkējì Yǒuxiàngōngsī	企业	太和路西俊富工业园第2幢4楼厂房
肇庆市福加德投资控股有限公司	Zhàoqìng Shì Fújiādé Tóuzīkònggǔ Yǒuxiàngōngsī	企业	端州八路西三榕峡口东（三榕港内）
肇庆市富迪化纤原料有限公司	Zhàoqìng Shì Fùdí Huàxiānyuánliào Yǒuxiàngōngsī	企业	太和路西俊富工业园内
肇庆市富力五金制品有限公司	Zhàoqìng Shì Fùlì Wǔjīnzhìpǐn Yǒuxiàngōngsī	企业	上元路湾头村沙圳厂房
肇庆市港日木家具工艺品有限公司	Zhàoqìng Shì Gǎngrì Mùjiājùgōngyìpǐn Yǒuxiàngōngsī	企业	睦岗镇
肇庆市高润发展有限公司	Zhàoqìng Shì Gāorùn Fāzhǎn Yǒuxiàngōngsī	企业	纺织路棉纺厂内
肇庆市高讯数控设备有限公司	Zhàoqìng Shì Gāoxùn Shùkòngshèbèi Yǒuxiàngōngsī	企业	3区肇庆大道北侧厂房
肇庆市工影农村数字电影院线有限公司	Zhàoqìng Shì Gōngyǐngnóngcūn Shùzìdiànyǐngyuànxiàn Yǒuxiàngōngsī	企业	天宁北路76号（影剧院）2楼201室
肇庆市广丰纸品有限公司	Zhàoqìng Shì Guǎngfēng Zhǐpǐn Yǒuxiàngōngsī	企业	睦岗镇云桂路西侧（4区）
肇庆市广航船舶设备制造有限公司	Zhàoqìng Shì Guǎngháng Chuánbóshèbèizhìzào Yǒuxiàngōngsī	企业	睦岗过境公路南侧棠下工业区北面第6卡厂房
肇庆市广牧饲料有限公司	Zhàoqìng Shì Guǎngmùsìliào Yǒuxiàngōngsī	企业	端州七路西郊电站侧
肇庆市汉和化工有限公司	Zhàoqìng Shì Hànhéhuàgōng Yǒuxiàngōngsī	企业	睦岗路23号首层（夏顺基宅）
肇庆市汉一房地产开发有限公司	Zhàoqìng Shì Hànyī Fángdìchǎnkāifā Yǒuxiàngōngsī	企业	风华路1号中誉大厦901及10楼

（续上表）

标准名称	汉语拼音	地名类别	相对位置
肇庆市航运有限公司	Zhàoqìng Shì Hángyùn Yǒuxiàngōngsī	企业	江滨西路3号楼
肇庆市灏达贸易发展有限公司	Zhàoqìng Shì Hàodá Màoyìfāzhǎn Yǒuxiàngōngsī	企业	玑东路华英名都A2幢首层A36、37卡
肇庆市合信再生资源有限公司	Zhàoqìng Shì Héxìn Zàishēngzīyuán Yǒuxiàngōngsī	企业	站西南玑西路东
肇庆市恒电电力工程有限公司	Zhàoqìng Shì Héngdiàn Diànlìgōngchéng Yǒuxiàngōngsī	企业	和平路28号端州用电所综合楼
肇庆市恒峰仪表有限公司	Zhàoqìng Shì Héngfēng Yíbiǎo Yǒuxiàngōngsī	企业	端州八路南侧10区（更楼工业园南侧2幢）
肇庆市恒和陶瓷有限公司	Zhàoqìng Shì Hénghé Táocí Yǒuxiàngōngsī	企业	龙圹村红地岗场地
肇庆市恒隆机电工程有限公司	Zhàoqìng Shì Hénglóng Jīdiàngōngchéng Yǒuxiàngōngsī	企业	登高路99号A幢104、105号商铺
肇庆市恒英电子有限公司	Zhàoqìng Shì Héngyīng Diànzǐ Yǒuxiàngōngsī	企业	端州八路东侧沙堆村龙船头厂房
肇庆市恒源物业管理有限公司	Zhàoqìng Shì Héngyuán Wùyèguǎnlǐ Yǒuxiàngōngsī	企业	绿荷路7号湖景名居B幢会所之一
肇庆市弘峰实业有限公司	Zhàoqìng Shì Hóngfēng Shíyè Yǒuxiàngōngsī	企业	2区肇庆大道南侧端州科技园棠下园区内
肇庆市宏图金属制品有限公司	Zhàoqìng Shì Hóngtú Jīnshǔzhìpǐn Yǒuxiàngōngsī	企业	云桂路北边、大鼎路东侧厂房
肇庆市鸿润隆能源设备有限公司	Zhàoqìng Shì Hóngrùnlóng Néngyuánshèbèi Yǒuxiàngōngsī	企业	风华路2号A、B幢首层12、13号商铺
肇庆市华建建设有限公司	Zhàoqìng Shì Huájiàn Jiànshè Yǒuxiàngōngsī	企业	端州八路市八中北侧
肇庆市华通印刷厂	Zhàoqìng Shì Huátōng Yìnshuāchǎng	企业	端州八路东侧睦岗镇棠下工业区第1幢
肇庆市华盈不锈钢设备有限公司	Zhàoqìng Shì Huáyíng Búxiùgāngshèbèi Yǒuxiàngōngsī	企业	西江北路云浮办事处住宅小区办公楼2楼202室
肇庆市华源机械发展有限公司	Zhàoqìng Shì Huáyuán Jīxièfāzhǎn Yǒuxiàngōngsī	企业	龙塘路西侧桂园路北侧

（续上表）

标准名称	汉语拼音	地名类别	相对位置
肇庆市铧鑫五金塑料有限公司	Zhàoqìng Shì Huáxīn Wǔjīnsùliào Yǒuxiàngōngsī	企业	大洲纺织路旁13区下朗岗
肇庆市化学纤维厂	Zhàoqìng Shì Huàxuéxiānwéichǎng	企业	端州八路
肇庆市汇昌达塑料制品有限公司	Zhàoqìng Shì Huìchāngdá Sùliàozhìpǐn Yǒuxiàngōngsī	企业	睦岗镇水松根经济开发区厂房
肇庆市汇润实业有限公司	Zhàoqìng Shì Huìrùn Shíyè Yǒuxiàngōngsī	企业	端州科技工业园南侧厂房（即祥洲鞋业集团南侧下河线路边第三幢）
肇庆市汇腾实业投资发展有限公司	Zhàoqìng Shì Huìténg Shíyètóuzīfāzhǎn Yǒuxiàngōngsī	企业	太和北路12号B1区5幢701办公楼之三
肇庆市吉美电子科技有限公司	Zhàoqìng Shì Jíměi Diànzǐkējì Yǒuxiàngōngsī	企业	风华路1号中誉大厦307室
肇庆市极速电子科技有限公司	Zhàoqìng Shì Jísù Diànzǐkējì Yǒuxiàngōngsī	企业	端州六路龙马街12号101房
肇庆市嘉华肥业有限公司	Zhàoqìng Shì Jiāhuá Féiyè Yǒuxiàngōngsī	企业	26区玑东路西侧
肇庆市嘉建商贸发展有限公司	Zhàoqìng Shì Jiājiàn Shāngmàofāzhǎn Yǒuxiàngōngsī	企业	端州八路蓝带集团厂内综合楼首层
肇庆市嘉美乐食品有限公司	Zhàoqìng Shì Jiāměilè Shípǐn Yǒuxiàngōngsī	企业	端州七路北三茂铁路桥底东侧
肇庆市建伟电子材料有限公司	Zhàoqìng Shì Jiànwěi Diànzǐcáiliào Yǒuxiàngōngsī	企业	太和北路12号华南智慧城B1区1幢602C单元
肇庆市江南农副产品批发市场有限公司	Zhàoqìng Shì Jiāngnán Nóngfùchǎnpǐnpīfāshìchǎng Yǒuxiàngongsī	企业	睦岗桂园路北、玑西路东
肇庆市金富玩具有限公司	Zhàoqìng Shì Jīnfù Wánjù Yǒuxiàngōngsī	企业	纺织路
肇庆市金鸿电器有限公司	Zhàoqìng Shì Jīnhóng Diànqì Yǒuxiàngōngsī	企业	端州八路西侧六区之一（圣堂前）厂房
肇庆市金盈模具制造有限公司	Zhàoqìng Shì Jīnyíng Mójùzhìzào Yǒuxiàngōngsī	企业	端州八路西侧6区棠美圣堂前工业区A-D区厂房
肇庆市金域电热电器有限公司	Zhàoqìng Shì Jīnyù Diànrèdiànqì Yǒuxiàngōngsī	企业	第八中学后方

（续上表）

标准名称	汉语拼音	地名类别	相对位置
肇庆市钜辰机电工程设计有限公司	Zhàoqìng Shì Jùchén Jīdiàngōngchéngshèjì Yǒuxiàngōngsī	企业	太和北路 12 号 B1 区 2 幢 701A 单位
肇庆市钜华电子材料有限公司	Zhàoqìng Shì Jùhuá Diànzǐcáiliào Yǒuxiàngōngsī	企业	矾东路西侧，羚羊复合肥厂北侧
肇庆市君紫贸易有限公司	Zhàoqìng Shì Jūnzǐ Màoyì Yǒuxiàngōngsī	企业	豪居路 35 号 3 楼之一
肇庆市俊浩科技有限公司	Zhàoqìng Shì Jùnhào Kējì Yǒuxiàngōngsī	企业	柑园南路 23 号柑园综合楼市场 3 层南段
肇庆市浚甲五金制品有限公司	Zhàoqìng Shì Xùnjiǎ Wǔjīnzhìpǐn Yǒuxiàngōngsī	企业	云桂路北边、大鼎路东边宏图金属制品有限公司厂房内第三车间
肇庆市骏辉物流有限公司	Zhàoqìng Shì Jùnhuī Wùliú Yǒuxiàngōngsī	企业	睦岗镇三榕水库南侧
肇庆市骏腾物流有限公司	Zhàoqìng Shì Jùnténg Wùliú Yǒuxiàngōngsī	企业	端州八路西三榕峡口东三榕港办公楼东面 2 号办公楼 208 室
肇庆市科通合易通讯科技有限公司	Zhàoqìng Shì Kētōnghéyì Tōngxùnkējì Yǒuxiàngōngsī	企业	太和北路 12 号 B1 区 2 幢 601 房 B
肇庆市蓝图资源再生有限公司	Zhàoqìng Shì Lántú Zīyuánzàishēng Yǒuxiàngōngsī	企业	321 国道北侧、肇庆国家粮食储备库直入 200 米河排脚厂房之四
肇庆市乐高化工有限公司	Zhàoqìng Shì Lègāo Huàgōng Yǒuxiàngōngsī	企业	睦岗镇上元路湾头村
肇庆市立得电子有限公司	Zhàoqìng Shì Lìdé Diànzǐ Yǒuxiàngōngsī	企业	端州七路南亚工业区
肇庆市利康医疗器械有限公司	Zhàoqìng Shì Lìkāng Yīliáoqìxiè Yǒuxiàngōngsī	企业	端州六路 9 号
肇庆市联合运输公司	Zhàoqìng Shì Liánhé Yùnshū Gōngsī	企业	南溪路 1 号东南边 3 层 302 室
肇庆市羚至化工有限公司	Zhàoqìng Shì Língzhì Huàgōng Yǒuxiàngōngsī	企业	三榕港工业加工区羚羊工业村
肇庆市龙图塑料制品有限公司	Zhàoqìng Shì Lóngtú Sùliàozhìpǐn Yǒuxiàngōngsī	企业	睦岗镇纺织路

（续上表）

标准名称	汉语拼音	地名类别	相对位置
肇庆市龙翔实业发展有限公司	Zhàoqìng Shì Lóngxiáng Shíyèfāzhǎn Yǒuxiàngōngsī	企业	太和北路12号B1区5幢801办公楼之一
肇庆市隆安包装印刷有限公司	Zhàoqìng Shì Lóng'ān Bāozhuāngyìnshuā Yǒuxiàngōngsī	企业	睦岗大洲塘基头村边厂房
肇庆市陆海通货运有限公司	Zhàoqìng Shì Lùhǎitōng Huòyùn Yǒuxiàngōngsī	企业	端州八路三榕港办公大楼4层1室
肇庆市绿色市政新型环保建材有限公司	Zhàoqìng Shì Lǜsèshìzhèng Xīnxínghuánbǎojiàncái Yǒuxiàngōngsī	企业	端州八路沙堆村西南
肇庆市茂信科技信息有限公司	Zhàoqìng Shì Màoxìn Kējìxìnxī Yǒuxiàngōngsī	企业	太和北路12号B1区5幢601办公楼之五
肇庆市美居师漆具有限公司	Zhàoqìng Shì Měijūshī Qījù Yǒuxiàngōngsī	企业	11区肇庆大道北侧
肇庆市美日电器有限公司	Zhàoqìng Shì Měirì Diànqì Yǒuxiàngōngsī	企业	睦岗镇大鼎路东侧6区厂房（棠下村西边村口第一幢厂房）
肇庆市民生医疗投资管理有限公司黄塘专科门诊	Zhàoqìng Shì Mínshēngyīliáo Tóuzīguǎnlǐ Yǒuxiàngōngsī Huángtáng Zhuānkē Ménzhěn	企业	黄塘路
肇庆市名都市场有限公司	Zhàoqìng Shì Míngdūshìchǎng Yǒuxiàngōngsī	企业	玑东路华英名都A2幢首层
肇庆市挪邦实业有限公司	Zhàoqìng Shì Nuóbāng Shíyè Yǒuxiàngōngsī	企业	肇庆大道南侧、端州八路西侧2区（广缘美食店后面第三卡商铺）
肇庆市平安达快递有限公司	Zhàoqìng Shì Píng'āndá Kuàidì Yǒuxiàngōngsī	企业	玑东路西侧物流园内C区8卡
肇庆市平正包装有限公司	Zhàoqìng Shì Píngzhèng Bāozhuāng Yǒuxiàngōngsī	企业	睦岗镇水松根经济开发区（天岗园）
肇庆市齐福制衣有限公司	Zhàoqìng Shì Qífú Zhìyī Yǒuxiàngōngsī	企业	睦岗镇泰和路
肇庆市侨兴实业发展集团有限公司	Zhàoqìng Shì Qiáoxìng Shíyèfāzhǎnjítuán Yǒuxiàngōngsī	企业	端州四路7号之一
肇庆市青龙电器有限公司	Zhàoqìng Shì Qīnglóng Diànqì Yǒuxiàngōngsī	企业	端州七路龙塘路

（续上表）

标准名称	汉语拼音	地名类别	相对位置
肇庆市庆华电子有限公司	Zhàoqìng Shì Qìnghuá Diànzǐ Yǒuxiàngōngsī	企业	太和路西俊富工业园第二幢四楼东侧厂房
肇庆市全日通运输有限公司	Zhàoqìng Shì Quánrìtōng Yùnshū Yǒuxiàngōngsī	企业	玑东路26区西侧钜华大楼首层商铺第5卡
肇庆市森田金属制品有限公司	Zhàoqìng Shì Sēntián Jīnshǔzhìpǐn Yǒuxiàngōngsī	企业	睦岗镇纺织路北段青岗湾
肇庆市盛菱电器有限公司	Zhàoqìng Shì Shènglíng Diànqì Yǒuxiàngōngsī	企业	太和北路12号B1区4幢301办公楼A单元
肇庆市顺发印刷有限公司	Zhàoqìng Shì Shùnfā Yìnshuā Yǒuxiàngōngsī	企业	睦岗镇端州路八路西郊加油站
肇庆市顺丰速运有限公司	Zhàoqìng Shì Shùnfēngsùyùn Yǒuxiàngōngsī	企业	西江北路西侧水果批发市场西南侧豪景花园AB幢首层第31-37卡
肇庆市泰华再生塑料有限公司	Zhàoqìng Shì Tàihuá Zàishēngsùliào Yǒuxiàngōngsī	企业	22区太和路东、羚羊粉末集团南
肇庆市天成服饰有限公司	Zhàoqìng Shì Tiānchéng Fúshì Yǒuxiàngōngsī	企业	建设三路3号恒裕轩A幢A-712房（仅作办公场所）
肇庆市天丰贸易有限公司	Zhàoqìng Shì Tiānfēng Màoyì Yǒuxiàngōngsī	企业	端州六路22号之三第3层（东）
肇庆市天汇置业有限公司	Zhàoqìng Shì Tiānhuì Zhìyè Yǒuxiàngōngsī	企业	玑西路西、太和路东
肇庆市天宇进出口贸易有限公司	Zhàoqìng Shì Tiānyǔ Jìnchūkǒumàoyì Yǒuxiàngōngsī	企业	玑西路西与太和路东交界办公大楼3楼
肇庆市通行电工器材厂有限公司	Zhàoqìng Shì Tōngxíng Diàngōngqìcáichǎng Yǒuxiàngōngsī	企业	端州七路北铁路北侧
肇庆市同创文具实业发展有限公司	Zhàoqìng Shì Tóngchuàngwénjù Shíyèfāzhǎn Yǒuxiàngōngsī	企业	睦岗镇大洲森村村口
肇庆市威铭电器有限公司	Zhàoqìng Shì Wēimíng Diànqì Yǒuxiàngōngsī	企业	高要区南岸马安开发区天资工业园（梁洁玲地块内）

（续上表）

标准名称	汉语拼音	地名类别	相对位置
肇庆市维光智能仪表有限公司	Zhàoqìng Shì Wéiguāng Zhìnéngyíbiǎo Yǒuxiàngōngsī	企业	太和北路俊富科技园内（办公楼北面第3层）
肇庆市维立塑胶制品有限公司	Zhàoqìng Shì Wéilì Sùjiāozhìpǐn Yǒuxiàngōngsī	企业	端州七路泰和路东
肇庆市维纳斯酒店有限公司	Zhàoqìng Shì Wéinàsījiǔdiàn Yǒuxiàngōngsī	企业	西江北路1号
肇庆市玮立达商贸有限公司	Zhàoqìng Shì Wěilìdá Shāngmào Yǒuxiàngōngsī	企业	端州七路啤酒厂内34号办公室首层
肇庆市西区劳动服务公司	Zhàoqìng Shì Xīqū Láodòngfúwù Gōngsī	企业	宋城西路9号鸿盛花园E区116号商铺
肇庆市显达电子有限公司	Zhàoqìng Shì Xiǎndá Diànzǐ Yǒuxiàngōngsī	企业	睦岗镇太和路18区
肇庆市现代报关有限公司	Zhàoqìng Shì Xiàndài Bàoguān Yǒuxiàngōngsī	企业	端州八路肇庆三榕港区内
肇庆市现代物流发展有限公司	Zhàoqìng Shì Xiàndài Wùliúfāzhǎn Yǒuxiàngōngsī	企业	端州八路西三榕峡口东（三榕港内）
肇庆市翔盛物流有限公司	Zhàoqìng Shì Xiángshèng Wùliú Yǒuxiàngōngsī	企业	端州八路西三榕峡口东三榕港办公楼西面2号办公室
肇庆市新韩机械有限公司	Zhàoqìng Shì Xīnhán Jīxiè Yǒuxiàngōngsī	企业	睦岗镇岗元嘴工业开发区
肇庆市新黄河置业有限公司	Zhàoqìng Shì Xīnhuánghé Zhìyè Yǒuxiàngōngsī	企业	太和北路21号名门花园售楼中心2楼
肇庆市新锦洋物流有限公司	Zhàoqìng Shì Xīnjǐnyáng Wùliú Yǒuxiàngōngsī	企业	26区玑东路西三茂铁路东侧嘉华肥业有限公司仓库
肇庆市新励达电子机械有限公司	Zhàoqìng Shì Xīnlìdá Diànzǐjīxiè Yǒuxiàngōngsī	企业	端州八路太和路
肇庆市新悦丰塑料制品有限公司	Zhàoqìng Shì Xīnyuèfēng Sùliàozhìpǐn Yǒuxiàngōngsī	企业	风华路北侧8区横洞东
肇庆市新中利建材有限公司	Zhàoqìng Shì Xīnzhōnglì Jiàncái Yǒuxiàngōngsī	企业	端州七路8号2楼201室
肇庆市兴业电热管有限公司	Zhàoqìng Shì Xìngyè Diànrèguǎn Yǒuxiàngōngsī	企业	睦岗镇大洲横洞东（风华路北侧8区）厂房

(续上表)

标准名称	汉语拼音	地名类别	相对位置
肇庆市业华电子材料有限公司	Zhàoqìng Shì Yèhuá Diànzǐcáiliào Yǒuxiàngōngsī	企业	26区玑东路西侧（科技学院对面）
肇庆市一方装饰设计有限公司	Zhàoqìng Shì Yīfāng Zhuāngshìshèjì Yǒuxiàngōngsī	企业	太和北路12号B1区1幢702-2
肇庆市怡泰丰贸易有限公司	Zhàoqìng Shì Yítàifēng Màoyì Yǒuxiàngōngsī	企业	26区玑东路西三茂铁路东侧嘉华肥业公司301、302室
肇庆市亿森商贸有限公司	Zhàoqìng Shì Yìsēn Shāngmào Yǒuxiàngōngsī	企业	端州八路西三榕峡口东三榕港办公楼1号楼213室
肇庆市易达物流运输有限公司	Zhàoqìng Shì Yìdá Wùliúyùnshū Yǒuxiàngōngsī	企业	端州八路科技园南
肇庆市英博医院	Zhàoqìng Shì Yīngbó Yīyuàn	企业	前进北路1号
肇庆市永玖运输有限公司	Zhàoqìng Shì Yǒngjiǔ Yùnshū Yǒuxiàngōngsī	企业	龙珠北路12号
肇庆市永利丰担保有限公司	Zhàoqìng Shì Yǒnglìfēng Dānbǎo Yǒuxiàngōngsī	企业	黄岗镇河旁村委会岗头村（杜桂妹、梁云玲宅）第2层
肇庆市友辉物业管理服务有限公司	Zhàoqìng Shì Yǒuhuī Wùyèguǎnlǐfúwù Yǒuxiàngōngsī	企业	风华路1号中誉大厦707室
肇庆市宇华电器有限公司	Zhàoqìng Shì Yǔhuá Diànqì Yǒuxiàngōngsī	企业	睦岗镇上园路东侧
肇庆市宇日精密模具有限公司	Zhàoqìng Shì Yǔrì Jīngmìmújù Yǒuxiàngōngsī	企业	睦岗镇12区纺织路（原桂园路）北侧
肇庆市宇通货物运输有限公司	Zhàoqìng Shì Yǔtōng Huòwùyùnshū Yǒuxiàngōngsī	企业	端州八路三榕港办公大楼西二楼203室
肇庆市粤达物流有限公司	Zhàoqìng Shì Yuèdá Wùliú Yǒuxiàngōngsī	企业	玑东路西侧（肇庆科技学院对面）
肇庆市粤运汽车运输有限公司	Zhàoqìng Shì Yuèyùn Qìchēyùnshū Yǒuxiàngōngsī	企业	和平路侨安街2号
肇庆市运输公司	Zhàoqìng Shì Yùnshū Gōngsī	企业	南溪路1号东南边2层
肇庆市长盛纸品有限公司	Zhàoqìng Shì Chángshèng Zhǐpǐn Yǒuxiàngōngsī	企业	云桂路西边风华路北侧（4区）厂房

（续上表）

标准名称	汉语拼音	地名类别	相对位置
肇庆市肇丰机电有限公司	Zhàoqìng Shì Zhàofēng Jīdiàn Yǒuxiàngōngsī	企业	端州科技工业园南侧（祥洲鞋业集团南侧下河线路边第二幢）
肇庆市肇恒机电设备有限公司	Zhàoqìng Shì Zhàohéng Jīdiànshèbèi Yǒuxiàngōngsī	企业	端州八路南侧（10区）南方电网对面厂房
肇庆市肇戎燃气有限公司	Zhàoqìng Shì Zhàoróng Ránqì Yǒuxiàngōngsī	企业	321国道（旧西江纸厂北侧）
肇庆市肇水市政工程有限公司	Zhàoqìng Shì Zhàoshuǐ Shìzhènggōngchéng Yǒuxiàngōngsī	企业	玑西路东侧办公楼
肇庆市肇田汽车服务有限公司	Zhàoqìng Shì Zhàotián Qìchēfúwù Yǒuxiàngōngsī	企业	迎宾大道西江大学路口西侧
肇庆市肇阳高压开关厂有限公司	Zhàoqìng Shì Zhàoyáng Gāoyākāiguānchǎng Yǒuxiàngōngsī	企业	玑东路西侧26区
肇庆市振峰装饰材料有限公司	Zhàoqìng Shì Zhènfēng Zhuāngshìcáiliào Yǒuxiàngōngsī	企业	睦岗管理区湾头村陈德贵宅
肇庆市振戎新能源有限公司	Zhàoqìng Shì Zhènróng Xīnnéngyuán Yǒuxiàngōngsī	企业	天宁北路63号好世界购物中心4层001号商铺之U7D号
肇庆市志诚纸品厂有限公司	Zhàoqìng Shì Zhìchéng Zhǐpǐnchǎng Yǒuxiàngōngsī	企业	睦岗镇棠美村圣堂前厂房
肇庆市志胜贸易有限公司	Zhàoqìng Shì Zhìshèng Màoyì Yǒuxiàngōngsī	企业	睦岗镇水松根村住宅新区吴其连宅首层
肇庆市智浩贸易有限公司	Zhàoqìng Shì Zhìhào Màoyì Yǒuxiàngōngsī	企业	太和北路12号B1区5幢701办公楼之二
肇庆市中今陶瓷原料有限公司	Zhàoqìng Shì Zhōngjīn Táocíyuánliào Yǒuxiàngōngsī	企业	风华路1号中誉大厦502房
肇庆市中润润滑油有限公司	Zhàoqìng Shì Zhōngrùn Rùnhuáyóu Yǒuxiàngōngsī	企业	24区风华路至端州七路地段（即玑东路西侧28号）
肇庆市中鑫集团	Zhàoqìng Shì Zhōngxīn Jítuán	企业	信安大道3号之二
肇庆市中影星尚影城有限公司	Zhàoqìng Shì Zhōngyǐngxīngshàngyǐngchéng Yǒuxiàngōngsī	企业	棠岗路6号星湖尚景苑二期商业综合体4楼

（续上表）

标准名称	汉语拼音	地名类别	相对位置
肇庆市众诚运输有限公司	Zhàoqìng Shì Zhòngchéng Yùnshū Yǒuxiàngōngsī	企业	芙蓉路27号综合楼联合担保大厦5楼10号
肇庆市轴承总厂	Zhàoqìng Shì Zhóuchéng Zǒngchǎng	企业	端州三路8号
肇庆市自动化仪表二厂有限公司	Zhàoqìng Shì Zìdònghuàyíbiǎo'èrchǎng Yǒuxiàngōngsī	企业	工农北路10号
肇庆腾云网络科技有限公司	Zhàoqìng Téngyún Wǎngluòkējì Yǒuxiàngōngsī	企业	太和北路12号B1区4幢302房
肇庆铁路保安服务公司	Zhàoqìng Tiělùbǎo'ānfúwù Gōngsī	企业	站北路7号肇庆铁路公安处大院内101—103室
肇庆铁五局三处实业开发总公司	Zhàoqìng Tiě 5 Jú 3 Chù Shíyèkāifā Zǒnggōngsī	企业	站北路46号20幢（B）
肇庆同新真空设备有限公司	Zhàoqìng Tóngxīn Zhēnkōngshèbèi Yǒuxiàngōngsī	企业	睦岗镇上龙塘村天天洁洗涤服务中心西侧厂房
肇庆万豪裕龙大酒店有限公司	Zhàoqìng Wànháoyùlóngdàjiǔdiàn Yǒuxiàngōngsī	企业	西江南路23号
肇庆小湘建材有限公司	Zhàoqìng Xiǎoxiāng Jiàncái Yǒuxiàngōngsī	企业	西郊原小湘水泥厂
肇庆新力能源有限公司	Zhàoqìng Xīnlìnéngyuán Yǒuxiàngōngsī	企业	西江北路华胜楼6楼
肇庆新天不锈钢工程有限公司	Zhàoqìng Xīntiān Búxiùgānggōngchéng Yǒuxiàngōngsī	企业	肇庆大道南侧端州八路东侧（4区）
肇庆新天金属管道有限公司	Zhàoqìng Xīntiān Jīnshǔguǎndào Yǒuxiàngōngsī	企业	肇庆大道南侧、端州八路东侧（4区）厂房
肇庆众捷机械制造有限公司	Zhàoqìng Zhòngjié Jīxièzhìzào Yǒuxiàngōngsī	企业	市郊三榕开发区云桂路东、过境公路北泰隆包装机械有限公司东车间
中国房地产开发集团肇庆百花园有限公司	Zhōngguófángdìchǎnkāifājítuán Zhàoqìng Bǎihuāyuán Yǒuxiàngōngsī	企业	风华路20号阳光华庭商业中心

（续上表）

标准名称	汉语拼音	地名类别	相对位置
中信银行股份有限公司肇庆分行	Zhōngxìnyínháng Gǔfènyǒuxiàngōngsī Zhàoqìng Fēnháng	企业	星湖大道9号恒裕海湾自用综合楼首层06、07、08号商铺、3层2号商场及C区C1、C2、C3栋第3层商铺
肇庆市万诚制衣厂有限公司	Zhàoqìng Shì Wànchéng Zhìyīchǎng Yǒuxiàngōngsī	企业	端州一路
肇庆市昆庆毛绒厂有限公司	Zhàoqìng Shì Kūnqìng Máoróngchǎng Yǒuxiàngōngsī	企业	黄岗镇蓝塘
肇庆嘉裕纸品包装印刷有限公司	Zhàoqìng Jiāyù Zhǐpǐnbāozhuāngyìnshuā Yǒuxiàngōngsī	企业	羚化街
肇庆市端州大宝仪表厂	Zhàoqìng Shì Duānzhōu Dàbǎo Yíbiǎochǎng	企业	郊羚山
端州区金铝机电配件厂	Duānzhōu Qū jīnlǚ Jīdiànpèijiànchǎng	企业	端州一路宾日村路南3号九腰厂房
广东省肇庆方大气动有限公司	Guǎngdōng Shěng Zhàoqìng Fāngdà Qìdòng Yǒuxiàngōngsī	企业	端州一路东大路南
广东省肇庆方大气动有限公司气动密封件厂	Guǎngdōng Shěng Zhàoqìng Fāngdà Qìdòng Yǒuxiàngōngsī Qìdòngmìfēngjiànchǎng	企业	端州一路西侧
广东省肇庆香料厂有限公司	Guǎngdōng Shěng Zhàoqìng Xiāngliàochǎng Yǒuxiàngōngsī	企业	东郊蓝塘羚山
美亚金属制品有限公司	Měiyà Jīnshǔzhìpǐn Yǒuxiàngōngsī	企业	端州一路
肇庆市昆庆商贸物流城有限公司	Zhàoqìng Shì Kūnqìng Shāngmàowùliúchéng Yǒuxiàngōngsī	企业	端州一路东侧（昆庆毛绒厂）
肇庆市上裕精密机械有限公司	Zhàoqìng Shì Shàngyù Jīngmìjīxiè Yǒuxiàngōngsī	企业	睦岗镇大洲工业小区B幢首层
肇庆市万亚电子科技有限公司	Zhàoqìng Shì Wànyà Diànzǐkējì Yǒuxiàngōngsī	企业	迎宾大道前村路口东侧
肇庆市志成气动有限公司	Zhàoqìng Shì Zhìchéng Qìdòng Yǒuxiàngōngsī	企业	端州一路肇庆大桥侧
诚誉驾校	Chéngyù Jiàxiào	企业	肇庆大道民福新村B幢首层第3卡
广东发展银行	Guǎngdōng Fāzhǎn Yínháng	企业	城中路十字街

(续上表)

标准名称	汉语拼音	地名类别	相对位置
广东省广播电视网络股份有限公司肇庆分公司	Guǎngdōng Shěng Guǎngbōdiànshìwǎngluò Gǔfènyǒuxiàngōngsī Zhàoqìng Fēngōngsī	企业	古塔南路6号附近
海仙阁大酒店	Hǎixiāngé Dàjiǔdiàn	企业	建设一路18号
山水时尚酒店	Shānshuǐshíshàng Jiǔdiàn	企业	西江北路36号
肇庆市端州区亚风快运有限公司	Zhàoqìng Shì Duānzhōu Qū Yàfēng Kuàiyùn Yǒuxiàngōngsī	企业	玑东路西侧物流园内A区7号卡位
肇庆市建安集团有限公司	Zhàoqìng Shì Jiàn'ānjítuán Yǒuxiàngōngsī	企业	端州四路13号
肇庆市交通物资供应公司	Zhàoqìng Shì Jiāotōngwùzīgòngyīng Gōngsī	企业	体育路15号
肇庆市水务集团有限公司	Zhàoqìng Shì Shuǐwùjítuán Yǒuxiàngōngsī	企业	西江南路12号
肇庆市益强金属回收有限公司	Zhàoqìng Shì Yìqiáng Jīnshǔhuíshōu Yǒuxiàngōngsī	企业	睦岗镇过境公路南侧、云桂路西侧
肇庆西江医院	Zhàoqìng Xījiāng Yīyuàn	企业	西江北路37号
中国农业发展银行肇庆市分行	Zhōngguónóngyèfāzhǎnyínháng Zhàoqìng Shì Fēnháng	企业	西江南路25号
中国银行股份有限公司肇庆分行	Zhōngguóyínháng Gǔfènyǒuxiàngōngsī Zhàoqìng Fēnháng	企业	古塔中路1号
广东腾胜真空技术工程有限公司	Guǎngdōng Téngshèng Zhēnkōngjìshùgōngchéng Yǒuxiàngōngsī	企业	黄岗镇宾日村
中国银行城西支行	Zhōngguóyínháng Chéngxī Zhīháng	企业	端州六路3号
肇庆市奥威斯酒店	Zhàoqìng Shì Àowēisī Jiǔdiàn	企业	星湖大道西侧
肇庆市七星名砚工艺厂	Zhàoqìng Shì Qīxīngmíngyàn Gōngyìchǎng	企业	端州一路东禹工业开发区荣达电子厂左侧南面厂房

（十）陆地水系类

1.河流

标准名称	汉语拼音	地名类别	相对位置	发源地	所在（跨）行政区
西江	Xī Jiāng	河流	端州区南部	云南乌蒙山脉、曲靖市沾益县马雄山	端州区
小湘水	Xiǎoxiāngshuǐ	河流	端州区西北部	北岭山区田以西的鸡笼山和北岭山两侧山地	睦岗街道

2. 峡谷

标准名称	汉语拼音	地名类别	相对位置	所在（跨）行政区
羚羊峡	Língyáng Xiá	峡谷	端州区政府驻地东北部	黄岗街道
三榕峡	Sānróng Xiá	峡谷	端州区政府驻地西北部	睦岗街道
大鼎峡	Dàdǐng Xiá	峡谷	端州区政府驻地西部	睦岗街道

3. 湖泊、陆地岛屿、瀑布、泉

标准名称	汉语拼音	地名类别	相对位置
波海湖	Bōhǎi Hú	湖泊	端州区中部
青莲湖	Qīnglián Hú	湖泊	端州区中部
仙女湖	Xiānnǚ Hú	湖泊	端州区中部
中心湖	Zhōngxīn Hú	湖泊	端州区中部
里湖	Lǐ Hú	湖泊	端州区中部
伴月湖	Bànyuè Hú	湖泊	端州区中部
宝月湖	Bǎoyuè Hú	湖泊	端州区中部
春岛	Chūn Dǎo	湖岛	端州区中部
夏岛	Xià Dǎo	湖岛	端州区中部
秋岛	Qiū Dǎo	湖岛	端州区中部
冬岛	Dōng Dǎo	湖岛	端州区中部
罗汉岛	Luóhàn Dǎo	湖岛	端州区中部
鹩哥岛	Liáogē Dǎo	湖岛	端州区中南部
桃花岛	Táohuā Dǎo	湖岛	端州区中南部
叠翠岛	Diécuì Dǎo	湖岛	端州区中南部

（十一）陆地地形类

标准名称	汉语拼音	别名	地名类别	相对位置	所在（跨）行政区
陈坑	Chénkēng	——	山谷、谷地	端州区中部	端州区
大冲坑	Dàchōng Kēng	——	山谷、谷地	端州区东北部	端州区
大坑	Dàkēng	——	山谷、谷地	端州区西北部	端州区
大榄坑	Dàlǎn Kēng	——	山谷、谷地	端州区西北部	端州区
大岭坑	Dàlǐng Kēng	——	山谷、谷地	端州区北部	睦岗街道
大岭头坑	Dàlǐngtóu Kēng	——	山谷、谷地	端州区中部	端州区

（续上表）

标准名称	汉语拼音	别名	地名类别	相对位置	所在（跨）行政区
大坪坑	Dàpíng Kēng	——	山谷、谷地	端州区西北部	端州区
大岩坑	Dàyán Kēng	——	山谷、谷地	端州区东北部	端州区
东坑	Dōngkēng	——	山谷、谷地	端州区东北部	端州区
马定坑	Mǎdìng Kēng	——	山谷、谷地	端州区西部	端州区
茅咀坑	Máojǔ Kēng	——	山谷、谷地	端州区北部	睦岗街道
眉坑	Méikēng	——	山谷、谷地	端州区西北部	睦岗街道
庙坑	Miàokēng	——	山谷、谷地	端州区中部	端州区
盘古坑	Pángǔ Kēng	——	山谷、谷地	端州区中部	端州区
前村坑	Qiáncūn Kēng	——	山谷、谷地	端州区东北部	端州区
蛇尾坑	Shéwěi Kēng	——	山谷、谷地	端州区西北部	睦岗街道
兔岭坑	Tùlǐng Kēng	——	山谷、谷地	端州区中部	端州区
五坑	Wǔkēng	——	山谷、谷地	端州区中部	睦岗街道
西坑	Xīkēng	——	山谷、谷地	端州区西部	睦岗街道
小榄坑	Xiǎolǎn Kēng	——	山谷、谷地	端州区西北部	端州区
油甘坑	Yóugān Kēng	——	山谷、谷地	端州区中部	端州区
黄牛坑	Huángniú Kēng	——	山谷、谷地	端州区西北部	睦岗街道
兰田坑	Lántián Kēng	——	山谷、谷地	端州区东北部	睦岗街道
笼大坑	Lóngdà Kēng	——	山谷、谷地	端州区西南部	睦岗街道
稔坑	Rěnkēng	——	山谷、谷地	端州区西北部	睦岗街道
塘斗坑	Tángdòu Kēng	——	山谷、谷地	端州区北部	睦岗街道
杬坑	Yuánkēng	——	山谷、谷地	端州区西北部	睦岗街道
榄坑	Lǎnkēng	——	山谷、谷地	端州区西北部	睦岗街道
打石坑	Dǎshí Kēng	——	山谷、谷地	端州区北部	睦岗街道
大坑顶	Dàkēng Dǐng	——	山峰	端州区东北部	黄岗街道
鸡公山顶	Jīgōng Shāndǐng	——	山峰	端州区西北部	睦岗街道
杨岭顶	Yánglǐng Dǐng	——	山峰	端州区西北部	睦岗街道
马岑顶	Mǎlíng Dǐng	——	山峰	端州区北部	黄岗街道
照镜顶	Zhàojìng Dǐng	——	山峰	端州区西北部	睦岗街道
眉坑顶	Méikēng Dǐng	——	山峰	端州区西北部	睦岗街道
耳顶	Ěrdǐng	——	山峰	端州区西北部	睦岗街道

(续上表)

标准名称	汉语拼音	别名	地名类别	相对位置	所在（跨）行政区
敢龙坳顶	Gǎnlóng'ào Dǐng	——	山峰	端州区西北部	睦岗街道
虎头顶	Hǔtóu Dǐng	——	山峰	端州区西北部	睦岗街道
鸡花路顶	Jīhuālù Dǐng	——	山峰	端州区西北部	睦岗街道
凤尾拖铃顶	Fēngwěituōlíng Dǐng	——	山峰	端州区西北部	睦岗街道
柴意顶	Cháiyì Dǐng	——	山峰	端州区北部	黄岗街道
高老顶	Gāolǎo Dǐng	——	山峰	端州区东北部	黄岗街道
黄沙田	Huángshātián	——	山	端州区东北部	端州区
猫头	Māotóu	——	山	端州区东部	端州区
坪石岗	Píngshí Gǎng	——	山	端州区中部	端州区
北岭山	Běilǐng Shān	北岭	山	端州区中部	端州区
龟顶山	Guīdǐng Shān	——	山	端州区西南部	睦岗街道
羚羊山	Língyáng Shān	——	山	端州区东部	黄岗街道
牛头山	Niútóu Shān	——	山	端州区西部	端州区
河排山	Hépái Shān	——	山	端州区中部	端州区
分水坳	Fènshuǐ Ào	——	山	端州区东北部	端州区
蜈蚣出洞	Wúgōngchūdòng	——	山	端州区中部	端州区
龙顶岗	Lóngdǐng Gǎng	——	山	端州区西北部	睦岗街道
蕉园岗	Jiāoyuán Gǎng	——	山	端州区西南部	睦岗街道
屎湖坑	Shǐhú Kēng	——	山	端州区东北部	睦岗街道
禾仓石	Hécāngshí	——	山	端州区中部	城东街道
茶坑坳	Chákēng Ào	——	山	端州区北部	睦岗街道
山坳	Shān'ào	——	山	端州区北部	睦岗街道
大刀脊	Dàdāojǐ	——	山	端州区西部	睦岗街道
山岗	Shāngǎng	——	山	端州区中部	睦岗街道
白石柱	Báishízhù	——	山	端州区中部	睦岗街道
榄坑口	Lǎnkēngkǒu	——	山	端州区西部	睦岗街道
鸡爪岭	Jīzhuǎ Lǐng	——	山	端州区西南部	睦岗街道
罗围笃	Luówéidǔ	——	山	端州区西部	睦岗街道
苦竹岭	Kǔzhú Lǐng	——	山	端州区北部	睦岗街道

（续上表）

标准名称	汉语拼音	别名	地名类别	相对位置	所在（跨）行政区
九山	Jiǔshān	——	山	端州区北部	睦岗街道
吼坟山	Hǒufén Shān	——	山	端州区西部	睦岗街道
耳挖岽山	Ěrwākǎn Shān	——	山	端州区中部	睦岗街道
马纸岗	Mǎzhǐ Gǎng	——	山	端州区中部	睦岗街道
石牌岗	Shípái Gǎng	——	山	端州区中部	黄岗街道
凼凼坳	Dàngdàng Ào	——	山	端州区东北部	黄岗街道
金鸡咀	Jīnjīzuǐ	——	山	端州区中部	黄岗街道
飞凤岭	Fēifèng Lǐng	——	山	端州区东北部	黄岗街道
凤门凹	Fēngmén Āo	——	山	端州区西部	黄岗街道
鸡笼山	Jīlóng Shān	——	山	端州区东北部	黄岗街道
黄岗山	Huánggǎng Shān	——	山	端州区东北部	黄岗街道
小鸡笼山	Xiǎojīlóng Shān	——	山	端州区东北部	黄岗街道
将军山	Jiāngjūn Shān	——	山	端州区中部	黄岗街道
蛇头山	Shétóu Shān	——	山	端州区东南部	黄岗街道
白石坑	Báishí Kēng	——	山	端州区西北部	睦岗街道
风门坳	Fēngmén Ào	——	山	端州区东北部	黄岗街道
象岗	Xiànggǎng	——	山	端州区南部	城东街道
榄岗	Lǎngǎng	——	山	端州区中部	城东街道
梅庵岗	Méi'ān Gǎng	——	山	端州区西南部	城西街道
荫梓岗	Yīnzǐ Gǎng	——	山	端州区中南部	城东街道
犀牛岗	Xīniú Gǎng	土岗	山	端州区中南部	城东街道
仙掌岩	Xiānzhǎngyán	——	山	端州区中南部	城东街道
天柱岩	Tiānzhùyán	——	山	端州区中南部	城东街道
蟾蜍岩	Chánchúyán	——	山	端州区中南部	城东街道
万松岗	Wànsōng Gǎng	——	山	端州区中南部	城东街道
玉屏岩	Yùpíngyán	——	山	端州区中南部	城东街道
狮岗	Shīgǎng	——	山	端州区中南部	城东街道
阿坡岩	Āpōyán	——	山	端州区中南部	城东街道
阆风岩	Lángfēngyán	——	山	端州区中南部	城东街道
石室岩	Shíshìyán	——	山	端州区中南部	城东街道

（续上表）

标准名称	汉语拼音	别名	地名类别	相对位置	所在（跨）行政区
佛仔岗	Fózǎi Gǎng	——	山	端州区北部	黄岗街道

二、历史地名

标准名称	汉语拼音	地名类别	废止时间	相对位置
城南街道办事处	Chéngnánjiēdào Bànshìchù	党政机关	2003年	城东街道镇前路8号
肇庆财贸学校	Zhàoqìng Cáimào Xuéxiào	事业单位	2002年	黄岗街道端州一路
市工业学校	Shì Gōngyè Xuéxiào	事业单位	2002年	黄岗街道端州一路
肇庆农大	Zhàoqìng Nóngdà	事业单位	2008年	城东街道泰安路
西江机械厂	Xījiāng Jīxièchǎng	企业	2007年	黄岗街道大路田
三茂铁路总公司	Sānmào Tiělù Zǒnggōngsī	企业	2011年	睦岗街道站北路
端州染整公司	Duānzhōu Rǎnzhěng Gōngsī	企业	2013年	端州区东北部
肇庆电子仪器厂	Zhàoqìng Diànzǐyíqìchǎng	企业	2004年	黄岗镇东大门工业城110号
顺兴铸造厂	Shùnxìng Zhùzàochǎng	企业	2010年	端州一路端州工业城东侧
麦溪山庄	Màixī Shānzhuāng	企业	2014年	黄岗街道过境公路市党校路口西侧第3卡
瑞士花园度假村	Ruìshìhuāyuán Dùjiàcūn	企业	2008年	睦岗街道站北路
宏轩石材工艺厂	Hóngxuān Shícáigōngyìchǎng	企业	2005年	城西街道厂排街18号
肇庆市仪表厂	Zhàoqìng Shì Yíbiǎochǎng	企业	2011年	城东街道星湖东路9号
星湖化工公司	Xīnghú Huàgōng Gōngsī	企业	2002年	城东街道端州四路星湖乐园东侧
长青园林育苗场	Chángqīngyuánlín Yùmiáochǎng	企业	2015年	黄岗街道肇庆市电力疗养院落西侧实训楼311室
肇庆制革厂	Zhàoqìng Zhìgéchǎng	企业	2007年	黄岗街道肇庆市端州一路梅亭
铁屈口	Tiěqūkǒu	地片区片	2002年	端州区东北部
黄蜂岗	Huángfēng Gǎng	山	2002年	端州区中部

（续上表）

标准名称	汉语拼音	地名类别	废止时间	相对位置
佛仔岗	Fózǎi Gǎng	山	2006年	端州区北部
端城工业村	Duānchéng Gōngyècūn	工业区	2010年	端州区东北部

三、地名文化遗产保护

标准名称	汉语拼音	地名类别	建议保护等级	相对位置
出头村	Chūtóucūn	名村	市级	城西街道出头社区
岩前	Yánqián	名村	市级	黄岗街道岩前社区
白石村	Báishícūn	名村	市级	黄岗街道下黄岗一社区
白沙龙母庙	Báishā Lóngmǔ Miào	著名纪念地	市、县级	城西街道沙街社区
邓兆祥故居	Dèngzhàoxiáng Gùjū	著名纪念地	市、县级	睦岗街道沙街社区
东禹梁氏宗祠	Dōngyú Liángshì Zōngcí	著名纪念地	市、县级	黄岗街道下黄岗一社区
冯誉骥宅	Féngyùjì Zhái	著名纪念地	市、县级	城东街道阅江社区
湘柱俞公祠	Xiāngzhù Yúgōng Cí	著名纪念地	市、县级	睦岗街道大龙社区
王泮生祠	Wángpàn Shēngcí	著名纪念地	市、县级	城东街道塔脚社区
赵善欢故居	Zhàoshànhuān Gùjū	著名纪念地	市、县级	睦岗街道睦岗社区
翕庐	Xīlú	著名纪念地	市、县级	城西街道正西社区
石桥亭	Shíqiáo Tíng	著名纪念地	市、县级	城西街道正西社区
兰龙古屋	Lánlóng Gǔwū	著名纪念地	市级	睦岗街道兰龙社区
梁荣墀宅	Liángróngchí Zhái	著名纪念地	市、县级	城东街道阅江社区
草鞋街	Cǎoxié Jiē	名街名巷	市、县级	城西街道宋城社区
西仁里	Xīrén Lǐ	名街名巷	市、县级	城西街道宋城社区
天后街	Tiānhòu Jiē	名街名巷	市、县级	城西街道正西社区
五经里	Wǔjīng Lǐ	名街名巷	市、县级	城东街道阅江社区
七星岩大桥	Qīxīngyán Dàqiáo	名桥	市、县级	城东街道星湖社区
阅江楼	Yuèjiāng Lóu	著名建筑物	省级	城东街道阅江社区
丽谯楼	Lìqiáo Lóu	著名建筑物	市级	城西街道宋城社区
梅庵	Méi Ān	著名建筑物	省级	城西街道黄塘社区
肇庆府学宫	Zhàoqìng Fǔxué Gōng	著名建筑物	省级	城东街道阅江社区
崇禧塔	Chóngxǐ Tǎ	著名建筑物	市级	城东街道塔脚社区

（续上表）

标准名称	汉语拼音	地名类别	建议保护等级	相对位置
元魁塔	Yuánkuí Tǎ	著名建筑物	市级	城东街道杏花社区
波海楼	Bōhǎi Lóu	著名建筑物	市级	城东街道星湖社区
肇庆古城墙	Zhàoqìng Gǔchéngqiáng	著名建筑物	市级	城西街道宋城社区
城东清真寺	Chéngdōng Qīngzhēn Sì	著名建筑物	市级	城东街道阅江社区
城西清真寺	Chéngxī Qīngzhēn Sì	著名建筑物	市级	城西街道正西社区
七星岩牌坊	Qīxīngyán Páifāng	著名建筑物	市级	城东街道星湖社区
包公祠	Bāogōng Cí	著名建筑物	市级	城西街道清风社区
披云楼	Pīyún Lóu	著名建筑物	市级	城西街道宋城社区
叶挺独立团团部旧址	Yètǐng Dúlìtuán Tuánbù Jiùzhǐ	红色地名	省级	城东街道阅江社区

肇庆市标准地名录　鼎湖区

鼎湖山牌坊

陈焕章故居

鼎湖山宝鼎园

概　况

鼎湖区，位于肇庆市东南部，是肇庆两个城区之一。东邻佛山市三水区，北接四会市，南靠高要市，西与端州区接壤。在北纬23°05′~23°15′和东经112°30′~112°57′之间。2014年辖坑口、桂城、广利3个街道和永安、沙浦、莲花、凤凰4个镇，共辖28个社区、53个行政村；土地面积552平方千米。年末户籍人口15.56万人、常住人口17.06万人。区人民政府驻坑口街道，邮政编码：526070。

鼎湖区，1988年设立，因境内有岭南四大名山之一的鼎湖山而得名。全区地势西北高、东南低。北有鼎湖山（属北岭山脉），南有羚羊山，两条山脉被宽广的河谷平原隔离，西江自西向东纵贯其中，最高点鸡笼山海拔1000.3米。有珠三角环线高速，西江航道、国道G321和广茂铁路横贯全境，南广高铁和贵广高铁在境内交汇，设有肇庆东站。

鼎湖区主要矿产资源有铜、钼、黄铁、硫铁、金、钾长石、耐火黏土、石灰岩、石膏矿、砚石。工业以金属制品、饮用水生产为主。第三产业以旅游业、房地产、金融业、批发零售为主。土特产有裹蒸、肇实、文㞧鲤、紫背天葵、粉葛等。主要旅游景点有鼎湖山、砚洲岛、葫芦山、九龙湖、藏龙沟、黄金沟、羚羊峡风景区。有荣睿纪念碑、蚬壳洲遗址、鼎湖山摩崖石刻省级重点文物保护单位3处（其中鼎湖山风景区占2处），有海军马口抗日阵亡将士纪念碑等市级文物保护单位17处（其中鼎湖山风景区占2处）。特色民俗有包公诞和苏真人诞。

2014年，鼎湖区生产总值90.88亿元，三次产业的比例为14∶58∶28，规模以上工业增加值56.70亿元，人均地区生产总值5.34万元；固定资产投资79.93亿元，社会消费品零售总额22.94亿元，外贸出口总额2.75亿美元，外贸进口总额1.95亿美元，实际吸收外资0.84亿美元；地方一般公共预算收入6.04亿元，城镇常住居民人均收入2.19万元，农村常住居民人均收入1.67万元。

一、现今地名

（一）行政区域类

标准名称	汉语拼音	别名	地名类别	相对位置	驻地
鼎湖区	Dǐnghú Qū	——	县级行政区	广东省中西部	罗隐路12号
坑口街道	Kēngkǒu Jiēdào	——	乡级行政区	鼎湖区西南部	龙业街19号
桂城街道	Guìchéng Jiēdào	——	乡级行政区	鼎湖区中部偏西南	新广路246号
广利街道	Guǎnglì Jiēdào	——	乡级行政区	鼎湖区中部	中华路70号
永安镇	Yǒng'ān Zhèn	——	乡级行政区	鼎湖区东南部	永华街9号
沙浦镇	Shāpǔ Zhèn	——	乡级行政区	鼎湖区南部	承前路1号
莲花镇	Liánhuā Zhèn	——	乡级行政区	鼎湖区东部	莲合路26号
凤凰镇	Fènghuáng Zhèn	——	乡级行政区	鼎湖区西北部	凤府街15号

（二）非行政区域类

标准名称	汉语拼音	别名	地名类别	相对位置
正坑石场	Zhèngkēng Shíchǎng	——	矿区	鼎湖区东北部
莲塘石场	Liántáng Shíchǎng	——	矿区	鼎湖区东北部
鸿运石场	Hóngyùn Shíchǎng	——	矿区	鼎湖区东北部
狮牙山梅花岩	Shīyáshān Méihuāyán	——	矿区	鼎湖区南部
水坑一石场	Shuǐkēng Yī Shíchǎng	——	矿区	鼎湖区西南部
鸡坑石场	Jīkēng Shíchǎng	——	矿区	鼎湖区东北部
老虎头石场	Lǎohǔtóu Shíchǎng	——	矿区	鼎湖区西北部
山尾工区	Shānwěi Gōngqū	——	农区	鼎湖区南部
沙浦农场	Shāpǔ Nóngchǎng	——	农区	鼎湖区南部
广利镇农场	Guǎnglì Zhèn Nóngchǎng	——	农区	鼎湖区中部
鼎湖山树木园	Dǐnghúshān Shùmùyuán	——	农区	鼎湖区西部
鼎湖花场	Dǐnghú Huāchǎng	——	农区	鼎湖区中部
丹竹养殖场	Dānzhú Yǎngzhíchǎng	——	农区	鼎湖区东部
北岭山林场分界工区	Běilǐngshān Línchǎng Fēnjiè Gōngqū	——	农区	鼎湖区东北部
北岭山林场布基工区	Běilǐngshān Línchǎng Bùjī Gōngqū	——	农区	鼎湖区东北部
北岭山林场龙门工区	Běilǐngshān Línchǎng Lóngmén Gōngqū	——	农区	鼎湖区西部

(续上表)

标准名称	汉语拼音	别名	地名类别	相对位置
北岭山林场桃源工区	Běilǐngshān Línchǎng Táoyuán Gōngqū	——	农区	鼎湖区东北部
永安中学农场	Yǒng'ān Zhōngxué Nóngchǎng	——	农区	鼎湖区东部
玉成花木场	Yùchéng Huāmùchǎng	——	农区	鼎湖区东部
场步坑工区	Chǎngbùkēng Gōngqū	——	农区	鼎湖区南部
鼎湖区高兰肇实种植基地	Dǐnghú Qū Gāolán Zhàoshízhǒngzhí Jīdì	——	农区	鼎湖区南部
广利砚洲粉葛种植基地	Guǎnglì Yànzhōu Fěngězhǒngzhí Jīdì	——	农区	鼎湖区中部
桃溪工区	Táoxī Gōngqū	——	农区	鼎湖区南部
铁西工区	Tiěxī Gōngqū	——	农区	鼎湖区西部
清湾工区	Qīngwān Gōngqū	——	农区	鼎湖区南部
古球工区	Gǔqiú Gōngqū	——	农区	鼎湖区南部
大拉工区	Dàlā Gōngqū	——	农区	鼎湖区南部
九仔潭工区	Jiǔzǎitán Gōngqū	北岭山林场	农区	鼎湖区西部
粤兴花场	Yuèxìng Huāchǎng	——	农区	鼎湖区中部
永安原种场	Yǒng'ān Yuánzhǒngchǎng	——	农区	鼎湖区东部
鼎湖山茶场	Dǐnghúshān Cháchǎng	——	农区	鼎湖区西部
北岭山林场	Běilǐngshān Línchǎng	——	林区	鼎湖区东北部
北岭山林场九坑河工区	Běilǐngshān Línchǎng Jiǔkēnghé Gōngqū	——	林区	鼎湖区西北部
北岭山林场西竹工区	Běilǐngshān Línchǎng Xīzhú Gōngqū	——	林区	鼎湖区西北部
良田林场	Liángtián Línchǎng	——	林区	鼎湖区西北部
波罗坑林场	Bōluókēng Línchǎng	——	林区	鼎湖区西部
高要林场	Gāoyào Línchǎng	——	林区	鼎湖区西北部
鹧鸪场	Zhègū Chǎng	——	林区	鼎湖区西北部
广利公司林场	Guǎnglì Gōngsī Línchǎng	——	林区	鼎湖区西北部
典三果林场	Diǎnsānguǒ Línchǎng	——	林区	鼎湖区南部
北岭山林场灯盏额工区	Běilǐngshān Línchǎng Dēngzhǎn'é Gōngqū	——	林区	鼎湖区西北部

（续上表）

标准名称	汉语拼音	别名	地名类别	相对位置
射针工区	Shèzhēn Gōngqū	——	林区	鼎湖区南部
西坑林场	Xīkēng Línchǎng	——	林区	鼎湖区南部
高坑尾林场	Gāokēngwěi Línchǎng	——	林区	鼎湖区西北部
新凤林场	Xīnfèng Línchǎng	——	林区	鼎湖区西北部
小龙林场	Xiǎolóng Línchǎng	——	林区	鼎湖区西北部
同古林场	Tónggǔ Línchǎng	——	林区	鼎湖区西北部
上水田林场	Shàngshuǐtián Línchǎng	——	林区	鼎湖区西北部
南坑林场	Nánkēng Línchǎng	——	林区	鼎湖区西北部
联队林场	Liánduì Línchǎng	——	林区	鼎湖区西北部
凤凰采育场	Fènghuáng Cǎiyùchǎng	——	林区	鼎湖区西北部
白石坑林场	Báishíkēng Línchǎng	——	林区	鼎湖区西部
珠江潭猪场	Zhūjiāngtán Zhūchǎng	——	牧区	鼎湖区东北部
珠江潭孵化场	Zhūjiāngtán Fūhuàchǎng	——	牧区	鼎湖区东北部
蔗村猪场	Zhècūn Zhūchǎng	——	牧区	鼎湖区东北部
肇庆食出猪场	Zhàoqìng Shíchū Zhūchǎng	——	牧区	鼎湖区中部
桂峰猪场	Guìfēng Zhūchǎng	——	牧区	鼎湖区中部
鼎湖种鸡场	Dǐnghú Zhǒngjīchǎng	——	牧区	鼎湖区东北部
鼎湖养鸡公司依坑场	Dǐnghú Yǎngjī Gōngsī Yīkēng Chǎng	——	牧区	鼎湖区东北部
鼎湖蛋鸡场	Dǐnghú Dànjīchǎng	——	牧区	鼎湖区东北部
鼎湖水产养殖场	Dǐnghú shuǐchǎn Yǎngzhíchǎng	——	牧区	鼎湖区东部
鼎湖畜牧场	Dǐnghú Chùmùchǎng	——	牧区	鼎湖区中部
珠江潭养殖场	Zhūjiāngtán Yǎngzhíchǎng	——	牧区	鼎湖区东北部
院主猪场	Yuànzhǔ Zhūchǎng	——	牧区	鼎湖区中部
上步猪场	Shàngbù Zhūchǎng	——	牧区	鼎湖区东北部
山田种畜场	Shāntián Zhǒngchùchǎng	——	牧区	鼎湖区中部
高湖养殖场	Gāohú Yǎngzhíchǎng	高湖养殖所	牧区	鼎湖区南部
东强猪苗场	Dōngqiáng Zhūmiáochǎng	——	牧区	鼎湖区东北部
大社猪场	Dàshè Zhūchǎng	——	牧区	鼎湖区东部

(续上表)

标准名称	汉语拼音	别名	地名类别	相对位置
苍岗鸡场	Cānggǎng Jīchǎng	永安蛋鸡场	牧区	鼎湖区东部
布基猪场	Bùjī Zhūchǎng	——	牧区	鼎湖区东北部
金源养殖厂	Jīnyuán Yǎngzhíchǎng	——	牧区	鼎湖区东北部
罗布蛋鸡养殖场	Luóbù Dànjī Yǎngzhíchǎng	——	牧区	鼎湖区东北部
螺须潭综合养殖场	Luóxūtán Zōnghé Yǎngzhíchǎng	——	牧区	鼎湖区中部
木薯蚕种繁育场	Mùshǔ Cánzhǒng Fányùchǎng	——	牧区	鼎湖区西北部
沙浦养殖场	Shāpǔ Yǎngzhíchǎng	——	牧区	鼎湖区南部
华鼎生态养殖场	Huádǐng Shēngtàiyǎngzhí Chǎng	——	牧区	鼎湖区南部
塘口养猪场	Tángkǒu Yǎngzhūchǎng	——	牧区	鼎湖区中部
基良家禽渔牧场	Jīliáng Jiāqínyúmùchǎng	——	牧区	鼎湖区中部
长城鸡场	Chángchéng Jīchǎng	——	牧区	鼎湖区西部
鼎湖西江蛋鸡场	Dǐnghú Xījiāng Dànjīchǎng	——	牧区	鼎湖区东北部
龙田岗种猪场	Lóngtiángǎng Zhǒngzhūchǎng	——	牧区	鼎湖区西部
华能鸵鸟场	Huánéng Tuóniǎochǎng	——	牧区	鼎湖区东北部
鼎湖温氏奶牛场	Dǐnghú Wēnshì Nǎiniúchǎng	——	牧区	鼎湖区东北部
万益养鸡场	Wànyì Yǎngjīchǎng	——	牧区	鼎湖区东北部
大旗岭猪场	Dàqílǐng Zhūchǎng	——	牧区	鼎湖区中部
鼎湖区鱼苗场	Dǐnghú Qū Yúmiáochǎng	——	渔区	鼎湖区南部
长利冲钓鱼场	Chánglìchōng Diàoyúchǎng	——	渔区	鼎湖区中部
塘虱鱼苗场	Tángshī Yúmiáochǎng	——	渔区	鼎湖区东北部
广利龙头鱼苗孵化场	Guǎnglì Lóngtóu Yúmiáo Fūhuàchǎng	——	渔区	鼎湖区中部
鼎湖水产	Dǐnghú Shuǐchǎn	——	渔区	鼎湖区中部
地区鱼苗场	Dìqū Yúmiáochǎng	——	渔区	鼎湖区东北部
陈辉鱼苗场	Chénhuī Yúmiáochǎng	——	渔区	鼎湖区东北部
沙浦典三文㒼鲤养殖基地	Shāpǔ Diǎnsān Wénqìnglǐ Yǎngzhíjīdì	——	渔区	鼎湖区南部
桃溪水产繁殖场	Táoxī Shuǐchǎn Fánzhíchǎng	——	渔区	鼎湖区南部
肇庆地区鱼苗场	Zhàoqìng Dìqū Yúmiáochǎng	——	渔区	鼎湖区南部

（续上表）

标准名称	汉语拼音	别名	地名类别	相对位置
永安鱼苗场	Yǒng'ān Yúmiáochǎng	——	渔区	鼎湖区东部
广利鱼苗场	Guǎnglì Yúmiáochǎng	——	渔区	鼎湖区中部
水产综合养殖场	Shuǐchǎn Zōnghé Yǎngzhíchǎng	——	渔区	鼎湖区中部
西岸林场	Xī'àn Línchǎng	——	渔区	鼎湖区南部
肇庆种畜场	Zhàoqìng Zhǒngchùchǎng	——	渔区	鼎湖区西部
桂城工业区	Guìchéng Gōngyèqū	——	工业区	鼎湖区西南部
广利第一工业园	Guǎnglì Dìyī Gōngyèyuán	——	工业区	鼎湖区中部
永安工业园区	Yǒng'ān Gōngyèyuánqū	——	工业区	鼎湖区东部
贝水工业区	Bèishuǐ Gōngyèqū	——	工业区	鼎湖区东北部
佳华工业区	Jiāhuá Gōngyèqū	——	工业区	鼎湖区东北部
莲花工业园区	Liánhuā Gōngyèyuánqū	——	工业区	鼎湖区东北部
陶瓷工业区	Táocí Gōngyèqū	——	工业区	鼎湖区东北部
恒泰工业区	Héngtài Gōngyèqū	——	工业区	鼎湖区东南部
肇庆新区	Zhàoqìng Xīnqū	——	工业区	鼎湖区中部
肇庆星湖生物工程基地	Zhàoqìng Xīnghú Shēngwùgōngchéngjīdì	——	工业区	鼎湖区西南部
农校农场	Nóngxiào Nóngchǎng	——	地片	鼎湖区西部
长发	Chángfā	——	地片	鼎湖区东北部
院主	Yuànzhǔ	——	地片	鼎湖区中部
洋塘	Yángtáng	——	地片	鼎湖区东北部
新塱	Xīnlǎng	——	地片	鼎湖区南部
下新	Xiàxīn	——	地片	鼎湖区西南部
下完	Xiàwán	——	地片	鼎湖区西北部
西槎	Xīchá	——	地片	鼎湖区西南部
五福塘	Wǔfútáng	——	地片	鼎湖区东部
铜锤	Tóngchuí	——	地片	鼎湖区西北部
田巷	Tiánxiàng	——	地片	鼎湖区南部
天科	Tiānkē	——	地片	鼎湖区西南部
桃园	Táoyuán	——	地片	鼎湖区东北部
桃金坑	Táojīnkēng	——	地片	鼎湖区西北部

(续上表)

标准名称	汉语拼音	别名	地名类别	相对位置
塘贝	Tángbèi	——	地片	鼎湖区东北部
苏坑	Sūkēng	——	地片	鼎湖区南部
深湖	Shēnhú	——	地片	鼎湖区东北部
上新	Shàngxīn	——	地片	鼎湖区西南部
上迳	Shàngjìng	——	地片	鼎湖区西南部
上角坑	Shàngjiǎokēng	——	地片	鼎湖区西北部
山口咀	Shānkǒuzuǐ	——	地片	鼎湖区南部
沙腰	Shāyāo	——	地片	鼎湖区西南部
沙水	Shāshuǐ	——	地片	鼎湖区西南部
沙坜	Shābù	——	地片	鼎湖区南部
榕树仔	Róngshùzǎi	——	地片	鼎湖区东北部
牛尾湖	Niúwěihú	——	地片	鼎湖区南部
牛湖坳	Niúhú'ào	——	地片	鼎湖区西北部
莫塘	Mòtáng	——	地片	鼎湖区中部
鹿湖围	Lùhúwéi	——	地片	鼎湖区南部
楼角坑	Lóujiǎokēng	——	地片	鼎湖区南部
龙头石	Lóngtóushí	——	地片	鼎湖区西南部
刘塘	Liútáng	——	地片	鼎湖区中部
簕竹头	Lèzhútóu	——	地片	鼎湖区西北部
老爷田	Lǎoyétián	——	地片	鼎湖区南部
坑口堂	Kēngkǒutáng	——	地片	鼎湖区西北部
金鸡	Jīnjī	——	地片	鼎湖区西北部
金花庙	Jīnhuāmiào	——	地片	鼎湖区西南部
黄獠布	Huángjīngbù	——	地片	鼎湖区东北部
黄岗坜	Huánggǎngbù	——	地片	鼎湖区东北部
花罗田	Huāluótián	——	地片	鼎湖区西北部
花口塱	Huākǒulǎng	——	地片	鼎湖区南部
横岭脚	Hénglǐngjiǎo	——	地片	鼎湖区西部
横垏	Héngliè	——	地片	鼎湖区西南部
高基塱	Gāojīlǎng	——	地片	鼎湖区南部

（续上表）

标准名称	汉语拼音	别名	地名类别	相对位置
高湖	Gāohú	——	地片	鼎湖区南部
丹竹塱	Dānzhúlǎng	——	地片	鼎湖区中部
大围塱	Dàwéilǎng	——	地片	鼎湖区南部
大三丫	Dàsānyā	——	地片	鼎湖区南部
大曲	Dàqǔ	——	地片	鼎湖区东部
大路塘	Dàlùtáng	——	地片	鼎湖区南部
大龙塘	Dàlóngtáng	——	地片	鼎湖区中部
大岭塘	Dàlǐngtáng	——	地片	鼎湖区西南部
大埒头	Dàliètóu	——	地片	鼎湖区西南部
大栏牛	Dàlánniú	——	地片	鼎湖区西北部
大框	Dàkuàng	——	地片	鼎湖区西南部
大黄塘	Dàhuángtáng	——	地片	鼎湖区南部
大氹东	Dàdàngdōng	——	地片	鼎湖区南部
大宝塱	Dàbǎolǎng	——	地片	鼎湖区南部
柴格塱	Cháigélǎng	——	地片	鼎湖区南部
波罗窦	Bōluódòu	——	地片	鼎湖区东部
冰盆塱	Bīngpénlǎng	——	地片	鼎湖区南部
半更	Bàngēng	——	地片	鼎湖区西北部
深涌塘	Shēnchōngtáng	——	地片	鼎湖区中部
沙墩西	Shādūnxī	——	地片	鼎湖区南部
基下氹	Jīxiàdàng	——	地片	鼎湖区中部
东冲塱	Dōngchōnglǎng	——	地片	鼎湖区东南部
地字号	Dìzìhào	——	地片	鼎湖区中部
大氹西	Dàdàngxī	——	地片	鼎湖区南部
鱼洲	Yúzhōu	——	地片	鼎湖区西南部
村头潭	Cūntóután	——	地片	鼎湖区南部
砚洲	Yànzhōu	——	地片	鼎湖区南部
过沙塘	Guòshātáng	——	地片	鼎湖区东北部
三把连塘	Sānbǎliántáng	——	地片	鼎湖区东北部
中格	Zhōnggé	——	地片	鼎湖区南部

(续上表)

标准名称	汉语拼音	别名	地名类别	相对位置
园头塱	Yuántóulǎng	——	地片	鼎湖区南部
园头	Yuántóu	——	地片	鼎湖区东北部
大园坑	Dàyuánkēng	——	地片	鼎湖区东北部
鱼仔塱	Yúzǎilǎng	——	地片	鼎湖区东部
新围塱	Xīnwéilǎng	——	地片	鼎湖区东部
下塱	Xiàlǎng	——	地片	鼎湖区南部
下塱	Xiàlǎng	——	地片	鼎湖区东部
细氹	Xìdàng	——	地片	鼎湖区南部
乌岗	Wūgǎng	——	地片	鼎湖区南部
文岁塱	Wénqìnglǎng	——	地片	鼎湖区南部
温子涌	Wēnzǐchōng	——	地片	鼎湖区东部
围心	Wéixīn	——	地片	鼎湖区东北部
天字号	Tiānzìhào	——	地片	鼎湖区中部
天窝	Tiānwō	——	地片	鼎湖区中部
天湖	Tiānhú	——	地片	鼎湖区东部
獭把塱	Tǎpálǎng	插把塱	地片	鼎湖区东部
双洲围	Shuāngzhōuwéi	——	地片	鼎湖区东部
守常围	Shǒuchángwéi	——	地片	鼎湖区南部
上刘塘	Shàngliútáng	——	地片	鼎湖区中部
上塱	Shànglǎng	——	地片	鼎湖区南部
上坑	Shàngkēng	——	地片	鼎湖区东部
山猪坑	Shānzhūkēng	——	地片	鼎湖区西南部
沙洲尾	Shāzhōuwěi	——	地片	鼎湖区东部
沙墩东	Shādūndōng	——	地片	鼎湖区南部
沙地塱	Shādìlǎng	——	地片	鼎湖区东部
三把连	Sānbǎlián	——	地片	鼎湖区东部
企涌汪	Qǐchōngwāng	——	地片	鼎湖区东部
彭家塱	Péngjiālǎng	——	地片	鼎湖区东部
牛眠洲	Niúmiánzhōu	——	地片	鼎湖区东北部
苗圃场	Miáopǔchǎng	——	地片	鼎湖区东北部

（续上表）

标准名称	汉语拼音	别名	地名类别	相对位置
螺须潭	Luóxūtán	——	地片	鼎湖区南部
渌塘	Lùtáng	——	地片	鼎湖区西南部
龙旺	Lóngwàng	——	地片	鼎湖区中部
黎高塱	Lígāolǎng	——	地片	鼎湖区南部
冷饭地	Lěngfàndì	——	地片	鼎湖区西北部
老屋	Lǎowū	——	地片	鼎湖区西北部
迳冲	Jìngchōng	——	地片	鼎湖区东部
江边塘	Jiāngbiāntáng	——	地片	鼎湖区东部
黑痰	Hēitán	——	地片	鼎湖区西南部
荷谷塱	Hégǔlǎng	——	地片	鼎湖区南部
官山塱	Guānshānlǎng	——	地片	鼎湖区南部
低池	Dīchí	——	地片	鼎湖区中部
大坑头	Dàkēngtóu	——	地片	鼎湖区西南部
大谷塱	Dàgǔlǎng	——	地片	鼎湖区东部
大坟	Dàfén	——	地片	鼎湖区中部
撑耳围	Chēng'ěrwéi	——	地片	鼎湖区南部
崩坑	Bēngkēng	——	地片	鼎湖区东北部
白银塱	Báiyínlǎng	——	地片	鼎湖区南部
白木塘	Báimùtáng	——	地片	鼎湖区东北部
长山塘	Chángshāntáng	——	地片	鼎湖区东部
响塘	Xiǎngtáng	——	地片	鼎湖区东北部
上化	Shànghuà	——	地片	鼎湖区东部
十八岭	Shíbālíng	——	地片	鼎湖区西南部
桃洲	Táozhōu	——	地片	鼎湖区西南部
大禾塘	Dàhétáng	——	地片	鼎湖区东北部
下坑	Xiàkēng	——	地片	鼎湖区东部
梁涌塘	Liángchōngtáng	——	地片	鼎湖区西南部
岭见	Lǐngjiàn	——	地片	鼎湖区西北部
彭寿塘	Péngshòutáng	——	地片	鼎湖区中部
坭塘	Nítáng	——	地片	鼎湖区中部

（续上表）

标准名称	汉语拼音	别名	地名类别	相对位置
新围	Xīnwéi	——	地片	鼎湖区南部
大坛	Dàtán	——	地片	鼎湖区南部
三丫贝	Sānyābèi	——	地片	鼎湖区南部
细三丫	Xìsānyā	——	地片	鼎湖区南部
蕉子坝	Jiāozǐbà	——	地片	鼎湖区西南部
下屋	Xiàwū	——	地片	鼎湖区西北部
白石	Báishí	——	地片	鼎湖区西南部
上西	Shàngxī	——	地片	鼎湖区西南部
高坎	Gāokǎn	——	地片	鼎湖区南部
排洪渠上片	Páihóngqúshàngpiàn	——	地片	鼎湖区南部
骑马石	Qímǎshí	——	地片	鼎湖区南部
沙田	Shātián	——	地片	鼎湖区南部
沙墩	Shādūn	——	地片	鼎湖区东北部
志王塘	Zhìwángtáng	——	地片	鼎湖区南部
永兴塘	Yǒngxìngtáng	——	地片	鼎湖区东部
下山	Xiàshān	——	地片	鼎湖区西北部
解放塘	Jiěfàngtáng	——	地片	鼎湖区南部
狗头岗	Gǒutóugǎng	——	地片	鼎湖区西南部
高桥头	Gāoqiáotóu	——	地片	鼎湖区西南部
东边坑	Dōngbiānkēng	——	地片	鼎湖区东部
大汪	Dàwāng	——	地片	鼎湖区东部
大塘田	Dàtángtián	——	地片	鼎湖区东部
水基	Shuǐjī	——	地片	鼎湖区西南部
南社	Nánshè	——	地片	鼎湖区东北部
正社	Zhèngshè	——	地片	鼎湖区东北部
田尾	Tiánwěi	——	地片	鼎湖区东南部
基坑	Jīkēng	——	地片	鼎湖区东南部
新塘	Xīntáng	——	地片	鼎湖区东北部
下角	Xiàjiǎo	——	地片	鼎湖区西北部
蝴蝶坝	Húdiébà	——	地片	鼎湖区西北部

（三）群众自治组织类

标准名称	汉语拼音	地名类别	相对位置
长涌村委会	Chángchōng Cūnwěihuì	村民委员会	鼎湖区政府驻地东北部
永安村委会	Yǒng'ān Cūnwěihuì	村民委员会	鼎湖区政府驻地东北部
新村村委会	Xīncūn Cūnwěihuì	村民委员会	鼎湖区政府驻地东北部
新朝村委会	Xīncháo Cūnwěihuì	村民委员会	鼎湖区政府驻地东北部
夏江村委会	Xiàjiāng Cūnwěihuì	村民委员会	鼎湖区政府驻地东北部
五南村委会	Wǔnán Cūnwěihuì	村民委员会	鼎湖区政府驻地东北部
四股村委会	Sìgǔ Cūnwěihuì	村民委员会	鼎湖区政府驻地东北部
双布村委会	Shuāngbù Cūnwěihuì	村民委员会	鼎湖区政府驻地东北部
岐洲村委会	Qízhōu Cūnwěihuì	村民委员会	鼎湖区政府驻地东北部
横槎村委会	Héngchá Cūnwěihuì	村民委员会	鼎湖区政府驻地东北部
桂溪村委会	Guìxī Cūnwěihuì	村民委员会	鼎湖区政府驻地东北部
高兰村委会	Gāolán Cūnwěihuì	村民委员会	鼎湖区政府驻地东北部
甫草村委会	Fǔcǎo Cūnwěihuì	村民委员会	鼎湖区政府驻地东北部
大社村委会	Dàshè Cūnwěihuì	村民委员会	鼎湖区政府驻地东北部
大朗村委会	Dàlǎng Cūnwěihuì	村民委员会	鼎湖区政府驻地东北部
苍南村委会	Cāngnán Cūnwěihuì	村民委员会	鼎湖区政府驻地东北部
贝水村委会	Bèishuǐ Cūnwěihuì	村民委员会	鼎湖区政府驻地东北部
新凤村委会	Xīnfèng Cūnwěihuì	村民委员会	鼎湖区政府驻地北部
同古村委会	Tónggǔ Cūnwěihuì	村民委员会	鼎湖区政府驻地西北部
田心村委会	Tiánxīn Cūnwěihuì	村民委员会	鼎湖区政府驻地西北部
上水田村委会	Shàngshuǐtián Cūnwěihuì	村民委员会	鼎湖区政府驻地西北部
南寮村委会	Nánliáo Cūnwěihuì	村民委员会	鼎湖区政府驻地西北部
南坑村委会	Nánkēng Cūnwěihuì	村民委员会	鼎湖区政府驻地西北部
良田村委会	Liángtián Cūnwěihuì	村民委员会	鼎湖区政府驻地西北部
高鹤村委会	Gāohè Cūnwěihuì	村民委员会	鼎湖区政府驻地西北部
白石坑村委会	Báishíkēng Cūnwěihuì	村民委员会	鼎湖区政府驻地西北部
蔗村村委会	Zhècūn Cūnwěihuì	村民委员会	鼎湖区政府驻地东北部
依坑一村委会	Yīkēngyī Cūnwěihuì	村民委员会	鼎湖区政府驻地东北部
依坑二村委会	Yīkēng'èr Cūnwěihuì	村民委员会	鼎湖区政府驻地东北部
崖洲村委会	Yázhōu Cūnwěihuì	村民委员会	鼎湖区政府驻地东北部

（续上表）

标准名称	汉语拼音	地名类别	相对位置
罗布村委会	Luóbù Cūnwěihuì	村民委员会	鼎湖区政府驻地东北部
六桥村委会	Liùqiáo Cūnwěihuì	村民委员会	鼎湖区政府驻地东北部
莲塘村委会	Liántáng Cūnwěihuì	村民委员会	鼎湖区政府驻地东北部
古遗村委会	Gǔyí Cūnwěihuì	村民委员会	鼎湖区政府驻地东北部
富廊村委会	Fùláng Cūnwěihuì	村民委员会	鼎湖区政府驻地东北部
分界村委会	Fēnjiè Cūnwěihuì	村民委员会	鼎湖区政府驻地东北部
大布村委会	Dàbù Cūnwěihuì	村民委员会	鼎湖区政府驻地东北部
曹王村委会	Cáowáng Cūnwěihuì	村民委员会	鼎湖区政府驻地东北部
布基村委会	Bùjī Cūnwěihuì	村民委员会	鼎湖区政府驻地东北部
桃一村委会	Táoyī Cūnwěihuì	村民委员会	鼎湖区政府驻地东南部
桃二村委会	Táo'èr Cūnwěihuì	村民委员会	鼎湖区政府驻地东部
苏一村委会	Sūyī Cūnwěihuì	村民委员会	鼎湖区政府驻地东南部
苏二村委会	Sū'èr Cūnwěihuì	村民委员会	鼎湖区政府驻地东南部
苏三村委会	Sūsān Cūnwěihuì	村民委员会	鼎湖区政府驻地东南部
沙一村委会	Shāyī Cūnwěihuì	村民委员会	鼎湖区政府驻地东南部
沙二村委会	Shā'èr Cūnwěihuì	村民委员会	鼎湖区政府驻地东南部
沙三村委会	Shāsān Cūnwěihuì	村民委员会	鼎湖区政府驻地东部
沙四村委会	Shāsì Cūnwěihuì	村民委员会	鼎湖区政府驻地东北部
黄布沙村委会	Huángbùshā Cūnwěihuì	村民委员会	鼎湖区政府驻地东部
典一村委会	Diǎnyī Cūnwěihuì	村民委员会	鼎湖区政府驻地东部
典三村委会	Diǎnsān Cūnwěihuì	村民委员会	鼎湖区政府驻地东南部
典二村委会	Diǎn'èr Cūnwěihuì	村民委员会	鼎湖区政府驻地东南部
江溪村委会	Jiāngxī Cūnwěihuì	村民委员会	鼎湖区政府驻地东北部
凤凰社区居委会	Fènghuáng Shèqū Jūwěihuì	社区居委会	鼎湖区政府驻地北部
朝南社区居委会	Cháonán Shèqū Jūwěihuì	社区居委会	鼎湖区政府驻地东北部
广利社区居委会	Guǎnglì Shèqū Jūwěihuì	社区居委会	鼎湖区政府驻地东北部
黎桥社区居委会	Líqiáo Shèqū Jūwěihuì	社区居委会	鼎湖区政府驻地东北部
龙二社区居委会	Lóng'èr Shèqū Jūwěihuì	社区居委会	鼎湖区政府驻地东北部
龙头社区居委会	Lóngtóu Shèqū Jūwěihuì	社区居委会	鼎湖区政府驻地东北部
彭寿社区居委会	Péngshòu Shèqū Jūwěihuì	社区居委会	鼎湖区政府驻地东北部

(续上表)

标准名称	汉语拼音	地名类别	相对位置
桥林社区居委会	Qiáolín Shèqū Jūwěihuì	社区居委会	鼎湖区政府驻地东北部
塘口社区居委会	Tángkǒu Shèqū Jūwěihuì	社区居委会	鼎湖区政府驻地东北部
砚洲社区居委会	Yànzhōu Shèqū Jūwěihuì	社区居委会	鼎湖区政府驻地东北部
院主二社区居委会	Yuànzhǔ'èr Shèqū Jūwěihuì	社区居委会	鼎湖区政府驻地东北部
院主一社区居委会	Yuànzhǔyī Shèqū Jūwěihuì	社区居委会	鼎湖区政府驻地东北部
长利社区居委会	Zhǎnglì Shèqū Jūwěihuì	社区居委会	鼎湖区政府驻地东北部
第一社区居委会	Dìyī Shèqū Jūwěihuì	社区居委会	鼎湖区政府驻地东北部
龙一社区居委会	Lóngyī Shèqū Jūwěihuì	社区居委会	鼎湖区政府驻地东北部
山田社区居委会	Shāntián Shèqū Jūwěihuì	社区居委会	鼎湖区政府驻地东北部
水坑二社区居委会	Shuǐkēng'èr Shèqū Jūwěihuì	社区居委会	鼎湖区政府驻地东北部
水坑一社区居委会	Shuǐkēngyī Shèqū Jūwěihuì	社区居委会	鼎湖区政府驻地东北部
迪村社区居委会	Dícūn Shèqū Jūwěihuì	社区居委会	鼎湖区政府驻地西南部
后沥社区居委会	Hòulì Shèqū Jūwěihuì	社区居委会	鼎湖区政府驻地东南部
蕉园社区居委会	Jiāoyuán Shèqū Jūwěihuì	社区居委会	鼎湖区政府驻地西南部
罗隐社区居委会	Luóyǐn Shèqū Jūwěihuì	社区居委会	鼎湖区政府驻地东南部
苏村社区居委会	Sūcūn Shèqū Jūwěihuì	社区居委会	鼎湖区政府驻地西南部
万福社区居委会	Wànfú Shèqū Jūwěihuì	社区居委会	鼎湖区政府驻地西南部
莲花社区居委会	Liánhuā Shèqū Jūwěihuì	社区居委会	鼎湖区政府驻地东北部
沙浦社区居委会	Shāpǔ Shèqū Jūwěihuì	社区居委会	鼎湖区政府驻地东部
横布社区居委会	Héngbù Shèqū Jūwěihuì	社区居委会	鼎湖区政府驻地东北部
永安社区居委会	Yǒng'ān Shèqū Jūwěihuì	社区居委会	鼎湖区政府驻地东北部

（四）居民点类

标准名称	汉语拼音	别名	地名类别	相对位置
怡景花园	Yíjǐng Huāyuán	——	城镇	坑口街道万福居委会鼎盛路西27号
明湖花苑	Mínghú Huāyuàn	——	城镇	坑口街道万福居委会鼎盛路西29号
华庭花园	Huátíng Huāyuán	——	城镇	桂城街道第一居委会鼎湖大道233号
桂香园	Guìxiāng Yuán	——	城镇	桂城街道第一居委会鼎湖大道47号

（续上表）

标准名称	汉语拼音	别名	地名类别	相对位置
山水居	Shānshuǐ Jū	——	城镇	坑口街道万福居委会民乐大道南22号
鼎湖地质山庄	Dǐnghú Dìzhì Shānzhuāng	——	城镇	坑口街道万福社区上山路93号
二十小区	Èrshí Xiǎoqū	——	城镇	莲花镇莲花社区居委会庆业一街
二十一小区	Èrshíyī Xiǎoqū	——	城镇	莲花镇莲花社区居委会安乐一街
大信住宅区	Dàxìn Zhùzháiqū	——	城镇	莲花镇莲花社区居委会莲育路
鼎湖别墅山庄	Dǐnghú Biéshù Shānzhuāng	——	城镇	坑口街道迪村社区居委会上山路32号
鼎湖花苑	Dǐnghú Huāyuàn	——	城镇	坑口街道万福居委会鼎盛路西17号
鼎湖居	Dǐnghú Jū	——	城镇	桂城街道第一居委会创业路
凤凰教师村	Fènghuáng Jiàoshīcūn	——	城镇	凤凰镇凤凰居委会
莲城苑	Liánchéng Yuàn	——	城镇	莲花镇莲花居委会国北路
广利为民小区	Guǎnglì Wéimín Xiǎoqū	——	城镇	广利街道广利居委会为民路
广信住宅区	Guǎngxìn Zhùzháiqū	——	城镇	莲花镇莲花居委会莲育路
桂花园	Guìhuā Yuán	——	城镇	桂城街道第一居委会华贵路70号
豪苑	Háoyuàn	——	城镇	坑口街道万福居委会万福路33号
湖滨花园	Húbīn Huāyuán	——	城镇	坑口街道万福居委会民乐大道北3号
永安教师村	Yǒng'ān Jiàoshīcūn	——	城镇	永安镇永安居委会
教育办宿舍	Jiàoyùbàn Sùshè	——	城镇	莲花镇莲花居委会育儿一街3号
永安教育办宿舍	Yǒng'ān Jiàoyùbàn Sùshè	——	城镇	永安镇永安居委会永福街8号
金鼎花苑	Jīndǐng Huāyuàn	——	城镇	坑口街道万福社区罗隐路39号
锦湖苑	Jǐnhú Yuàn	——	城镇	坑口街道万福社区罗隐路20号

（续上表）

标准名称	汉语拼音	别名	地名类别	相对位置
丽苑小区	Lìyuàn Xiǎoqū	——	城镇	莲花镇莲花居委会莲广路
山景公寓	Shānjǐng Gōngyù	——	城镇	坑口街道迪村社区上山路39号
四小区	Sìxiǎoqū	——	城镇	莲花镇莲花居委会迎春街
天标山水城	Tiānbiāo Shānshuǐ Chéng	——	城镇	桂城街道第一居委会民乐大道1号
文昌居	Wénchāng Jū	——	城镇	坑口街道万福居委会文昌四街
现代城	Xiàndài Chéng	——	城镇	坑口街道万福居委会港口路11号
新城	Xīnchéng	——	城镇	凤凰镇凤凰居委会建设西路
氧吧茗轩	Yǎngbā Míngxuān	——	城镇	坑口街道万福居委会民乐大道北2号
御景园	Yùjǐng Yuán	——	城镇	坑口街道万福居委会鼎盛大道2号
政府大院宿舍	Zhèngfǔ Dàyuàn Sùshè	——	城镇	坑口街道万福社区罗隐大道12号
中兴住宅区	Zhōngxìng Zhùzháiqū	——	城镇	莲花镇莲安居委会莲安路
广利罗园小区	Guǎnglì Luóyuán Xiǎoqū	——	城镇	广利街道广利居委会创业路
保利花园	Bǎolì Huāyuán	——	城镇	桂城街道第一居委会砚阳大道6号
碧翠苑	Bìcuì Yuàn	——	城镇	坑口街道万福居委会登山路
帝豪花园	Dìháo Huāyuán	——	城镇	坑口街道万福居委会长园路12号
帝景名筑	Dìjǐng Míngzhù	——	城镇	桂城街道第一居委会鼎湖大道168号
团星鼎峰	Tuánxīng Dǐngfēng	——	城镇	坑口街道蕉园社区鼎盛路1号
鼎湖春天	Dǐnghú Chūntiān	——	城镇	坑口街道万福居委会港口路东4号
湖景湾别墅	Hújǐngwān Biéshù	——	城镇	坑口街道万福社区罗隐大道12号

（续上表）

标准名称	汉语拼音	别名	地名类别	相对位置
嘉信名庭	Jiāxìn Míngtíng	——	城镇	坑口街道万福居委会桃园路3号
金盛苑	Jīnshèng Yuàn	——	城镇	坑口街道万福
鼎湖金域华府	Dǐnghú Jīnyù Huáfǔ	——	城镇	坑口街道万福居委会万福路东3号
鼎湖蓝庭	Dǐnghú Lántíng	——	城镇	坑口街道万福居委会长园路18号
丽景园	Lìjǐng Yuán	——	城镇	坑口街道万福居委会罗隐大道5号
鼎湖麓园	Dǐnghú Lùyuán	——	城镇	坑口街道万福居委会天后路东1号
绿洲清庭	Lǜzhōu Qīngtíng	——	城镇	坑口街道万福居委会港口路
名山别墅	Míngshān Biéshù	——	城镇	坑口街道万福社区港口路
鼎湖森邻	Dǐnghú Sēnlín	——	城镇	坑口街道万福居委会万福路东1号
尚悦峰景	Shàngyuè Fēngjǐng	——	城镇	坑口街道万福居委会天后路2号
鼎湖时代	Dǐnghú Shídài	——	城镇	桂城街道第一居委会星湖大道90号
新境界花园	Xīnjìngjiè Huāyuán	——	城镇	坑口街道万福社区民乐大道
鼎湖雅苑	Dǐnghú Yǎyuàn	——	城镇	坑口街道万福居委会万福路
鼎湖御品	Dǐnghú Yùpǐn	——	城镇	桂城街道万福社区民乐大道
东怡商住楼	Dōngyí Shāngzhùlóu	——	城镇	桂城街道第一居委会东怡路13号
富海豪庭	Fùhǎi Háotíng	——	城镇	坑口街道万福居委会港口路东2号
桂豪花苑	Guìháo Huāyuán	——	城镇	桂城街道第一居委会水坑大道123号
国兴花苑	Guóxìng Huāyuán	——	城镇	坑口街道万福居委会罗隐大道7号
国兴华苑	Guóxìng Huáyuán	——	城镇	坑口街道万福居委会民乐大道南5号

（续上表）

标准名称	汉语拼音	别名	地名类别	相对位置
国兴茗苑	Guóxìng Míngyuàn	——	城镇	坑口街道万福居委会民乐大道南27号
豪峰精英公寓	Háofēng Jīngyīng Gōngyù	——	城镇	坑口街道万福居委会民乐大道南12号
汇景园	Huìjǐng Yuán	——	城镇	坑口街道万福居委会民乐大道南2号
杰海豪庭	Jiéhǎi Háotíng	——	城镇	坑口街道万福居委会福庆街54号
金盛豪苑	Jīnshèng Háoyuàn	——	城镇	坑口街道万福社区万福路33号
景竣名苑	Jǐngjùn Míngyuàn	——	城镇	坑口街道万福居委会桃园路东1号
凯旋荟花园	Kǎixuánhuì Huāyuán	——	城镇	桂城街道第一居委会民乐大道7号
乐欣华庭	Yuèxīn Huátíng	——	城镇	坑口街道万福居委会民乐大道南16号
丽港新天地花园	Lìgǎng Xīntiāndì Huāyuán	——	城镇	桂城街道第一居委会鼎湖大道50号
林语美墅	Línyǔ Měishù	——	城镇	坑口街道万福居委会长园路4号
龙裕畔山	Lóngyù Pànshān	——	城镇	坑口街道万福社区港口路
山景奥苑	Shānjǐng Àoyuàn	——	城镇	坑口街道万福社区港口路
山林湖	Shānlínhú	——	城镇	坑口街道万福居委会港口路东1号
世纪雅苑	Shìjì Yǎyuàn	——	城镇	坑口街道万福居委会港口路3号
水木天骄	Shuǐmùtiānjiāo	——	城镇	坑口街道万福居委会呈祥一路1号
顺景苑	Shùnjǐng Yuán	——	城镇	桂城街道第一居委会顺景路51号
天湖丽景花园	Tiānhú Lìjǐng Huāyuán	——	城镇	桂城街道第一居委会鼎湖大道231号
万威囍居	Wànwēi Xǐjū	——	城镇	坑口街道万福居委会长园路16号
祥顺花苑	Xiángshùn Huāyuán	——	城镇	桂城街道第一居委会平湖路31号

（续上表）

标准名称	汉语拼音	别名	地名类别	相对位置
新澳苑	Xīn'ào Yuàn	——	城镇	桂城街道第一居委会同兴路
半山森景	Bànshānsēnjǐng	——	城镇	坑口街道万福居委会登山路
阳光峰景	Yángguāngfēngjǐng	——	城镇	坑口街道万福居委会民乐大道20号
阳光家园	Yángguāng Jiāyuán	——	城镇	坑口街道万福居委会万福路27号
一米阳光	Yīmǐyángguāng	——	城镇	坑口街道万福居委会天后路东2号
银创峰景四季花园	Yínchuàng Fēngjǐng Sìjì Huāyuán	——	城镇	桂城街道星湖大道88号
瑞和家园	Ruìhé Jiāyuán	——	城镇	桂城街道第一居委会创业路28号
沙中	Shāzhōng	——	农村	鼎湖区政府驻地东南部
朝三	Cháosān	——	农村	鼎湖区政府驻地东北部
朝四	Cháosì	——	农村	鼎湖区政府驻地东北部
崖洲	Yázhōu	——	农村	鼎湖区政府驻地东北部
朝五	Cháowǔ	——	农村	鼎湖区政府驻地东北部
南坑一队	Nánkēngyīduì	——	农村	鼎湖区政府驻地西北部
跃进社	Yuèjìnshè	——	农村	鼎湖区政府驻地东北部
朝一	Cháoyī	——	农村	鼎湖区政府驻地东北部
沙尾	Shāwěi	——	农村	鼎湖区政府驻地东南部
沙二	Shā'èr	沙二村	农村	鼎湖区政府驻地东南部
沙四	Shāsì	——	农村	鼎湖区政府驻地东北部
先锋社	Xiānfēngshè	——	农村	鼎湖区政府驻地东北部
桂溪	Guìxī	——	农村	鼎湖区政府驻地东北部
一村	Yīcūn	——	农村	鼎湖区政府驻地东北部
二村	Èrcūn	——	农村	鼎湖区政府驻地东北部
公坟程	Gōngfénchéng	——	农村	鼎湖区政府驻地东部
公坟钟	Gōngfénzhōng	——	农村	鼎湖区政府驻地东部
公坟邓	Gōngféndèng	——	农村	鼎湖区政府驻地东部

（续上表）

标准名称	汉语拼音	别名	地名类别	相对位置
大应	Dàyīng	——	农村	鼎湖区政府驻地西北部
朝二	Cháo'èr	——	农村	鼎湖区政府驻地东北部
红星社	Hóngxīngshè	——	农村	鼎湖区政府驻地东北部
二组	Èrzǔ	——	农村	鼎湖区政府驻地东北部
南门坊	Nánménfāng	——	农村	鼎湖区政府驻地东北部
坳头二队	Àotóu'èrduì	——	农村	鼎湖区政府驻地西北部
坳头一队	Àotóuyīduì	——	农村	鼎湖区政府驻地西北部
戴屋	Dàiwū	——	农村	鼎湖区政府驻地西北部
高坑二队	Gāokēng'èrduì	——	农村	鼎湖区政府驻地西北部
高桥二队	Gāoqiáo'èrduì	——	农村	鼎湖区政府驻地西北部
高桥一队	Gāoqiáoyīduì	——	农村	鼎湖区政府驻地西北部
九牙迳	Jiǔyájìng	——	农村	鼎湖区政府驻地西北部
横屋	Héngwū	——	农村	鼎湖区政府驻地西北部
南坑二队	Nánkēng'èrduì	——	农村	鼎湖区政府驻地西北部
坑尾	Kēngwěi	——	农村	鼎湖区政府驻地西北部
蓝湖头	Lánhútóu	——	农村	鼎湖区政府驻地西北部
老屋	Lǎowū	——	农村	鼎湖区政府驻地西北部
李屋	Lǐwū	——	农村	鼎湖区政府驻地西北部
岭脚	Lǐngjiǎo	——	农村	鼎湖区政府驻地西北部
桥头	Qiáotóu	——	农村	鼎湖区政府驻地西北部
上水田	Shàngshuǐtián	——	农村	鼎湖区政府驻地西北部
四排	Sìpái	——	农村	鼎湖区政府驻地西北部
太平田二队	Tàipíngtián'èrduì	——	农村	鼎湖区政府驻地西北部
太平田一队	Tàipíngtiányīduì	——	农村	鼎湖区政府驻地西北部
田心	Tiánxīn	——	农村	鼎湖区政府驻地西北部
下环	Xiàhuán	——	农村	鼎湖区政府驻地西北部
竹篙岭	Zhúgāolǐng	——	农村	鼎湖区政府驻地西北部
鬓缆苏	Bìnlǎnsū	——	农村	鼎湖区政府驻地东北部
大房李	Dàfánglǐ	——	农村	鼎湖区政府驻地东北部
敦仁坊	Dūnrénfāng	——	农村	鼎湖区政府驻地东北部

(续上表)

标准名称	汉语拼音	别名	地名类别	相对位置
二房李	Èrfánglǐ	——	农村	鼎湖区政府驻地东北部
傅姓	Fùxìng	——	农村	鼎湖区政府驻地东北部
缉宁坊	Jīníngfāng	——	农村	鼎湖区政府驻地东北部
聚华坊	Jùhuáfāng	——	农村	鼎湖区政府驻地东北部
黎桥	Líqiáo	——	农村	鼎湖区政府驻地东北部
梁姓	Liángxìng	——	农村	鼎湖区政府驻地东北部
龙上	Lóngshàng	——	农村	鼎湖区政府驻地东北部
田头	Tiántóu	龙头村	农村	鼎湖区政府驻地东北部
龙下	Lóngxià	——	农村	鼎湖区政府驻地东北部
龙姓	Lóngxìng	——	农村	鼎湖区政府驻地东北部
龙中	Lóngzhōng	——	农村	鼎湖区政府驻地东北部
庙侧	Miàocè	——	农村	鼎湖区政府驻地东北部
南边陈	Nánbiānchén	——	农村	鼎湖区政府驻地东北部
南边苏	Nánbiānsū	——	农村	鼎湖区政府驻地东北部
四村	Sìcūn	——	农村	鼎湖区政府驻地东北部
彭寿	Péngshòu	——	农村	鼎湖区政府驻地东北部
桥林	Qiáolín	——	农村	鼎湖区政府驻地东北部
清太坊	Qīngtàifāng	——	农村	鼎湖区政府驻地东北部
区林	Qūlín	——	农村	鼎湖区政府驻地东北部
三巷罗	Sānxiàngluó	——	农村	鼎湖区政府驻地东北部
钟俞	Zhōngyú	——	农村	鼎湖区政府驻地东部
同仁坊	Tóngrénfāng	——	农村	鼎湖区政府驻地东北部
习卫坊	Xíwèifāng	——	农村	鼎湖区政府驻地东北部
习张坊	Xízhāngfāng	——	农村	鼎湖区政府驻地东北部
居民新村	Jūmín Xīncūn	——	农村	鼎湖区政府驻地东北部
兴华坊	Xìnghuáfāng	——	农村	鼎湖区政府驻地东北部
徐黎邓	Xúlídèng	——	农村	鼎湖区政府驻地东北部
严李	Yánlǐ	——	农村	鼎湖区政府驻地东北部
元庆坊	Yuánqìngfāng	——	农村	鼎湖区政府驻地东北部
张姓	Zhāngxìng	——	农村	鼎湖区政府驻地东北部

（续上表）

标准名称	汉语拼音	别名	地名类别	相对位置
长利	Chánglì	——	农村	鼎湖区政府驻地东北部
中和坊	Zhōnghéfāng	——	农村	鼎湖区政府驻地东北部
洲头罗	Zhōutóuluó	——	农村	鼎湖区政府驻地东北部
东园梁	Dōngyuánliáng	——	农村	鼎湖区政府驻地东北部
前进社	Qiánjìnshè	——	农村	鼎湖区政府驻地东北部
山田村	Shāntiáncūn	——	农村	鼎湖区政府驻地东北部
水坑一	Shuǐkēngyī	——	农村	鼎湖区政府驻地东北部
水口	Shuǐkǒu	——	农村	鼎湖区政府驻地东部
塘尾村	Tángwěicūn	——	农村	鼎湖区政府驻地东北部
葵园社	Kuíyuánshè	——	农村	鼎湖区政府驻地东北部
新田梁	Xīntiánliáng	——	农村	鼎湖区政府驻地东北部
苏村	Sūcūn	——	农村	鼎湖区政府驻地西南部
迪二	Dí'èr	——	农村	鼎湖区政府驻地西南部
迪一	Díyī	——	农村	鼎湖区政府驻地西北部
方家	Fāngjiā	——	农村	鼎湖区政府驻地东南部
蕉园	Jiāoyuán	——	农村	鼎湖区政府驻地西南部
金家	Jīnjiā	金家村	农村	鼎湖区政府驻地东南部
荣塘	Róngtáng	荣塘里	农村	鼎湖区政府驻地东南部
白石巷	Báishíxiàng	——	农村	鼎湖区政府驻地东北部
陶家	Táojiā	——	农村	鼎湖区政府驻地东南部
布下	Bùxià	——	农村	鼎湖区政府驻地东北部
布基	Bùjī	——	农村	鼎湖区政府驻地东北部
涌边	Chōngbiān	——	农村	鼎湖区政府驻地东北部
曹王	Cáowáng	——	农村	鼎湖区政府驻地东北部
东门	Dōngmén	——	农村	鼎湖区政府驻地东北部
大布	Dàbù	——	农村	鼎湖区政府驻地东北部
富东	Fùdōng	低地	农村	鼎湖区政府驻地东北部
端明坊	Duānmíngfāng	寨喜	农村	鼎湖区政府驻地东北部
富西	Fùxī	低地	农村	鼎湖区政府驻地东北部
富宁坊	Fùníngfāng	虎头洞	农村	鼎湖区政府驻地东北部

(续上表)

标准名称	汉语拼音	别名	地名类别	相对位置
南门	Nánmén	——	农村	鼎湖区政府驻地东北部
毫元	Háoyuán	——	农村	鼎湖区政府驻地东北部
李屋	Lǐwū	——	农村	鼎湖区政府驻地东北部
盘龙里	Pánlónglǐ	——	农村	鼎湖区政府驻地东北部
大巷	Dàxiàng	——	农村	鼎湖区政府驻地东部
三村	Sāncūn	——	农村	鼎湖区政府驻地东北部
上陈	Shàngchén	——	农村	鼎湖区政府驻地东北部
四巷	Sìxiàng	——	农村	鼎湖区政府驻地东北部
塘尾	Tángwěi	——	农村	鼎湖区政府驻地东北部
旺村	Wàngcūn	——	农村	鼎湖区政府驻地东北部
下陈	Xiàchén	——	农村	鼎湖区政府驻地东北部
徐村	Xúcūn	——	农村	鼎湖区政府驻地东北部
蔗村	Zhècūn	——	农村	鼎湖区政府驻地东北部
上莫坑	Shàngmòkēng	——	农村	鼎湖区政府驻地东南部
黄布沙三四队	Huángbùshāsānsìduì	——	农村	鼎湖区政府驻地东部
沙浦叶	Shāpǔyè	——	农村	鼎湖区政府驻地东部
沙头	Shātóu	——	农村	鼎湖区政府驻地东南部
沙一	Shāyī	——	农村	鼎湖区政府驻地东南部
下莫坑	Xiàmòkēng	——	农村	鼎湖区政府驻地东南部
水上新村	Shuǐshàng Xīncūn	——	农村	鼎湖区政府驻地东北部
桃溪	Táoxī	——	农村	鼎湖区政府驻地东南部
苍南	Cāngnán	——	农村	鼎湖区政府驻地东北部
沙三新村	Shāsān Xīncūn	——	农村	鼎湖区政府驻地东部
大朗	Dàlǎng	——	农村	鼎湖区政府驻地东北部
中岗	Zhōnggǎng	——	农村	鼎湖区政府驻地东北部
大社	Dàshè	——	农村	鼎湖区政府驻地东北部
苏罗陈李	Sūluóchénlǐ	——	农村	鼎湖区政府驻地东北部
木棉陈	Mùmiánchén	——	农村	鼎湖区政府驻地东北部
高兰	Gāolán	——	农村	鼎湖区政府驻地东北部
江溪	Jiāngxī	——	农村	鼎湖区政府驻地东北部

（续上表）

标准名称	汉语拼音	别名	地名类别	相对位置
麦家村	Màijiācūn	——	农村	鼎湖区政府驻地东北部
夏江	Xiàjiāng	——	农村	鼎湖区政府驻地东北部
长涌	Chángchōng	——	农村	鼎湖区政府驻地东北部
朱家村	Zhūjiācūn	——	农村	鼎湖区政府驻地东北部
东瓜山屋	Dōngguāshānwū	——	农村	鼎湖区政府驻地西北部
黄布沙	Huángbùshā	——	农村	鼎湖区政府驻地东部
黄布沙二村	Huángbùshā'èrcūn	——	农村	鼎湖区政府驻地东部
中文	Zhōngwén	——	农村	鼎湖区政府驻地东北部
塘口	Tángkǒu	——	农村	鼎湖区政府驻地东北部
南坑四队	Nánkēngsìduì	——	农村	鼎湖区政府驻地西北部
耕沙	Gēngshā	——	农村	鼎湖区政府驻地东北部
石龙二队	Shílóng'èrduì	——	农村	鼎湖区政府驻地西北部
前坑	Qiánkēng	——	农村	鼎湖区政府驻地东北部
罗园	Luóyuán	——	农村	鼎湖区政府驻地东北部
南七	Nánqī	——	农村	鼎湖区政府驻地西北部
大龙	Dàlóng	——	农村	鼎湖区政府驻地西北部
冷水	Lěngshuǐ	——	农村	鼎湖区政府驻地东南部
红岭	Hónglǐng	——	农村	鼎湖区政府驻地西南部
红旗社	Hóngqíshè	岗尾	农村	鼎湖区政府驻地东北部
西田	Xītián	湖西田	农村	鼎湖区政府驻地西北部
卜布	Shàngbù	——	农村	鼎湖区政府驻地东北部
三官里	Sānguānlǐ	——	农村	鼎湖区政府驻地东北部
大布	Dàbù	——	农村	鼎湖区政府驻地东北部
昌贤	Chāngxián	——	农村	鼎湖区政府驻地东部
黄布沙一村	Huángbùshāyīcūn	——	农村	鼎湖区政府驻地东部
甫草	Fǔcǎo	——	农村	鼎湖区政府驻地东北部
南坑三队	Nánkēngsānduì	——	农村	鼎湖区政府驻地西北部
团结村	Tuánjiécūn	——	农村	鼎湖区政府驻地西北部
竹坝三队	Zhúbàsānduì	——	农村	鼎湖区政府驻地西北部
珠江	Zhūjiāng	——	农村	鼎湖区政府驻地东北部

(续上表)

标准名称	汉语拼音	别名	地名类别	相对位置
朱宅	Zhūzhái	——	农村	鼎湖区政府驻地东南部
高坑三队	Gāokēngsānduì	——	农村	鼎湖区政府驻地西北部
中布	Zhōngbù	——	农村	鼎湖区政府驻地东北部
祥龙	Xiánglóng	——	农村	鼎湖区政府驻地东北部
长溪	Chángxī	——	农村	鼎湖区政府驻地东北部
英子岭	Yīngzǐlǐng	——	农村	鼎湖区政府驻地西北部
南学	Nánxué	——	农村	鼎湖区政府驻地西北部
学竹	Xuézhú	——	农村	鼎湖区政府驻地西北部
新村一队	Xīncūnyīduì	——	农村	鼎湖区政府驻地北部
双龙新村	Shuānglóng Xīncūn	——	农村	鼎湖区政府驻地东北部
园心	Yuánxīn	——	农村	鼎湖区政府驻地东南部
桃一新村	Táoyī Xīncūn	——	农村	鼎湖区政府驻地东南部
新乡	Xīnxiāng	——	农村	鼎湖区政府驻地东北部
聚龙社	Jùlóngshè	——	农村	鼎湖区政府驻地东北部
院主二村	Yuànzhǔ'èrcūn	院主下乡	农村	鼎湖区政府驻地东北部
下黄布	Xiàhuángbù	——	农村	鼎湖区政府驻地东南部
下桂峰	Xiàguìfēng	——	农村	鼎湖区政府驻地东北部
后沥新村	Hòulì Xīncūn	——	农村	鼎湖区政府驻地西南部
上岸	Shàng'àn	——	农村	鼎湖区政府驻地东北部
菜塘	Càitáng	——	农村	鼎湖区政府驻地西北部
高坑一队	Gāokēngyīduì	——	农村	鼎湖区政府驻地西北部
塘埗	Tángbù	——	农村	鼎湖区政府驻地东北部
西北谭	Xīběitán	——	农村	鼎湖区政府驻地东北部
大谭	Dàtán	——	农村	鼎湖区政府驻地东北部
院主一村	Yuànzhǔyīcūn	——	农村	鼎湖区政府驻地东北部
上黄布	Shànghuángbù	——	农村	鼎湖区政府驻地东南部
上桂峰	Shàngguìfēng	——	农村	鼎湖区政府驻地东北部
高坑四队	Gāokēngsìduì	——	农村	鼎湖区政府驻地西北部
山佳塘	Shānjiātáng	——	农村	鼎湖区政府驻地西北部

（续上表）

标准名称	汉语拼音	别名	地名类别	相对位置
沙岁	Shāqìng	——	农村	鼎湖区政府驻地东南部
三巷黄	Sānxiànghuáng	——	农村	鼎湖区政府驻地东北部
庾田	Yǔtián	——	农村	鼎湖区政府驻地东南部
半迳	Bànjìng	——	农村	鼎湖区政府驻地东北部
勿子科	Wùzǐkē	——	农村	鼎湖区政府驻地西北部
近桂坊	Jìnguìfāng	——	农村	鼎湖区政府驻地东北部
旧乡	Jiùxiāng	——	农村	鼎湖区政府驻地东北部
罗布	Luóbù	——	农村	鼎湖区政府驻地东北部
龙布	Lóngbù	——	农村	鼎湖区政府驻地东北部
下布	Xiàbù	——	农村	鼎湖区政府驻地东北部
李师	Lǐshī	李师村	农村	鼎湖区政府驻地东南部
勒溪	Lèxī	——	农村	鼎湖区政府驻地东北部
坑口	Kēngkǒu	——	农村	鼎湖区政府驻地西北部
揽根石	Lǎngēnshí	——	农村	鼎湖区政府驻地东部
架桥	Jiàqiáo	——	农村	鼎湖区政府驻地西北部
果仓	Guǒcāng	——	农村	鼎湖区政府驻地西北部
王犬地	Wángquǎndì	——	农村	鼎湖区政府驻地西北部
黄布	Huángbù	——	农村	鼎湖区政府驻地东南部
莲塘	Liántáng	——	农村	鼎湖区政府驻地东北部
古遗	Gǔyí	——	农村	鼎湖区政府驻地东北部
公坟	Gōngfén	——	农村	鼎湖区政府驻地东部
高布	Gāobù	——	农村	鼎湖区政府驻地东北部
富新	Fùxīn	——	农村	鼎湖区政府驻地东北部
富廊	Fùláng	——	农村	鼎湖区政府驻地东北部
福中岗	Fúzhōnggǎng	——	农村	鼎湖区政府驻地东北部
佛坳	Fó'ào	——	农村	鼎湖区政府驻地西北部
分界	Fēnjiè	——	农村	鼎湖区政府驻地东北部
大朱石	Dàzhūshí	——	农村	鼎湖区政府驻地西北部
富溪	Fùxī	——	农村	鼎湖区政府驻地东北部
翻身村	Fānshēncūn	——	农村	鼎湖区政府驻地西北部

（续上表）

标准名称	汉语拼音	别名	地名类别	相对位置
南寮	Nánliáo	——	农村	鼎湖区政府驻地西北部
胜利村	Shènglìcūn	——	农村	鼎湖区政府驻地东北部
苍北	Cāngběi	——	农村	鼎湖区政府驻地东北部
竹园旺	Zhúyuánwàng	——	农村	鼎湖区政府驻地东北部
朱仔岗	Zhūzǎigǎng	——	农村	鼎湖区政府驻地东北部
文华	Wénhuá	——	农村	鼎湖区政府驻地东北部
真竹岗	Zhēnzhúgǎng	——	农村	鼎湖区政府驻地东北部
山塘	Shāntáng	——	农村	鼎湖区政府驻地东北部
三王山	Sānwángshān	——	农村	鼎湖区政府驻地西北部
岐溪	Qíxī	——	农村	鼎湖区政府驻地东北部
荔村	Lìcūn	——	农村	鼎湖区政府驻地东北部
南湾	Nánwān	——	农村	鼎湖区政府驻地东南部
彭东洲	Péngdōngzhōu	——	农村	鼎湖区政府驻地东北部
鸡梯	Jītī	——	农村	鼎湖区政府驻地西南部
大岗	Dàgǎng	——	农村	鼎湖区政府驻地东南部
水坑	Shuǐkēng	——	农村	鼎湖区政府驻地东北部
三合	Sānhé	——	农村	鼎湖区政府驻地东北部
二村	Èrcūn	——	农村	鼎湖区政府驻地东北部
中社	Zhōngshè	——	农村	鼎湖区政府驻地东北部
中坎田	Zhōngkǎntián	——	农村	鼎湖区政府驻地东北部
植屋	Zhíwū	——	农村	鼎湖区政府驻地东北部
长坑	Chángkēng	——	农村	鼎湖区政府驻地西北部
涌尾	Chōngwěi	——	农村	鼎湖区政府驻地东部
涌尾	Chōngwěi	——	农村	鼎湖区政府驻地东南部
永宁	Yǒngníng	——	农村	鼎湖区政府驻地东北部
应塘	Yīngtáng	——	农村	鼎湖区政府驻地西北部
依坑	Yīkēng	——	农村	鼎湖区政府驻地东北部
一村	Yīcūn	——	农村	鼎湖区政府驻地东北部
叶子	Yèzǐ	——	农村	鼎湖区政府驻地东北部
叶茶坑	Yèchákēng	——	农村	鼎湖区政府驻地西北部

（续上表）

标准名称	汉语拼音	别名	地名类别	相对位置
杨梅	Yángméi	——	农村	鼎湖区政府驻地东南部
新屋	Xīnwū	——	农村	鼎湖区政府驻地东北部
新屋	Xīnwū	——	农村	鼎湖区政府驻地东南部
新围	Xīnwéi	——	农村	鼎湖区政府驻地东北部
新村	Xīncūn	——	农村	鼎湖区政府驻地东北部
朱麦	Zhūmài	——	农村	鼎湖区政府驻地东北部
小龙	Xiǎolóng	——	农村	鼎湖区政府驻地西北部
新朝	Xīncháo	——	农村	鼎湖区政府驻地东北部
小布	Xiǎobù	——	农村	鼎湖区政府驻地西南部
下勿斗	Xiàwùdòu	——	农村	鼎湖区政府驻地西北部
下塘坳	Xiàtáng'ào	——	农村	鼎湖区政府驻地西北部
下环	Xiàhuán	——	农村	鼎湖区政府驻地西北部
下葫芦	Xiàhúlú	——	农村	鼎湖区政府驻地西北部
下江背	Xiàjiāngbèi	——	农村	鼎湖区政府驻地西北部
下大巷	Xiàdàxiàng	——	农村	鼎湖区政府驻地东部
下陈	Xiàchén	——	农村	鼎湖区政府驻地东北部
细周	Xìzhōu	——	农村	鼎湖区政府驻地东北部
西旺	Xīwàng	——	农村	鼎湖区政府驻地东北部
西社	Xīshè	——	农村	鼎湖区政府驻地东北部
西化	Xīhuà	——	农村	鼎湖区政府驻地东北部
香山	Xiāngshān	——	农村	鼎湖区政府驻地东南部
勿斗	Wùdòu	——	农村	鼎湖区政府驻地西北部
五福	Wǔfú	——	农村	鼎湖区政府驻地东北部
圩尾	Xūwěi	——	农村	鼎湖区政府驻地东南部
湾头	Wāntóu	——	农村	鼎湖区政府驻地东南部
外海梁	Wàihǎiliáng	——	农村	鼎湖区政府驻地东北部
桐油坝	Tóngyóubà	——	农村	鼎湖区政府驻地西北部
同古仔	Tónggǔzǎi	——	农村	鼎湖区政府驻地西北部
田心坊	Tiánxīnfāng	——	农村	鼎湖区政府驻地东北部
田心	Tiánxīn	——	农村	鼎湖区政府驻地东北部

(续上表)

标准名称	汉语拼音	别名	地名类别	相对位置
下香山	Xiàxiāngshān	——	农村	鼎湖区政府驻地东南部
田坑	Tiánkēng	——	农村	鼎湖区政府驻地西北部
天生堂	Tiānshēngtáng	——	农村	鼎湖区政府驻地东北部
桃仔坑	Táozǎikēng	——	农村	鼎湖区政府驻地西北部
太平田	Tàipíngtián	——	农村	鼎湖区政府驻地西北部
苏谷	Sūgǔ	——	农村	鼎湖区政府驻地东南部
西岸	Xī'àn	——	农村	鼎湖区政府驻地东南部
水泡湾	Shuǐpàowān	——	农村	鼎湖区政府驻地西北部
水稿	Shuǐgǎo	——	农村	鼎湖区政府驻地北部
水边	Shuǐbiān	——	农村	鼎湖区政府驻地东南部
双鱼洲	Shuāngyúzhōu	——	农村	鼎湖区政府驻地东北部
双思屯	Shuāngsītún	——	农村	鼎湖区政府驻地西北部
双坑	Shuāngkēng	——	农村	鼎湖区政府驻地西北部
石阳坪	Shíyángpíng	——	农村	鼎湖区政府驻地西北部
石姓	Shíxìng	——	农村	鼎湖区政府驻地东北部
石溪	Shíxī	——	农村	鼎湖区政府驻地东北部
石湾	Shíwān	——	农村	鼎湖区政府驻地东南部
石灰屋	Shíhuīwū	——	农村	鼎湖区政府驻地西北部
上演	Shàngyǎn	——	农村	鼎湖区政府驻地东南部
上香山	Shàngxiāngshān	——	农村	鼎湖区政府驻地东南部
上勿斗	Shàngwùdòu	——	农村	鼎湖区政府驻地西北部
上塘坳	Shàngtáng'ào	——	农村	鼎湖区政府驻地西北部
上葫芦	Shànghúlú	——	农村	鼎湖区政府驻地西北部
上古球	Shànggǔqiú	——	农村	鼎湖区政府驻地东南部
田心	Tiánxīn	——	农村	鼎湖区政府驻地东南部
上陈	Shàngchén	——	农村	鼎湖区政府驻地东北部
上板田	Shàngbǎntián	——	农村	鼎湖区政府驻地西北部
山尾	Shānwěi	——	农村	鼎湖区政府驻地东南部
山化	Shānhuà	——	农村	鼎湖区政府驻地东北部
山厂	Shānchǎng	——	农村	鼎湖区政府驻地西北部

（续上表）

标准名称	汉语拼音	别名	地名类别	相对位置
沙湾	Shāwān	——	农村	鼎湖区政府驻地东部
沙墩	Shādūn	——	农村	鼎湖区政府驻地东部
桑园	Sāngyuán	——	农村	鼎湖区政府驻地东北部
三匹马	Sānpǐmǎ	——	农村	鼎湖区政府驻地西北部
三家村	Sānjiācūn	——	农村	鼎湖区政府驻地西北部
三村	Sāncūn	——	农村	鼎湖区政府驻地东北部
瑞龙	Ruìlóng	——	农村	鼎湖区政府驻地东南部
浦江	Pǔjiāng	——	农村	鼎湖区政府驻地西北部
思理	Sīlǐ	——	农村	鼎湖区政府驻地东北部
彭溪	Péngxī	——	农村	鼎湖区政府驻地东北部
牌楼	Páilóu	——	农村	鼎湖区政府驻地东北部
排子地	Páizǐdì	——	农村	鼎湖区政府驻地东北部
牛拖谷	Niútuōgǔ	——	农村	鼎湖区政府驻地西北部
南田	Nántián	——	农村	鼎湖区政府驻地东北部
南塘	Nántáng	——	农村	鼎湖区政府驻地西北部
南塘	Nántáng	——	农村	鼎湖区政府驻地东北部
南塘	Nántáng	——	农村	鼎湖区政府驻地东北部
南排	Nánpái	——	农村	鼎湖区政府驻地东北部
南寮	Nánliáo	——	农村	鼎湖区政府驻地西北部
南坑	Nánkēng	——	农村	鼎湖区政府驻地西北部
南化	Nánhuà	——	农村	鼎湖区政府驻地东北部
南边社	Nánbiānshè	——	农村	鼎湖区政府驻地东北部
上大巷	Shàngdàxiàng	——	农村	鼎湖区政府驻地东北部
庙坑	Miàokēng	——	农村	鼎湖区政府驻地西北部
脉地	Màidì	——	农村	鼎湖区政府驻地东北部
麦仔岗	Màizǎigǎng	——	农村	鼎湖区政府驻地东南部
莫坑	Mòkēng	——	农村	鼎湖区政府驻地东南部
罗水	Luóshuǐ	——	农村	鼎湖区政府驻地东北部
罗七排	Luóqīpái	——	农村	鼎湖区政府驻地西北部
罗坳	Luó'ào	——	农村	鼎湖区政府驻地西北部

(续上表)

标准名称	汉语拼音	别名	地名类别	相对位置
鹿暗	Lù'àn	——	农村	鼎湖区政府驻地西北部
龙湾	Lóngwān	——	农村	鼎湖区政府驻地东北部
马安	Mǎ'ān	——	农村	鼎湖区政府驻地东南部
龙刘	Lóngliú	——	农村	鼎湖区政府驻地东北部
龙塘	Lóngtáng	——	农村	鼎湖区政府驻地东北部
良田	Liángtián	——	农村	鼎湖区政府驻地西北部
良口	Liángkǒu	——	农村	鼎湖区政府驻地西北部
立新	Lìxīn	——	农村	鼎湖区政府驻地东南部
榄水	Lǎnshuǐ	——	农村	鼎湖区政府驻地东北部
聚蚬	Jùxiǎn	——	农村	鼎湖区政府驻地东北部
聚龙	Jùlóng	——	农村	鼎湖区政府驻地东北部
旧屋	Jiùwū	——	农村	鼎湖区政府驻地东北部
九弓坑	Jiǔgōngkēng	——	农村	鼎湖区政府驻地西北部
回龙	Huílóng	——	农村	鼎湖区政府驻地东南部
黄竹园	Huángzhúyuán	——	农村	鼎湖区政府驻地东北部
黄湾	Huángwān	——	农村	鼎湖区政府驻地东南部
黄龙坑	Huánglóngkēng	——	农村	鼎湖区政府驻地西北部
黄村	Huángcūn	——	农村	鼎湖区政府驻地东南部
花腰	Huāyāo	——	农村	鼎湖区政府驻地东南部
葫芦园	Húlúyuán	——	农村	鼎湖区政府驻地西南部
葫芦田	Húlútián	——	农村	鼎湖区政府驻地西北部
横基	Héngjī	——	农村	鼎湖区政府驻地东北部
横村	Héngcūn	——	农村	鼎湖区政府驻地东部
鹤田	Hètián	——	农村	鼎湖区政府驻地东北部
鹤鸣	Hèmíng	——	农村	鼎湖区政府驻地东北部
何屋	Héwū	——	农村	鼎湖区政府驻地东北部
禾笛塘	Hédítáng	——	农村	鼎湖区政府驻地北部
旱田	Hàntián	——	农村	鼎湖区政府驻地西北部
过刀坪	Guòdāopíng	——	农村	鼎湖区政府驻地西北部
桂湾	Guìwān	——	农村	鼎湖区政府驻地西南部

（续上表）

标准名称	汉语拼音	别名	地名类别	相对位置
桂荣	Guìróng	——	农村	鼎湖区政府驻地东北部
桂峰	Guìfēng	——	农村	鼎湖区政府驻地东北部
广华	Guǎnghuá	——	农村	鼎湖区政府驻地东南部
官田尾	Guāntiánwěi	——	农村	鼎湖区政府驻地西北部
官田	Guāntián	——	农村	鼎湖区政府驻地西北部
观音岩	Guānyīnyán	——	农村	鼎湖区政府驻地西北部
古球	Gǔqiú	——	农村	鼎湖区政府驻地东南部
高桥	Gāoqiáo	——	农村	鼎湖区政府驻地西北部
高坑尾	Gāokēngwěi	——	农村	鼎湖区政府驻地西北部
高坑	Gāokēng	——	农村	鼎湖区政府驻地西北部
高第	Gāodì	——	农村	鼎湖区政府驻地东南部
皋涌	Gāochōng	——	农村	鼎湖区政府驻地东北部
岗坳	Gǎng'ào	——	农村	鼎湖区政府驻地东北部
龙家园	Lóngjiāyuán	——	农村	鼎湖区政府驻地东北部
鹅围	Éwéi	——	农村	鼎湖区政府驻地东南部
鹅公斗	Égōngdòu	——	农村	鼎湖区政府驻地西北部
鹅塘	Étáng	——	农村	鼎湖区政府驻地东南部
东丫	Dōngyā	——	农村	鼎湖区政府驻地东北部
东社	Dōngshè	——	农村	鼎湖区政府驻地东北部
东江	Dōngjiāng	——	农村	鼎湖区政府驻地东南部
东化	Dōnghuà	——	农村	鼎湖区政府驻地东北部
东岸	Dōng'àn	——	农村	鼎湖区政府驻地东北部
地塘头	Dìtángtóu	——	农村	鼎湖区政府驻地西北部
东园李	Dōngyuánlǐ	——	农村	鼎湖区政府驻地东北部
邓屋	Dèngwū	——	农村	鼎湖区政府驻地东北部
灯盏额	Dēngzhǎn'é	——	农村	鼎湖区政府驻地西北部
大周	Dàzhōu	——	农村	鼎湖区政府驻地东北部
大寨	Dàzhài	——	农村	鼎湖区政府驻地东北部
迪村	Dícūn	——	农村	鼎湖区政府驻地西南部
大王肚	Dàwángdù	——	农村	鼎湖区政府驻地西北部

（续上表）

标准名称	汉语拼音	别名	地名类别	相对位置
大石	Dàshí	——	农村	鼎湖区政府驻地东北部
大园	Dàyuán	——	农村	鼎湖区政府驻地东南部
大旗山	Dàqíshān	——	农村	鼎湖区政府驻地西北部
大岭岗	Dàlǐnggǎng	——	农村	鼎湖区政府驻地东南部
大梁	Dàliáng	——	农村	鼎湖区政府驻地东北部
大坑头	Dàkēngtóu	——	农村	鼎湖区政府驻地东南部
大岗	Dàgǎng	——	农村	鼎湖区政府驻地东北部
大社	Dàshè	——	农村	鼎湖区政府驻地东南部
大播	Dàbō	——	农村	鼎湖区政府驻地东南部
村子村	Cūnzǐcūn	——	农村	鼎湖区政府驻地西北部
大村	Dàcūn	——	农村	鼎湖区政府驻地东北部
村头	Cūntóu	——	农村	鼎湖区政府驻地东南部
赤顶	Chìdǐng	——	农村	鼎湖区政府驻地东北部
撑耳	Chēng'ěr	——	农村	鼎湖区政府驻地东北部
陈屋	Chénwū	——	农村	鼎湖区政府驻地东北部
陈村	Chéncūn	——	农村	鼎湖区政府驻地东南部
朝南	Cháonán	——	农村	鼎湖区政府驻地东北部
朝北	Cháoběi	——	农村	鼎湖区政府驻地东北部
槎头	Chátóu	——	农村	鼎湖区政府驻地东北部
槎布	Chábù	——	农村	鼎湖区政府驻地东北部
茶园岗	Cháyuángǎng	——	农村	鼎湖区政府驻地东北部
苍边	Cāngbiān	——	农村	鼎湖区政府驻地东南部
北化	Běihuà	——	农村	鼎湖区政府驻地东北部
白水寨	Báishuǐzhài	——	农村	鼎湖区政府驻地西北部
坳下	Àoxià	——	农村	鼎湖区政府驻地西北部
坳头	Àotóu	——	农村	鼎湖区政府驻地西北部
坳背塘	Àobèitáng	——	农村	鼎湖区政府驻地西北部
莫村	Mòcūn	——	农村	鼎湖区政府驻地东部向
欧村	Ōucūn	——	农村	鼎湖区政府驻地东部向
村头	Cūntóu	——	农村	鼎湖区政府驻地东南部

（续上表）

标准名称	汉语拼音	别名	地名类别	相对位置
下古球	Xiàgǔqiú	——	农村	鼎湖区政府驻地东南部
平坦	Píngtǎn	——	农村	鼎湖区政府驻地东北部

（五）交通运输设施类

1. 水上运输

标准名称	汉语拼音	地名类别	相对位置	所在水域
肇庆新港	Zhàoqìng Xīngǎng	河港	鼎湖区政府驻地东北部	西江

2. 公路运输、城镇交通运输

标准名称	汉语拼音	地名类别	相对位置	起讫点
广成公路	Guǎngchéng Gōnglù	国道	鼎湖区中部	九母塘东北角—（迪二）港口路
珠三角环线高速	Zhūsānjiǎo Huánxiàn Gāosù	国道	鼎湖区东部	曹王村—莫坑
岭莲公路	Lǐnglián Gōnglù	省道	鼎湖区东北部	四会—莲塘
大贝公路	Dàbèi Gōnglù	县道	鼎湖区东部	富溪村委会—贝水村委会贝水泵站
广水公路	Guǎngshuǐ Gōnglù	县道	鼎湖区中部	广利镇—水南
莲金公路	Liánjīn Gōnglù	县道	鼎湖区东部	莲花镇—下香山
莲金公路	Liánjīn Gōnglù	县道	鼎湖区东南部	莲花镇—金利
南边社至五南公路	Nánbiānshè Zhì Wǔnán Gōnglù	乡道	鼎湖区东部	南边社—五南村委会出口
永安至石溪公路	Yǒng'ān Zhì Shíxī Gōnglù	乡道	鼎湖区东部	永安—石溪
四股至贝水公路	Sìgǔ Zhì Bèishuǐ Gōnglù	乡道	鼎湖区东部	四股村—贝水
甫草至江溪公路	Fǔcǎo Zhì Jiāngxī Gōnglù	乡道	鼎湖区东部	莲金线—江溪村
新朝至天生堂公路	Xīncháo Zhì Tiānshēngtáng Gōnglù	乡道	鼎湖区中部	新朝—天生堂
永安至中学公路	Yǒng'ān Zhì Zhōngxué Gōnglù	乡道	鼎湖区东部	莲金线—永安鱼塘处

(续上表)

标准名称	汉语拼音	地名类别	相对位置	起讫点
基围至桂溪公路	Jīwéi Zhì Guìxī Gōnglù	乡道	鼎湖区东部	基围—桂溪村
高兰至新围公路	Gāolán Zhì Xīnwéi Gōnglù	乡道	鼎湖区中部	高兰村—新围
罗布至西旺公路	Luóbù Zhì Xīwàng Gōnglù	乡道	鼎湖区中部	罗布—西旺
路口至东岸村公路	Lùkǒu Zhì Dōng'àncūn Gōnglù	乡道	鼎湖区东部	路口—东岸村
路口至旧乡公路	Lùkǒu Zhì Jiùxiāng Gōnglù	乡道	鼎湖区东部	路口—旧乡
东化村至西化村公路	Dōnghuàcūn Zhì Xīhuàcūn Gōnglù	乡道	鼎湖区东部	东化村—西化村
聚龙至路口公路	Jùlóng Zhì Lùkǒu Gōnglù	乡道	鼎湖区东部	聚龙村—聚龙路口
路口至桑园公路	Lùkǒu Zhì Sāngyuán Gōnglù	乡道	鼎湖区东部	路口—桑园
江溪至大岗村公路	Jiāngxī Zhì Dàgǎngcūn Gōnglù	乡道	鼎湖区东部	江溪—大岗村尾
路口至龙湾公路	Lùkǒu Zhì Lóngwān Gōnglù	乡道	鼎湖区东部	路口—龙湾村
勒溪至贝水公路	Lèxī Zhì Bèishuǐ Gōnglù	乡道	鼎湖区东部	勒溪—贝水
彭溪至波罗窦公路	Péngxī Zhì Bōluódòu Gōnglù	乡道	鼎湖区东部	彭溪—波罗窦
岐溪环村路	Qíxī Huáncūn Lù	乡道	鼎湖区中部	岐溪东—岐溪西
苍南至布下公路	Cāngnán Zhì Bùxià Gōnglù	乡道	鼎湖区东部	苍南—布下
贝水圩至夏岗公路	Bèishuǐxū Zhì Xiàgǎng Gōnglù	乡道	鼎湖区东部	贝水村委会入口—夏江村基围
永安公路	Yǒng'ān Gōnglù	乡道	鼎湖区东部	永安工业园—永安文化广场
沙浦至桃溪公路	Shāpǔ Zhì Táoxī Gōnglù	乡道	鼎湖区南部	沙三村委会入口—桃一村桃溪工区
沙浦至苏一公路	Shāpǔ Zhì Sūyī Gōnglù	乡道	鼎湖区南部	沙浦—苏一村

（续上表）

标准名称	汉语拼音	地名类别	相对位置	起迄点
沙浦至下古球公路	Shāpǔ Zhì Xiàgǔqiú Gōnglù	乡道	鼎湖区东南部	沙浦—下古球
沙浦至典一公路	Shāpǔ Zhì Diǎnyī Gōnglù	乡道	鼎湖区东南部	沙浦—典一
沙四至沙一公路	Shāsì Zhì Shāyī Gōnglù	乡道	鼎湖区东南部	沙四村委会—沙一村
桃一至大坑头公路	Táoyī Zhì Dàkēngtóu Gōnglù	乡道	鼎湖区南部	桃一—大坑头
村头至庚田公路	Cūntóu Zhì Yǔtián Gōnglù	乡道	鼎湖区南部	村头—庚田
桃一至桃二公路	Táoyī Zhì Táo'èr Gōnglù	乡道	鼎湖区南部	沙湾村—桃二村委会出口
四站至典三公路	Sìzhàn Zhì Diǎnsān Gōnglù	乡道	鼎湖区东南部	四站—典三村
黄布沙至村尾公路	Huángbùshā Zhì Cūnwěi Gōnglù	乡道	鼎湖区南部	黄布沙村头—黄布沙村委会
基围至典二公路	Jīwéi Zhì Diǎn'èr Gōnglù	乡道	鼎湖区东南部	基围—典二村委会
基围至苏二公路	Jīwéi Zhì Sū'èr Gōnglù	乡道	鼎湖区东南部	基围—苏二村委会出口
路口至山尾公路	Lùkǒu Zhì Shānwěi Gōnglù	乡道	鼎湖区南部	路口—山尾
基围至南湾公路	Jīwéi Zhì Nánwān Gōnglù	乡道	鼎湖区东南部	基围—南湾
路口至苏二公路	Lùkǒu Zhì Sū'èr Gōnglù	乡道	鼎湖区东南部	路口—苏二村委会
大元至大岗公路	Dàyuán Zhì Dàgǎng Gōnglù	乡道	鼎湖区南部	大元—大岗
杨梅至蚬岗公路	Yángméi Zhì Xiǎngǎng Gōnglù	乡道	鼎湖区东南部	杨梅—蚬岗
依坑至莲塘公路	Yīkēng Zhì Liántáng Gōnglù	乡道	鼎湖区东北部	依坑二村—古遗
蔗村至罗布公路	Zhècūn Zhì Luóbù Gōnglù	乡道	鼎湖区北部	321国道—罗布村委会
依坑至莲塘公路	Yīkēng Zhì Liántáng Gōnglù	乡道	鼎湖区东北部	依坑一村—莲塘

（续上表）

标准名称	汉语拼音	地名类别	相对位置	起讫点
布基至新屋公路	Bùjī Zhì Xīnwū Gōnglù	乡道	鼎湖区中部	布基—新屋
六桥至莲塘公路	Liùqiáo Zhì Liántáng Gōnglù	乡道	鼎湖区东北部	321国道—莲塘
蔗村外环公路	Zhècūn Wàihuán Gōnglù	乡道	鼎湖区北部	蔗村—321国道
永莲路变电站至国道公路	Yǒngliánlù Biàndiànzhàn Zhì Guódào Gōnglù	乡道	鼎湖区东北部	永莲路变电站—321国道
国道至布基排洪渠公路	Guódào Zhì Bùjīpáihóngqú Gōnglù	乡道	鼎湖区北部	321国道—布基排洪渠
富新村至隧道公路	Fùxīncūn Zhì Suìdào Gōnglù	乡道	鼎湖区北部	富新村—隧道
依坑至大沙村公路	Yīkēng Zhì Dàshācūn Gōnglù	乡道	鼎湖区东北部	依坑—大沙村
夏江至堤围公路	Xiàjiāng Zhì Dīwéi Gōnglù	乡道	鼎湖区东部	夏江—堤围
凤民线	Fèngmín Xiàn	乡道	鼎湖区中部	水坑大花坛—民乐桥
广利至坑口公路	Guǎnglì Zhì Kēngkǒu Gōnglù	乡道	鼎湖区中部	坑口—榄江
罗隐至后沥公路	Luóyǐn Zhì Hòulì Gōnglù	乡道	鼎湖区南部	罗隐—黄村
广蕉公路	Guǎngjiāo Gōnglù	乡道	鼎湖区西南部	广成公路—蕉园坑
广罗公路	Guǎngluó Gōnglù	乡道	鼎湖区南部	广成公路—罗隐居委会入口
路口至蕉园公路	Lùkǒu Zhì Jiāoyuán Gōnglù	乡道	鼎湖区西南部	路口—蕉园
广苏公路	Guǎngsū Gōnglù	乡道	鼎湖区西南部	广成公路—苏村居委会入口
后沥至民乐桥公路	Hòulì Zhì Mínlèqiáo Gōnglù	乡道	鼎湖区西南部	后沥—民乐桥
路口至鸡梯公路	Lùkǒu Zhì Jītī Gōnglù	乡道	鼎湖区西南部	路口—鸡梯
广小公路	Guǎngxiǎo Gōnglù	乡道	鼎湖区西南部	广成公路—小布

（续上表）

标准名称	汉语拼音	地名类别	相对位置	起讫点
国道至蕉园公路	Guódào Zhì Jiāoyuán Gōnglù	乡道	鼎湖区西南部	国道—蕉园
新村至国道公路	Xīncūn Zhì Guódào Gōnglù	乡道	鼎湖区西南部	新村—321国道
国道至葫芦园村公路	Guódào Zhì Húlúyuáncūn Gōnglù	乡道	鼎湖区西南部	国道—葫芦园村
广龙公路	Guǎnglóng Gōnglù	乡道	鼎湖区南部	广成公路—龙一居委会出口
广富公路	Guǎngfù Gōnglù	乡道	鼎湖区南部	广成公路—富溪村
竹仔坪至石场公路	Zhúzǎipíng Zhì Shíchǎng Gōnglù	乡道	鼎湖区西部	竹子坪—竹子坪石场
水坑一至旱田村公路	Shuǐkēngyī Zhì Hàntiáncūn Gōnglù	乡道	鼎湖区中部	水坑——旱田村
广利至龙塘公路	Guǎnglì Zhì Lóngtáng Gōnglù	乡道	鼎湖区中部	广利—龙塘村
塘厂至虎田岗公路	Tángchǎng Zhì Hǔtiángǎng Gōnglù	乡道	鼎湖区中部	塘厂—虎田岗
广利至院主公路	Guǎnglì Zhì Yuànzhǔ Gōnglù	乡道	鼎湖区中部	文华—院主一
横基至龙二公路	Héngjī Zhì Lóng'èr Gōnglù	乡道	鼎湖区中部	横基—龙二
黎桥至新屋公路	Líqiáo Zhì Xīnwū Gōnglù	乡道	鼎湖区中部	黎桥村入口—新屋
砚洲环岛路	Yànzhōu Huándǎo Lù	乡道	鼎湖区中部	砚洲—砚洲
罗水至院主坑头公路	Luóshuǐ Zhì Yuànzhǔ Kēngtóu Gōnglù	乡道	鼎湖区中部	罗水—院主一
广桥公路	Guǎngqiáo Gōnglù	乡道	鼎湖区北部	广成公路—桥林
进港公路	Jìngǎng Gōnglù	乡道	鼎湖区中部	321国道—塘口
三合村道	Sānhé Cūndào	乡道	鼎湖区中部	进港公路—三合村
院主至桂峰公路	Yuànzhǔ Zhì Guìfēng Gōnglù	乡道	鼎湖区中部	321国道—桂峰
依坑二至富新村公路	Yīkēng'èr Zhì Fùxīncūn Gōnglù	乡道	鼎湖区北部	依坑二—富新村
朝北至朝南公路	Cháoběi Zhì Cháonán Gōnglù	乡道	鼎湖区中部	朝北—朝南居委会入口

（续上表）

标准名称	汉语拼音	地名类别	相对位置	起讫点
田心至太平田公路	Tiánxīn Zhì Tàipíngtián Gōnglù	乡道	鼎湖区西北部	田心—太平田
高鹤至高坑公路	Gāohè Zhì Gāokēng Gōnglù	乡道	鼎湖区西北部	高鹤—高坑
同古至灯盏额公路	Tónggǔ Zhì Dēngzhǎn'é Gōnglù	乡道	鼎湖区西部	同古—灯盏额
九龙湖至葫芦田公路	Jiǔlónghú Zhì Húlútián Gōnglù	乡道	鼎湖区西部	九龙湖—葫芦田
凤凰桥至濂洞工区公路	Fènghuángqiáo Zhì Liándònggōngqū Gōnglù	乡道	鼎湖区西部	凤凰桥—濂洞工区
白石坑至良田公路	Báishíkēng Zhì Liángtián Gōnglù	乡道	鼎湖区西北部	白石坑—良田
白石坑至中坎田公路	Báishíkēng Zhì Zhōngkǎntián Gōnglù	乡道	鼎湖区西北部	白石坑—中坎田
白石坑至禾笛塘公路	Báishíkēng Zhì Hédítáng Gōnglù	乡道	鼎湖区西北部	白石坑—禾塘笛
田心至山厂公路	Tiánxīn Zhì Shānchǎng Gōnglù	乡道	鼎湖区西北部	田心村—山厂
良田至白水寨公路	Liángtián Zhì Báishuǐzhài Gōnglù	乡道	鼎湖区西北部	良田村委会—白水寨村
路口至南塘村公路	Lùkǒu Zhì Nántángcūn Gōnglù	乡道	鼎湖区西北部	路口—南塘村
上水田至勿斗公路	Shàngshuǐtián Zhì Wùdòu Gōnglù	乡道	鼎湖区西部	上水田村委会—勿斗
金鸡至竹坝公路	Jīnjī Zhì Zhúbà Gōnglù	乡道	鼎湖区西北部	金鸡—黄金沟景区山脚下
火烧仓至大应公路	Huǒshāocāng Zhì Dàyīng Gōnglù	乡道	鼎湖区西北部	火烧仓—大应
佛坳至菜塘公路	Fó'ào Zhì Càitáng Gōnglù	乡道	鼎湖区西部	佛坳—菜塘
下环至三匹马公路	Xiàhuán Zhì Sānpǐmǎ Gōnglù	乡道	鼎湖区西部	下环—三匹马
下环至官田尾公路	Xiàhuán Zhì Guāntiánwěi Gōnglù	乡道	鼎湖区西部	下环—官田尾
佛坳至九号坑公路	Fó'ào Zhì Jiǔgōngkēng Gōnglù	乡道	鼎湖区西部	佛坳—九号坑

（续上表）

标准名称	汉语拼音	地名类别	相对位置	起讫点
良田至坳背塘公路	Liángtián Zhì Àobèitáng Gōnglù	乡道	鼎湖区西北部	良田—坳背塘
白石坑至坑口公路	Báishíkēng Zhì Kēngkǒu Gōnglù	乡道	鼎湖区西北部	白石坑—坑口
田心至黄龙坑公路	Tiánxīn Zhì Huánglóngkēng Gōnglù	乡道	鼎湖区西北部	田心小学—黄龙坑
牛拖谷至坳背塘公路	Niútuōgǔ Zhì Àobèitáng Gōnglù	乡道	鼎湖区西北部	牛拖谷—坳背塘
良田至勿子科公路	Liángtián Zhì Wùzǐkē Gōnglù	乡道	鼎湖区西北部	良田—蜜仔窝
灯盏额路口至观音岩公路	Dēngzhǎn'élùkǒu Zhì Guānyīnyán Gōnglù	乡道	鼎湖区西部	观音岩—灯盏额路口
崖洲至双布公路	Yázhōu Zhì Shuāngbù Gōnglù	乡道	鼎湖区东部	崖洲村头—434县道
横槎至永宁公路	Héngchá Zhì Yǒngníng Gōnglù	乡道	鼎湖区中部	横槎村委会入口—长利
广利至贝水公路	Guǎnglì Zhì Bèishuǐ Gōnglù	乡道	鼎湖区中部	广利—贝水
竹仔坪至凤凰镇公路	Zhúzǎipíng Zhì Fènghuángzhèn Gōnglù	乡道	鼎湖区西部	竹仔坪—凤凰镇
广利至桂峰公路	Guǎnglì Zhì Guìfēng Gōnglù	乡道	鼎湖区中部	枫湾桥—龙头社区
彭东洲至罗布公路	Péngdōngzhōu Zhì Luóbù Gōnglù	乡道	鼎湖区东部	彭东洲—罗布村
永连公路	Yǒnglián Gōnglù	乡道	鼎湖区东北部	永安食品厂—萍广路
新广路	Xīnguǎng Lù	主干路	鼎湖区中部	和平路—321国道
莲花大道	Liánhuā Dàdào	主干路	鼎湖区东北部	321国道—莲乐路
罗隐路	Luóyǐn Lù	主干路	鼎湖区南部	鼎盛路—沿江大道
观砚路	Guānyàn Lù	主干路	鼎湖区中部	民乐大道—鼎湖大道
振兴路	Zhènxīng Lù	主干路	鼎湖区中部	新广路—创业路
莲花路	Liánhuā Lù	主干路	鼎湖区南部	广海路—沿江大道
鼎湖大道	Dǐnghú Dàdào	主干路	鼎湖区中部	同兴路—水坑大道

（续上表）

标准名称	汉语拼音	地名类别	相对位置	起讫点
港口路	Gǎngkǒu Lù	主干路	鼎湖区西南部	鼎湖火车站—鼎湖大道
民乐大道	Mínlè Dàdào	主干路	鼎湖区西南部	桃园路—创业路
桃园路	Táoyuán Lù	主干路	鼎湖区西南部	鼎盛路—鼎湖大道
长园路	Chángyuán Lù	主干路	鼎湖区西南部	港口路—新华路
星湖大道	Xīnghú Dàdào	主干路	鼎湖区中部	同兴路—莲花路
宝鼎路	Bǎodǐng Lù	次干路	鼎湖区中部	水坑大道—顺景路
永丰路	Yǒngfēng Lù	次干路	鼎湖区中部	和平北路—龙头村、槎头村
东怡路	Dōngyí Lù	次干路	鼎湖区中部	华贵路—创业路
华贵路	Huáguì Lù	次干路	鼎湖区中部	东怡路—顺景路
排洪渠绿道	Páihóngqú Lùdào	次干路	鼎湖区东北部	凤凰社区—桂峰泄洪闸
平湖路	Pínghú Lù	次干路	鼎湖区中部	水坑大道—振兴路
水坑大道	Shuǐkēng Dàdào	次干路	鼎湖区中部	创业路—星湖大道
顺景路	Shùnjǐng Lù	次干路	鼎湖区中部	新广路—莲花路
同兴路	Tóngxīng Lù	次干路	鼎湖区中部	民乐大道—顺景路
天后路	Tiānhòu Lù	次干路	鼎湖区南部	民乐大道—鼎湖大道
万福路	Wànfú Lù	次干路	鼎湖区南部	鼎盛路—鼎湖大道
永丰路	Yǒngfēng Lù	次干路	鼎湖区东部	卫生院—水利会
沿江路	Yánjiāng Lù	次干路	鼎湖区中部	008乡道—后沥社区
创业路	Chuàngyè Lù	次干路	鼎湖区中部	水坑大道—新广路
鼎盛路	Dǐngshèng Lù	次干路	鼎湖区西南部	罗隐路—桃园路
上山路	Shàngshān Lù	次干路	鼎湖区西南部	鼎盛路—鼎湖山入口
水坑市场巷	Shuǐkēngshìchǎng Xiàng	支路	鼎湖区中部	广成公路—水坑市场
莲广路	Liánguǎng Lù	支路	鼎湖区东北部	莲塘—古遗
和平路	Hépíng Lù	支路	鼎湖区中部	新广路—统一路
中华路	Zhōnghuá Lù	支路	鼎湖区中部	和平路—广利政府

（续上表）

标准名称	汉语拼音	地名类别	相对位置	起讫点
莲市二路	Liánshì 2 Lù	支路	鼎湖区东北部	旧 321 国道—南门北路口
沙三大街	Shāsān Dàjiē	支路	鼎湖区东南部	府前路—沙三李氏宗祠
莲市一路	Liánshì 1 Lù	支路	鼎湖区东北部	旧国道—旧市头
总部三路	Zǒngbù 3 Lù	支路	鼎湖区中部	罗水村—进港公路
总部四路	Zǒngbù 4 Lù	支路	鼎湖区中部	院主—罗水
春城街	Chūnchéng Jiē	支路	鼎湖区东北部	莲纺路—莲乐路
乐华街	Lèhuá Jiē	支路	鼎湖区东北部	古遗村—八坊小学
丽华街	Lìhuá Jiē	支路	鼎湖区东北部	春城街—六桥旺村路
莲丰路	Liánfēng Lù	支路	鼎湖区东北部	莲纺路—莲信路
莲合路	Liánhé Lù	支路	鼎湖区东北部	莲花大道—莲顺路
莲庆路	Liánqìng Lù	支路	鼎湖区东北部	莲纺路—莲花大道
莲育路	Liányù Lù	支路	鼎湖区东北部	莲纺路—莲花大道
信昌街	Xìnchāng Jiē	支路	鼎湖区东北部	莲信路—莲花镇真光中心小学
朱家村大道	Zhūjiācūn Dàdào	支路	鼎湖区东部	433 县道—朱家村
振兴路	Zhènxìng Lù	支路	鼎湖区中部	和平北路—田头
兴业街	Xìngyè Jiē	支路	鼎湖区中部	新广路—平安东街
凤凰大道	Fènghuáng Dàdào	支路	鼎湖区中部	广州成都公路—九坑河
上善街	Shàngshàn Jiē	支路	鼎湖区中部	水库路—凤凰路
爱华街	Àihuá Jiē	支路	鼎湖区中部	和平路—广利财政局
城中路	Chéngzhōng Lù	支路	鼎湖区中部	振兴路—统一路
堤坝路	Dībà Lù	支路	鼎湖区东部	贝水泵站—008 乡道
福乐街	Fúlè Jiē	支路	鼎湖区中部	利民路—敬老院
花园路	Huāyuán Lù	支路	鼎湖区中部	景泰路—城中路
花园西街	Huāyuán Xījiē	支路	鼎湖区中部	花园路南街边—广利部粉厂围墙

(续上表)

标准名称	汉语拼音	地名类别	相对位置	起讫点
建国路	Jiànguó Lù	支路	鼎湖区中部	利民路—广里堤围
景泰路	Jǐngtài Lù	支路	鼎湖区中部	永丰路—广利堤围脚
康乐街	Kānglè Jiē	支路	鼎湖区中部	建国路—景泰路
利民路	Lìmín Lù	支路	鼎湖区中部	花坛西—景泰路
龙蟠路	Lóngpán Lù	支路	鼎湖区中部	利民路—广利粮油食品厂
龙庆街	Lóngqìng Jiē	支路	鼎湖区中部	景泰路—广利影剧院
泰来路	Tàilái Lù	支路	鼎湖区中部	景泰路东边界—城中路
新村二巷	Xīncūn 2 Xiàng	支路	鼎湖区中部	新广路—永丰路
新村三巷	Xīncūn 3 Xiàng	支路	鼎湖区中部	新广路—永丰路
新村四巷	Xīncūn 4 Xiàng	支路	鼎湖区中部	新广路—永丰路
新村一巷	Xīncūn 1 Xiàng	支路	鼎湖区中部	新广路—永丰路
新广路二巷	Xīnguǎng Lù 2 Xiàng	支路	鼎湖区中部	广利小学小道口—广利小学围墙侧
新广路一巷	Xīnguǎng Lù 1 Xiàng	支路	鼎湖区中部	新广路入口—广利小学小道口
中华横街	Zhōnghuá Héngjiē	支路	鼎湖区中部	和平路广利税所—中华路 12 号
朝凤街	Cháofèng Jiē	支路	鼎湖区中部	星湖大道—桂昌街
创业一街	Chuàngyè 1 Jiē	支路	鼎湖区中部	建业二路—振兴路
大安街	Dà'ān Jiē	支路	鼎湖区中部	鼎湖大道—富贵巷
大昌街	Dàchāng Jiē	支路	鼎湖区中部	富贵巷—顺景路
大东街	Dàdōng Jiē	支路	鼎湖区中部	鼎湖大道—富贵巷
大华街	Dáhuá Jiē	支路	鼎湖区中部	鼎湖大道—富贵巷
大宁街	Dàníng Jiē	支路	鼎湖区中部	顺景路—富贵巷
大同街	Dàtóng Jiē	支路	鼎湖区中部	鼎湖大道—富贵巷
大旺街	Dàwàng Jiē	支路	鼎湖区中部	鼎湖大道—富贵巷
大新街	Dàxīn Jiē	支路	鼎湖区中部	鼎湖大道—富贵巷
大兴街	Dàxīng Jiē	支路	鼎湖区中部	顺兴路—顺桂路

（续上表）

标准名称	汉语拼音	地名类别	相对位置	起讫点
东大街	Dōng Dàjiē	支路	鼎湖区中部	水坑一市场—水坑大道
东风二路	Dōngfēng 2 Lù	支路	鼎湖区中部	水坑大道—东大街
东怡一街	Dōngyí 1 Jiē	支路	鼎湖区中部	东怡路—迎春街
逢明街	Féngmíng Jiē	支路	鼎湖区中部	桂凤西街—新明街
逢新街	Féngxīn Jiē	支路	鼎湖区中部	桂隆水果市场—逢源路
逢源路	Féngyuán Lù	支路	鼎湖区中部	平安街—创业路
凤祥街	Fèngxiáng Jiē	支路	鼎湖区中部	星湖大道—顺景路
富贵巷	Fùguì Xiàng	支路	鼎湖区中部	大兴街—宝鼎路
工业路	Gōngyè Lù	支路	鼎湖区中部	凤凰大道—新广路
桂昌街	Guìchāng Jiē	支路	鼎湖区中部	新广路—创业路
桂凤西街	Guìfèng Xījiē	支路	鼎湖区中部	桂花路—星湖大道
桂福街	Guìfú Jiē	支路	鼎湖区中部	顺景路—建业二路
桂花街	Guìhuā Jiē	支路	鼎湖区中部	桂凤西街—创业路
桂兰街	Guìlán Jiē	支路	鼎湖区中部	桂苑路—桂祥二街
桂青街	Guìqīng Jiē	支路	鼎湖区中部	桂昌街—长青街
桂荣街	Guìróng Jiē	支路	鼎湖区中部	建业二路—顺景路
桂祥二街	Guìxiáng 2 Jiē	支路	鼎湖区中部	桂兰街—桂苑一街
桂祥一街	Guìxiáng 1 Jiē	支路	鼎湖区中部	桂苑五街—桂苑一街
桂新街	Guìxīn Jiē	支路	鼎湖区中部	建业二路—顺景路
桂苑二街	Guìyuàn 2 Jiē	支路	鼎湖区中部	桂祥二街—桂苑路
桂苑后街	Guìyuàn Hòujiē	支路	鼎湖区中部	桂兰街—新广路
桂苑六街	Guìyuàn 6 Jiē	支路	鼎湖区中部	桂祥二街—桂苑路
桂苑路	Guìyuàn Lù	支路	鼎湖区中部	新广路—桂兰街
桂苑三街	Guìyuàn 3 Jiē	支路	鼎湖区中部	桂苑路—新广路
桂苑四街	Guìyuàn 4 Jiē	支路	鼎湖区中部	桂苑路—居民点
桂苑五街	Guìyuàn 5 Jiē	支路	鼎湖区中部	桂苑路—居民点
桂苑一街	Guìyuàn 1 Jiē	支路	鼎湖区中部	桂苑路—桂城文化广场

(续上表)

标准名称	汉语拼音	地名类别	相对位置	起讫点
华富街	Huáfù Jiē	支路	鼎湖区中部	桂凤西街—平湖路
华乐二街	Huálè 2 Jiē	支路	鼎湖区中部	银发商业城—华富街
华乐三街	Huálè 3 Jiē	支路	鼎湖区中部	水坑大道—华富街
华乐四街	Huálè 4 Jiē	支路	鼎湖区中部	水坑大道—东怡路
华乐一街	Huálè 1 Jiē	支路	鼎湖区中部	华富街—桂豪花苑
华强二巷	Huáqiáng 2 Xiàng	支路	鼎湖区中部	华富街—东怡路
华强街	Huáqiáng Jiē	支路	鼎湖区中部	桂凤西街—平湖路
华强六巷	Huáqiáng 6 Xiàng	支路	鼎湖区中部	水坑一工业村—华贵路
华强三巷	Huáqiáng 3 Xiàng	支路	鼎湖区中部	华富街—东怡路
华强四巷	Huáqiáng 4 Xiàng	支路	鼎湖区中部	华富街—华贵路
华强五巷	Huáqiáng 5 Xiàng	支路	鼎湖区中部	水坑一文体广场—华贵路
华强一巷	Huáqiáng 1 Xiàng	支路	鼎湖区中部	华富街—东怡路
建业二街	Jiànyè 2 Jiē	支路	鼎湖区中部	建业二路—桂凤东街
建业二路	Jiànyè 2 Lù	支路	鼎湖区中部	新广路—创业路
建业六街	Jiànyè 6 Jiē	支路	鼎湖区中部	建业二路—桂凤东街
建业三街	Jiànyè 3 Jiē	支路	鼎湖区中部	肇庆市鼎湖区科电变压器有限公司—振兴路
建业四街	Jiànyè 4 Jiē	支路	鼎湖区中部	肇庆市鼎湖区科电变压器有限公司—振兴路
建业一街	Jiànyè 1 Jiē	支路	鼎湖区中部	建业二路—桂凤东街
建业一路	Jiànyè 1 Lù	支路	鼎湖区中部	新广路—创业路
金花路	Jīnhuā Lù	支路	鼎湖区中部	庆云大道—龙旺路
南安街	Nán'ān Jiē	支路	鼎湖区中部	东怡路—星湖大道
南安一街	Nán'ān 1 Jiē	支路	鼎湖区中部	东怡路—星湖大道

（续上表）

标准名称	汉语拼音	地名类别	相对位置	起讫点
南大街	Nán Dàjiē	支路	鼎湖区中部	民乐大道—水坑农贸市场
南平街	Nánpíng Jiē	支路	鼎湖区中部	东怡路—星湖大道
平安东街	Píng'ān Dōngjiē	支路	鼎湖区中部	星湖大道—顺景路
平安西街	Píng'ān Xījiē	支路	鼎湖区中部	迎春街—星湖大道
平湖二街	Pínghú 2 Jiē	支路	鼎湖区中部	迎春街—星湖大道
平湖一街	Pínghú 1 Jiē	支路	鼎湖区中部	迎春街—星湖大道
荣华街	Rónghuá Jiē	支路	鼎湖区中部	星湖大道—顺景路
如意街	Rúyì Jiē	支路	鼎湖区中部	星湖大道—长青街
顺景东街	Shùnjǐng Dōngjiē	支路	鼎湖区中部	平湖路—宝源东街
顺景二街	Shùnjǐng 2 Jiē	支路	鼎湖区中部	丽港新天地—顺景路
团结路	Tuánjié Lù	支路	鼎湖区中部	庆云大道—吉祥路
旺角五巷	Wàngjiǎo 5 Xiàng	支路	鼎湖区中部	旺角四巷—新广路
旺角二巷	Wàngjiǎo 2 Xiàng	支路	鼎湖区中部	413县道—旺角五巷
旺角三巷	Wàngjiǎo 3 Xiàng	支路	鼎湖区中部	旺角四巷—旺角一巷
旺角四巷	Wàngjiǎo 4 Xiàng	支路	鼎湖区中部	旺角三巷—旺角五巷
旺角一巷	Wàngjiǎo 1 Xiàng	支路	鼎湖区中部	旺角三巷—旺角五巷
为民二街	Wèimín 2 Jiē	支路	鼎湖区中部	为民路—工业路
为民六街	Wèimín 6 Jiē	支路	鼎湖区中部	为民路—工业路
为民路	Wèimín Lù	支路	鼎湖区中部	凤凰大道—新广路
为民七街	Wèimín 7 Jiē	支路	鼎湖区中部	为民路—工业路
为民三街	Wèimín 3 Jiē	支路	鼎湖区中部	为民路—工业路
为民四街	Wèimín 4 Jiē	支路	鼎湖区中部	为民路—工业路
为民五街	Wèimín 5 Jiē	支路	鼎湖区中部	为民路—工业路
为民一街	Wèimín 1 Jiē	支路	鼎湖区中部	为民路—工业路
为民中路	Wèimín Zhōnglù	支路	鼎湖区中部	为民六街—新广路
先锋一巷	Xiānfēng 1 Xiàng	支路	鼎湖区中部	水库路—321国道

（续上表）

标准名称	汉语拼音	地名类别	相对位置	起讫点
新成街	Xīnchéng Jiē	支路	鼎湖区中部	桂隆水果市场—逢源路
新东街	Xīndōng Jiē	支路	鼎湖区中部	华贵路—桂凤西街
新广二街	Xīnguǎng 2 Jiē	支路	鼎湖区中部	新民街—居民点
新广后街	Xīnguǎng Hòujiē	支路	鼎湖区中部	新宁街—建业二路
新广一街	Xīnguǎng 1 Jiē	支路	鼎湖区中部	新民路—居民点
新康街	Xīnkāng Jiē	支路	鼎湖区中部	顺景路—建业街
新民街	Xīnmín Jiē	支路	鼎湖区中部	新广路—新广二街
新明街	Xīnmíng Jiē	支路	鼎湖区中部	顺景路—建业街
新宁街	Xīnníng Jiē	支路	鼎湖区中部	新广路—新月二街
新月二街	Xīnyuè 2 Jiē	支路	鼎湖区中部	新宁街—新月街
新月街	Xīnyuè Jiē	支路	鼎湖区中部	新广路—新月二街
新月三街	Xīnyuè 3 Jiē	支路	鼎湖区中部	万物新旧货大型市场—居民点
新月一街	Xīnyuè 1 Jiē	支路	鼎湖区中部	新宁路—新月路
永宁街	Yǒngníng Jiē	支路	鼎湖区中部	平湖路—创业路
永新街	Yǒngxīn Jiē	支路	鼎湖区中部	星湖大道—顺景路
长利涌基围路	Chánglìchōng Jīwéi Lù	支路	鼎湖区中部	建设东路—鼎湖大道
长青街	Chángqīng Jiē	支路	鼎湖区中部	新广路—华贵路
湖西路	Húxī Lù	支路	鼎湖区中部	民乐大道北—鼎湖大道
福东街	Fúdōng Jiē	支路	鼎湖区南部	罗隐路—万福路
福龙街	Fúlóng Jiē	支路	鼎湖区南部	鼎盛路—福东街
福宁街	Fúníng Jiē	支路	鼎湖区南部	罗隐路—万福路
福庆街	Fúqìng Jiē	支路	鼎湖区南部	鼎盛路—福东街
福星街	Fúxīng Jiē	支路	鼎湖区南部	罗隐路—民乐大道
华鼎东街	Huádǐng Dōngjiē	支路	鼎湖区南部	万福路—华鼎街
华鼎二街	Huádǐng 2 Jiē	支路	鼎湖区南部	新昌街—华鼎东街
华鼎六街	Huádǐng 6 Jiē	支路	鼎湖区南部	新昌街—华鼎东街
华鼎三街	Huádǐng 3 Jiē	支路	鼎湖区南部	新昌街—星湖大道

（续上表）

标准名称	汉语拼音	地名类别	相对位置	起讫点
华鼎四街	Huádǐng 4 Jiē	支路	鼎湖区南部	新昌街—华鼎东街
华鼎五街	Huádǐng 5 Jiē	支路	鼎湖区南部	新昌街—星湖大道
华鼎西街	Huádǐng Xījiē	支路	鼎湖区南部	万福路—华鼎街
华鼎一街	Huádǐng 1 Jiē	支路	鼎湖区南部	民乐大道—星湖大道
华鼎中街	Huádǐng Zhōngjiē	支路	鼎湖区南部	万福路—华鼎街
龙湖路	Lónghú Lù	支路	鼎湖区西南部	育龙路—鼎盛路
龙业路	Lóngyè Lù	支路	鼎湖区西南部	迪村路—港口路
明政街	Míngzhèng Jiē	支路	鼎湖区南部	文昌二街—罗隐大道
文昌二街	Wénchāng 2 Jiē	支路	鼎湖区南部	民乐大道—星湖大道
文昌街	Wénchāng Jiē	支路	鼎湖区南部	罗隐路—文昌四街
文昌三街	Wénchāng 3 Jiē	支路	鼎湖区南部	民乐大道—星湖大道
文昌四街	Wénchāng 4 Jiē	支路	鼎湖区南部	民乐大道—星湖大道
文昌五街	Wénchāng 5 Jiē	支路	鼎湖区南部	民乐大道—星湖大道
文昌一街	Wénchāng 1 Jiē	支路	鼎湖区南部	民乐大道—文昌街
新园东路	Xīnyuán Dōnglù	支路	鼎湖区南部	罗隐路—万福路
新园二街	Xīnyuán 2 Jiē	支路	鼎湖区南部	民乐大道—星湖大道
新园六街	Xīnyuán 6 Jiē	支路	鼎湖区南部	民乐大道 星湖大道
新园七街	Xīnyuán 7 Jiē	支路	鼎湖区南部	新园西街—新园东街
新园三街	Xīnyuán 3 Jiē	支路	鼎湖区南部	民乐大道—新园西街
新园西街	Xīnyuán Xījiē	支路	鼎湖区南部	罗隐大道—万福路
育龙路	Yùlóng Lù	支路	鼎湖区西南部	鼎盛路—港口路
兴华街	Xīnghuá Jiē	支路	鼎湖区东北部	莲顺路—莲业路
承前路	Chéngqián Lù	支路	鼎湖区东南部	众兴路—府前路

（续上表）

标准名称	汉语拼音	地名类别	相对位置	起讫点
同福路	Tóngfú Lù	支路	鼎湖区东南部	沙田路—府前路
同乐街	Tónglè Jiē	支路	鼎湖区东部	庆云大道—景福大道
众兴路	Zhòngxīng Lù	支路	鼎湖区东南部	肇实路—围安路
永华路	Yǒnghuá Lù	支路	鼎湖区东部	永泰路—刺绣厂
永康街	Yǒngkāng Jiē	支路	鼎湖区东部	永泰路—广播站前
永乐街	Yǒnglè Jiē	支路	鼎湖区东部	永安中行—永安供销社仓库
永泰街	Yǒngtài Jiē	支路	鼎湖区东部	永安码头—永莲公路
永祥街	Yǒngxiáng Jiē	支路	鼎湖区东部	永泰路—电镀厂
永逸街	Yǒngyì Jiē	支路	鼎湖区东部	永泰路—永兴街
凤安街	Fèng'ān Jiē	支路	鼎湖区中部	凤凰路—凤龙路
凤府街	Fèngfǔ Jiē	支路	鼎湖区中部	凤凰路—凤凰镇综合文化站
凤龙路	Fènglóng Lù	支路	鼎湖区中部	凤凰镇公路—民乐街
凤平街	Fèngpíng Jiē	支路	鼎湖区中部	凤凰路—凤龙路
凤如街	Fèngrú Jiē	支路	鼎湖区中部	凤凰镇公路—凤龙路
凤祥街	Fèngxiáng Jiē	支路	鼎湖区中部	凤凰镇公路—凤龙路
凤意街	Fèngyì Jiē	支路	鼎湖区中部	凤凰社区居委会—凤凰路
建设西路	Jiànshè Xīlù	支路	鼎湖区中部	水库路—凤凰路
民乐街	Mínlè Jiē	支路	鼎湖区中部	水库路—凤凰路
安东二街	Āndōng 2 Jiē	支路	鼎湖区中部	天湖丽景花园—安庆街
安东一街	Āndōng 1 Jiē	支路	鼎湖区中部	天湖丽景花园—安庆街
安庆街	Ānqìng Jiē	支路	鼎湖区中部	湖西路—安东一街
宝源东街	Bǎoyuán Dōngjiē	支路	鼎湖区中部	丽港新天地—顺景路

（续上表）

标准名称	汉语拼音	地名类别	相对位置	起讫点
宝源二街	Bǎoyuán 2 Jiē	支路	鼎湖区中部	丽港新天地—顺景路
宝源西街	Bǎoyuán Xījiē	支路	鼎湖区中部	桂花街—星湖大道
宝源一街	Bǎoyuán 1 Jiē	支路	鼎湖区中部	丽港新天地—顺景路
创业后街	Chuàngyè Hòujiē	支路	鼎湖区中部	建业二路—振兴路
桂凤东街	Guìfèng Dōngjiē	支路	鼎湖区中部	星湖大道—顺景路
建设东路	Jiànshè Dōnglù	支路	鼎湖区中部	凤凰路—南广高速铁路
建业五街	Jiànyè 5 Jiē	支路	鼎湖区中部	肇庆市鼎湖区科电变压器有限公司—振兴路
顺景一街	Shùnjǐng 1 Jiē	支路	鼎湖区中部	丽港新天地—顺景路
水库路	Shuǐkù Lù	支路	鼎湖区中部	先锋一巷—九龙湖景区停车场
昌贤路	Chāngxián Lù	支路	鼎湖区南部	昌贤一街—佛肇城际铁路
昌贤一街	Chāngxián 1 Jiē	支路	鼎湖区南部	昌贤路—李师入村公路
呈祥一路	Chéngxiáng 1 Lù	支路	鼎湖区南部	长园路—星湖大道
福盛街	Fúshèng Jiē	支路	鼎湖区南部	罗隐路—万福路
福盛街二巷	Fúshèng Jiē 2 Xiàng	支路	鼎湖区南部	肇庆市鼎湖区人民防空办公室—福盛街
福盛街一巷	Fúshèng Jiē 1 Xiàng	支路	鼎湖区南部	福盛街—民乐大道南
福源街	Fúyuán Jiē	支路	鼎湖区南部	福东街—民乐大道南
国兴街	Guóxīng Jiē	支路	鼎湖区南部	鼎盛路—福星街
龙景街	Lóngjǐng Jiē	支路	鼎湖区西南部	育龙路—龙业街
龙翔三街	Lóngxiáng 3 Jiē	支路	鼎湖区西南部	港口路—龙湖路
龙翔一街	Lóngxiáng 1 Jiē	支路	鼎湖区西南部	港口路—龙湖路
民乐大道北	Mínlè Dàdàoběi	支路	鼎湖区中部	创业路—罗隐路
民乐大道南	Mínlè Dàdàonán	支路	鼎湖区南部	鼎盛路—罗隐路

（续上表）

标准名称	汉语拼音	地名类别	相对位置	起讫点
苏村村前路	Sūcūn Cūnqián Lù	支路	鼎湖区西南部	321国道—苏村环村路
文昌八街	Wénchāng 8 Jiē	支路	鼎湖区南部	民乐大道北—星湖大道
新园四街	Xīnyuán 4 Jiē	支路	鼎湖区南部	民乐大道—星湖大道
新园五街	Xīnyuán 5 Jiē	支路	鼎湖区南部	新园西街—新园东街
新园一街北	Xīnyuán 1 Jiēběi	支路	鼎湖区南部	新园东路—新园西路
新园一街中	Xīnyuán 1 Jiēzhōng	支路	鼎湖区南部	新园东路—居民点
新园一街南	Xīnyuán 1 Jiēnán	支路	鼎湖区南部	新园西街—新园东街
呈祥二路	Chéngxiáng 2 Lù	支路	鼎湖区南部	321国道—消防大队
龙翔二街	Lóngxiáng 2 Jiē	支路	鼎湖区西南部	龙翔三街—居民点
二十小区二三排	20 Xiǎoqū Èrsānpái	支路	鼎湖区东北部	莲纺路—油漆店
二十小区四五排	20 Xiǎoqū Sìwǔpái	支路	鼎湖区东北部	莲纺路—油漆店
二十一小区八排	21 Xiǎoqū Bāpái	支路	鼎湖区东北部	莲纺路—中心街
二十一小区六七排	21 Xiǎoqū Liùqīpái	支路	鼎湖区东北部	莲纺路—市场西中心公路
二十一小区四五排	21 Xiǎoqū Sìwǔpái	支路	鼎湖区东北部	莲纺路—市场西中心街
安乐街	Ānlè Jiē	支路	鼎湖区东北部	莲纺路—居民点
定福街	Dìngfú Jiē	支路	鼎湖区东北部	莲花大道—莲顺路
国北路	Guóběi Lù	支路	鼎湖区东北部	连信路—260省道
丽城街	Lìchéng Jiē	支路	鼎湖区东北部	春城街—六桥旺村路
丽和街	Lìhé Jiē	支路	鼎湖区东北部	春城街—六桥旺村路
丽祥街	Lìxiáng Jiē	支路	鼎湖区东北部	古遗村路界—六桥旺村路

（续上表）

标准名称	汉语拼音	地名类别	相对位置	起讫点
丽兴街	Lìxīng Jiē	支路	鼎湖区东北部	春城街—六桥旺村路
莲安路	Lián'ān Lù	支路	鼎湖区东北部	莲花大道—莲业路
莲纺路	Liánfǎng Lù	支路	鼎湖区东北部	321国道—鼎湖永盛化纤纺织印染厂有限公司
莲乐路	Liánlè Lù	支路	鼎湖区东北部	莲信路—260省道
莲顺路	Liánshùn Lù	支路	鼎湖区东北部	国北路—莲乐路
莲信路	Liánxìn Lù	支路	鼎湖区东北部	321国道—肇庆市东洋鸿诚制管有限公司
莲兴路	Liánxīng Lù	支路	鼎湖区东北部	国北路—莲乐路
莲业路	Liányè Lù	支路	鼎湖区东北部	国北路—莲乐路
信城街	Xìnchéng Jiē	支路	鼎湖区东北部	莲庆路—321国道
信达街	Xìndá Jiē	支路	鼎湖区东北部	莲信路—广信住宅区
信发街	Xìnfā Jiē	支路	鼎湖区东北部	莲信路—广信住宅区
信吉街	Xìnjí Jiē	支路	鼎湖区东北部	莲庆路—国北路
信盛街	Xìnshèng Jiē	支路	鼎湖区东北部	莲信路—肇庆市鼎湖区莲花镇真光中心小学
信祥街	Xìnxiáng Jiē	支路	鼎湖区东北部	莲信路—信城街
兴发街	Xīngfā Jiē	支路	鼎湖区东北部	莲顺路—莲业路
兴联街	Xīnglián Jiē	支路	鼎湖区东北部	莲兴路—莲顺路
兴隆街	Xīnglóng Jiē	支路	鼎湖区东北部	莲顺路—莲业路
兴业街	Xīngyè Jiē	支路	鼎湖区东北部	莲顺路—莲业路
长和街	Chánghé Jiē	支路	鼎湖区东北部	莲花大道—规划路
长兴街	Chángxīng Jiē	支路	鼎湖区东北部	莲花大道—莲花镇政府
府前路	Fǔqián Lù	支路	鼎湖区东南部	承前路—围安路
科技路	Kējì Lù	支路	鼎湖区东南部	承前路—沙浦高速收费站

（续上表）

标准名称	汉语拼音	地名类别	相对位置	起讫点
沙东大街	Shādōng Dàjiē	支路	鼎湖区东南部	无名路—沙四
同庆街	Tóngqìng Jiē	支路	鼎湖区东南部	众兴路—无名路
肇实街	Zhàoshí Jiē	支路	鼎湖区东南部	183乡道—创业路
创业街	Chuàngyè Jiē	支路	鼎湖区东北部	433县道—振兴路
鸿发街	Hóngfā Jiē	支路	鼎湖区东北部	横布居委会—433县道
鸿图街	Hóngtú Jiē	支路	鼎湖区东北部	横布居委会—434县道
鸿兴街	Hóngxīng Jiē	支路	鼎湖区东北部	横布居委会—435县道
鸿运街	Hóngyùn Jiē	支路	鼎湖区东北部	横布居委会—436县道
永福街	Yǒngfú Jiē	支路	鼎湖区东部	永泰路—434县道
永和街	Yǒnghé Jiē	支路	鼎湖区东部	永泰路—邮电大楼
永顺街	Yǒngshùn Jiē	支路	鼎湖区东部	永泰路美宜家便利店—夏江村路口
永贤街	Yǒngxián Jiē	支路	鼎湖区东部	永泰路—广东省广播电视网络股份有限公司肇庆鼎湖分公司（永安收费点）
永兴街	Yǒngxīng Jiē	支路	鼎湖区东部	永祥街—永顺街
振发街	Zhènfā Jiē	支路	鼎湖区东部	鼎湖区水产养殖场—433县道
振华街	Zhènhuá Jiē	支路	鼎湖区东部	振兴路—433县道
振荣街	Zhènróng Jiē	支路	鼎湖区东部	横布居委会—433县道
振业街	Zhènyè Jiē	支路	鼎湖区东部	横布居委会—433县道
振兴路	Zhènxīng Lù	支路	鼎湖区东部	创业街—振华街
同庆街	Tóngqìng Jiē	支路	鼎湖区东部	贝水大道—鼎湖区水产养殖场
贝水街	Bèishuǐ Jiē	支路	鼎湖区东部	433县道—贝水市场
迎春街	Yíngchūn Jiē	支路	鼎湖区东北部	莲花大道—四小区

（续上表）

标准名称	汉语拼音	地名类别	相对位置	起讫点
创业路	Chuàngyè Lù	支路	鼎湖区东南部	182乡道—田塱
迎春街	Yíngchūn Jiē	支路	鼎湖区中部	水坑大道—创业路
永乐街	Yǒnglè Jiē	支路	鼎湖区中部	荣兴街—城中路

3. 铁路运输

标准名称	汉语拼音	地名类别	相对位置	起讫点
贵广高铁	Guìguǎng Gāotiě	铁路	鼎湖区东北部	贵阳—广州
三茂铁路	Sānmào Tiělù	铁路	鼎湖区中部	三水市西南镇—茂名市区
南广高铁	Nánguǎng Gāotiě	铁路	鼎湖区中部	南宁—广州

4. 桥梁

标准名称	汉语拼音	别名	地名类别	相对位置	所在线路	所跨河流（道路等）
白石坑桥	Báishíkēng Qiáo	——	桥梁	鼎湖区西北部	广水线	——
贝水桥	Bèishuǐ Qiáo		桥梁	鼎湖区东部	大贝线	新窦涌
布基桥	Bùjī Qiáo		桥梁	鼎湖区北部	广成公路	——
苍边背桥	Cāngbiān Bèiqiáo		桥梁	鼎湖区东南部	——	典水截洪渠
陈村桥	Chéncūn Qiáo		桥梁	鼎湖区东南部	四站至典三公路	典水截洪渠
大岗一号桥	Dàgǎng 1 Hào Qiáo	——	桥梁	鼎湖区南部	大元至大岗公路	桃溪十字涌
大岗二号桥	Dàgǎng 2 Hào Qiáo		桥梁	鼎湖区南部	大元至大岗公路	桃溪排洪渠
大谭桥	Dàtán Qiáo		桥梁	鼎湖区南部	莲花路	石咀涌
大田布桥	Dàtiánbù Qiáo		桥梁	鼎湖区北部	依坑二至富新村公路	环山排洪渠
大围桥	Dàwéi Qiáo		桥梁	鼎湖区东南部	科技路	——
大周桥	Dàzhōu Qiáo		桥梁	鼎湖区东部	——	贝水涌
氹仔塘桥	Dàngzǎitáng Qiáo		桥梁	鼎湖区东南部		文㟍塱大涌
典三桥	Diǎnsān Qiáo		桥梁	鼎湖区东南部	四站至典三公路	文㟍塱大涌

（续上表）

标准名称	汉语拼音	别名	地名类别	相对位置	所在线路	所跨河流（道路等）
鹅塘桥	Étáng Qiáo	——	桥梁	鼎湖区东南部	沙浦至桃溪公路	——
二级电站桥	Èrjí Diànzhàn Qiáo		桥梁	鼎湖区西北部	广水公路	——
飞堑桥	Fēiqiàn Qiáo		桥梁	鼎湖区西部	上山路	鼎湖坑
枫湾桥	Fēngwān Qiáo		桥梁	鼎湖区中部	广成公路	长利河
峰湾桥	Fēngwān Qiáo		桥梁	鼎湖区东部	——	贝水涌
凤凰桥	Fènghuáng Qiáo		桥梁	鼎湖区西部	广水公路	——
佛圳桥	Fó'ào Qiáo		桥梁	鼎湖区西部	凤凰桥至濂洞工区公路	——
富廊桥	Fùláng Qiáo		桥梁	鼎湖区北部	——	团结渠
皋涌桥	Gāochōng Qiáo		桥梁	鼎湖区东部	四股至贝水公路	贝水涌
高第桥	Gāodì Qiáo		桥梁	鼎湖区东南部	——	典水涌
高岗桥	Gāogǎng Qiáo		桥梁	鼎湖区北部	依坑二至富新村公路	环山排洪渠
高坑桥	Gāokēng Qiáo		桥梁	鼎湖区西北部	高鹤至高坑公路	——
高兰桥	Gāolán Qiáo		桥梁	鼎湖区中部	高兰至新围公路	
共青水库大桥	Gòngqīng Shuǐkù Dàqiáo		桥梁	鼎湖区东北部	四莲公路	拦洪沟
广利桥	Guǎnglì Qiáo		桥梁	鼎湖区中部	广水公路	广利涌
桂峰桥	Guìfēng Qiáo		桥梁	鼎湖区中部	广成公路	——
桂荣太丰豆桥	Guìróng Tàifēngdòu Qiáo		桥梁	鼎湖区中部	塘厂至虎田岗公路	横槎涌
桂湾桥	Guìwān Qiáo		桥梁	鼎湖区西南部	——	后沥涌
寒翠桥	Háncuì Qiáo		桥梁	鼎湖区西部	上山路	鼎湖坑
湖须田桥	Húxūtián Qiáo		桥梁	鼎湖区西部	大元至大岗公路	
环翠桥	Huáncuì Qiáo		桥梁	鼎湖区西部	上山路	鼎湖坑
黄布沙桥	Huángbùshā Qiáo		桥梁	鼎湖区南部	黄布沙至村尾公路	西江
黄村桥	Huángcūn Qiáo		桥梁	鼎湖区南部	后沥至民乐桥公路	后沥涌

（续上表）

标准名称	汉语拼音	别名	地名类别	相对位置	所在线路	所跨河流（道路等）
黄竹园桥	Huángzhúyuán Qiáo	——	桥梁	鼎湖区东部	苍南至布下公路	贝水涌
夹河桥	Jiáhé Qiáo	——	桥梁	鼎湖区西部	凤凰桥至濂洞工区公路	——
江溪桥	Jiāngxī Qiáo	——	桥梁	鼎湖区东部	甫草至江溪公路	贝水涌
蕉园桥	Jiāoyuán Qiáo	——	桥梁	鼎湖区西南部	路口至鸡梯公路	后沥涌
金鸡桥	Jīnjī Qiáo	——	桥梁	鼎湖区西北部	广水线	——
旧金鸡桥	Jiùjīnjī Qiáo	——	桥梁	鼎湖区西北部	广水线	——
坑头桥	Kēngtóu Qiáo	——	桥梁	鼎湖区北部	依坑二至富新村公路	环山排洪渠
黎桥大围桥	Líqiáo Dàwéi Qiáo	——	桥梁	鼎湖区中部	布基至新屋公路	横槎涌
莲塘二桥	Liántáng 2 Qiáo	桥头坑	桥梁	鼎湖区东北部	莲广路	莲广路
莲塘桥	Liántáng Qiáo	——	桥梁	鼎湖区东北部	依坑至莲塘公路	——
莲塘一桥	Liántáng 1 Qiáo	——	桥梁	鼎湖区东北部	莲市一路	莲广路
罗隐桥	Luóyǐn Qiáo	——	桥梁	鼎湖区南部	广成公路	罗隐涌
民乐桥	Mínlè Qiáo	——	桥梁	鼎湖区西南部	广成公路	后沥涌
南岗桥	Nángǎng Qiáo	——	桥梁	鼎湖区北部	依坑二至富新村公路	环山排洪渠
彭东洲桥	Péngdōngzhōu Qiáo	——	桥梁	鼎湖区东部	永莲公路	贝水涌
彭寿桥	Péngshòu Qiáo	——	桥梁	鼎湖区中部	广利至院主公路	长利河
桥林一号桥	Qiáolín 1 Hào Qiáo	——	桥梁	鼎湖区北部	广桥公路	广桥公路
桥林二号桥	Qiáolín 2 Hào Qiáo	——	桥梁	鼎湖区北部	——	——
三介岗桥	Sānjiègǎng Qiáo	——	桥梁	鼎湖区北部	依坑二至富新村公路	环山排洪渠
三巷桥	Sānxiàng Qiáo	——	桥梁	鼎湖区中部	横槎至永宁公路	横槎涌
三丫桥	Sānyā Qiáo	——	桥梁	鼎湖区东南部	——	文岁塱大涌

（续上表）

标准名称	汉语拼音	别名	地名类别	相对位置	所在线路	所跨河流（道路等）
桑园桥	Sāngyuán Qiáo	——	桥梁	鼎湖区东部	——	——
沙四桥	Shāsì Qiáo	——	桥梁	鼎湖区东南部	基围至苏二公路	沙浦大涌
山塘桥	Shāntáng Qiáo	——	桥梁	鼎湖区东部	——	大包渠
上水田桥	Shàngshuǐtián Qiáo	——	桥梁	鼎湖区西部	凤凰桥至濂洞工区公路	——
十字桥	Shízì Qiáo	——	桥梁	鼎湖区南部	桃一至大坑头公路	桃溪十字涌
石龙桥	Shílóng Qiáo	——	桥梁	鼎湖区中部	竹仔坪至凤凰镇公路	水坑一排洪渠
四股桥	Sìgǔ Qiáo	——	桥梁	鼎湖区东部	——	——
寺坑桥	Sìkēng Qiáo	——	桥梁	鼎湖区北部	依坑二至富新村公路	环山排洪渠
苏村古桥	Sūcūn Gǔqiáo	——	桥梁	鼎湖区西南部	——	水干渠
苏二一号桥	Sū'èr 1 Hào Qiáo	——	桥梁	鼎湖区东南部	——	典水截洪渠
苏二二号桥	Sū'èr 2 Hào Qiáo	——	桥梁	鼎湖区东南部	——	典水截洪渠
苏二三号桥	Sū'èr 3 Hào Qiáo	——	桥梁	鼎湖区东南部	——	典水截洪渠
苏二四号桥	Sū'èr 4 Hào Qiáo	——	桥梁	鼎湖区东南部	——	典水截洪渠
苏二五号桥	Sū'èr 5 Hào Qiáo	——	桥梁	鼎湖区东南部	——	典水截洪渠
苏三一号桥	Sūsān 1 Hào Qiáo	——	桥梁	鼎湖区东南部	沙浦至下古球公路	典水截洪渠
苏三二号桥	Sūsān 2 Hào Qiáo	——	桥梁	鼎湖区东南部	沙浦至下古球公路	典水截洪渠
苏一桥	Sūyī Qiáo	——	桥梁	鼎湖区南部	沙浦至苏一公路	典水截洪渠
太平田桥	Tàipíngtián Qiáo	——	桥梁	鼎湖区西北部	田心至太平田公路	——
天湖桥	Tiānhú Qiáo	——	桥梁	鼎湖区中部	——	团结渠
田尾桥	Tiánwěi Qiáo	——	桥梁	鼎湖区南部	——	桃溪电排涌

（续上表）

标准名称	汉语拼音	别名	地名类别	相对位置	所在线路	所跨河流（道路等）
同古桥	Tónggǔ Qiáo	——	桥梁	鼎湖区西部	九龙湖至葫芦田公路	——
团结桥	Tuánjié Qiáo	——	桥梁	鼎湖区中部	横槎至永宁公路	横槎涌
卫东桥	Wèidōng Qiáo	——	桥梁	鼎湖区中部	——	横槎涌
五四桥	Wǔsì Qiáo	——	桥梁	鼎湖区北部	广成公路	——
西坑桥	Xīkēng Qiáo	——	桥梁	鼎湖区南部	——	桃溪排洪渠
西旺桥	Xīwàng Qiáo	——	桥梁	鼎湖区中部	——	——
下江背桥	Xiàjiāng Bèiqiáo	——	桥梁	鼎湖区西北部	白石坑至良田公路	白石坑至良田公路
夏江桥	Xiàjiāng Qiáo	——	桥梁	鼎湖区东部	夏江至堤围公路	大包渠
香界桥	Xiāngjiè Qiáo	——	桥梁	鼎湖区西部	上山路	鼎湖坑
小南坑桥	Xiǎonánkēng Qiáo	——	桥梁	鼎湖区西北部	——	——
新村桥	Xīncūn Qiáo	——	桥梁	鼎湖区西南部	新村至国道公路	后沥涌
新凤桥	Xīnfèng Qiáo	——	桥梁	鼎湖区中部	广水线	水坑一排洪渠
新屋桥	Xīnwū Qiáo	——	桥梁	鼎湖区中部	黎桥至新屋公路	团结渠
幸福桥	Xìngfú Qiáo	——	桥梁	鼎湖区东部	——	上岸村前渠
砚洲桥	Yànzhōu Qiáo	——	桥梁	鼎湖区中部	砚洲环岛路	——
永安桥	Yǒng'ān Qiáo	——	桥梁	鼎湖区东部	莲金线	大包渠
永宁过朝北桥	Yǒngníng Guòcháo Běiqiáo	——	桥梁	鼎湖区中部	横槎至永宁公路	横槎涌
远坑桥	Yuǎnkēng Qiáo	——	桥梁	鼎湖区东部	——	贝水涌
院主桥	Yuànzhǔ Qiáo	——	桥梁	鼎湖区中部	广成公路	——
长岗桥	Chánggǎng Qiáo	——	桥梁	鼎湖区北部	依坑二至富新村公路	环山排洪渠
长利桥	Chánglì Qiáo	——	桥梁	鼎湖区中部	广利至院主公路	长利河

（续上表）

标准名称	汉语拼音	别名	地名类别	相对位置	所在线路	所跨河流（道路等）
珠外环江肇高速公路西江特大桥	Zhūwàihuán Jiāngzhào Gāosù Gōnglù Xījiāng Tèdàqiáo	——	桥梁	鼎湖区东部	珠三角环线高速公路鼎湖段	西江
燕子岗桥	Yànzǐgǎng Qiáo	——	桥梁	鼎湖区北部	依坑二至富新村公路	环山排洪渠
新村桥	Xīncūn Qiáo	——	桥梁	鼎湖区东部	——	新窦涌
小周桥	Xiǎozhōu Qiáo	——	桥梁	鼎湖区东部	四股至贝水公路	贝水涌

5. 其他类

标准名称	汉语拼音	地名类别	相对位置
鼎湖莲花车站	Dǐnghú Liánhuā Chēzhàn	长途汽车站	鼎湖区政府驻地东北部
桂城汽车客运站	Guìchéng Qìchē Kèyùnzhàn	长途汽车站	鼎湖区政府驻地东北部
沙浦渡口收费站	Shāpǔ Dùkǒu Shōufèizhàn	收费站	鼎湖区政府驻地东南部
沙浦高速收费站出口	Shāpǔ Gāosù Shōufèizhàn Chūkǒu	收费站	鼎湖区政府驻地东南部
沙浦高速收费站入口	Shāpǔ Gāosù Shōufèizhàn Rùkǒu	收费站	鼎湖区政府驻地东南部
院主二收费站	Yuànzhǔ'èr Shōufèizhàn	收费站	鼎湖区政府驻地东北部
永安收费站	Yǒng'ān Shōufèizhàn	收费站	鼎湖区政府驻地东北部
鼎湖收费站	Dǐnghú Shōufèizhàn	收费站	鼎湖区政府驻地北部
鼎湖火车站	Dǐnghú Huǒchēzhàn	火车站	鼎湖区政府驻地西南部
永基车站	Yǒngjī Chēzhàn	火车站	鼎湖区政府驻地东北部
苍南候车亭	Cāngnán Hòuchētíng	公共交通车站	鼎湖区政府驻地东北部
永莲路口候车亭	Yǒngliánlùkǒu Hòuchētíng	公共交通车站	鼎湖区政府驻地东北部
砚洲码头候车亭	Yànzhōu Mǎtóu Hòuchētíng	公共交通车站	鼎湖区政府驻地东北部
塘口候车亭	Tángkǒu Hòuchētíng	公共交通车站	鼎湖区政府驻地东北部

（续上表）

标准名称	汉语拼音	地名类别	相对位置
桂溪候车亭	Guìxī Hòuchētíng	公共交通车站	鼎湖区政府驻地东北部
大家乐停车场	Dàjiālè Tíngchēchǎng	停车场	鼎湖区政府驻地东南部
鼎湖区安源停车场	Dǐnghú Qū Ānyuán Tíngchēchǎng	停车场	鼎湖区政府驻地东北部
鼎湖山停车场	Dǐnghúshān Tíngchēchǎng	停车场	鼎湖区政府驻地西部
鼎湖山景区停车场	Dǐnghúshān Jǐngqū Tíngchēchǎng	停车场	鼎湖区政府驻地西部
度假酒店停车场	Dùjià Jiǔdiàn Tíngchēchǎng	停车场	鼎湖区政府驻地西部
广利码头停车场	Guǎnglì Mǎtóu Tíngchēchǎng	停车场	鼎湖区政府驻地东北部
金凤酒楼停车场	Jīnfèng Jiǔlóu Tíngchēchǎng	停车场	鼎湖区政府驻地北部
九龙湖景区停车场	Jiǔlónghú Jǐngqū Tíngchēchǎng	停车场	鼎湖区政府驻地东北部
藏龙沟风景区停车场	Cánglónggōu Fēngjǐngqū Tíngchēchǎng	停车场	鼎湖区政府驻地西北部
羚山公园停车场	Língshān Gōngyuán Tíngchēchǎng	停车场	鼎湖区政府驻地东南部
鼎湖高速服务区停车场	Dǐnghú Gāosù Fúwùqū Tíngchēchǎng	停车场	鼎湖区政府驻地东北部
中心道班	Zhōngxīn Dàobān	道班	鼎湖区永安镇政府驻地北部
汉庆加油站	Hànqìng Jiāyóuzhàn	加油站	鼎湖区政府驻地西南部
平安加油站	Píng'ān Jiāyóuzhàn	加油站	鼎湖区政府驻地东北部
鼎湖公路加油站	Dǐnghú Gōnglù Jiāyóuzhàn	加油站	鼎湖区政府驻地西南部
广利加油站	Guǎnglì Jiāyóuzhàn	加油站	鼎湖区政府驻地东北部
广石化油站	Guǎngshíhuà Yóuzhàn	加油站	鼎湖区政府驻地东北部
南方加油站	Nánfāng Jiāyóuzhàn	加油站	鼎湖区政府驻地东北部
南田加油站	Nántián Jiāyóuzhàn	加油站	鼎湖区政府驻地东北部
沙三加油站	Shāsān Jiāyóuzhàn	加油站	鼎湖区政府驻地东南部
四通加油站	Sìtōng Jiāyóuzhàn	加油站	鼎湖区政府驻地东北部
泰和二加油站	Tàihé'èr Jiāyóuzhàn	加油站	鼎湖区政府驻地西南部
文通一油站	Wéntōng Yī Yóuzhàn	加油站	鼎湖区政府驻地东北部
恒生加油站	Héngshēng Jiāyóuzhàn	加油站	鼎湖区政府驻地东北部
鼎湖区水上加油站	Dǐnghú Qū Shuǐshàng Jiāyóuzhàn	加油站	鼎湖区政府驻地西南部
永安镇农机加油站	Yǒng'ān Zhèn Nóngjī Jiāyóuzhàn	加油站	鼎湖区政府驻地东北部

（续上表）

标准名称	汉语拼音	地名类别	相对位置
永安镇水上加油站	Yǒng'ān Zhèn Shuǐshàng Jiāyóuzhàn	加油站	鼎湖区政府驻地东北部
华德石化加油站	Huádé Shíhuà Jiāyóuzhàn	加油站	鼎湖区政府驻地东北部
志友加油站	Zhìyǒu Jiāyóuzhàn	加油站	鼎湖区政府驻地东北部
贝水水上加油站	Bèishuǐ Shuǐshàng Jiāyóuzhàn	加油站	鼎湖区政府驻地东北部
桂城加油站	Guìchéng Jiāyóuzhàn	加油站	鼎湖区政府驻地东北部
葫芦山加油站	Húlúshān Jiāyóuzhàn	加油站	鼎湖区政府驻地东北部
东区加油站	Dōngqū Jiāyóuzhàn	加油站	鼎湖区政府驻地东北部
西区加油站	Xīqū Jiāyóuzhàn	加油站	鼎湖区政府驻地东北部
万通加油站	Wàntōng Jiāyóuzhàn	加油站	鼎湖区政府驻地东北部
兴发加油站	Xīngfā Jiāyóuzhàn	加油站	鼎湖区政府驻地东北部
永通加油站	Yǒngtōng Jiāyóuzhàn	加油站	鼎湖区政府驻地东北部
永安加油站	Yǒng'ān Jiāyóuzhàn	加油站	鼎湖区政府驻地东北部
泰和加油站	Tàihé Jiāyóuzhàn	加油站	鼎湖区政府驻地西南部
中南石油加油站	Zhōngnánshíyóu Jiāyóuzhàn	加油站	鼎湖区政府驻地东北部

（六）水利、电力、通信设施类

标准名称	汉语拼音	地名类别	相对位置
蕉园不竭泉	Jiāoyuán Bújiéquán	井	鼎湖区政府驻地西南部
大湖塘	Dàhú Táng	池塘	鼎湖区政府驻地东北部
丰塘	Fēngtáng	池塘	鼎湖区政府驻地东北部
河坝鱼塘	Hébà Yútáng	池塘	鼎湖区政府驻地东北部
黄竹园鱼塘	Huángzhúyuán Yútáng	池塘	鼎湖区政府驻地东北部
念洲汪	Niànzhōuwāng	池塘	鼎湖区政府驻地东北部
盆头	Péntóu	池塘	鼎湖区政府驻地东北部
沙湾潭	Shāwān Tán	池塘	鼎湖区政府驻地东部
文里塘	Wénlǐ Táng	池塘	鼎湖区政府驻地东北部
洋勒塘	Yánglè Táng	池塘	鼎湖区政府驻地东北部
长沥	Chánglì	池塘	鼎湖区政府驻地东北部
上塘	Shàngtáng	池塘	鼎湖区政府驻地东北部

（续上表）

标准名称	汉语拼音	地名类别	相对位置
珠江潭	Zhūjiāng Tán	池塘	鼎湖区政府驻地东北部
村头水库	Cūntóu Shuǐkù	水库	鼎湖区东南部
大坑水库	Dàkēng Shuǐkù	水库	鼎湖区西南部
鼎湖水库	Dǐnghú Shuǐkù	水库	鼎湖区西部
九坑河水库	Jiǔkēnghé Shuǐkù	水库	鼎湖区西北部
共青水库	Gòngqīng Shuǐkù	水库	鼎湖区东北部
红岗水库	Hónggǎng Shuǐkù	水库	鼎湖区东南部
坑口水库	Kēngkǒu Shuǐkù	水库	鼎湖区西南部
罗苏水库	Luósū Shuǐkù	水库	鼎湖区南部
平湖水库	Pínghú Shuǐkù	水库	鼎湖区中部
樵坑水库	Qiáokēng Shuǐkù	水库	鼎湖区中部
沙浦水库	Shāpǔ Shuǐkù	水库	鼎湖区南部
沙湾水库	Shāwān Shuǐkù	水库	鼎湖区西南部
石龙水库	Shílóng Shuǐkù	水库	鼎湖区中部
天湖水库	Tiānhú Shuǐkù	水库	鼎湖山茶场西北部
下湾水库	Xiàwān Shuǐkù	水库	鼎湖区西南部
大坑头水库	Dàkēngtóu Shuǐkù	水库	鼎湖区中部
黄布沙灌区	Huángbùshā Guànqū	灌区	鼎湖区南部
九坑河灌区	Jiǔkēnghé Guànqū	灌区	鼎湖区中部
坑口灌区	Kēngkǒu Guànqū	灌区	鼎湖区西南部
沙浦灌区	Shāpǔ Guànqū	灌区	鼎湖区南部
砚洲灌区	Yànzhōu Guànqū	灌区	鼎湖区中部偏南

（七）纪念地、旅游胜地类

标准名称	汉语拼音	别名	地名类别	相对位置
水坑陈氏祖祠	Shuǐkēng Chénshì Zǔcí	——	人物纪念地	鼎湖区政府驻地北部
沙二陈氏宗祠	Shā'èr Chénshì Zōngcí	沙浦陈氏宗祠	人物纪念地	鼎湖区政府驻地东南部
苏二张氏宗祠	Sū'èr Zhāngshì Zōngcí	——	人物纪念地	鼎湖区政府驻地东南部
砚洲陈氏宗祠	Yànzhōu Chénshì Zōngcí	——	人物纪念地	鼎湖区政府驻地东北部

（续上表）

标准名称	汉语拼音	别名	地名类别	相对位置
甫草梁氏大宗祠	Fǔcǎo Liángshì Dàzōngcí	——	人物纪念地	鼎湖区政府驻地东北部
富廊苏氏宗祠	Fùláng Sūshì Zōngcí	——	人物纪念地	鼎湖区政府驻地东北部
布基村陈氏宗祠	Bùjīcūn Chénshì Zōngcí	——	人物纪念地	鼎湖区政府驻地东北部
莲塘村督祖祠	Liántángcūn Dūzǔ Cí	禁毒基地	人物纪念地	鼎湖区政府驻地东北部
桂荣梁氏宗祠	Guìróng Liángshì Zōngcí	——	人物纪念地	鼎湖区政府驻地东北部
桂荣正亭梁公祠	Guìróng Zhèngtíng Liánggōng Cí	——	人物纪念地	鼎湖区政府驻地东北部
长利苏氏宗祠	Zhǎnglì Sūshì Zōngcí	——	人物纪念地	鼎湖区政府驻地东北部
院主一翔宇张公祠	Yuànzhǔyī Xiángyǔ Zhānggōng Cí	——	人物纪念地	鼎湖区政府驻地东北部
砚洲罗氏祖祠	Yànzhōu Luóshì Zǔcí	——	人物纪念地	鼎湖区政府驻地东北部
南寮温氏宗祠	Nánliáo Wēnshì Zōngcí	——	人物纪念地	鼎湖区政府驻地西北部
仁候黄公祠	Rénhòu Huánggōng Cí	——	人物纪念地	鼎湖区政府驻地东南部
迪村吴氏宗祠	Dícūn Wúshì Zōngcí	——	人物纪念地	鼎湖区政府驻地西南部
蕉园梁氏宗祠	Jiāoyuán Liángshì Zōngcí	山主故居	人物纪念地	鼎湖区政府驻地西南部
龙头彭氏宗祠	Lóngtóu Péngshì Zōngcí	——	人物纪念地	鼎湖区政府驻地东北部
元梓邹公祠	Yuánzǐ Zōugōng Cí	——	人物纪念地	鼎湖区政府驻地西北部
元振蔡公祠	Yuánzhèn Càigōng Cí	——	人物纪念地	鼎湖区政府驻地西北部
明赠检校苏公祠	Míngzèng Jiǎnjiào Sūgōng Cí	——	人物纪念地	鼎湖区政府驻地东北部
石溪鸣胜公祠	Shíxī Míngshènggōng Cí	——	人物纪念地	鼎湖区政府驻地东北部
崧隐公祠	Sōngyǐngōng Cí	——	人物纪念地	鼎湖区政府驻地东北部
谢林隐公祠	Xièlínyǐngōng Cí	——	人物纪念地	鼎湖区政府驻地东北部
石溪惠斋公祠	Shíxī Huìzhāigōng Cí	——	人物纪念地	鼎湖区政府驻地东北部
蔗村廖氏宗祠	Zhècūn Liàoshì Zōngcí	万石堂	人物纪念地	鼎湖区政府驻地东北部
蔗村李氏宗祠	Zhècūn Lǐshì Zōngcí	响宝堂	人物纪念地	鼎湖区政府驻地东北部
桃二程氏大宗祠	Táo'èr Chéngshì Dàzōngcí	——	人物纪念地	鼎湖区政府驻地东部
典二伍氏宗祠	Diǎn'èr Wǔshì Zōngcí	——	人物纪念地	鼎湖区政府东驻地南部
沙三吴氏宗祠	Shāsān Wúshì Zōngcí	——	人物纪念地	鼎湖区政府东南部

（续上表）

标准名称	汉语拼音	别名	地名类别	相对位置
沙三叶氏宗祠	Shāsān Yèshì Zōngcí	——	人物纪念地	鼎湖区政府驻地东部
沙一梁氏宗祠	Shāyī Liángshì Zōngcí	——	人物纪念地	鼎湖区政府驻地东南部
乐圃公祠	Lèpǔgōng Cí	——	人物纪念地	鼎湖区政府驻地东北部
桂溪巡山公祠	Guìxī Xúnshāngōng Cí	——	人物纪念地	鼎湖区政府驻地东北部
中文村梁氏宗祠	Zhōngwéncūn Liángshì Zōngcí	——	人物纪念地	鼎湖区政府驻地东北部
彭泰来故居	Péngtàilái Gùjū	——	人物纪念地	鼎湖区政府驻地东北部
水坑明禋堂	Shuǐkēng Míngyīn Táng	——	人物纪念地	鼎湖区政府驻地东北部
张国梁故居	Zhāngguóliáng Gùjū	——	人物纪念地	鼎湖区政府驻地东南部
陈焕章故居	Chénhuànzhāng Gùjū	励刚家塾	人物纪念地	鼎湖区政府东北部驻地
包公祠	Bāogōng Cí	——	人物纪念地	鼎湖区政府驻地东北部
陈殿邦故居	Chéndiànbāng Gùjū	——	人物纪念地	鼎湖区政府驻地东北部
富廊村陈氏宗祠	Fùlángcūn Chénshì Zōngcí	——	人物纪念地	鼎湖区政府驻地东北部
双鱼洲陈氏宗祠	Shuāngyúzhōu Chénshì Zōngcí	——	人物纪念地	鼎湖区政府驻地东北部
大布何氏宗祠	Dàbù Héshì Zōngcí	——	人物纪念地	鼎湖区政府驻地东北部
曹王邓氏宗祠	Cáowáng Dèngshì Zōngcí	——	人物纪念地	鼎湖区政府驻地东北部
刁氏宗祠	Diāoshì Zōngcí	——	人物纪念地	鼎湖区政府驻地西北部
桂溪东月宗祠	Guìxī Dōngyuè Zōngcí	——	人物纪念地	鼎湖区政府驻地东北部
典三杜氏大宗祠	Diǎnsān Dùshì Dàzōngcí	——	人物纪念地	鼎湖区政府驻地东南部
福善堂	Fúshàn Táng	——	人物纪念地	鼎湖区政府驻地东北部
谷贻堂	Gǔyí Táng	——	人物纪念地	鼎湖区政府驻地东北部
光裕堂	Guāngyù Táng	——	人物纪念地	鼎湖区政府驻地东北部
桃一何氏大宗祠	Táoyī Héshì Dàzōngcí	——	人物纪念地	鼎湖区政府驻地东南部
夏江怀逸公祠	Xiàjiāng Huáiyìgōng Cí	——	人物纪念地	鼎湖区政府驻地东北部
苏一村黄氏宗祠	Sūyīcūn Huángshì Zōngcí	——	人物纪念地	鼎湖区政府驻地东北部
桥巷黄氏宗祠	Qiáoxiàng Huángshì Zōngcí	——	人物纪念地	鼎湖区政府驻地东北部
旧乡郭氏宗祠	Jiùxiāng Guōshì Zōngcí	——	人物纪念地	鼎湖区政府驻地东北部

(续上表)

标准名称	汉语拼音	别名	地名类别	相对位置
聚蚬罗氏宗祠	Jùxiǎn Luóshì Zōngcí	——	人物纪念地	鼎湖区政府驻地东北部
聚龙聚族宗祠	Jùlóng Jùzú Zōngcí	六礼堂	人物纪念地	鼎湖区政府驻地东北部
院主一李氏宗祠	Yuànzhǔyī Lǐshì Zōngcí	——	人物纪念地	鼎湖区政府驻地东北部
依坑二李氏宗祠	Yīkēng'èr Lǐshì Zōngcí	——	人物纪念地	鼎湖区政府驻地东北部
双鱼洲李氏宗祠	Shuāngyúzhōu Lǐshì Zōngcí	——	人物纪念地	鼎湖区政府驻地东北部
依坑一梁氏宗祠	Yīkēngyī Liángshì Zōngcí	——	人物纪念地	鼎湖区政府驻地东北部
双鱼洲罗氏宗祠	Shuāngyúzhōu Luóshì Zōngcí	——	人物纪念地	鼎湖区政府驻地东北部
江溪马氏宗祠	Jiāngxī Mǎshì Zōngcí	——	人物纪念地	鼎湖区政府驻地东北部
莫家祠	Mòjiā Cí	莫氏宗祠	人物纪念地	鼎湖区政府驻地东北部
荣裕祖第	Róngyù Zǔdì	——	人物纪念地	鼎湖区政府驻地东北部
汝佑公祠	Rǔyòugōng Cí	——	人物纪念地	鼎湖区政府驻地东北部
石姓石氏宗祠	Shíxìng Shíshì Zōngcí	——	人物纪念地	鼎湖区政府驻地东北部
始业堂	Shǐyè Táng	——	人物纪念地	鼎湖区政府驻地东北部
沙四梁氏大宗祠	Shāsì Liángshì Dàzōngcí	——	人物纪念地	鼎湖区政府驻地东北部
苏三谭氏大宗祠	Sūsān Tánshì Dàzōngcí	——	人物纪念地	鼎湖区政府驻地东南部
文才祖	Wéncái Zǔ	——	人物纪念地	鼎湖区政府驻地东北部
吴功补宅	Wúgōngbǔ Zhái	——	人物纪念地	鼎湖区政府驻地东南部
分界谢氏宗祠	Fēnjiè Xièshì Zōngcí	——	人物纪念地	鼎湖区政府驻地东北部
岩叟公祠	Yánsǒugōng Cí	思敬堂	人物纪念地	鼎湖区政府驻地东北部
荫毓堂	Yīnyù Táng	——	人物纪念地	鼎湖区政府驻地东北部
院主张氏宗祠	Yuànzhǔ Zhāngshì Zōngcí	——	人物纪念地	鼎湖区政府驻地东北部
泽英祠	Zéyīng Cí	——	人物纪念地	鼎湖区政府驻地东北部
泽元公祠	Zéyuángōng Cí	——	人物纪念地	鼎湖区政府驻地东北部
昭成堂	Zhāochéng Táng	——	人物纪念地	鼎湖区政府驻地东部
朱家村乐善堂	Zhūjiācūn Lèshàn Táng	——	人物纪念地	鼎湖区政府驻地东南部
四股鹤鸣同志堂	Sìgǔ Hèmíng Tóngzhì Táng	——	人物纪念地	鼎湖区政府驻地东北部
四股思理聚庆堂	Sìgǔ Sīlǐ Jùqìng Táng	——	人物纪念地	鼎湖区政府驻地东北部

（续上表）

标准名称	汉语拼音	别名	地名类别	相对位置
莲塘陈氏大宗祠	Liántáng Chénshì Dàzōngcí	陈祠堂	人物纪念地	鼎湖区政府驻地东北部
陈五常旧宅	Chénwǔcháng Jiùzhái	——	人物纪念地	鼎湖区政府驻地东北部
呈玉祖	Chéngyù Zǔ	——	人物纪念地	鼎湖区政府驻地东北部
大夫祠	Dàfū Cí	——	人物纪念地	鼎湖区政府驻地东北部
德星堂	Déxīng Táng	陈氏宗祠	人物纪念地	鼎湖区政府驻地东北部
何氏宗祠	Héshì Zōngcí	——	人物纪念地	鼎湖区政府驻地东北部
撑耳宏聚黄公祠	Chēng'ěr Hóngjù Huánggōng Cí	宏聚黄宗祠	人物纪念地	鼎湖区政府驻地东北部
西旺黄氏宗祠	Xīwàng Huángshì Zōngcí	——	人物纪念地	鼎湖区政府驻地东北部
西旺霍氏宗祠	Xīwàng Huòshì Zōngcí	——	人物纪念地	鼎湖区政府驻地东北部
富廊李氏大宗祠	Fùláng Lǐshì Dàzōngcí	——	人物纪念地	鼎湖区政府驻地东北部
朝北卢氏宗祠	Cháoběi Lúshì Zōngcí	——	人物纪念地	鼎湖区政府驻地东北部
新朝伦氏宗祠	Xīncháo Lúnshì Zōngcí	——	人物纪念地	鼎湖区政府驻地东北部
朝南区氏宗祠	Cháonán Ōushì Zōngcí	——	人物纪念地	鼎湖区政府驻地东北部
黎桥区氏宗祠	Líqiáo Ōushì Zōngcí	——	人物纪念地	鼎湖区政府驻地东北部
任清祖	Rènqīng Zǔ	——	人物纪念地	鼎湖区政府驻地东北部
汝宾祖祠	Rǔbīn Zǔcí	龙家园祠堂	人物纪念地	鼎湖区政府驻地东北部
罗水邵氏宗祠	Luóshuǐ Shàoshì Zōngcí	——	人物纪念地	鼎湖区政府驻地东北部
谢伦俾公祠	Xièlúnbèigōng Cí	——	人物纪念地	鼎湖区政府驻地东北部
谢氏大宗祠	Xièshì Dàzōngcí	初二祖	人物纪念地	鼎湖区政府驻地东北部
彦信祖	Yànxìn Zǔ	——	人物纪念地	鼎湖区政府驻地东北部
耀先黄公祠	Yàoxiān Huánggōng Cí	——	人物纪念地	鼎湖区政府驻地东南部
新围张氏宗祠	Xīnwéi Zhāngshì Zōngcí	——	人物纪念地	鼎湖区政府驻地东北部
兆英公祠	Zhàoyīnggōng Cí	——	人物纪念地	鼎湖区政府驻地东北部
平坦公祠	Píngtǎngōng Cí	——	人物纪念地	鼎湖区政府驻地东南部
敦仁里祠堂	Dūnrénlǐ Cítáng	——	人物纪念地	鼎湖区政府驻地东北部
圆美祠堂	Yuánměi Cítáng	——	人物纪念地	鼎湖区政府驻地东北部
半迳村居孝公祠	Bànjìngcūn Jūxiàogōng Cí	——	人物纪念地	鼎湖区政府驻地东北部

（续上表）

标准名称	汉语拼音	别名	地名类别	相对位置
半迳村易知公祠	Bànjìngcūn Yìzhīgōng Cí	——	人物纪念地	鼎湖区政府驻地东北部
半迳村永锡堂	Bànjìngcūn Yǒngxī Táng	——	人物纪念地	鼎湖区政府驻地东北部
伯成祖祠	Bóchéng Zǔcí	——	人物纪念地	鼎湖区政府驻地东北部
苍南龙氏宗祠	Cāngnán Lóngshì Zōngcí	——	人物纪念地	鼎湖区政府驻地东北部
朝北黄氏宗祠	Cháoběi Huángshì Zōngcí	——	人物纪念地	鼎湖区政府驻地东北部
朝龙祖庙	Cháolóng Zǔmiào	——	人物纪念地	鼎湖区政府驻地西南部
大岗谢氏宗祠	Dàgǎng Xièshì Zōngcí	——	人物纪念地	鼎湖区政府驻地东北部
高兰陈氏宗祠	Gāolán Chénshì Zōngcí	——	人物纪念地	鼎湖区政府驻地东北部
广名公祠	Guǎngmínggōng Cí	——	人物纪念地	鼎湖区政府驻地东北部
蕉园苏真人祠	Jiāoyuán Sūzhēnrén Cí	——	人物纪念地	鼎湖区政府驻地西南部
景祥谢公祠	Jǐngxiáng Xiègōng Cí	——	人物纪念地	鼎湖区政府驻地东北部
勒溪何氏宗祠	Lèxī Héshì Zōngcí	——	人物纪念地	鼎湖区政府驻地东北部
黎桥黄氏宗祠	Líqiáo Huángshì Zōngcí	——	人物纪念地	鼎湖区政府驻地东北部
岐溪何氏宗祠	Qíxī Héshì Zōngcí	——	人物纪念地	鼎湖区政府驻地东北部
岐洲李氏家塾	Qízhōu Lǐshì Jiāshú	——	人物纪念地	鼎湖区政府驻地东北部
三巷黄氏宗祠	Sānxiàng Huángshì Zōngcí	——	人物纪念地	鼎湖区政府驻地东北部
桑园冯氏宗祠	Sāngyuán Féngshì Zōngcí	——	人物纪念地	鼎湖区政府驻地东北部
沙三李氏宗祠	Shāsān Lǐshì Zōngcí	——	人物纪念地	鼎湖区政府驻地东南部
山塘百里候祠	Shāntáng Bǎilǐhòu Cí	——	人物纪念地	鼎湖区政府驻地东北部
山塘一村公祠	Shāntángyī Cūngōng Cí	——	人物纪念地	鼎湖区政府驻地东北部
商宝梁公祠	Shāngbǎo Liánggōng Cí	——	人物纪念地	鼎湖区政府驻地东北部
同古吴氏宗祠	Tónggǔ Wúshì Zōngcí	——	人物纪念地	鼎湖区政府驻地西北部
五南村梁氏宗祠	Wǔnáncūn Liángshì Zōngcí	——	人物纪念地	鼎湖区政府驻地东北部
新村李氏宗祠	Xīncūn Lǐshì Zōngcí	——	人物纪念地	鼎湖区政府驻地东北部
新村温氏会馆	Xīncūn Wēnshì Huìguǎn	——	人物纪念地	鼎湖区政府驻地东北部
新村钟氏宗祠	Xīncūn Zhōngshì Zōngcí	——	人物纪念地	鼎湖区政府驻地东北部
徐登公祠	Xúdēnggōng Cí	——	人物纪念地	鼎湖区政府驻地东北部
六桥徐实宗祠	Liùqiáo Xúshí Zōngcí	——	人物纪念地	鼎湖区政府驻地东北部

(续上表)

标准名称	汉语拼音	别名	地名类别	相对位置
砚洲乐雄何公词	Yànzhōu Lèxióng Hégōng Cí	——	人物纪念地	鼎湖区政府驻地东北部
砚洲李氏宗祠	Yànzhōu Lǐshì Zōngcí	——	人物纪念地	鼎湖区政府驻地东北部
砚洲苏氏宗祠	Yànzhōu Sūshì Zōngcí	——	人物纪念地	鼎湖区政府驻地东北部
砚洲希皋公祠	Yànzhōu Xīgāogōng Cí	——	人物纪念地	鼎湖区政府驻地东北部
砚洲希圣公祠	Yànzhōu Xīshènggōng Cí	——	人物纪念地	鼎湖区政府驻地东北部
耀卿祖第	Yàoqīng Zǔdì	——	人物纪念地	鼎湖区政府驻地东北部
医章宗祠	Yīzhāng Zōngcí	——	人物纪念地	鼎湖区政府驻地西北部
依坑二邓氏宗祠	Yīkēng'èr Dèngshì Zōngcí	——	人物纪念地	鼎湖区政府驻地东北部
植端公祠	Zhíduāngōng Cí	——	人物纪念地	鼎湖区政府驻地东北部
植氏宗祠	Zhíshì Zōngcí	——	人物纪念地	鼎湖区政府驻地东北部
中布意泉梁公祠	Zhōngbù Yìquán Liánggōng Cí	——	人物纪念地	鼎湖区政府驻地东北部
中文村德孚宗祠	Zhōngwéncūn Défú Zōngcí	——	人物纪念地	鼎湖区政府驻地东北部
中文村龙青公祠	Zhōngwéncūn Lóngqīnggōng Cí	——	人物纪念地	鼎湖区政府驻地东北部
朱氏大宗祠	Zhūshì Dàzōngcí	——	人物纪念地	鼎湖区政府驻地东南部
西旺温氏宗祠	Xīwàng Wēnshì Zōngcí	——	人物纪念地	鼎湖区政府驻地东北部
谢翁公祠	Xièwēnggōng Cí	——	人物纪念地	鼎湖区政府驻地东北部
谢以常公祠	Xièyǐ Chánggōng Cí	——	人物纪念地	鼎湖区政府驻地东北部
燕山陈公祠	Yànshān Chéngōng Cí	——	人物纪念地	鼎湖区政府驻地东北部
梁锦澜墓	Liángjǐnlán Mù	——	人物纪念地	鼎湖区政府驻地东南部
具一规大师墓	Jùyīguī Dàshī Mù	——	人物纪念地	鼎湖区政府驻地西北部
栖壑大师墓	Qīhè Dàshī Mù	——	人物纪念地	鼎湖区政府驻地西北部
在犙大师墓	Zàisān Dàshī Mù	——	人物纪念地	鼎湖区政府驻地西北部
鼎湖山历代住持普同墓	Dǐnghúshān Lìdài Zhùchí Pǔtóng Mù	——	人物纪念地	鼎湖区政府驻地西北部
湛慈大师墓	Zhàncí Dàshī Mù	——	人物纪念地	鼎湖区政府驻地西北部
清信居士夫妻合葬墓	Qīngxìnjūshì Fūqī Hézàng Mù	——	人物纪念地	鼎湖区政府驻地西北部
鼎湖山善异生尼众普全之墓	Dǐnghúshān Shànyìshēngnízhòngpǔtóng Zhī Mù	——	人物纪念地	鼎湖区政府驻地西北部

(续上表)

标准名称	汉语拼音	别名	地名类别	相对位置
石箭大师墓	Shíjiàn Dàshī Mù	——	人物纪念地	鼎湖区政府驻地西北部
澄秋大师墓	Chéngqiū Dàshī Mù	——	人物纪念地	鼎湖区政府驻地西北部
其金大师墓	Qíjīn Dàshī Mù	——	人物纪念地	鼎湖区政府驻地西北部
苏荣旧宅	Sūróng Jiùzhái	——	人物纪念地	鼎湖区政府驻地东北部
钦命肇罗道耿大老爷铭碑	Qīnmìng Zhàoluódào Gěngdàlǎoyé Míngbēi	——	人物纪念地	鼎湖区政府驻地东部
沙浦革命烈士陵园	Shāpǔ Gémìng Lièshì Língyuán	——	人物纪念地	鼎湖区政府驻地东部
黎口山窑址	Líkǒushān Yáozhǐ	——	事件纪念地	鼎湖区政府驻地东北部
蚬壳洲遗址	Xiǎnkézhōu Yízhǐ	——	事件纪念地	鼎湖区政府驻地东北部
大布门楼	Dàbù Ménlóu	——	事件纪念地	鼎湖区政府驻地东北部
佐臣书室	Zuǒchén Shūshì	——	事件纪念地	鼎湖区政府驻地东北部
仁厚里古巷	Rénhòulǐ Gǔxiàng	——	事件纪念地	鼎湖区政府驻地东部
中文村民居	Zhōngwéncūn Mínjū	——	事件纪念地	鼎湖区政府驻地东北部
鼎湖山白云古道	Dǐnghúshān Báiyún Gǔdào	——	事件纪念地	鼎湖区政府驻地西北部
证坛颂石刻	Zhèngtánsòng Shíkè	——	事件纪念地	鼎湖区政府驻地东南部
鼎湖山云溪路摩崖石刻	Dǐnghúshān Yúnxīlù Móyá Shíkè	——	事件纪念地	鼎湖区政府驻地西北部
鼎湖山飞水潭路摩崖石刻	Dǐnghúshān Fēishuǐtánlù Móyá Shíkè	——	事件纪念地	鼎湖区政府驻地西北部
鼎湖山庆云寺路摩崖石刻	Dǐnghúshān Qìngyúnsìlù Móyá Shíkè	——	事件纪念地	鼎湖区政府驻地西北部
砚洲蚕种场旧址	Yànzhōu Cánzhǒngchǎng Jiùzhǐ	——	事件纪念地	鼎湖区政府驻地东北部
沙浦农民协会旧址	Shāpǔ Nóngmín Xiéhuì Jiùzhǐ	——	事件纪念地	鼎湖区政府驻地东南部
瑞垣家塾	Ruìyuán Jiāshú	——	事件纪念地	鼎湖区政府驻地东北部
松发家塾	Sōngfā Jiāshú	——	事件纪念地	鼎湖区政府驻地东北部
中医馆旧址	Zhōngyīguǎn Jiùzhǐ	——	事件纪念地	鼎湖区政府驻地东北部
东南股农民协会旧址	Dōngnángǔ Nóngmín Xiéhuì Jiùzhǐ	——	事件纪念地	鼎湖区政府驻地东北部
玉泉家塾	Yùquán Jiāshú	——	事件纪念地	鼎湖区政府驻地东北部

（续上表）

标准名称	汉语拼音	别名	地名类别	相对位置
沙浦人民公社旧址	Shāpǔ Rénmíngōngshè Jiùzhǐ	——	事件纪念地	鼎湖区政府驻地东北部
鼎湖山知青茶场旧址	Dǐnghúshān Zhīqīng Cháchǎng Jiùzhǐ	——	事件纪念地	鼎湖区政府驻地西北部
鼎湖山飞矼水闸	Dǐnghúshān Fēiqiàn Shuǐzhá	——	事件纪念地	鼎湖区政府驻地西北部
羚山碉堡遗址	Língshān Diāobǎo Yízhǐ	——	事件纪念地	鼎湖区政府驻地东南部
宋庆龄题字	Sòngqìnglíng Tízì	——	事件纪念地	鼎湖区政府驻地西北部
砚洲书院	Yànzhōu Shūyuàn	——	事件纪念地	鼎湖区政府驻地东北部
鼎湖山唐代石刻	Dǐnghúshān Tángdài Shíkè	——	事件纪念地	鼎湖区政府驻地西北部
西江抗日青年团总部遗址	Xījiāng Kàngrì Qīngniántuán Zǒngbù Yízhǐ	——	事件纪念地	鼎湖区政府驻地南部
中共高要县工作委员会旧址	Zhōnggòng Gāoyào Xiàn Gōngzuò Wěiyuánhuì Jiùzhǐ	——	事件纪念地	鼎湖区政府驻地东北部
兵坟	Bīngfén	——	事件纪念地	鼎湖区政府驻地东北部
沙浦小竺居遗址	Shāpǔ Xiǎozhújū Yízhǐ	——	事件纪念地	鼎湖区政府驻地东部
沙浦农民协会子弟学校旧址	Shāpǔ Nóngmín Xiéhuì Zǐdì Xuéxiào Jiùzhǐ	——	事件纪念地	鼎湖区政府驻地东部
夏江贝丘遗址	Xiàjiāng Bèiqiū Yízhǐ	——	事件纪念地	鼎湖区政府驻地东北部
庆云寺	Qìngyún Sì	——	寺	鼎湖区政府驻地西北部
白云寺	Báiyún Sì	——	寺	鼎湖区政府驻地西北部
慈云寺	Cíyún Sì	——	寺	鼎湖区政府驻地东北部
天华寺	Tiānhuá Sì	——	寺	鼎湖区政府驻地东北部
彼岸寺	Bǐ'àn Sì	下庵	寺	鼎湖区政府驻地东北部
善庆寺	Shànqìng Sì	——	寺	鼎湖区政府驻地东南部
跃龙庵	Yuèlóng Ān	——	庙	鼎湖区政府驻地西部
憩庵	Qì Ān	鼎湖下院	庙	鼎湖区政府驻地东南部
桃溪真人祠	Táoxīzhēnrén Cí	——	庙	鼎湖区政府驻地东南部
碧莲湖公园	Bìliánhú Gōngyuán	——	公园	鼎湖区政府驻地北部
广东羚羊山森林公园	Guǎngdōng Língyángshān Sēnlín Gōngyuán	——	公园	鼎湖区政府驻地西南部

（续上表）

标准名称	汉语拼音	别名	地名类别	相对位置
龙一富溪社区体育公园	Lóngyī Fùxīshèqū Tǐyù Gōngyuán	——	公园	鼎湖区政府驻地东北部
水坑二社区体育公园	Shuǐkēng'èrshèqū Tǐyù Gōngyuán	——	公园	鼎湖区政府驻地东北部
砚洲沙滩	Yànzhōu Shātān	碧水银滩	风景区	鼎湖区中部偏南
砚洲岛风景区	Yànzhōudǎo Fēngjǐngqū	——	风景区	鼎湖区中部偏南
天鹅湖	Tiān'é Hú	——	风景区	鼎湖区政府驻地西部
水帘洞天	Shuǐliándòngtiān	——	风景区	鼎湖区西部
三味潭	Sānwèi Tán	——	风景区	鼎湖区政府驻地西北部
老龙潭	Lǎolóng Tán	——	风景区	鼎湖区政府驻地西部
九龙湖旅游风景区	Jiǔlónghú Lǚyóu Fēngjǐngqū	——	风景区	鼎湖区中部偏西
葫芦山旅游风景区	Húlúshān Lǚyóu Fēngjǐngqū	——	风景区	鼎湖区东北部
飞水潭	Fēishuǐ Tán	——	风景区	鼎湖区政府驻地西北部
白水古寨景点	Báishuǐ Gǔzhài Jǐngdiǎn	——	风景区	鼎湖区西北部
宝鼎园	Bǎodǐng Yuán	——	风景区	鼎湖区政府驻地西北部
藏龙沟风景区	Cánglónggōu Fēngjǐngqū	——	风景区	鼎湖区西北部
鼎湖山风景区	Dǐnghúshān Fēngjǐngqū	——	风景区	鼎湖区西南部
福禄陵塔园	Fúlùlíngtǎ Yuán	——	风景区	鼎湖区东北部
广东黄金谷森林公园	Guǎngdōng Huángjīngǔ Sēnlín Gōngyuán	——	风景区	鼎湖区西北部
金龙娱乐度假村	Jīnlóng Yúlè Dùjiǎcūn	——	风景区	鼎湖区西部
天湖生态旅游度假邨	Tiānhú Shēngtài Lǚyóu Dùjiàcūn	——	风景区	鼎湖区南部
白鹅潭	Bái'é Tán	——	风景区	鼎湖区政府驻地西部
百佛洞	Bǎifó Dòng	——	风景区	鼎湖区政府驻地西北部
观雪厅	Guānxuě Tīng	——	风景区	鼎湖区政府驻地西北部
葫芦潭	Húlú Tán	——	风景区	鼎湖区政府驻地西部
蝴蝶谷	Húdié Gǔ	——	风景区	鼎湖区政府驻地西北部
羚羊峡风景区	Língyángxiá Fēngjǐngqū	——	风景区	鼎湖区西南部
涅般台	Nièbāntái	——	风景区	鼎湖区政府驻地西部

（续上表）

标准名称	汉语拼音	别名	地名类别	相对位置
响水潭	Xiǎngshuǐ Tán	——	风景区	鼎湖区政府驻地西北部
肇庆九龙宝鼎	Zhàoqìng Jiǔlóng Bǎodǐng	——	风景区	鼎湖区政府驻地西北部
紫云谷景区	Zǐyúngǔ Jǐngqū	——	风景区	鼎湖区西南部
仙人骑鹤	Xiānrénqíhè	——	风景区	鼎湖区政府驻地西北部
广东九龙湖森林公园	Guǎngdōng Jiǔlónghú Sēnlín Gōngyuán	——	风景区	鼎湖区中部偏西

（八）建筑物类

标准名称	汉语拼音	地名类别	相对位置
黄村民居	Huángcūn Mínjū	房屋	鼎湖区政府驻地东南部
砚都商务大楼	Yàndū Shāngwù Dàlóu	房屋	鼎湖区政府驻地南部
鼎尚假日酒店	Dǐngshàng Jiàrì Jiǔdiàn	房屋	鼎湖区政府驻地东南部
森江酒店	Sēnjiāng Jiǔdiàn	房屋	鼎湖区政府驻地南部
广利影剧院	Guǎnglì Yǐngjùyuàn	房屋	鼎湖区政府驻地东北部
鼎湖影剧院	Dǐnghú Yǐngjùyuàn	房屋	鼎湖区政府驻地东北部
布基文化综合楼	Bùjī Wénhuà Zōnghélóu	房屋	鼎湖区政府驻地东北部
海力宝钟楼	Hǎilìbǎo Zhōnglóu	房屋	鼎湖区政府驻地东北部
鼎湖明珠酒店	Dǐnghú Míngzhū Jiǔdiàn	房屋	鼎湖区政府驻地东部
富都大酒店	Fùdōu Dàjiǔdiàn	房屋	鼎湖区政府驻地北部
红岗仓库	Hónggǎng Cāngkù	房屋	鼎湖区政府驻地东部
沙四文化楼	Shāsì Wénhuàlóu	房屋	鼎湖区政府驻地东面部
外经贸大厦	Wàijīngmào Dàshà	房屋	鼎湖区政府驻地东北部
沙浦影剧院	Shāpǔ Yǐngjùyuàn	房屋	鼎湖区政府驻地东部
新区政府大楼	Xīnqūzhèngfǔ Dàlóu	房屋	鼎湖区政府驻地东北部
银发商业城	Yínfā Shāngyèchéng	房屋	鼎湖区政府驻地东北部
天湖慧创城	Tiānhú Huìchuàngchéng	房屋	鼎湖区政府驻地西南部
西旺迎龙碉堡	Xīwàng Yínglóng Diāobǎo	房屋	鼎湖区政府驻地东北部
水坑一市场	Shuǐkēngyī Shìchǎng	房屋	鼎湖区政府驻地北部部
广利综合市场	Guǎnglì Zōnghé Shìchǎng	房屋	鼎湖区政府驻地东北部
桂城中心市场	Guìchéng Zhōngxīn Shìchǎng	房屋	鼎湖区政府驻地东北部

(续上表)

标准名称	汉语拼音	地名类别	相对位置
莲花莲塘市场	Liánhuā Liántáng Shìchǎng	房屋	鼎湖区政府驻地东北部
坑口市场	Kēngkǒu Shìchǎng	房屋	鼎湖区政府驻地西南部
水坑二市场	Shuǐkēng'èr Shìchǎng	房屋	鼎湖区政府驻地东北部
沙浦镇农贸市场	Shāpǔ Zhèn Nóngmào Shìchǎng	房屋	鼎湖区政府驻地东部
广利为民农贸市场	Guǎnglì Wéimín Nóngmào Shìchǎng	房屋	鼎湖区政府驻地东北部
凤凰农贸市场	Fènghuáng Nóngmào Shìchǎng	房屋	鼎湖区政府驻地北部
广利圩	Guǎnglì Xū	房屋	鼎湖区政府驻地东北部
典水圩	Diǎnshuǐ Xū	房屋	鼎湖区政府驻地东南部
莲塘圩	Liántáng Xū	房屋	鼎湖区政府驻地东北部
永安综合市场	Yǒng'ān Zōnghé Shìchǎng	房屋	鼎湖区政府驻地东北部
贝水市场	Bèishuǐ Shìchǎng	房屋	鼎湖区政府驻地东北部
布基牌坊	Bùjī Páifāng	房屋	鼎湖区政府驻地东北部
布基市场	Bùjī Shìchǎng	房屋	鼎湖区政府驻地东北部
鼎湖山牌坊	Dǐnghúshān Páifāng	房屋	鼎湖区政府驻地东南部
横布市场	Héngbù Shìchǎng	房屋	鼎湖区政府驻地东北部
莲花农贸市场	Liánhuā Nóngmào Shìchǎng	房屋	鼎湖区政府驻地东北部
院主一农贸市场	Yuànzhǔyī Nóngmào Shìchǎng	房屋	鼎湖区政府驻地东北部
苏村竹木市场	Sūcūn Zhúmù Shìchǎng	房屋	鼎湖区政府驻地西南部
鼎湖市场	Dǐnghú Shìchǎng	房屋	鼎湖区政府驻地东北部
东怡市场	Dōngyí Shìchǎng	房屋	鼎湖区政府驻地东北部
桂隆水果市场	Guìlóng Shuǐguǒ Shìchǎng	房屋	鼎湖区政府驻地东北部
莲塘村牌坊	Liántángcūn Páifāng	房屋	鼎湖区政府驻地东北部
万物新旧货大型市场	Wànwù Xīnjiùhuò Dàxíng Shìchǎng	房屋	鼎湖区政府驻地东北部
曹王大寨村牌坊	Cáowáng Dàzhàicūn Páifāng	房屋	鼎湖区政府驻地东北部
富廊村牌坊	Fùlángcūn Páifāng	房屋	鼎湖区政府驻地东北部
莲花综合市场	Liánhuā Zōnghé Shìchǎng	房屋	鼎湖区政府驻地东北部
东岸亭	Dōng'àn Tíng	亭	鼎湖区政府驻地东北部
桂溪桂安亭	Guìxī Guì'ān Tíng	亭	鼎湖区政府驻地东北部
砚洲亭	Yànzhōu Tíng	亭	鼎湖区政府驻地东北部

（续上表）

标准名称	汉语拼音	地名类别	相对位置
砚洲望江亭	Yànzhōu Wàngjiāng Tíng	亭	鼎湖区政府驻地东北部
包公亭	Bāogōng Tíng	亭	鼎湖区政府驻地西北部
忠烈亭	Zhōngliè Tíng	亭	鼎湖区政府驻地西北部
时若亭	Shíruò Tíng	亭	鼎湖区政府驻地西北部
补山亭	Bǔshān Tíng	亭	鼎湖区政府驻地西北部
半山亭	Bànshān Tíng	亭	鼎湖区政府驻地西北部
观瀑亭	Guānpù Tíng	亭	鼎湖区政府驻地西北部
荣睿碑亭	Róngruì Bēitíng	亭	鼎湖区政府驻地西北部
苏廷魁碑	Sūtíngkuí Bēi	碑	鼎湖区政府驻地东北部
陈焕章碑	Chénhuànzhāng Bēi	碑	鼎湖区政府驻地东北部
沙浦革命烈士纪念碑	Shāpǔ Gémìng Lièshì Jìniànbēi	碑	鼎湖区政府驻地东部
海军马口抗日阵亡将士纪念碑	Hǎijūn Mǎkǒu Kàngrì Zhènwáng Jiàngshì Jìniànbēi	碑	鼎湖区政府驻地东南部
荣睿纪念碑	Róngruì Jìniànbēi	碑	鼎湖区政府驻地西北部
凌云阁	Língyún Gé	塔	鼎湖区政府驻地北部
鼎湖牌坊广场	Dǐnghú Páifāng Guǎngchǎng	广场	鼎湖区政府门前
鼎湖停车购物广场	Dǐnghú Tíngchē Gòuwùguǎngchǎng	广场	鼎湖区政府驻地西部
广利文体广场	Guǎnglì Wéntǐ Guǎngchǎng	广场	鼎湖区政府驻地东北部
山田文化广场	Shāntián Wénhuà Guǎngchǎng	广场	鼎湖区政府驻地东北部
沙浦文化广场	Shāpǔ Wénhuà Guǎngchǎng	广场	鼎湖区政府驻地东部
莲塘村文化广场	Liántángcūn Wénhuà Guǎngchǎng	广场	鼎湖区政府驻地东北部
莲花镇文化广场	Liánhuā Zhèn Wénhuà Guǎngchǎng	广场	鼎湖区政府驻地东北部
莲花广场	Liánhuā Guǎngchǎng	广场	鼎湖区政府驻地东北部
贝水广场	Bèishuǐ Guǎngchǎng	广场	鼎湖区政府驻地东部
鼎湖文化广场	Dǐnghú Wénhuà Guǎngchǎng	广场	鼎湖区政府驻地西部
桂城文化广场	Guìchéng Wénhuà Guǎngchǎng	广场	鼎湖区政府驻地东北部
水坑一文体广场	Shuǐkēngyī Wéntǐ Guǎngchǎng	广场	鼎湖区政府驻地北部
桃溪文化广场	Táoxī Wénhuà Guǎngchǎng	广场	鼎湖区政府驻地东南部
永安文化广场	Yǒng'ān Wénhuà Guǎngchǎng	广场	鼎湖区政府驻地东部

（续上表）

标准名称	汉语拼音	地名类别	相对位置
凤凰镇文体广场	Fènghuáng Zhèn Wéntǐ Guǎngchǎng	广场	鼎湖区政府驻地北部
鼎湖阳光健身运动场	Dǐnghú Yángguāng Jiànshēn Yùndòngchǎng	体育场	鼎湖区政府驻地西南部
沙四体育场	Shāsì Tǐyùchǎng	体育场	鼎湖区政府驻地东部
植屋体育场	Zhíwū Tǐyùchǎng	体育场	鼎湖区政府驻地东北部

（九）单位类

标准名称	汉语拼音	地名类别	相对位置
凤凰派出所	Fènghuáng Pàichūsuǒ	党政机关	凤凰镇建设西路4号
凤凰司法所	Fènghuáng Sīfǎsuǒ	党政机关	凤凰镇新城凤凰镇政府大院左侧
凤凰镇人民政府	Fènghuáng Zhèn Rénmínzhèngfǔ	党政机关	凤凰镇凤府街15号
广利派出所	Guǎnglì Pàichūsuǒ	党政机关	广利街道创业路榄水路口
广利司法所	Guǎnglì Sīfǎsuǒ	党政机关	广利街道办事处
广利街道办事处	Guǎnglìjiēdào Bànshìchù	党政机关	中华路70号
肇庆新区管委会	Zhàoqìng Xīnqū Guǎnwěihuì	党政机关	金花路口321旁
肇庆市公安局森林分局鼎湖派出所	Zhàoqìng Shì Gōng'ānjú Sēnlín Fēnjú Dǐnghú Pàichūsuǒ	党政机关	桂城街道华贵路107号
桂城派出所	Guìchéng Pàichūsuǒ	党政机关	桂城街道华贵路20号
鼎湖区林业局	Dǐnghú Qū Línyèjú	党政机关	桂城街道华贵路107号
鼎湖区农机技术推广中心	Dǐnghú Qū Nóngjī Jìshù Tuīguǎng Zhōngxīn	党政机关	桂城街道办事处
桂城司法所	Guìchéng Sīfǎsuǒ	党政机关	桂城街道办事处左侧
肇庆市公安局交通警察支队第二大队	Zhàoqìng Shì Gōng'ānjú Jiāotōngjǐngchá Zhīduì Dì'èr Dàduì	党政机关	桂城街道鼎湖大道72号
桂城街道办事处	Guìchéngjiēdào Bànshìchù	党政机关	第一居委新广路246号
鼎湖区教育局	Dǐnghú Qū Jiàoyùjú	党政机关	坑口街道
鼎湖区财政局	Dǐnghú Qū Cáizhèngjú	党政机关	坑口街道港口路1号

（续上表）

标准名称	汉语拼音	地名类别	相对位置
鼎湖区发展和改革局	Dǐnghú Qū Fāzhǎnhégǎigéjú	党政机关	坑口街道鼎盛路4号
鼎湖区人民政府地方志办公室	Dǐnghú Qū Rénmín Zhèngfǔ Dìfāngzhì Bàngōngshì	党政机关	坑口街道罗隐大道12号鼎湖区政府大院8楼
鼎湖区交通运输局	Dǐnghú Qū Jiāotōngyùnshūjú	党政机关	坑口街道办事处新城39区罗隐大道鼎湖山牌坊侧
鼎湖区旅游发展局	Dǐnghú Qū Lǚyóufāzhǎnjú	党政机关	坑口街道罗隐大道12号鼎湖区政府大院首层东侧
鼎湖区民族宗教事务局	Dǐnghú Qū Mínzúzōngjiào Shìwùjú	党政机关	坑口街道罗隐大道12号鼎湖区政府大院4楼西侧
肇庆市工商行政管理局鼎湖分局	Zhàoqìng Shì Gōngshāngxíngzhèngguǎnlǐjú Dǐnghú Fēnjú	党政机关	坑口街道港口路
鼎湖区卫生和计划生育局	Dǐnghú Qū Wèishēnghéjìhuá Shēngyùjú	党政机关	坑口街道罗隐大道12号鼎湖区政府大院内
肇庆市城市管理和综合行政执法局鼎湖区分局	Zhàoqìng Shì Chéngshìguǎnlǐhézōnghéxíngzhèngzhífǎjú Dǐnghú Qū Fēnjú	党政机关	坑口街道民乐大道南7号
肇庆市城乡规划局鼎湖分局	Zhàoqìng Shì Chéngxiāngguīhuájú Dǐnghú Fēnjú	党政机关	坑口街道民乐大道南11号住建局大院内
鼎湖区住房和城乡建设局	Dǐnghú Qū Zhùfánghéchéngxiāngjiànshèjú	党政机关	坑口街道民乐大道南11号住建局大院内
鼎湖区环境监测站	Dǐnghú Qū Huánjìngjiāncèzhàn	党政机关	坑口街道民乐大道7号
肇庆市环境保护局鼎湖分局	Zhàoqìng Shì Huánjìngbǎohùjú Dǐnghú Fēnjú	党政机关	坑口街道民乐大道7号
鼎湖区统计局	Dǐnghú Qū Tǒngjìjú	党政机关	坑口街道罗隐大道12号鼎湖区政府大院7楼
鼎湖区文化市场综合执法队	Dǐnghú Qū Wénhuàshìchǎng Zōnghézhífǎduì	党政机关	坑口街道罗隐大道12号鼎湖区政府大院2楼
鼎湖区文化广电新闻出版局	Dǐnghú Qū Wénhuàguǎngdiànxīnwénchūbǎnjú	党政机关	坑口街道罗隐大道12号鼎湖区政府大院2楼

（续上表）

标准名称	汉语拼音	地名类别	相对位置
鼎湖区体育局	Dǐnghú Qū Tǐyùjú	党政机关	坑口街道罗隐大道12号鼎湖区政府大院2楼
鼎湖区版权局	Dǐnghú Qū Bǎnquánjú	党政机关	坑口街道罗隐大道12号鼎湖区政府大院2楼
鼎湖区安全生产监督管理局	Dǐnghú Qū Ānquánshēngchǎnjiāndūguǎnlǐjú	党政机关	坑口街道鼎湖大道28号
鼎湖派出所	Dǐnghú Pàichūsuǒ	党政机关	鼎湖山风景区上山公路100米
坑口派出所	Kēngkǒu Pàichūsuǒ	党政机关	坑口街道万福居委会龙湖路6号
肇庆市公安局鼎湖分局	Zhàoqìng Shì Gōng'ānjú Dǐnghú Fēnjú	党政机关	坑口街道长园路6号
鼎湖区国家税务局	Dǐnghú Qū Guójiāshuìwùjú	党政机关	坑口新城54区天后路
肇庆市国土资源局鼎湖分局	Zhàoqìng Shì Guótǔzīyuánjú Dǐnghú Fēnjú	党政机关	坑口街道民乐大道南
鼎湖区水务局	Dǐnghú Qū Shuǐwùjú	党政机关	坑口街道罗隐大道12号鼎湖区政府大院内
鼎湖区档案局	Dǐnghú Qū Dàng'ànjú	党政机关	坑口街道罗隐大道1号
鼎湖海事处	Dǐnghú Hǎishìchù	党政机关	坑口街道罗隐路43区
鼎湖区机关事务管理局	Dǐnghú Qū Jīguānshìwùguǎnlǐjú	党政机关	坑口街道罗隐大道12号鼎湖区政府大院
鼎湖区人力资源和社会保障局	Dǐnghú Qū Rénlìzīyuánhéshèhuìbǎozhàngjú	党政机关	坑口街道罗隐大道14号
鼎湖区社会保险基金管理局	Dǐnghú Qū Shèhuìbǎoxiǎnjījīnguǎnlǐjú	党政机关	坑口街道罗隐大道14号
鼎湖区审计局	Dǐnghú Qū Shěnjìjú	党政机关	坑口街道罗隐大道
鼎湖区招商局	Dǐnghú Qū Zhāoshāngjú	党政机关	坑口街道罗隐大道鼎湖区政府大院内
鼎湖区农业局	Dǐnghú Qū Nóngyèjú	党政机关	鼎湖区政府驻地西南部

(续上表)

标准名称	汉语拼音	地名类别	相对位置
广东省渔政总队鼎湖大队	Guǎngdōng Shěng Yúzhèngzǒngduì Dǐnghú Dàduì	党政机关	新城马家塱
鼎湖区地方税务局	Dǐnghú Qū Dìfāngshuìwùjú	党政机关	坑口街道罗隐大道11号
鼎湖区机构编制委员会办公室	Dǐnghú Qū Jīgòubiānzhìwěiyuánhuì Bàngōngshì	党政机关	坑口街道罗隐大道鼎湖区政府大院内6楼西侧
鼎湖区统一战线工作部	Dǐnghú Qū Tǒngyīzhànxiàngōngzuòbù	党政机关	坑口街道罗隐大道鼎湖区政府大院4楼西侧
鼎湖区事业单位登记管理局	Dǐnghú Qū Shìyèdānwèidēngjìguǎnlǐjú	党政机关	坑口街道罗隐大道鼎湖区政府大院6楼西侧
鼎湖区司法局	Dǐnghú Qū Sīfǎjú	党政机关	坑口街道国兴街35号
鼎湖区法律援助处	Dǐnghú Qū Fǎlǜyuánzhùchù	党政机关	坑口新城国兴街司法局大楼首层
肇庆市鼎信公证处	Zhàoqìng Shì Dǐngxìn Gōngzhèngchù	党政机关	坑口国兴街35号司法局大院内
鼎湖区公职律师事务所	Dǐnghú Qū Gōngzhílǜshīshìwùsuǒ	党政机关	坑口新城国兴街司法局大楼首层
坑口司法所	Kēngkǒu Sīfǎsuǒ	党政机关	坑口城区51区龙业街19号
鼎湖区科工商务局	Dǐnghú Qū Kēgōngshāngwùjú	党政机关	坑口街道罗隐大道12号鼎湖区政府大院西楼
鼎湖区纪委监察局	Dǐnghú Qū Jìwěijiānchájú	党政机关	鼎湖区政府大院内
鼎湖区民政局	Dǐnghú Qū Mínzhèngjú	党政机关	坑口街道鼎盛大道
鼎湖区人民政府办公室	Dǐnghú Qū Rénmínzhèngfǔ Bàngōngshì	党政机关	鼎湖区机关大院行政大楼5楼
鼎湖区信访局	Dǐnghú Qū Xìnfǎngjú	党政机关	坑口街道罗隐大道12号鼎湖区政府大院侧
鼎湖区粮食局	Dǐnghú Qū Liángshíjú	党政机关	坑口福星街69号
中共肇庆市鼎湖区委办公室	Zhōnggòng Zhàoqìng Shì Dǐnghú Qūwěi Bàngōngshì	党政机关	鼎湖区机关大院行政大楼5楼

（续上表）

标准名称	汉语拼音	地名类别	相对位置
中共肇庆市鼎湖区直属机关工作委员会	Zhōnggòng Zhàoqìng Shì Dǐnghú Qū Zhíshǔ Jīguāngōngzuò Wěiyuánhuì	党政机关	坑口街道罗隐大道12号鼎湖区政府大院6楼
中共肇庆市鼎湖区委组织部	Zhōnggòng Zhàoqìng Shì Dǐnghú Qūwěi Zǔzhībù	党政机关	鼎湖区机关大院行政大楼6楼
鼎湖区人大常委会机关	Dǐnghú Qū Réndàchángwěihuì Jīguān	党政机关	鼎湖区机关大院行政大楼3楼
鼎湖区食品药品监督管理局	Dǐnghú Qū Shípǐnyàopǐnjiāndū Guǎnlǐjú	党政机关	福盛街20号
鼎湖区市场监督管理局	Dǐnghú Qū Shìchǎngjiāndū Guǎnlǐjú	党政机关	坑口街道新园西路
鼎湖区政协机关	Dǐnghú Qū Zhèngxiéjīguān	党政机关	鼎湖区机关大院行政大楼
鼎湖区总工会	Dǐnghú Qū Zǒnggōnghuì	党政机关	坑口街道罗隐大道14号
共青团肇庆市鼎湖区委员会	Gòngqīngtuán Zhàoqìng Shì Dǐnghú Qū Wěiyuánhuì	党政机关	鼎湖区机关大院行政大楼
鼎湖区妇女联合会	Dǐnghú Qū Fùnǚ Liánhéhuì	党政机关	鼎湖区机关大院行政大楼
鼎湖区工商业联合会	Dǐnghú Qū Gōngshāngyè Liánhéhuì	党政机关	鼎湖区机关大院行政大楼
鼎湖区残疾人联合会	Dǐnghú Qū Cánjírén Liánhéhuì	党政机关	鼎盛路2号附近
鼎湖区红十字会	Dǐnghú Qū Hóngshízìhuì	党政机关	鼎湖区机关大院行政大楼
鼎湖区人民法院	Dǐnghú Qū Rénmínfǎyuàn	党政机关	坑口街道港口路
鼎湖区人民检察院	Dǐnghú Qū Rénmínjiāncháyuàn	党政机关	坑口街道长园路
坑口街道办事处	Kēngkǒujiēdào Bànshìchù	党政机关	坑口街道龙业街
莲花派出所莲塘分所	Liánhuā Pàichūsuǒ Liántáng Fēnsuǒ	党政机关	莲花镇莲花大道
莲花司法所	Liánhuā Sīfǎsuǒ	党政机关	莲花镇政府
莲花镇人民政府	Liánhuā Zhèn Rénmínzhèngfǔ	党政机关	莲花镇莲安路镇政府大院
沙浦派出所	Shāpǔ Pàichūsuǒ	党政机关	沙浦镇沙浦居委会同福路19号
沙浦司法所	Shāpǔ Sīfǎsuǒ	党政机关	沙浦镇政府大院

（续上表）

标准名称	汉语拼音	地名类别	相对位置
沙浦镇人民政府	Shāpǔ Zhèn Rénmínzhèngfǔ	党政机关	沙浦镇承前路10号
永安派出所	Yǒng'ān Pàichūsuǒ	党政机关	永安镇永莲公路1号
永安司法所	Yǒng'ān Sīfǎsuǒ	党政机关	永安镇永华街1号
永安镇人民政府	Yǒng'ān Zhèn Rénmínzhèngfǔ	党政机关	永安镇永华街
莲花派出所	Liánhuā Pàichūsuǒ	党政机关	坑口街道罗隐大道12号莲花镇莲花大道
鼎湖区人民政府	Dǐnghú Qū Rénmínzhèngfǔ	党政机关	坑口街道罗隐大道12号鼎湖区政府大院内
莲花财政所	Liánhuā Cáizhèngsuǒ	党政机关	莲花镇莲花社区
莲花税务分局	Liánhuā Shuìwù Fēnjú	党政机关	莲花镇莲乐路
广利财政所	Guǎnglì Cáizhèngsuǒ	党政机关	广利街道为民小区内
沙浦财政所	Shāpǔ Cáizhèngsuǒ	党政机关	沙浦镇政府大院侧
小星星幼儿园	Xiǎoxīngxīng Yòu'éryuán	民间组织	广利振兴路24号
桥林村灌区用水协会	Qiáolíncūn Guànqūyòngshuǐ Xiéhuì	民间组织	广利街道桥林村
水坑一饮水工程协会	Shuǐkēngyī Yǐnshuǐgōngchéng Xiéhuì	民间组织	桂城街道水坑一居委
育苗托管辅导中心	Yùmiáo Tuōguǎnfǔdǎozhōngxīn	民间组织	桂城街道新城20区童景名筑8幢03、04、05、06商铺
苏村饮水工程协会	Sūcūn Yǐnshuǐgōngchéng Xiéhuì	民间组织	坑口街道苏村
坑口街道文化服务中心	Kēngkǒujiēdào Wénhuàfúwù Zhōngxīn	民间组织	坑口街道
新一村饮水工程协会	Xīnyīcūn Yǐnshuǐgōngchéng Xiéhuì	民间组织	凤凰镇新一村
布基村饮水工程协会	Bùjīcūn Yǐnshuǐgōngchéng Xiéhuì	民间组织	莲花镇布基村
桃一村饮水工程协会	Táoyīcūn Yǐnshuǐgōngchéng Xiéhuì	民间组织	沙浦镇桃一村
野外科考拓展学校	Yěwàikēkǎo Tuòzhǎn Xuéxiào	民间组织	凤凰镇同古村希望度假村
肇庆岭南咏春拳会	Zhàoqìng Lǐngnán Yǒngchūn Quánhuì	民间组织	广利街道彭寿桥路口

(续上表)

标准名称	汉语拼音	地名类别	相对位置
海蓝天幼儿园	Hǎilántiān Yòu'éryuán	民间组织	广利街道沿江路码头旁
朝阳青少年体育俱乐部	Cháoyáng Qīngshǎonián Tǐyù Jùlèbù	民间组织	广利镇新广路82号
广利大拇指托管中心	Guǎnglì Dàmǔzhǐ Tuōguǎnzhōngxīn	民间组织	广利镇为民路14号
广利开心果幼儿园	Guǎnglì Kāixīnguǒ Yòu'éryuán	民间组织	广利和平北路龙庆堂
广利小星星托管中心	Guǎnglì Xiǎoxīngxīng Tuōguǎn Zhōngxīn	民间组织	广利振兴路24号
砚洲包公楼公益事业委员会	Yànzhōu Bāogōnglóu Gōngyìshìyè Wěiyuánhuì	民间组织	广利砚洲社区居委会
广利罗园村尊老敬老协会	Guǎnglì Luóyuáncūn Zūnlǎojìnglǎo Xiéhuì	民间组织	广利街罗园村
鼎湖区安全生产管理协会	Dǐnghú Qū Ānquán Shēngchǎnguǎnlǐ Xiéhuì	民间组织	桂城安全生产监督管理局办公大楼2楼
桂城成龙艺术幼儿园	Guìchéng Chénglóng Yìshù Yòu'éryuán	民间组织	桂城民乐大道
桂城红红幼儿园	Guìchéng Hónghóng Yòu'éryuán	民间组织	桂城华贵路7号
桂城新城爱心扶助协会	Guìchéng Xīnchéng Àixīnfúzhù Xiéhuì	民间组织	桂城九区宝源东街28号
欢乐幼儿园	Huānlè Yòu'éryuán	民间组织	桂城水二市场东69号
中国移动广东有限公司培训学院	Zhōngguóyídòng Guǎngdōng Yǒuxiàngōngsī Péixùnxuéyuàn	民间组织	水坑大道1号
鼎湖区农业生产资料行业协会	Dǐnghú Qū Nóngyè Shēngchǎnzīliàohángyè Xiéhuì	民间组织	农副产品批发市场内
培英幼儿园	Péiyīng Yòu'éryuán	民间组织	桂城新广路65号前院
鼎湖区双语实验幼儿园	Dǐnghú Qū Shuāngyǔ Shíyàn Yòu'éryuán	民间组织	鼎湖华庭花园翠涛湾D幢
鼎湖区香蕉行业协会	Dǐnghú Qū Xiāngjiāohángyè Xiéhuì	民间组织	沙浦镇广播电视站旁
鼎湖区医学会	Dǐnghú Qū Yī Xuéhuì	民间组织	桂城平安石街2号
鼎湖区艺术学校	Dǐnghú Qū Yìshù Xuéxiào	民间组织	桂城新广路65号
鼎湖区艺术幼儿园	Dǐnghú Qū Yìshù Yòu'éryuán	民间组织	桂城义迎春街
鼎湖区建筑学会	Dǐnghú Qū Jiànzhù Xuéhuì	民间组织	建设国土局办公楼

（续上表）

标准名称	汉语拼音	地名类别	相对位置
鼎湖区爱心助学会	Dǐnghú Qū Àixīn Zhùxuéhuì	民间组织	教育局办公大楼内
鼎湖区博华残疾人康复中心	Dǐnghú Qū Bóhuá Cánjírén Kāngfùzhōngxīn	民间组织	鼎盛路残疾人联合会大楼内
鼎湖区慈善会	Dǐnghú Qū Císhànhuì	民间组织	鼎湖区民政局内
鼎湖区大学生协会	Dǐnghú Qū Dàxuéshēng Xiéhuì	民间组织	鼎湖区政府大院6楼区团委办公室
鼎湖区德田慈善会	Dǐnghú Qū Détián Císhànhuì	民间组织	坑口影剧院侧商铺3—6卡
鼎湖区东方阳光爱心会	Dǐnghú Qū Dōngfāngyángguāng Àixīnhuì	民间组织	坑口民乐路侧（42区）阳光风景
鼎湖区动物保健品协会	Dǐnghú Qū Dòngwùbǎojiànpǐn Xiéhuì	民间组织	坑口明政街9号
鼎湖区端砚协会	Dǐnghú Qū Duānyàn Xiéhuì	民间组织	新城49区076号321国道原木经营部
鼎湖区房地产行业协会	Dǐnghú Qū Fángdìchǎnhángyè Xiéhuì	民间组织	民乐大道城建大楼内
鼎湖区粉葛协会	Dǐnghú Qū Fěngě Xiéhuì	民间组织	农副产品批发市场内
鼎湖区个体劳动者协会	Dǐnghú Qū Gètǐláodòngzhě Xiéhuì	民间组织	工商分局办公楼
鼎湖区龟鳖养殖协会	Dǐnghú Qū Guībiēyǎngzhí Xiéhuì	民间组织	民乐大道爱公益服务中心
鼎湖区裹蒸粽协会	Dǐnghú Qū Guǒzhēngzòng Xiéhuì	民间组织	农副产品批发市场内
鼎湖区海外联谊会	Dǐnghú Qū Hǎiwài Liányìhuì	民间组织	鼎湖区政府大院4楼西侧
鼎湖区和谐鼎湖协进会	Dǐnghú Qū Héxiédǐnghú Xiéjìnhuì	民间组织	鼎湖爱公益服务中心
鼎湖区和谐心理社会服务中心	Dǐnghú Qū Héxiéxīnlǐ Shèhuìfúwùzhōngxīn	民间组织	坑口影剧院东侧
花朵幼儿园	Huāduǒ Yòu'éryuán	民间组织	坑口迪村
鼎湖区会计学会	Dǐnghú Qū Kuàijì Xuéhuì	民间组织	财政局大楼内
鼎湖区见义勇为协会	Dǐnghú Qū Jiànyìyǒngwéi Xiéhuì	民间组织	坑口新城
鼎湖区酒类行业协会	Dǐnghú Qū Jiǔlèihángyè Xiéhuì	民间组织	工业开发区奔马酒业有限公司内
坑口宝宝幼儿园	Kēngkǒubǎobǎo Yòu'éryuán	民间组织	坑口商贸城1幢2楼
安安幼儿园	Ān'ān Yòu'éryuán	民间组织	坑口街道育龙路7号

（续上表）

标准名称	汉语拼音	地名类别	相对位置
坑口名星幼儿园	Kēngkǒu Míngxīng Yòu'éryuán	民间组织	坑口新城鼎盛大道北51区
坑口英才幼儿园	Kēngkǒu Yīngcái Yòu'éryuán	民间组织	坑口鼎湖牌坊西北角
鼎湖区篮球协会	Dǐnghú Qū Lánqiú Xiéhuì	民间组织	爱公益社会服务中心内
鼎湖区老年人体育协会	Dǐnghú Qū Lǎoniánréntǐyù Xiéhuì	民间组织	老干部活动中心
鼎湖区老区建设促进会	Dǐnghú Qū Lǎoqūjiànshè Cùjìnhuì	民间组织	坑口民乐路大道
肇庆博艺实验学校	Zhàoqìng Bóyì Shíyàn Xuéxiào	民间组织	焦园村原焦园小学
乐儿托管中心	Lè'ér Tuōguǎnzhōngxīn	民间组织	文昌三街11号
乐康青少年体育俱乐部	Lèkāng Qīngshǎonián Tǐyù Jùlèbù	民间组织	育龙路1号
乐悦托管中心	Lèyuè Tuōguǎnzhōngxīn	民间组织	坑口39区聚富楼2楼
鼎湖区旅游发展协会	Dǐnghú Qū Lǚyóufāzhǎn Xiéhuì	民间组织	鼎湖区政府大院1楼西侧
鼎湖区绿骑协会	Dǐnghú Qū Lǜqí Xiéhuì	民间组织	孵化中心
麦士职业培训学校	Màishì Zhíyè Péixùnxuéxiào	民间组织	坑口万福东路
鼎湖区美术协会	Dǐnghú Qū Měishù Xiéhuì	民间组织	鼎湖区政府大院内
美育幼儿园	Měiyù Yòu'éryuán	民间组织	坑口国兴花苑A205
鼎湖区蜜蜂养殖生产协会	Dǐnghú Qū Mìfēngyǎngzhíshēngchǎn Xiéhuì	民间组织	农副产品批发市场内
鼎湖区民间文艺协会	Dǐnghú Qū Mínjiānwényì Xiéhuì	民间组织	文联办公室
鼎湖区女企业家联谊会	Dǐnghú Qū Nǔqǐyèjiā Liányìhuì	民间组织	广东爱森食品饮料有限公司内
鼎湖区青年联合会	Dǐnghú Qū Qīngnián Liánhéhuì	民间组织	鼎湖区政府大院6楼
鼎湖区青年企业家协会	Dǐnghú Qū Qīngniánqǐyèjiā Xiéhuì	民间组织	民乐大道爱公益服务中心
鼎湖区商会	Dǐnghú Qū Shānghuì	民间组织	坑口民乐大道20号阳光峰景1号楼
鼎湖区社会体育指导员协会	Dǐnghú Qū Shèhuìtǐyùzhǐdǎoyuán Xiéhuì	民间组织	民乐大道爱公益服务中心
鼎湖区摄影协会	Dǐnghú Qū Shèyǐng Xiéhuì	民间组织	鼎湖区政府大院内

（续上表）

标准名称	汉语拼音	地名类别	相对位置
鼎湖区书法协会	Dǐnghú Qū Shūfǎ Xiéhuì	民间组织	鼎湖区政府大院内
思学托管辅导中心	Sīxué Tuōguǎnfǔdǎozhōngxīn	民间组织	坑口明政接2号
鼎湖区陶瓷发展协会	Dǐnghú Qū Táocífāzhǎn Xiéhuì	民间组织	伟达陶瓷有限公司内
鼎湖区体育总会	Dǐnghú Qū Tǐyù Zǒnghuì	民间组织	鼎湖区政府大院2楼东侧体育局
田园宝贝幼儿园	Tiányuánbǎobèi Yòu'éryuán	民间组织	坑口街道49区四小区112号
鼎湖区文学协会	Dǐnghú Qū Wénxué Xiéhuì	民间组织	鼎湖区政府大院内
文学艺术界联合会	Wénxué Yìshùjiè Liánhéhuì	民间组织	新华书店大楼
鼎湖区五金机电商会	Dǐnghú Qū Wǔjīnjīdiàn Shānghuì	民间组织	弘达实业有限公司
鼎湖区舞蹈协会	Dǐnghú Qū Wǔdǎo Xiéhuì	民间组织	爱公益坊
向日葵托管中心	Xiàngrìkuí Tuōguǎnzhōngxīn	民间组织	坑口文昌街7号
鼎湖区阳光托管辅导中心	Dǐnghú Qū Yángguāng Tuōguǎnfǔdǎozhōngxīn	民间组织	坑口明政街3号
贝尔健幼儿园	Bèi'ěrjiàn Yòu'éryuán	民间组织	鼎湖民乐大道南17号
阳光职业技能培训学校	Yángguāng Zhíyèjìnéng Péixùnxuéxiào	民间组织	万福路
鼎湖区养猪协会	Dǐnghú Qū Yǎngzhū Xiéhuì	民间组织	坑口明政街9号
优学教育托管中心	Yōuxuéjiàoyù Tuōguǎnzhōngxīn	民间组织	坑口新城51区育龙路24号
源源幼儿园	Yuányuán Yòu'éryuán	民间组织	坑口42区303、304号
鼎湖区再生资源行业协会	Dǐnghú Qū Zàishēngzīyuánhángyè Xiéhuì	民间组织	农副产品批发市场内
鼎湖区长跑协会	Dǐnghú Qū Chángpǎo Xiéhuì	民间组织	爱公益社会服务中心
鼎湖区肇实协会	Dǐnghú Qū Zhàoshí Xiéhuì	民间组织	农副产品批发市场内
正己托管教育辅导中心	Zhèngjǐ Tuōguǎn Jiàoyù Fǔdǎozhōngxīn	民间组织	坑口华鼎一街49区173号
鼎湖政协书画院	Dǐnghú Zhèngxié Shūhuàyuàn	民间组织	鼎湖区政府大院3楼301室
鼎湖区志愿者联合会	Dǐnghú Qū Zhìyuànzhě Liánhéhuì	民间组织	鼎湖区政府大院6楼团委办公室

(续上表)

标准名称	汉语拼音	地名类别	相对位置
鼎湖区足球协会	Dǐnghú Qū Zúqiú Xiéhuì	民间组织	爱公益社会服务中心
鼎湖区计划生育协会	Dǐnghú Qū Jìhuáshēngyù Xiéhuì	民间组织	坑口街道迎春街计生服务大楼附近
莲花幼儿园	Liánhuā Yòu'éryuán	民间组织	莲花镇育龙路
精英幼儿园	Jīngyīng Yòu'éryuán	民间组织	莲花镇邮局侧旧国税楼内
恒阳幼儿园	Héngyáng Yòu'éryuán	民间组织	莲花镇莲育路新福源广场2楼
小明星幼儿园	Xiǎomíngxīng Yòu'éryuán	民间组织	莲花镇莲塘村委会内
雏鹰幼儿园	Chúyīng Yòu'éryuán	民间组织	沙浦镇农贸市场正门对面第2幢
沙浦镇曲艺社	Shāpǔ Zhèn Qūyìshè	民间组织	沙浦镇沙二村委会一间旧院址
沙四幼儿园	Shāsì Yòu'éryuán	民间组织	沙浦镇新开发区
鼎湖区园林花卉协会	Dǐnghú Qū Yuánlínhuāhuì Xiéhuì	民间组织	沙浦镇典二管理区马安经济合作社内
鼎湖区白鸽养殖协会	Dǐnghú Qū Báigēyǎngzhí Xiéhuì	民间组织	永安镇农业服务中心
贝水托儿所	Bèishuǐ Tuō'érsuǒ	民间组织	永安镇贝水商住F小区34号
大社村灌区用水协会	Dàshècūn Guànqūyòngshuǐ Xiéhuì	民间组织	永安镇大社村
金贝托儿所	Jīnbèi Tuō'érsuǒ	民间组织	永安镇贝水开发区振兴街16号
永安镇幼儿园	Yǒng'ān Zhèn Yòu'éryuán	民间组织	永安镇永华街
育才学校	Yùcái Xuéxiào	民间组织	永安镇石溪村
育才幼儿园	Yùcái Yòu'éryuán	民间组织	永安镇高兰村
莲星幼儿园	Liánxīng Yòu'éryuán	民间组织	莲花镇莲城苑
广利街道中心小学院主分校区	Guǎnglìjiēdào Zhōngxīnxiǎoxué Yuànzhǔ Fēnxiàoqū	民间组织	广利街道院主二村
广利颐老院	Guǎnglì Yílǎoyuàn	民间组织	广利街道广利为民小区
沙浦镇镇养道班	Shāpǔ Zhèn Zhènyǎng Dàobān	事业单位	沙浦镇188乡道旁
水坑二幼儿园	Shuǐkēng'èr Yòu'éryuán	事业单位	桂城水坑二
水坑一幼儿园	Shuǐkēngyī Yòu'éryuán	事业单位	桂城水坑一

（续上表）

标准名称	汉语拼音	地名类别	相对位置
广利街道中心小学	Guǎnglìjiēdào Zhōngxīn Xiǎoxué	事业单位	广利街道新广路46号
广利街道初级中学	Guǎnglìjiēdào Chūjí Zhōngxué	事业单位	广利街道泰来路8号
广利街道中心小学桥林分校区	Guǎnglìjiēdào Zhōngxīnxiǎoxué Qiáolín Fēnxiàoqū	事业单位	广利街道桥林村
广利街道中心小学砚洲分教点	Guǎnglìjiēdào Zhōngxīnxiǎoxué Yànzhōu Fēnjiàodiǎn	事业单位	广利镇砚洲村
广利街道综合文化站	Guǎnglìjiēdào Zōnghé Wénhuàzhàn	事业单位	广利中华路72号
肇庆医学高等专科学校鼎湖校区	Zhàoqìng Yīxué Gāoděng Zhuānkē Xuéxiào Dǐnghú Xiàoqū	事业单位	新城北18区
桂城街道中心幼儿园	Guìchéngjiēdào Zhōngxīn Yòu'éryuán	事业单位	桂城20区宝鼎路
水坑二小学	Shuǐkēng'èr Xiǎoxué	事业单位	桂城水坑二
水坑一小学	Shuǐkēngyī Xiǎoxué	事业单位	桂城水坑一
桂城初级中学	Guìchéng Chūjí Zhōngxué	事业单位	水库路26号
桂城街道综合文化站	Guìchéngjiēdào Zōnghé Wénhuàzhàn	事业单位	桂城街道
迪村中心小学	Dícūn Zhōngxīn Xiǎoxué	事业单位	坑口育龙路5路
肇庆市工程技术中等职业学校	Zhàoqìng Shì Gōngchéngjìshù Zhōngděng Zhíyèxuéxiào	事业单位	鼎湖坑口
坑口街道综合文化站	Kēngkǒujiēdào Zōnghé Wénhuàzhàn	事业单位	坑口街道大院内
桂城中心小学	Guìchéng Zhōngxīn Xiǎoxué	事业单位	桂城新城十九区
人口和计划生育服务站鼎湖区凤凰镇所	Rénkǒuhéjìhuáshēngyùfúwùzhàn Dǐnghú Qū Fènghuáng Zhènsuǒ	事业单位	凤凰镇凤意街
九坑林业站	Jiǔkēng Línyèzhàn	事业单位	凤凰镇凤凰桥
凤凰镇中心幼儿园	Fènghuáng Zhèn Zhōngxīn Yòu'éryuán	事业单位	凤凰镇新城
凤凰镇敬老院	Fènghuáng Zhèn Jìnglǎoyuàn	事业单位	凤凰镇新城康乐路1号
凤凰学校	Fènghuáng Xuéxiào	事业单位	凤龙街1号
凤凰镇卫生院	Fènghuáng Zhèn Wèishēngyuàn	事业单位	凤凰镇凤凰大道侧
白石坑小学	Báishíkēng Xiǎoxué	事业单位	凤凰镇白石坑村

(续上表)

标准名称	汉语拼音	地名类别	相对位置
凤凰镇综合文化站	Fènghuáng Zhèn Zōnghé Wénhuàzhàn	事业单位	凤凰镇
广利工商所	Guǎnglì Gōngshāngsuǒ	事业单位	广利路振兴路
鼎湖区中医院	Dǐnghú Qū Zhōngyīyuàn	事业单位	广利利民路27号
广利街道中心幼儿园	Guǎnglìjiēdào Zhōngxīn Yòu'éryuán	事业单位	广利街道新广路18号
广利高级中学	Guǎnglì Gāojí Zhōngxué	事业单位	广利新广路82号
广利电排分站	Guǎnglì Diànpái Fēnzhàn	事业单位	广利街道和平北路55号
广利围管理所	Guǎnglìwéi Guǎnlǐsuǒ	事业单位	广利街道长利涌口
北京师范大学肇庆附属学校	Běijīng Shīfàn Dàxué Zhàoqìng Fùshǔ Xuéxiào	事业单位	肇庆新区总部4路1号
中山大学附属第三医院肇庆医院	Zhōngshān Dàxué Fùshǔ Dìsān Yīyuàn Zhàoqìng Yīyuàn	事业单位	山田居委对面
桂城工商所	Guìchéng Gōngshāngsuǒ	事业单位	桂城华贵路
桂城国土资源中心所	Guìchéng Guótǔzīyuán Zhōngxīnsuǒ	事业单位	新广路254号
肇庆市农业科学研究所	Zhàoqìng Shì Nóngyèkēxué Yánjiūsuǒ	事业单位	广利公社塘园马家塱
鼎湖区人民医院	Dǐnghú Qū Rénmín Yīyuàn	事业单位	桂城平安西街4号
桂城颐老院	Guìchéng Yílǎoyuàn	事业单位	桂城新城20区宝鼎路
肇庆鼎湖中学	Zhàoqìng Dǐnghú Zhōngxué	事业单位	桂城新广路70号
鼎湖区计划生育技术服务站	Dǐnghú Qū Jìhuáshēngyùjìshù Fúwùzhàn	事业单位	桂城平安西街
桂城街道社区卫生服务中心	Guìchéngjiēdào Shèqūwèishēng Fúwùzhōngxīn	事业单位	桂城街道平安西街2号
鼎湖区妇幼保健计划生育服务中心	Dǐnghú Qū Fùyòubǎojiàn Jìhuáshēngyù Fúwùzhōngxīn	事业单位	桂城平安西街2号
鼎湖区广播电视台	Dǐnghú Qū Guǎngbōdiànshìtái	事业单位	桂城街道创业路
肇庆退伍军人医院	Zhàoqìng Tuìwǔjūnrén Yīyuàn	事业单位	坑口街道苏村居委321国道旁
鼎湖供电局	Dǐnghú Gòngdiànjú	事业单位	坑口街道民乐街道旁
鼎湖区实验中学	Dǐnghú Qū Shíyàn Zhōngxué	事业单位	坑口街道育龙路1号

（续上表）

标准名称	汉语拼音	地名类别	相对位置
鼎湖区人才服务管理办公室	Dǐnghú Qū Réncáifúwùguǎnlǐ Bàngōngshì	事业单位	万福东路 13 号
鼎湖区汽车摩托车维修行业管理所	Dǐnghú Qū Qìchē Mótuōchē Wéixiūhángyè Guǎnlǐsuǒ	事业单位	坑口街道新城 40 区罗隐大道鼎湖山牌坊侧
鼎湖区交通运输管理总站	Dǐnghú Qū Jiāotōngyùnshūguǎnlǐ Zǒngzhàn	事业单位	坑口街道新城 39 区罗隐大道鼎湖山牌坊侧
鼎湖区航务管理站	Dǐnghú Qū Hángwù Guǎnlǐzhàn	事业单位	坑口街道新城 39 区罗隐大道鼎湖山牌坊侧
鼎湖区公共资源交易中心	Dǐnghú Qū Gōnggòngzīyuán Jiāoyìzhōngxīn	事业单位	坑口民乐大道南 11 号住建局大院内
鼎湖区地方公路管理站	Dǐnghú Qū Dìfānggōnglù Guǎnlǐzhàn	事业单位	坑口街道新城 39 区罗隐大道鼎湖山牌坊侧
鼎湖区财政局票据管理所	Dǐnghú Qū Cáizhèngjú Piàojù Guǎnlǐsuǒ	事业单位	港口路 1 号
鼎湖区财政国库支付中心	Dǐnghú Qū Cáizhèng Guókùzhīfù-zhōngxīn	事业单位	港口路 1 号
鼎湖区安全生产应急救援指挥中心	Dǐnghú Qū Ānquánshēngchǎn Yīngjíjiùyuán Zhǐhuīzhōngxīn	事业单位	鼎湖大道 28 号区安监局 2 楼
鼎湖区投资审核中心	Dǐnghú Qū Tóuzīshěnhézhōngxīn	事业单位	港口路 1 号
鼎湖逸夫小学	Dǐnghú Yìfū Xiǎoxué	事业单位	文昌四街 4 号
坑口街道社区卫生服务中心	Kēngkǒujiēdào Shèqūwèishēng Fúwùzhōngxīn	事业单位	坑口鼎盛路 49 号
广东省西江林业局高要林场	Guǎngdōng Shěng Xījiāng Línyèjú Gāoyào Línchǎng	事业单位	坑口新城 42 区万福路
鼎湖区人民政府信息中心	Dǐnghú Qū Rénmínzhèngfǔ Xìnxīzhōngxīn	事业单位	鼎湖区政府大院 8 楼信息中心
鼎湖区粮食收储中心	Dǐnghú Qū Liángshíshōuchǔ-zhōngxīn	事业单位	坑口福星街 69 号
罗隐幼儿园	Luóyǐn Yòu'éryuán	事业单位	坑口罗隐村
鼎湖区农产品质量安全监督检测站	Dǐnghú Qū Nóngchǎnpǐnzhìliàng Ānquánjiāndūjiǎncèzhàn	事业单位	坑口民乐大道农业局大院内

(续上表)

标准名称	汉语拼音	地名类别	相对位置
鼎湖区城市园林卫生管理所	Dǐnghú Qū Chéngshìyuánlínwèishēng Guǎnlǐsuǒ	事业单位	坑口民乐大道南15号
鼎湖区房产交易服务中心	Dǐnghú Qū Fángchǎnjiāoyì Fúwùzhōngxīn	事业单位	坑口街道民乐大道南15号
鼎湖区路灯管理所	Dǐnghú Qū Lùdēng Guǎnlǐsuǒ	事业单位	坑口民乐大道南15号
鼎湖区农业技术服务中心	Dǐnghú Qū Nóngyèjìshù Fúwùzhōngxīn	事业单位	坑口民乐大道农业局大院内
鼎湖区农业科学研究所	Dǐnghú Qū Nóngyèkēxué Yánjiūsuǒ	事业单位	民乐大道农业局大院内
鼎湖区植物检疫站	Dǐnghú Qū Zhíwù Jiǎnyìzhàn	事业单位	民乐大道农业局大院内
鼎湖区畜牧兽医局	Dǐnghú Qū Chùmù Shòuyījú	事业单位	明政街9号
鼎湖区水产科学研究所	Dǐnghú Qū Shuǐchǎnkēxué Yánjiūsuǒ	事业单位	马家塱
鼎湖区职业技能鉴定所	Dǐnghú Qū Zhíyèjìnéng Jiàndìngsuǒ	事业单位	罗隐大道14号
鼎湖区下岗失业人员小额贷款担保中心	Dǐnghú Qū Xiàgǎngshīyèrényuán Xiǎo'édàikuǎn Dānbǎozhōngxīn	事业单位	罗隐大道14号
鼎湖区劳动保障监察大队	Dǐnghú Qū Láodòngbǎozhàngjiānchádàduì	事业单位	罗隐大道14号
鼎湖区就业服务管理中心	Dǐnghú Qū Jiùyèfúwù Guǎnlǐzhōngxīn	事业单位	罗隐大道14号
鼎湖区就业训练中心	Dǐnghú Qū Jiùyèxùnliànzhōngxīn	事业单位	罗隐大道14号
鼎湖区新型农村合作医疗办公室	Dǐnghú Qū Xīnxíng Nóngcūnhézuòyīliáo Bàngōngshì	事业单位	罗隐大道14号
鼎湖区社会福利院	Dǐnghú Qū Shèhuì Fúlìyuàn	事业单位	鼎盛大道区民政局大院内
鼎湖区社会福利彩票发行中心	Dǐnghú Qū Shèhuì Fúlì Cǎipiào Fāxíngzhōngxīn	事业单位	鼎盛大道区民政局大院内
鼎湖区殡葬管理所	Dǐnghú Qū Bìnzàng Guǎnlǐsuǒ	事业单位	鼎盛大道
鼎湖区复退军人服务中心	Dǐnghú Qū Fùtuìjūnrén Fúwùzhōngxīn	事业单位	鼎盛大道
鼎湖区殡葬执法监察大队	Dǐnghú Qū Bìnzàng Zhífǎjiānchádàduì	事业单位	鼎盛大道区民政局大院内

（续上表）

标准名称	汉语拼音	地名类别	相对位置
鼎湖区社会捐助接收站	Dǐnghú Qū Shèhuìjuānzhù Jiēshōuzhàn	事业单位	鼎盛大道区民政局大院内
鼎湖区文化馆	Dǐnghú Qū Wénhuàguǎn	事业单位	鼎湖大道区政府大院2楼
鼎湖区图书馆	Dǐnghú Qū Túshūguǎn	事业单位	民乐大道
鼎湖区机关幼儿园	Dǐnghú Qū Jīguān Yòu'éryuán	事业单位	文昌三街2号
鼎湖区干部学校	Dǐnghú Qū Gànbù Xuéxiào	事业单位	新城万福路
肇庆市国有北岭山林场	Zhàoqìng Shì Guóyǒu Běilǐngshān Línchǎng	事业单位	林地横跨端州区、鼎湖区、高要市
广东肇庆物流配送中心	Guǎngdōng Zhàoqìng Wùliú Pèisòngzhōngxīn	事业单位	坑口街道长园路
莲花供电所	Liánhuā Gōngdiànsuǒ	事业单位	莲花镇政府驻地东北部
莲花镇文化服务中心	Liánhuā Zhèn Wénhuà Fúwùzhōngxīn	事业单位	莲花镇政府内
莲花国土资源所	Liánhuā Guótǔzīyuánsuǒ	事业单位	莲花镇莲乐路
莲花工商所	Liánhuā Gōngshāngsuǒ	事业单位	莲花镇莲乐路（莲花镇政府驻地东部）
肇庆市水产科学研究所	Zhàoqìng Shì Shuǐchǎnkēxué Yánjiūsuǒ	事业单位	莲花镇南塘村
莲花镇中心幼儿园	Liánhuā Zhèn Zhōngxīn Yòu'éryuán	事业单位	莲花镇丽苑开发区
真光中心小学	Zhēnguāng Zhōngxīn Xiǎoxué	事业单位	莲花镇莲育路
莲花镇卫生院	Liánhuā Zhèn Wèishēngyuàn	事业单位	莲花镇开发区321国道旁
莲塘小学	Liántáng Xiǎoxué	事业单位	莲花镇曹工村与大寨村之间
蔗村小学	Zhècūn Xiǎoxué	事业单位	莲花镇蔗村
依坑小学	Yīkēng Xiǎoxué	事业单位	莲花镇依坑村
莲花镇计划生育服务中心	Liánhuā Zhèn Jìhuáshēngyù Fúwùzhōngxīn	事业单位	莲花镇政府内
莲花镇农业服务中心	Liánhuā Zhèn Nóngyè Fúwùzhōngxīn	事业单位	莲花镇政府内
真光小学布基分教点	Zhēnguāng Xiǎoxué Bùjī Fēnjiàodiǎn	事业单位	莲花镇布基村

(续上表)

标准名称	汉语拼音	地名类别	相对位置
莲塘幼儿园	Liántáng Yòu'éryuán	事业单位	莲花镇莲塘村
莲花镇敬老院	Liánhuā Zhèn Jìnglǎoyuàn	事业单位	莲花镇开发区321国道旁
莲花镇畜牧兽医站	Liánhuā Zhèn Chùmùshòuyīzhàn	事业单位	莲花镇21小区321旁
沙浦镇农业服务中心	Shāpǔ Zhèn Nóngyè Fúwùzhōngxīn	事业单位	沙浦镇政府大院
沙浦镇中心幼儿园	Shāpǔ Zhèn Zhōngxīn Yòu'éryuán	事业单位	沙浦镇科技路2号
沙浦镇中心小学	Shāpǔ Zhèn Zhōngxīn Xiǎoxué	事业单位	沙浦圩镇南侧
沙浦渡口管理所	Shāpǔ Dùkǒu Guǎnlǐsuǒ	事业单位	坑口街道新城41区罗隐大道鼎湖山牌坊侧
沙浦镇初级中学	Shāpǔ Zhèn Chūjí Zhōngxué	事业单位	沙浦镇承前路8号
沙浦镇供电所	Shāpǔ Zhèn Gōngdiànsuǒ	事业单位	沙浦镇承前路沙浦中学背后
沙浦围管理所	Shāpǔwéi Guǎnlǐsuǒ	事业单位	沙浦镇沙浦围安路11号
沙浦镇卫生院	Shāpǔ Zhèn Wèishēngyuàn	事业单位	沙浦镇同福路59号
沙浦镇广播电视站	Shāpǔ Zhèn Guǎngbōdiànshìzhàn	事业单位	沙浦镇同庆路
沙浦电排分站	Shāpǔ Diànpái Fēnzhàn	事业单位	沙浦镇沙四村委会旁
沙浦镇计划生育服务中心	Shāpǔ Zhèn Jìhuáshēngyù Fúwùzhōngxīn	事业单位	沙浦镇政府大院内
永安镇行政服务中心	Yǒng'ān Zhèn Xíngzhèng Fúwùzhōngxīn	事业单位	永安镇永康街
永安镇人口和计划生育中心	Yǒng'ān Zhèn Rénkǒuhéjìhuá-shēngyùzhōngxīn	事业单位	永安镇永华街9号
永安供电所	Yǒng'ān Gōngdiànsuǒ	事业单位	永安镇永华路
永安国土资源中心所	Yǒng'ān Guótǔzīyuán Zhōngxīnsuǒ	事业单位	永安镇永莲公路边
永安镇中心小学	Yǒng'ān Zhèn Zhōngxīn Xiǎoxué	事业单位	永安镇政府驻地东北方向约260米处
永安镇卫生院	Yǒng'ān Zhèn Wèishēngyuàn	事业单位	永安镇永乐街84号
永安镇中心幼儿园	Yǒng'ān Zhèn Zhōngxīn Yòu'éryuán	事业单位	永安镇甫草村
永安电排分站	Yǒng'ān Diànpái Fēnzhàn	事业单位	永安镇永逸街59号

（续上表）

标准名称	汉语拼音	地名类别	相对位置
永安镇初级中学	Yǒng'ān Zhèn Chūjí Zhōngxué	事业单位	永安镇中文村旁
丰乐围管理所	Fēnglèwéi Guǎnlǐsuǒ	事业单位	永安镇永丰路1号
贝水小学	Bèishuǐ Xiǎoxué	事业单位	永安镇贝水小学
永安镇综合文化站	Yǒng'ān Zhèn Zōnghé Wénhuàzhàn	事业单位	永安镇
永安镇敬老院	Yǒng'ān Zhèn Jìnglǎoyuàn	事业单位	永安镇永贤街21号
九坑河水库工程管理所	Jiǔkēnghé Shuǐkùgōngchéng Guǎnlǐsuǒ	事业单位	凤凰镇九坑河
中央储备粮肇庆市直属库	Zhōngyāng Chǔbèiliáng Zhàoqìng Shì Zhíshǔkù	事业单位	广利街道塘口村
广利街道社区卫生服务中心	Guǎnglìjiēdào Shèqūwèishēng Fúwùzhōngxīn	事业单位	和平路
桂城街道人力资源社会保障服务所	Guìchéngjiēdào Rénlìzīyuánshèhuìbǎozhàngfúwùsuǒ	事业单位	桂城街道桂苑路
鼎湖区国家税务局信息中心	Dǐnghú Qū Guójiāshuìwùjú Xìnxī Zhōngxīn	事业单位	坑口新城54区天后路
莲花镇初级中学	Liánhuā Zhèn Chūjí Zhōngxué	事业单位	莲花镇莲花大道
莲花镇综合文化站	Liánhuā Zhèn Zōnghé Wénhuàzhàn	事业单位	莲花镇莲顺路
沙浦镇畜牧兽医站	Shāpǔ Zhèn Chùmù Shòuyīzhàn	事业单位	沙浦镇同福路31号
沙浦镇敬老院	Shāpǔ Zhèn Jìnglǎoyuàn	事业单位	沙浦镇同庆路
沙浦镇中心小学典三分校区	Shāpǔ Zhèn Zhōngxīn Xiǎoxué Diǎnsān Fēnxiàoqū	事业单位	沙浦镇典三村委会朱宅村旁边
沙浦镇中心小学典二分教点	Shāpǔ Zhèn Zhōngxīn Xiǎoxué Diǎn'èr Fēnjiàodiǎn	事业单位	沙浦镇典二村委会水边村向东200米
沙浦镇中心小学桃一分校区	Shāpǔ Zhèn Zhōngxīn Xiǎoxué Táoyī Fēnxiàoqū	事业单位	沙浦镇桃一村委会旁边
沙浦镇中心小学桃二分教点	Shāpǔ Zhèn Zhōngxīn Xiǎoxué Táo'èr Fēnjiàodiǎn	事业单位	沙浦镇桃二村委会旁边
沙浦镇综合文化站	Shāpǔ Zhèn Zōnghé Wénhuàzhàn	事业单位	沙浦镇
鼎湖区中医院贝水分院	Dǐnghú Qū Zhōngyīyuàn Bèishuǐ Fēnyuàn	事业单位	永安镇433线
永安镇农业服务中心	Yǒng'ān Zhèn Nóngyè Fúwùzhōngxīn	事业单位	永安镇永华街9号
永安广播电视站	Yǒng'ān Guǎngbōdiànshìzhàn	事业单位	永安镇永贤街

(续上表)

标准名称	汉语拼音	地名类别	相对位置
永安镇工业区中心幼儿园	Yǒng'ān Zhèn Gōngyèqū Zhōngxīn Yòu'éryuán	事业单位	永安镇长涌村委会脉地村
永安防汛站	Yǒng'ān Fángxùnzhàn	事业单位	永安镇菠萝窦泵站附近
贝水防汛站	Bèishuǐ Fángxùnzhàn	事业单位	永安镇贝水泵站附近
后沥防汛站	Hòulì Fángxùnzhàn	事业单位	坑口街道后沥村
天科防汛站	Tiānkē Fángxùnzhàn	事业单位	桂城街道第一社区
石咀防汛站	Shízuǐ Fángxùnzhàn	事业单位	桂城街道龙一社区
张梁防汛站	Zhāngliáng Fángxùnzhàn	事业单位	广利街道龙二社区
广利防汛站	Guǎnglì Fángxùnzhàn	事业单位	广利街道龙头社区
防汛五站	Fángxùn Wǔzhàn	事业单位	沙浦镇典二村
凤凰山庄	Fènghuáng Shānzhuāng	企业	凤凰镇新凤村委会石龙二队
肇庆市联合电器有限公司	Zhàoqìng Shì Liánhé Diànqì Yǒuxiàngōngsī	企业	凤凰镇水库路19号办公楼1、2层
肇庆鼎湖水谷饮料有限公司	Zhàoqìng Dǐnghú Shuǐgǔyǐnliào Yǒuxiàngōngsī	企业	广利街道桥林双龙开发区（厂房B幢）
广东鼎湖山泉有限公司	Guǎngdōng Dǐnghú Shānquán Yǒuxiàngōngsī	企业	鼎湖大道31园区
广东爱森食品饮料有限公司	Guǎngdōng Āisēn Shípǐnyǐnliào Yǒuxiàngōngsī	企业	桂城新城34区
肇庆市三业塑料制品有限公司	Zhàoqìng Shì Sānyè Sùliàozhìpǐn Yǒuxiàngōngsī	企业	北3区53021小区
肇庆市恒立装饰涂料有限公司	Zhàoqìng Shì Hénglì Zhuāngshìtúliào Yǒuxiàngōngsī	企业	桂城工业区北2区为民路5号
广东南方施朗实业有限公司	Guǎngdōng Nánfāngshīlǎng Shíyè Yǒuxiàngōngsī	企业	桂城新城北2区
广东威龙经济发展有限公司	Guǎngdōng Wēilóng Jīngjìfāzhǎn Yǒuxiàngōngsī	企业	新城大花坛东侧农副产品批发市场C区
广东逸舒制药股份有限公司	Guǎngdōng Yìshū Zhìyào Gǔfènyǒuxiàngōngsī	企业	城区工业区
广发银行股份有限公司肇庆鼎湖支行	Guǎngfāyínháng Gǔfènyǒuxiàngōngsī Zhàoqìng Dǐnghú Zhīháng	企业	坑口罗隐大道4号
肇庆市鼎一食品饮料有限公司	Zhàoqìng Shì Dǐngyī Shípǐnyǐnliào Yǒuxiàngōngsī	企业	坑口民乐大道

（续上表）

标准名称	汉语拼音	地名类别	相对位置
肇庆市梁剑波保健品有限公司	Zhàoqìng Shì Liángjiànbō Bǎojiànpǐn Yǒuxiàngōngsī	企业	坑口苏村国道边
肇庆市新龙机械有限公司	:) Zhàoqìng Shì Xīnlóng Jīxiè Yǒuxiàngōngsī	企业	苏村路口321国道边（土名：把洲）
中国工商银行股份有限公司肇庆鼎湖支行	Zhōngguógōngshāngyínháng Gǔfènyǒuxiàngōngsī Zhàoqìng Dǐnghú Zhīháng	企业	新城41区111—113卡
肇庆市老龙潭贸易有限公司	Zhàoqìng Shì Lǎolóngtán Màoyì Yǒuxiàngōngsī	企业	坑口41区鼎盛大道18号
肇庆市路标交通工程有限公司	Zhàoqìng Shì Lùbiāo Jiāotōnggōngchéng Yǒuxiàngōngsī	企业	321国道小布村路口
肇庆市鼎湖区福日升动物保健品有限公司	Zhàoqìng Shì Dǐnghú Qū Fúrìshēng Dòngwùbǎojiànpǐn Yǒuxiàngōngsī	企业	莲花镇莲塘牌坊路口
肇庆东洋新岛不锈钢工程有限公司	Zhàoqìng Dōngyángxīndǎo Búxiùgānggōngchéng Yǒuxiàngōngsī	企业	莲花镇7区
广东协进陶瓷有限公司	Guǎngdōng Xiéjìn Táocí Yǒuxiàngōngsī	企业	永安镇贝水开发区
广东永耀金属制品有限公司	Guǎngdōng Yǒngyào Jīnshǔzhìpǐn Yǒuxiàngōngsī	企业	永安镇贝水开发区
肇庆市郭氏企业名嘉陶瓷有限公司	Zhàoqìng Shì Guōshì Qǐyè Míngjiā Táocí Yǒuxiàngōngsī	企业	永安镇贝水开发区岐洲大道侧（土名：原种场）
肇庆市浚丰纺织染整有限公司	Zhàoqìng Shì Jùnfēng Fǎngzhīrǎnzhěng Yǒuxiàngōngsī	企业	永安镇恒泰纺织环保工业园
广东中宏创展陶瓷有限公司	Guǎngdōng Zhōnghóngchuàngzhǎn Táocí Yǒuxiàngōngsī	企业	永安镇贝水工业园
肇庆市佳诚纺织有限公司	Zhàoqìng Shì Jiāchéng Fǎngzhī Yǒuxiàngōngsī	企业	广利长利涌口侧（原糖厂内）
肇庆市鼎湖区飞马钢化玻璃厂	Zhàoqìng Shì Dǐnghú Qū Fēimǎ Gānghuàbōlíchǎng	企业	凤凰镇工业区第15区
肇庆恩来五金塑胶制品有限公司	Zhàoqìng Ēnlái Wǔjīnsùjiāozhìpǐn Yǒuxiàngōngsī	企业	凤凰镇第2区东南工业区
肇庆市华裕混凝土建材有限公司	Zhàoqìng Shì Huáyù Hùnníngtǔjiàncái Yǒuxiàngōngsī	企业	凤凰镇铁路侧2FH03
肇庆市九龙湖旅游风景区有限公司	Zhàoqìng Shì Jiǔlónghú Lǚyóufēngjǐngqū Yǒuxiàngōngsī	企业	凤凰镇

(续上表)

标准名称	汉语拼音	地名类别	相对位置
肇庆市中化创业五金塑胶制品有限公司	Zhàoqìng Shì Zhōnghuàchuàngyè Wǔjīnsùjiāozhìpǐn Yǒuxiàngōngsī	企业	凤凰镇工业开发区第2区（建设东路8号）
肇庆银源灯饰电器有限公司	Zhàoqìng Yínyuán Dēngshìdiànqì Yǒuxiàngōngsī	企业	鼎湖新城20区
广州女娲肥业有限公司肇庆分公司	Guǎngzhōu Nǚwā Féiyè Yǒuxiàngōngsī Zhàoqìng Fēngōngsī	企业	广利街道塘口村
肇庆鼎湖汇港水运有限公司	Zhàoqìng Dǐnghú Huìgǎng Shuǐyùn Yǒuxiàngōngsī	企业	广利镇和平北路17号之二
肇庆市鼎湖区顺兴玻璃厂	Zhàoqìng Shì Dǐnghú Qū Shùnxìng Bōlíchǎng	企业	广利街道院主
肇庆市三和塑料容器有限公司	Zhàoqìng Shì Sānhé Sùliàoróngqì Yǒuxiàngōngsī	企业	广利龙二社区居委会创业路33小区
肇庆鼎茂机电有限公司	Zhàoqìng Dǐngmào Jīdiàn Yǒuxiàngōngsī	企业	广利镇花园路
肇庆市晨熹塑胶制品有限公司	Zhàoqìng Shì Chénxī Sùjiāozhìpǐn Yǒuxiàngōngsī	企业	广利东16区
肇庆市鼎湖区至法塑料工艺厂	Zhàoqìng Shì Dǐnghú Qū Zhìfǎ Sùliàogōngyìchǎng	企业	广利镇新广路148号
肇庆市东盛益源包装材料有限公司	Zhàoqìng Shì Dōngshèngyìyuán Bāozhuāngcáiliào Yǒuxiàngōngsī	企业	广利镇创业路
肇庆市皇中皇裹蒸粽有限公司	Zhàoqìng Shì Huángzhōnghuáng Guǒzhēngzòng Yǒuxiàngōngsī	企业	广利街道院主
肇庆市强生玩具礼盒有限公司	Zhàoqìng Shì Qiángshēng Wánjùlǐhé Yǒuxiàngōngsī	企业	广利东18区创业路
肇庆市新日宝电子科技有限公司	Zhàoqìng Shì Xīnrìbǎo Diànzǐkējì Yǒuxiàngōngsī	企业	广利龙塘小区创业路厂房
肇庆市正大化工机械设备有限公司	Zhàoqìng Shì Zhèngdà Huàgōngjīxièshèbèi Yǒuxiàngōngsī	企业	广利创业路开发区24小区
肇庆砚洲旅游发展有限公司	Zhàoqìng Yànzhōu Lǚyóufāzhǎn Yǒuxiàngōngsī	企业	广利砚洲社区居委会办公大楼
肇庆中邦化学有限公司	Zhàoqìng Zhōngbāng Huàxué Yǒuxiàngōngsī	企业	广利镇桥林村（321国道北侧）
肇庆雅豪工艺品有限公司	Zhàoqìng Yǎháo Gōngyìpǐn Yǒuxiàngōngsī	企业	桂城农贸市场9区首层
肇庆新港码头有限公司	Zhàoqìng Xīngǎng Mǎtóu Yǒuxiàngōngsī	企业	广利镇塘口村

（续上表）

标准名称	汉语拼音	地名类别	相对位置
肇庆市穗丰源粮油食品有限公司	Zhàoqìng Shì Suìfēngyuán Liángyóushípǐn Yǒuxiàngōngsī	企业	广利镇振兴路龙头库
肇庆市鼎湖区天之健中药饮片有限公司	Zhàoqìng Shì Dǐnghú Qū Tiānzhījiàn Zhōngyàoyǐnpiàn Yǒuxiàngōngsī	企业	广利东17区新广路侧
肇庆市鼎湖区广业环保水务有限公司	Zhàoqìng Shì Dǐnghú Qū Guǎngyè Huánbǎoshuǐwù Yǒuxiàngōngsī	企业	广利东13区（榄水塱与罗园村之间）
肇庆市百龙玩具有限公司	Zhàoqìng Shì Bǎilóng Wánjù Yǒuxiàngōngsī	企业	广利东18区创业路
太平洋建设集团有限公司鼎湖分公司	Tàipíngyáng Jiànshèjítuán Yǒuxiàngōngsī Dǐnghú Fēngōngsī	企业	凤凰镇（凤凰大道北侧）1层
广东海吉盛管道工程安装有限公司	Guǎngdōng Hǎijíshèng Guǎndàogōngchéng'ānzhuāng Yǒuxiàngōngsī	企业	广利新广路第一工业园第一小区
肇庆市鼎湖区丰骏塑料五金制刷有限公司	Zhàoqìng Shì Dǐnghú Qū Fēngjùn Sùliàowǔjīnzhìshuā Yǒuxiàngōngsī	企业	广利新广路第一工业园内第5幢厂房
肇庆市宝鼎电子实业有限公司	Zhàoqìng Shì Bǎodǐng Diànzǐshíyè Yǒuxiàngōngsī	企业	城区北2区
肇庆市鼎湖区顺翔服装辅料制品厂	Zhàoqìng Shì Dǐnghú Qū Shùnxiáng Fúzhuāngfǔliào Zhìpǐnchǎng	企业	桂城新城北2区1小区
肇庆市麦道食品有限公司	Zhàoqìng Shì Màidào Shípǐn Yǒuxiàngōngsī	企业	桂城新城北2区1小区（莫华带宅）
肇庆肇电科技有限公司	Zhàoqìng Zhàodiànkējì Yǒuxiàngōngsī	企业	桂城新城北三区（桂苑路内）厂房2楼之二
肇庆市中宝机电设备实业有限公司	Zhàoqìng Shì Zhōngbǎo Jīdiànshèbèishíyè Yǒuxiàngōngsī	企业	桂城新城34区交通工业园
肇庆市鼎湖区鼎立五金塑胶有限公司	Zhàoqìng Shì Dǐnghú Qū Dǐnglì Wǔjīnsùjiāo Yǒuxiàngōngsī	企业	桂城3区4小区平湖路
肇庆市鼎湖年丰纸品有限公司	Zhàoqìng Shì Dǐnghú Niánfēng Zhǐpǐn Yǒuxiàngōngsī	企业	桂城新城34区（鼎湖工业园）
肇庆曼源纺织有限公司	Zhàoqìng Mànyuán Fǎngzhī Yǒuxiàngōngsī	企业	桂城山田
肇庆市鼎湖区鼎峰山泉有限公司	Zhàoqìng Shì Dǐnghú Qū Dǐngfēng Shānquán Yǒuxiàngōngsī	企业	桂城山田桂峰村

(续上表)

标准名称	汉语拼音	地名类别	相对位置
肇庆市鼎湖区均益机械设备有限公司	Zhàoqìng Shì Dǐnghú Qū Jūnyì Jīxièshèbèi Yǒuxiàngōngsī	企业	桂城新城55区
肇庆市恒达通物流有限公司	Zhàoqìng Shì Héngdátōng Wùliú Yǒuxiàngōngsī	企业	桂城新城10区创业路原住宅公司办公楼首层
肇庆市宏信物业发展有限公司	Zhàoqìng Shì Hóngxìn Wùyèfāzhǎn Yǒuxiàngōngsī	企业	桂城新城8区（创业路口与321国道交界处）临街商铺13、14卡
肇庆市美宝实业有限公司	Zhàoqìng Shì Měibǎo Shíyè Yǒuxiàngōngsī	企业	桂城新城水坑一招商厂房第一、二幢
肇庆市秀清房地产开发有限公司	Zhàoqìng Shì Xiùqīng Fángdìchǎnkāifā Yǒuxiàngōngsī	企业	桂香园17幢
肇庆市永裕皮件有限公司	Zhàoqìng Shì Yǒngyù Píjiàn Yǒuxiàngōngsī	企业	桂城新城北2区1小区
肇庆浠兴装饰工程有限公司	Zhàoqìng Xīxìng Zhuāngshìgōngchéng Yǒuxiàngōngsī	企业	桂城北2区1小区(李桂锐宅)为民二街
肇庆新利达电池实业有限公司	Zhàoqìng Xīnlìdá Diànchíshíyè Yǒuxiàngōngsī	企业	鼎湖新城第10区创业路
肇庆新区投资发展有限公司	Zhàoqìng Xīnqū Tóuzīfāzhǎn Yǒuxiàngōngsī	企业	桂城新城北8区金花路1号B栋4楼南区
肇庆市鼎湖兴文塑胶五金制品有限公司	Zhàoqìng Shì Dǐnghú Xīngwén Sùjiāowǔjīn Zhìpǐn Yǒuxiàngōngsī	企业	新城工业区
中国电信股份有限公司鼎湖分公司	Zhōngguódiànxìn Gǔfènyǒuxiàngōngsī Dǐnghú Fēngōngsī	企业	新城华贵路127号首层之一、2—7层
肇庆市鼎湖区科特建材有限公司	Zhàoqìng Shì Dǐnghú Qū Kētè Jiàncái Yǒuxiàngōngsī	企业	凤凰路东50米
肇庆市鼎湖区山田米酒厂	Zhàoqìng Shì Dǐnghú Qū Shāntián Mǐjiǔchǎng	企业	桂城山田农科所内
肇庆市弘德实业有限公司	Zhàoqìng Shì Hóngdé Shíyè Yǒuxiàngōngsī	企业	新城北九区弘达实业有限公司熔铸车间
肇庆方大房地产开发有限公司	Zhàoqìng Fāngdà Fángdìchǎnkāifā Yǒuxiàngōngsī	企业	桂城新城21区
肇庆市澳华电器有限公司	Zhàoqìng Shì Àohuá Diànqì Yǒuxiàngōngsī	企业	新城71区
肇庆弘昌电子有限公司	Zhàoqìng Hóngchāng Diànzǐ Yǒuxiàngōngsī	企业	坑口罗隐大道西南侧（后沥居委会厂房）

（续上表）

标准名称	汉语拼音	地名类别	相对位置
肇庆鸿誉房地产开发有限公司	Zhàoqìng Hóngyù Fángdìchǎnkāifā Yǒuxiàngōngsī	企业	新城48区鼎湖森邻A栋商铺夹层202房
肇庆利丰橱柜有限公司	Zhàoqìng Lìfēng Chúguì Yǒuxiàngōngsī	企业	坑口民乐大道蕉园
肇庆市鼎湖绿洲饮用水有限公司	Zhàoqìng Shì Dǐnghú Lùzhōu Yǐnyòngshuǐ Yǒuxiàngōngsī	企业	坑口民乐大道蕉园
肇庆市鼎湖区农村信用合作联社	Zhàoqìng Shì Dǐnghú Qū Nóngcūnxìnyònghézuòliánshè	企业	坑口万福路46号
肇庆市鼎湖天标投资有限公司	Zhàoqìng Shì Dǐnghú Tiānbiāo Tóuzī Yǒuxiàngōngsī	企业	坑口明政路12号
肇庆市佛香堂工艺品有限公司	Zhàoqìng Shì Fóxiāngtáng Gōngyìpǐn Yǒuxiàngōngsī	企业	坑口红岭村
肇庆市冠宏食品饮料有限公司	Zhàoqìng Shì Guànhóng Shípǐnyǐnliào Yǒuxiàngōngsī	企业	坑口街道民乐大道边招商楼一幢3层半
肇庆市宏强保健酒厂	Zhàoqìng Shì Hóngqiáng Bǎojiànjiǔchǎng	企业	新华路
肇庆市华一电子有限公司	Zhàoqìng Shì Huáyī Diànzǐ Yǒuxiàngōngsī	企业	坑口新城46区罗隐大道厂房
肇庆市水务集团有限公司鼎湖供水分公司	Zhàoqìng Shì Shuǐwùjítuán Yǒuxiàngōngsī Dǐnghú Gòngshuǐ Fēngōngsī	企业	鼎湖新城50区
肇庆市源鼎泉有限公司	Zhàoqìng Shì Yuándǐngquán Yǒuxiàngōngsī	企业	坑口新城51区
肇庆自动化仪表有限公司	Zhàoqìng Zìdònghuàyíbiǎo Yǒuxiàngōngsī	企业	新城64区
中国建设银行股份有限公司肇庆鼎湖支行	Zhōngguójiànshèyínháng Gǔfènyǒuxiàngōngsī Zhàoqìng Dǐnghú Zhīháng	企业	坑口罗隐大道18号
中国农业银行股份有限公司肇庆鼎湖支行	Zhōngguónóngyèyínháng Gǔfènyǒuxiàngōngsī Zhàoqìng Dǐnghú Zhīháng	企业	坑口民乐大道鼎湖农行宿舍首层
中国人民财产保险股份有限公司肇庆市鼎湖支公司	Zhōngguórénmíncáichǎnbǎoxiǎn Gǔfènyǒuxiàngōngsī Zhàoqìng Shì Dǐnghú Zhīgōngsī	企业	坑口
中国银行股份有限公司肇庆鼎湖支行	Zhōngguóyínháng Gǔfènyǒuxiàngōngsī Zhàoqìng Dǐnghú Zhīháng	企业	坑口罗隐大道

(续上表)

标准名称	汉语拼音	地名类别	相对位置
肇庆市鼎湖城建建筑工程有限公司	Zhàoqìng Shì Dǐnghú Chéngjiànjiànzhùgōngchéng Yǒuxiàngōngsī	企业	鼎湖坑口民乐大道（城建大楼）
肇庆市鼎湖区金鼎龙湖酒店有限公司	Zhàoqìng Shì Dǐnghú Qū Jīndǐnglónghújiǔdiàn Yǒuxiàngōngsī	企业	坑口新城39—1之一区九母塘上
肇庆鼎湖华鼎泉饮品有限公司	Zhàoqìng Dǐnghú Huádǐngquán Yǐnpǐn Yǒuxiàngōngsī	企业	坑口港口路迪二村27号
肇庆市鼎湖山大酒店有限公司	Zhàoqìng Shì Dǐnghúshāndàjiǔdiàn Yǒuxiàngōngsī	企业	坑口新城51区上山公路北侧
肇庆市畅环汽车培训有限公司	Zhàoqìng Shì Chànghuán Qìchēpéixùn Yǒuxiàngōngsī	企业	坑口苏村小布
广东肇庆鸿森畜牧有限公司	Guǎngdōng Zhàoqìng Hóngsēn Xùmù Yǒuxiàngōngsī	企业	坑口苏村龙田岗
肇庆市庆电电力工程有限公司	Zhàoqìng Shì Qìngdiàn Diànlìgōngchéng Yǒuxiàngōngsī	企业	坑口新城42区万福路
中国邮政储蓄银行股份有限公司肇庆市鼎湖区支行	Zhōngguóyóuzhèngchǔxùyínháng Gǔfènyǒuxiàngōngsī Zhàoqìng Shì Dǐnghú Qū Zhīháng	企业	坑口新城42区
肇庆市鼎湖山旅游实业发展有限公司鼎湖避暑山庄	Zhàoqìng Shì Dǐnghúshān Lǚyóushíyèfāzhǎn Yǒuxiàngōngsī Dǐnghú Bìshǔshānzhuāng	企业	鼎湖山风景区
肇庆市越秀通讯电线电缆有限公司	Zhàoqìng Shì Yuèxiù Tōngxùndiànxiàndiànlǎn Yǒuxiàngōngsī	企业	坑口苏村321国道线边
肇庆市万里机动车驾驶员培训有限公司	Zhàoqìng Shì Wànlǐ Jīdòngchējiàshǐyuánpéixùn Yǒuxiàngōngsī	企业	坑口苏村路口321国道边（土名：门口塱）
肇庆市天利生超微粉体厂有限公司	Zhàoqìng Shì Tiānlìshēng Chāowēifěntǐchǎng Yǒuxiàngōngsī	企业	坑口苏村开发区
肇庆市顺美日用家电销售有限公司	Zhàoqìng Shì Shùnměi Rìyòngjiādiànxiāoshòu Yǒuxiàngōngsī	企业	坑口新城75—5区（苏村321国道侧）
肇庆市欧美彩玻璃钢有限公司	Zhàoqìng Shì Ōuměi Cǎibōlígāng Yǒuxiàngōngsī	企业	坑口苏村管理区下西塘
肇庆市骏达驾驶培训有限公司	Zhàoqìng Shì Jùndá Jiàshǐpéixùn Yǒuxiàngōngsī	企业	坑口苏村321国道侧
肇庆市虹泰消防材料有限公司	Zhàoqìng Shì Hóngtài Xiāofángcáiliào Yǒuxiàngōngsī	企业	坑口苏村背南侧（坑口）

（续上表）

标准名称	汉语拼音	地名类别	相对位置
肇庆市国邦园林设计工程有限公司	Zhàoqìng Shì Guóbāng Yuánlínshèjìgōngchéng Yǒuxiàngōngsī	企业	坑口苏村321国道侧（苏村旧居委办公楼后）
肇庆市鼎湖区品一派食品有限公司	Zhàoqìng Shì Dǐnghú Qū Pǐnyīpài Shípǐn Yǒuxiàngōngsī	企业	坑口教练场对面
肇庆市鼎湖区辉宏化工涂料有限公司	Zhàoqìng Shì Dǐnghú Qū Huīhóng Huàgōngtúliào Yǒuxiàngōngsī	企业	坑口苏村
肇庆市意达工程机械有限公司	Zhàoqìng Shì Yìdá Gōngchéngjīxiè Yǒuxiàngōngsī	企业	坑口苏村321国道东侧
广东农信鼎湖农村信用社	Guǎngdōng Nóngxìn Dǐnghú Nóngcūnxìnyòngshè	企业	坑口街道公安分局旁
肇庆市福骏美术工艺品有限公司	Zhàoqìng Shì Fújùn Měishùgōngyìpǐn Yǒuxiàngōngsī	企业	坑口苏村管理区广海北线1—32053东边第一卡（321国道大德利对面）
肇庆皓明有机硅材料有限公司	Zhàoqìng Hàomíng Yǒujīguīcáiliào Yǒuxiàngōngsī	企业	莲花镇开发区（莲塘村三组邓屋头）
鼎湖永盛化纤纺织印染厂有限公司	Dǐnghú Yǒngshèng Huàxiānfǎngzhīyìnrǎnchǎng Yǒuxiàngōngsī	企业	莲花镇开发区
肇庆市鼎湖区莲兴纸袋厂	Zhàoqìng Shì Dǐnghú Qū Liánxìng Zhǐdàichǎng	企业	莲花镇开发区
肇庆冠力冷轧带钢有限公司	Zhàoqìng Guànlì Lěngzhádàigāng Yǒuxiàngōngsī	企业	莲花镇莲业路
广东温氏南方家禽育种有限公司肇庆分公司	Guǎngdōng Wēnshì Nánfāng Jiāqínyùzhǒng Yǒuxiàngōngsī Zhàoqìng Fēngōngsī	企业	莲花镇区西南4.8千米
肇庆市溢丰制衣有限公司	Zhàoqìng Shì Yìfēng Zhìyī Yǒuxiàngōngsī	企业	莲花镇古遗村（321国道旁坐北向南东起第二座第1—7卡商铺）
广东金泽制衣有限公司	Guǎngdōng Jīnzé Zhìyī Yǒuxiàngōngsī	企业	莲花镇工业开发区鼎湖永盛化纤纺织印染厂有限公司厂房西南角
肇庆市鼎湖环美再生制品有限公司	Zhàoqìng Shì Dǐnghú Huánměi Zàishēngzhìpǐn Yǒuxiàngōngsī	企业	莲花镇321国道边
肇庆市鼎湖区坚杰牧医药业保健有限公司	Zhàoqìng Shì Dǐnghú Qū Jiānjié Mùyīyàoyèbǎojiàn Yǒuxiàngōngsī	企业	莲花镇莲塘管理区（321国道边）

（续上表）

标准名称	汉语拼音	地名类别	相对位置
肇庆市海力宝彩色印刷有限公司	Zhàoqìng Shì Hǎilìbǎo Cǎisèyìnshuā Yǒuxiàngōngsī	企业	莲花镇
肇庆市东洋鸿诚制管有限公司	Zhàoqìng Shì Dōngyánghóngchéng Zhìguǎn Yǒuxiàngōngsī	企业	莲花镇7区
肇庆大桐木业有限公司	Zhàoqìng Dàtóng Mùyè Yǒuxiàngōngsī	企业	莲花镇莲业路西面工业区
肇庆世为服饰制造有限公司	Zhàoqìng Shìwéi Fúshìzhìzào Yǒuxiàngōngsī	企业	莲花镇第一工业园
肇庆市鼎湖区建君动物保健品有限公司	Zhàoqìng Shì Dǐnghú Qū Jiànjūn Dòngwùbǎojiànpǐn Yǒuxiàngōngsī	企业	莲花镇莲塘牌坊东侧
肇庆市鼎湖区建业动物保健品有限公司	Zhàoqìng Shì Dǐnghú Qū Jiànyè Dòngwùbǎojiànpǐn Yǒuxiàngōngsī	企业	莲花镇莲塘村321国道北侧
肇庆市鼎湖区金保利资源再生制品有限公司	Zhàoqìng Shì Dǐnghú Qū Jīnbǎolì Zīyuánzàishēngzhìpǐn Yǒuxiàngōngsī	企业	莲花镇依坑工业园（土名：松岗）
肇庆市鼎湖温氏乳业有限公司	Zhàoqìng Shì Dǐnghú Wēnshì Rǔyè Yǒuxiàngōngsī	企业	莲花镇第一工业园
肇庆市佳华金属回收有限公司	Zhàoqìng Shì Jiāhuá Jīnshǔhuíshōu Yǒuxiàngōngsī	企业	莲花镇321国道依坑段
肇庆协大鞋业有限公司	Zhàoqìng Xiédà Xiéyè Yǒuxiàngōngsī	企业	莲花镇59工业园区
肇庆市月美食品有限公司	Zhàoqìng Shì Yuèměi Shípǐn Yǒuxiàngōngsī	企业	莲花镇6区
肇庆市小松实业有限公司	Zhàoqìng Shì Xiǎosōng Shíyè Yǒuxiàngōngsī	企业	莲花镇工业区
肇庆市鼎湖区康顺动物保健品有限公司	Zhàoqìng Shì Dǐnghú Qū Kāngshùn Dòngwùbǎojiànpǐn Yǒuxiàngōngsī	企业	莲花镇莲塘村桥头坑
肇庆市鼎湖区康乐园食品有限公司	Zhàoqìng Shì Dǐnghú Qū Kānglèyuán Shípǐn Yǒuxiàngōngsī	企业	莲花镇12区（LH12—01）厂房A
广东养心饮品股份有限公司	Guǎngdōng Yǎngxīn Yǐnpǐn Gǔfènyǒuxiàngōngsī	企业	沙浦镇冷水村
肇庆市鼎湖区日月养生泉天然活性水有限公司	Zhàoqìng Shì Dǐnghú Qū Rìyuè Yǎngshēngquán Tiānránhuóxìngshuǐ Yǒuxiàngōngsī	企业	沙浦镇典三村委会石湾联队办公室202室

（续上表）

标准名称	汉语拼音	地名类别	相对位置
肇庆市鼎湖区农兴农业生产资料有限公司	Zhàoqìng Shì Dǐnghú Qū Nóngxīng Nóngyèshēngchǎnzīliào Yǒuxiàngōngsī	企业	农副产品批发市场内
肇庆市永亿染整有限公司	Zhàoqìng Shì Yǒngyì Rǎnzhěng Yǒuxiàngōngsī	企业	沙浦镇苏西管理区
广东嘉联企业陶瓷有限公司	Guǎngdōng Jiālián Qǐyè Táocí Yǒuxiàngōngsī	企业	永安镇歧洲大道侧（土名原：种场）
广东天骄南洋乳胶手套有限公司	Guǎngdōng Tiānjiāo Nányáng Rǔjiāoshǒutào Yǒuxiàngōngsī	企业	永安镇贝水开发区岐州大道南侧（土名：原种场）
广东星湖新材料有限公司	Guǎngdōng Xīnghú Xīncáiliào Yǒuxiàngōngsī	企业	永安镇兴盛四路1号
肇庆市大和铝制品有限公司	Zhàoqìng Shì Dàhé Lǚzhìpǐn Yǒuxiàngōngsī	企业	永安镇贝水开发区贝水大道西侧（土名：田尾）
肇庆市大业纺织有限公司	Zhàoqìng Shì Dàyè Fǎngzhī Yǒuxiàngōngsī	企业	永安镇37区（YA37—02）
肇庆市鼎晟纺织染整有限公司	Zhàoqìng Shì Dǐngshèng Fǎngzhīrǎnzhěng Yǒuxiàngōngsī	企业	永安镇恒泰纺织染整园区内
肇庆市国美陶瓷有限公司	Zhàoqìng Shì Guóměi Táocí Yǒuxiàngōngsī	企业	永安镇贝水开发区
肇庆市和谐陶瓷企业有限公司	Zhàoqìng Shì Héxié Táocí Qǐyè Yǒuxiàngōngsī	企业	永安镇贝水开发区岐洲大道侧（土名：原种场）
肇庆市领航企业陶瓷有限公司	Zhàoqìng Shì Lǐngháng Qǐyè Táocí Yǒuxiàngōngsī	企业	永安镇31区（YA31—3—2号）
肇庆市乾胜铝业有限公司	Zhàoqìng Shì Qiánshèng Lǚyè Yǒuxiàngōngcī	企业	永安镇贝水开发区贝水大道西侧
肇庆市联裕实业有限公司	Zhàoqìng Shì Liányù Shíyè Yǒuxiàngōngsī	企业	永安镇甫草村
肇庆市伟达陶瓷有限公司	Zhàoqìng Shì Wěidá Táocí Yǒuxiàngōngsī	企业	永安镇23区
肇庆市宜美佳陶瓷有限公司	Zhàoqìng Shì Yíměijiā Táocí Yǒuxiàngōngsī	企业	永安镇永贝大道侧（土名：文里塘）
肇庆市鼎湖大地酱油食品有限公司	Zhàoqìng Shì Dǐnghú Dàdì Jiàngyóushípǐn Yǒuxiàngōngsī	企业	永安镇开发区
肇庆市鼎湖区永安电镀厂	Zhàoqìng Shì Dǐnghú Qū Yǒng'ān Diàndùchǎng	企业	永安镇

（续上表）

标准名称	汉语拼音	地名类别	相对位置
中铁七局集团郑州工程有限公司肇庆东制梁场	Zhōngtiěqījú Jítuán Zhèngzhōu Gōngchéng Yǒuxiàngōngsī Zhàoqìng Dōngzhìliángchǎng	企业	永安镇江溪村
肇庆市粤发海五金塑料有限公司	Zhàoqìng Shì Yuèfāhǎi Wǔjīnsùliào Yǒuxiàngōngsī	企业	永安镇贝水开发区
肇庆市永佳农牧种养有限公司	Zhàoqìng Shì Yǒngjiā Nóngmùzhòngyǎng Yǒuxiàngōngsī	企业	莲花镇富廊村（土名：珠江潭孵化场）
肇庆市金顺金属塑料有限公司	Zhàoqìng Shì Jīnshùn Jīnshǔsùliào Yǒuxiàngōngsī	企业	永安镇贝水开发区贝水大道西侧新村段
肇庆市金海螺资源再生制品有限公司	Zhàoqìng Shì Jīnhǎiluó Zīyuánzàishēngzhìpǐn Yǒuxiàngōngsī	企业	永安镇贝水开发区贝水大道东

（十）陆地水系类

1. 河流

标准名称	汉语拼音	地名类别	相对位置	发源地	所在（跨）行政区
长利河	Chánglì Hé	河流	鼎湖区中部	南田坑	广利街道
西江	Xī Jiāng	河流	鼎湖区中部	云南省沾益县马雄山	坑口街道、桂城街道、广利街道、永安镇、沙浦镇
石咀涌	Shízuǐ Chōng	河流	鼎湖区中部	鼎湖新城顺景路	桂城街道
鼎湖坑	Dǐnghú Kēng	河流	鼎湖区西部	鼎湖山自然保护区	坑口街道
广利涌	Guǎnglì Chōng	河流	鼎湖区中部	横圩	广利街道
菠萝坑河	Bōluókēng Hé	河流	鼎湖区北部	凤凰镇北岭山林场西北部	凤凰镇
云溪	Yúnxī	河流	鼎湖区西部	鸡笼山南坡	坑口街道
天溪	Tiānxī	河流	鼎湖区西部	鼎湖山东北部	坑口街道
罗隐涌	Luóyǐn Chōng	河流	鼎湖区南部	坑口水库	坑口街道
蕉园坑	Jiāoyuán Kēng	河流	鼎湖区西南部	鸡笼山南麓	坑口街道
后沥涌	Hòulì Chōng	河流	鼎湖区西南部	鼎湖山	坑口街道
桃溪十字涌	Táoxī Shízì Chōng	河流	鼎湖区南部	烂柯山麓	沙浦镇
典水涌	Diǎnshuǐ Chōng	河流	鼎湖区东南部	烂柯山麓	沙浦镇
冰盆塱大涌	Bīngpénlǎng Dàchōng	河流	鼎湖区南部	烂柯山麓	沙浦镇

（续上表）

标准名称	汉语拼音	地名类别	相对位置	发源地	所在（跨）行政区
沙浦大涌	Shāpǔ Dàchōng	河流	鼎湖区东南部	烂柯山麓	沙浦镇
新窦涌	Xīndòu Chōng	河流	鼎湖区东部	鱼仔塱	永安镇
贝水涌	Bèishuǐ Chōng	河流	鼎湖区东部	莲花镇北岭山林场	永安镇
横槎涌	Héngchá Chōng	河流	鼎湖区中部	北岭山	永安镇、广利街道、莲花镇
文㐡塱大涌	Wénqìnglǎng Dàchōng	河流	鼎湖区南部	烂柯山麓	沙浦镇
桃溪电排涌	Táoxī Diànpái Chōng	河流	鼎湖区南部	烂柯山麓	沙浦镇
青岐涌	Qīngqí Chōng	河流	鼎湖区东部	绥江	鼎湖区

2. 湖泊、陆地岛屿、瀑布、泉

标准名称	汉语拼音	别名	地名类别	相对位置
黄布沙岛	Huángbùshā Dǎo	——	洲、河岛	砚洲岛下游
沙洲岛	Shāzhōu Dǎo	——	洲、河岛	西江鼎湖段下游
砚洲岛	Yànzhōu Dǎo	东洲、墨砚洲	洲、河岛	西江羚羊峡下游

（十一）陆地地形类

标准名称	汉语拼音	别名	地名类别	相对位置	所在（跨）行政区
輋窝坳	Shēwō Ào	——	山谷、谷地	鼎湖区西北部	凤凰镇
蒙窝坳	Méngwō Ào	——	山谷、谷地	鼎湖区西北部	凤凰镇
大科田	Dàkētián	——	山谷、谷地	鼎湖区西南部	坑口街道
大坑	Dàkēng	——	山谷、谷地	鼎湖区东南部	沙浦镇
大水坑	Dàshuǐ Kēng	——	山谷、谷地	鼎湖区东部	沙浦镇
大小孻坑	Dàxiǎonái Kēng	——	山谷、谷地	鼎湖区东南部	沙浦镇
佛坳背	Fó'àobèi	——	山谷、谷地	鼎湖区西北部	凤凰镇
干坑	Gànkēng	——	山谷、谷地	鼎湖区东部	沙浦镇
狗头坑	Gǒutóu Kēng	——	山谷、谷地	鼎湖区东南部	坑口街道
谷子坑	Gǔzǐ Kēng	——	山谷、谷地	鼎湖区西北部	凤凰镇
黄金竹	Huángjīnzhú	——	山谷、谷地	鼎湖区西北部	凤凰镇

(续上表)

标准名称	汉语拼音	别名	地名类别	相对位置	所在（跨）行政区
黄泥坳	Huángní Ào	——	山谷、谷地	鼎湖区东南部	坑口街道
尖笔坑	Jiānbǐ Kēng		山谷、谷地	鼎湖区东北部	莲花镇
坑河	Kēnghé	——	山谷、谷地	鼎湖区西北部	坑口街道
烂屋坑	Lànwū Kēng		山谷、谷地	鼎湖区西北部	凤凰镇
老虎坑	Lǎohǔ Kēng		山谷、谷地	鼎湖区西北部	凤凰镇
流白水坑	Liúbáishuǐ Kēng		山谷、谷地	鼎湖区东南部	沙浦镇
麻风坑	Máfēng Kēng		山谷、谷地	鼎湖区西北部	凤凰镇
蜜仔坑	Mìzǎi Kēng		山谷、谷地	鼎湖区西南部	沙浦镇
牛角坑坳	Niújiǎokēng Ào		山谷、谷地	鼎湖区西北部	凤凰镇
彭公坑	Pénggōng Kēng		山谷、谷地	鼎湖区西北部	凤凰镇
彭婆坑	Péngpó Kēng		山谷、谷地	鼎湖区西北部	凤凰镇
七星坑	Qīxīng Kēng	青蛙岩	山谷、谷地	鼎湖区西南部	沙浦镇
祈林寺坑	Qílínsì Kēng	——	山谷、谷地	鼎湖区西南部	沙浦镇
青湾坑	Qīngwān Kēng		山谷、谷地	鼎湖区西南部	沙浦镇
山尾坑	Shānwěi Kēng		山谷、谷地	鼎湖区西南部	沙浦镇
石人坑	Shírén Kēng		山谷、谷地	鼎湖区西北部	凤凰镇
石台坑	Shítái Kēng		山谷、谷地	鼎湖区西北部	凤凰镇
水冯坑	Shuǐféng Kēng		山谷、谷地	鼎湖区东北部	莲花镇
松岗坑	Sōnggǎng Kēng		山谷、谷地	鼎湖区西南部	沙浦镇
桃军坑	Táojūn Kēng		山谷、谷地	鼎湖区东南部	坑口街道
天神	Tiānshén		山谷、谷地	鼎湖区西北部	凤凰镇
田坑	Tiánkēng		山谷、谷地	鼎湖区西北部	凤凰镇
铁炉坑	Tiělú Kēng		山谷、谷地	鼎湖区中部	桂城街道
桐麻坳坑	Tóngmá'ào Kēng		山谷、谷地	鼎湖区西北部	凤凰镇
铜锤坑	Tóngchuí Kēng		山谷、谷地	鼎湖区西北部	凤凰镇
偷狗坑	Tōugǒu Kēng		山谷、谷地	鼎湖区西北部	凤凰镇
王西坑	Wángxī Kēng		山谷、谷地	鼎湖区西北部	凤凰镇
围凹	Wéi'āo	——	山谷、谷地	鼎湖区东南部	坑口街道
乌松爷坳	Wūsōngyé Ào	——	山谷、谷地	鼎湖区西北部	凤凰镇
西坑	Xīkēng		山谷、谷地	鼎湖区西北部	凤凰镇

（续上表）

标准名称	汉语拼音	别名	地名类别	相对位置	所在（跨）行政区
小坑	Xiǎokēng	——	山谷、谷地	鼎湖区东北部	莲花镇
小礤坑	Xiǎonái Kēng	——	山谷、谷地	鼎湖区西南部	沙浦镇
星高坑	Xīnggāo Kēng	——	山谷、谷地	鼎湖区西南部	沙浦镇
泽村坑	Zécūn Kēng	——	山谷、谷地	鼎湖区中部	广利街道
长步坑	Chángbù Kēng	——	山谷、谷地	鼎湖区西南部	沙浦镇
长车坑	Chángchē Kēng	——	山谷、谷地	鼎湖区东北部	莲花镇
长坑	Chángkēng	——	山谷、谷地	鼎湖区西南部	沙浦镇
长坑口	Chángkēngkǒu	——	山谷、谷地	鼎湖区西北部	凤凰镇
中坑	Zhōngkēng	——	山谷、谷地	鼎湖区东北部	莲花镇
猪坑	Zhūkēng	——	山谷、谷地	鼎湖区西南部	坑口街道
猪笼坑	Zhūlóng Kēng	——	山谷、谷地	鼎湖区东北部	莲花镇
猪奶坑	Zhūnǎi Kēng	——	山谷、谷地	鼎湖区西北部	凤凰镇
小坑河	Xiǎokēng Hé	——	山谷、谷地	鼎湖区西北部	凤凰镇
大拉山口	Dàlā Shānkǒu	——	山谷、谷地	鼎湖区西南部	沙浦镇
山心坑	Shānxīn Kēng	——	山谷、谷地	鼎湖区北岭山	凤凰镇
轇氹坳	Suìdàng Ào	——	山谷、谷地	鼎湖区西北部	凤凰镇
风口坳	Fēngkǒu Ào	——	山谷、谷地	鼎湖区西南部	沙浦镇
风门坳	Fēngmén Ào	——	山谷、谷地	鼎湖区西南部	沙浦镇
高桥坑	Gāoqiáo Kēng	——	山谷、谷地	鼎湖区西北部	凤凰镇
栏板坳	Lánbǎn Ào	——	山谷、谷地	鼎湖区西南部	沙浦镇
沈坳	Shěn'ào	——	山谷、谷地	鼎湖区西南部	沙浦镇
湾鱼状坳	Wānyúzhuàng Ào	——	山谷、谷地	鼎湖区西北部	凤凰镇
阴冷坑	Yīnlěng Kēng	——	山谷、谷地	鼎湖区西北部	沙浦镇
南坑	Nánkēng	——	山谷、谷地	鼎湖区东北部	莲花镇
铜锤坑	Tóngchuí Kēng	——	山谷、谷地	鼎湖区西北部	凤凰镇
矮岭顶	Ǎilǐng Dǐng	——	山峰	鼎湖区西南部	沙浦镇
白马云顶	Báimǎyún Dǐng	——	山峰	鼎湖区西北部	凤凰镇
槟榔顶	Bīnláng Dǐng	——	山峰	鼎湖区西北部	凤凰镇
菠萝顶	Bōluó Dǐng	——	山峰	鼎湖区西北部	凤凰镇
菠萝坑顶	Bōluókēng Dǐng	——	山峰	鼎湖区西北部	凤凰镇

（续上表）

标准名称	汉语拼音	别名	地名类别	相对位置	所在（跨）行政区
伯公坑顶	Bógōngkēng Dǐng	——	山峰	鼎湖区西北部	凤凰镇
大凹顶	Dà'āo Dǐng	——	山峰	鼎湖区西北部	凤凰镇
大坪顶	Dàpíng Dǐng	——	山峰	鼎湖区西北部	凤凰镇
大树窝顶	Dàshùwō Dǐng	——	山峰	鼎湖区西北部	凤凰镇
大凸顶	Dàtū Dǐng	——	山峰	鼎湖区西北部	凤凰镇
墩顶	Dūndǐng	——	山峰	鼎湖区西北部	凤凰镇
风吹窟顶	Fēngchuīkū Dǐng	——	山峰	鼎湖区西北部	凤凰镇
高仙峰	Gāoxiān Fēng	——	山峰	鼎湖区东北部	莲花镇
谷子坑顶	Gǔzǐkēng Dǐng	——	山峰	鼎湖区西北部	凤凰镇
黄峰坑顶	Huángfēngkēng Dǐng	——	山峰	鼎湖区西南部	坑口街道
黄苹胃顶	Huángpíngwèi Dǐng	——	山峰	鼎湖区西北部	凤凰镇
黄圳山顶	Huángzhènshān Dǐng	——	山峰	鼎湖区东北部	莲花镇
尖峰顶	Jiānfēng Dǐng	——	山峰	鼎湖区西南部	沙浦镇
蕉塘顶	Jiāotáng Dǐng	——	山峰	鼎湖区东北部	莲花镇
绿湖顶	Lǜhú Dǐng	——	山峰	鼎湖区西北部	凤凰镇
毛毡顶	Máozhān Dǐng	——	山峰	鼎湖区西南部	沙浦镇
帽子顶	Màozǐ Dǐng	——	山峰	鼎湖区西南部	凤凰镇
潘人窝顶	Pānrénwō Dǐng	——	山峰	鼎湖区西北部	凤凰镇
平塘顶	Píngtáng Dǐng	——	山峰	鼎湖区西南部	沙浦镇
漆头顶	Qītóu Dǐng	——	山峰	鼎湖区西南部	凤凰镇
旗顶	Qídǐng	——	山峰	鼎湖区西南部	沙浦镇
麒麟顶	Qílín Dǐng	——	山峰	鼎湖区西南部	凤凰镇
桑坑顶	Sāngkēng Dǐng	——	山峰	鼎湖区西北部	凤凰镇
石林岭顶	Shílínlǐng Dǐng	——	山峰	鼎湖区东北部	莲花镇
石人石马顶	Shírénshímǎ Dǐng	——	山峰	鼎湖区西南部	沙浦镇
天成顶	Tiānchéng Dǐng	——	山峰	鼎湖区西南部	凤凰镇
天神顶	Tiānshén Dǐng	——	山峰	鼎湖区西北部	凤凰镇
围心顶	Wéixīn Dǐng	——	山峰	鼎湖区西南部	坑口街道
西坑顶	Xīkēng Dǐng	——	山峰	鼎湖区西南部	坑口街道
膝头顶	Xītóu Dǐng	——	山峰	鼎湖区西北部	凤凰镇

（续上表）

标准名称	汉语拼音	别名	地名类别	相对位置	所在（跨）行政区
细狗顶	Xìgǒu Dǐng	——	山峰	鼎湖区西北部	凤凰镇
亚婆顶	Yàpó Dǐng	——	山峰	鼎湖区西南部	坑口街道
寨顶	Zhàidǐng	——	山峰	鼎湖区西北部	凤凰镇
竹篙岭顶	Zhúgāolǐng Dǐng	——	山峰	鼎湖区西南部	沙浦镇
风吹罗带顶	Fēngchuīluódài Dǐng	——	山峰	鼎湖区西南部	沙浦镇
寒山顶	Hánshān Dǐng	——	山峰	鼎湖区西北部	凤凰镇
鹤竹塘顶	Hèzhútáng Dǐng	——	山峰	鼎湖区西北部	凤凰镇
横岭顶	Hénglǐng Dǐng	——	山峰	鼎湖区西南部	沙浦镇
鸡公髻顶	Jīgōngjì Dǐng	——	山峰	鼎湖区西南部	凤凰镇
鸡笼山	Jīlóng Shān	——	山峰	鼎湖区西南部	坑口街道
龙门顶	Lóngmén Dǐng	——	山峰	鼎湖区西南部	坑口街道
坭城顶	Níchéng Dǐng	——	山峰	鼎湖区西北部	凤凰镇
七星顶	Qīxīng Dǐng	——	山峰	鼎湖区西北部	凤凰镇
上山顶	Shàngshān Dǐng	——	山峰	鼎湖区西北部	凤凰镇
塔石顶	Tǎshí Dǐng	——	山峰	鼎湖区西南部	沙浦镇
天顶	Tiāndǐng	——	山峰	鼎湖区西南部	凤凰镇
丫髻顶	Yājì Dǐng	——	山峰	鼎湖区西南部	沙浦镇
羊古顶	Yánggǔ Dǐng	——	山峰	鼎湖区东北部	莲花镇
上贡顶	Shànggòng Dǐng	——	山峰	鼎湖区西北部	凤凰镇
马凹	Mǎ'āo	——	山	鼎湖区西北部	凤凰镇
輋窝	Shēwō	——	山	鼎湖区西北部	凤凰镇
蒙窝	Méngwō	——	山	鼎湖区西北部	凤凰镇
白坟脊	Báifénjǐ	——	山	鼎湖区南部	沙浦镇
白公窝	Báigōng Wō	——	山	鼎湖区西北部	凤凰镇
白马巢	Báimǎcháo	——	山	鼎湖区西北部	凤凰镇
白马巢坑	Báimǎcháo Kēng	——	山	鼎湖区西北部	凤凰镇
白石岭	Báishí Lǐng	——	山	鼎湖区南部	沙浦镇
白头婆	Báitóupó	——	山	鼎湖区南部	沙浦镇
白蚊背	Báiwénbèi	——	山	鼎湖区南部	沙浦镇
百花岭	Bǎihuā Lǐng	——	山	鼎湖区南部	沙浦镇

（续上表）

标准名称	汉语拼音	别名	地名类别	相对位置	所在（跨）行政区
蚌岗	Bànggǎng	——	山	鼎湖区东南部	永安镇
笔架山	Bǐjià Shān	——	山	鼎湖区南部	沙浦镇
笔子凸	Bǐzǐtū	——	山	鼎湖区西北部	凤凰镇
菠萝坑	Bōluó Kēng	——	山	鼎湖区西北部	凤凰镇
菠萝坑口	Bōluó Kēngkǒu	——	山	鼎湖区西北部	凤凰镇
苍岗	Cānggǎng	——	山	鼎湖区东南部	永安镇
草塘	Cǎotáng	——	山	鼎湖区西部	坑口街道
昌岗	Chānggǎng	——	山	鼎湖区东南部	永安镇
陈坑	Chénkēng	——	山	鼎湖区西北部	凤凰镇
池田	Chítián	——	山	鼎湖区东北部	莲花镇
赤泥	Chìní	——	山	鼎湖区西部	坑口街道
船尾楼	Chuánwěilóu	——	山	鼎湖区南部	沙浦镇
大陂坑	Dàbēi Kēng	——	山	鼎湖区西北部	凤凰镇
大陂岭	Dàbēi Lǐng	——	山	鼎湖区西北部	凤凰镇
大笨山	Dàbèn Shān	——	山	鼎湖区南部	沙浦镇
大灯鼓	Dàdēnggǔ	——	山	鼎湖区南部	沙浦镇
大东山	Dàdōng Shān	——	山	鼎湖区南部	沙浦镇
大肚岭	Dàdù Lǐng	——	山	鼎湖区东北部	莲花镇
大肚岭	Dàdù Lǐng	——	山	鼎湖区南部	沙浦镇
大皇坑	Dàhuáng Kēng	——	山	鼎湖区西北部	凤凰镇
大坑	Dàkēng	——	山	鼎湖区东北部	莲花镇
大坑口	Dàkēngkǒu	——	山	鼎湖区东北部	莲花镇
大拉山	Dàlā Shān	——	山	鼎湖区南部	沙浦镇
大岭头	Dàlǐngtóu	——	山	鼎湖区南部	沙浦镇
大麻坑	Dàmá Kēng	——	山	鼎湖区西南部	坑口街道
大坪	Dàpíng	——	山	鼎湖区西北部	凤凰镇
大山	Dàshān	——	山	鼎湖区南部	沙浦镇
大石岗	Dàshí Gǎng	——	山	鼎湖区东南部	永安镇
大松化	Dàsōnghuà	——	山	鼎湖区东南部	永安镇
大窝	Dàwō	——	山	鼎湖区西北部	凤凰镇

（续上表）

标准名称	汉语拼音	别名	地名类别	相对位置	所在（跨）行政区
大细怀	Dàxìhuái	——	山	鼎湖区南部	沙浦镇
大应塘	Dàyīngtáng	——	山	鼎湖区西北部	凤凰镇
大应塘口	Dàyīngtángkǒu	——	山	鼎湖区西北部	凤凰镇
大长坑	Dàzhǎng Kēng	——	山	鼎湖区南部	沙浦镇
大嶂坳	Dàzhàng Ào	——	山	鼎湖区东北部	莲花镇
大洲岗	Dàzhōu Gǎng	——	山	鼎湖区南部	沙浦镇
担水坑	Dānshuǐ Kēng	——	山	鼎湖区西北部	凤凰镇
灯盏窝	Dēngzhǎn Wō	——	山	鼎湖区西北部	凤凰镇
邓松岗	Dèngsōng Gǎng	——	山	鼎湖区东南部	永安镇
东岗窝	Dōnggǎng Wō	——	山	鼎湖区西北部	凤凰镇
东瓜山	Dōngguā Shān	——	山	鼎湖区西北部	凤凰镇
斗虎岭	Dòuhǔ Lǐng	——	山	鼎湖区南部	沙浦镇
豆腐头	Dòufǔtóu	——	山	鼎湖区南部	沙浦镇
鹅颈坑	Éjǐng Kēng	——	山	鼎湖区东北部	莲花镇
鹅头山	Étóu Shān	——	山	鼎湖区东北部	莲花镇
二宝峰	Èrbǎo Fēng	——	山	鼎湖区西南部	坑口街道
飞凤岭	Fēifèng Lǐng	——	山	鼎湖区南部	沙浦镇
飞天燕	Fēitiānyàn	——	山	鼎湖区西南部	坑口街道
分水凹	Fēnshuǐ Āo	——	山	鼎湖区西北部	凤凰镇
枫山印	Fēngshānyìn	——	山	鼎湖区西北部	凤凰镇
凤凰山	Fènghuáng Shān	——	山	鼎湖区西北部	凤凰镇
佛仔岗	Fózǎigǎng	——	山	鼎湖区东南部	永安镇
岗边岭	Gǎngbiān Lǐng	——	山	鼎湖区东北部	莲花镇
高岗	Gāogǎng	——	山	鼎湖区东北部	莲花镇
高桥口	Gāoqiáokǒu	——	山	鼎湖区西北部	凤凰镇
狗腰岗	Gǒuyāo Gǎng	——	山	鼎湖区南部	沙浦镇
观音庵	Guānyīn'ān	——	山	鼎湖区西北部	凤凰镇
观音山	Guānyīn Shān	——	山	鼎湖区西北部	凤凰镇
龟背岗	Guībèi Gǎng	——	山	鼎湖区南部	沙浦镇
龟山	Guīshān	——	山	鼎湖区南部	沙浦镇

(续上表)

标准名称	汉语拼音	别名	地名类别	相对位置	所在（跨）行政区
桂峰岗	Guìfēng Gǎng	——	山	鼎湖区中部	桂城街道
桂峰山	Guìfēng Shān	——	山	鼎湖区西北部	凤凰镇
桂岭	Guìlǐng	——	山	鼎湖区西北部	凤凰镇
旱窝口	Hànwōkǒu	——	山	鼎湖区西北部	凤凰镇
横岗岭	Hénggǎng Lǐng	——	山	鼎湖区南部	沙浦镇
横河	Hénghé	——	山	鼎湖区南部	沙浦镇
横岭头	Hénglǐngtóu	——	山	鼎湖区西北部	凤凰镇
红朱岗	Hóngzhū Gǎng	——	山	鼎湖区东南部	永安镇
虎爪山	Hǔzhǎo Shān	——	山	鼎湖区南部	沙浦镇
荒田窝	Huāngtián Wō	——	山	鼎湖区西北部	凤凰镇
黄草帽	Huángcǎomào	——	山	鼎湖区西北部	凤凰镇
黄洞山	Huángdòng Shān	——	山	鼎湖区东北部	莲花镇
黄窦窝	Huángdòu Wō	——	山	鼎湖区西北部	凤凰镇
黄牛岭	Huángniú Lǐng	——	山	鼎湖区南部	沙浦镇
鸡公髻在	Jīgōngjìzài	——	山	鼎湖区西北部	凤凰镇
鸡公窑	Jīgōngyáo	——	山	鼎湖区西北部	凤凰镇
将军岭	Jiāngjūn Lǐng	——	山	鼎湖区南部	沙浦镇
将军山	Jiāngjūn Shān	——	山	鼎湖区南部	沙浦镇
九仔潭	Jiǔzǎitán	——	山	鼎湖区东北部	莲花镇
坑尾	Kēngwěi	——	山	鼎湖区西北部	凤凰镇
坑仔扣	Kēngzǎikòu	——	山	鼎湖区南部	沙浦镇
蓝山	Lánshān	——	山	鼎湖区西北部	凤凰镇
厘更州	Lígèngzhōu	——	山	鼎湖区东南部	永安镇
鲤鱼尾	Lǐyúwěi	——	山	鼎湖区南部	沙浦镇
莲花山	Liánhuā Shān	——	山	鼎湖区西南部	坑口街道
濂洞工区	Liándònggōngqū	——	山	鼎湖区西北部	凤凰镇
羚山	Língshān	——	山	鼎湖区西南部	坑口街道
龙门	Lóngmén	——	山	鼎湖区西南部	坑口街道
罗塱岗	Luólǎng Gǎng	——	山	鼎湖区东北部	莲花镇
螺须咀	Luóxūzuǐ	——	山	鼎湖区南部	沙浦镇

（续上表）

标准名称	汉语拼音	别名	地名类别	相对位置	所在（跨）行政区
麻甩岭	Máshuǎi Lǐng	——	山	鼎湖区中部	桂城街道
马山	Mǎshān	——	山	鼎湖区东北部	莲花镇
马头山	Mǎtóu Shān	——	山	鼎湖区西北部	凤凰镇
马鬃	Mǎzōng	——	山	鼎湖区东北部	莲花镇
猫头弯	Māotóuwān	——	山	鼎湖区南部	沙浦镇
毛毡岭	Máozhān Lǐng	——	山	鼎湖区南部	沙浦镇
米升湾	Mǐshēngwān	——	山	鼎湖区西北部	凤凰镇
米塔岭	Mǐtǎ Lǐng	——	山	鼎湖区西南部	坑口街道
南岗	Nángǎng	——	山	鼎湖区东北部	莲花镇
坭井山	Níjǐng Shān	——	山	鼎湖区西北部	凤凰镇
牛归栏	Niúguīlán	——	山	鼎湖区西北部	凤凰镇
牛岭山	Niúlǐng Shān	——	山	鼎湖区南部	沙浦镇
牛路山	Niúlù Shān	——	山	鼎湖区西北部	凤凰镇
耙齿岭	Páchǐ Lǐng	——	山	鼎湖区南部	沙浦镇
平墩	Píngdūn	——	山	鼎湖区南部	沙浦镇
平墩山	Píngdūn Shān	——	山	鼎湖区南部	沙浦镇
平岭	Pínglǐng	——	山	鼎湖区南部	沙浦镇
平塘	Píngtáng	——	山	鼎湖区南部	沙浦镇
平头地	Píngtóudì	——	山	鼎湖区南部	沙浦镇
平头山	Píngtóu Shān	——	山	鼎湖区南部	沙浦镇
企岭	Qǐlǐng	——	山	鼎湖区南部	沙浦镇
青岗	Qīnggǎng	——	山	鼎湖区东南部	永安镇
秋风根	Qiūfēnggēn	——	山	鼎湖区西北部	凤凰镇
三宝峰	Sānbǎo Fēng	——	山	鼎湖区西南部	坑口街道
三星岗	Sānxīng Gǎng	——	山	鼎湖区中部	桂城街道
三星岗	Sānxīng Gǎng	——	山	鼎湖区东南部	永安镇
山厂凹	Shānchǎng Āo	——	山	鼎湖区西北部	凤凰镇
山桂窝	Shānguì Wō	——	山	鼎湖区西北部	凤凰镇
山心尾	Shānxīnwěi	——	山	鼎湖区西北部	凤凰镇
山猪窝	Shānzhū Wō	——	山	鼎湖区西北部	凤凰镇

（续上表）

标准名称	汉语拼音	别名	地名类别	相对位置	所在（跨）行政区
上贡	Shànggòng	——	山	鼎湖区西北部	凤凰镇
上龙门	Shànglóngmén	——	山	鼎湖区西南部	坑口街道
上水田岗	Shàngshuǐtián Gǎng	——	山	鼎湖区西北部	凤凰镇
蛇麻窝	Shémá Wō	——	山	鼎湖区西北部	凤凰镇
蛇田	Shétián	——	山	鼎湖区西北部	凤凰镇
射针山	Shèzhēn Shān	——	山	鼎湖区南部	沙浦镇
深圳	Shēn'ào	——	山	鼎湖区西北部	凤凰镇
石墩	Shídūn	——	山	鼎湖区东北部	莲花镇
石记	Shíjì	——	山	鼎湖区西北部	凤凰镇
石夹	Shíjiá	——	山	鼎湖区西北部	凤凰镇
石门	Shímén	——	山	鼎湖区南部	沙浦镇
石台	Shítái	——	山	鼎湖区西北部	凤凰镇
石台口	Shítáikǒu	——	山	鼎湖区西北部	凤凰镇
石牙下	Shíyáxià	——	山	鼎湖区西北部	凤凰镇
石仔山	Shízǎi Shān	——	山	鼎湖区东北部	莲花镇
双坑尾	Shuāngkēngwěi	——	山	鼎湖区西北部	凤凰镇
双洲岗	Shuāngzhōu Gǎng	——	山	鼎湖区中部	桂城街道
水井窝	Shuǐjǐng Wō	——	山	鼎湖区西北部	凤凰镇
四方輋	Sìfāngshē	——	山	鼎湖区西北部	凤凰镇
松树窝	Sōngshù Wō	——	山	鼎湖区西北部	凤凰镇
松子岗	Sōngzǐ Gǎng	——	山	鼎湖区东南部	永安镇
苏背山	Sūbèi Shān	——	山	鼎湖区南部	沙浦镇
塘蛾岭	Táng'é Lǐng	——	山	鼎湖区西南部	坑口街道
塘蛾岭脚	Táng'é Lǐngjiǎo	——	山	鼎湖区中部	桂城街道
塘山市	Tángshānshì	——	山	鼎湖区南部	沙浦镇
天后宫	Tiānhòugōng	——	山	鼎湖区西南部	坑口街道
田螺山	Tiánluó Shān	——	山	鼎湖区南部	沙浦镇
铁犁岗	Tiělí Gǎng	——	山	鼎湖区西北部	凤凰镇
铁洛窝	Tiěluò Wō	——	山	鼎湖区西北部	凤凰镇
铁砧山	Tiězhēn Shān	——	山	鼎湖区东北部	莲花镇

（续上表）

标准名称	汉语拼音	别名	地名类别	相对位置	所在（跨）行政区
通天腊烛	Tōngtiānlàzhú	——	山	鼎湖区西北部	凤凰镇
铜鼓地	Tónggǔdì	——	山	鼎湖区南部	沙浦镇
弯九岗	Wānjiǔ Gǎng	——	山	鼎湖区东南部	永安镇
湾角	Wānjiǎo	——	山	鼎湖区西北部	凤凰镇
望天岩	Wàngtiānyán	——	山	鼎湖区南部	沙浦镇
窝肚	Wōdù	——	山	鼎湖区西北部	凤凰镇
五点梅	Wǔdiǎnméi	——	山	鼎湖区西北部	凤凰镇
五公钳	Wǔgōngqián	——	山	鼎湖区西北部	凤凰镇
勿斗尾	Wùdòuwěi	——	山	鼎湖区西北部	凤凰镇
西坑尾	Xīkēngwěi	——	山	鼎湖区西北部	凤凰镇
西竹	Xīzhú	——	山	鼎湖区西北部	凤凰镇
虾公透水	Xiāgōngtòushuǐ	——	山	鼎湖区西北部	凤凰镇
下坝	Xiàbà	——	山	鼎湖区西北部	凤凰镇
下岗	Xiàgǎng	——	山	鼎湖区南部	沙浦镇
下龙门	Xiàlóngmén	——	山	鼎湖区西南部	坑口街道
仙人骑鹤	Xiānrénqíhè	——	山	鼎湖区西北部	凤凰镇
雄鸡拍翼	Xióngjīpāiyì	——	山	鼎湖区西北部	凤凰镇
鸦鹰需	Yāyīngxū	——	山	鼎湖区西北部	凤凰镇
崖洲岗	Yázhōu Gǎng	——	山	鼎湖区东北部	莲花镇
亚公山	Yàgōng Shān	——	山	鼎湖区东南部	永安镇
亚姐山	Yàjiě Shān	——	山	鼎湖区南部	沙浦镇
亚婆髻	Yàpójì	——	山	鼎湖区西北部	凤凰镇
燕子岗	Yànzǐ Gǎng	——	山	鼎湖区东北部	莲花镇
鹞婆咀	Yàopózuǐ	——	山	鼎湖区西北部	凤凰镇
英子岭	Yīngzǐ Lǐng	——	山	鼎湖区西北部	凤凰镇
院主山	Yuànzhǔ Shān	——	山	鼎湖区西北部	凤凰镇
渣塌嚼	Zhātājiáo	——	山	鼎湖区东北部	莲花镇
张牛肚	Zhāngniúdù	——	山	鼎湖区西北部	凤凰镇
长岗	Chánggǎng	——	山	鼎湖区东北部	莲花镇
照镜山	Zhàojìng Shān	——	山	鼎湖区西南部	坑口街道

（续上表）

标准名称	汉语拼音	别名	地名类别	相对位置	所在（跨）行政区
正面岗	Zhèngmiàn Gǎng	——	山	鼎湖区南部	沙浦镇
钟岗	Zhōnggǎng	——	山	鼎湖区东南部	永安镇
猪屎佛	Zhūshǐfó	——	山	鼎湖区西北部	凤凰镇
竹高岭	Zhúgāo Lǐng	——	山	鼎湖区南部	沙浦镇
苏塘山	Sūtáng Shān	——	山	鼎湖区东北部	莲花镇
高婆髻	Gāopójì	——	山	鼎湖区南部	沙浦镇
区茶	Qūchá	——	山	鼎湖区西北部	凤凰镇
铜锤口	Tóngchuíkǒu	——	山	鼎湖区西北部	凤凰镇
大窝	Dàwō	——	山	鼎湖区西北部	凤凰镇
石古坳	Shígǔ Ào	——	山	鼎湖区西北部	凤凰镇
猪坑岗	Zhūkēng Gǎng	——	山	鼎湖区东南部	永安镇
铁砧头	Tiězhēntóu	——	山	鼎湖区西南部	坑口街道
寨顶	Zhàidǐng	——	山	鼎湖区西北部	凤凰镇
啊公潭	Āgōngtán	——	山	鼎湖区西北部	凤凰镇
半边山	Bànbiān Shān	——	山	鼎湖区西北部	凤凰镇
杯子窝	Bēizǐ Wō	——	山	鼎湖区西北部	凤凰镇
笔架岭	Bǐjià Lǐng	——	山	鼎湖区南部	沙浦镇
伯公窝	Bógōng Wō	——	山	鼎湖区西北部	凤凰镇
川凤凹	Chuānfēng Āo	——	山	鼎湖区西北部	凤凰镇
大保头	Dàbǎotóu	——	山	鼎湖区东北部	莲花镇
大嶂山	Dàzhàng Shān	——	山	鼎湖区东北部	莲花镇
吊天龙	Diàotiānlóng	——	山	鼎湖区南部	沙浦镇
风吹帽	Fēngchuīmào	——	山	鼎湖区南部	沙浦镇
狗脑石	Gǒunǎoshí	——	山	鼎湖区南部	沙浦镇
观音空	Guānyīnkōng	——	山	鼎湖区南部	沙浦镇
黄牛头	Huángniútóu	——	山	鼎湖区西北部	凤凰镇
九木窿	Jiǔmùlóng	——	山	鼎湖区南部	沙浦镇
蓝塘尾	Lántángwěi	——	山	鼎湖区南部	沙浦镇
老鼎	Lǎodǐng	——	山	鼎湖区西南部	坑口街道
黎炮台	Lípàotái	——	山	鼎湖区东北部	莲花镇

（续上表）

标准名称	汉语拼音	别名	地名类别	相对位置	所在（跨）行政区
羚羊山	Língyáng Shān	—	山	鼎湖区西南部	坑口街道
乱罗鸡谷	Luànluójīgǔ	—	山	鼎湖区南部	沙浦镇
三笔架山	Sānbǐjià Shān	—	山	鼎湖区南部	沙浦镇
三亚墩	Sānyàdūn	—	山	鼎湖区西北部	凤凰镇
山厂	Shānchǎng	—	山	鼎湖区西北部	凤凰镇
山塘凹	Shāntáng Āo	—	山	鼎湖区西北部	凤凰镇
石坑尾	Shíkēngwěi	—	山	鼎湖区西北部	凤凰镇
石马坳	Shímǎ Āo	—	山	鼎湖区东北部	莲花镇
石牛头	Shíniútóu	—	山	鼎湖区西北部	凤凰镇
蜈蚣岭	Wúgōng Lǐng	—	山	鼎湖区南部	沙浦镇
五相山	Wǔxiàng Shān	—	山	鼎湖区东北部	莲花镇
下窝子	Xiàwōzǐ	—	山	鼎湖区西北部	凤凰镇
鸭屎石	Yāshǐshí	—	山	鼎湖区南部	沙浦镇
洋古头	Yánggǔtóu	—	山	鼎湖区东北部	莲花镇
猪头腊烛	Zhūtóulàzhú	—	山	鼎湖区东北部	莲花镇
北岭山	Běilǐng Shān	—	山	鼎湖区中部	凤凰镇
鼎湖山脉	Dǐnghú Shānmài	—	山	鼎湖区西南部	坑口街道
烂柯山脉	Lànkē Shānmài	腐柯山、斧柯山	山	鼎湖区南部	沙浦镇
大窝	Dàwō	—	山	鼎湖区西北部	沙浦镇
大坑	Dàkēng	—	山	鼎湖区西北部	沙浦镇

二、历史地名

标准名称	汉语拼音	地名类别	废止时间	相对位置
双布小学	Shuāngbù Xiǎoxué	民间组织	2003年	永安镇双布村
岐洲小学	Qízhōu Xiǎoxué	民间组织	1998年	永安镇岐洲村
大社小学	Dàshè Xiǎoxué	民间组织	2002年	永安镇大社村
上水田学校	Shàngshuǐtián Xuéxiào	民间组织	2005年	凤凰镇上水田村

（续上表）

标准名称	汉语拼音	地名类别	废止时间	相对位置
南寮学校	Nánliáo Xuéxiào	民间组织	2003年	凤凰镇南寮村
肇庆旅游学校	Zhàoqìng Lǚyóu Xuéxiào	民间组织	2014年	坑口街道万福社区罗隐路
高要市农科所	Gāoyào Shì Nóngkēsuǒ	事业单位	2004年	凤凰镇凤凰社区
肇庆邮电局鼎湖分局	Zhàoqìng Yóudiànjú Dǐnghú Fēnjú	事业单位	2008年	桂城街道第一社区
广利长发砖厂	Guǎnglì Zhǎngfā Zhuānchǎng	企业	2003年	广利街道龙塘村
广利长联砖厂	Guǎnglì Zhǎnglián Zhuānchǎng	企业	1997年	广利街道槎布村
广利糖厂	Guǎnglì Tángchǎng	企业	1995年	广利街道文华村旁
鸿利砖厂	Hónglì Zhuānchǎng	企业	2004年	桂城街道龙一居委会大石村
鼎湖水泥厂	Dǐnghú Shuǐníchǎng	企业	2005年	莲花镇布基村委会
鼎湖强质玻璃瓦厂	Dǐnghú Qiángzhì Bōlíwǎchǎng	企业	1998年	永莲公路收费站侧
布基五金厂	Bùjī Wǔjīnchǎng	企业	2003年	莲花镇布基村
永安食品厂	Yǒng'ān Shípǐnchǎng	企业	2012年	莲花镇
聚宝山庄	Jùbǎo Shānzhuāng	企业	2006年	莲花镇葫芦山风景区
广利珍禽开发中心	Guǎnglì Zhēnqín Kāifāzhōngxīn	企业	2012年	凤凰镇九坑河水库侧
永安蛋鸡场	Yǒng'ān Dànjīchǎng	企业	2012年	永安镇桂溪苍岗
顺南酱油厂	Shùnnán Jiàngyóuchǎng	企业	2007年	永安镇五南村
鼎湖石膏矿	Dǐnghú Shígāokuàng	企业	2008年	永安镇贝水开发区
广利龙头炮竹厂	Guǎnglì Lóngtóu Pàozhúchǎng	企业	2001年	广利街道长利村
广利烟花炮竹厂	Guǎnglì Yānhuā Pàozhúchǎng	企业	2012年	广利街道新广路
华泉轻化有限公司	Huáquán Qīnghuà Yǒuxiàngōngsī	企业	2003年	广利街道涌口
鼎湖旅社	Dǐnghú Lǚshè	企业	2006年	坑口街道鼎湖山风景区脚下
域多利石材厂	Yùduōlì Shícáichǎng	企业	2005年	坑口街道后沥社区长园路旁

（续上表）

标准名称	汉语拼音	地名类别	废止时间	相对位置
鼎湖石板材厂	Dǐnghú Shíbǎncáichǎng	企业	2008年	坑口街道长园路旁
信兴皮厂	Xìnxīng Píchǎng	企业	2002年	莲花镇布基村
金碧嘉陶瓷公司	Jīnbìjiā Táocí Gōngsī	企业	2012年	永安镇贝水村
粤海发五金塑料制品厂	Yuèhǎifā Wǔjīnsùliàozhìpǐnchǎng	企业	2009年	永安镇新村
永安联营水果场	Yǒng'ān Liányíng Shuǐguǒchǎng	地片区片	2012年	桂城街道
新亭	Xīntíng	地片区片	1994年	桂城街道
福掸岗	Fúdǎn Gǎng	山	2007年	永安镇
水坑站	Shuǐkēng Zhàn	火车站	2010年	桂城街道
依坑站	Yīkēng Zhàn	火车站	2010年	莲花镇
永安道班	Yǒng'ān Dàobān	道班	1996年	永安镇
松香转运站	Sōngxiāng Zhuǎnyùnzhàn	长途汽车站	1998年	桂城街道
华能加油站	Huánéng Jiāyóuzhàn	加油站	2001年	莲花镇蔗村公路边
长塘加油站	Chángtáng Jiāyóuzhàn	加油站	2007年	坑口街道

三、地名文化遗产保护

标准名称	汉语拼音	地名类别	建议保护等级	相对位置
古遗村	Gǔyícūn	名村	县级	鼎湖区政府驻地东北部
沙三村	Shāsāncūn	名村	省级	鼎湖区政府驻地东部
桃一村	Táoyīcūn	名村	市级	鼎湖区政府驻地东南部
长利苏氏宗祠	Zhǎnglì Sūshì Zōngcí	著名纪念地	县级	鼎湖区政府东北部
蝠鼠井	Fúshǔ Jǐng	著名纪念地	市级	鼎湖区政府驻地东北部
沙浦革命烈士陵园	Shāpǔ Gémìng Lièshì Língyuán	著名纪念地	市级	鼎湖区政府东部
海军马口抗日阵亡将士纪念碑	Hǎijūn Mǎkǒu Kàngrì Zhènwáng Jiàngshì Jìniànbēi	著名纪念地	市级	鼎湖区政府驻地东南部
鼎湖山风景区	Dǐnghúshān Fēngjǐngqū	著名纪念地	省级	鼎湖区西南部

（续上表）

标准名称	汉语拼音	地名类别	建议保护等级	相对位置
葫芦山旅游风景区	Húlúshān Lǚyóu Fēngjǐngqū	著名纪念地	市级	鼎湖区东北部
桃溪真人祠	Táoxī Zhēnrén Cí	著名纪念地	市级	鼎湖区政府东南部
包公祠	Bāogōng Cí	著名纪念地	市级	鼎湖区政府东北部
庆云寺	Qìngyún Sì	著名纪念地	市级	鼎湖区政府西北部
鼎湖山牌坊	Dǐnghúshān Páifāng	著名建筑物	市级	鼎湖区政府驻地东南部

肇庆市标准地名录　广宁县

中国人民解放军粤桂湘边纵队纪念馆

永安里大屋

广宁县委旧址

概 况

广宁县，位于广东省中西部、肇庆市东北部。东北与清远市清新县交界，东南与四会市相连，西南与德庆县、高要市接壤，西北毗邻怀集县，北面与清远市阳山县相交。在北纬22°22′~23°59′和东经112°03′~112°43′之间。2014年辖排沙、潭布、江屯、螺岗、北市、坑口、赤坑、南街、宾亨、五和、横山、木格、石咀、古水、洲仔15个镇，下辖22个社区和156个行政村；土地面积2455平方千米。2014年末户籍人口为57.34万人、常住人口为43.43万人。广宁有海外华侨、华人和港澳台同胞10万多人，是肇庆侨乡之一。广宁县人民政府驻南街镇中华东路18号，邮政编码为526300。

建县前，今广宁区划属四会县辖，明嘉靖三十八年（1559），境内螺壳山少数民族起事，朝廷派兵镇压。事成，朝廷将四会县太平、永义、橄榄、大圃4个都划出置广宁县，意为"广泛安宁"。1914—1920年属粤海道；1936年属广东省第三行政督察区；1938年属西江行署；1949年10月前属第四行政督察区。1949年10月至1961年4月，先后属西江专区、粤中行政区、高要专区、江门专区。1952年与四会合并称广四县。1954年复置。1959年再度与四会合并称广四县。1961年4月恢复广宁县，属肇庆专区。1988年属肇庆市。

广宁县境属丘陵山区，北部多低山、中山，海拔在700—1339米，向西南倾斜；西部丘陵，海拔在500米以下，向东南低斜。全县最高点螺壳山海拔1339米。在主要河流中绥江最大，还有北江一级支流漫水河，二级支流有古水河、南乡河、木格河、南街河、宾亨河、扶罗河等，有200多条河流溪涧，纵横分布全县。二广高速和贵广高铁经过广宁，设有高铁广宁站。另有岭莲公路、连大公路、石禄公路、怀悦公路、珠木公路等省级公路分布境内，与县内公路连成网络。

广宁县是中国竹子之乡、中国武术之乡、中国沙糖桔之乡。主要矿产资源包括瓷土、花岗岩、钽铌、滑石、稀土、钨、金和广绿玉为主，其中广绿玉是全国五大佳石之一。土特产有竹子、竹笋、竹虫、沙糖桔、冬菇、芋荚、龙须菜、潭布番薯、潭布番薯干、油茶、清桂茶叶等。主要旅游景区（点）有：广宁竹海（国家级森林公园）、宝锭山景区、竹海大观、螺壳山和云山里景区。省级文物保护单位有周其鉴故居、广宁县农民协会旧址、中国人民解放军粤桂湘边纵队司令部旧址，古迹名胜还有龙龛古寺、江氏祖屋、里仁古村、会真堂、罗锅古街、北市大屋等。地方特色民间艺术有广宁武术、舞山狮等。广宁玉雕是省级非物质文化遗产。

2014年，广宁县地区生产总值336.32亿元，三次产业比例为23.13：34.35：42.52，规模以上工业增加值44.52亿元，人均地区生产总值2.84万元；固定资产投资52.98亿元；社会消费品零售总额38.22亿元；外贸出口总额0.21亿美元，外贸进口总额0.83亿美元，实际吸收外资0.70亿美元；地方一般公共预算收入7.89亿元，城镇常住居民人均收入1.79万元，农村常住居民人均收入1.01万元。

一、现今地名

（一）行政区域类

标准名称	汉语拼音	地名类别	相对位置	驻地
广宁县	Guǎngníng Xiàn	县级行政区	广东省中部偏西	广宁县中华东路18号
北市镇	Běishì Zhèn	乡级行政区	广宁县东北部	广宁县北市镇福安路6号
宾亨镇	Bīnhēng Zhèn	乡级行政区	广宁县南部	广宁县宾亨镇府前路1号
赤坑镇	Chìkēng Zhèn	乡级行政区	广宁县西北部	广宁县赤坑镇于镇192号
古水镇	Gǔshuǐ Zhèn	乡级行政区	广宁县西部	广宁县古水镇古水大道35号
横山镇	Héngshān Zhèn	乡级行政区	广宁县西南部	广宁县横山镇人民路5号
江屯镇	Jiāngtún Zhèn	乡级行政区	广宁县东北部偏东	广宁县江屯圩镇中华东路20号
坑口镇	Kēngkǒu Zhèn	乡级行政区	广宁县西北部	广宁县坑口镇上林南路89号
螺岗镇	Luógǎng Zhèn	乡级行政区	广宁县东北部偏北	广宁县螺岗镇朝阳路18号
木格镇	Mùgé Zhèn	乡级行政区	广宁县西南部	广宁县木格镇圩镇
南街镇	Nánjiē Zhèn	乡级行政区	广宁县中部	广宁县南街镇中华东路108号
排沙镇	Páishā Zhèn	乡级行政区	广宁县东南部	广宁县排沙镇教育路18号
石咀镇	Shízuǐ Zhèn	乡级行政区	广宁县西部	广宁县石咀镇石咀街32号
潭布镇	Tánbù Zhèn	乡级行政区	广宁县东部	广宁县潭布镇沿河路1号
五和镇	Wǔhé Zhèn	乡级行政区	广宁县南部	广宁县五和镇始兴街1号
洲仔镇	Zhōuzǎi Zhèn	乡级行政区	广宁县西南部	广宁县洲仔镇圩镇21号

（二）非行政区域类

标准名称	汉语拼音	地名类别	相对位置
茅坪农场	Máopíng Nóngchǎng	农区	广宁县政府驻地西北部
大信茶场	Dàxìn Cháchǎng	农区	广宁县政府驻地西南部
八一农场	Bāyī Nóngchǎng	农区	广宁县境中部
金蒲林场	Jīnpú Línchǎng	林区	广宁县政府驻地西北部
平岗林场	Pínggǎng Línchǎng	林区	广宁县政府驻地西北部
沙坑林场	Shākēng Línchǎng	林区	广宁县政府驻地西北部
干姜林场	Gànjiāng Línchǎng	林区	广宁县政府驻地西北部
厚溪林场	Hòuxī Línchǎng	林区	广宁县政府驻地西南部
肇庆市国有葵垌林场	Zhàoqìng Shì Guóyǒu Kuídòng Línchǎng	林区	广宁县境东北部
黄坪村委会林场	Huángpíng Cūnwěihuì Línchǎng	林区	广宁县境中部
红太阳林场	Hóngtàiyáng Línchǎng	林区	广宁县境中部
京溪林场	Jīngxī Línchǎng	林区	广宁县境东南部
林洞上林场	Líndòngshàng Línchǎng	林区	广宁县境东北部
罗坑尾毛竹场	Luókēngwěi Máozhúchǎng	林区	广宁县境东南部
广宁县外贸养殖基地	Guǎngníng Xiàn Wàimào Yǎngzhíjīdì	林区	广宁县境东南部
宋坑林场	Sòngkēng Línchǎng	林区	广宁县境东南部
石冲林场	Shíchōng Línchǎng	林区	广宁县境东南部
肇庆市国有清桂林场	Zhàoqìng Shì Guóyǒu Qīngguì Línchǎng	林区	广宁县政府驻地西南部
洲仔镇林场	Zhōuzǎi Zhèn Línchǎng	林区	广宁县政府驻地西南部
罗塘养殖场	Luótáng Yǎngzhíchǎng	林区	广宁县境东南部
横山镇工业区	Héngshān Zhèn Gōngyèqū	开发区	广宁县西南部
小益	Xiǎoyì	地片	广宁县境西北部
坑口仔	Kēngkǒuzǎi	地片	广宁县境西南部
茶亭	Chátíng	地片	广宁县境中部
鸭尾垌	Yāwěidòng	地片	广宁县境西南部
塘文洼	Tángwénwā	地片	广宁县境西部

(三)群众自治组织类

标准名称	汉语拼音	地名类别	相对位置
新文村委会	Xīnwén Cūnwěihuì	村民委员会	广宁县政府驻地东北部
石楼村委会	Shílóu Cūnwěihuì	村民委员会	广宁县政府驻地北部
同文村委会	Tóngwén Cūnwěihuì	村民委员会	广宁县政府驻地东北部
高桥村委会	Gāoqiáo Cūnwěihuì	村民委员会	广宁县政府驻地东北部
北市村委会	Běishì Cūnwěihuì	村民委员会	广宁县政府驻地东北部
共联村委会	Gònglián Cūnwěihuì	村民委员会	广宁县政府驻地东北部
国光村委会	Guóguāng Cūnwěihuì	村民委员会	广宁县政府驻地东北部
葵垌村委会	Kuídòng Cūnwěihuì	村民委员会	广宁县政府驻地东北部
浸米村委会	Jìnmǐ Cūnwěihuì	村民委员会	广宁县政府驻地东北部
罗汶村委会	Luówèn Cūnwěihuì	村民委员会	广宁县政府驻地东南部
永泰村委会	Yǒngtài Cūnwěihuì	村民委员会	广宁县政府驻地南部
寺湾村委会	Sìwān Cūnwěihuì	村民委员会	广宁县政府驻地南部
罗溪村委会	Luóxī Cūnwěihuì	村民委员会	广宁县政府驻地南部
都委村委会	Dōuwěi Cūnwěihuì	村民委员会	广宁县政府驻地南部
中村村委会	Zhōngcūn Cūnwěihuì	村民委员会	广宁县政府驻地南部
坑仔口村委会	Kēngzǎikǒu Cūnwěihuì	村民委员会	广宁县政府驻地西南部
仁尚里村委会	Rénshànglǐ Cūnwěihuì	村民委员会	广宁县政府驻地西北部
宜洞村委会	Yídòng Cūnwěihuì	村民委员会	广宁县政府驻地南部
带洞村委会	Dàidòng Cūnwěihuì	村民委员会	广宁县政府驻地南部
江西村委会	Jiāngxī Cūnwěihuì	村民委员会	广宁县政府驻地南部
妙村村委会	Miàocūn Cūnwěihuì	村民委员会	广宁县政府驻地南部
沙心村委会	Shāxīn Cūnwěihuì	村民委员会	广宁县政府驻地南部
合成村委会	Héchéng Cūnwěihuì	村民委员会	广宁县政府驻地东北部
汶水村委会	Wènshuǐ Cūnwěihuì	村民委员会	广宁县政府驻地北部
雅韶村委会	Yǎsháo Cūnwěihuì	村民委员会	广宁县政府驻地北部
惠爱村委会	Huì'ài Cūnwěihuì	村民委员会	广宁县政府驻地北部
合坑村委会	Hékēng Cūnwěihuì	村民委员会	广宁县政府驻地北部
洲仔岗村委会	Zhōuzǎigǎng Cūnwěihuì	村民委员会	广宁县政府驻地北部
福排村委会	Fúpái Cūnwěihuì	村民委员会	广宁县政府驻地东北部
旺洞村委会	Wàngdòng Cūnwěihuì	村民委员会	广宁县政府驻地东北部

（续上表）

标准名称	汉语拼音	地名类别	相对位置
花山村委会	Huāshān Cūnwěihuì	村民委员会	广宁县政府驻地东北部
小益村委会	Xiǎoyì Cūnwěihuì	村民委员会	广宁县政府驻地西北部
桂洞村委会	Guìdòng Cūnwěihuì	村民委员会	广宁县政府驻地西部
下塝村委会	Xiàbàng Cūnwěihuì	村民委员会	广宁县政府驻地西部
牛岐村委会	Niúqí Cūnwěihuì	村民委员会	广宁县政府驻地西北部
黄洞村委会	Huángdòng Cūnwěihuì	村民委员会	广宁县政府驻地西部
湘下村委会	Xiāngxià Cūnwěihuì	村民委员会	广宁县政府驻地西北部
什洞村委会	Shídòng Cūnwěihuì	村民委员会	广宁县政府驻地西部
大平村委会	Dàpíng Cūnwěihuì	村民委员会	广宁县政府驻地西部
太和村委会	Tàihé Cūnwěihuì	村民委员会	广宁县政府驻地西部
大潘村委会	Dàpān Cūnwěihuì	村民委员会	广宁县政府驻地西北部
梨溪村委会	Líxī Cūnwěihuì	村民委员会	广宁县政府驻地西部
蒲塘村委会	Pútáng Cūnwěihuì	村民委员会	广宁县政府驻地西北部
三坑村委会	Sānkēng Cūnwěihuì	村民委员会	广宁县政府驻地西北部
蒙坑村委会	Méngkēng Cūnwěihuì	村民委员会	广宁县政府驻地西北部
白坎村委会	Báikǎn Cūnwěihuì	村民委员会	广宁县政府驻地西南部
罗锅村委会	Luóguō Cūnwěihuì	村民委员会	广宁县政府驻地西南部
罗帷村委会	Luówéi Cūnwěihuì	村民委员会	广宁县政府驻地西南部
高村村委会	Gāocūn Cūnwěihuì	村民委员会	广宁县政府驻地西南部
大良村委会	Dàliáng Cūnwěihuì	村民委员会	广宁县政府驻地西南部
大信村委会	Dàxìn Cūnwěihuì	村民委员会	广宁县政府驻地西南部
厚溪村委会	Hòuxī Cūnwěihuì	村民委员会	广宁县政府驻地西南部
曾宽村委会	Céngkuān Cūnwěihuì	村民委员会	广宁县政府驻地西南部
荔洞村委会	Lìdòng Cūnwěihuì	村民委员会	广宁县政府驻地西南部
大诚村委会	Dàchéng Cūnwěihuì	村民委员会	广宁县政府驻地西南部
新坑村委会	Xīnkēng Cūnwěihuì	村民委员会	广宁县政府驻地东北部
红旗村委会	Hóngqí Cūnwěihuì	村民委员会	广宁县政府驻地东北部
联华村委会	Liánhuá Cūnwěihuì	村民委员会	广宁县政府驻地东北部
塘角村委会	Tángjiǎo Cūnwěihuì	村民委员会	广宁县政府驻地东北部
江合村委会	Jiānghé Cūnwěihuì	村民委员会	广宁县政府驻地东北部

（续上表）

标准名称	汉语拼音	地名类别	相对位置
石坳村委会	Shí'ào Cūnwěihuì	村民委员会	广宁县政府驻地东北部
河口村委会	Hékǒu Cūnwěihuì	村民委员会	广宁县政府驻地东北部
明星村委会	Míngxīng Cūnwěihuì	村民委员会	广宁县政府驻地东南部
大连村委会	Dàlián Cūnwěihuì	村民委员会	广宁县政府驻地东北部
江联村委会	Jiānglián Cūnwěihuì	村民委员会	广宁县政府驻地东北部
白带村委会	Báidài Cūnwěihuì	村民委员会	广宁县政府驻地东部
大迳村委会	Dàjìng Cūnwěihuì	村民委员会	广宁县政府驻地东部
坑口村委会	Kēngkǒu Cūnwěihuì	村民委员会	广宁县政府驻地东北部
联星村委会	Liánxīng Cūnwěihuì	村民委员会	广宁县政府驻地东北部
水月村委会	Shuǐyuè Cūnwěihuì	村民委员会	广宁县政府驻地东北部
义和村委会	Yìhé Cūnwěihuì	村民委员会	广宁县政府驻地东北部
带心村委会	Dàixīn Cūnwěihuì	村民委员会	广宁县政府驻地东北部
营岗村委会	Yínggǎng Cūnwěihuì	村民委员会	广宁县政府驻地东北部
上带村委会	Shàngdài Cūnwěihuì	村民委员会	广宁县政府驻地北部
塘村村委会	Tángcūn Cūnwěihuì	村民委员会	广宁县政府驻地北部
大同村委会	Dàtóng Cūnwěihuì	村民委员会	广宁县政府驻地西北部
上林村委会	Shànglín Cūnwěihuì	村民委员会	广宁县政府驻地西北部
丰木村委会	Fēngmù Cūnwěihuì	村民委员会	广宁县政府驻地西北部
大汕村委会	Dàshàn Cūnwěihuì	村民委员会	广宁县政府驻地西北部
狮村村委会	Shīcūn Cūnwěihuì	村民委员会	广宁县政府驻地西北部
古兴村委会	Gǔxīng Cūnwěihuì	村民委员会	广宁县政府驻地西北部
坑洞村委会	Kēngdòng Cūnwěihuì	村民委员会	广宁县政府驻地西北部
禾仓村委会	Hécāng Cūnwěihuì	村民委员会	广宁县政府驻地东北部
下寨村委会	Xiàzhài Cūnwěihuì	村民委员会	广宁县政府驻地西北部
赤水村委会	Chìshuǐ Cūnwěihuì	村民委员会	广宁县政府驻地西北部
高坪村委会	Gāopíng Cūnwěihuì	村民委员会	广宁县政府驻地东北部
大塘村委会	Dàtáng Cūnwěihuì	村民委员会	广宁县政府驻地东北部
东方红村委会	Dōngfānghóng Cūnwěihuì	村民委员会	广宁县政府驻地东北部
螺源村委会	Luóyuán Cūnwěihuì	村民委员会	广宁县政府驻地东北部
群力村委会	Qúnlì Cūnwěihuì	村民委员会	广宁县政府驻地东北部

（续上表）

标准名称	汉语拼音	地名类别	相对位置
白沙坑村委会	Báishākēng Cūnwěihuì	村民委员会	广宁县政府驻地西南部
芙洞村委会	Fúdòng Cūnwěihuì	村民委员会	广宁县政府驻地西南部
丰田村委会	Fēngtián Cūnwěihuì	村民委员会	广宁县政府驻地西南部
白银村委会	Báiyín Cūnwěihuì	村民委员会	广宁县政府驻地西南部
九应村委会	Jiǔyīng Cūnwěihuì	村民委员会	广宁县政府驻地西南部
册田村委会	Cètián Cūnwěihuì	村民委员会	广宁县政府驻地西南部
小迳村委会	Xiǎojìng Cūnwěihuì	村民委员会	广宁县政府驻地西南部
本策村委会	Běncè Cūnwěihuì	村民委员会	广宁县政府驻地西南部
扶楼村委会	Fúlóu Cūnwěihuì	村民委员会	广宁县政府驻地东北部
星平村委会	Xīngpíng Cūnwěihuì	村民委员会	广宁县政府驻地西部
聚和村委会	Jùhé Cūnwěihuì	村民委员会	广宁县政府驻地西部
林洞村委会	Líndòng Cūnwěihuì	村民委员会	广宁县政府驻地东北部
黄腊村委会	Huánglà Cūnwěihuì	村民委员会	广宁县政府驻地北部
金山村委会	Jīnshān Cūnwěihuì	村民委员会	广宁县政府驻地北部
荷木村委会	Hémù Cūnwěihuì	村民委员会	广宁县政府驻地东北部
黄坪村委会	Huángpíng Cūnwěihuì	村民委员会	广宁县政府驻地西南部
城南村委会	Chéngnán Cūnwěihuì	村民委员会	广宁县政府驻地南部
丰源村委会	Fēngyuán Cūnwěihuì	村民委员会	广宁县政府驻地西南部
富溪村委会	Fùxī Cūnwěihuì	村民委员会	广宁县政府驻地东北部
红太阳村委会	Hóngtàiyáng Cūnwěihuì	村民委员会	广宁县政府驻地东北部
赛洞村委会	Sàidòng Cūnwěihuì	村民委员会	广宁县政府驻地东北部
黄盆村委会	Huángpén Cūnwěihuì	村民委员会	广宁县政府驻地东北部
江美村委会	Jiāngměi Cūnwěihuì	村民委员会	广宁县政府驻地东北部
首约村委会	Shǒuyuē Cūnwěihuì	村民委员会	广宁县政府驻地南部
横坑村委会	Héngkēng Cūnwěihuì	村民委员会	广宁县政府驻地东南部
南石咀村委会	Nánshízuǐ Cūnwěihuì	村民委员会	广宁县政府驻地东南部
枫树坪村委会	Fēngshùpíng Cūnwěihuì	村民委员会	广宁县政府驻地东南部
沙心岚村委会	Shāxīnlàng Cūnwěihuì	村民委员会	广宁县政府驻地东南部
八一村委会	Bāyī Cūnwěihuì	村民委员会	广宁县政府驻地东南部
大罗村委会	Dàluó Cūnwěihuì	村民委员会	广宁县政府驻地东南部

（续上表）

标准名称	汉语拼音	地名类别	相对位置
担垌村委会	Dāndòng Cūnwěihuì	村民委员会	广宁县政府驻地东南部
木源村委会	Mùyuán Cūnwěihuì	村民委员会	广宁县政府驻地东南部
蚌溪村委会	Bàngxī Cūnwěihuì	村民委员会	广宁县政府驻地东南部
扶罗村委会	Fúluó Cūnwěihuì	村民委员会	广宁县政府驻地东南部
塘尾村委会	Tángwěi Cūnwěihuì	村民委员会	广宁县政府驻地东南部
木塝村委会	Mùbàng Cūnwěihuì	村民委员会	广宁县政府驻地东南部
沙步村委会	Shābù Cūnwěihuì	村民委员会	广宁县政府驻地西北部
浪沙村委会	Làngshā Cūnwěihuì	村民委员会	广宁县政府驻地西北部
建中村委会	Jiànzhōng Cūnwěihuì	村民委员会	广宁县政府驻地西南部
岗坪村委会	Gǎngpíng Cūnwěihuì	村民委员会	广宁县政府驻地西南部
南源村委会	Nányuán Cūnwěihuì	村民委员会	广宁县政府驻地西北部
带下村委会	Dàixià Cūnwěihuì	村民委员会	广宁县政府驻地东南部
贝垌村委会	Bèidòng Cūnwěihuì	村民委员会	广宁县政府驻地东北部
中华村委会	Zhōnghuá Cūnwěihuì	村民委员会	广宁县政府驻地东北部
社岗村委会	Shègǎng Cūnwěihuì	村民委员会	广宁县政府驻地东北部
古楼村委会	Gǔlóu Cūnwěihuì	村民委员会	广宁县政府驻地东南部
水寨村委会	Shuǐzhài Cūnwěihuì	村民委员会	广宁县政府驻地东部
井屈村委会	Jǐngqū Cūnwěihuì	村民委员会	广宁县政府驻地东南部
前垌村委会	Qiándòng Cūnwěihuì	村民委员会	广宁县政府驻地东南部
塘下村委会	Tángxià Cūnwěihuì	村民委员会	广宁县政府驻地东南部
古灶村委会	Gǔzào Cūnwěihuì	村民委员会	广宁县政府驻地东北部
拆石村委会	Chāishí Cūnwěihuì	村民委员会	广宁县政府驻地东北部
坑头村委会	Kēngtóu Cūnwěihuì	村民委员会	广宁县政府驻地东南部
严垌村委会	Yándòng Cūnwěihuì	村民委员会	广宁县政府驻地东南部
镇源村委会	Zhènyuán Cūnwěihuì	村民委员会	广宁县政府驻地西南部
下源村委会	Xiàyuán Cūnwěihuì	村民委员会	广宁县政府驻地西南部
江布村委会	Jiāngbù Cūnwěihuì	村民委员会	广宁县政府驻地西南部
村心村委会	Cūnxīn Cūnwěihuì	村民委员会	广宁县政府驻地西南部
庄源村委会	Zhuāngyuán Cūnwěihuì	村民委员会	广宁县政府驻地西南部
横岗村委会	Hénggǎng Cūnwěihuì	村民委员会	广宁县政府驻地西南部

（续上表）

标准名称	汉语拼音	地名类别	相对位置
金场村委会	Jīnchǎng Cūnwěihuì	村民委员会	广宁县政府驻地西部
务水村委会	Wùshuǐ Cūnwěihuì	村民委员会	广宁县政府驻地南部
仓丰村委会	Cāngfēng Cūnwěihuì	村民委员会	广宁县政府驻地西南部
良村村委会	Liángcūn Cūnwěihuì	村民委员会	广宁县政府驻地西南部
清桂村委会	Qīngguì Cūnwěihuì	村民委员会	广宁县政府驻地西南部
白沙村委会	Báishā Cūnwěihuì	村民委员会	广宁县政府驻地西南部
扶溪居委会	Fúxī Jūwěihuì	社区居委会	广宁县政府驻地东北部
石涧居委会	Shíjiàn Jūwěihuì	社区居委会	广宁县政府驻地南部
宾亨居委会	Bīnhēng Jūwěihuì	社区居委会	广宁县政府驻地南部
横迳居委会	Héngjìng Jūwěihuì	社区居委会	广宁县政府驻地南部
赤坑居委会	Chìkēng Jūwěihuì	社区居委会	广宁县政府驻地东北部
古水居委会	Gǔshuǐ Jūwěihuì	社区居委会	广宁县政府驻地西北部
横山居委会	Héngshān Jūwěihuì	社区居委会	广宁县政府驻地西南部
江屯居委会	Jiāngtún Jūwěihuì	社区居委会	广宁县政府驻地东北部
坑口居委会	Kēngkǒu Jūwěihuì	社区居委会	广宁县政府驻地西北部
螺岗居委会	Luógǎng Jūwěihuì	社区居委会	广宁县政府驻地东北部
木格居委会	Mùgé Jūwěihuì	社区居委会	广宁县政府驻地西南部
护国居委会	Hùguó Jūwěihuì	社区居委会	广宁县政府驻地东北部
永青居委会	Yǒngqīng Jūwěihuì	社区居委会	广宁县政府驻地西南部
圣堂居委会	Shèngtáng Jūwěihuì	社区居委会	广宁县政府驻地西南部
红星居委会	Hóngxīng Jūwěihuì	社区居委会	广宁县政府驻地东北部
五一居委会	Wǔyī Jūwěihuì	社区居委会	广宁县政府驻地东南部
春水居委会	Chūnshuǐ Jūwěihuì	社区居委会	广宁县政府驻地东南部
排沙居委会	Páishā Jūwěihuì	社区居委会	广宁县政府驻地东南部
石咀居委会	Shízuǐ Jūwěihuì	社区居委会	广宁县政府驻地西部
潭布居委会	Tánbù Jūwěihuì	社区居委会	广宁县政府驻地东南部
五和居委会	Wǔhé Jūwěihuì	社区居委会	广宁县政府驻地西南部
洲仔居委会	Zhōuzǎi Jūwěihuì	社区居委会	广宁县政府驻地西部

(四)居民点类

标准名称	汉语拼音	地名类别	相对位置
石涧圩	Shíjiànxū	城镇	宾亨镇石涧社区
门楼仔	Ménlóuzǎi	城镇	宾亨镇石涧社区
黄塘	Huángtáng	城镇	宾亨镇石涧社区
苏坑	Sūkēng	城镇	宾亨镇石涧社区
陈坑	Chénkēng	城镇	宾亨镇石涧社区
大禾地	Dàhédì	城镇	宾亨镇石涧社区
杜岗	Dùgǎng	城镇	宾亨镇石涧社区
大竹园	Dàzhúyuán	城镇	宾亨镇石涧社区
排楼里	Páilóulǐ	城镇	宾亨镇石涧社区
大坑洞	Dàkēngdòng	城镇	宾亨镇宾亨社区
丰树崀	Fēngshùlàng	城镇	宾亨镇宾亨社区
婆崀	Pólàng	城镇	宾亨镇宾亨社区
眼坑	Yǎnkēng	城镇	宾亨镇宾亨社区
沙田岗	Shātiángǎng	城镇	宾亨镇宾亨社区
大崀	Dàlàng	城镇	宾亨镇宾亨社区
榕村	Róngcūn	城镇	宾亨镇宾亨社区
大竹崀	Dàzhúlàng	城镇	宾亨镇横迳社区
南坑	Nánkēng	城镇	宾亨镇横迳社区
大坢	Dàbù	城镇	宾亨镇横迳社区
上寨	Shàngzhài	城镇	宾亨镇横迳社区
下寨	Xiàzhài	城镇	宾亨镇横迳社区
梅化里	Méihuàlǐ	城镇	宾亨镇横迳社区
芋合塘	Yùhétáng	城镇	宾亨镇横迳社区
黄茅崀	Huángmáolàng	城镇	宾亨镇横迳社区
凌角塘	Língjiǎotáng	城镇	宾亨镇横迳社区
小洞	Xiǎodòng	城镇	宾亨镇横迳社区
合坑	Hékēng	城镇	宾亨镇横迳社区
江咀	Jiāngzuǐ	城镇	宾亨镇横迳社区
荷坑	Hékēng	城镇	宾亨镇横迳社区
下半迳	Xiàbànjìng	城镇	宾亨镇横迳社区

（续上表）

标准名称	汉语拼音	地名类别	相对位置
上半迳	Shàngbànjìng	城镇	宾亨镇横迳社区
白石	Báishí	城镇	宾亨镇横迳社区
杨梅坪	Yángméipíng	城镇	宾亨镇横迳社区
松兴	Sōngxìng	城镇	宾亨镇横迳社区
太阳村	Tàiyángcūn	城镇	江屯镇江屯社区
朝阳村	Cháoyángcūn	城镇	江屯镇江屯社区
马路头村	Mǎlùtóucūn	城镇	江屯镇江屯社区
新坭村	Xīnbùcūn	城镇	江屯镇江屯社区
新寨村	Xīnzhàicūn	城镇	江屯镇江屯社区
正巷村	Zhèngxiàngcūn	城镇	江屯镇江屯社区
江屯村	Jiāngtúncūn	城镇	江屯镇江屯社区
东巷村	Dōngxiàngcūn	城镇	江屯镇江屯社区
西巷村	Xīxiàngcūn	城镇	江屯镇江屯社区
信昌村	Xìnchāngcūn	城镇	江屯镇江屯社区
深塘	Shēntáng	城镇	江屯镇江屯社区
茶仔铺	Cházǎipù	城镇	江屯镇江屯社区
南岭	Nánlǐng	城镇	江屯镇江屯社区
石榴村	Shíliúcūn	城镇	江屯镇江屯社区
新兴	Xīnxīng	城镇	木格镇木格社区
石宁	Shíníng	城镇	木格镇木格社区
芙来	Fúlái	城镇	木格镇木格社区
达道	Dádào	城镇	木格镇木格社区
傍寺	Bàngsì	城镇	木格镇木格社区
格坑	Gékēng	城镇	木格镇木格社区
桂花	Guìhuā	城镇	木格镇木格社区
圩尾	Xūwěi	城镇	木格镇木格社区
石安	Shí'ān	城镇	木格镇木格社区
洼替	Wātán	城镇	木格镇木格社区
下崀	Xiàlàng	城镇	木格镇木格社区
鱼花塘	Yúhuātáng	城镇	木格镇木格社区

（续上表）

标准名称	汉语拼音	地名类别	相对位置
平岗	Pínggǎng	城镇	木格镇木格社区
上云勾村	Shàngyúngōucūn	城镇	木格镇木格社区
下云勾村	Xiàyúngōucūn	城镇	木格镇木格社区
留良	Liúliáng	城镇	木格镇木格社区
山伯	Shānbó	城镇	木格镇木格社区
护国	Hùguó	城镇	南街镇护国社区
姓石村	Xìngshícūn	城镇	南街镇圣堂社区
田洞心	Tiándòngxīn	城镇	南街镇圣堂社区
岜仔	Làngzǎi	城镇	南街镇圣堂社区
下径	Xiàjìng	城镇	南街镇圣堂社区
洪崩	Hóngbēng	城镇	南街镇圣堂社区
屋背寨	Wūbèizhài	城镇	南街镇圣堂社区
西山尾	Xīshānwěi	城镇	南街镇圣堂社区
竹仔屈	Zhúzǎiqū	城镇	南街镇圣堂社区
庙咀	Miàozuǐ	城镇	南街镇圣堂社区
崩头村	Bēngtóucūn	城镇	南街镇圣堂社区
大迳	Dàjìng	城镇	南街镇圣堂社区
隔岗塝	Gégǎngbàng	城镇	南街镇五一社区
大坪岗	Dàpínggǎng	城镇	南街镇五一社区
新屋	Xīnwū	城镇	南街镇五一社区
塘径	Tángjìng	城镇	南街镇五一社区
木林	Mùlín	城镇	南街镇五一社区
水圳	Shuǐzhèn	城镇	南街镇五一社区
狮子塝	Shīzǐbàng	城镇	南街镇五一社区
银岗	Yíngǎng	城镇	南街镇红星社区
许屋	Xǔwū	城镇	南街镇红星社区
江屈	Jiāngqū	城镇	南街镇红星社区
禾村	Hécūn	城镇	南街镇红星社区
新村	Xīncūn	城镇	南街镇红星社区
新楼	Xīnlóu	城镇	南街镇红星社区

(续上表)

标准名称	汉语拼音	地名类别	相对位置
泥楼	Nílóu	城镇	南街镇红星社区
泽村	Zécūn	城镇	南街镇红星社区
下村	Xiàcūn	城镇	南街镇红星社区
江布崀	Jiāngbùlàng	城镇	南街镇红星社区
景塘	Jǐngtáng	城镇	南街镇红星社区
十三行	Shísānháng	城镇	南街镇护国社区
六才	Liùcái	城镇	南街镇红星社区
担杆头	Dāngǎntóu	城镇	南街镇红星社区
大务村	Dàwùcūn	城镇	南街镇红星社区
正巷	Zhèngxiàng	城镇	南街镇永青社区
东门	Dōngmén	城镇	南街镇永青社区
横巷	Héngxiàng	城镇	南街镇永青社区
西门	Xīmén	城镇	南街镇永青社区
新兴	Xīnxīng	城镇	南街镇永青社区
吴宅	Wúzhái	城镇	南街镇永青社区
西村	Xīcūn	城镇	南街镇永青社区
新光	Xīnguāng	城镇	南街镇永青社区
新寨	Xīnzhài	城镇	南街镇永青社区
富豪居	Fùháo Jū	城镇	南街镇永青社区
东苑居	Dōngyuàn Jū	城镇	南街镇永青社区
车背垌	Chēbèidòng	城镇	南街镇圣堂社区
清华园	Qīnghuá Yuán	城镇	南街镇五一社区
鸣翠花园	Míngcuì Huāyuán	城镇	南街镇五一社区
恒裕花园	Héngyù Huāyuán	城镇	南街镇五一社区
弘宇世纪广场	Hóngyǔ Shìjì Guǎngchǎng	城镇	南街镇五一社区
百盈花园	Bǎiyíng Huāyuán	城镇	南街镇圣堂社区
新屋	Xīnwū	城镇	排沙镇春水社区
上带坑村	Shàngdàikēngcūn	城镇	排沙镇春水社区
同和厂	Tónghéchǎng	城镇	排沙镇春水社区
印塘	Yìntáng	城镇	排沙镇春水社区

（续上表）

标准名称	汉语拼音	地名类别	相对位置
石头崀	Shítóulàng	城镇	排沙镇春水社区
厂下	Chǎngxià	城镇	排沙镇春水社区
鸬鹚坑	Lúcíkēng	城镇	排沙镇春水社区
马崀	Mǎlàng	城镇	排沙镇春水社区
牛栏窝	Niúlánwō	城镇	排沙镇春水社区
孔田头	Kǒngtiántóu	城镇	排沙镇春水社区
牛车塘	Niúchētáng	城镇	排沙镇春水社区
马鸟	Mǎniǎo	城镇	排沙镇春水社区
清水坑	Qīngshuǐkēng	城镇	排沙镇春水社区
中间段	Zhōngjiānduàn	城镇	排沙镇春水社区
小八	Xiǎobā	城镇	排沙镇春水社区
南村	Náncūn	城镇	排沙镇春水社区
利路排	Lìlùpái	城镇	排沙镇春水社区
岗禾地	Gǎnghédì	城镇	排沙镇春水社区
坑口	Kēngkǒu	城镇	排沙镇春水社区
壳麻头	Kémátóu	城镇	排沙镇春水社区
西村	Xīcūn	城镇	排沙镇春水社区
横坑口	Héngkēngkǒu	城镇	排沙镇春水社区
南坑	Nánkēng	城镇	排沙镇春水社区
江家	Jiāngjiā	城镇	排沙镇春水社区
罗家寨	Luójiāzhài	城镇	排沙镇春水社区
坳背	Àobèi	城镇	排沙镇春水社区
鸬鹚坑尾	Lúcíkēngwěi	城镇	排沙镇春水社区
田心	Tiánxīn	城镇	排沙镇春水社区
背夫坑	Bèifūkēng	城镇	排沙镇春水社区
圣溪	Shèngxī	城镇	排沙镇春水社区
新兴	Xīnxīng	城镇	排沙镇春水社区
余村	Yúcūn	城镇	排沙镇春水社区
瓦灶岗	Wǎzàogǎng	城镇	排沙镇春水社区
鱼花塘	Yúhuātáng	城镇	排沙镇排沙社区

(续上表)

标准名称	汉语拼音	地名类别	相对位置
谢村	Xiècūn	城镇	排沙镇排沙社区
小罗	Xiǎoluó	城镇	排沙镇排沙社区
下旺峒	Xiàwàngdòng	城镇	排沙镇排沙社区
勿留塘	Wùliútáng	城镇	排沙镇排沙社区
田寮	Tiánliáo	城镇	排沙镇排沙社区
石龙坑	Shílóngkēng	城镇	排沙镇排沙社区
上旺峒	Shàngwàngdòng	城镇	排沙镇排沙社区
桑坑	Sāngkēng	城镇	排沙镇排沙社区
莲塘	Liántáng	城镇	排沙镇排沙社区
高村	Gāocūn	城镇	排沙镇排沙社区
东田	Dōngtián	城镇	排沙镇排沙社区
曾村	Zēngcūn	城镇	排沙镇排沙社区
白田	Báitián	城镇	排沙镇排沙社区
植村	Zhícūn	城镇	排沙镇排沙社区
逢塘径	Féngtángjìng	城镇	排沙镇排沙社区
坑洲	Kēngzhōu	城镇	排沙镇排沙社区
岗崀	Gǎnglàng	城镇	排沙镇排沙社区
凤才头	Fēngcáitóu	城镇	排沙镇排沙社区
塘坑	Tángkēng	城镇	排沙镇排沙社区
春水圩	Chūnshuǐxū	城镇	排沙镇春水社区
排沙圩	Páishāxū	城镇	排沙镇排沙社区
地古坑	Dìgǔkēng	城镇	石咀镇石咀社区
门楼	Ménlóu	城镇	石咀镇石咀社区
三宅	Sānzhái	城镇	石咀镇石咀社区
崀顶	Làngdǐng	城镇	石咀镇石咀社区
力厘村	Lìlícūn	城镇	石咀镇石咀社区
茄口	Qiékǒu	城镇	石咀镇石咀社区
琴甫坑	Qínfǔkēng	城镇	石咀镇石咀社区
田廖	Tiánliào	城镇	石咀镇石咀社区
南边	Nánbiān	城镇	石咀镇石咀社区

（续上表）

标准名称	汉语拼音	地名类别	相对位置
寨坳	Zhài'ào	城镇	石咀镇石咀社区
麦崀	Màilàng	城镇	石咀镇石咀社区
旧街	Jiùjiē	城镇	石咀镇石咀社区
盆古根	Péngǔgēn	城镇	石咀镇石咀社区
瓦仔咀	Wǎzǎizuǐ	城镇	石咀镇石咀社区
坑口	Kēngkǒu	城镇	石咀镇石咀社区
丽塘坑	Lìtángkēng	城镇	石咀镇石咀社区
石咀	Shízuǐ	城镇	石咀镇石咀社区
苏田	Sūtián	城镇	潭布镇潭布社区
寺江	Sìjiāng	城镇	五和镇五和社区
河布	Hébù	城镇	五和镇五和社区
元坑	Yuánkēng	城镇	五和镇五和社区
兴江	Xīngjiāng	城镇	五和镇五和社区
岗坳	Gǎng'ào	城镇	五和镇五和社区
横子岗	Héngzǐgǎng	城镇	五和镇五和社区
丹山	Dānshān	城镇	五和镇五和社区
龙湾	Lóngwān	城镇	五和镇五和社区
焦坑	Jiāokēng	城镇	五和镇五和社区
新屋	Xīnwū	城镇	五和镇五和社区
大坑洲	Dàkēngzhōu	城镇	五和镇五和社区
横子塘口	Héngzǐtángkǒu	城镇	五和镇五和社区
布上	Bùshàng	城镇	五和镇五和社区
大兴坑	Dàxīngkēng	城镇	五和镇五和社区
旧屋村	Jiùwūcūn	城镇	五和镇五和社区
洪塘	Hóngtáng	城镇	五和镇五和社区
泮塘坑	Bàntángkēng	城镇	五和镇五和社区
横江	Héngjiāng	城镇	五和镇五和社区
细叶	Xìyè	城镇	洲仔镇洲仔社区
崀塘寨	Làngtángzhài	城镇	南街镇五一社区
通德里	Tōngdélǐ	城镇	北市镇扶溪社区

(续上表)

标准名称	汉语拼音	地名类别	相对位置
月利村	Yuèlìcūn	城镇	北市镇扶溪社区
福兴里	Fúxīnglǐ	城镇	北市镇扶溪社区
永上村	Yǒngshàngcūn	城镇	北市镇扶溪社区
积庆里	Jīqìnglǐ	城镇	北市镇扶溪社区
善坑	Shànkēng	城镇	北市镇扶溪社区
仁江里	Rénjiānglǐ	城镇	北市镇扶溪社区
居安	Jū'ān	城镇	北市镇扶溪社区
永积里	Yǒngjīlǐ	城镇	北市镇扶溪社区
七宅	Qīzhái	城镇	北市镇扶溪社区
福安楼	Fú'ānlóu	城镇	北市镇扶溪社区
黄田	Huángtián	城镇	北市镇扶溪社区
水崀	Shuǐlàng	城镇	北市镇扶溪社区
西牛坑	Xīniúkēng	城镇	北市镇扶溪社区
松塝	Sōngbàng	城镇	北市镇扶溪社区
新屋	Xīnwū	城镇	北市镇扶溪社区
义泰	Yìtài	城镇	北市镇扶溪社区
坪湖	Pínghú	城镇	北市镇扶溪社区
江背	Jiāngbèi	城镇	北市镇扶溪社区
田心	Tiánxīn	城镇	北市镇扶溪社区
刘坑	Liúkēng	城镇	北市镇扶溪社区
高岗里	Gāogǎnglǐ	城镇	北市镇扶溪社区
居仁里	Jūrénlǐ	城镇	北市镇扶溪社区
荷芬	Héfēn	城镇	赤坑镇赤坑社区
坑口	Kēngkǒu	城镇	赤坑镇赤坑社区
鹤滩	Hètān	城镇	赤坑镇赤坑社区
高文	Gāowén	城镇	赤坑镇赤坑社区
交赞	Jiāozàn	城镇	赤坑镇赤坑社区
屋地崀	Wūdìlàng	城镇	赤坑镇赤坑社区
兴隆	Xīnglóng	城镇	赤坑镇赤坑社区
永隆	Yǒnglóng	城镇	赤坑镇赤坑社区

（续上表）

标准名称	汉语拼音	地名类别	相对位置
三份垌	Sānfèndòng	城镇	赤坑镇赤坑社区
高基	Gāojī	城镇	赤坑镇赤坑社区
新何村	Xīnhécūn	城镇	赤坑镇赤坑社区
平湖岗	Pínghúgǎng	城镇	赤坑镇赤坑社区
高圳	Gāozhèn	城镇	赤坑镇赤坑社区
横迳	Héngjìng	城镇	赤坑镇赤坑社区
榄滩	Lǎntān	城镇	赤坑镇赤坑社区
新田	Xīntián	城镇	赤坑镇赤坑社区
高寨	Gāozhài	城镇	赤坑镇赤坑社区
崀顶	Làngdǐng	城镇	古水镇古水社区
连石	Liánshí	城镇	古水镇古水社区
凤田	Fèngtián	城镇	古水镇古水社区
章布	Zhāngbù	城镇	古水镇古水社区
油树坪	Yóushùpíng	城镇	古水镇古水社区
铜锅	Tóngguō	城镇	古水镇古水社区
苏坑	Sūkēng	城镇	古水镇古水社区
盛田	Shèngtián	城镇	古水镇古水社区
石蛤	Shíhá	城镇	古水镇古水社区
崀仔岗	Làngzǎigǎng	城镇	古水镇古水社区
岗背	Gǎngbèi	城镇	古水镇古水社区
南角	Nánjiǎo	城镇	古水镇古水社区
古水圩	Gǔshuǐxū	城镇	古水镇古水社区
白眉侧	Báiméicè	城镇	横山镇横山社区
白云坑	Báiyúnkēng	城镇	横山镇横山社区
渤塘	Bótáng	城镇	横山镇横山社区
布郊湴	Bùjiāobàn	城镇	横山镇横山社区
陈栈塘	Chénzhàntáng	城镇	横山镇横山社区
城言寨	Chéngyánzhài	城镇	横山镇横山社区
冲口咀	Chōngkǒuzuǐ	城镇	横山镇横山社区
大布崀	Dàbùlàng	城镇	横山镇横山社区

(续上表)

标准名称	汉语拼音	地名类别	相对位置
大岗头	Dàgǎngtóu	城镇	横山镇横山社区
大井洼	Dàjǐngwā	城镇	横山镇横山社区
大崀头	Dàlàngtóu	城镇	横山镇横山社区
大竹根	Dàzhúgēn	城镇	横山镇横山社区
分坳寨	Fēn'àozhài	城镇	横山镇横山社区
佛仔坳	Fózǎi'ào	城镇	横山镇横山社区
官碑坑	Guānbēikēng	城镇	横山镇横山社区
厚田	Hòutián	城镇	横山镇横山社区
黄马坑	Huángmǎkēng	城镇	横山镇横山社区
崀月仔	Làngyuèzǎi	城镇	横山镇横山社区
李坑场	Lǐkēngchǎng	城镇	横山镇横山社区
茅田崀	Máotiánlàng	城镇	横山镇横山社区
南村寨	Náncūnzhài	城镇	横山镇横山社区
上叶口崀	Shàngyèkǒulàng	城镇	横山镇横山社区
邵村	Shàocūn	城镇	横山镇横山社区
社尾	Shèwěi	城镇	横山镇横山社区
石基塘	Shíjītáng	城镇	横山镇横山社区
石梅崀	Shíméilàng	城镇	横山镇横山社区
石仁岗	Shíréngǎng	城镇	横山镇横山社区
石塘	Shítáng	城镇	横山镇横山社区
松江岭	Sōngjiānglǐng	城镇	横山镇横山社区
塘尾	Tángwěi	城镇	横山镇横山社区
万洞	Wàndòng	城镇	横山镇横山社区
蚊帐坑	Wénzhàngkēng	城镇	横山镇横山社区
下叶口崀	Xiàyèkǒulàng	城镇	横山镇横山社区
云坑岗	Yúnkēnggǎng	城镇	横山镇横山社区
云塘	Yúntáng	城镇	横山镇横山社区
草里塘	Cǎolǐtáng	城镇	坑口镇坑口社区
茶仔咀	Cházǎizuǐ	城镇	坑口镇坑口社区
车仔湾	Chēzǎiwān	城镇	坑口镇坑口社区

（续上表）

标准名称	汉语拼音	地名类别	相对位置
大岗坪	Dàgǎngpíng	城镇	坑口镇坑口社区
大良塘	Dàliángtáng	城镇	坑口镇坑口社区
佛仔咀	Fózǎizuǐ	城镇	坑口镇坑口社区
高平	Gāopíng	城镇	坑口镇坑口社区
后塘	Hòutáng	城镇	坑口镇坑口社区
黄屋	Huángwū	城镇	坑口镇坑口社区
火炼	Huǒliàn	城镇	坑口镇坑口社区
鸡冠坪	Jīguànpíng	城镇	坑口镇坑口社区
金造	Jīnzào	城镇	坑口镇坑口社区
癞坑	Làikēng	城镇	坑口镇坑口社区
崀头岗	Làngtóugǎng	城镇	坑口镇坑口社区
良坑	Liángkēng	城镇	坑口镇坑口社区
林屋	Línwū	城镇	坑口镇坑口社区
山塘	Shāntáng	城镇	坑口镇坑口社区
杉坪	Shānpíng	城镇	坑口镇坑口社区
上崀	Shànglàng	城镇	坑口镇坑口社区
上树咀	Shàngshùzuǐ	城镇	坑口镇坑口社区
社岗	Shègǎng	城镇	坑口镇坑口社区
社太	Shètài	城镇	坑口镇坑口社区
塘埇	Tángyǒng	城镇	坑口镇坑口社区
藤坑	Téngkēng	城镇	坑口镇坑口社区
望楼坪	Wànglóupíng	城镇	坑口镇坑口社区
圩背	Xūbèi	城镇	坑口镇坑口社区
屋头村	Wūtóucūn	城镇	坑口镇坑口社区
下带	Xiàdài	城镇	坑口镇坑口社区
下崀	Xiàlàng	城镇	坑口镇坑口社区
小坳	Xiǎo'ào	城镇	坑口镇坑口社区
新丰	Xīnfēng	城镇	坑口镇坑口社区
阵巷村	Zhènxiàngcūn	城镇	坑口镇坑口社区
中坪	Zhōngpíng	城镇	坑口镇坑口社区

(续上表)

标准名称	汉语拼音	地名类别	相对位置
白树崀	Báishùlàng	城镇	螺岗镇螺岗社区
水劣垌	Shuǐlièdòng	城镇	螺岗镇螺岗社区
龙田里	Lóngtiánlǐ	城镇	螺岗镇螺岗社区
朝阳	Cháoyáng	城镇	螺岗镇螺岗社区
竹园坪	Zhúyuánpíng	城镇	螺岗镇螺岗社区
车头坪	Chētóupíng	城镇	螺岗镇螺岗社区
水圳坑	Shuǐzhènkēng	城镇	螺岗镇螺岗社区
迳口崀	Jìngkǒulàng	城镇	螺岗镇螺岗社区
回望垌	Huíwàngdòng	城镇	螺岗镇螺岗社区
文村	Wéncūn	城镇	螺岗镇螺岗社区
车迳	Chējìng	城镇	螺岗镇螺岗社区
造坑口	Zàokēngkǒu	城镇	螺岗镇螺岗社区
黄泥坑	Huángníkēng	城镇	螺岗镇螺岗社区
合迳	Héjìng	城镇	螺岗镇螺岗社区
学堂下	Xuétángxià	城镇	螺岗镇螺岗社区
民众	Mínzhòng	城镇	螺岗镇螺岗社区
毕碌尾	Bìlùwěi	城镇	潭布镇潭布社区
大肚塘	Dàdùtáng	城镇	潭布镇潭布社区
胡田尾	Hútiánwěi	城镇	潭布镇潭布社区
尖塘	Jiāntáng	城镇	潭布镇潭布社区
井塘	Jǐngtáng	城镇	潭布镇潭布社区
崀顶	Làngdǐng	城镇	潭布镇潭布社区
崀咀	Làngjǔ	城镇	潭布镇潭布社区
礼岗头	Lǐgǎngtóu	城镇	潭布镇潭布社区
麻仔	Mázǎi	城镇	潭布镇潭布社区
聂坑尾	Nièkēngwěi	城镇	潭布镇潭布社区
牛行	Niúháng	城镇	潭布镇潭布社区
企山	Qǐshān	城镇	潭布镇潭布社区
山塘尾	Shāntángwěi	城镇	潭布镇潭布社区
上毕	Shàngbì	城镇	潭布镇潭布社区

（续上表）

标准名称	汉语拼音	地名类别	相对位置
上长	Shàngzhǎng	城镇	潭布镇潭布社区
社贝	Shèbèi	城镇	潭布镇潭布社区
石马坑	Shímǎkēng	城镇	潭布镇潭布社区
寺坑	Sìkēng	城镇	潭布镇潭布社区
田头	Tiántóu	城镇	潭布镇潭布社区
文头崀	Wéntóulàng	城镇	潭布镇潭布社区
下长	Xiàzhǎng	城镇	潭布镇潭布社区
岩头	Yántóu	城镇	潭布镇潭布社区
杨梅崀	Yángméilàng	城镇	潭布镇潭布社区
雉鸡崀	Zhìjīlàng	城镇	潭布镇潭布社区
中崀	Zhōnglàng	城镇	潭布镇潭布社区
福兴	Fúxīng	城镇	洲仔镇洲仔社区
大塘	Dàtáng	城镇	洲仔镇洲仔社区
旱洞	Hàndòng	城镇	洲仔镇洲仔社区
旧屋	Jiùwū	城镇	洲仔镇洲仔社区
旧坑	Jiùkēng	城镇	洲仔镇洲仔社区
乌头	Wūtóu	城镇	洲仔镇洲仔社区
井边	Jǐngbiān	城镇	洲仔镇洲仔社区
社咀	Shèzuǐ	城镇	洲仔镇洲仔社区
新塘	Xīntáng	城镇	洲仔镇洲仔社区
向阳	Xiàngyáng	城镇	洲仔镇洲仔社区
坳口	Àokǒu	城镇	洲仔镇洲仔社区
崀仔	Làngzǎi	城镇	洲仔镇洲仔社区
洞心	Dòngxīn	城镇	洲仔镇洲仔社区
上寨	Shàngzhài	城镇	洲仔镇洲仔社区
下寨	Xiàzhài	城镇	洲仔镇洲仔社区
门楼	Ménlóu	城镇	洲仔镇洲仔社区
江仔	Jiāngzǎi	城镇	洲仔镇洲仔社区
佛贯	Fóguàn	城镇	洲仔镇洲仔社区
都塘坑	Dōutángkēng	城镇	洲仔镇洲仔社区

（续上表）

标准名称	汉语拼音	地名类别	相对位置
陈浪	Chénlàng	城镇	洲仔镇洲仔社区
文华	Wénhuá	城镇	洲仔镇洲仔社区
新丰	Xīnfēng	城镇	洲仔镇洲仔社区
崀仔陂	Làngzǎibēi	城镇	洲仔镇洲仔社区
丰江	Fēngjiāng	城镇	洲仔镇洲仔社区
金坑	Jīnkēng	城镇	洲仔镇洲仔社区
井气崀	Jǐngqìlàng	农村	广宁县政府驻地南部
狗眠岗	Gǒumiángǎng	农村	广宁县政府驻地南部
朱君塘	Zhūjūntáng	农村	广宁县政府驻地南部
佛仔坑	Fózǎikēng	农村	广宁县政府驻地南部
罗汶新村	Luówèn Xīncūn	农村	广宁县政府驻地南部
山根	Shāngēn	农村	广宁县政府驻地南部
连球	Liánqiú	农村	广宁县政府驻地南部
车厂	Chēchǎng	农村	广宁县政府驻地南部
周坑	Zhōukēng	农村	广宁县政府驻地南部
石基	Shíjī	农村	广宁县政府驻地南部
连石	Liánshí	农村	广宁县政府驻地南部
桂村坑	Guìcūnkēng	农村	广宁县政府驻地南部
花蓝尾	Huālánwěi	农村	广宁县政府驻地南部
江湖头	Jiānghútóu	农村	广宁县政府驻地南部
石崀	Shílàng	农村	广宁县政府驻地南部
黄鸭	Huángyā	农村	广宁县政府驻地南部
崀咀	Làngjǔ	农村	广宁县政府驻地南部
杨梅	Yángméi	农村	广宁县政府驻地南部
麒麟咀	Qílínzuǐ	农村	广宁县政府驻地东部
新寨	Xīnzhài	农村	广宁县政府驻地南部
水头	Shuǐtóu	农村	广宁县政府驻地南部
中崀	Zhōnglàng	农村	广宁县政府驻地南部
荷木崀	Hémùlàng	农村	广宁县政府驻地南部
灯龙寨	Dēnglóngzhài	农村	广宁县政府驻地南部

（续上表）

标准名称	汉语拼音	地名类别	相对位置
罗汶口	Luówènkǒu	农村	广宁县政府驻地南部
吉崀	Jílàng	农村	广宁县政府驻地南部
佛仔凹	Fózǎi'āo	农村	广宁县政府驻地南部
湖洞岗	Húdònggǎng	农村	广宁县政府驻地南部
永泰	Yǒngtài	农村	广宁县政府驻地南部
双苟塘	Shuānggǒutáng	农村	广宁县政府驻地南部
等村	Děngcūn	农村	广宁县政府驻地南部
南门屈	Nánménqū	农村	广宁县政府驻地南部
罗对	Luóduì	农村	广宁县政府驻地南部
合水口	Héshuǐkǒu	农村	广宁县政府驻地南部
上迳口	Shàngjìngkǒu	农村	广宁县政府驻地南部
云址坑	Yúnzhǐkēng	农村	广宁县政府驻地南部
高头崀	Gāotóulàng	农村	广宁县政府驻地南部
独石	Dúshí	农村	广宁县政府驻地南部
田心	Tiánxīn	农村	广宁县政府驻地南部
上下垌	Shàngxiàdòng	农村	广宁县政府驻地南部
氹所口	Dàngsuǒkǒu	农村	广宁县政府驻地南部
兵洲	Bīngzhōu	农村	广宁县政府驻地南部
沙头	Shātóu	农村	广宁县政府驻地南部
厚慈坑	Hòucíkēng	农村	广宁县政府驻地南部
云坑	Yúnkēng	农村	广宁县政府驻地南部
塘基头	Tángjītóu	农村	广宁县政府驻地南部
罗青山	Luóqīngshān	农村	广宁县政府驻地南部
木芋头	Mùyùtóu	农村	广宁县政府驻地南部
水松根	Shuǐsōnggēn	农村	广宁县政府驻地南部
连婆坑	Liánpókēng	农村	广宁县政府驻地南部
新屋	Xīnwū	农村	广宁县政府驻地东南部
葫芦塘	Húlútáng	农村	广宁县政府驻地南部
沙仔地	Shāzǎidì	农村	广宁县政府驻地东南部
桥头	Qiáotóu	农村	广宁县政府驻地南部

(续上表)

标准名称	汉语拼音	地名类别	相对位置
老屋	Lǎowū	农村	广宁县政府驻地东南部
坑口	Kēngkǒu	农村	广宁县政府驻地南部
径口	Jìngkǒu	农村	广宁县政府驻地南部
新仓	Xīncāng	农村	广宁县政府驻地南部
乌石坑	Wūshíkēng	农村	广宁县政府驻地南部
云笋	Yúnsǔn	农村	广宁县政府驻地南部
茶园	Cháyuán	农村	广宁县政府驻地南部
丈兴	Zhàngxīng	农村	广宁县政府驻地南部
江墩	Jiāngdūn	农村	广宁县政府驻地南部
罗篱	Luólèi	农村	广宁县政府驻地南部
六古崀	Liùgǔlàng	农村	广宁县政府驻地南部
石挞	Shítà	农村	广宁县政府驻地南部
云靓	Yúnliàng	农村	广宁县政府驻地南部
云龙	Yúnlóng	农村	广宁县政府驻地南部
榄塘	Lǎntáng	农村	广宁县政府驻地南部
罗蚌	Luóbàng	农村	广宁县政府驻地南部
大林	Dàlín	农村	广宁县政府驻地南部
云溪	Yúnxī	农村	广宁县政府驻地南部
马田	Mǎtián	农村	广宁县政府驻地南部
双蚌	Shuāngbàng	农村	广宁县政府驻地南部
罗林垌	Luólíndòng	农村	广宁县政府驻地南部
枫树崀	Fēngshùlàng	农村	广宁县政府驻地南部
君崀	Jūnlàng	农村	广宁县政府驻地南部
石见	Shíjiàn	农村	广宁县政府驻地南部
江头	Jiāngtóu	农村	广宁县政府驻地南部
半坑	Bànkēng	农村	广宁县政府驻地南部
云帮口	Yúnbāngkǒu	农村	广宁县政府驻地南部
云笔	Yúnbǐ	农村	广宁县政府驻地南部
大根垌	Dàgēndòng	农村	广宁县政府驻地南部
坑尾	Kēngwěi	农村	广宁县政府驻地南部

（续上表）

标准名称	汉语拼音	地名类别	相对位置
清水	Qīngshuǐ	农村	广宁县政府驻地南部
岭显	Lǐngxiǎn	农村	广宁县政府驻地南部
大夫田	Dàfūtián	农村	广宁县政府驻地西南部
下都	Xiàdōu	农村	广宁县政府驻地西南部
大垌田	Dàdòngtián	农村	广宁县政府驻地西南部
岭圳坑	Lǐngzhènkēng	农村	广宁县政府驻地西南部
坑口	Kēngkǒu	农村	广宁县政府驻地西南部
水口	Shuǐkǒu	农村	广宁县政府驻地西南部
大埌	Dàlàng	农村	广宁县政府驻地西南部
氹清岗	Dàngqīnggǎng	农村	广宁县政府驻地西南部
大松	Dàsōng	农村	广宁县政府驻地西南部
云朵	Yúnduǒ	农村	广宁县政府驻地西南部
云金	Yúnjīn	农村	广宁县政府驻地西南部
上都	Shàngdōu	农村	广宁县政府驻地西南部
木鱼	Mùyú	农村	广宁县政府驻地西南部
罗若	Luóruò	农村	广宁县政府驻地西南部
牛栏坑	Niúlánkēng	农村	广宁县政府驻地西南部
双同	Shuāngtóng	农村	广宁县政府驻地西南部
坡角	Pōjiǎo	农村	广宁县政府驻地西南部
大塘	Dàtáng	农村	广宁县政府驻地西南部
蓝氹	Lándàng	农村	广宁县政府驻地西南部
高埌	Gāolàng	农村	广宁县政府驻地西南部
田心	Tiánxīn	农村	广宁县政府驻地南部
新村	Xīncūn	农村	广宁县政府驻地西南部
中村	Zhōngcūn	农村	广宁县政府驻地南部
大坑洞	Dàkēngdòng	农村	广宁县政府驻地南部
井下塘	Jǐngxiàtáng	农村	广宁县政府驻地南部
白径	Báijìng	农村	广宁县政府驻地西南部
光明头	Guāngmíngtóu	农村	广宁县政府驻地西南部
石楼坊	Shílóufāng	农村	广宁县政府驻地西南部

（续上表）

标准名称	汉语拼音	地名类别	相对位置
禾林坑	Hélínkēng	农村	广宁县政府驻地西南部
马宅	Mǎzhái	农村	广宁县政府驻地南部
横岗	Hénggǎng	农村	广宁县政府驻地南部
三步垌	Sānbùdòng	农村	广宁县政府驻地西南部
社山	Shèshān	农村	广宁县政府驻地西南部
旺坑崀	Wàngkēnglàng	农村	广宁县政府驻地西南部
坑仔尾	Kēngzǎiwěi	农村	广宁县政府驻地南部
下村	Xiàcūn	农村	广宁县政府驻地南部
坑头	Kēngtóu	农村	广宁县政府驻地南部
带洞寨	Dàidòngzhài	农村	广宁县政府驻地南部
龙塘	Lóngtáng	农村	广宁县政府驻地南部
寺背	Sìbèi	农村	广宁县政府驻地南部
白花	Báihuā	农村	广宁县政府驻地南部
佛仔岗	Fózǎigǎng	农村	广宁县政府驻地南部
下环	Xiàhuán	农村	广宁县政府驻地南部
欧办侧	Ōubàncè	农村	广宁县政府驻地南部
田寮	Tiánliáo	农村	广宁县政府驻地南部
陈营	Chényíng	农村	广宁县政府驻地南部
高份口	Gāofènkǒu	农村	广宁县政府驻地南部
佛岗	Fógǎng	农村	广宁县政府驻地南部
沙坪	Shāpíng	农村	广宁县政府驻地南部
旧寨	Jiùzhài	农村	广宁县政府驻地南部
蕉坑	Jiāokēng	农村	广宁县政府驻地南部
柑仔墩	Gānzǎidūn	农村	广宁县政府驻地东南部
琴古	Qíngǔ	农村	广宁县政府驻地南部
初田坑	Chūtiánkēng	农村	广宁县政府驻地南部
共和新村	Gònghé Xīncūn	农村	广宁县政府驻地南部
横岗	Hénggǎng	农村	广宁县政府驻地南部
炭厂	Tànchǎng	农村	广宁县政府驻地南部
朱坡	Zhūpō	农村	广宁县政府驻地南部

（续上表）

标准名称	汉语拼音	地名类别	相对位置
朱塘	Zhūtáng	农村	广宁县政府驻地南部
飞鹅岽	Fēi'élàng	农村	广宁县政府驻地南部
大明	Dàmíng	农村	广宁县政府驻地南部
秋风凼	Qiūfēngdàng	农村	广宁县政府驻地南部
寺头	Sìtóu	农村	广宁县政府驻地南部
黄塘	Huángtáng	农村	广宁县政府驻地南部
新岽	Xīnlàng	农村	广宁县政府驻地南部
岽头	Làngtóu	农村	广宁县政府驻地西南部
寨岗	Zhàigǎng	农村	广宁县政府驻地西南部
坟前替	Fénqiántán	农村	广宁县政府驻地南部
荷塘口	Hétángkǒu	农村	广宁县政府驻地西南部
路洲尾	Lùzhōuwěi	农村	广宁县政府驻地西南部
社背岗	Shèbèigǎng	农村	广宁县政府驻地西南部
力仔侧	Lìzǎicè	农村	广宁县政府驻地西南部
沙迳洲	Shājìngzhōu	农村	广宁县政府驻地南部
妙村	Miàocūn	农村	广宁县政府驻地西南部
中堂坪	Zhōngtángpíng	农村	广宁县政府驻地西南部
根斗	Gēndǒu	农村	广宁县政府驻地西南部
黎碧坑	Líbìkēng	农村	广宁县政府驻地西南部
大坑边	Dàkēngbiān	农村	广宁县政府驻地西南部
松木岽	Sōngmùlàng	农村	广宁县政府驻地西南部
井坑屈	Jǐngkēngqū	农村	广宁县政府驻地西南部
坑基	Kēngjī	农村	广宁县政府驻地西南部
高岽	Gāolàng	农村	广宁县政府驻地西南部
岽仔	Làngzǎi	农村	广宁县政府驻地西南部
高坑	Gāokēng	农村	广宁县政府驻地西南部
莫坑	Mòkēng	农村	广宁县政府驻地南部
新莫坑	Xīnmòkēng	农村	广宁县政府驻地南部
大浪洲	Dàlàngzhōu	农村	广宁县政府驻地南部
耀岭	Yàolǐng	农村	广宁县政府驻地南部

(续上表)

标准名称	汉语拼音	地名类别	相对位置
发疯岗	Fāfēnggǎng	农村	广宁县政府驻地南部
马坳	Mǎ'ào	农村	广宁县政府驻地南部
下坳	Xià'ào	农村	广宁县政府驻地南部
上坳	Shàng'ào	农村	广宁县政府驻地南部
曲轭	Qǔ'è	农村	广宁县政府驻地南部
塘仔角	Tángzǎijiǎo	农村	广宁县政府驻地南部
崀仔岗	Làngzǎigǎng	农村	广宁县政府驻地南部
樟坑	Zhāngkēng	农村	广宁县政府驻地南部
蚁坑	Yǐkēng	农村	广宁县政府驻地南部
太坑	Tàikēng	农村	广宁县政府驻地南部
杨家庄	Yángjiāzhuāng	农村	广宁县政府驻地南部
坑边屋	Kēngbiānwū	农村	广宁县政府驻地南部
扶龙寨	Fúlóngzhài	农村	广宁县政府驻地东南部
红卫村	Hóngwèicūn	农村	广宁县政府驻地东南部
浬田	Hètián	农村	广宁县政府驻地南部
塘肚	Tángdù	农村	广宁县政府驻地东南部
上塘	Shàngtáng	农村	广宁县政府驻地南部
旱塘	Hàntáng	农村	广宁县政府驻地南部
响水带	Xiǎngshuǐdài	农村	广宁县政府驻地东南部
黄田坑	Huángtiánkēng	农村	广宁县政府驻地东南部
秋风洞	Qiūfēngdòng	农村	广宁县政府驻地东南部
横崀	Hénglàng	农村	广宁县政府驻地东南部
石头寨	Shítóuzhài	农村	广宁县政府驻地东南部
石局	Shíjú	农村	广宁县政府驻地东南部
圳下	Zhènxià	农村	广宁县政府驻地南部
沙心坑	Shāxīnkēng	农村	广宁县政府驻地南部
圣坑塘	Shèngkēngtáng	农村	广宁县政府驻地东南部
寨岗脚	Zhàigǎngjiǎo	农村	广宁县政府驻地东南部
上半壁	Shàngbànbì	农村	广宁县政府驻地东南部
下半壁	Xiàbànbì	农村	广宁县政府驻地东南部

（续上表）

标准名称	汉语拼音	地名类别	相对位置
灯心尾	Dēngxīnwěi	农村	广宁县政府驻地东南部
下三洞	Xiàsāndòng	农村	广宁县政府驻地东南部
上门楼	Shàngménlóu	农村	广宁县政府驻地南部
下门楼	Xiàménlóu	农村	广宁县政府驻地南部
根竹	Gēnzhú	农村	广宁县政府驻地南部
纸厂	Zhǐchǎng	农村	广宁县政府驻地南部
半边街	Bànbiānjiē	农村	广宁县政府驻地南部
怀南坊	Huáinánfāng	农村	广宁县政府驻地南部
田心坪	Tiánxīnpíng	农村	广宁县政府驻地南部
江仔树头	Jiāngzǎishùtóu	农村	广宁县政府驻地南部
大小心	Dàxiǎoxīn	农村	广宁县政府驻地南部
塘坑	Tángkēng	农村	广宁县政府驻地南部
下塘	Xiàtáng	农村	广宁县政府驻地南部
上塘	Shàngtáng	农村	广宁县政府驻地南部
上荣	Shàngróng	农村	广宁县政府驻地南部
罗寨	Luózhài	农村	广宁县政府驻地南部
雅鹰头	Yǎyīngtóu	农村	广宁县政府驻地南部
李寨	Lǐzhài	农村	广宁县政府驻地南部
圳坑	Zhènkēng	农村	广宁县政府驻地南部
祝坑	Zhùkēng	农村	广宁县政府驻地南部
大崀坡	Dàlàngpō	农村	广宁县政府驻地南部
大崀头	Dàlàngtóu	农村	广宁县政府驻地南部
圳坑口	Zhènkēngkǒu	农村	广宁县政府驻地南部
杨梅崀	Yángméilàng	农村	广宁县政府驻地南部
庙坳口	Miào'àokǒu	农村	广宁县政府驻地南部
大圳下	Dàzhènxià	农村	广宁县政府驻地南部
三洞	Sāndòng	农村	广宁县政府驻地南部
郑家村	Zhèngjiācūn	农村	广宁县政府驻地南部
林家庄	Línjiāzhuāng	农村	广宁县政府驻地南部
炭步头	Tànbùzóu	农村	广宁县政府驻地南部

（续上表）

标准名称	汉语拼音	地名类别	相对位置
步口	Bùkǒu	农村	广宁县政府驻地南部
杨梅村	Yángméicūn	农村	广宁县政府驻地南部
西林	Xīlín	农村	广宁县政府驻地南部
楼屋	Lóuwū	农村	广宁县政府驻地南部
江咀	Jiāngzuǐ	农村	广宁县政府驻地南部
高寨	Gāozhài	农村	广宁县政府驻地南部
山塘尾	Shāntángwěi	农村	广宁县政府驻地南部
龙坑	Lóngkēng	农村	广宁县政府驻地南部
崩塘坑	Bēngtángkēng	农村	广宁县政府驻地南部
马仔坑	Mǎzǎikēng	农村	广宁县政府驻地南部
浪根山	Lànggēnshān	农村	广宁县政府驻地南部
新铺	Xīnpù	农村	广宁县政府驻地南部
松柏岗	Sōngbǎigǎng	农村	广宁县政府驻地南部
晒谷岗	Shàigǔgǎng	农村	广宁县政府驻地南部
寺堂背	Sìtángbèi	农村	广宁县政府驻地南部
新洲圩	Xīnzhōuxū	农村	广宁县政府驻地南部
竹寨	Zhúzhài	农村	广宁县政府驻地南部
江积	Jiāngjī	农村	广宁县政府驻地南部
新屋	Xīnwū	农村	广宁县政府驻地南部
鸭𫜢崀	Yānǎlàng	农村	广宁县政府驻地南部
三冲崀	Sānchōnglàng	农村	广宁县政府驻地南部
邓坑咀	Dèngkēngzuǐ	农村	广宁县政府驻地南部
崩坪	Bēngpíng	农村	广宁县政府驻地东北部
大岗脚	Dàgǎngjiǎo	农村	广宁县政府驻地东北部
大坑	Dàkēng	农村	广宁县政府驻地东北部
大莲塘	Dàliántáng	农村	广宁县政府驻地东北部
第九	Dìjiǔ	农村	广宁县政府驻地东北部
斗对屈	Dǒuduìqū	农村	广宁县政府驻地东北部
对博	Duìbó	农村	广宁县政府驻地东北部
岗咀	Gǎngzuǐ	农村	广宁县政府驻地东北部

（续上表）

标准名称	汉语拼音	地名类别	相对位置
旱坳	Hàn'ào	农村	广宁县政府驻地东北部
浪尾	Làngwěi	农村	广宁县政府驻地东北部
庙岕	Miàohuì	农村	广宁县政府驻地东北部
木洞	Mùdòng	农村	广宁县政府驻地东北部
坪石	Píngshí	农村	广宁县政府驻地东北部
三宅	Sānzhái	农村	广宁县政府驻地东北部
上长塝	Shàngzhǎngbàng	农村	广宁县政府驻地东北部
十二塘口	Shí'èrtángkǒu	农村	广宁县政府驻地东北部
石咀	Shízuǐ	农村	广宁县政府驻地东北部
石桥崀	Shíqiáolàng	农村	广宁县政府驻地东北部
水坑	Shuǐkēng	农村	广宁县政府驻地东北部
屋地屈	Wūdìqū	农村	广宁县政府驻地东北部
下长塝	Xiàzhǎngbàng	农村	广宁县政府驻地东北部
小片	Xiǎopiàn	农村	广宁县政府驻地东北部
帐基下	Zhàngjīxià	农村	广宁县政府驻地东北部
枫树咀	Fēngshùzuǐ	农村	广宁县政府驻地东北部
上径	Shàngjìng	农村	广宁县政府驻地东北部
栏杆头	Lángǎntóu	农村	广宁县政府驻地东北部
下梅坑	Xiàméikēng	农村	广宁县政府驻地东北部
上梅坑	Shàngméikēng	农村	广宁县政府驻地东北部
鸡龙尾	Jīlóngwěi	农村	广宁县政府驻地东北部
羊七	Yángqī	农村	广宁县政府驻地东北部
上梅	Shàngméi	农村	广宁县政府驻地东北部
田心	Tiánxīn	农村	广宁县政府驻地东北部
横龙	Hénglóng	农村	广宁县政府驻地东北部
石坎	Shíkǎn	农村	广宁县政府驻地东北部
寨仔颈	Zhàizǎijǐng	农村	广宁县政府驻地东北部
山塘	Shāntáng	农村	广宁县政府驻地东北部
三崀	Sānlàng	农村	广宁县政府驻地东北部
均坑	Jūnkēng	农村	广宁县政府驻地东北部

(续上表)

标准名称	汉语拼音	地名类别	相对位置
三宝	Sānbǎo	农村	广宁县政府驻地东北部
坳背	Àobèi	农村	广宁县政府驻地东北部
撑高村	Chēnggāocūn	农村	广宁县政府驻地东北部
大芒尾	Dàmángwěi	农村	广宁县政府驻地东北部
笛仔尾	Dízǎiwěi	农村	广宁县政府驻地东北部
分水坳	Fènshuǐ'ào	农村	广宁县政府驻地东北部
付竹	Fùzhú	农村	广宁县政府驻地东北部
迳心	Jìngxīn	农村	广宁县政府驻地东北部
坑口	Kēngkǒu	农村	广宁县政府驻地东北部
鹿暗湖	Lù'ànhú	农村	广宁县政府驻地东北部
牛角坑	Niújiǎokēng	农村	广宁县政府驻地东北部
上黄办崀	Shànghuángbànlàng	农村	广宁县政府驻地东北部
胜记	Shèngjì	农村	广宁县政府驻地东北部
四合	Sìhé	农村	广宁县政府驻地东北部
下黄办崀	Xiàhuángbànlàng	农村	广宁县政府驻地东北部
下迳	Xiàjìng	农村	广宁县政府驻地东北部
元岗仔	Yuángǎngzǎi	农村	广宁县政府驻地东北部
斑鸠尾	Bānjiūwěi	农村	广宁县政府驻地东北部
湴田	Bàntián	农村	广宁县政府驻地东北部
大湾村	Dàwāncūn	农村	广宁县政府驻地东北部
大寨	Dàzhài	农村	广宁县政府驻地东北部
坑坝	Kēngbà	农村	广宁县政府驻地东北部
坑口	Kēngkǒu	农村	广宁县政府驻地东北部
蓝厂	Lánchǎng	农村	广宁县政府驻地东北部
老牛塘	Lǎoniútáng	农村	广宁县政府驻地东北部
龙安	Lóng'ān	农村	广宁县政府驻地东北部
路边村	Lùbiāncūn	农村	广宁县政府驻地东北部
松树坑	Sōngshùkēng	农村	广宁县政府驻地东北部
西坑尾	Xīkēngwěi	农村	广宁县政府驻地东北部
姓陈村	Xìngchéncūn	农村	广宁县政府驻地东北部

（续上表）

标准名称	汉语拼音	地名类别	相对位置
姓关村	Xìngguāncūn	农村	广宁县政府驻地东北部
中华里	Zhōnghuálǐ	农村	广宁县政府驻地东北部
钟鼓楼	Zhōnggǔlóu	农村	广宁县政府驻地东北部
大崀	Dàlàng	农村	广宁县政府驻地东北部
大松坪	Dàsōngpíng	农村	广宁县政府驻地东北部
格坑洲	Gékēngzhōu	农村	广宁县政府驻地东北部
官厅	Guāntīng	农村	广宁县政府驻地东北部
旱坎	Hànkǎn	农村	广宁县政府驻地东北部
横坑	Héngkēng	农村	广宁县政府驻地东北部
里崀	Lǐlàng	农村	广宁县政府驻地东北部
力竹塘	Lìzhútáng	农村	广宁县政府驻地东北部
马口	Mǎkǒu	农村	广宁县政府驻地东北部
普苟崀	Pǔgǒulàng	农村	广宁县政府驻地东北部
青龙	Qīnglóng	农村	广宁县政府驻地东北部
上禾崀	Shànghélàng	农村	广宁县政府驻地东北部
社美	Shèměi	农村	广宁县政府驻地东北部
永厚	Yǒnghòu	农村	广宁县政府驻地东北部
茶坑	Chákēng	农村	广宁县政府驻地东北部
大旗崀	Dàqílàng	农村	广宁县政府驻地东北部
大树脚	Dàshùjiǎo	农村	广宁县政府驻地东北部
大塘	Dàtáng	农村	广宁县政府驻地东北部
岗头园	Gǎngtóuyuán	农村	广宁县政府驻地东北部
黄亨村	Huánghēngcūn	农村	广宁县政府驻地东北部
黄马坳	Huángmǎ'ào	农村	广宁县政府驻地东北部
积善里	Jīshànlǐ	农村	广宁县政府驻地东北部
金鸡龙	Jīnjīlóng	农村	广宁县政府驻地东北部
孔口	Kǒngkǒu	农村	广宁县政府驻地东北部
崀仔园	Làngzǎiyuán	农村	广宁县政府驻地东北部
南峰里	Nánfēnglǐ	农村	广宁县政府驻地东北部
南山坑	Nánshānkēng	农村	广宁县政府驻地东北部

（续上表）

标准名称	汉语拼音	地名类别	相对位置
烧炭坑	Shāotànkēng	农村	广宁县政府驻地东北部
深坑仔	Shēnkēngzǎi	农村	广宁县政府驻地东北部
圣塘脚	Shèngtángjiǎo	农村	广宁县政府驻地东北部
塘肚坑	Tángdùkēng	农村	广宁县政府驻地东北部
小岗崀	Xiǎogǎnglàng	农村	广宁县政府驻地东北部
圳头	Zhèntóu	农村	广宁县政府驻地东北部
竹仔脚	Zhúzǎijiǎo	农村	广宁县政府驻地东北部
崩背坑	Bēngbèikēng	农村	广宁县政府驻地东北部
菜园屈	Càiyuánqū	农村	广宁县政府驻地东北部
侧崀	Cèlàng	农村	广宁县政府驻地东北部
冲饭崀	Chōngfànlàng	农村	广宁县政府驻地东北部
大社岗	Dàshègǎng	农村	广宁县政府驻地东北部
定崀	Dìnglàng	农村	广宁县政府驻地东北部
东门	Dōngmén	农村	广宁县政府驻地东北部
东巷	Dōngxiàng	农村	广宁县政府驻地东北部
墩厚村	Dūnhòucūn	农村	广宁县政府驻地东北部
丰饭崀	Fēngfànlàng	农村	广宁县政府驻地东北部
岗坳	Gǎng'ào	农村	广宁县政府驻地东北部
岗崀	Gǎnglàng	农村	广宁县政府驻地东北部
大塘下	Dàtángxià	农村	广宁县政府驻地东北部
白牛岭	Báiniúlǐng	农村	广宁县政府驻地东北部
坎下	Kǎnxià	农村	广宁县政府驻地东北部
坑尾村	Kēngwěicūn	农村	广宁县政府驻地东北部
口水塘	Kǒushuǐtáng	农村	广宁县政府驻地东北部
连仔崀	Liánzǎilàng	农村	广宁县政府驻地东北部
龙田	Lóngtián	农村	广宁县政府驻地东北部
龙湾	Lóngwān	农村	广宁县政府驻地东北部
龙新	Lóngxīn	农村	广宁县政府驻地东北部
马坑村	Mǎkēngcūn	农村	广宁县政府驻地东北部
庙崀	Miàolàng	农村	广宁县政府驻地东北部

（续上表）

标准名称	汉语拼音	地名类别	相对位置
牛岗村	Niúgǎngcūn	农村	广宁县政府驻地东北部
牛㪭崩	Niúnǎbēng	农村	广宁县政府驻地东北部
企仔屈	Qǐzǎiqū	农村	广宁县政府驻地东北部
仁和寨	Rénhézhài	农村	广宁县政府驻地东北部
上巷	Shàngxiàng	农村	广宁县政府驻地东北部
深圳塝	Shēnzhènbàng	农村	广宁县政府驻地东北部
石仔龙	Shízǎilóng	农村	广宁县政府驻地东北部
水楼村	Shuǐlóucūn	农村	广宁县政府驻地东北部
松仔脚	Sōngzǎijiǎo	农村	广宁县政府驻地东北部
塘基下	Tángjīxià	农村	广宁县政府驻地东北部
文坑	Wénkēng	农村	广宁县政府驻地东北部
西巷	Xīxiàng	农村	广宁县政府驻地东北部
下坑	Xiàkēng	农村	广宁县政府驻地东北部
新屋寨	Xīnwūzhài	农村	广宁县政府驻地东北部
学七	Xuéqī	农村	广宁县政府驻地东北部
寨背村	Zhàibèicūn	农村	广宁县政府驻地东北部
柴厂	Cháichǎng	农村	广宁县政府驻地东北部
长墩	Zhǎngdūn	农村	广宁县政府驻地东北部
正巷	Zhèngxiàng	农村	广宁县政府驻地东北部
种蕉坑	Zhǒngjiāokēng	农村	广宁县政府驻地东北部
坳仔	Àozǎi	农村	广宁县政府驻地东北部
苍崀	Cānglàng	农村	广宁县政府驻地东北部
打铁坑	Dǎtiěkēng	农村	广宁县政府驻地东北部
大寨	Dàzhài	农村	广宁县政府驻地东北部
冬笋塘	Dōngsǔntáng	农村	广宁县政府驻地东北部
富竹坑	Fùzhúkēng	农村	广宁县政府驻地东北部
高寨	Gāozhài	农村	广宁县政府驻地东北部
隔坑	Gékēng	农村	广宁县政府驻地东北部
官塘口	Guāntángkǒu	农村	广宁县政府驻地东北部
横岗塘	Hénggǎngtáng	农村	广宁县政府驻地东北部

(续上表)

标准名称	汉语拼音	地名类别	相对位置
横屈仔	Héngqūzǎi	农村	广宁县政府驻地东北部
黄茅坪	Huángmáopíng	农村	广宁县政府驻地东北部
鸡资崀	Jīzīlàng	农村	广宁县政府驻地东北部
交椅	Jiāoyǐ	农村	广宁县政府驻地东北部
蕉斗屈	Jiāodǒuqū	农村	广宁县政府驻地东北部
迳尾	Jìngwěi	农村	广宁县政府驻地东北部
旧塘	Jiùtáng	农村	广宁县政府驻地东北部
黎泗塘	Lísìtáng	农村	广宁县政府驻地东北部
冲坪	Chōngpíng	农村	广宁县政府驻地东北部
岭咀	Lǐngzuǐ	农村	广宁县政府驻地东北部
流坑	Liúkēng	农村	广宁县政府驻地东北部
三厂	Sānchǎng	农村	广宁县政府驻地东北部
三厂尾	Sānchǎngwěi	农村	广宁县政府驻地东北部
水头崀	Shuǐtóulàng	农村	广宁县政府驻地东北部
乌坭	Wūní	农村	广宁县政府驻地东北部
乌坭塝	Wūníbàng	农村	广宁县政府驻地东北部
乌石垌	Wūshídòng	农村	广宁县政府驻地东北部
蚬坑	Xiǎnkēng	农村	广宁县政府驻地东北部
新坅	Xīnbù	农村	广宁县政府驻地东北部
姓袁	Xìngyuán	农村	广宁县政府驻地东北部
寨岗脚	Zhàigǎngjiǎo	农村	广宁县政府驻地东北部
寨浪屈	Zhàilàngqū	农村	广宁县政府驻地东北部
长安里	Cháng'ānlǐ	农村	广宁县政府驻地东北部
中山	Zhōngshān	农村	广宁县政府驻地东北部
竹山岗	Zhúshāngǎng	农村	广宁县政府驻地东北部
车前坑	Chēqiánkēng	农村	广宁县政府驻地东北部
大坪	Dàpíng	农村	广宁县政府驻地东北部
鹤膝	Hèxī	农村	广宁县政府驻地东北部
青草塘	Qīngcǎotáng	农村	广宁县政府驻地东北部
上过滘	Shàngguòjiào	农村	广宁县政府驻地东北部

（续上表）

标准名称	汉语拼音	地名类别	相对位置
下过滘	Xiàguòjiào	农村	广宁县政府驻地东北部
鱼跳	Yútiào	农村	广宁县政府驻地东北部
长潭	Chángtán	农村	广宁县政府驻地东北部
崩头塘	Bēngtóutáng	农村	广宁县政府驻地东北部
倒坑	Dǎokēng	农村	广宁县政府驻地东北部
格坑	Gékēng	农村	广宁县政府驻地东北部
九龙	Jiǔlóng	农村	广宁县政府驻地东北部
旧寨	Jiùzhài	农村	广宁县政府驻地东北部
路面	Lùmiàn	农村	广宁县政府驻地东北部
罗坑	Luókēng	农村	广宁县政府驻地东北部
茅峡	Máoxiá	农村	广宁县政府驻地东北部
铺头	Pùtóu	农村	广宁县政府驻地东北部
上村	Shàngcūn	农村	广宁县政府驻地东北部
上荣	Shàngróng	农村	广宁县政府驻地东北部
上寨	Shàngzhài	农村	广宁县政府驻地东北部
石坪	Shípíng	农村	广宁县政府驻地东北部
乌石	Wūshí	农村	广宁县政府驻地东北部
西坑	Xīkēng	农村	广宁县政府驻地东北部
西溪	Xīxī	农村	广宁县政府驻地东北部
下村	Xiàcūn	农村	广宁县政府驻地东北部
下荣	Xiàróng	农村	广宁县政府驻地东北部
下寨	Xiàzhài	农村	广宁县政府驻地东北部
新寨	Xīnzhài	农村	广宁县政府驻地东北部
罂塘	Yīngtáng	农村	广宁县政府驻地东北部
盈州	Yíngzhōu	农村	广宁县政府驻地东北部
猪姆坑	Zhūmǔkēng	农村	广宁县政府驻地东北部
旧寨	Jiùzhài	农村	广宁县政府驻地东北部
崀仔田	Làngzǎitián	农村	广宁县政府驻地东北部
新屋	Xīnwū	农村	广宁县政府驻地东北部
永安	Yǒng'ān	农村	广宁县政府驻地东北部

(续上表)

标准名称	汉语拼音	地名类别	相对位置
龙坪	Lóngpíng	农村	广宁县政府驻地东北部
花坝	Huābà	农村	广宁县政府驻地东北部
安心	Ānxīn	农村	广宁县政府驻地东北部
坳背	Àobèi	农村	广宁县政府驻地东北部
坳岗	Àogǎng	农村	广宁县政府驻地东北部
白坭	Báiní	农村	广宁县政府驻地东北部
白石	Báishí	农村	广宁县政府驻地东北部
大崀	Dàlàng	农村	广宁县政府驻地东北部
大巷	Dàxiàng	农村	广宁县政府驻地东北部
大洲坑	Dàzhōukēng	农村	广宁县政府驻地东北部
第十	Dìshí	农村	广宁县政府驻地东北部
东风	Dōngfēng	农村	广宁县政府驻地东北部
东星	Dōngxīng	农村	广宁县政府驻地东北部
洞头	Dòngtóu	农村	广宁县政府驻地东北部
洞头坑	Dòngtóukēng	农村	广宁县政府驻地东北部
佛堂	Fótáng	农村	广宁县政府驻地东北部
高石脚	Gāoshíjiǎo	农村	广宁县政府驻地东北部
格岗崀	Gégǎnglàng	农村	广宁县政府驻地东北部
格木	Gémù	农村	广宁县政府驻地东北部
锅竹塘	Guōzhútáng	农村	广宁县政府驻地东北部
河满	Hémǎn	农村	广宁县政府驻地东北部
黄糯田	Huángnuòtián	农村	广宁县政府驻地东北部
锦波	Jǐnbō	农村	广宁县政府驻地东北部
井边	Jǐngbiān	农村	广宁县政府驻地东北部
井下	Jǐngxià	农村	广宁县政府驻地东北部
径下	Jìngxià	农村	广宁县政府驻地东北部
坑仔口	Kēngzǎikǒu	农村	广宁县政府驻地东北部
崀顶	Làngdǐng	农村	广宁县政府驻地东北部
里坑	Lǐkēng	农村	广宁县政府驻地东北部
里口	Lǐkǒu	农村	广宁县政府驻地东北部

（续上表）

标准名称	汉语拼音	地名类别	相对位置
力竹	Lìzhú	农村	广宁县政府驻地东北部
马安	Mǎ'ān	农村	广宁县政府驻地东北部
墨斗塘	Mòdǒutáng	农村	广宁县政府驻地东北部
南山	Nánshān	农村	广宁县政府驻地东北部
牛角窝	Niújiǎowō	农村	广宁县政府驻地东北部
彭园	Péngyuán	农村	广宁县政府驻地东北部
前进	Qiánjìn	农村	广宁县政府驻地东北部
三斗崀	Sāndǒulàng	农村	广宁县政府驻地东北部
上河坑	Shànghékēng	农村	广宁县政府驻地东北部
坳仔	Àozǎi	农村	广宁县政府驻地东北部
北向	Běixiàng	农村	广宁县政府驻地东北部
崩岗	Bēnggǎng	农村	广宁县政府驻地东北部
崩洼	Bēngwā	农村	广宁县政府驻地东北部
曾崀	Cénglàng	农村	广宁县政府驻地东北部
大坑头	Dàkēngtóu	农村	广宁县政府驻地东北部
带面	Dàimiàn	农村	广宁县政府驻地东北部
佳皮山	Jiāpíshān	农村	广宁县政府驻地东北部
井坑	Jǐngkēng	农村	广宁县政府驻地东北部
蓝山	Lánshān	农村	广宁县政府驻地东北部
茂生	Màoshēng	农村	广宁县政府驻地东北部
庙崀	Miàolàng	农村	广宁县政府驻地东北部
埔侧	Pǔcè	农村	广宁县政府驻地东北部
上龙坑	Shànglóngkēng	农村	广宁县政府驻地东北部
社墩	Shèdūn	农村	广宁县政府驻地东北部
石屋	Shíwū	农村	广宁县政府驻地东北部
田崀咀	Tiánlàngjǔ	农村	广宁县政府驻地东北部
土地塘	Tǔdìtáng	农村	广宁县政府驻地东北部
乌石岗	Wūshígǎng	农村	广宁县政府驻地东北部
下龙坑	Xiàlóngkēng	农村	广宁县政府驻地东北部
蚁仔尾村	Yǐzǎiwěicūn	农村	广宁县政府驻地东北部

(续上表)

标准名称	汉语拼音	地名类别	相对位置
义和	Yìhé	农村	广宁县政府驻地西北部
周塘下	Zhōutángxià	农村	广宁县政府驻地东北部
大云塘	Dàyúntáng	农村	广宁县政府驻地东北部
岗坳	Gǎng'ào	农村	广宁县政府驻地东北部
阁下	Géxià	农村	广宁县政府驻地东北部
格坑洼	Gékēngwā	农村	广宁县政府驻地东北部
隔坑村	Gékēngcūn	农村	广宁县政府驻地东北部
崀仔	Làngzǎi	农村	广宁县政府驻地东北部
连塘	Liántáng	农村	广宁县政府驻地东北部
木崀	Mùlàng	农村	广宁县政府驻地东北部
坡坑	Pōkēng	农村	广宁县政府驻地东北部
水背崀	Shuǐbèilàng	农村	广宁县政府驻地东北部
田心	Tiánxīn	农村	广宁县政府驻地东北部
田心村	Tiánxīncūn	农村	广宁县政府驻地东北部
土地岗	Tǔdìgǎng	农村	广宁县政府驻地东北部
营背	Yíngbèi	农村	广宁县政府驻地东北部
寨岗	Zhàigǎng	农村	广宁县政府驻地东北部
寨岗	Zhàigǎng	农村	广宁县政府驻地东北部
竹坑	Zhúkēng	农村	广宁县政府驻地东北部
社塝	Shèbàng	农村	广宁县政府驻地东北部
深坑	Shēnkēng	农村	广宁县政府驻地东北部
深塘下	Shēntángxià	农村	广宁县政府驻地东北部
石坑	Shíkēng	农村	广宁县政府驻地东北部
石坪	Shípíng	农村	广宁县政府驻地东北部
松坑	Sōngkēng	农村	广宁县政府驻地东北部
塘塝	Tángbàng	农村	广宁县政府驻地东北部
塘塝	Tángbàng	农村	广宁县政府驻地东北部
塘三	Tángsān	农村	广宁县政府驻地东北部
塘兴	Tángxìng	农村	广宁县政府驻地东北部
天塘	Tiāntáng	农村	广宁县政府驻地东北部

（续上表）

标准名称	汉语拼音	地名类别	相对位置
弯角	Wānjiǎo	农村	广宁县政府驻地东北部
旺村坑	Wàngcūnkēng	农村	广宁县政府驻地东北部
文蚌	Wénbàng	农村	广宁县政府驻地东北部
下河坑	Xiàhékēng	农村	广宁县政府驻地东北部
新村	Xīncūn	农村	广宁县政府驻地东北部
新屋	Xīnwū	农村	广宁县政府驻地东北部
亚公坑	Yàgōngkēng	农村	广宁县政府驻地东北部
杨家村	Yángjiācūn	农村	广宁县政府驻地东北部
杨梅	Yángméi	农村	广宁县政府驻地东北部
油茶	Yóuchá	农村	广宁县政府驻地东北部
月龙	Yuèlóng	农村	广宁县政府驻地东北部
长厂	Chángchǎng	农村	广宁县政府驻地东北部
长坑	Chángkēng	农村	广宁县政府驻地东北部
竹鸡山	Zhújīshān	农村	广宁县政府驻地东北部
办塘口	Bàntángkǒu	农村	广宁县政府驻地东北部
陂坑	Pōkēng	农村	广宁县政府驻地东北部
大石牯	Dàshígǔ	农村	广宁县政府驻地东北部
大兴	Dàxīng	农村	广宁县政府驻地东北部
带仔下	Dàizǎixià	农村	广宁县政府驻地东北部
凤安	Fèng'ān	农村	广宁县政府驻地东北部
黄坭塘	Huángnítáng	农村	广宁县政府驻地东北部
吉安	Jí'ān	农村	广宁县政府驻地东北部
迳背	Jìngbèi	农村	广宁县政府驻地东北部
龙基塘	Lóngjītáng	农村	广宁县政府驻地东北部
罗龙	Luólóng	农村	广宁县政府驻地东北部
庙侧	Miàocè	农村	广宁县政府驻地东北部
坪石崀	Píngshílàng	农村	广宁县政府驻地东北部
社更	Shègèng	农村	广宁县政府驻地东北部
松兴	Sōngxīng	农村	广宁县政府驻地东北部
乌石岗	Wūshígǎng	农村	广宁县政府驻地东北部

(续上表)

标准名称	汉语拼音	地名类别	相对位置
锡庆	Xīqìng	农村	广宁县政府驻地东北部
向阳	Xiàngyáng	农村	广宁县政府驻地东北部
长安村	Cháng'āncūn	农村	广宁县政府驻地东北部
长兴	Chángxīng	农村	广宁县政府驻地东北部
带下	Dàixià	农村	广宁县政府驻地东北部
饭罗岗	Fànluógǎng	农村	广宁县政府驻地东北部
高坑	Gāokēng	农村	广宁县政府驻地东北部
高坑口	Gāokēngkǒu	农村	广宁县政府驻地东北部
高崀	Gāolàng	农村	广宁县政府驻地东北部
高龙	Gāolóng	农村	广宁县政府驻地东北部
根竹脚	Gēnzhújiǎo	农村	广宁县政府驻地东北部
蛤凼	Hádàng	农村	广宁县政府驻地东北部
荷木崀	Hémùlàng	农村	广宁县政府驻地东北部
横保寨	Héngbǎozhài	农村	广宁县政府驻地东北部
横湾	Héngwān	农村	广宁县政府驻地东北部
华仔	Huázǎi	农村	广宁县政府驻地东北部
黄崀	Huánglàng	农村	广宁县政府驻地东北部
黄恙屈	Huángyàngqū	农村	广宁县政府驻地东北部
江背崀	Jiāngbèilàng	农村	广宁县政府驻地东北部
江陷	Jiāngxiàn	农村	广宁县政府驻地东北部
九坑底	Jiǔkēngdǐ	农村	广宁县政府驻地东北部
旧坑	Jiùkēng	农村	广宁县政府驻地东北部
莲花村	Liánhuācūn	农村	广宁县政府驻地东北部
莲花新屋	Liánhuāxīnwū	农村	广宁县政府驻地东北部
良坑	Liángkēng	农村	广宁县政府驻地东北部
陆丹屈	Lùdānqū	农村	广宁县政府驻地东北部
梅坑口	Méikēngkǒu	农村	广宁县政府驻地东北部
婆底坑	Pódǐkēng	农村	广宁县政府驻地东北部
沙梨崀	Shālílàng	农村	广宁县政府驻地东北部
石坳	Shí'ào	农村	广宁县政府驻地东北部

（续上表）

标准名称	汉语拼音	地名类别	相对位置
石咀岗	Shízuǐgǎng	农村	广宁县政府驻地东北部
双车	Shuāngchē	农村	广宁县政府驻地东北部
双马石	Shuāngmǎshí	农村	广宁县政府驻地东北部
塘坑	Tángkēng	农村	广宁县政府驻地东北部
桃花敦	Táohuādūn	农村	广宁县政府驻地东北部
田仔尾	Tiánzǎiwěi	农村	广宁县政府驻地东北部
小坑	Xiǎokēng	农村	广宁县政府驻地东北部
小坑口	Xiǎokēngkǒu	农村	广宁县政府驻地东北部
新莲花	Xīnliánhuā	农村	广宁县政府驻地东北部
新屋	Xīnwū	农村	广宁县政府驻地东北部
鱼汕	Yúshàn	农村	广宁县政府驻地东北部
远隆	Yuǎnlóng	农村	广宁县政府驻地东北部
办氹塘	Bàndàngtáng	农村	广宁县政府驻地东北部
侧田坑	Cètiánkēng	农村	广宁县政府驻地东北部
大塘二	Dàtáng'èr	农村	广宁县政府驻地东北部
大塘三	Dàtángsān	农村	广宁县政府驻地东北部
大塘一	Dàtángyī	农村	广宁县政府驻地东北部
单竹圹	Dānzhúkuàng	农村	广宁县政府驻地东北部
高塘	Gāotáng	农村	广宁县政府驻地东北部
根竹园	Gēnzhúyuán	农村	广宁县政府驻地东北部
古圹村	Gǔkuàngcūn	农村	广宁县政府驻地东北部
龟岗脚	Guīgǎngjiǎo	农村	广宁县政府驻地东北部
黄坭塘	Huángnítáng	农村	广宁县政府驻地东北部
黄沙	Huángshā	农村	广宁县政府驻地东北部
黄竹塘	Huángzhútáng	农村	广宁县政府驻地东北部
崀咀	Làngjǔ	农村	广宁县政府驻地东北部
鲤鱼岗	Lǐyúgǎng	农村	广宁县政府驻地东北部
连屈	Liánqū	农村	广宁县政府驻地东北部
流窝村	Liúwōcūn	农村	广宁县政府驻地东北部
龙船咀	Lóngchuánzuǐ	农村	广宁县政府驻地东北部

（续上表）

标准名称	汉语拼音	地名类别	相对位置
楼脚	Lóujiǎo	农村	广宁县政府驻地东北部
梅仔坑	Méizǎikēng	农村	广宁县政府驻地东北部
牛古塘	Niúgǔtáng	农村	广宁县政府驻地东北部
榕树	Róngshù	农村	广宁县政府驻地东北部
三塘	Sāntáng	农村	广宁县政府驻地东北部
沙塘	Shātáng	农村	广宁县政府驻地东北部
上三塘	Shàngsāntáng	农村	广宁县政府驻地东北部
首崀	Shǒulàng	农村	广宁县政府驻地东北部
杨梅岗	Yángméigǎng	农村	广宁县政府驻地东北部
杨梅塘	Yángméitáng	农村	广宁县政府驻地东北部
寨仔	Zhàizǎi	农村	广宁县政府驻地东北部
长坑尾	Chángkēngwěi	农村	广宁县政府驻地东北部
竹兜塘	Zhúdōutáng	农村	广宁县政府驻地东北部
长坜	Chánglì	农村	广宁县政府驻地东北部
册石	Cèshí	农村	广宁县政府驻地西南部
车下	Chēxià	农村	广宁县政府驻地西南部
大崩	Dàbēng	农村	广宁县政府驻地西南部
大迳	Dàjìng	农村	广宁县政府驻地西南部
旱洼	Hànwā	农村	广宁县政府驻地西南部
合水口	Héshuǐkǒu	农村	广宁县政府驻地西南部
黄羌坑	Huángqiāngkēng	农村	广宁县政府驻地西部
黄竹塘	Huángzhútáng	农村	广宁县政府驻地西南部
黄竹一	Huángzhúyī	农村	广宁县政府驻地西南部
鸡㘵菀	Jīnǎwǎn	农村	广宁县政府驻地西南部
金漏寨	Jīnlòuzhài	农村	广宁县政府驻地西南部
九云岗	Jiǔyúngǎng	农村	广宁县政府驻地西南部
九云三	Jiǔyúnsān	农村	广宁县政府驻地西南部
坑口	Kēngkǒu	农村	广宁县政府驻地西南部
三星	Sānxīng	农村	广宁县政府驻地西南部
上寨	Shàngzhài	农村	广宁县政府驻地西南部

（续上表）

标准名称	汉语拼音	地名类别	相对位置
社君菀	Shèjūnwǎn	农村	广宁县政府驻地西南部
蕃西尾	Tánxīwěi	农村	广宁县政府驻地西南部
洼仔	Wāzǎi	农村	广宁县政府驻地西南部
白土坑	Báitǔkēng	农村	广宁县政府驻地西南部
宝华里	Bǎohuálǐ	农村	广宁县政府驻地西南部
大岭	Dàlǐng	农村	广宁县政府驻地西南部
金族	Jīnzú	农村	广宁县政府驻地西南部
三叉岭	Sānchālǐng	农村	广宁县政府驻地西南部
上寨	Shàngzhài	农村	广宁县政府驻地西南部
乌降	Wūjiàng	农村	广宁县政府驻地西南部
下寨	Xiàzhài	农村	广宁县政府驻地西南部
秧地岗	Yāngdìgǎng	农村	广宁县政府驻地西南部
珠坑峒	Zhūkēngdòng	农村	广宁县政府驻地西南部
珠坑尾	Zhūkēngwěi	农村	广宁县政府驻地西南部
大崀	Dàlàng	农村	广宁县政府驻地西南部
大岭脚	Dàlǐngjiǎo	农村	广宁县政府驻地西南部
吊板尾	Diàobǎnwěi	农村	广宁县政府驻地西南部
芙蓉寨	Fúróngzhài	农村	广宁县政府驻地西南部
高崀柱	Gāolàngzhù	农村	广宁县政府驻地西南部
花竹塘	Huāzhútáng	农村	广宁县政府驻地西南部
降下	Jiàngxià	农村	广宁县政府驻地西南部
连掌村	Liántángcūn	农村	广宁县政府驻地西南部
龙竹坪	Lóngzhúpíng	农村	广宁县政府驻地西南部
木桃	Mùtáo	农村	广宁县政府驻地西南部
三华口	Sānhuákǒu	农村	广宁县政府驻地西南部
三角坑	Sānjiǎokēng	农村	广宁县政府驻地西南部
双乐	Shuānglè	农村	广宁县政府驻地西南部
双学	Shuāngxué	农村	广宁县政府驻地西南部
水马尿	Shuǐmǎniào	农村	广宁县政府驻地西南部
塘坳	Táng'ào	农村	广宁县政府驻地西南部

(续上表)

标准名称	汉语拼音	地名类别	相对位置
卧龙寨	Wòlóngzhài	农村	广宁县政府驻地西南部
下严	Xiàyán	农村	广宁县政府驻地西南部
蚬坑	Xiǎnkēng	农村	广宁县政府驻地西南部
新屋	Xīnwū	农村	广宁县政府驻地西南部
车坪	Chēpíng	农村	广宁县政府驻地西南部
大村	Dàcūn	农村	广宁县政府驻地西南部
德江	Déjiāng	农村	广宁县政府驻地西南部
丰田垌	Fēngtiándòng	农村	广宁县政府驻地西南部
岗咀	Gǎngzuǐ	农村	广宁县政府驻地西南部
红星	Hóngxīng	农村	广宁县政府驻地西南部
江塝	Jiāngbàng	农村	广宁县政府驻地西部
近田寨	Jìntiánzhài	农村	广宁县政府驻地西南部
久富里	Jiǔfùlǐ	农村	广宁县政府驻地西南部
连兴平莫村	Liánxīngpíngmòcūn	农村	广宁县政府驻地西南部
莲子寨	Liánzǐzhài	农村	广宁县政府驻地西南部
梅村	Méicūn	农村	广宁县政府驻地西南部
坪初	Píngchū	农村	广宁县政府驻地西南部
坪吉	Píngjí	农村	广宁县政府驻地西南部
上寨	Shàngzhài	农村	广宁县政府驻地西南部
双八坑	Shuāngbākēng	农村	广宁县政府驻地西南部
蓎棍	Tángùn	农村	广宁县政府驻地西南部
洼蓎	Wātán	农村	广宁县政府驻地西南部
下寨	Xiàzhài	农村	广宁县政府驻地西南部
新寨	Xīnzhài	农村	广宁县政府驻地西南部
叙金坪	Xùjīnpíng	农村	广宁县政府驻地西南部
杨梅坪	Yángméipíng	农村	广宁县政府驻地西南部
长坑	Chángkēng	农村	广宁县政府驻地西南部
白沙垌	Báishādòng	农村	广宁县政府驻地西南部
册田寨	Cètiánzhài	农村	广宁县政府驻地西南部
初二洼	Chū'èrwā	农村	广宁县政府驻地西南部

（续上表）

标准名称	汉语拼音	地名类别	相对位置
初四洼	Chūsìwā	农村	广宁县政府驻地西南部
格坑	Gékēng	农村	广宁县政府驻地西南部
根二	Gēn'èr	农村	广宁县政府驻地西南部
根三	Gēnsān	农村	广宁县政府驻地西南部
根一	Gēnyī	农村	广宁县政府驻地西南部
龙坑口	Lóngkēngkǒu	农村	广宁县政府驻地西南部
罗蚌	Luóbàng	农村	广宁县政府驻地西南部
面先江	Miànxiānjiāng	农村	广宁县政府驻地西南部
南婆咀	Nánpózuǐ	农村	广宁县政府驻地西南部
青田垌	Qīngtiándòng	农村	广宁县政府驻地西南部
三岔	Sānchà	农村	广宁县政府驻地西南部
山河	Shānhé	农村	广宁县政府驻地西南部
上抗崀	Shàngkànglàng	农村	广宁县政府驻地西南部
社村	Shècūn	农村	广宁县政府驻地西南部
白银	Báiyín	农村	广宁县政府驻地西南部
陈屋	Chénwū	农村	广宁县政府驻地西南部
大塘尾	Dàtángwěi	农村	广宁县政府驻地西南部
大田	Dàtián	农村	广宁县政府驻地西南部
大洼二村	Dàwā'èrcūn	农村	广宁县政府驻地西南部
大洼一村	Dàwāyīcūn	农村	广宁县政府驻地西南部
富竹塝	Fùzhúbàng	农村	广宁县政府驻地西南部
九坑	Jiǔkēng	农村	广宁县政府驻地西南部
坑口	Kēngkǒu	农村	广宁县政府驻地西南部
坑尾	Kēngwěi	农村	广宁县政府驻地西南部
孔屋	Kǒngwū	农村	广宁县政府驻地西南部
蓝屋	Lánwū	农村	广宁县政府驻地西南部
力径二	Lìjìng'èr	农村	广宁县政府驻地西南部
力迳一	Lìjìngyī	农村	广宁县政府驻地西南部
力竹	Lìzhú	农村	广宁县政府驻地西南部
留王尾	Liúwángwěi	农村	广宁县政府驻地西南部

(续上表)

标准名称	汉语拼音	地名类别	相对位置
留王寨	Liúwángzhài	农村	广宁县政府驻地西南部
牛秀大塘	Niúxiùdàtáng	农村	广宁县政府驻地西南部
牛秀蓝屋	Niúxiùlánwū	农村	广宁县政府驻地西南部
石七坑	Shíqīkēng	农村	广宁县政府驻地西南部
洼替	Wātán	农村	广宁县政府驻地西南部
围墙下	Wéiqiángxià	农村	广宁县政府驻地西南部
云糯	Yúnnuò	农村	广宁县政府驻地西南部
长角	Chángjiǎo	农村	广宁县政府驻地西南部
长坑	Chángkēng	农村	广宁县政府驻地西南部
油仔侧	Yóuzǎicè	农村	广宁县政府驻地西南处
寨背	Zhàibèi	农村	广宁县政府驻地西南部
长塘	Chángtáng	农村	广宁县政府驻地西南部
圳下	Zhènxià	农村	广宁县政府驻地西南部
童屋	Tóngwū	农村	广宁县政府驻地西南部
新屋	Xīnwū	农村	广宁县政府驻地西南部
竹厂	Zhúchǎng	农村	广宁县政府驻地西南部
坳口村	Àokǒucūn	农村	广宁县政府驻地西部
白元坑	Báiyuánkēng	农村	广宁县政府驻地西南部
仓墩崀	Cāngdūnlàng	农村	广宁县政府驻地西部
车轮坪	Chēlúnpíng	农村	广宁县政府驻地西部
撑篙咀	Chēnggāozuǐ	农村	广宁县政府驻地西部
大坡	Dàpō	农村	广宁县政府驻地西部
大屈	Dàqū	农村	广宁县政府驻地西南部
岗仔头	Gǎngzǎitóu	农村	广宁县政府驻地西南部
高岭	Gāolǐng	农村	广宁县政府驻地西南部
荷木	Hémù	农村	广宁县政府驻地西部
怀集塘	Huáijítáng	农村	广宁县政府驻地西南部
黄坭塘	Huángnítáng	农村	广宁县政府驻地西南部
金婆坑	Jīnpókēng	农村	广宁县政府驻地西部
旧屋塘	Jiùwūtáng	农村	广宁县政府驻地西南部

（续上表）

标准名称	汉语拼音	地名类别	相对位置
崀仔侧	làngzǎicè	农村	广宁县政府驻地西南部
路口	Lùkǒu	农村	广宁县政府驻地西南部
坡塘	Pōtáng	农村	广宁县政府驻地西南部
清石	Qīngshí	农村	广宁县政府驻地西部
山竹	Shānzhú	农村	广宁县政府驻地西部
上南	Shàngnán	农村	广宁县政府驻地西部
圣坑	Shèngkēng	农村	广宁县政府驻地西南部
石桥湾	Shíqiáowān	农村	广宁县政府驻地西部
石仔岗	Shízǎigǎng	农村	广宁县政府驻地西南部
苏黎	Sūlí	农村	广宁县政府驻地西南部
塘仔尾	Tángzǎiwěi	农村	广宁县政府驻地西南部
下南	Xiànán	农村	广宁县政府驻地西南部
小迳咀	Xiǎojìngzuǐ	农村	广宁县政府驻地西南部
姓程寨	Xìngchéngzhài	农村	广宁县政府驻地西南部
步竹冲	Bùzhúchōng	农村	广宁县政府驻地西北部
程屋	Chéngwū	农村	广宁县政府驻地西北部
大石头	Dàshítóu	农村	广宁县政府驻地北部
大洼	Dàwā	农村	广宁县政府驻地西北部
大王	Dàwáng	农村	广宁县政府驻地北部
大竹冲	Dàzhúchōng	农村	广宁县政府驻地西北部
大竹窝口	Dàzhúwōkǒu	农村	广宁县政府驻地西北部
对屋崀	Duìwūlàng	农村	广宁县政府驻地北部
高坑	Gāokēng	农村	广宁县政府驻地西北部
隔岗	Gégǎng	农村	广宁县政府驻地西北部
荷坪	Hépíng	农村	广宁县政府驻地北部
井汶墩	Jǐngwèndūn	农村	广宁县政府驻地北部
黎坑塘	Líkēngtáng	农村	广宁县政府驻地北部
龙江	Lóngjiāng	农村	广宁县政府驻地北部
龙塘	Lóngtáng	农村	广宁县政府驻地北部
龙眼树头	Lóngyǎnshùtóu	农村	广宁县政府驻地西北部

(续上表)

标准名称	汉语拼音	地名类别	相对位置
庙洼	Miàowā	农村	广宁县政府驻地北部
莫二寨	Mò'èrzhài	农村	广宁县政府驻地北部
莫尾	Mòwěi	农村	广宁县政府驻地北部
平湖屶	Pínghúhuì	农村	广宁县政府驻地西北部
山仔侧	Shānzǎicè	农村	广宁县政府驻地北部
石达坑	Shídákēng	农村	广宁县政府驻地西北部
石咀	Shízuǐ	农村	广宁县政府驻地北部
石羊	Shíyáng	农村	广宁县政府驻地西北部
石羊尾	Shíyángwěi	农村	广宁县政府驻地西北部
西崀	Xīlàng	农村	广宁县政府驻地西北部
星平	Xīngpíng	农村	广宁县政府驻地北部
姓杜寨	Xìngdùzhài	农村	广宁县政府驻地西北部
姓李寨	Xìnglǐzhài	农村	广宁县政府驻地西北部
姓梁寨	Xìngliángzhài	农村	广宁县政府驻地西北部
姓谢寨	Xìngxièzhài	农村	广宁县政府驻地西北部
杨梅坑	Yángméikēng	农村	广宁县政府驻地西北部
银坑	Yínkēng	农村	广宁县政府驻地西北部
圳基	Zhènjī	农村	广宁县政府驻地北部
中洞	Zhōngdòng	农村	广宁县政府驻地北部
竹山	Zhúshān	农村	广宁县政府驻地西北部
竹仔屈	Zhúzǎiqū	农村	广宁县政府驻地北部
姓连寨	Xìngliánzhài	农村	广宁县政府驻地西南部
长塘	Chángtáng	农村	广宁县政府驻地西南部
圳下	Zhènxià	农村	广宁县政府驻地西南部
竹寮	Zhúliáo	农村	广宁县政府驻地西南部
白石侧	Báishícè	农村	广宁县政府驻地西部
崩头	Bēngtóu	农村	广宁县政府驻地西北部
大和地	Dàhédì	农村	广宁县政府驻地西北部
大崀岗	Dàlànggǎng	农村	广宁县政府驻地西北部
大竹棵	Dàzhúkē	农村	广宁县政府驻地西北部

（续上表）

标准名称	汉语拼音	地名类别	相对位置
都咀	Dōuzuǐ	农村	广宁县政府驻地西部
都崀	Dōulàng	农村	广宁县政府驻地西部
高崀头	Gāolàngtóu	农村	广宁县政府驻地西部
旧屋村	Jiùwūcūn	农村	广宁县政府驻地西北部
聚和村	Jùhécūn	农村	广宁县政府驻地西部
里吉村	Lǐjícūn	农村	广宁县政府驻地西部
启㟺石	Qǐnǎshí	农村	广宁县政府驻地西部
周坑	Zhōukēng	农村	广宁县政府驻地西北部
周坑咀	Zhōukēngzuǐ	农村	广宁县政府驻地西北部
白坑	Báikēng	农村	广宁县政府驻地西南部
本策	Běncè	农村	广宁县政府驻地西南部
大山咀	Dàshānzuǐ	农村	广宁县政府驻地西南部
端牛	Duānniú	农村	广宁县政府驻地西南部
对崀头	Duìlàngtóu	农村	广宁县政府驻地西南部
江边垌	Jiāngbiāndòng	农村	广宁县政府驻地西南部
江吼	Jiānghǒu	农村	广宁县政府驻地西南部
江头	Jiāngtóu	农村	广宁县政府驻地西南部
坑尾	Kēngwěi	农村	广宁县政府驻地西南部
崀仔	Làngzǎi	农村	广宁县政府驻地西南部
平头沙	Píngtóushā	农村	广宁县政府驻地西南部
新圩	Xīnxū	农村	广宁县政府驻地西南部
姓林寨	Xìnglínzhài	农村	广宁县政府驻地西南部
芋坑	Yùkēng	农村	广宁县政府驻地西南部
庄元村	Zhuāngyuáncūn	农村	广宁县政府驻地西南部
白沙	Báishā	农村	广宁县政府驻地北部
毕碌根村	Bìlùgēncūn	农村	广宁县政府驻地北部
扶楼	Fúlóu	农村	广宁县政府驻地北部
苦竹	Kǔzhú	农村	广宁县政府驻地北部
连坑	Liánkēng	农村	广宁县政府驻地北部
辽尾口	Liáowěikǒu	农村	广宁县政府驻地北部

(续上表)

标准名称	汉语拼音	地名类别	相对位置
六曹	Liùcáo	农村	广宁县政府驻地北部
六角坑	Liùjiǎokēng	农村	广宁县政府驻地北部
平岗洛	Pínggǎngluò	农村	广宁县政府驻地北部
七星坊	Qīxīngfāng	农村	广宁县政府驻地北部
三面崀	Sānmiànlàng	农村	广宁县政府驻地北部
山猪塘	Shānzhūtáng	农村	广宁县政府驻地北部
上坑	Shàngkēng	农村	广宁县政府驻地北部
社洞村	Shèdòngcūn	农村	广宁县政府驻地北部
石墩	Shídūn	农村	广宁县政府驻地北部
新屋	Xīnwū	农村	广宁县政府驻地北部
怡益	Yíyì	农村	广宁县政府驻地北部
永平	Yǒngpíng	农村	广宁县政府驻地北部
寨垅	Zhàilǒng	农村	广宁县政府驻地北部
竹园咀	Zhúyuánzuǐ	农村	广宁县政府驻地北部
追坑	Zhuīkēng	农村	广宁县政府驻地北部
安龙崀	Ānlónglàng	农村	广宁县政府驻地东北部
边崀	Biānlàng	农村	广宁县政府驻地东北部
程屋	Chéngwū	农村	广宁县政府驻地东北部
冲范崀	Chōngfànlàng	农村	广宁县政府驻地东北部
大巷坪	Dàxiàngpíng	农村	广宁县政府驻地东北部
大寨	Dàzhài	农村	广宁县政府驻地东北部
邓屋	Dèngwū	农村	广宁县政府驻地东北部
旱塘	Hàntáng	农村	广宁县政府驻地东北部
黄龙寨	Huánglóngzhài	农村	广宁县政府驻地东北部
坑塘	Kēngtáng	农村	广宁县政府驻地东北部
蓝山村	Lánshāncūn	农村	广宁县政府驻地东北部
崀顶	Làngdǐng	农村	广宁县政府驻地东北部
崀头	Làngtóu	农村	广宁县政府驻地东北部
甾洞	Liúdòng	农村	广宁县政府驻地东北部
梅树崀	Méishùlàng	农村	广宁县政府驻地东北部

（续上表）

标准名称	汉语拼音	地名类别	相对位置
牛迳	Niújìng	农村	广宁县政府驻地东北部
三宿崀	Sānxiǔlàng	农村	广宁县政府驻地东北部
山边坑	Shānbiānkēng	农村	广宁县政府驻地东北部
塘头	Tángtóu	农村	广宁县政府驻地东北部
鸭田	Yātián	农村	广宁县政府驻地东北部
白银塘	Báiyíntáng	农村	广宁县政府驻地东北部
标鸭咀	Biāoyāzuǐ	农村	广宁县政府驻地北部
公凤塘	Gōngfèngtáng	农村	广宁县政府驻地北部
荷木崀	Hémùlàng	农村	广宁县政府驻地北部
厚兴里	Hòuxìnglǐ	农村	广宁县政府驻地北部
径塘	Jìngtáng	农村	广宁县政府驻地北部
庙崀	Miàolàng	农村	广宁县政府驻地北部
平山岗	Píngshāngǎng	农村	广宁县政府驻地东北部
小径塘	Xiǎojìngtáng	农村	广宁县政府驻东北部
早垌	Zǎodòng	农村	广宁县政府驻地东北部
注塘	Zhùtáng	农村	广宁县政府驻地东北部
大坑新	Dàkēngxīn	农村	广宁县政府驻地北部
根竹坑	Gēnzhúkēng	农村	广宁县政府驻地北部
和合塘	Héhétáng	农村	广宁县政府驻地北部
济木崀	Jìmùlàng	农村	广宁县政府驻地北部
金山	Jīnshān	农村	广宁县政府驻地北部
冷婆坑	Lěngpókēng	农村	广宁县政府驻地北部
深源垌	Shēnyuándòng	农村	广宁县政府驻地北部
狮真崀	Shīzhēnlàng	农村	广宁县政府驻地北部
塘口	Tángkǒu	农村	广宁县政府驻地北部
田猫塘	Tiánmāotáng	农村	广宁县政府驻地北部
先锋	Xiānfēng	农村	广宁县政府驻地北部
新屋	Xīnwū	农村	广宁县政府驻地北部
新兴	Xīnxīng	农村	广宁县政府驻地北部
洋仔	Yángzǎi	农村	广宁县政府驻地北部

(续上表)

标准名称	汉语拼音	地名类别	相对位置
祝公	Zhùgōng	农村	广宁县政府驻地北部
白沙坑	Báishākēng	农村	广宁县政府驻地东北部
白石岭脚	Báishílǐngjiǎo	农村	广宁县政府驻地东部
大寨	Dàzhài	农村	广宁县政府驻地东部
高坑	Gāokēng	农村	广宁县政府驻地东部
高崀头	Gāolàngtóu	农村	广宁县政府驻地东部
根竹兊	Gēnzhúhuì	农村	广宁县政府驻地东南部
荷木新村	Hémù Xīncūn	农村	广宁县政府驻地东北部
旧屋坑	Jiùwūkēng	农村	广宁县政府驻地东部
坑尾	Kēngwěi	农村	广宁县政府驻地东南部
老屋脚	Lǎowūjiǎo	农村	广宁县政府驻地东部
六塘	Liùtáng	农村	广宁县政府驻地东部
六屋里	Liùwūlǐ	农村	广宁县政府驻地东部
龙斗尾	Lóngdǒuwěi	农村	广宁县政府驻地东北部
马铁坳	Mǎtiě'ào	农村	广宁县政府驻地东北部
莫坑	Mòkēng	农村	广宁县政府驻地东部
牛牯咀	Niúgǔzuǐ	农村	广宁县政府驻地东南部
欧屋	Ōuwū	农村	广宁县政府驻地东部
清湾	Qīngwān	农村	广宁县政府驻地东南部
邱屋	Qiūwū	农村	广宁县政府驻地东北部
榕树面	Róngshùmiàn	农村	广宁县政府驻地东部
三丫塘	Sānyātáng	农村	广宁县政府驻地东北部
沙份洼	Shāfènwā	农村	广宁县政府驻地东北部
上寨	Shàngzhài	农村	广宁县政府驻地东部
石马	Shímǎ	农村	广宁县政府驻地东部
塘坑	Tángkēng	农村	广宁县政府驻地东部
塘梨村	Tánglícūn	农村	广宁县政府驻地东部
维新崀	Wéixīnlàng	农村	广宁县政府驻地东部
西城	Xīchéng	农村	广宁县政府驻地东部
下崀	Xiàlàng	农村	广宁县政府驻地东部

（续上表）

标准名称	汉语拼音	地名类别	相对位置
下寨	Xiàzhài	农村	广宁县政府驻地东部
新村	Xīncūn	农村	广宁县政府驻地东部
富竹寨	Fùzhúzhài	农村	广宁县政府驻地东北部
新屋	Xīnwū	农村	广宁县政府驻地东部
羊寮	Yángliáo	农村	广宁县政府驻地东部
长安	Cháng'ān	农村	广宁县政府驻地东南部
白须塘	Báixūtáng	农村	广宁县政府驻地东南部
榜洞	Bǎngdòng	农村	广宁县政府驻地东南部
大崀	Dàlàng	农村	广宁县政府驻地东南部
带下垌	Dàixiàdòng	农村	广宁县政府驻地东南部
荷坑	Hékēng	农村	广宁县政府驻地东南部
黄坪	Huángpíng	农村	广宁县政府驻地东南部
金泽	Jīnzé	农村	广宁县政府驻地南部
九子	Jiǔzǐ	农村	广宁县政府驻地南部
坑尾	Kēngwěi	农村	广宁县政府驻地南部
坑洲	Kēngzhōu	农村	广宁县政府驻地东南部
里仁村	Lǐréncūn	农村	广宁县政府驻地东南部
良田寨	Liángtiánzhài	农村	广宁县政府驻地东南部
鲁塘尾	Lǔtángwěi	农村	广宁县政府驻地东南部
南山	Nánshān	农村	广宁县政府驻地东南部
欧坑	Ōukēng	农村	广宁县政府驻地南部
泮里	Pànlǐ	农村	广宁县政府驻地东南部
仁厚寨	Rénhòuzhài	农村	广宁县政府驻地东南部
上荣山	Shàngróngshān	农村	广宁县政府驻地东南部
上寨	Shàngzhài	农村	广宁县政府驻地东南部
石圳	Shízhèn	农村	广宁县政府驻地东南部
桃子崀	Táozǐlàng	农村	广宁县政府驻地东南部
下寨	Xiàzhài	农村	广宁县政府驻地东南部
长岗	Chánggǎng	农村	广宁县政府驻地南部
坳口	Àokǒu	农村	广宁县政府驻地西南部

(续上表)

标准名称	汉语拼音	地名类别	相对位置
大石头	Dàshítóu	农村	广宁县政府驻地南部
广宁碧桂园	Guǎngníng Bìguìyuán	农村	广宁县政府驻地西部
江咀	Jiāngzuǐ	农村	广宁县政府驻地南部
龙咀	Lóngzuǐ	农村	广宁县政府驻地西南部
屈山	Qūshān	农村	广宁县政府驻地西南部
上垌头	Shàngdòngtóu	农村	广宁县政府驻地南部
石坳	Shí'ào	农村	广宁县政府驻地南部
石塘口	Shítángkǒu	农村	广宁县政府驻地西南部
下垌头	Xiàdòngtóu	农村	广宁县政府驻地南部
巷口村	Xiàngkǒucūn	农村	广宁县政府驻地南部
冲范任	Chōngfànrèn	农村	广宁县政府驻地西南部
大洲村	Dàzhōucūn	农村	广宁县政府驻地西南部
对屋坳	Duìwū'ào	农村	广宁县政府驻地西南部
凤塘	Fēngtáng	农村	广宁县政府驻地西南部
扶赖	Fúlài	农村	广宁县政府驻地西南部
扶赖新屋村	Fúlàixīnwūcūn	农村	广宁县政府驻地西南部
旧村崀	Jiùcūnlàng	农村	广宁县政府驻地西南部
龙塘村	Lóngtángcūn	农村	广宁县政府驻地西南部
楼岗村	Lóugǎngcūn	农村	广宁县政府驻地西南部
梅龙新屋村	Méilóngxīnwūcūn	农村	广宁县政府驻地东南部
梅双坪	Méishuāngpíng	农村	广宁县政府驻地西南部
社岗头	Shègǎngtóu	农村	广宁县政府驻地西南部
姓梁寨	Xìngliángzhài	农村	广宁县政府驻地西南部
八田	Bātián	农村	广宁县政府驻地东北部
大岗围	Dàgǎngwéi	农村	广宁县政府驻地东北部
大坑山	Dàkēngshān	农村	广宁县政府驻地东北部
对屋崀	Duìwūlàng	农村	广宁县政府驻地东北部
多石崀	Duōshílàng	农村	广宁县政府驻地东北部
凤林坊	Fènglínfāng	农村	广宁县政府驻地东北部
佛塘村	Fótángcūn	农村	广宁县政府驻地东北部

（续上表）

标准名称	汉语拼音	地名类别	相对位置
高岭	Gāolǐng	农村	广宁县政府驻地东北部
旧屋脚	Jiùwūjiǎo	农村	广宁县政府驻地东北部
军坪坳	Jūnpíng'ào	农村	广宁县政府驻地东北部
荔州	Lìzhōu	农村	广宁县政府驻地东北部
龙湾洼	Lóngwānwā	农村	广宁县政府驻地东北部
潘家庄	Pānjiāzhuāng	农村	广宁县政府驻地东北部
山仔尾	Shānzǎiwěi	农村	广宁县政府驻地东北部
松木塘	Sōngmùtáng	农村	广宁县政府驻地东北部
松山尾	Sōngshānwěi	农村	广宁县政府驻地东北部
铁炉嘴	Tiělúzuǐ	农村	广宁县政府驻地东北部
宛水塘	Wǎnshuǐtáng	农村	广宁县政府驻地东北部
杨屋	Yángwū	农村	广宁县政府驻地东北部
油榨岗	Yóuzhàgǎng	农村	广宁县政府驻地东北部
园江洞	Yuánjiāngdòng	农村	广宁县政府驻地东北部
园江洞新村	Yuánjiāngdòng Xīncūn	农村	广宁县政府驻地东北部
高寨	Gāozhài	农村	广宁县政府驻地东北部
周屋	Zhōuwū	农村	广宁县政府驻地东北部
竹寨	Zhúzhài	农村	广宁县政府驻地东北部
崩洼	Bēngwā	农村	广宁县政府驻地东北部
侧塘	Cètáng	农村	广宁县政府驻地东北部
大梨塘	Dàlítáng	农村	广宁县政府驻地东北部
凤迳	Fēngjìng	农村	广宁县政府驻地东北部
高坪	Gāopíng	农村	广宁县政府驻地东北部
坑仔口	Kēngzǎikǒu	农村	广宁县政府驻地东北部
崀塘寨	Làngtángzhài	农村	广宁县政府驻地东北部
里洞坑	Lǐdòngkēng	农村	广宁县政府驻地东北部
连山塘	Liánshāntáng	农村	广宁县政府驻地东北部
六京咀	Liùjīngzuǐ	农村	广宁县政府驻地东北部
社山	Shèshān	农村	广宁县政府驻地东北部
深塘	Shēntáng	农村	广宁县政府驻地东北部

(续上表)

标准名称	汉语拼音	地名类别	相对位置
塘角	Tángjiǎo	农村	广宁县政府驻地东北部
乌石洞	Wūshídòng	农村	广宁县政府驻地东北部
西溪塘	Xīxītáng	农村	广宁县政府驻地东部
贵林寨	Guìlínzhài	农村	广宁县政府驻地东北部
河南	Hénán	农村	广宁县政府驻地东北部
京溪	Jīngxī	农村	广宁县政府驻地东部
迳心村	Jìngxīncūn	农村	广宁县政府驻地东部
黎屋	Líwū	农村	广宁县政府驻地东北部
门楼	Ménlóu	农村	广宁县政府驻地东北部
南山	Nánshān	农村	广宁县政府驻地东北部
彭屋	Péngwū	农村	广宁县政府驻地东北部
赛洞	Sàidòng	农村	广宁县政府驻地东部
水声寨	Shuǐshēngzhài	农村	广宁县政府驻地东北部
塘面	Tángmiàn	农村	广宁县政府驻地东部
新屋	Xīnwū	农村	广宁县政府驻地东部
新兴村	Xīnxīngcūn	农村	广宁县政府驻地东北部
中树	Zhōngshù	农村	广宁县政府驻地东部
大教尾	Dàjiàowěi	农村	广宁县政府驻地东北部
大里村	Dàlǐcūn	农村	广宁县政府驻地东北部
黄盆	Huángpén	农村	广宁县政府驻地东北部
梅山坑	Méishānkēng	农村	广宁县政府驻地东北部
牛尿塘	Niúniàotáng	农村	广宁县政府驻地东北部
牛尿塘口	Niúniàotángkǒu	农村	广宁县政府驻地东北部
社坑口	Shèkēngkǒu	农村	广宁县政府驻地东北部
社田	Shètián	农村	广宁县政府驻地东北部
圣公塘	Shènggōngtáng	农村	广宁县政府驻地东北部
新桥村	Xīnqiáocūn	农村	广宁县政府驻地东北部
新桥头	Xīnqiáotóu	农村	广宁县政府驻地东北部
富竹坑	Fùzhúkēng	农村	广宁县政府驻地南部
岗仔头	Gǎngzǎitóu	农村	广宁县政府驻地南部

（续上表）

标准名称	汉语拼音	地名类别	相对位置
官步	Guānbù	农村	广宁县政府驻地西南部
径口	Jìngkǒu	农村	广宁县政府驻地西南部
聚垌新村	Jùdòng Xīncūn	农村	广宁县政府驻地西南部
聚洞塘	Jùdòngtáng	农村	广宁县政府驻地南部
龙咀	Lóngzuǐ	农村	广宁县政府驻地西南部
麻布崀	Mábùlàng	农村	广宁县政府驻地西南部
社坪	Shèpíng	农村	广宁县政府驻地西南部
呈仔坑	Chéngzǎikēng	农村	广宁县政府驻地东北部
大崀	Dàlàng	农村	广宁县政府驻地东南部
东兴村	Dōngxīngcūn	农村	广宁县政府驻地东北部
佛仔公	Fózǎigōng	农村	广宁县政府驻地东北部
苟车	Gǒuchē	农村	广宁县政府驻地东北部
官厅屈	Guāntīngqū	农村	广宁县政府驻地东北部
合记	Héjì	农村	广宁县政府驻地东北部
江美坪	Jiāngměipíng	农村	广宁县政府驻地东北部
迳尾	Jìngwěi	农村	广宁县政府驻地东北部
坑仔	Kēngzǎi	农村	广宁县政府驻地东北部
罗崀	Luólàng	农村	广宁县政府驻地东北部
水古坑	Shuǐgǔkēng	农村	广宁县政府驻地东北部
谭布崀	Tánbùlàng	农村	广宁县政府驻地东北部
新兴	Xīnxīng	农村	广宁县政府驻地东北部
白麻凼	Báimádàng	农村	广宁县政府驻地东南部
白石	Báishí	农村	广宁县政府驻地东南部
北坑带	Běikēngdài	农村	广宁县政府驻地东南部
陈塘	Chéntáng	农村	广宁县政府驻地东南部
陈田	Chéntián	农村	广宁县政府驻地东南部
赤鸪崀	Chìgūlàng	农村	广宁县政府驻地东南部
格岭	Gélǐng	农村	广宁县政府驻地东南部
龟吊口	Guīdiàokǒu	农村	广宁县政府驻地东南部
龟吊尾	Guīdiàowěi	农村	广宁县政府驻地东南部

(续上表)

标准名称	汉语拼音	地名类别	相对位置
旧屋坑	Jiùwūkēng	农村	广宁县政府驻地东南部
坑尾	Kēngwěi	农村	广宁县政府驻地东南部
李竹崀	Lǐzhúlàng	农村	广宁县政府驻地东南部
龙尾	Lóngwěi	农村	广宁县政府驻地东南部
鲁候塘	Lǔhòutáng	农村	广宁县政府驻地东南部
路下头	Lùxiàtóu	农村	广宁县政府驻地东南部
欧寨	Ōuzhài	农村	广宁县政府驻地东南部
培垌	Péidòng	农村	广宁县政府驻地东南部
圣坑	Shèngkēng	农村	广宁县政府驻地东南部
松木垌	Sōngmùdòng	农村	广宁县政府驻地东南部
虾屈	Xiāqū	农村	广宁县政府驻地东南部
下径	Xiàjìng	农村	广宁县政府驻地东南部
银坑	Yínkēng	农村	广宁县政府驻地东南部
中坪	Zhōngpíng	农村	广宁县政府驻地东南部
带下	Dàixià	农村	广宁县政府驻地东南部
到坑	Dàokēng	农村	广宁县政府驻地东南部
都坑	Dōukēng	农村	广宁县政府驻地东南部
付竹二村	Fùzhú'èrcūn	农村	广宁县政府驻地东南部
付竹坑一村	Fùzhúkēngyīcūn	农村	广宁县政府驻地东南部
根竹脚	Gēnzhújiǎo	农村	广宁县政府驻地东南部
坑边洞	Kēngbiāndòng	农村	广宁县政府驻地东南部
三梅坑	Sānméikēng	农村	广宁县政府驻地东南部
三梅坑新村	Sānméikēng Xīncūn	农村	广宁县政府驻地东南部
上陈洞	Shàngchéndòng	农村	广宁县政府驻地东南部
上迳二村	Shàngjìng'èrcūn	农村	广宁县政府驻地东南部
石咀	Shízuǐ	农村	广宁县政府驻地东南部
下陈洞	Xiàchéndòng	农村	广宁县政府驻地东南部
下迳	Xiàjìng	农村	广宁县政府驻地东南部
下迳一村	Xiàjìngyīcūn	农村	广宁县政府驻地东南部
香粉厂	Xiāngfěnchǎng	农村	广宁县政府驻地东南部

（续上表）

标准名称	汉语拼音	地名类别	相对位置
油茶岗	Yóuchágǎng	农村	广宁县政府驻地东南部
油仔坪	Yóuzǎipíng	农村	广宁县政府驻地东南部
自坑二村	Zìkēng'èrcūn	农村	广宁县政府驻地东南部
自坑三村	Zìkēngsāncūn	农村	广宁县政府驻地东南部
自坑一村	Zìkēngyīcūn	农村	广宁县政府驻地东南部
仓前崀	Cāngqiánlàng	农村	广宁县政府驻地东南部
东坑口	Dōngkēngkǒu	农村	广宁县政府驻地东南部
对面	Duìmiàn	农村	广宁县政府驻地东南部
贵仔石	Guìzǎishí	农村	广宁县政府驻地东南部
连步	Liánbù	农村	广宁县政府驻地东南部
连步口	Liánbùkǒu	农村	广宁县政府驻地东南部
磨刀坑	Módāokēng	农村	广宁县政府驻地东南部
南坑	Nánkēng	农村	广宁县政府驻地东南部
三面坑	Sānmiànkēng	农村	广宁县政府驻地东南部
沙心崀新村	Shāxīnlàng Xīncūn	农村	广宁县政府驻地东南部
山塘	Shāntáng	农村	广宁县政府驻地东南部
上垌坪	Shàngdòngpíng	农村	广宁县政府驻地东南部
乌石坑	Wūshíkēng	农村	广宁县政府驻地东南部
新华	Xīnhuá	农村	广宁县政府驻地东南部
大崀	Dàlàng	农村	广宁县政府驻地东南部
点竹	Diǎnzhú	农村	广宁县政府驻地东南部
岗咀	Gǎngzuǐ	农村	广宁县政府驻地东南部
罗坑口	Luókēngkǒu	农村	广宁县政府驻地东南部
罗坑尾	Luókēngwěi	农村	广宁县政府驻地东南部
上九	Shàngjiǔ	农村	广宁县政府驻地东南部
石连塘	Shíliántáng	农村	广宁县政府驻地东南部
双排	Shuāngpái	农村	广宁县政府驻地东南部
土地岗	Tǔdìgǎng	农村	广宁县政府驻地东南部
下九	Xiàjiǔ	农村	广宁县政府驻地东南部
尧鲁坪新村	Yáolǔpíng Xīncūn	农村	广宁县政府驻地东南部

（续上表）

标准名称	汉语拼音	地名类别	相对位置
白眉坑	Báiméikēng	农村	广宁县政府驻地东南部
白石洞	Báishídòng	农村	广宁县政府驻地东南部
大锅尾	Dàguōwěi	农村	广宁县政府驻地东南部
墩仔	Dūnzǎi	农村	广宁县政府驻地东南部
岗头	Gǎngtóu	农村	广宁县政府驻地东南部
迳口	Jìngkǒu	农村	广宁县政府驻地东南部
坑口	Kēngkǒu	农村	广宁县政府驻地东南部
坑尾	Kēngwěi	农村	广宁县政府驻地东南部
崀脚	Làngjiǎo	农村	广宁县政府驻地东南部
马坑	Mǎkēng	农村	广宁县政府驻地东南部
木顿	Mùdùn	农村	广宁县政府驻地东南部
书房下	Shūfángxià	农村	广宁县政府驻地东南部
塾槐	Shúhuái	农村	广宁县政府驻地东南部
四斗寨	Sìdǒuzhài	农村	广宁县政府驻地东南部
苏坪	Sūpíng	农村	广宁县政府驻地东南部
田心	Tiánxīn	农村	广宁县政府驻地东南部
铜罗垌	Tóngluódòng	农村	广宁县政府驻地东南部
王崀	Wánglàng	农村	广宁县政府驻地东南部
新屋	Xīnwū	农村	广宁县政府驻地东南部
新寨	Xīnzhài	农村	广宁县政府驻地东南部
羊古塝	Yánggǔbàng	农村	广宁县政府驻地东南部
一坑	Yīkēng	农村	广宁县政府驻地东南部
竹仔径	Zhúzǎijìng	农村	广宁县政府驻地东南部
白芒	Báimáng	农村	广宁县政府驻地东南部
崩岗头	Bēnggǎngtóu	农村	广宁县政府驻地东南部
曾屋	Zēngwū	农村	广宁县政府驻地东南部
大塝	Dàbàng	农村	广宁县政府驻地东南部
大头崀	Dàtóulàng	农村	广宁县政府驻地东南部
格桥	Géqiáo	农村	广宁县政府驻地东南部
圭塘坑	Guītángkēng	农村	广宁县政府驻地东南部

（续上表）

标准名称	汉语拼音	地名类别	相对位置
坑口	Kēngkǒu	农村	广宁县政府驻地东南部
坑内	Kēngnèi	农村	广宁县政府驻地东南部
力菜	Lìcài	农村	广宁县政府驻地东南部
廖宅	Liàozhái	农村	广宁县政府驻地东南部
茅中	Máozhōng	农村	广宁县政府驻地东南部
莫坑	Mòkēng	农村	广宁县政府驻地东南部
桑田	Sāngtián	农村	广宁县政府驻地东南部
上崀	Shànglàng	农村	广宁县政府驻地东南部
仙仔口	Xiānzǎikǒu	农村	广宁县政府驻地东南部
新屋	Xīnwū	农村	广宁县政府驻地东南部
月坪	Yuèpíng	农村	广宁县政府驻地东南部
洲界	Zhōujiè	农村	广宁县政府驻地东南部
陈坪	Chénpíng	农村	广宁县政府驻地东南部
大岗口	Dàgǎngkǒu	农村	广宁县政府驻地东南部
格坑	Gékēng	农村	广宁县政府驻地东南部
迳仔	Jìngzǎi	农村	广宁县政府驻地东南部
罗村	Luócūn	农村	广宁县政府驻地东南部
庙迳	Miàojìng	农村	广宁县政府驻地东南部
欧村	Ōucūn	农村	广宁县政府驻地东南部
齐贤堂	Qíxiántáng	农村	广宁县政府驻地东南部
秋风崀	Qiūfēnglàng	农村	广宁县政府驻地东南部
山塘	Shāntáng	农村	广宁县政府驻地东南部
塘仔尾	Tángzǎiwěi	农村	广宁县政府驻地东南部
王京屈	Wángjīngqū	农村	广宁县政府驻地东南部
旺坑村	Wàngkēngcūn	农村	广宁县政府驻地东南部
吴村	Wúcūn	农村	广宁县政府驻地东南部
姓林寨	Xìnglínzhài	农村	广宁县政府驻地东南部
早禾塘	Zǎohétáng	农村	广宁县政府驻地东南部
张村	Zhāngcūn	农村	广宁县政府驻地东南部
钟村	Zhōngcūn	农村	广宁县政府驻地东南部

（续上表）

标准名称	汉语拼音	地名类别	相对位置
大崀	Dàlàng	农村	广宁县政府驻地东南部
大王下	Dàwángxià	农村	广宁县政府驻地东南部
担田	Dāntián	农村	广宁县政府驻地东南部
高碑	Gāobēi	农村	广宁县政府驻地东南部
黄坭坳	Huángní'ào	农村	广宁县政府驻地东南部
锦兴里	Jǐnxīnglǐ	农村	广宁县政府驻地东南部
上白	Shàngbái	农村	广宁县政府驻地东南部
上木萧村	Shàngmùxiāocūn	农村	广宁县政府驻地东南部
田寮	Tiánliáo	农村	广宁县政府驻地东南部
下白	Xiàbái	农村	广宁县政府驻地东南部
下木梁村	Xiàmùliángcūn	农村	广宁县政府驻地东南部
先生塘	Xiānshēngtáng	农村	广宁县政府驻地东南部
新廖坑	Xīnliàokēng	农村	广宁县政府驻地东南部
严崀	Yánlàng	农村	广宁县政府驻地东南部
油树崀	Yóushùlàng	农村	广宁县政府驻地东南部
鱼仔跳	Yúzǎitiào	农村	广宁县政府驻地东南部
白芒坑	Báimángkēng	农村	广宁县政府驻地东南部
白石山	Báishíshān	农村	广宁县政府驻地东南部
白田	Báitián	农村	广宁县政府驻地东南部
宝珠	Bǎozhū	农村	广宁县政府驻地东南部
崩崀	Bēnglàng	农村	广宁县政府驻地东南部
菜园	Càiyuán	农村	广宁县政府驻地东南部
册石垌	Cèshídòng	农村	广宁县政府驻地东南部
大岗崀	Dàgǎnglàng	农村	广宁县政府驻地东南部
大坑	Dàkēng	农村	广宁县政府驻地东南部
大崀	Dàlàng	农村	广宁县政府驻地东南部
吊水坑	Diàoshuǐkēng	农村	广宁县政府驻地东南部
东安	Dōng'ān	农村	广宁县政府驻地东南部
禾钗崀	Héchāilàng	农村	广宁县政府驻地东南部
黄盆崀	Huángpénlàng	农村	广宁县政府驻地东南部

（续上表）

标准名称	汉语拼音	地名类别	相对位置
黄屈	Huángqū	农村	广宁县政府驻地东南部
旧寨	Jiùzhài	农村	广宁县政府驻地东南部
榄树塘	Lǎnshùtáng	农村	广宁县政府驻地东南部
龙湾坑	Lóngwānkēng	农村	广宁县政府驻地东南部
马坑崀	Mǎkēnglàng	农村	广宁县政府驻地东南部
茅岗	Máogǎng	农村	广宁县政府驻地东南部
木公坑	Mùgōngkēng	农村	广宁县政府驻地东南部
聂坑口	Nièkēngkǒu	农村	广宁县政府驻地东南部
坪山	Píngshān	农村	广宁县政府驻地东南部
屈仔	Qūzǎi	农村	广宁县政府驻地东南部
上塘尾	Shàngtángwěi	农村	广宁县政府驻地东南部
拾沸崀	Shífèilàng	农村	广宁县政府驻地东南部
塘头	Tángtóu	农村	广宁县政府驻地东南部
塘尾	Tángwěi	农村	广宁县政府驻地东南部
塘下	Tángxià	农村	广宁县政府驻地东南部
天窝塘	Tiānwōtáng	农村	广宁县政府驻地东南部
旺姜	Wàngjiāng	农村	广宁县政府驻地东南部
乌石尾	Wūshíwěi	农村	广宁县政府驻地东南部
西龙	Xīlóng	农村	广宁县政府驻地东南部
下孖	Xiàmā	农村	广宁县政府驻地东南部
新屋	Xīnwū	农村	广宁县政府驻地东南部
新屋寨	Xīnwūzhài	农村	广宁县政府驻地东南部
新兴寨	Xīnxīngzhài	农村	广宁县政府驻地东南部
新寨	Xīnzhài	农村	广宁县政府驻地东南部
学堂崀	Xuétánglàng	农村	广宁县政府驻地东南部
印塘	Yìntáng	农村	广宁县政府驻地东南部
足崀	Zúlàng	农村	广宁县政府驻地东南部
蚌溪	Bàngxī	农村	广宁县政府驻地东南部
大崀	Dàlàng	农村	广宁县政府驻地东南部
大洼崀	Dàwālàng	农村	广宁县政府驻地东南部

(续上表)

标准名称	汉语拼音	地名类别	相对位置
带头岭	Dàitóulǐng	农村	广宁县政府驻地东南部
东管坑	Dōngguǎnkēng	农村	广宁县政府驻地东南部
风坑	Fēngkēng	农村	广宁县政府驻地东南部
佛堂	Fótáng	农村	广宁县政府驻地东南部
高坪崀	Gāopínglàng	农村	广宁县政府驻地东南部
旱塘	Hàntáng	农村	广宁县政府驻地东南部
禾坳崀	Hé'àolàng	农村	广宁县政府驻地东南部
活册崀	Huócèlàng	农村	广宁县政府驻地东南部
金八岗	Jīnbāgǎng	农村	广宁县政府驻地东南部
军崀	Jūnlàng	农村	广宁县政府驻地东南部
坑口	Kēngkǒu	农村	广宁县政府驻地东南部
坑仔山	Kēngzǎishān	农村	广宁县政府驻地东南部
盆八	Pénbā	农村	广宁县政府驻地东南部
上八	Shàngbā	农村	广宁县政府驻地东南部
石苟岭	Shígǒulǐng	农村	广宁县政府驻地东南部
石鸡头	Shíjītóu	农村	广宁县政府驻地东南部
塘仔坑	Tángzǎikēng	农村	广宁县政府驻地东南部
田坳	Tián'ào	农村	广宁县政府驻地东南部
田心洞	Tiánxīndòng	农村	广宁县政府驻地东南部
瓦厂	Wǎchǎng	农村	广宁县政府驻地东南部
旺马头	Wàngmǎtóu	农村	广宁县政府驻地东南部
西坑	Xīkēng	农村	广宁县政府驻地东南部
西坑新村	Xīkēng Xīncūn	农村	广宁县政府驻地东南部
下八	Xiàbā	农村	广宁县政府驻地东南部
下坑口	Xiàkēngkǒu	农村	广宁县政府驻地东南部
新田	Xīntián	农村	广宁县政府驻地东南部
杨梅尾	Yángméiwěi	农村	广宁县政府驻地东南部
白云前	Báiyúnqián	农村	广宁县政府驻地东南部
半山	Bànshān	农村	广宁县政府驻地东南部
碑尾	Bēiwěi	农村	广宁县政府驻地东南部

（续上表）

标准名称	汉语拼音	地名类别	相对位置
曾村	Céngcūn	农村	广宁县政府驻地东南部
大壁	Dàbì	农村	广宁县政府驻地东南部
大沙角	Dàshājiǎo	农村	广宁县政府驻地东南部
倒装口	Dǎozhuāngkǒu	农村	广宁县政府驻地东南部
丁村	Dīngcūn	农村	广宁县政府驻地东南部
丰崀	Fēnglàng	农村	广宁县政府驻地东南部
福溪里	Fúxīlǐ	农村	广宁县政府驻地东南部
岗头	Gǎngtóu	农村	广宁县政府驻地东南部
根竹垌	Gēnzhúdòng	农村	广宁县政府驻地东南部
狗头崀	Gǒutóulàng	农村	广宁县政府驻地东南部
黄岗塝	Huánggǎngbàng	农村	广宁县政府驻地东南部
坑口	Kēngkǒu	农村	广宁县政府驻地东南部
蓝山	Lánshān	农村	广宁县政府驻地东南部
林崀	Línlàng	农村	广宁县政府驻地东南部
马坑顶	Mǎkēngdǐng	农村	广宁县政府驻地东南部
庙带	Miàodài	农村	广宁县政府驻地东南部
欧村	Ōucūn	农村	广宁县政府驻地东南部
三步水	Sānbùshuǐ	农村	广宁县政府驻地东南部
石带下	Shídàixià	农村	广宁县政府驻地东南部
石田	Shítián	农村	广宁县政府驻地东南部
寺坑	Sìkēng	农村	广宁县政府驻地东南部
下白云前	Xiàbáiyúnqián	农村	广宁县政府驻地东南部
新屋	Xīnwū	农村	广宁县政府驻地东南部
鱼屈	Yúqū	农村	广宁县政府驻地东南部
芋坑	Yùkēng	农村	广宁县政府驻地东南部
长调	Chángdiào	农村	广宁县政府驻地东南部
紫荆坑	Zǐjīngkēng	农村	广宁县政府驻地东南部
塝路下	Bànglùxià	农村	广宁县政府驻地东南部
村坑	Cūnkēng	农村	广宁县政府驻地东南部
大岗	Dàgǎng	农村	广宁县政府驻地东南部

（续上表）

标准名称	汉语拼音	地名类别	相对位置
大石下	Dàshíxià	农村	广宁县政府驻地东南部
氹下	Dàngxià	农村	广宁县政府驻地东南部
淮阳村	Huáiyángcūn	农村	广宁县政府驻地东南部
蓝寮	Lánliáo	农村	广宁县政府驻地东南部
洛阳	Luòyáng	农村	广宁县政府驻地东南部
石律	Shílǜ	农村	广宁县政府驻地东南部
桃花	Táohuā	农村	广宁县政府驻地东南部
桃花尾	Táohuāwěi	农村	广宁县政府驻地东南部
田崀	Tiánlàng	农村	广宁县政府驻地东南部
周赖	Zhōulài	农村	广宁县政府驻地东南部
竹兜脚	Zhúdōujiǎo	农村	广宁县政府驻地东南部
新屋	Xīnwū	农村	广宁县政府驻地东南部
竹寨	Zhúzhài	农村	广宁县政府驻地东南部
竹脚塝	Zhújiǎobàng	农村	广宁县政府驻地东南部
洞尾	Dòngwěi	农村	广宁县政府驻地西北部
古便	Gǔbiàn	农村	广宁县政府驻地西北部
黄牛塝	Huángniúbàng	农村	广宁县政府驻地西北部
君坑	Jūnkēng	农村	广宁县政府驻地西北部
留径口	Liújìngkǒu	农村	广宁县政府驻地西北部
南木仓	Nánmùcāng	农村	广宁县政府驻地西北部
平车	Píngchē	农村	广宁县政府驻地西北部
社洞	Shèdòng	农村	广宁县政府驻地西北部
屋头坑	Wūtóukēng	农村	广宁县政府驻地西北部
杨力寨	Yánglìzhài	农村	广宁县政府驻地西北部
蚁坑	Yǐkēng	农村	广宁县政府驻地西北部
自堂	Zìtáng	农村	广宁县政府驻地西北部
古赖	Gǔlài	农村	广宁县政府驻地西北部
降坑	Jiàngkēng	农村	广宁县政府驻地西北部
坑洲村	Kēngzhōucūn	农村	广宁县政府驻地西北部
浪寨	Làngzhài	农村	广宁县政府驻地西北部

（续上表）

标准名称	汉语拼音	地名类别	相对位置
历下	Lìxià	农村	广宁县政府驻地西北部
六脉	Liùmò	农村	广宁县政府驻地西北部
南源坑	Nányuánkēng	农村	广宁县政府驻地西北部
新屋	Xīnwū	农村	广宁县政府驻地西北部
岳坑	Yuèkēng	农村	广宁县政府驻地西北部
白坑口	Báikēngkǒu	农村	广宁县政府驻地西部
沉君	Chénjūn	农村	广宁县政府驻地西部
赤犁根	Chìlígēn	农村	广宁县政府驻地西部
单源坑	Dānyuánkēng	农村	广宁县政府驻地西部
单源坑尾	Dānyuánkēngwěi	农村	广宁县政府驻地西部
佛堂咀	Fótángzuǐ	农村	广宁县政府驻地西部
径口	Jìngkǒu	农村	广宁县政府驻地西北部
堪下寨	Kānxiàzhài	农村	广宁县政府驻地西北部
坑仔口	Kēngzǎikǒu	农村	广宁县政府驻地西部
罗塘	Luótáng	农村	广宁县政府驻地西部
罗塘尾	Luótángwěi	农村	广宁县政府驻地西北部
棉田垌	Miántiándòng	农村	广宁县政府驻地西部
南条	Nántiáo	农村	广宁县政府驻地西部
稍崀	Shāolàng	农村	广宁县政府驻地西部
邵田	Shàotián	农村	广宁县政府驻地西部
社山	Shèshān	农村	广宁县政府驻地西部
塘仔坳	Tángzǎi'ào	农村	广宁县政府驻地西部
乌石	Wūshí	农村	广宁县政府驻地西部
裔康	Yìkāng	农村	广宁县政府驻地西北部
半山格	Bànshāngé	农村	广宁县政府驻地西部
播世	Bōshì	农村	广宁县政府驻地西南部
沉建	Chénjiàn	农村	广宁县政府驻地西南部
沉信洞	Chénxìndòng	农村	广宁县政府驻地西南部
大陂头	Dàbēitóu	农村	广宁县政府驻地西南部
灯心塘	Dēngxīntáng	农村	广宁县政府驻地西南部

(续上表)

标准名称	汉语拼音	地名类别	相对位置
高屋	Gāowū	农村	广宁县政府驻地西南部
根竹山	Gēnzhúshān	农村	广宁县政府驻地西南部
黄塘	Huángtáng	农村	广宁县政府驻地西南部
降白	Jiàngbái	农村	广宁县政府驻地西南部
礼村	Lǐcūn	农村	广宁县政府驻地西南部
南翻	Nánfān	农村	广宁县政府驻地西北部
南架坑	Nánjiàkēng	农村	广宁县政府驻地西部
聂坑	Nièkēng	农村	广宁县政府驻地西南部
盘古塘	Pángǔtáng	农村	广宁县政府驻地西南部
坪沙	Píngshā	农村	广宁县政府驻地西北部
上独梅	Shàngdúméi	农村	广宁县政府驻地西南部
圣塘屈	Shèngtángqū	农村	广宁县政府驻地西南部
下独梅	Xiàdúméi	农村	广宁县政府驻地西北部
印塘	Yìntáng	农村	广宁县政府驻地西部
大江	Dàjiāng	农村	广宁县政府驻地西南部
大崀	Dàlàng	农村	广宁县政府驻地西南部
岗头	Gǎngtóu	农村	广宁县政府驻地西南部
黄羌边村	Huángqiāngbiāncūn	农村	广宁县政府驻地西南部
来策村	Láicècūn	农村	广宁县政府驻地西南部
来龙村	Láilóngcūn	农村	广宁县政府驻地西南部
梅田	Méitián	农村	广宁县政府驻地西南部
南边	Nánbiān	农村	广宁县政府驻地西南部
绍信村	Shàoxìncūn	农村	广宁县政府驻地西南部
石磴	Shídèng	农村	广宁县政府驻地西南部
石狗	Shígǒu	农村	广宁县政府驻地西南部
塘坳	Táng'ào	农村	广宁县政府驻地西南部
兴江	Xīngjiāng	农村	广宁县政府驻地西南部
造坑	Zàokēng	农村	广宁县政府驻地西南部
竹寨	Zhúzhài	农村	广宁县政府驻地西南部
白洲崀	Báizhōulàng	农村	广宁县政府驻地西南部

（续上表）

标准名称	汉语拼音	地名类别	相对位置
大崀头	Dàlàngtóu	农村	广宁县政府驻地西南部
大水坑	Dàshuǐkēng	农村	广宁县政府驻地西南部
大塘	Dàtáng	农村	广宁县政府驻地西南部
高岭	Gāolǐng	农村	广宁县政府驻地西南部
旧屋坑	Jiùwūkēng	农村	广宁县政府驻地西南部
崀凼	Làngdàng	农村	广宁县政府驻地西南部
平坑	Píngkēng	农村	广宁县政府驻地西南部
平头岗	Píngtóugǎng	农村	广宁县政府驻地西南部
上源	Shàngyuán	农村	广宁县政府驻地西南部
社坑	Shèkēng	农村	广宁县政府驻地西南部
塘仔面	Tángzǎimiàn	农村	广宁县政府驻地西南部
天乌	Tiānwū	农村	广宁县政府驻地西南部
田头公	Tiántóugōng	农村	广宁县政府驻地西南部
下源	Xiàyuán	农村	广宁县政府驻地西南部
茶园江	Cháyuánjiāng	农村	广宁县政府驻地西南部
大田平	Dàtiánpíng	农村	广宁县政府驻地西南部
高排	Gāopái	农村	广宁县政府驻地西南部
江布	Jiāngbù	农村	广宁县政府驻地西南部
江咀	Jiāngzuǐ	农村	广宁县政府驻地西南部
蕉坑村	Jiāokēngcūn	农村	广宁县政府驻地西南部
良村	Liángcūn	农村	广宁县政府驻地西南部
廖屋	Liàowū	农村	广宁县政府驻地西南部
路洞	Lùdòng	农村	广宁县政府驻地西南部
马布	Mǎbù	农村	广宁县政府驻地西南部
麦家村	Màijiācūn	农村	广宁县政府驻地西南部
石滑	Shíhuá	农村	广宁县政府驻地西南部
石仁坑	Shírénkēng	农村	广宁县政府驻地西南部
寺侧	Sìcè	农村	广宁县政府驻地西南部
塘迳	Tángjìng	农村	广宁县政府驻地西南部
旺塘坳	Wàngtáng'ào	农村	广宁县政府驻地西南部

（续上表）

标准名称	汉语拼音	地名类别	相对位置
勿祖坑	Wùzǔkēng	农村	广宁县政府驻地西南部
雪坳村	Xuě'àocūn	农村	广宁县政府驻地西南部
尧步头村	Yáobùtóucūn	农村	广宁县政府驻地西南部
宝甲村	Bǎojiǎcūn	农村	广宁县政府驻地西南部
陈屋	Chénwū	农村	广宁县政府驻地西南部
大山口	Dàshānkǒu	农村	广宁县政府驻地西南部
高崀	Gāolàng	农村	广宁县政府驻地西南部
公塘村	Gōngtángcūn	农村	广宁县政府驻地西南部
湖垌村	Húdòngcūn	农村	广宁县政府驻地西南部
湖泗垌	Húsìdòng	农村	广宁县政府驻地西南部
黄氹	Huángdàng	农村	广宁县政府驻地西南部
黄崀	Huánglàng	农村	广宁县政府驻地西南部
黄竹丫	Huángzhúyā	农村	广宁县政府驻地西南部
江头村	Jiāngtóucūn	农村	广宁县政府驻地西南部
旧屋地	Jiùwūdì	农村	广宁县政府驻地西南部
梨园村	Líyuáncūn	农村	广宁县政府驻地西南部
理塘村	Lǐtángcūn	农村	广宁县政府驻地西南部
马侧村	Mǎcècūn	农村	广宁县政府驻地西南部
梅仔村	Méizǎicūn	农村	广宁县政府驻地西南部
上坪	Shàngpíng	农村	广宁县政府驻地西南部
上头	Shàngtóu	农村	广宁县政府驻地西南部
石苟村	Shígǒucūn	农村	广宁县政府驻地西南部
铁炉崀	Tiělúlàng	农村	广宁县政府驻地西南部
新屋村	Xīnwūcūn	农村	广宁县政府驻地西南部
学校侧	Xuéxiàocè	农村	广宁县政府驻地西南部
丫定垌	Yādìngdòng	农村	广宁县政府驻地西南部
袁屋	Yuánwū	农村	广宁县政府驻地西南部
祝巷村	Zhùxiàngcūn	农村	广宁县政府驻地西南部
大坪崀	Dàpínglàng	农村	广宁县政府驻地西南部
大塘坑	Dàtángkēng	农村	广宁县政府驻地西南部

（续上表）

标准名称	汉语拼音	地名类别	相对位置
高洞	Gāodòng	农村	广宁县政府驻地西南部
麻坑	Mákēng	农村	广宁县政府驻地西南部
秋风崀	Qiūfēnglàng	农村	广宁县政府驻地西南部
榕树崀	Róngshùlàng	农村	广宁县政府驻地西南部
水尾	Shuǐwěi	农村	广宁县政府驻地西南部
桃坑	Táokēng	农村	广宁县政府驻地西南部
谢屋	Xièwū	农村	广宁县政府驻地西南部
鸳歌崀	Yuāngēlàng	农村	广宁县政府驻地西南部
园垌	Yuándòng	农村	广宁县政府驻地东南部
园江	Yuánjiāng	农村	广宁县政府驻地西南部
兆头	Zhàotóu	农村	广宁县政府驻地西南部
竹坪	Zhúpíng	农村	广宁县政府驻地西南部
陈田	Chéntián	农村	广宁县政府驻地西南部
寸坳	Cùn'ào	农村	广宁县政府驻地西南部
丰崀	Fēnglàng	农村	广宁县政府驻地西南部
马江	Mǎjiāng	农村	广宁县政府驻地西南部
梅村	Méicūn	农村	广宁县政府驻地西南部
下吟	Xiàyín	农村	广宁县政府驻地西南部
小吟	Xiǎoyín	农村	广宁县政府驻地西南部
造克	Zàokè	农村	广宁县政府驻地西南部
长调	Chángdiào	农村	广宁县政府驻地西南部
坳仔	Àozǎi	农村	广宁县政府驻地西南部
白黎屈	Báilíqū	农村	广宁县政府驻地西南部
村带	Cūndài	农村	广宁县政府驻地西南部
大坑垌	Dàkēngdòng	农村	广宁县政府驻地西南部
敢洞	Gǎndòng	农村	广宁县政府驻地西南部
桂塘	Guìtáng	农村	广宁县政府驻地西南部
黄坭塘	Huángnítáng	农村	广宁县政府驻地西南部
九牛洲	Jiǔniúzhōu	农村	广宁县政府驻地西南部
旧寨	Jiùzhài	农村	广宁县政府驻地西南部

（续上表）

标准名称	汉语拼音	地名类别	相对位置
林坑	Línkēng	农村	广宁县政府驻地西南部
庙崀	Miàolàng	农村	广宁县政府驻地西南部
庙洼	Miàowā	农村	广宁县政府驻地西南部
上坑	Shàngkēng	农村	广宁县政府驻地西南部
石基	Shíjī	农村	广宁县政府驻地西南部
塘下	Tángxià	农村	广宁县政府驻地西南部
田心坑	Tiánxīnkēng	农村	广宁县政府驻地西南部
新屋	Xīnwū	农村	广宁县政府驻地西南部
新寨	Xīnzhài	农村	广宁县政府驻地西南部
竹脚坑	Zhújiǎokēng	农村	广宁县政府驻地西北部
宜洞坑	Yídòngkēng	农村	广宁县政府驻地南部
永兴里	Yǒngxīnglǐ	农村	广宁县政府驻地东北部
水碓仔	Shuǐduìzǎi	农村	广宁县政府驻地东北部
滨岗下	Bīngǎngxià	农村	广宁县政府驻地东北部
马古屯	Mǎgǔtún	农村	广宁县政府驻地东北部
福庆里	Fúqìnglǐ	农村	广宁县政府驻地东北部
水碓坑	Shuǐduìkēng	农村	广宁县政府驻地东北部
苏木塘	Sūmùtáng	农村	广宁县政府驻地东北部
企山坑	Qǐshānkēng	农村	广宁县政府驻地东北部
东安里	Dōng'ānlǐ	农村	广宁县政府驻地东北部
福厚	Fúhòu	农村	广宁县政府驻地东北部
坭城	Níchéng	农村	广宁县政府驻地东北部
坦岗	Tǎngǎng	农村	广宁县政府驻地东北部
同文宅	Tóngwénzhái	农村	广宁县政府驻地东北部
大塘	Dàtáng	农村	广宁县政府驻地东北部
奇龙洼	Qílóngwā	农村	广宁县政府驻地东北部
清水坑	Qīngshuǐkēng	农村	广宁县政府驻地东北部
松阳岗	Sōngyánggǎng	农村	广宁县政府驻地东北部
柴山	Cháishān	农村	广宁县政府驻地东北部
对岗	Duìgǎng	农村	广宁县政府驻地东北部

（续上表）

标准名称	汉语拼音	地名类别	相对位置
乌石	Wūshí	农村	广宁县政府驻地东北部
新屋	Xīnwū	农村	广宁县政府驻地东北部
大寨	Dàzhài	农村	广宁县政府驻地东北部
楼屋	Lóuwū	农村	广宁县政府驻地东北部
永德	Yǒngdé	农村	广宁县政府驻地东北部
南厂	Nánchǎng	农村	广宁县政府驻地东北部
大宅	Dàzhái	农村	广宁县政府驻地东北部
屋屈	Wūqū	农村	广宁县政府驻地东北部
佛子塘	Fózǐtáng	农村	广宁县政府驻地东北部
大洲	Dàzhōu	农村	广宁县政府驻地东北部
新屋	Xīnwū	农村	广宁县政府驻地东北部
谢屋	Xièwū	农村	广宁县政府驻地东北部
谢仙	Xièxiān	农村	广宁县政府驻地东北部
湾仔	Wānzǎi	农村	广宁县政府驻地东北部
宋屋	Sòngwū	农村	广宁县政府驻地东北部
大塘	Dàtáng	农村	广宁县政府驻地东北部
企岗营	Qǐgǎngyíng	农村	广宁县政府驻地东北部
万安里	Wàn'ānlǐ	农村	广宁县政府驻地东北部
天堂径	Tiāntángjìng	农村	广宁县政府驻地东北部
围杆脚	Wéigǎnjiǎo	农村	广宁县政府驻地东北部
企岗坑	Qǐgǎngkēng	农村	广宁县政府驻地东北部
乌石坑	Wūshíkēng	农村	广宁县政府驻地东北部
松树咀	Sōngshùzuǐ	农村	广宁县政府驻地东北部
五宅	Wǔzhái	农村	广宁县政府驻地东北部
黄竹塘	Huángzhútáng	农村	广宁县政府驻地东北部
乌坑	Wūkēng	农村	广宁县政府驻地东北部
赤珠岗	Chìzhūgǎng	农村	广宁县政府驻地东北部
下岭	Xiàlǐng	农村	广宁县政府驻地东北部
高桥头	Gāoqiáotóu	农村	广宁县政府驻地东北部
牛揾	Niúwěn	农村	广宁县政府驻地东北部

（续上表）

标准名称	汉语拼音	地名类别	相对位置
西坑	Xīkēng	农村	广宁县政府驻地东北部
车下	Chēxià	农村	广宁县政府驻地东北部
余庆	Yúqìng	农村	广宁县政府驻地东北部
敏和	Mǐnhé	农村	广宁县政府驻地东北部
红卫	Hóngwèi	农村	广宁县政府驻地东北部
邓屋	Dèngwū	农村	广宁县政府驻地东北部
崀头岗	Làngtóugǎng	农村	广宁县政府驻地东北部
横岗里	Hénggǎnglǐ	农村	广宁县政府驻地东北部
楼仔	Lóuzǎi	农村	广宁县政府驻地东北部
铺背	Pùbèi	农村	广宁县政府驻地东北部
里仁	Lǐrén	农村	广宁县政府驻地东北部
龙田村	Lóngtiáncūn	农村	广宁县政府驻地东北部
上坑	Shàngkēng	农村	广宁县政府驻地东北部
侧文	Cèwén	农村	广宁县政府驻地东北部
车心	Chēxīn	农村	广宁县政府驻地东北部
大村	Dàcūn	农村	广宁县政府驻地东北部
塘角	Tángjiǎo	农村	广宁县政府驻地东北部
崀头	Làngtóu	农村	广宁县政府驻地东北部
旧圩	Jiùxū	农村	广宁县政府驻地东北部
山边	Shānbiān	农村	广宁县政府驻地东北部
中心坑	Zhōngxīnkēng	农村	广宁县政府驻地东北部
冷水	Lěngshuǐ	农村	广宁县政府驻地东北部
大坪	Dàpíng	农村	广宁县政府驻地东北部
长刀坑	Chángdāokēng	农村	广宁县政府驻地东北部
飞鹅	Fēi'é	农村	广宁县政府驻地东北部
带下塘	Dàixiàtáng	农村	广宁县政府驻地东北部
下白石	Xiàbáishí	农村	广宁县政府驻地东北部
上白石	Shàngbáishí	农村	广宁县政府驻地东北部
带仔坑	Dàizǎikēng	农村	广宁县政府驻地东北部
旧寨村	Jiùzhàicūn	农村	广宁县政府驻地东北部

（续上表）

标准名称	汉语拼音	地名类别	相对位置
新寨村	Xīnzhàicūn	农村	广宁县政府驻地东北部
石佳坑	Shíjiākēng	农村	广宁县政府驻地东北部
杉湾	Shānwān	农村	广宁县政府驻地东北部
横坑	Héngkēng	农村	广宁县政府驻地东北部
黄竹峡	Huángzhúxiá	农村	广宁县政府驻地东北部
林屋	Línwū	农村	广宁县政府驻地东北部
横坑口	Héngkēngkǒu	农村	广宁县政府驻地东北部
竹老尾	Zhúlǎowěi	农村	广宁县政府驻地东北部
川上	Chuānshàng	农村	广宁县政府驻地东北部
勇草坑	Yǒngcǎokēng	农村	广宁县政府驻地东北部
石仔芴	Shízǎihuì	农村	广宁县政府驻地东北部
伯公坑	Bógōngkēng	农村	广宁县政府驻地东北部
新华村	Xīnhuácūn	农村	广宁县政府驻地东北部
新兴村	Xīnxīngcūn	农村	广宁县政府驻地东北部
永新村	Yǒngxīncūn	农村	广宁县政府驻地东北部
瓦灶二	Wǎzào'èr	农村	广宁县政府驻地东北部
瓦灶口	Wǎzàokǒu	农村	广宁县政府驻地东北部
永庆	Yǒngqìng	农村	广宁县政府驻地东北部
仁太	Réntài	农村	广宁县政府驻地东北部
国光一	Guóguāngyī	农村	广宁县政府驻地东北部
国光二	Guóguāng'èr	农村	广宁县政府驻地东北部
后迳一	Hòujìngyī	农村	广宁县政府驻地东北部
后迳二	Hòujìng'èr	农村	广宁县政府驻地东北部
大坪	Dàpíng	农村	广宁县政府驻地东北部
大坪	Dàpíng	农村	广宁县政府驻地东北部
仁安	Rén'ān	农村	广宁县政府驻地东北部
仁美	Rénměi	农村	广宁县政府驻地东北部
黄茅坪	Huángmáopíng	农村	广宁县政府驻地东北部
余庆里	Yúqìnglǐ	农村	广宁县政府驻地东北部
三元里	Sānyuánlǐ	农村	广宁县政府驻地东北部

(续上表)

标准名称	汉语拼音	地名类别	相对位置
格岗寨	Gégǎngzhài	农村	广宁县政府驻地东北部
下竹落	Xiàzhúluò	农村	广宁县政府驻地东北部
坎下	Kǎnxià	农村	广宁县政府驻地东北部
风饭坪	Fēngfànpíng	农村	广宁县政府驻地东北部
马安坳	Mǎ'ān'ào	农村	广宁县政府驻地东北部
马竹崀	Mǎzhúlàng	农村	广宁县政府驻地东北部
崀头墩	Làngtóudūn	农村	广宁县政府驻地东北部
长滩	Zhǎngtān	农村	广宁县政府驻地东北部
三和	Sānhé	农村	广宁县政府驻地东北部
雷公崀	Léigōnglàng	农村	广宁县政府驻地东北部
小崩岗口	Xiǎobēnggǎngkǒu	农村	广宁县政府驻地东北部
大寨	Dàzhài	农村	广宁县政府驻地东北部
坑尾	Kēngwěi	农村	广宁县政府驻地东北部
坑旱	Kēnghàn	农村	广宁县政府驻地东北部
六村	Liùcūn	农村	广宁县政府驻地东北部
深坑	Shēnkēng	农村	广宁县政府驻地东北部
金狗	Jīngǒu	农村	广宁县政府驻地东北部
牛温	Niúwēn	农村	广宁县政府驻地东北部
金龙村	Jīnlóngcūn	农村	广宁县政府驻地东北部
裕光里	Yùguānglǐ	农村	广宁县政府驻地东北部
丰田坑	Fēngtiánkēng	农村	广宁县政府驻地东北部
浸米尾	Jìnmǐwěi	农村	广宁县政府驻地东北部
丹竹坑	Dānzhúkēng	农村	广宁县政府驻地东北部
浸米咀	Jìnmǐzuǐ	农村	广宁县政府驻地东北部
大份田	Dàfèntián	农村	广宁县政府驻地东北部
福庆里	Fúqìnglǐ	农村	广宁县政府驻地东北部
桃排龙	Táopáilóng	农村	广宁县政府驻地东北部
恒益	Héngyì	农村	广宁县政府驻地东北部
福祥里	Fúxiánglǐ	农村	广宁县政府驻地东北部
石咀	Shízuǐ	农村	广宁县政府驻地东北部

（续上表）

标准名称	汉语拼音	地名类别	相对位置
大塘坳	Dàtáng'ào	农村	广宁县政府驻地东北部
车田	Chētián	农村	广宁县政府驻地东北部
罗屋	Luówū	农村	广宁县政府驻地东北部
田崀	Tiánlàng	农村	广宁县政府驻地东北部
廖屋	Liàowū	农村	广宁县政府驻地东北部
元兴	Yuánxīng	农村	广宁县政府驻地东北部
五福里	Wǔfúlǐ	农村	广宁县政府驻地东北部
和厚里	Héhòulǐ	农村	广宁县政府驻地东北部
福寿里	Fúshòulǐ	农村	广宁县政府驻地东北部
下屋	Xiàwū	农村	广宁县政府驻地东北部
长利	Chánglì	农村	广宁县政府驻地东北部
仁寿里	Rénshòulǐ	农村	广宁县政府驻地东北部
广合里	Guǎnghélǐ	农村	广宁县政府驻地东北部
下凼	Xiàdàng	农村	广宁县政府驻地东北部
福兴里	Fúxīnglǐ	农村	广宁县政府驻地东北部
南木坪	Nánmùpíng	农村	广宁县政府驻地东北部
石楼	Shílóu	农村	广宁县政府驻地东北部
江瓦村	Jiāngwǎcūn	农村	广宁县政府驻地东北部
岗咀	Gǎngzuǐ	农村	广宁县政府驻地东北部
矮迳	Ǎijìng	农村	广宁县政府驻地东北部
元岗	Yuángǎng	农村	广宁县政府驻地东北部
石屋	Shíwū	农村	广宁县政府驻地东北部
河份	Héfèn	农村	广宁县政府驻地东北部
井汶	Jǐngwèn	农村	广宁县政府驻地东北部
坳头咀	Àotóuzuǐ	农村	广宁县政府驻地东北部
锣鼓坑	Luógǔkēng	农村	广宁县政府驻地东北部
莲塘	Liántáng	农村	广宁县政府驻地东北部
石苟岗	Shígǒugǎng	农村	广宁县政府驻地东北部
石窝	Shíwō	农村	广宁县政府驻地东北部
径口	Jìngkǒu	农村	广宁县政府驻地东北部

(续上表)

标准名称	汉语拼音	地名类别	相对位置
新屋寨	Xīnwūzhài	农村	广宁县政府驻地东北部
坳背	Àobèi	农村	广宁县政府驻地东北部
下乌坂	Xiàwūbǎn	农村	广宁县政府驻地东北部
上乌坂	Shàngwūbǎn	农村	广宁县政府驻地东北部
同福村	Tóngfúcūn	农村	广宁县政府驻地东北部
翔南	Xiángnán	农村	广宁县政府驻地东北部
南厂	Nánchǎng	农村	广宁县政府驻地东北部
余良田	Yúliángtián	农村	广宁县政府驻地东北部
浸米孔	Jìnmǐkǒng	农村	广宁县政府驻地东北部
狗恋岗	Gǒuliàngǎng	农村	广宁县政府驻地东北部
大峡	Dàxiá	农村	广宁县政府驻地东北部
新屋	Xīnwū	农村	广宁县政府驻地东北部
旧屋	Jiùwū	农村	广宁县政府驻地东北部
坪坑寨	Píngkēngzhài	农村	广宁县政府驻地东北部
山坪	Shānpíng	农村	广宁县政府驻地东北部
旧屋坑	Jiùwūkēng	农村	广宁县政府驻地东北部
深坑	Shēnkēng	农村	广宁县政府驻地东北部
学树	Xuéshù	农村	广宁县政府驻地东北部
山柑坪	Shāngānpíng	农村	广宁县政府驻地北部
狗失村	Gǒushīcūn	农村	广宁县政府驻地东部
禾地村	Hédìcūn	农村	广宁县政府驻地东部
山朱村	Shānzhūcūn	农村	广宁县政府驻地东部
大洼村	Dàwācūn	农村	广宁县政府驻地东部
千义村	Qiānyìcūn	农村	广宁县政府驻地东部
磨刀	Módāo	农村	广宁县政府驻地东部
山口	Shānkǒu	农村	广宁县政府驻地东部
合坑村	Hékēngcūn	农村	广宁县政府驻地东部
付船村	Fùchuáncūn	农村	广宁县政府驻地东部
和平村	Hépíngcūn	农村	广宁县政府驻地东部
五一	Wǔyī	农村	广宁县政府驻地西部

（续上表）

标准名称	汉语拼音	地名类别	相对位置
群前塝	Qúnqiánbàng	农村	广宁县政府驻地西部
茶虑岗	Chálǜgǎng	农村	广宁县政府驻地西部
茶虑坑口	Chálǜkēngkǒu	农村	广宁县政府驻地西部
坡头	Pōtóu	农村	广宁县政府驻地西部
沙田	Shātián	农村	广宁县政府驻地西部
富船村	Fùchuáncūn	农村	广宁县政府驻地西部
社坪	Shèpíng	农村	广宁县政府驻地西部
洲仔岗	Zhōuzǎigǎng	农村	广宁县政府驻地西部
屋坑	Wūkēng	农村	广宁县政府驻地西部
新寨	Xīnzhài	农村	广宁县政府驻地西部
黄竹村	Huángzhúcūn	农村	广宁县政府驻地东部
黎碧	Líbì	农村	广宁县政府驻地东部
岗塝	Gǎngbàng	农村	广宁县政府驻地东部
马口湾	Mǎkǒuwān	农村	广宁县政府驻地东部
才对崀	Cáiduìlàng	农村	广宁县政府驻地东部
丁坑崀	Dīngkēnglàng	农村	广宁县政府驻地东部
新寨	Xīnzhài	农村	广宁县政府驻地东部
旧寨	Jiùzhài	农村	广宁县政府驻地东部
松油坪	Sōngyóupíng	农村	广宁县政府驻地东部
大洲	Dàzhōu	农村	广宁县政府驻地东部
大洼	Dàwā	农村	广宁县政府驻地东部
鸡屙	Jīqū	农村	广宁县政府驻地东部
金仔石	Jīnzǎishí	农村	广宁县政府驻地东部
元湾	Yuánwān	农村	广宁县政府驻地东部
屋地田	Wūdìtián	农村	广宁县政府驻地东部
下汕崀	Xiàshànlàng	农村	广宁县政府驻地东部
贺田	Hètián	农村	广宁县政府驻地东部
积庆	Jīqìng	农村	广宁县政府驻地东部
利更	Lìgèng	农村	广宁县政府驻地东部
大寨	Dàzhài	农村	广宁县政府驻地东部

(续上表)

标准名称	汉语拼音	地名类别	相对位置
黄梅田	Huángméitián	农村	广宁县政府驻地东部
坑仔	Kēngzǎi	农村	广宁县政府驻地东部
长崀	Zhǎnglàng	农村	广宁县政府驻地东部
高寨	Gāozhài	农村	广宁县政府驻地东部
观音洼	Guānyīnwā	农村	广宁县政府驻地东部
崩坑尾	Bēngkēngwěi	农村	广宁县政府驻地东部
浦竹崀	Pǔzhúlàng	农村	广宁县政府驻地东部
两利洼	Liǎnglìwā	农村	广宁县政府驻地东部
旺垌口	Wàngdòngkǒu	农村	广宁县政府驻地东部
黄田村	Huángtiáncūn	农村	广宁县政府驻地东部
占岗坪	Zhàngǎngpíng	农村	广宁县政府驻地东部
邦粥	Bāngbì	农村	广宁县政府驻地东部
木瓜	Mùguā	农村	广宁县政府驻地东部
扶落口	Fúluòkǒu	农村	广宁县政府驻地东部
乌珉	Wūmín	农村	广宁县政府驻地东部
门楼	Ménlóu	农村	广宁县政府驻地东部
下河	Xiàhé	农村	广宁县政府驻地东部
崩坑	Bēngkēng	农村	广宁县政府驻地东部
谷围	Gǔwéi	农村	广宁县政府驻地东部
福兴里	Fúxìnglǐ	农村	广宁县政府驻地东部
乌石岗	Wūshígǎng	农村	广宁县政府驻地东部
坑仔背	Kēngzǎibèi	农村	广宁县政府驻地东部
庙崀	Miàolàng	农村	广宁县政府驻地东部
凤竹坪	Fēngzhúpíng	农村	广宁县政府驻地东部
积厚里	Jīhòulǐ	农村	广宁县政府驻地东部
马罗	Mǎluó	农村	广宁县政府驻地东部
下腊	Xiàlà	农村	广宁县政府驻地东部
园氹	Yuándàng	农村	广宁县政府驻地东部
对洼	Duìwā	农村	广宁县政府驻地东部
利洼	Lìwā	农村	广宁县政府驻地东部

（续上表）

标准名称	汉语拼音	地名类别	相对位置
龙田	Lóngtián	农村	广宁县政府驻地东部
良坑	Liángkēng	农村	广宁县政府驻地东部
木龙	Mùlóng	农村	广宁县政府驻地东部
西坑	Xīkēng	农村	广宁县政府驻地东部
新村	Xīncūn	农村	广宁县政府驻地东部
小坪	Xiǎopíng	农村	广宁县政府驻地东部
滩心崀	Tānxīnlàng	农村	广宁县政府驻地东部
肇咀	Zhàozuǐ	农村	广宁县政府驻地东部
旧屋	Jiùwū	农村	广宁县政府驻地东部
坑口	Kēngkǒu	农村	广宁县政府驻地东部
同古口	Tónggǔkǒu	农村	广宁县政府驻地东部
新屋	Xīnwū	农村	广宁县政府驻地东部
江头坪	Jiāngtóupíng	农村	广宁县政府驻地东部
接山坪	Jiēshānpíng	农村	广宁县政府驻地东部
职公	Zhígōng	农村	广宁县政府驻地东部
横石口	Héngshíkǒu	农村	广宁县政府驻地东部
圳口	Zhènkǒu	农村	广宁县政府驻地东部
茶元	Cháyuán	农村	广宁县政府驻地东部
大口岗	Dàkǒugǎng	农村	广宁县政府驻地东部
过水步	Guòshuǐbù	农村	广宁县政府驻地东部
白浪	Báilàng	农村	广宁县政府驻地东部
坳背	Àobèi	农村	广宁县政府驻地东部
大崀	Dàlàng	农村	广宁县政府驻地东部
崀头	Làngtóu	农村	广宁县政府驻地东部
长春	Zhǎngchūn	农村	广宁县政府驻地东部
老禾坑	Lǎohékēng	农村	广宁县政府驻地东部
老禾	Lǎohé	农村	广宁县政府驻地东部
小油	Xiǎoyóu	农村	广宁县政府驻地东部
上昔	Shàngxī	农村	广宁县政府驻地东部
下昔	Xiàxī	农村	广宁县政府驻地东部

(续上表)

标准名称	汉语拼音	地名类别	相对位置
珠旧	Zhūjiù	农村	广宁县政府驻地东部
淑沙	Shūshā	农村	广宁县政府驻地东部
更仔	Gèngzǎi	农村	广宁县政府驻地东部
屈担	Qūdān	农村	广宁县政府驻地东部
麻蕉	Májiāo	农村	广宁县政府驻地东部
槎高	Chágāo	农村	广宁县政府驻地东部
金炉	Jīnlú	农村	广宁县政府驻地东部
土地塘	Tǔdìtáng	农村	广宁县政府驻地东部
大坡	Dàpō	农村	广宁县政府驻地东部
大汕	Dàshàn	农村	广宁县政府驻地东部
奕龙	Yìlóng	农村	广宁县政府驻地东部
松木	Sōngmù	农村	广宁县政府驻地东部
庙背坪	Miàobèipíng	农村	广宁县政府驻地东部
石额	Shí'é	农村	广宁县政府驻地东部
糯米坪	Nuòmǐpíng	农村	广宁县政府驻地东部
塔坑	Tǎkēng	农村	广宁县政府驻地东部
寨坳	Zhài'ào	农村	广宁县政府驻地东部
兜涌	Dōuyǒng	农村	广宁县政府驻地东部
铁砧	Tiězhēn	农村	广宁县政府驻地东部
蓝坑	Lánkēng	农村	广宁县政府驻地北部
云雾塘	Yúnwùtáng	农村	广宁县政府驻地北部
烟仔崀	Yānzǎilàng	农村	广宁县政府驻地北部
富竹	Fùzhú	农村	广宁县政府驻地北部
上坪	Shàngpíng	农村	广宁县政府驻地北部
崀仔塝	Làngzǎibàng	农村	广宁县政府驻地北部
连石	Liánshí	农村	广宁县政府驻地北部
新厂	Xīnchǎng	农村	广宁县政府驻地北部
旺甘	Wànggān	农村	广宁县政府驻地北部
新屋	Xīnwū	农村	广宁县政府驻地北部
高石带	Gāoshídài	农村	广宁县政府驻地北部

（续上表）

标准名称	汉语拼音	地名类别	相对位置
罗木洞	Luómùdòng	农村	广宁县政府驻地北部
塘栏	Tánglán	农村	广宁县政府驻地北部
小旺甘	Xiǎowànggān	农村	广宁县政府驻地北部
田寮	Tiánliáo	农村	广宁县政府驻地北部
高寨	Gāozhài	农村	广宁县政府驻地北部
大屯岗	Dàtúngǎng	农村	广宁县政府驻地东部
铜鼓坟	Tónggǔfén	农村	广宁县政府驻地东部
岭脚	Lǐngjiǎo	农村	广宁县政府驻地东部
大崀	Dàlàng	农村	广宁县政府驻地东部
罗红根	Luóhónggēn	农村	广宁县政府驻地东部
旧村	Jiùcūn	农村	广宁县政府驻地东部
石垅	Shílǒng	农村	广宁县政府驻地东部
三达	Sāndá	农村	广宁县政府驻地东部
坳背	Àobèi	农村	广宁县政府驻地东部
竹高崀	Zhúgāolàng	农村	广宁县政府驻地东部
瓦屋	Wǎwū	农村	广宁县政府驻地东部
莲花岗	Liánhuāgǎng	农村	广宁县政府驻地东部
长江	Chángjiāng	农村	广宁县政府驻地东部
稔仔岗	Rěnzǎigǎng	农村	广宁县政府驻地东部
云山里	Yúnshānlǐ	农村	广宁县政府驻地东部
大坪	Dàpíng	农村	广宁县政府驻地东部
桐油坪	Tóngyóupíng	农村	广宁县政府驻地东部
三合村	Sānhécūn	农村	广宁县政府驻地东部
花山	Huāshān	农村	广宁县政府驻地东部
田崀	Tiánlàng	农村	广宁县政府驻地东部
深圳	Shēnzhèn	农村	广宁县政府驻地东部
洲仔村	Zhōuzǎicūn	农村	广宁县政府驻地西部
高坪	Gāopíng	农村	广宁县政府驻地东部
禾婆	Hépó	农村	广宁县政府驻地西北部
社坑崀	Shèkēnglàng	农村	广宁县政府驻地西北部

（续上表）

标准名称	汉语拼音	地名类别	相对位置
小坑	Xiǎokēng	农村	广宁县政府驻地西北部
根竹	Gēnzhú	农村	广宁县政府驻地西北部
正兴	Zhèngxīng	农村	广宁县政府驻地西北部
杉仔塝	Shānzǎibàng	农村	广宁县政府驻地西北部
石杰	Shíjié	农村	广宁县政府驻地西北部
邵村崀	Shàocūnlàng	农村	广宁县政府驻地西北部
南吉	Nánjí	农村	广宁县政府驻地西北部
西厅	Xītīng	农村	广宁县政府驻地西北部
婆坑	Pókēng	农村	广宁县政府驻地西北部
羊梅	Yángméi	农村	广宁县政府驻地西北部
大田头	Dàtiántóu	农村	广宁县政府驻地西北部
泮垌	Bàndòng	农村	广宁县政府驻地西北部
山塘	Shāntáng	农村	广宁县政府驻地西北部
崀头	Làngtóu	农村	广宁县政府驻地西北部
带下	Dàixià	农村	广宁县政府驻地西北部
崀腰	Làngyāo	农村	广宁县政府驻地西北部
金竹脚	Jīnzhújiǎo	农村	广宁县政府驻地西北部
门楼垌	Ménlóudòng	农村	广宁县政府驻地西北部
带角	Dàijiǎo	农村	广宁县政府驻地西北部
上巷村	Shàngxiàngcūn	农村	广宁县政府驻地西北部
下巷村	Xiàxiàngcūn	农村	广宁县政府驻地西北部
方坪	Fāngpíng	农村	广宁县政府驻地西北部
大浪寨	Dàlàngzhài	农村	广宁县政府驻地西北部
中心	Zhōngxīn	农村	广宁县政府驻地西北部
兴江	Xīngjiāng	农村	广宁县政府驻地西北部
佛脚	Fójiǎo	农村	广宁县政府驻地西北部
中洲	Zhōngzhōu	农村	广宁县政府驻地西北部
平岗	Pínggǎng	农村	广宁县政府驻地西北部
江头坪	Jiāngtóupíng	农村	广宁县政府驻地西北部
根竹	Gēnzhú	农村	广宁县政府驻地西北部

（续上表）

标准名称	汉语拼音	地名类别	相对位置
石寨	Shízhài	农村	广宁县政府驻地西北部
上牛岭	Shàngniúlǐng	农村	广宁县政府驻地西北部
下牛岭	Xiàniúlǐng	农村	广宁县政府驻地西北部
黄洞	Huángdòng	农村	广宁县政府驻地西北部
井坑	Jǐngkēng	农村	广宁县政府驻地西北部
田尾洞	Tiánwěidòng	农村	广宁县政府驻地西北部
大分坪	Dàfènpíng	农村	广宁县政府驻地西北部
尖江	Jiānjiāng	农村	广宁县政府驻地西北部
石岗脚	Shígǎngjiǎo	农村	广宁县政府驻地西北部
刘屋	Liúwū	农村	广宁县政府驻地西北部
鱼翁	Yúwēng	农村	广宁县政府驻地西北部
合坑	Hékēng	农村	广宁县政府驻地西北部
塘角	Tángjiǎo	农村	广宁县政府驻地西北部
塘坳	Táng'ào	农村	广宁县政府驻地西北部
新塘	Xīntáng	农村	广宁县政府驻地西北部
大平口	Dàpíngkǒu	农村	广宁县政府驻地西北部
岗头	Gǎngtóu	农村	广宁县政府驻地西北部
上坑	Shàngkēng	农村	广宁县政府驻地西北部
大峒	Dàdòng	农村	广宁县政府驻地西北部
南乡口	Nánxiāngkǒu	农村	广宁县政府驻地西北部
高寨	Gāozhài	农村	广宁县政府驻地西北部
合群	Héqún	农村	广宁县政府驻地西北部
学田坑	Xuétiánkēng	农村	广宁县政府驻地西北部
浪昨	Làngzuó	农村	广宁县政府驻地西北部
桐油涌	Tóngyóuyǒng	农村	广宁县政府驻地西北部
古琴	Gǔqín	农村	广宁县政府驻地西北部
茶坑岗	Chákēnggǎng	农村	广宁县政府驻地西北部
鱿鱼岗	Yóuyúgǎng	农村	广宁县政府驻地西北部
上坑	Shàngkēng	农村	广宁县政府驻地西北部
巡径	Xúnjìng	农村	广宁县政府驻地西北部

（续上表）

标准名称	汉语拼音	地名类别	相对位置
陶金	Táojīn	农村	广宁县政府驻地西北部
石冲	Shíchōng	农村	广宁县政府驻地西北部
高垌	Gāodòng	农村	广宁县政府驻地西北部
罗秀	Luóxiù	农村	广宁县政府驻地西北部
付竹	Fùzhú	农村	广宁县政府驻地西北部
小潘	Xiǎopān	农村	广宁县政府驻地西北部
连塘	Liántáng	农村	广宁县政府驻地西北部
对洼	Duìwā	农村	广宁县政府驻地西北部
坑尾	Kēngwěi	农村	广宁县政府驻地西北部
双德	Shuāngdé	农村	广宁县政府驻地西北部
石律	Shílǜ	农村	广宁县政府驻地西北部
庙背	Miàobèi	农村	广宁县政府驻地西北部
西坑	Xīkēng	农村	广宁县政府驻地西北部
峡下	Xiáxià	农村	广宁县政府驻地西北部
麻崀	Málàng	农村	广宁县政府驻地西北部
福船	Fúchuán	农村	广宁县政府驻地西北部
军田	Jūntián	农村	广宁县政府驻地西北部
新兴	Xīnxīng	农村	广宁县政府驻地西北部
麦坑	Màikēng	农村	广宁县政府驻地西北部
大洞田	Dàdòngtián	农村	广宁县政府驻地西北部
桃花	Táohuā	农村	广宁县政府驻地西北部
长迳	Zhǎngjìng	农村	广宁县政府驻地西北部
仕坑	Shìkēng	农村	广宁县政府驻地西北部
张屋	Zhāngwū	农村	广宁县政府驻地西北部
中坎岗	Zhōngkǎngǎng	农村	广宁县政府驻地西北部
崀仔墩	Làngzǎidūn	农村	广宁县政府驻地西北部
早禾崀	Zǎohélàng	农村	广宁县政府驻地西北部
大浪村	Dàlàngcūn	农村	广宁县政府驻地西北部
下坑村	Xiàkēngcūn	农村	广宁县政府驻地西北部
上坑村	Shàngkēngcūn	农村	广宁县政府驻地西北部

（续上表）

标准名称	汉语拼音	地名类别	相对位置
中塘村	Zhōngtángcūn	农村	广宁县政府驻地西北部
牛岐口	Niúqíkǒu	农村	广宁县政府驻地西北部
三洲坑	Sānzhōukēng	农村	广宁县政府驻地西北部
玉坑	Yùkēng	农村	广宁县政府驻地西北部
上横	Shànghéng	农村	广宁县政府驻地西北部
下横	Xiàhéng	农村	广宁县政府驻地西北部
墩前村	Dūnqiáncūn	农村	广宁县政府驻地西北部
钟屋	Zhōngwū	农村	广宁县政府驻地西北部
曾屋	Céngwū	农村	广宁县政府驻地西北部
郑屋	Zhèngwū	农村	广宁县政府驻地西北部
玉坑口	Yùkēngkǒu	农村	广宁县政府驻地西北部
西水	Xīshuǐ	农村	广宁县政府驻地西北部
新村	Xīncūn	农村	广宁县政府驻地西北部
新屋	Xīnwū	农村	广宁县政府驻地西北部
元坑口	Yuánkēngkǒu	农村	广宁县政府驻地西北部
禾眉	Héméi	农村	广宁县政府驻地西北部
圆珠崀	Yuánzhūlàng	农村	广宁县政府驻地西北部
碗口	Wǎnkǒu	农村	广宁县政府驻地西北部
石坜坪	Shíhèpíng	农村	广宁县政府驻地西北部
沙角	Shājiǎo	农村	广宁县政府驻地西北部
连地	Liándì	农村	广宁县政府驻地西北部
良田	Liángtián	农村	广宁县政府驻地西北部
八洲口	Bāzhōukǒu	农村	广宁县政府驻地西北部
旱田岗	Hàntiángǎng	农村	广宁县政府驻地西北部
富竹	Fùzhú	农村	广宁县政府驻地西北部
根竹村	Gēnzhúcūn	农村	广宁县政府驻地西北部
十字村	Shízìcūn	农村	广宁县政府驻地西北部
旧下横	Jiùxiàhéng	农村	广宁县政府驻地西北部
路边岗	Lùbiāngǎng	农村	广宁县政府驻地西北部
江兴	Jiāngxīng	农村	广宁县政府驻地西北部

（续上表）

标准名称	汉语拼音	地名类别	相对位置
古礼	Gǔlǐ	农村	广宁县政府驻地西北部
平头岗	Píngtóugǎng	农村	广宁县政府驻地西北部
洲村	Zhōucūn	农村	广宁县政府驻地西北部
芋坑	Yùkēng	农村	广宁县政府驻地西北部
军田	Jūntián	农村	广宁县政府驻地西北部
伦田	Lúntián	农村	广宁县政府驻地西北部
罗塘	Luótáng	农村	广宁县政府驻地西北部
罗围塘	Luówéitáng	农村	广宁县政府驻地西北部
瓦屋	Wǎwū	农村	广宁县政府驻地西北部
竹寨	Zhúzhài	农村	广宁县政府驻地西北部
新塘	Xīntáng	农村	广宁县政府驻地西北部
松油坪	Sōngyóupíng	农村	广宁县政府驻地西北部
迳口	Jìngkǒu	农村	广宁县政府驻地西北部
松仔村	Sōngzǎicūn	农村	广宁县政府驻地西北部
石垌坑	Shídòngkēng	农村	广宁县政府驻地西北部
桥头	Qiáotóu	农村	广宁县政府驻地西北部
梨仔村	Lízǎicūn	农村	广宁县政府驻地西北部
新屋村	Xīnwūcūn	农村	广宁县政府驻地西北部
坑口村	Kēngkǒucūn	农村	广宁县政府驻地西北部
上寨村	Shàngzhàicūn	农村	广宁县政府驻地西北部
双放村	Shuāngfàngcūn	农村	广宁县政府驻地西北部
岗咀村	Gǎngzuǐcūn	农村	广宁县政府驻地西北部
墩仔	Dùnzǎi	农村	广宁县政府驻地西北部
梨溪口	Líxīkǒu	农村	广宁县政府驻地西北部
新屋村	Xīnwūcūn	农村	广宁县政府驻地西北部
利公	Lìgōng	农村	广宁县政府驻地西北部
水洲坑	Shuǐzhōukēng	农村	广宁县政府驻地西北部
下寨	Xiàzhài	农村	广宁县政府驻地西北部
旱涌	Hànyǒng	农村	广宁县政府驻地西北部
大塘坑	Dàtángkēng	农村	广宁县政府驻地西北部

（续上表）

标准名称	汉语拼音	地名类别	相对位置
大浪	Dàlàng	农村	广宁县政府驻地西北部
佛洞	Fódòng	农村	广宁县政府驻地西北部
宫殿坑	Gōngdiànkēng	农村	广宁县政府驻地西北部
崀头	Làngtóu	农村	广宁县政府驻地西北部
松岗村	Sōnggǎngcūn	农村	广宁县政府驻地西北部
官滩口	Guāntānkǒu	农村	广宁县政府驻地西北部
莲塘坳	Liántáng'ào	农村	广宁县政府驻地西北部
垌头	Dòngtóu	农村	广宁县政府驻地西北部
倒流	Dǎoliú	农村	广宁县政府驻地西北部
丁田村	Dīngtiáncūn	农村	广宁县政府驻地西北部
倒流村	Dǎoliúcūn	农村	广宁县政府驻地西北部
径口	Jìngkǒu	农村	广宁县政府驻地西北部
仙鹤村	Xiānhècūn	农村	广宁县政府驻地西北部
凤凰村	Fènghuángcūn	农村	广宁县政府驻地西北部
苏坑	Sūkēng	农村	广宁县政府驻地西北部
学田垌	Xuétiándòng	农村	广宁县政府驻地西北部
桃牛坪	Táoniúpíng	农村	广宁县政府驻地西北部
石门楼	Shíménlóu	农村	广宁县政府驻地西北部
蒙坑口	Méngkēngkǒu	农村	广宁县政府驻地西北部
罗坑	Luókēng	农村	广宁县政府驻地西北部
百来坑	Bǎiláikēng	农村	广宁县政府驻地西北部
塘仔	Tángzǎi	农村	广宁县政府驻地西北部
迳心	Jìngxīn	农村	广宁县政府驻地西北部
谷窝仔	Gǔwōzǎi	农村	广宁县政府驻地西北部
石岩崀	Shíyánlàng	农村	广宁县政府驻地西北部
李仔崀	Lǐzǎilàng	农村	广宁县政府驻地西北部
马鸟	Mǎniǎo	农村	广宁县政府驻地西北部
屋地崀	Wūdìlàng	农村	广宁县政府驻地西北部
坑口	Kēngkǒu	农村	广宁县政府驻地西北部
小罗坑	Xiǎoluókēng	农村	广宁县政府驻地西北部

(续上表)

标准名称	汉语拼音	地名类别	相对位置
新兴	Xīnxīng	农村	广宁县政府驻地西北部
不六	Búliù	农村	广宁县政府驻地西北部
培坑	Péikēng	农村	广宁县政府驻地西北部
学堂沙	Xuétángshā	农村	广宁县政府驻地西北部
凤凰坪	Fènghuángpíng	农村	广宁县政府驻地西北部
黎仔	Lízǎi	农村	广宁县政府驻地西北部
中塝	Zhōngbàng	农村	广宁县政府驻地西南部
下塝	Xiàbàng	农村	广宁县政府驻地西南部
军峒	Jūndòng	农村	广宁县政府驻地西北部
秀崀	Xiùlàng	农村	广宁县政府驻地西北部
桂口	Guìkǒu	农村	广宁县政府驻地西南部
格坑	Gékēng	农村	广宁县政府驻地西南部
竹溪	Zhúxī	农村	广宁县政府驻地西北部
上塝	Shàngbàng	农村	广宁县政府驻地西北部
坑仔山	Kēngzǎishān	农村	广宁县政府驻地西北部
塘边村	Tángbiāncūn	农村	广宁县政府驻地西北部
黎村	Lícūn	农村	广宁县政府驻地西北部
江西	Jiāngxī	农村	广宁县政府驻地西北部
长田	Chángtián	农村	广宁县政府驻地西北部
鱼良	Yúliáng	农村	广宁县政府驻地西北部
南村	Náncūn	农村	广宁县政府驻地西北部
贤洞	Xiándòng	农村	广宁县政府驻地西北部
桂花	Guìhuā	农村	广宁县政府驻地西北部
双燕	Shuāngyàn	农村	广宁县政府驻地西北部
黎明	Límíng	农村	广宁县政府驻地西北部
江坳	Jiāng'ào	农村	广宁县政府驻地西北部
沙溪	Shāxī	农村	广宁县政府驻地西北部
什峒圩	Shídòngxū	农村	广宁县政府驻地西北部
连石	Liánshí	农村	广宁县政府驻地西北部
伦田村	Lúntiáncūn	农村	广宁县政府驻地西北部

（续上表）

标准名称	汉语拼音	地名类别	相对位置
金石村	Jīnshícūn	农村	广宁县政府驻地西北部
向阳村	Xiàngyángcūn	农村	广宁县政府驻地西北部
新村	Xīncūn	农村	广宁县政府驻地西北部
新兴	Xīnxīng	农村	广宁县政府驻地西北部
仓前村	Cāngqiáncūn	农村	广宁县政府驻地西北部
宝坑	Bǎokēng	农村	广宁县政府驻地西北部
乌水	Wūshuǐ	农村	广宁县政府驻地西北部
回龙	Huílóng	农村	广宁县政府驻地西北部
山更	Shāngèng	农村	广宁县政府驻地西北部
社坳	Shè'ào	农村	广宁县政府驻地西北部
罗灰	Luóhuī	农村	广宁县政府驻地西北部
松坪	Sōngpíng	农村	广宁县政府驻地西北部
坑口	Kēngkǒu	农村	广宁县政府驻地西北部
金蒲坑	Jīnpúkēng	农村	广宁县政府驻地西北部
新塘	Xīntáng	农村	广宁县政府驻地西北部
金一	Jīnyī	农村	广宁县政府驻地西北部
沙兰	Shālán	农村	广宁县政府驻地西北部
沙口	Shākǒu	农村	广宁县政府驻地西北部
铜锣	Tóngluó	农村	广宁县政府驻地西北部
田心	Tiánxīn	农村	广宁县政府驻地西部
下寨	Xiàzhài	农村	广宁县政府驻地西部
上巷	Shàngxiàng	农村	广宁县政府驻地西北部
下巷	Xiàxiàng	农村	广宁县政府驻地西部
礼垌	Lǐdòng	农村	广宁县政府驻地西北部
新村二	Xīncūn'èr	农村	广宁县政府驻地西部
更口	Gèngkǒu	农村	广宁县政府驻地西部
上垌	Shàngdòng	农村	广宁县政府驻地西部
大陂	Dàbēi	农村	广宁县政府驻地西部
瓦厂	Wǎchǎng	农村	广宁县政府驻地西北部
坑口	Kēngkǒu	农村	广宁县政府驻地西北部

(续上表)

标准名称	汉语拼音	地名类别	相对位置
上坑村	Shàngkēngcūn	农村	广宁县政府驻地西北部
下坑村	Xiàkēngcūn	农村	广宁县政府驻地西北部
红光	Hóngguāng	农村	广宁县政府驻地西北部
田崀	Tiánlàng	农村	广宁县政府驻地西北部
寺岗	Sìgǎng	农村	广宁县政府驻地西北部
平腰	Píngyāo	农村	广宁县政府驻地西北部
四扶塘	Sìfútáng	农村	广宁县政府驻地西北部
下氹	Xiàdàng	农村	广宁县政府驻地西北部
婆塘	Pótáng	农村	广宁县政府驻地西北部
牛坑	Niúkēng	农村	广宁县政府驻地西北部
石岗	Shígǎng	农村	广宁县政府驻地西北部
石崀	Shílàng	农村	广宁县政府驻地西北部
义和村	Yìhécūn	农村	广宁县政府驻地西北部
洞心	Dòngxīn	农村	广宁县政府驻地西北部
连塘	Liántáng	农村	广宁县政府驻地西北部
大洲村	Dàzhōucūn	农村	广宁县政府驻地西北部
槐树寨	Huáishùzhài	农村	广宁县政府驻地西北部
大塘	Dàtáng	农村	广宁县政府驻地西北部
油塘坑	Yóutángkēng	农村	广宁县政府驻地西北部
石坳	Shí'ào	农村	广宁县政府驻地西北部
学塘	Xuétáng	农村	广宁县政府驻地西北部
莲塘	Liántáng	农村	广宁县政府驻地西北部
大乌	Dàwū	农村	广宁县政府驻地西北部
三角垌	Sānjiǎodòng	农村	广宁县政府驻地西北部
大兴	Dàxīng	农村	广宁县政府驻地西北部
蚌口	Bàngkǒu	农村	广宁县政府驻地西北部
涩坑垌	Bànkēngdòng	农村	广宁县政府驻地西北部
马碌洲	Mǎlùzhōu	农村	广宁县政府驻地西北部
格塘	Gétáng	农村	广宁县政府驻地西北部
学仔	Xuézǎi	农村	广宁县政府驻地西北部

（续上表）

标准名称	汉语拼音	地名类别	相对位置
和兴	Héxīng	农村	广宁县政府驻地西北部
马鹿坑口	Mǎlùkēngkǒu	农村	广宁县政府驻地西北部
车坡	Chēpō	农村	广宁县政府驻地西北部
獭坳	Tǎ'ào	农村	广宁县政府驻地北部
路塘	Lùtáng	农村	广宁县政府驻地西南部
礼坪	Lǐpíng	农村	广宁县政府驻地西南部
陈坑	Chénkēng	农村	广宁县政府驻地西南部
陈坪咀	Chénpíngzuǐ	农村	广宁县政府驻地西南部
宽塘寨	Kuāntángzhài	农村	广宁县政府驻地西南部
高崀凼	Gāolàngdàng	农村	广宁县政府驻地西南部
社村	Shècūn	农村	广宁县政府驻地西南部
大坑口	Dàkēngkǒu	农村	广宁县政府驻地西南部
新凤里	Xīnfēnglǐ	农村	广宁县政府驻地西南部
宽塘径	Kuāntángjìng	农村	广宁县政府驻地西南部
曾村寨	Céngcūnzhài	农村	广宁县政府驻地西南部
新圩	Xīnxū	农村	广宁县政府驻地西南部
冲头坑	Chōngtóukēng	农村	广宁县政府驻地西南部
九乱岗	Jiǔluàngǎng	农村	广宁县政府驻地西南部
石双	Shíshuāng	农村	广宁县政府驻地西南部
井坳	Jǐng'ào	农村	广宁县政府驻地西南部
张岗崀	Zhānggǎnglàng	农村	广宁县政府驻地西南部
敦厚里	Dūnhòulǐ	农村	广宁县政府驻地西南部
上莲塘	Shàngliántáng	农村	广宁县政府驻地西南部
万崀岗	Wànlànggǎng	农村	广宁县政府驻地西南部
隔坑寨	Gékēngzhài	农村	广宁县政府驻地西南部
白鹤岭	Báihèlǐng	农村	广宁县政府驻地西南部
旺竹径	Wàngzhújìng	农村	广宁县政府驻地西南部
榄树咀	Lǎnshùzuǐ	农村	广宁县政府驻地南部
茅田崀	Máotiánlàng	农村	广宁县政府驻地南部
新屋	Xīnwū	农村	广宁县政府驻地南部

(续上表)

标准名称	汉语拼音	地名类别	相对位置
山仔尾	Shānzǎiwěi	农村	广宁县政府驻地西南部
坑尾	Kēngwěi	农村	广宁县政府驻地南部
七星埗	Qīxīngbù	农村	广宁县政府驻地南部
白鹤岗	Báihègǎng	农村	广宁县政府驻地西南部
荔洞口	Lìdòngkǒu	农村	广宁县政府驻地西南部
曾洞坑	Céngdòngkēng	农村	广宁县政府驻地南部
井口	Jǐngkǒu	农村	广宁县政府驻地西南部
长坑江	Chángkēngjiāng	农村	广宁县政府驻地西南部
山根	Shāngēn	农村	广宁县政府驻地西南部
茅屋	Máowū	农村	广宁县政府驻地西南部
官田	Guāntián	农村	广宁县政府驻地西南部
新屋	Xīnwū	农村	广宁县政府驻地西南部
石蛤崀	Shíhálàng	农村	广宁县政府驻地西南部
油仔坪	Yóuzǎipíng	农村	广宁县政府驻地西南部
龙塘	Lóngtáng	农村	广宁县政府驻地西南部
白水带	Báishuǐdài	农村	广宁县政府驻地西南部
荔枝崀	Lìzhīlàng	农村	广宁县政府驻地西南部
大塘坑	Dàtángkēng	农村	广宁县政府驻地西南部
黄牛坪	Huángniúpíng	农村	广宁县政府驻地西南部
大石头	Dàshítóu	农村	广宁县政府驻地西南部
大坑口	Dàkēngkǒu	农村	广宁县政府驻地西南部
迳口	Jìngkǒu	农村	广宁县政府驻地西南部
厚岗	Hòugǎng	农村	广宁县政府驻地西南部
大坑	Dàkēng	农村	广宁县政府驻地西南部
谷仓垌	Gǔcāngdòng	农村	广宁县政府驻地西南部
小段	Xiǎoduàn	农村	广宁县政府驻地西南部
前洞	Qiándòng	农村	广宁县政府驻地西南部
长滩	Chángtān	农村	广宁县政府驻地西南部
庙前	Miàoqián	农村	广宁县政府驻地西南部
黎源坑	Líyuánkēng	农村	广宁县政府驻地西南部

（续上表）

标准名称	汉语拼音	地名类别	相对位置
屋头田	Wūtóutián	农村	广宁县政府驻地西南部
新镇	Xīnzhèn	农村	广宁县政府驻地西南部
杉山头	Shānshāntóu	农村	广宁县政府驻地西南部
石仔崀	Shízǎilàng	农村	广宁县政府驻地西南部
文坑	Wénkēng	农村	广宁县政府驻地西南部
湖垌坑	Húdòngkēng	农村	广宁县政府驻地西南部
文村	Wéncūn	农村	广宁县政府驻地西南部
江美山	Jiāngměishān	农村	广宁县政府驻地西南部
乌石村	Wūshícūn	农村	广宁县政府驻地西南部
屋地坪	Wūdìpíng	农村	广宁县政府驻地西南部
张垌	Zhāngdòng	农村	广宁县政府驻地西南部
石苟坑	Shígǒukēng	农村	广宁县政府驻地西南部
大坪山	Dàpíngshān	农村	广宁县政府驻地西南部
南坑塘	Nánkēngtáng	农村	广宁县政府驻地西南部
先坑坪	Xiānkēngpíng	农村	广宁县政府驻地西南部
白坎咀	Báikǎnzuǐ	农村	广宁县政府驻地西南部
木格头	Mùgétóu	农村	广宁县政府驻地西南部
高崀岗	Gāolànggǎng	农村	广宁县政府驻地西南部
杯尾	Bēiwěi	农村	广宁县政府驻地西南部
洞庭岗	Dòngtínggǎng	农村	广宁县政府驻地西南部
秧地崀	Yāngdìlàng	农村	广宁县政府驻地西南部
岗咀	Gǎngzuǐ	农村	广宁县政府驻地西南部
乌石塘	Wūshítáng	农村	广宁县政府驻地西南部
揽塘	Lǎntáng	农村	广宁县政府驻地西南部
新居坑	Xīnjūkēng	农村	广宁县政府驻地西南部
栗仔坪	Lìzǎipíng	农村	广宁县政府驻地西南部
榕树岗	Róngshùgǎng	农村	广宁县政府驻地西南部
村塘	Cūntáng	农村	广宁县政府驻地西南部
欧江	Ōujiāng	农村	广宁县政府驻地西南部
启昌	Qǐchāng	农村	广宁县政府驻地西南部

（续上表）

标准名称	汉语拼音	地名类别	相对位置
大江	Dàjiāng	农村	广宁县政府驻地西南部
高山脚	Gāoshānjiǎo	农村	广宁县政府驻地西南部
庙仔落	Miàozǎiluò	农村	广宁县政府驻地西南部
新村	Xīncūn	农村	广宁县政府驻地西南部
丰崀垌	Fēnglàngdòng	农村	广宁县政府驻地西南部
田坳	Tián'ào	农村	广宁县政府驻地西南部
山大塘	Shāndàtáng	农村	广宁县政府驻地西南部
格江崀	Géjiānglàng	农村	广宁县政府驻地西南部
大前江	Dàqiánjiāng	农村	广宁县政府驻地西南部
大黄坪	Dàhuángpíng	农村	广宁县政府驻地西南部
厚溪	Hòuxī	农村	广宁县政府驻地西南部
仁寿	Rénshòu	农村	广宁县政府驻地西南部
雍和里	Yōnghélǐ	农村	广宁县政府驻地西南部
对楼村	Duìlóucūn	农村	广宁县政府驻地西南部
四边冲	Sìbiānchōng	农村	广宁县政府驻地西南部
松油窝	Sōngyóuwō	农村	广宁县政府驻地西南部
小坳	Xiǎo'ào	农村	广宁县政府驻地西南部
桂坑塘	Guìkēngtáng	农村	广宁县政府驻地西南部
车心	Chēxīn	农村	广宁县政府驻地西南部
渭津坊	Wèijīnfāng	农村	广宁县政府驻地西南部
社下	Shèxià	农村	广宁县政府驻地西南部
为力	Wéilì	农村	广宁县政府驻地西南部
周塘	Zhōutáng	农村	广宁县政府驻地西南部
罗锅口	Luóguōkǒu	农村	广宁县政府驻地西南部
上迳	Shàngjìng	农村	广宁县政府驻地西南部
万岗坪	Wàngǎngpíng	农村	广宁县政府驻地西南部
江坳	Jiāng'ào	农村	广宁县政府驻地西南部
罗帏口	Luówéikǒu	农村	广宁县政府驻地西南部
罗鸦岗	Luóyāgǎng	农村	广宁县政府驻地西南部
鸦村坪	Yācūnpíng	农村	广宁县政府驻地西南部

（续上表）

标准名称	汉语拼音	地名类别	相对位置
独树塘	Dúshùtáng	农村	广宁县政府驻地西南部
坎下塘	Kǎnxiàtáng	农村	广宁县政府驻地西南部
大王坪	Dàwángpíng	农村	广宁县政府驻地西南部
三座尾	Sānzuòwěi	农村	广宁县政府驻地西南部
大平岗	Dàpínggǎng	农村	广宁县政府驻地西南部
金马尾	Jīnmǎwěi	农村	广宁县政府驻地西南部
隔坑寨	Gékēngzhài	农村	广宁县政府驻地西南部
石咀坪	Shízuǐpíng	农村	广宁县政府驻地西南部
石塘坳	Shítáng'ào	农村	广宁县政府驻地西南部
鱼花塘	Yúhuātáng	农村	广宁县政府驻地西南部
东角	Dōngjiǎo	农村	广宁县政府驻地西南部
崀头	Làngtóu	农村	广宁县政府驻地西南部
连坑	Liánkēng	农村	广宁县政府驻地西南部
谷仓	Gǔcāng	农村	广宁县政府驻地西南部
塘角	Tángjiǎo	农村	广宁县政府驻地西南部
力仔寨	Lìzǎizhài	农村	广宁县政府驻地西南部
灶头坪	Zàotóupíng	农村	广宁县政府驻地西南部
雨风岗	Yǔfēnggǎng	农村	广宁县政府驻地西南部
屋背岗	Wūbèigǎng	农村	广宁县政府驻地西南部
赤黎	Chìlí	农村	广宁县政府驻地西南部
大坑	Dàkēng	农村	广宁县政府驻地西南部
毕禄崀	Bìlùlàng	农村	广宁县政府驻地西南部
种子凼	Zhǒngzǐdàng	农村	广宁县政府驻地西南部
上寨	Shàngzhài	农村	广宁县政府驻地西南部
下寨	Xiàzhài	农村	广宁县政府驻地西南部
大宅	Dàzhái	农村	广宁县政府驻地西南部
七星洼	Qīxīngwā	农村	广宁县政府驻地西南部
隔坑	Gékēng	农村	广宁县政府驻地西南部
仙下垌	Xiānxiàdòng	农村	广宁县政府驻地西南部
坪岗	Pínggǎng	农村	广宁县政府驻地西南部

(续上表)

标准名称	汉语拼音	地名类别	相对位置
大志	Dàzhì	农村	广宁县政府驻地西南部
塘角	Tángjiǎo	农村	广宁县政府驻地西南部
陈坑仔	Chénkēngzǎi	农村	广宁县政府驻地西南部
叔公崀	Shūgōnglàng	农村	广宁县政府驻地西南部
湴田	Bàntián	农村	广宁县政府驻地西南部
鱼跳	Yútiào	农村	广宁县政府驻地西南部
新塘	Xīntáng	农村	广宁县政府驻地西南部
赤黎坑	Chìlíkēng	农村	广宁县政府驻地西南部
和昌崀	Héchānglàng	农村	广宁县政府驻地西南部
石堆坪	Shíduīpíng	农村	广宁县政府驻地西南部
沙坪	Shāpíng	农村	广宁县政府驻地西南部
过路坑	Guòlùkēng	农村	广宁县政府驻地西南部
祝坑	Zhùkēng	农村	广宁县政府驻地西南部
坑口	Kēngkǒu	农村	广宁县政府驻地西南部
岩下	Yánxià	农村	广宁县政府驻地西南部
牛田坑	Niútiánkēng	农村	广宁县政府驻地西南部
金坑口	Jīnkēngkǒu	农村	广宁县政府驻地西南部
河西崀	Héxīlàng	农村	广宁县政府驻地西南部
田寮	Tiánliáo	农村	广宁县政府驻地西南部
新屋	Xīnwū	农村	广宁县政府驻地西南部
下浅	Xiàqiǎn	农村	广宁县政府驻地西南部
下白石	Xiàbáishí	农村	广宁县政府驻地西南部
东乡崀	Dōngxiānglàng	农村	广宁县政府驻地西南部
西村	Xīcūn	农村	广宁县政府驻地西南部
岭径	Lǐngjìng	农村	广宁县政府驻地部
江坪	Jiāngpíng	农村	广宁县政府驻地西南部
黄塘下	Huángtángxià	农村	广宁县政府驻地部
肖仔岗	Xiāozǎigǎng	农村	广宁县政府驻地西南部
良坑口	Liángkēngkǒu	农村	广宁县政府驻地西南部
根竹坑	Gēnzhúkēng	农村	广宁县政府驻地西南部

（续上表）

标准名称	汉语拼音	地名类别	相对位置
洋崀	Yánglàng	农村	广宁县政府驻地西南部
岗仔头	Gǎngzǎitóu	农村	广宁县政府驻地西南部
高宁寨	Gāoníngzhài	农村	广宁县政府驻地西南部
上白石	Shàngbáishí	农村	广宁县政府驻地西南部
留坑	Liúkēng	农村	广宁县政府驻地西南部
上坑	Shàngkēng	农村	广宁县政府驻地西南部
大良口	Dàliángkǒu	农村	广宁县政府驻地西南部
上份川	Shàngfènchuān	农村	广宁县政府驻地西南部
白石	Báishí	农村	广宁县政府驻地西南部
禾昌坑	Héchāngkēng	农村	广宁县政府驻地西南部
凤垌新村	Fèngdòng Xīncūn	农村	广宁县政府驻地西南部
石岗咀	Shígǎngzuǐ	农村	广宁县政府驻地西南部
竹坪	Zhúpíng	农村	广宁县政府驻地西南部
新屋	Xīnwū	农村	广宁县政府驻地西南部
谷窝凼	Gǔwōdàng	农村	广宁县政府驻地西南部
社前	Shèqián	农村	广宁县政府驻地西南部
金坑根	Jīnkēnggēn	农村	广宁县政府驻地西南部
三圣坑	Sānshèngkēng	农村	广宁县政府驻地西南部
旧屋	Jiùwū	农村	广宁县政府驻地西南部
高村	Gāocūn	农村	广宁县政府驻地西南部
塘尾	Tángwěi	农村	广宁县政府驻地西北部
木橡	Mùchuán	农村	广宁县政府驻地西北部
佛仔崀	Fózǎilàng	农村	广宁县政府驻地西北部
坑尾	Kēngwěi	农村	广宁县政府驻地西北部
横窝	Héngwō	农村	广宁县政府驻地西北部
石羊	Shíyáng	农村	广宁县政府驻地西北部
坟崀	Fénlàng	农村	广宁县政府驻地西北部
蚌下	Bàngxià	农村	广宁县政府驻地西北部
竹坳	Zhú'ào	农村	广宁县政府驻地西北部
黄田洼	Huángtiánwā	农村	广宁县政府驻地西北部

（续上表）

标准名称	汉语拼音	地名类别	相对位置
长坪	Zhǎngpíng	农村	广宁县政府驻地西北部
石鼓崀	Shígǔlàng	农村	广宁县政府驻地西北部
中塘坑	Zhōngtángkēng	农村	广宁县政府驻地西北部
中坑崀	Zhōngkēnglàng	农村	广宁县政府驻地西北部
元口	Yuánkǒu	农村	广宁县政府驻地西北部
圳坑	Zhènkēng	农村	广宁县政府驻地西北部
良蚌	Liángbàng	农村	广宁县政府驻地西北部
岩头	Yántóu	农村	广宁县政府驻地西北部
岗屈	Gǎngqū	农村	广宁县政府驻地西北部
黎头口	Lítóukǒu	农村	广宁县政府驻地西北部
合坑	Hékēng	农村	广宁县政府驻地西北部
庙咀	Miàozuǐ	农村	广宁县政府驻地西北部
公约	Gōngyuē	农村	广宁县政府驻地西北部
岗咀	Gǎngzuǐ	农村	广宁县政府驻地西北部
大村坪	Dàcūnpíng	农村	广宁县政府驻地西北部
带面	Dàimiàn	农村	广宁县政府驻地西北部
大窝	Dàwō	农村	广宁县政府驻地西北部
更尾	Gèngwěi	农村	广宁县政府驻地西北部
大石崀	Dàshílàng	农村	广宁县政府驻地西北部
音坑	Yīnkēng	农村	广宁县政府驻地西北部
黎椎崀	Lízhuīlàng	农村	广宁县政府驻地西北部
横坑	Héngkēng	农村	广宁县政府驻地西北部
狗牙坳	Gǒuyá'ào	农村	广宁县政府驻地西北部
欧坑	Ōukēng	农村	广宁县政府驻地西北部
豆付磨	Dòufùmó	农村	广宁县政府驻地西北部
长田	Zhǎngtián	农村	广宁县政府驻地西北部
印塘	Yìntáng	农村	广宁县政府驻地西北部
羊力	Yánglì	农村	广宁县政府驻地西北部
园岭	Yuánlǐng	农村	广宁县政府驻地西北部
横坑口	Héngkēngkǒu	农村	广宁县政府驻地西北部

（续上表）

标准名称	汉语拼音	地名类别	相对位置
下仕坑	Xiàshìkēng	农村	广宁县政府驻地西北部
竹坪	Zhúpíng	农村	广宁县政府驻地北部
车田	Chētián	农村	广宁县政府驻地北部
上岜	Shànglàng	农村	广宁县政府驻地北部
古朕	Gǔzhèn	农村	广宁县政府驻地北部
六背峒	Liùbèidòng	农村	广宁县政府驻地北部
前滩	Qiántān	农村	广宁县政府驻地北部
良纯坑	Liángchúnkēng	农村	广宁县政府驻地北部
大竹园	Dàzhúyuán	农村	广宁县政府驻地北部
旺坪	Wàngpíng	农村	广宁县政府驻地北部
杉坪	Shānpíng	农村	广宁县政府驻地北部
旺东头	Wàngdōngtóu	农村	广宁县政府驻地北部
牛耙	Niúpá	农村	广宁县政府驻地北部
柯木	Kēmù	农村	广宁县政府驻地北部
独石	Dúshí	农村	广宁县政府驻地北部
禾仓坪	Hécāngpíng	农村	广宁县政府驻地北部
松油岜	Sōngyóulàng	农村	广宁县政府驻地北部
旱岜	Hànlàng	农村	广宁县政府驻地北部
西边	Xībiān	农村	广宁县政府驻地北部
禾仓圩	Hécāngxū	农村	广宁县政府驻地北部
碑角洲	Bēijiǎozhōu	农村	广宁县政府驻地北部
小汕	Xiǎoshàn	农村	广宁县政府驻地西北部
婆殿	Pódiàn	农村	广宁县政府驻地西北部
冷水	Lěngshuǐ	农村	广宁县政府驻地西北部
活礼	Huólǐ	农村	广宁县政府驻地西北部
塘坣	tángtáng	农村	广宁县政府驻地西北部
双鼻	Shuāngbí	农村	广宁县政府驻地西北部
桑坑	Sāngkēng	农村	广宁县政府驻地西北部
岗根	Gǎnggēn	农村	广宁县政府驻地西北部
新田岗	Xīntiángǎng	农村	广宁县政府驻地西北部

(续上表)

标准名称	汉语拼音	地名类别	相对位置
顺坑	Shùnkēng	农村	广宁县政府驻地西北部
额坑	Ékēng	农村	广宁县政府驻地西北部
木塘	Mùtáng	农村	广宁县政府驻地西北部
洞尾	Dòngwěi	农村	广宁县政府驻地西北部
汶坐	Wèntáng	农村	广宁县政府驻地西北部
上洞	Shàngdòng	农村	广宁县政府驻地西北部
倒担	Dǎodān	农村	广宁县政府驻地西北部
番石	Fānshí	农村	广宁县政府驻地西北部
湴坑坪	Bànkēngpíng	农村	广宁县政府驻地西北部
小汕口	Xiǎoshànkǒu	农村	广宁县政府驻地西北部
大塘	Dàtáng	农村	广宁县政府驻地西北部
高吊	Gāodiào	农村	广宁县政府驻地西北部
俸禄口	Fènglùkǒu	农村	广宁县政府驻地西北部
俸禄	Fènglù	农村	广宁县政府驻地西北部
田寮	Tiánliáo	农村	广宁县政府驻地西北部
坳头	Àotóu	农村	广宁县政府驻地西北部
湴塘下	Bàntángxià	农村	广宁县政府驻地西北部
幼草	Yòucǎo	农村	广宁县政府驻地西北部
羊孖	Yángmā	农村	广宁县政府驻地西北部
坳景	Àojǐng	农村	广宁县政府驻地西北部
富竹	Fùzhú	农村	广宁县政府驻地西北部
罗坳	Luó'ào	农村	广宁县政府驻地西北部
大树林	Dàshùlín	农村	广宁县政府驻地西北部
桑坑崀	Sāngkēnglàng	农村	广宁县政府驻地西北部
东头坑口	Dōngtóukēngkǒu	农村	广宁县政府驻地西北部
蜈蚣咀	Wúgōngzuǐ	农村	广宁县政府驻地西北部
力竹	Lìzhú	农村	广宁县政府驻地西北部
白泥崀	Báinílàng	农村	广宁县政府驻地西北部
镇水坳	Zhènshuǐ'ào	农村	广宁县政府驻地西北部
坑头	Kēngtóu	农村	广宁县政府驻地西北部

（续上表）

标准名称	汉语拼音	地名类别	相对位置
凤田	Fēngtián	农村	广宁县政府驻地西北部
村心坪	Cūnxīnpíng	农村	广宁县政府驻地西北部
上带	Shàngdài	农村	广宁县政府驻地西北部
谷仓	Gǔcāng	农村	广宁县政府驻地西北部
大坪	Dàpíng	农村	广宁县政府驻地西北部
猛塘	Měngtáng	农村	广宁县政府驻地西北部
古牛	Gǔniú	农村	广宁县政府驻地西北部
小峒	Xiǎodòng	农村	广宁县政府驻地西北部
更坳	Gèng'ào	农村	广宁县政府驻地西北部
骚坑口	Sāokēngkǒu	农村	广宁县政府驻地西北部
杨梅	Yángméi	农村	广宁县政府驻地西北部
冷坑口	Lěngkēngkǒu	农村	广宁县政府驻地西北部
冷坑新村	Lěngkēng Xīncūn	农村	广宁县政府驻地西北部
桑坑	Sāngkēng	农村	广宁县政府驻地西北部
新村	Xīncūn	农村	广宁县政府驻地西北部
蕉花氹	Jiāohuādàng	农村	广宁县政府驻地西北部
船坑	Chuánkēng	农村	广宁县政府驻地西北部
旺布	Wàngbù	农村	广宁县政府驻地北部
大汶	Dàwèn	农村	广宁县政府驻地北部
增步	Zēngbù	农村	广宁县政府驻地北部
杨梅崀	Yángméilàng	农村	广宁县政府驻地北部
胡狮	Húshī	农村	广宁县政府驻地北部
旺布坪	Wàngbùpíng	农村	广宁县政府驻地北部
竹头	Zhútóu	农村	广宁县政府驻地西北部
沙洼头	Shāwātóu	农村	广宁县政府驻地西北部
墩头	Dūntóu	农村	广宁县政府驻地西北部
莲花	Liánhuā	农村	广宁县政府驻地西北部
三泊口	Sānbókǒu	农村	广宁县政府驻地西北部
坑更	Kēnggèng	农村	广宁县政府驻地西北部
银树	Yínshù	农村	广宁县政府驻地西北部

(续上表)

标准名称	汉语拼音	地名类别	相对位置
十字	Shízì	农村	广宁县政府驻地西北部
葫芦坑	Húlúkēng	农村	广宁县政府驻地西北部
水柳	Shuǐliǔ	农村	广宁县政府驻地西北部
大坪	Dàpíng	农村	广宁县政府驻地西北部
白浪	Báilàng	农村	广宁县政府驻地西北部
礼坑	Lǐkēng	农村	广宁县政府驻地西北部
横岗	Hénggǎng	农村	广宁县政府驻地西北部
圣坑口	Shèngkēngkǒu	农村	广宁县政府驻地西北部
旺恙	Wàngyàng	农村	广宁县政府驻地西北部
大车	Dàchē	农村	广宁县政府驻地西北部
新路	Xīnlù	农村	广宁县政府驻地西北部
旧屋落	Jiùwūluò	农村	广宁县政府驻地西北部
带广村	Dàiguǎngcūn	农村	广宁县政府驻地西北部
禾岭	Hélǐng	农村	广宁县政府驻地西北部
石圳	Shízhèn	农村	广宁县政府驻地西北部
松桑	Sōngsāng	农村	广宁县政府驻地西北部
深步	Shēnbù	农村	广宁县政府驻地西北部
竹冲	Zhúchōng	农村	广宁县政府驻地西北部
石鸡	Shíjī	农村	广宁县政府驻地西北部
子鱼	Zǐyú	农村	广宁县政府驻地西北部
新屋	Xīnwū	农村	广宁县政府驻地西北部
才一	Cáiyī	农村	广宁县政府驻地西北部
才二	Cái'èr	农村	广宁县政府驻地西北部
水路	Shuǐlù	农村	广宁县政府驻地西北部
菜坑	Càikēng	农村	广宁县政府驻地西北部
石流	Shíliú	农村	广宁县政府驻地西北部
利树	Lìshù	农村	广宁县政府驻地西北部
青年	Qīngnián	农村	广宁县政府驻地西北部
茶蚌	Chábàng	农村	广宁县政府驻地西北部
杉冲口	Shānchōngkǒu	农村	广宁县政府驻地西北部

（续上表）

标准名称	汉语拼音	地名类别	相对位置
丰树村	Fēngshùcūn	农村	广宁县政府驻地西北部
碓村	Duìcūn	农村	广宁县政府驻地西北部
板帐	Bǎnzhàng	农村	广宁县政府驻地北部
军田	Jūntián	农村	广宁县政府驻地北部
毛洞	Máodòng	农村	广宁县政府驻地北部
上塘	Shàngtáng	农村	广宁县政府驻地北部
社田	Shètián	农村	广宁县政府驻地北部
西泬	Xībàn	农村	广宁县政府驻地北部
新屋	Xīnwū	农村	广宁县政府驻地北部
帐坑口	Zhàngkēngkǒu	农村	广宁县政府驻地北部
毕碌村	Bìlùcūn	农村	广宁县政府驻地北部
带仔村	Dàizǎicūn	农村	广宁县政府驻地北部
马公洞	Mǎgōngdòng	农村	广宁县政府驻地北部
平胡村	Pínghúcūn	农村	广宁县政府驻地北部
深埇崀	Shēnyǒnglàng	农村	广宁县政府驻地北部
军田坑	Jūntiánkēng	农村	广宁县政府驻地北部
琴牛	Qínniú	农村	广宁县政府驻地西北部
龙坑岭脚	Lóngkēnglǐngjiǎo	农村	广宁县政府驻地西北部
旱田	Hàntián	农村	广宁县政府驻地西北部
凤坪	Fèngpíng	农村	广宁县政府驻地西北部
大夫村	Dàfūcūn	农村	广宁县政府驻地西北部
乌蛇崀	Wūshélàng	农村	广宁县政府驻地西北部
油仔岗	Yóuzǎigǎng	农村	广宁县政府驻地西北部
黄茅坪	Huángmáopíng	农村	广宁县政府驻地西北部
古兴口	Gǔxìngkǒu	农村	广宁县政府驻地西北部
崀头	Làngtóu	农村	广宁县政府驻地西北部
石象	Shíxiàng	农村	广宁县政府驻地西北部
滑琴	Huáqín	农村	广宁县政府驻地西北部
竹黎	Zhúlí	农村	广宁县政府驻地西北部
新村	Xīncūn	农村	广宁县政府驻地西北部

(续上表)

标准名称	汉语拼音	地名类别	相对位置
祝州	Zhùzhōu	农村	广宁县政府驻地西北部
特军	Tèjūn	农村	广宁县政府驻地西北部
良纯村	Liángchúncūn	农村	广宁县政府驻地西北部
仁安	Rén'ān	农村	广宁县政府驻地西北部
龙珠	Lóngzhū	农村	广宁县政府驻地西北部
小坑口	Xiǎokēngkǒu	农村	广宁县政府驻地西北部
佛坳	Fó'ào	农村	广宁县政府驻地西北部
社后	Shèhòu	农村	广宁县政府驻地西北部
岗根	Gǎnggēn	农村	广宁县政府驻地西北部
小坑尾	Xiǎokēngwěi	农村	广宁县政府驻地西北部
侧田	Cètián	农村	广宁县政府驻地西北部
丹竹崀	Dānzhúlàng	农村	广宁县政府驻地西北部
石份	Shífèn	农村	广宁县政府驻地西北部
岗塝	Gǎngbàng	农村	广宁县政府驻地西北部
田廖	Tiánliào	农村	广宁县政府驻地西北部
王坭坳	Wángní'ào	农村	广宁县政府驻地西北部
松升	Sōngshēng	农村	广宁县政府驻地西北部
过路	Guòlù	农村	广宁县政府驻地西北部
水吊	Shuǐdiào	农村	广宁县政府驻地西北部
大市	Dàshì	农村	广宁县政府驻地西北部
小坑	Xiǎokēng	农村	广宁县政府驻地西北部
新村	Xīncūn	农村	广宁县政府驻地北部
大塘	Dàtáng	农村	广宁县政府驻地北部
庙崀	Miàolàng	农村	广宁县政府驻地北部
塘村	Tángcūn	农村	广宁县政府驻地北部
来坑	Láikēng	农村	广宁县政府驻地北部
屋仔垌	Wūzǎidòng	农村	广宁县政府驻地北部
下坪	Xiàpíng	农村	广宁县政府驻地北部
庙背	Miàobèi	农村	广宁县政府驻地北部
管坪	Guǎnpíng	农村	广宁县政府驻地北部

（续上表）

标准名称	汉语拼音	地名类别	相对位置
犁沙坳	Líshā'ào	农村	广宁县政府驻地北部
油仔塝	Yóuzǎibàng	农村	广宁县政府驻地北部
对坑	Duìkēng	农村	广宁县政府驻地北部
鱼汕	Yúshàn	农村	广宁县政府驻地北部
旱湖	Hànhú	农村	广宁县政府驻地北部
担耙	Dānpá	农村	广宁县政府驻地北部
管下	Guǎnxià	农村	广宁县政府驻地北部
高塝	Gāobàng	农村	广宁县政府驻地北部
竹仔	Zhúzǎi	农村	广宁县政府驻地北部
唔坪	Wúpíng	农村	广宁县政府驻地北部
柴坑	Cháikēng	农村	广宁县政府驻地北部
南山	Nánshān	农村	广宁县政府驻地北部
坑心	Kēngxīn	农村	广宁县政府驻地北部
大鹏	Dàpéng	农村	广宁县政府驻地北部
小村	Xiǎocūn	农村	广宁县政府驻地西北部
塝下	Bàngxià	农村	广宁县政府驻地西北部
沙坑	Shākēng	农村	广宁县政府驻地西北部
松仔坳	Sōngzǎi'ào	农村	广宁县政府驻地西北部
獭坳	Tǎ'ào	农村	广宁县政府驻地西北部
宁桥	Níngqiáo	农村	广宁县政府驻地西北部
大冲口	Dàchōngkǒu	农村	广宁县政府驻地西北部
洲村岗	Zhōucūngǎng	农村	广宁县政府驻地西北部
高吊	Gāodiào	农村	广宁县政府驻地西北部
桃树洼	Táoshùwā	农村	广宁县政府驻地西北部
丰吝	Fēnglìn	农村	广宁县政府驻地西北部
鱼梁岗	Yúliánggǎng	农村	广宁县政府驻地西北部
合水	Héshuǐ	农村	广宁县政府驻地西北部
佛台	Fótái	农村	广宁县政府驻地西北部
涩崀	Bànlàng	农村	广宁县政府驻地西北部
冷水	Lěngshuǐ	农村	广宁县政府驻地西北部

（续上表）

标准名称	汉语拼音	地名类别	相对位置
雅兴咀	Yǎxìngzuǐ	农村	广宁县政府驻地西北部
新田	Xīntián	农村	广宁县政府驻地西北部
竹林	Zhúlín	农村	广宁县政府驻地西北部
竹坪	Zhúpíng	农村	广宁县政府驻地西北部
车崀	Chēlàng	农村	广宁县政府驻地西北部
瓦灶	Wǎzào	农村	广宁县政府驻地西北部
业贝	Yèbèi	农村	广宁县政府驻地西北部
新塘	Xīntáng	农村	广宁县政府驻地西北部
下寨	Xiàzhài	农村	广宁县政府驻地西北部
丰木	Fēngmù	农村	广宁县政府驻地西北部
赤水口	Chìshuǐkǒu	农村	广宁县政府驻地西北部
大寨	Dàzhài	农村	广宁县政府驻地东北部
荷菜口	Hécàikǒu	农村	广宁县政府驻地东北部
大份田	Dàfèntián	农村	广宁县政府驻地东北部
路下	Lùxià	农村	广宁县政府驻地东北部
高坪村	Gāopíngcūn	农村	广宁县政府驻地东北部
多坟咀	Duōfénzuǐ	农村	广宁县政府驻地东北部
木栏尾	Mùlánwěi	农村	广宁县政府驻地东北部
磨刀坑	Módāokēng	农村	广宁县政府驻地东北部
社洞	Shèdòng	农村	广宁县政府驻地东北部
麻田坑	Mátiánkēng	农村	广宁县政府驻地东北部
大洼	Dàwā	农村	广宁县政府驻地东北部
西向	Xīxiàng	农村	广宁县政府驻地东北部
梅仔	Méizǎi	农村	广宁县政府驻地东北部
寨背	Zhàibèi	农村	广宁县政府驻地东北部
高寨	Gāozhài	农村	广宁县政府驻地东北部
佛仔	Fózǎi	农村	广宁县政府驻地东北部
蚌下	Bàngxià	农村	广宁县政府驻地东北部
庙洛	Miàoluò	农村	广宁县政府驻地东北部
苟比垌	Gǒubǐdòng	农村	广宁县政府驻地东北部

（续上表）

标准名称	汉语拼音	地名类别	相对位置
庙前新村	Miàoqián Xīncūn	农村	广宁县政府驻地东北部
联石新村	Liánshí Xīncūn	农村	广宁县政府驻地东北部
大黎村	Dàlícūn	农村	广宁县政府驻地东北部
黎索塘	Lísuǒtáng	农村	广宁县政府驻地东北部
香粉村	Xiāngfěncūn	农村	广宁县政府驻地东北部
道金洞	Dàojīndòng	农村	广宁县政府驻地东北部
侧岗	Cègǎng	农村	广宁县政府驻地东北部
杨村	Yángcūn	农村	广宁县政府驻地东北部
德稳	Déwěn	农村	广宁县政府驻地东北部
步竹坪	Bùzhúpíng	农村	广宁县政府驻地东北部
廖前	Liàoqián	农村	广宁县政府驻地东北部
禾村崀	Hécūnlàng	农村	广宁县政府驻地东北部
侧田崀	Cètiánlàng	农村	广宁县政府驻地东北部
岗根	Gǎnggēn	农村	广宁县政府驻地东北部
井溪	Jǐngxī	农村	广宁县政府驻地东北部
屈肚垌	Qūdùdòng	农村	广宁县政府驻地东北部
大坪岗	Dàpínggǎng	农村	广宁县政府驻地东北部
石磨寨	Shímózhài	农村	广宁县政府驻地东北部
岗仔头	Gǎngzǎitóu	农村	广宁县政府驻地东北部
蕉花崀	Jiāohuālàng	农村	广宁县政府驻地东北部
青山	Qīngshān	农村	广宁县政府驻地东北部
新路口	Xīnlùkǒu	农村	广宁县政府驻地东北部
黄坭崀	Huángnílàng	农村	广宁县政府驻地东北部
门楼仔	Ménlóuzǎi	农村	广宁县政府驻地东北部
旧村	Jiùcūn	农村	广宁县政府驻地东北部
禾婆崀	Hépólàng	农村	广宁县政府驻地东北部
南蛇咀	Nánshézuǐ	农村	广宁县政府驻地东北部
木坪	Mùpíng	农村	广宁县政府驻地东北部
径上	Jìngshàng	农村	广宁县政府驻地东北部
塘肚	Tángdù	农村	广宁县政府驻地东北部

（续上表）

标准名称	汉语拼音	地名类别	相对位置
塘坑崀	Tángkēnglàng	农村	广宁县政府驻地东北部
瓦堆坪	Wǎduīpíng	农村	广宁县政府驻地东北部
白屋	Báiwū	农村	广宁县政府驻地东北部
对屋崀	Duìwūlàng	农村	广宁县政府驻地东北部
上坳	Shàng'ào	农村	广宁县政府驻地东北部
大窝头	Dàwōtóu	农村	广宁县政府驻地东北部
庙背	Miàobèi	农村	广宁县政府驻地东北部
护村	Hùcūn	农村	广宁县政府驻地东北部
新公神坑村	Xīngōngshénkēngcūn	农村	广宁县政府驻地东北部
崀头	Làngtóu	农村	广宁县政府驻地东北部
柯木崀	Kēmùlàng	农村	广宁县政府驻地东北部
桂花村	Guìhuācūn	农村	广宁县政府驻地东北部
新村	Xīncūn	农村	广宁县政府驻地东北部
上进村	Shàngjìncūn	农村	广宁县政府驻地东北部
护和村	Hùhécūn	农村	广宁县政府驻地东北部
马垌	Mǎdòng	农村	广宁县政府驻地东北部
牛头崀	Niútóulàng	农村	广宁县政府驻地东北部
社朱坑尾	Shèzhūkēngwěi	农村	广宁县政府驻地东北部
洲君	Zhōujūn	农村	广宁县政府驻地东北部
新屋	Xīnwū	农村	广宁县政府驻地东北部
社坪垌	Shèpíngdòng	农村	广宁县政府驻地东北部
滑石崀	Huáshílàng	农村	广宁县政府驻地东北部
崀仔	Làngzǎi	农村	广宁县政府驻地东北部
岭脚	Lǐngjiǎo	农村	广宁县政府驻地东北部
新铺	Xīnpù	农村	广宁县政府驻地东北部
大朋垌	Dàpéngdòng	农村	广宁县政府驻地东北部
车墩	Chēdūn	农村	广宁县政府驻地东北部
马崀	Mǎlàng	农村	广宁县政府驻地东北部
茶溪村	Cháxīcūn	农村	广宁县政府驻地东北部
车洼	Chēwā	农村	广宁县政府驻地东北部

（续上表）

标准名称	汉语拼音	地名类别	相对位置
旺坳	Wàng'ào	农村	广宁县政府驻地东北部
崀坳	Làng'ào	农村	广宁县政府驻地东北部
叠田	Diétián	农村	广宁县政府驻地东北部
千洞	Qiāndòng	农村	广宁县政府驻地东北部
大塘坑	Dàtángkēng	农村	广宁县政府驻地东北部
水美崀	Shuǐměilàng	农村	广宁县政府驻地东北部
大夫田	Dàfūtián	农村	广宁县政府驻地东北部
塘梨坪	Tánglípíng	农村	广宁县政府驻地东北部
上蓝山	Shànglánshān	农村	广宁县政府驻地东部
细叉	Xìchā	农村	广宁县政府驻地东部
下蓝山	Xiàlánshān	农村	广宁县政府驻地东部
新屋	Xīnwū	农村	广宁县政府驻地东部
坑尾	Kēngwěi	农村	广宁县政府驻地东部
黄九垌	Huángjiǔdòng	农村	广宁县政府驻地东部
坑口	Kēngkǒu	农村	广宁县政府驻地东部
中坑	Zhōngkēng	农村	广宁县政府驻地东部
鱼九坝	Yújiǔbà	农村	广宁县政府驻地东部
带下	Dàixià	农村	广宁县政府驻地东部
蜜仔村	Mìzǎicūn	农村	广宁县政府驻地东北部
南山	Nánshān	农村	广宁县政府驻地东北部
大寨	Dàzhài	农村	广宁县政府驻地东北部
石坪	Shípíng	农村	广宁县政府驻地东北部
大崀	Dàlàng	农村	广宁县政府驻地东北部
前进村	Qiánjìncūn	农村	广宁县政府驻地东北部
松油坑	Sōngyóukēng	农村	广宁县政府驻地东北部
茆艿	Máonǎi	农村	广宁县政府驻地东北部
崩岗塘	Bēnggǎngtáng	农村	广宁县政府驻地东北部
石咀	Shízuǐ	农村	广宁县政府驻地东北部
细叶	Xìyè	农村	广宁县政府驻地东北部
坳仔坑	Àozǎikēng	农村	广宁县政府驻地东北部

（续上表）

标准名称	汉语拼音	地名类别	相对位置
大崀头	Dàlàngtóu	农村	广宁县政府驻地东北部
大塘下	Dàtángxià	农村	广宁县政府驻地东北部
坑口	Kēngkǒu	农村	广宁县政府驻地东北部
茶仔尾	Cházǎiwěi	农村	广宁县政府驻地东北部
中峒	Zhōngdòng	农村	广宁县政府驻地东北部
秧地峒	Yāngdìdòng	农村	广宁县政府驻地东部
和兴村	Héxìngcūn	农村	广宁县政府驻地东部
丫村	Yācūn	农村	广宁县政府驻地东部
下迳	Xiàjìng	农村	广宁县政府驻地东部
上林	Shànglín	农村	广宁县政府驻地东部
下林	Xiàlín	农村	广宁县政府驻地东部
圳下	Zhènxià	农村	广宁县政府驻地东部
崀头顶	Làngtóudǐng	农村	广宁县政府驻地东部
大崀	Dàlàng	农村	广宁县政府驻地东部
高崀	Gāolàng	农村	广宁县政府驻地东部
荷木塝	Hémùbàng	农村	广宁县政府驻地东部
大塘下	Dàtángxià	农村	广宁县政府驻地东部
湖塘	Hútáng	农村	广宁县政府驻地东部
吉古坑	Jígǔkēng	农村	广宁县政府驻地东部
来坪村	Láipíngcūn	农村	广宁县政府驻地东部
黄山坑	Huángshānkēng	农村	广宁县政府驻地东部
峒尾	Dòngwěi	农村	广宁县政府驻地东部
松仔塝	Sōngzǎibàng	农村	广宁县政府驻地东部
黄山坑尾	Huángshānkēngwěi	农村	广宁县政府驻地东部
根竹坑尾	Gēnzhúkēngwěi	农村	广宁县政府驻地东部
坑口	Kēngkǒu	农村	广宁县政府驻地东部
对头坑	Duìtóukēng	农村	广宁县政府驻地东部
大圳口	Dàzhènkǒu	农村	广宁县政府驻地东部
车对巷	Chēduìxiàng	农村	广宁县政府驻地东部
元岗	Yuángǎng	农村	广宁县政府驻地东部

（续上表）

标准名称	汉语拼音	地名类别	相对位置
崩岗下	Bēnggǎngxià	农村	广宁县政府驻地东部
石圳	Shízhèn	农村	广宁县政府驻地东部
平岗	Pínggǎng	农村	广宁县政府驻地东部
新村	Xīncūn	农村	广宁县政府驻地东部
营顶	Yíngdǐng	农村	广宁县政府驻地东部
桔杻树	Júniǔshù	农村	广宁县政府驻地东部
石坡	Shípō	农村	广宁县政府驻地东部
塘牛屈	Tángniúqū	农村	广宁县政府驻地东部
圆塘坑	Yuántángkēng	农村	广宁县政府驻地东部
径口	Jìngkǒu	农村	广宁县政府驻地东部
隔坑	Gékēng	农村	广宁县政府驻地东部
洞心	Dòngxīn	农村	广宁县政府驻地东部
企岭脚	Qǐlǐngjiǎo	农村	广宁县政府驻地东部
格坑	Gékēng	农村	广宁县政府驻地东部
杨炉径	Yánglújìng	农村	广宁县政府驻地东部
桃畔	Táopàn	农村	广宁县政府驻地东部
杨梅崀	Yángméilàng	农村	广宁县政府驻地东部
老虎坑	Lǎohǔkēng	农村	广宁县政府驻地东部
大份	Dàfèn	农村	广宁县政府驻地东部
石莲塘	Shíliántáng	农村	广宁县政府驻地东部
水寨	Shuǐzhài	农村	广宁县政府驻地东部
凿石尾	Záoshíwěi	农村	广宁县政府驻地东部
坑仔	Kēngzǎi	农村	广宁县政府驻地东部
万安里	Wàn'ānlǐ	农村	广宁县政府驻地东部
坳下	Àoxià	农村	广宁县政府驻地东部
田坪	Tiánpíng	农村	广宁县政府驻地东部
塘内	Tángnèi	农村	广宁县政府驻地东部
西坑	Xīkēng	农村	广宁县政府驻地东部
中夫	Zhōngfū	农村	广宁县政府驻地东部
牛连坑	Niúliánkēng	农村	广宁县政府驻地东部

（续上表）

标准名称	汉语拼音	地名类别	相对位置
塘尾	Tángwěi	农村	广宁县政府驻地东部
李坑	Lǐkēng	农村	广宁县政府驻地东部
罗卜屈	Luóboqū	农村	广宁县政府驻地东部
潭岭坑	Tánlǐngkēng	农村	广宁县政府驻地东部
三吉崀	Sānjílàng	农村	广宁县政府驻地东部
国基坑	Guójīkēng	农村	广宁县政府驻地东部
坑心	Kēngxīn	农村	广宁县政府驻地东部
莫坳	Mò'ào	农村	广宁县政府驻地东北部
牛眠石	Niúmiánshí	农村	广宁县政府驻地东北部
岗咀	Gǎngzuǐ	农村	广宁县政府驻地东北部
井溪	Jǐngxī	农村	广宁县政府驻地东北部
旱崀	Hànlàng	农村	广宁县政府驻地东北部
楼塝	Lóubàng	农村	广宁县政府驻地东北部
岗背	Gǎngbèi	农村	广宁县政府驻地东北部
沙屈	Shāqū	农村	广宁县政府驻地东北部
丰田	Fēngtián	农村	广宁县政府驻地东北部
冷水	Lěngshuǐ	农村	广宁县政府驻地东北部
利坑	Lìkēng	农村	广宁县政府驻地东北部
马村	Mǎcūn	农村	广宁县政府驻地东北部
矮岗头	Ǎigǎngtóu	农村	广宁县政府驻地东北部
塘面	Tángmiàn	农村	广宁县政府驻地东北部
朱带	Zhūdài	农村	广宁县政府驻地东部
甄垌	Zhēndòng	农村	广宁县政府驻地东部
前垌	Qiándòng	农村	广宁县政府驻地东部
赤堑头	Chìqiàntóu	农村	广宁县政府驻地东部
麒麟地	Qílíndì	农村	广宁县政府驻地东部
邱村	Qiūcūn	农村	广宁县政府驻地东部
骆村	Luòcūn	农村	广宁县政府驻地东部
山花	Shānhuā	农村	广宁县政府驻地东部
泮坑	Pànkēng	农村	广宁县政府驻地东部

（续上表）

标准名称	汉语拼音	地名类别	相对位置
松油	Sōngyóu	农村	广宁县政府驻地东部
横岗	Hénggǎng	农村	广宁县政府驻地东部
大氹	Dàdàng	农村	广宁县政府驻地东部
格圳	Gézhèn	农村	广宁县政府驻地东部
子君塘	Zǐjūntáng	农村	广宁县政府驻地东部
琵琶	Pípá	农村	广宁县政府驻地东部
小水坑	Xiǎoshuǐkēng	农村	广宁县政府驻地东部
炎坑	Yánkēng	农村	广宁县政府驻地东部
墩背	Dūnbèi	农村	广宁县政府驻地东部
九村崀	Jiǔcūnlàng	农村	广宁县政府驻地东部
石坎头	Shíkǎntóu	农村	广宁县政府驻地东部
塘下	Tángxià	农村	广宁县政府驻地东部
龙塘	Lóngtáng	农村	广宁县政府驻地东部
上迳	Shàngjìng	农村	广宁县政府驻地东部
下迳	Xiàjìng	农村	广宁县政府驻地东部
新村	Xīncūn	农村	广宁县政府驻地东部
烂坑	Lànkēng	农村	广宁县政府驻地东部
都头	Dōutóu	农村	广宁县政府驻地东部
崩岗塘	Bēnggǎngtáng	农村	广宁县政府驻地东部
洪塘尾	Hóngtángwěi	农村	广宁县政府驻地东部
洪塘口村	Hóngtángkǒucūn	农村	广宁县政府驻地东部
横塘基	Héngtángjī	农村	广宁县政府驻地东部
崀头岗	Làngtóugǎng	农村	广宁县政府驻地东部
乌石角	Wūshíjiǎo	农村	广宁县政府驻地东南部
黄竹塘	Huángzhútáng	农村	广宁县政府驻地东部
牛眠寨	Niúmiánzhài	农村	广宁县政府驻地东部
上黎	Shànglí	农村	广宁县政府驻地东部
龙塘新屋	Lóngtángxīnwū	农村	广宁县政府驻地东部
田心	Tiánxīn	农村	广宁县政府驻地东部
窝子寨	Wōzǐzhài	农村	广宁县政府驻地东部

(续上表)

标准名称	汉语拼音	地名类别	相对位置
长圳	Zhǎngzhèn	农村	广宁县政府驻地东南部
河洞坳	Hédòng'ào	农村	广宁县政府驻地东南部
浦合	Pǔhé	农村	广宁县政府驻地东南部
古灶	Gǔzào	农村	广宁县政府驻地东北部
茅坳村	Máo'àocūn	农村	广宁县政府驻地东北部
下沙沟	Xiàshāgōu	农村	广宁县政府驻地东北部
上沙沟	Shàngshāgōu	农村	广宁县政府驻地东北部
出水屈	Chūshuǐqū	农村	广宁县政府驻地东北部
灯头崀	Dēngtóulàng	农村	广宁县政府驻地东北部
桃花崀	Táohuālàng	农村	广宁县政府驻地东北部
坐对坑	Zuòduìkēng	农村	广宁县政府驻地东北部
里莨尾	Lǐlàngwěi	农村	广宁县政府驻地东北部
冷水坑	Lěngshuǐkēng	农村	广宁县政府驻地东北部
罗塘	Luótáng	农村	广宁县政府驻地东北部
白坟岭	Báifénlǐng	农村	广宁县政府驻地东北部
楼垌	Lóudòng	农村	广宁县政府驻地东北部
旧村	Jiùcūn	农村	广宁县政府驻地东北部
营盘	Yíngpán	农村	广宁县政府驻地东北部
塘坑口	Tángkēngkǒu	农村	广宁县政府驻地东北部
高寨	Gāozhài	农村	广宁县政府驻地东北部
塔仔下	Tǎzǎixià	农村	广宁县政府驻地东北部
佛坳	Fó'ào	农村	广宁县政府驻地东北部
山口	Shānkǒu	农村	广宁县政府驻地东北部
白马坑	Báimǎkēng	农村	广宁县政府驻地东北部
车塘	Chētáng	农村	广宁县政府驻地东北部
沙路	Shālù	农村	广宁县政府驻地东北部
旱水	Hànshuǐ	农村	广宁县政府驻地东北部
南坑	Nánkēng	农村	广宁县政府驻地东北部
田头坑	Tiántóukēng	农村	广宁县政府驻地东北部
圣坑	Shèngkēng	农村	广宁县政府驻地东北部

（续上表）

标准名称	汉语拼音	地名类别	相对位置
新屋	Xīnwū	农村	广宁县政府驻地东北部
杉口屈	Shānkǒuqū	农村	广宁县政府驻地东北部
下塘	Xiàtáng	农村	广宁县政府驻地东北部
路面	Lùmiàn	农村	广宁县政府驻地东北部
田心	Tiánxīn	农村	广宁县政府驻地东北部
串珠坑	Chuànzhūkēng	农村	广宁县政府驻地东北部
大崀	Dàlàng	农村	广宁县政府驻地东北部
新屋崀	Xīnwūlàng	农村	广宁县政府驻地东北部
田垌心	Tiándòngxīn	农村	广宁县政府驻地东北部
氹田	Dàngtián	农村	广宁县政府驻地东北部
四方坑	Sìfāngkēng	农村	广宁县政府驻地东北部
隔坑	Gékēng	农村	广宁县政府驻地东北部
杉木下	Shānmùxià	农村	广宁县政府驻地东北部
禾狸坑	Hélíkēng	农村	广宁县政府驻地东北部
庙崀	Miàolàng	农村	广宁县政府驻地东北部
磨刀坑	Módāokēng	农村	广宁县政府驻地东北部
杉屈	Shānqū	农村	广宁县政府驻地东北部
仓屋	Cāngwū	农村	广宁县政府驻地东北部
下垌	Xiàdòng	农村	广宁县政府驻地东北部
细眼塘	Xìyǎntáng	农村	广宁县政府驻地东北部
木古	Mùgǔ	农村	广宁县政府驻地东北部
拆石	Chāishí	农村	广宁县政府驻地东北部
岗禾	Gǎnghé	农村	广宁县政府驻地东部
坑头	Kēngtóu	农村	广宁县政府驻地东部
鸡公崀	Jīgōnglàng	农村	广宁县政府驻地东部
黄牛塘	Huángniútáng	农村	广宁县政府驻地东部
凤塘	Fèngtáng	农村	广宁县政府驻地东部
中塘坳	Zhōngtáng'ào	农村	广宁县政府驻地东部
马头岗	Mǎtóugǎng	农村	广宁县政府驻地东部
黎四坑	Lísìkēng	农村	广宁县政府驻地东部

（续上表）

标准名称	汉语拼音	地名类别	相对位置
企山	Qǐshān	农村	广宁县政府驻地东部
西坑	Xīkēng	农村	广宁县政府驻地东部
郭村	Guōcūn	农村	广宁县政府驻地东部
白带洞	Báidàidòng	农村	广宁县政府驻地东部
桑坑	Sāngkēng	农村	广宁县政府驻地东南部
新屋寨	Xīnwūzhài	农村	广宁县政府驻地东南部
岗美	Gǎngměi	农村	广宁县政府驻地东南部
大塘	Dàtáng	农村	广宁县政府驻地东南部
仓前岗	Cāngqiángǎng	农村	广宁县政府驻地东南部
岭尾	Lǐngwěi	农村	广宁县政府驻地东南部
带仔下	Dàizǎixià	农村	广宁县政府驻地东南部
仓头	Cāngtóu	农村	广宁县政府驻地东南部
欧坑	Ōukēng	农村	广宁县政府驻地东南部
佛仔下	Fózǎixià	农村	广宁县政府驻地东南部
石带	Shídài	农村	广宁县政府驻地东南部
东坑	Dōngkēng	农村	广宁县政府驻地东南部
石云迳	Shíyúnjìng	农村	广宁县政府驻地东南部
大坑山	Dàkēngshān	农村	广宁县政府驻地东南部
荷木塘	Hémùtáng	农村	广宁县政府驻地东南部
瓦窑塝	Wǎyáobàng	农村	广宁县政府驻地东南部
大石塘	Dàshítáng	农村	广宁县政府驻地东南部
苟塘	Gǒutáng	农村	广宁县政府驻地东南部
高寨	Gāozhài	农村	广宁县政府驻地东南部
仁厚里	Rénhòulǐ	农村	广宁县政府驻地东南部
屈子	Qūzǐ	农村	广宁县政府驻地东部
竹蔸崀	Zhúdōulàng	农村	广宁县政府驻地西南部
山塘坑	Shāntángkēng	农村	广宁县政府驻地西南部
圣塘	Shèngtáng	农村	广宁县政府驻地西北部
莲塘坑	Liántángkēng	农村	广宁县政府驻地西北部
龙颈岗	Lóngjǐnggǎng	农村	广宁县政府驻地西北部

（续上表）

标准名称	汉语拼音	地名类别	相对位置
旱塘岗	Hàntánggǎng	农村	广宁县政府驻地西北部
茶坑	Chákēng	农村	广宁县政府驻地西北部
高寨	Gāozhài	农村	广宁县政府驻地西北部
金场口	Jīnchǎngkǒu	农村	广宁县政府驻地西南部
担水坑	Dānshuǐkēng	农村	广宁县政府驻地西北部
江脚	Jiāngjiǎo	农村	广宁县政府驻地西部
龙颈	Lóngjǐng	农村	广宁县政府驻地西北部
新寨	Xīnzhài	农村	广宁县政府驻地西部
东乡塘	Dōngxiāngtáng	农村	广宁县政府驻地西部
碑记寨	Bēijìzhài	农村	广宁县政府驻地西南部
下带	Xiàdài	农村	广宁县政府驻地西北部
上带	Shàngdài	农村	广宁县政府驻地西北部
小坑崀	Xiǎokēnglàng	农村	广宁县政府驻地西部
茶地坪	Chádìpíng	农村	广宁县政府驻地西南部
里学	Lǐxué	农村	广宁县政府驻地西南部
山侧	Shāncè	农村	广宁县政府驻地西南部
石保垌	Shíbǎodòng	农村	广宁县政府驻地西南部
盐田	Yántián	农村	广宁县政府驻地西南部
三博坑	Sānbókēng	农村	广宁县政府驻地西南部
井坑	Jǐngkēng	农村	广宁县政府驻地西南部
水圳坑	Shuǐzhènkēng	农村	广宁县政府驻地西南部
石桥头	Shíqiáotóu	农村	广宁县政府驻地西南部
高排	Gāopái	农村	广宁县政府驻地西南部
布基塘	Bùjītáng	农村	广宁县政府驻地西南部
山德坑	Shāndékēng	农村	广宁县政府驻地西南部
松树弯	Sōngshùwān	农村	广宁县政府驻地西南部
车坝	Chēbà	农村	广宁县政府驻地西南部
坑口	Kēngkǒu	农村	广宁县政府驻地西南部
坑尾	Kēngwěi	农村	广宁县政府驻地西南部
务水口	Wùshuǐkǒu	农村	广宁县政府驻地西南部

(续上表)

标准名称	汉语拼音	地名类别	相对位置
祠堂	Cítáng	农村	广宁县政府驻地西南部
石禾	Shíhé	农村	广宁县政府驻地西南部
书房岗	Shūfánggǎng	农村	广宁县政府驻地西南部
双下	Shuāngxià	农村	广宁县政府驻地西南部
白崀	Báilàng	农村	广宁县政府驻地西南部
双增坑	Shuāngzēngkēng	农村	广宁县政府驻地西部
松江村	Sōngjiāngcūn	农村	广宁县政府驻地西南部
下寨	Xiàzhài	农村	广宁县政府驻地西南部
寺坑	Sìkēng	农村	广宁县政府驻地西南部
中坑	Zhōngkēng	农村	广宁县政府驻地西南部
油塘	Yóutáng	农村	广宁县政府驻地西南部
崀顶	Làngdǐng	农村	广宁县政府驻地西南部
新田	Xīntián	农村	广宁县政府驻地西南部
庆云村	Qìngyúncūn	农村	广宁县政府驻地西南部
马田峒	Mǎtiándòng	农村	广宁县政府驻地西南部
横江	Héngjiāng	农村	广宁县政府驻地西南部
冯寨村	Féngzhàicūn	农村	广宁县政府驻地西南部
坑基寨	Kēngjīzhài	农村	广宁县政府驻地西南部
上寨	Shàngzhài	农村	广宁县政府驻地西南部
寺山	Sìshān	农村	广宁县政府驻地西南部
下崀	Xiàlàng	农村	广宁县政府驻地西南部
欧坑村	Ōukēngcūn	农村	广宁县政府驻地西南部
上崀	Shànglàng	农村	广宁县政府驻地西南部
瓦厂	Wǎchǎng	农村	广宁县政府驻地西南部
塘辽	Tángliáo	农村	广宁县政府驻地西南部
寨心	Zhàixīn	农村	广宁县政府驻地西南部
葫芦	Húlú	农村	广宁县政府驻地西南部
新龙	Xīnlóng	农村	广宁县政府驻地西南部
江蚌	Jiāngbàng	农村	广宁县政府驻地西南部
上寨	Shàngzhài	农村	广宁县政府驻地西南部

（续上表）

标准名称	汉语拼音	地名类别	相对位置
福厚	Fúhòu	农村	广宁县政府驻地西南部
塘边	Tángbiān	农村	广宁县政府驻地西南部
更坳	Gèng'ào	农村	广宁县政府驻地西南部
罗塘	Luótáng	农村	广宁县政府驻地西南部
坑尾	Kēngwěi	农村	广宁县政府驻地西南部
江根	Jiānggēn	农村	广宁县政府驻地西南部
上径	Shàngjìng	农村	广宁县政府驻地西南部
下径	Xiàjìng	农村	广宁县政府驻地西南部
南洲	Nánzhōu	农村	广宁县政府驻地西南部
黄均	Huángjūn	农村	广宁县政府驻地西南部
拆石	Chāishí	农村	广宁县政府驻地西南部
六屋	Liùwū	农村	广宁县政府驻地西南部
车坡村	Chēpōcūn	农村	广宁县政府驻地西南部
井边	Jǐngbiān	农村	广宁县政府驻地西南部
黄竹崀	Huángzhúlàng	农村	广宁县政府驻地西南部
新屋	Xīnwū	农村	广宁县政府驻地西南部
格水洲	Géshuǐzhōu	农村	广宁县政府驻地西南部
学良	Xuéliáng	农村	广宁县政府驻地西南部
坑尾	Kēngwěi	农村	广宁县政府驻地西南部
天塘	Tiāntáng	农村	广宁县政府驻地西南部
车厂	Chēchǎng	农村	广宁县政府驻地西南部
新屋	Xīnwū	农村	广宁县政府驻地西南部
车下	Chēxià	农村	广宁县政府驻地西南部
罗康	Luókāng	农村	广宁县政府驻地西南部
横坑	Héngkēng	农村	广宁县政府驻地西南部
白屋	Báiwū	农村	广宁县政府驻地西南部
地豆坪	Dìdòupíng	农村	广宁县政府驻地西南部
清水口	Qīngshuǐkǒu	农村	广宁县政府驻地西南部
称架	Chēngjià	农村	广宁县政府驻地西南部
东边坑	Dōngbiānkēng	农村	广宁县政府驻地西南部

（续上表）

标准名称	汉语拼音	地名类别	相对位置
石门	Shímén	农村	广宁县政府驻地西南部
井口	Jǐngkǒu	农村	广宁县政府驻地西南部
茂莲	Màolián	农村	广宁县政府驻地西南部
更口	Gèngkǒu	农村	广宁县政府驻地西南部
双降	Shuāngjiàng	农村	广宁县政府驻地西南部
上崀	Shànglàng	农村	广宁县政府驻地西南部
义和	Yìhé	农村	广宁县政府驻地西南部
竹高崀	Zhúgāolàng	农村	广宁县政府驻地西南部
粗石口	Cūshíkǒu	农村	广宁县政府驻地西南部
二坑	Èrkēng	农村	广宁县政府驻地西南部
黄沙口	Huángshākǒu	农村	广宁县政府驻地西南部
高田坑	Gāotiánkēng	农村	广宁县政府驻地西南部
松树㴒	Sōngshùbì	农村	广宁县政府驻地西南部
芒头坝	Mángtóubà	农村	广宁县政府驻地西南部
浪塘	Làngtáng	农村	广宁县政府驻地西南部
粗石尾	Cūshíwěi	农村	广宁县政府驻地西南部
公路头	Gōnglùtóu	农村	广宁县政府驻地西南部
天坳岗	Tiān'àogǎng	农村	广宁县政府驻地西南部
马鸟口	Mǎniǎokǒu	农村	广宁县政府驻地西南部
下塅	Xiàduàn	农村	广宁县政府驻地西南部
仙伯塘	Xiānbótáng	农村	广宁县政府驻地西南部
金坑口	Jīnkēngkǒu	农村	广宁县政府驻地西南部
湖洋子	Húyángzǐ	农村	广宁县政府驻地西南部
西马坑	Xīmǎkēng	农村	广宁县政府驻地西南部
青皮	Qīngpí	农村	广宁县政府驻地西南部
下山坪	Xiàshānpíng	农村	广宁县政府驻地西南部
长坑口	Zhǎngkēngkǒu	农村	广宁县政府驻地西南部
路上崀	Lùshànglàng	农村	广宁县政府驻地西南部
柯木坪	Kēmùpíng	农村	广宁县政府驻地西南部
印塘	Yìntáng	农村	广宁县政府驻地西南部

（续上表）

标准名称	汉语拼音	地名类别	相对位置
赤黎	Chìlí	农村	广宁县政府驻地西北部

（五）交通运输设施类

1. 公路运输、城镇交通运输

标准名称	汉语拼音	地名类别	相对位置	起讫点
二广高速	Èrguǎng Gāosù	国道	广宁县西北部	内蒙古自治区二连浩特市—广东省广州市
岭莲公路	Lǐnglián Gōnglù	省道	广宁县东北部	清远市阳山县岭背—鼎湖区莲花镇
石涧至禄步公路	Shíjiàn Zhì Lùbù Gōnglù	省道	广宁县西北部	石涧绥江大桥接连大公路处—高要禄步
连大公路	Liándà Gōnglù	省道	广宁县西南部	连山县城—四会市大沙
珠木公路	Zhūmù Gōnglù	省道	广宁县东北部	牛坟岗—木格
怀集至悦城公路	Huáijí Zhì Yuèchéng Gōnglù	省道	广宁县西南部	怀集县怀城镇—德庆县悦城镇
国浸公路	Guójìn Gōnglù	县道	广宁县东北部	国光村—浸米村
平水至宾亨公路	Píngshuǐ Zhì Bīnhēng Gōnglù	县道	广宁县西南部	平水—宾亨
南北公路	Nánběi Gōnglù	县道	广宁县西北部	南街—北市
甘赤公路	Gānchì Gōnglù	县道	广宁县东北部	甘洒—赤坑
古三公路	Gǔsān Gōnglù	县道	广宁县东南部	古水—三驳
九什公路	Jiǔshí Gōnglù	县道	广宁县西南部	九云—什洞
古永公路	Gǔyǒng Gōnglù	县道	广宁县西北部	古水—分界
东江公路	Dōngjiāng Gōnglù	县道	广宁县西南部	东乡—江积
荔横公路	Lìhéng Gōnglù	县道	广宁县西南部	荔洞—横山
石古公路	Shígǔ Gōnglù	县道	广宁县西北部	石梅—古水
柯螺公路	Kēluó Gōnglù	县道	广宁县东北部	柯木—螺岗
南排公路	Nánpái Gōnglù	县道	广宁县东南部	南街—排沙
春中公路	Chūnzhōng Gōnglù	县道	广宁县东南部	春水社区—中华村

(续上表)

标准名称	汉语拼音	地名类别	相对位置	起讫点
石诗公路	Shíshī Gōnglù	县道	广宁县西北部	石咀—诗洞
江潭公路	Jiāngtán Gōnglù	县道	广宁县东南部	分界—潭布
白清公路	Báiqīng Gōnglù	县道	广宁县西南部	罗塘—清桂
蕉良公路	Jiāoliáng Gōnglù	乡道	广宁县西南部	焦坑—良村
蚌白公路	Bàngbái Gōnglù	乡道	广宁县西南部	蚌米口—白土坑
九金公路	Jiǔjīn Gōnglù	乡道	广宁县西南部	九云—金坑
合沙公路	Héshā Gōnglù	乡道	广宁县西南部	合坑—沙心
石礼公路	Shílǐ Gōnglù	乡道	广宁县西部	石咀—礼洞
同乌公路	Tóngwū Gōnglù	乡道	广宁县东北部	同文—乌板小学
浸深公路	Jìnshēn Gōnglù	乡道	广宁县东北部	浸米—深坑
林黄公路	Línhuáng Gōnglù	乡道	广宁县东北部	林屋—黄竹峡
塘浦公路	Tángpǔ Gōnglù	乡道	广宁县东部	塘下—浦合
潭前公路	Tánqián Gōnglù	乡道	广宁县东北部	潭布—前洞
潭苏公路	Tánsū Gōnglù	乡道	广宁县东部	潭布—苏田
花阳公路	Huāyáng Gōnglù	乡道	广宁县东北部	花山—阳山分界
花福公路	Huāfú Gōnglù	乡道	广宁县东北部	花山—福排
蕉大公路	Jiāodà Gōnglù	乡道	广宁县西南部	焦坑—大崀头
镇梅公路	Zhènméi Gōnglù	乡道	广宁县西南部	镇源—梅仔坪
大勿公路	Dàwù Gōnglù	乡道	广宁县西南部	大坪田—勿祖坑
蕉大公路	Jiāodà Gōnglù	乡道	广宁县西南部	焦坑—大坪崀
平新公路	Píngxīn Gōnglù	乡道	广宁县西北部	平岗—新村
南周公路	Nánzhōu Gōnglù	乡道	广宁县西南部	南街—周坑
红扶公路	Hóngfú Gōnglù	乡道	广宁县西南部	红星—扶楼
赛京公路	Sàijīng Gōnglù	乡道	广宁县西南部	赛洞—京溪
林拆公路	Línchāi Gōnglù	乡道	广宁县西南部	林洞—拆石
横石公路	Héngshí Gōnglù	乡道	广宁县西南部	横迳—石咀
古带公路	Gǔdài Gōnglù	乡道	广宁县西南部	古楼—带心
下星公路	Xiàxīng Gōnglù	乡道	广宁县西南部	下蚌—星平
上江公路	Shàngjiāng Gōnglù	乡道	广宁县西南部	上碲—江屯
江邓公路	Jiāngdèng Gōnglù	乡道	广宁县东北部	江美—呈仔坑

（续上表）

标准名称	汉语拼音	地名类别	相对位置	起讫点
带黄公路	Dàihuáng Gōnglù	乡道	广宁县东南部	带下—黄九垌
古深公路	Gǔshēn Gōnglù	乡道	广宁县东北部	古灶—深坑
蚌盆公路	Bàngpén Gōnglù	乡道	广宁县东南部	蚌溪—盆八
官本公路	Guānběn Gōnglù	乡道	广宁县西南部	官步—本策
永中公路	Yǒngzhōng Gōnglù	乡道	广宁县南部	永泰—中村
都岭公路	Dōulǐng Gōnglù	乡道	广宁县西南部	都委—岭圳坑
大南公路	Dànán Gōnglù	乡道	广宁县东南部	大罗—南蛇
赤赤公路	Chìchì Gōnglù	乡道	广宁县西南部	赤坑—赤坑尾
西白公路	Xībái Gōnglù	乡道	广宁县南部	西林—白水带
横格公路	Hénggé Gōnglù	乡道	广宁县东南部	横坑—格岭
拆下公路	Chāixià Gōnglù	乡道	广宁县东北部	拆石口—下垌
贝螺公路	Bèiluó Gōnglù	乡道	广宁县东北部	贝垌—螺岗
合木公路	Hémù Gōnglù	乡道	广宁县东北部	合成—木龙
带白公路	Dàibái Gōnglù	乡道	广宁县西南部	带洞—白花
厚马公路	Hòumǎ Gōnglù	乡道	广宁县南部	厚慈坑—马仔坑
宾高公路	Bīngāo Gōnglù	乡道	广宁县西南部	宾亨—高崀
称柯公路	Chēngkē Gōnglù	乡道	广宁县西南部	称架—柯木坪
排塘公路	Páitáng Gōnglù	乡道	广宁县东南部	排沙—塘尾
七曾公路	Qīcéng Gōnglù	乡道	广宁县西南部	七星铺—曾洞坑
石木公路	Shímù Gōnglù	乡道	广宁县东北部	石桥崀—木洞
合狗公路	Hégǒu Gōnglù	乡道	广宁县南部	合坑—狗失村
扶追公路	Fúzhuī Gōnglù	乡道	广宁县东北部	扶楼—追坑
大坑公路	Dàkēng Gōnglù	乡道	广宁县西北部	大潭口—坑尾
南石公路	Nánshí Gōnglù	乡道	广宁县西南部	南村—石梅崀
宾寺公路	Bīnsì Gōnglù	乡道	广宁县南部	宾亨—寺湾
坳黄公路	Àohuáng Gōnglù	乡道	广宁县东北部	坳仔—黄坭塘
赤汶公路	Chìwèn Gōnglù	乡道	广宁县南部	赤坑—汶水
石单公路	Shídān Gōnglù	乡道	广宁县西北部	石咀—单源坑尾
石莫公路	Shímò Gōnglù	乡道	广宁县东南部	石涧—莫坑
坑上公路	Kēngshàng Gōnglù	乡道	广宁县东南部	坑洲—上荣山

（续上表）

标准名称	汉语拼音	地名类别	相对位置	起讫点
大倒公路	Dàdǎo Gōnglù	乡道	广宁县西北部	大垌—倒流
牛新公路	Niúxīn Gōnglù	乡道	广宁县西北部	牛岐口—新屋
云坑公路	Yúnkēng Gōnglù	乡道	广宁县西南部	云溪—坑尾
浸丰公路	Jìnfēng Gōnglù	乡道	广宁县东北部	浸米—丰田坑
罗沙公路	Luóshā Gōnglù	乡道	广宁县西南部	罗锅口—沙口
厚启公路	Hòuqǐ Gōnglù	乡道	广宁县西南部	厚溪—启昌
八田公路	Bātián Gōnglù	乡道	广宁县东南部	八一—田心
永社公路	Yǒngshè Gōnglù	乡道	广宁县西北部	永平—社洞村
赤塘公路	Chìtáng Gōnglù	乡道	广宁县北部	赤水—塘村
沙旱公路	Shāhàn Gōnglù	乡道	广宁县东南部	沙心—旱塘
岗塘公路	Gǎngtáng Gōnglù	乡道	广宁县西南部	岗坪—塘坳
高石公路	Gāoshí Gōnglù	乡道	广宁县东北部	高桥—石屋
罗宽公路	Luókuān Gōnglù	乡道	广宁县西南部	罗帏—宽塘
扶崩公路	Fúbēng Gōnglù	乡道	广宁县东北部	扶落口—崩坑尾
木下公路	Mùxià Gōnglù	乡道	广宁县东南部	木源—下八
黄苍公路	Huángcāng Gōnglù	乡道	广宁县东北部	黄茅坪—苍岚
石杨公路	Shíyáng Gōnglù	乡道	广宁县西南部	石羊—杨梅坑
蒙音公路	Méngyīn Gōnglù	乡道	广宁县西北部	蒙坑口—音坑
花田公路	Huātián Gōnglù	乡道	广宁县东北部	花山—田崀
云枫公路	Yúnfēng Gōnglù	乡道	广宁县西南部	云溪—枫树崀
岭大公路	Lǐngdà Gōnglù	乡道	广宁县西南部	岭圳坑—大夫田
横大公路	Héngdà Gōnglù	乡道	广宁县西南部	横山社区—大崀头
社珠公路	Shèzhū Gōnglù	乡道	广宁县西南部	社村—珠坑尾
建灯公路	Jiàndēng Gōnglù	乡道	广宁县西南部	建中—灯心塘
塘点公路	Tángdiǎn Gōnglù	乡道	广宁县东南部	塘尾—点竹
蚌旺公路	Bàngwàng Gōnglù	乡道	广宁县东南部	蚌溪—旺马头
担早公路	Dānzǎo Gōnglù	乡道	广宁县东南部	担垌—早禾塘
白长公路	Báizhǎng Gōnglù	乡道	广宁县东部	白石领脚—长安
赤车公路	Chìchē Gōnglù	乡道	广宁县北部	赤水—车田

（续上表）

标准名称	汉语拼音	地名类别	相对位置	起讫点
赤良公路	Chìliáng Gōnglù	乡道	广宁县北部	赤水—良纯坑
粗高公路	Cūgāo Gōnglù	乡道	广宁县西南部	粗石口—高田坑
倒猪公路	Dǎozhū Gōnglù	乡道	广宁县东北部	倒坑—猪麣坑
富松公路	Fùsōng Gōnglù	乡道	广宁县东北部	富溪—松木塘
高大公路	Gāodà Gōnglù	乡道	广宁县东北部	高坪—大寨
古连公路	Gǔlián Gōnglù	乡道	广宁县西北部	古水—连石
古桃公路	Gǔtáo Gōnglù	乡道	广宁县东南部	古楼—桃畔
合云公路	Héyún Gōnglù	乡道	广宁县北部	合坑—云雾塘
黄牛公路	Huángniú Gōnglù	乡道	广宁县东北部	黄盆—牛尿塘
黄圣公路	Huángshèng Gōnglù	乡道	广宁县东北部	黄盆—圣公塘
黄下公路	Huángxià Gōnglù	乡道	广宁县东南部	黄盆—下崀
惠瓦公路	Huìwǎ Gōnglù	乡道	广宁县东北部	惠爱—瓦屋
江大公路	Jiāngdà Gōnglù	乡道	广宁县西南部	江美坪—大坑山
金西公路	Jīnxī Gōnglù	乡道	广宁县西南部	金坑口—西马坑
柯石公路	Kēshí Gōnglù	乡道	广宁县西南部	柯木坪—石羊脚
坑西公路	Kēngxī Gōnglù	乡道	广宁县东北部	坑口—西坑
坑下公路	Kēngxià Gōnglù	乡道	广宁县东北部	坑口—下荣
冷大公路	Lěngdà Gōnglù	乡道	广宁县东北部	冷水—大坪
鲤办公路	Lǐbàn Gōnglù	乡道	广宁县东北部	鲤鱼岗—办氹塘
龙黄公路	Lónghuáng Gōnglù	乡道	广宁县东北部	龙船咀—黄坭塘
螺塘公路	Luótáng Gōnglù	乡道	广宁县东北部	螺源—塘坑崀
木串公路	Mùchuàn Gōnglù	乡道	广宁县东北部	木古—串珠坑
社宝公路	Shèbǎo Gōnglù	乡道	广宁县西北部	社坳—宝坑
社湖公路	Shèhú Gōnglù	乡道	广宁县东北部	社岗—湖塘
社吉公路	Shèjí Gōnglù	乡道	广宁县东北部	社岗—吉古坑
深文公路	Shēnwén Gōnglù	乡道	广宁县东北部	深塘—文坑
石带公路	Shídài Gōnglù	乡道	广宁县东南部	石坡—带仔下
石石公路	Shíshí Gōnglù	乡道	广宁县东部	石马—石马顶
水坳公路	Shuǐ'ào Gōnglù	乡道	广宁县东部	水寨—坳下
潭马公路	Tánmǎ Gōnglù	乡道	广宁县东部	谭布—石马坑

（续上表）

标准名称	汉语拼音	地名类别	相对位置	起讫点
天黄公路	Tiānhuáng Gōnglù	乡道	广宁县西南部	天心—黄坭塘
旺坑公路	Wàngkēng Gōnglù	乡道	广宁县东北部	旺垌—坑仔
乌三公路	Wūsān Gōnglù	乡道	广宁县东北部	乌石垌—三厂
下下公路	Xiàxià Gōnglù	乡道	广宁县东北部	下迳—下梅坑
小和公路	Xiǎohé Gōnglù	乡道	广宁县西北部	小益—和兴
宜上公路	Yíshàng Gōnglù	乡道	广宁县东南部	宜洞—上塘
玉钟公路	Yùzhōng Gōnglù	乡道	广宁县西北部	玉坑口—钟屋
镇桂公路	Zhènguì Gōnglù	乡道	广宁县西南部	镇源—桂塘
中崩公路	Zhōngbēng Gōnglù	乡道	广宁县东北部	中华—崩岗塘
中茶公路	Zhōngchá Gōnglù	乡道	广宁县东北部	中垌—茶仔尾
庄桃公路	Zhuāngtáo Gōnglù	乡道	广宁县西南部	庄源—桃坑
追上公路	Zhuīshàng Gōnglù	乡道	广宁县西北部	追坑—上坑
人民路	Rénmín Lù	主干路	广宁县中部	环城西路—广宁大道交汇点
环城西路	Huánchéng Xīlù	主干路	广宁县中部	南坤大道—百盈大道与新宁北路交汇点
环城东路	Huánchéng Dōnglù	主干路	广宁县中部	东风桥—五一路新宁南路交界处
环城路	Huánchéng Lù	主干路	广宁县中部	南东二路—广玉路交叉口
五一东路	Wǔyī Dōnglù	次干路	广宁县东南部	环城东路—广玉路交汇点
五一路	Wǔyī Lù	次干路	广宁县东南部	环城西路—南东一路交汇点
永青路	Yǒngqīng Lù	次干路	广宁县中部	中华中路、中华西路交汇点—百盈东路交汇点
新宁南路	Xīnníng Nánlù	次干路	广宁县城南街镇区中部	朝阳东路、朝阳西路交汇点—中华东路交汇点
朝阳东路	Cháoyáng Dōnglù	次干路	广宁县南街镇县城	新宁南路—中华东路交汇点

（续上表）

标准名称	汉语拼音	地名类别	相对位置	起讫点
朝阳西路	Cháoyáng Xīlù	次干路	广宁县南街镇县城	新宁南路—农林路交汇点
中华西路	Zhōnghuá Xīlù	次干路	广宁县中部	百盈大道—中华中路交汇点
新宁北路	Xīnníng Běilù	次干路	广宁县中部	中华中路、中华东路交汇点—环城北路交汇点
环城北路	Huánchéng Běilù	次干路	广宁县南街镇县城	新宁北路—中华东路交汇点
中华东路	Zhōnghuá Dōnglù	次干路	广宁县城南街镇区中部	中华中路—新宁北路交汇点
中华中路	Zhōnghuá Zhōnglù	次干路	广宁县城南街镇区中部	中华西路—中华东路交汇点
南东一路	Nándōng 1 Lù	次干路	广宁县南街镇县城	南东二路—广玉路交叉口
南东二路	Nándōng 2 Lù	次干路	广宁县中部	大迳桥—南东一路和百盈大道交汇点
南东三路	Nándōng 3 Lù	次干路	广宁县中部	南东四路—大迳桥交汇点
螺岗街	Luógǎng Jiē	支路	广宁县政府驻地东北部	——
常绿路	Chánglù Lù	支路	广宁县东南部	522乡道交叉口—仙鹤路、春风路交汇点
春风路	Chūnfēng Lù	支路	广宁县东南部	长绿路—仙鹤路
沿江路	Yánjiāng Lù	支路	广宁县中部	南东二路绕江边—南东二路大迳桥
强信路	Qiángxìn Lù	支路	广宁县中部	沿江路—南东二路
和合路	Héhé Lù	支路	广宁县中部	南东二路—沿江路
庄前西路	Zhuāngqián Xīlù	支路	广宁县中部	南坤大道—明润鞋业广宁分厂
圣堂二路	Shèngtáng 2 Lù	支路	广宁县中部	南坤大道—融企业广宁分公司

(续上表)

标准名称	汉语拼音	地名类别	相对位置	起讫点
仙鹅路	Xiān'é Lù	支路	广宁县县城中部	水圳村村道—春风路
德胜街	Déshèng Jiē	支路	广宁县中部	南东一路—环城西路
东乡街	Dōngxiāng Jiē	支路	广宁县中部	——
达信路	Dáxìn Lù	支路	广宁县中部	强信路—沿江路
聚宝路	Jùbǎo Lù	支路	广宁县中部	沿江路
康乐路	Kānglè Lù	支路	广宁县中部	南东二路—聚宝路
红卫路	Hóngwèi Lù	支路	广宁县南街镇县城	——
文化路	Wénhuà Lù	支路	广宁县南街镇县城	新宁南路—朝阳东路
农林路	Nónglín Lù	支路	广宁县南街镇县城	南街桥—新宁南路
其鉴路	Qíjiàn Lù	支路	广宁县中部	环城东路—350省道
圣堂一路	Shèngtáng 1 Lù	支路	广宁县南街镇县城	523乡道—百盈大道
多宝一路	Duōbǎo 1 Lù	支路	广宁县南街镇县城	百盈大道交叉口—广宁县三多幼儿园
百盈大道	Bǎiyíng Dàdào	支路	广宁县县城中部	百盈大道—城南大道
百盈东路	Bǎiyíng Dōnglù	支路	广宁县南街镇县城	广宁县城市中心广场—环城北路
其鉴北路	Qíjiàn Běilù	支路	广宁县南街镇县城	广宁县新楼幼儿园—350省道
银岗路	Yíngǎng Lù	支路	广宁县南街镇县城	十三行桥—教育大道
穗祥西路	Suìxiáng Xīlù	支路	广宁县南街镇县城	——
穗祥东路	Suìxiáng Dōnglù	支路	广宁县南街镇县城	——

2. 铁路运输

标准名称	汉语拼音	地名类别	相对位置	起讫点
贵广高速铁路	Guìguǎng Gāosù Tiělù	铁路	广宁县西部	贵州省贵阳市—广东省广州市

3. 桥梁

标准名称	汉语拼音	地名类别	相对位置	所在线路	所跨河流（道路）
石洞绥江大桥	Shídòng Suíjiāng Dàqiáo	桥梁	广宁县政府驻地南部	石禄线	绥江
小坑桥	Xiǎokēng Qiáo	桥梁	广宁县政府驻地西北部	——	桥永固河
正兴桥	Zhèngxìng Qiáo	桥梁	广宁县政府驻地西北部	——	石羊河
社坑桥	Shèkēng Qiáo	桥梁	广宁县政府驻地西北部	——	石羊、涩洞
中塘桥	Zhōngtáng Qiáo	桥梁	广宁县政府驻地西北部	——	玉坑口
湘下大桥	Xiāngxià Dàqiáo	桥梁	广宁县政府驻地西北部	——	永固河
江坳桥	Jiāng'ào Qiáo	桥梁	广宁县政府驻地西北部	——	永固河
贤洞东边桥	Xiándòngdōngbiān Qiáo	桥梁	广宁县政府驻地西北部	——	永固河
古水绥江大桥	Gǔshuǐ Suíjiāng Dàqiáo	桥梁	广宁县政府驻地西北部	县道419线	绥江
蒲塘桥	Pútáng Qiáo	桥梁	广宁县政府驻地西北部	——	永固河
麻崀桥	Málàng Qiáo	桥梁	广宁县政府驻地西北部	——	古水河
付竹桥	Fùzhú Qiáo	桥梁	广宁县政府驻地西北部	——	古水河
福船桥	Fúchuán Qiáo	桥梁	广宁县政府驻地西北部	——	古水河
上坑桥	Shàngkēng Qiáo	桥梁	广宁县政府驻地西北部	——	古水河
道金桥	Dàojīn Qiáo	桥梁	广宁县政府驻地西北部	——	古水河
麦坑大桥	Màikēng Dàqiáo	桥梁	广宁县政府驻地西北部	县道	永固河
古水河大桥	Gǔshuǐhé Dàqiáo	桥梁	广宁县政府驻地西北部	连大线	古水河
水月大桥	Shuǐyuè Dàqiáo	桥梁	广宁县政府驻地东北部	——	漫水河
河口桥	Hékǒu Qiáo	桥梁	广宁县政府驻地东北部	S260公路与岭连公路交叉口	漫水河
塘村桥	Tángcūn Qiáo	桥梁	广宁县政府驻地东北部	——	马洞河
坑口桥	Kēngkǒu Qiáo	桥梁	广宁县政府驻地东北部	——	古水河

(续上表)

标准名称	汉语拼音	地名类别	相对位置	所在线路	所跨河流（道路）
赤水桥	Chìshuǐ Qiáo	桥梁	广宁县政府驻地东北部	——	古水河
龙塘桥	Lóngtáng Qiáo	桥梁	广宁县政府驻地西北部	县道443线	
接龙桥	Jiēlóng Qiáo	桥梁	广宁县政府驻地西北部	——	西门水
青云桥	Qīngyún Qiáo	桥梁	广宁县政府驻地西北部	县道	
永平桥	Yǒngpíng Qiáo	桥梁	广宁县政府驻地西北部	县道443线	星坪河
六曹桥	Liùcáo Qiáo	桥梁	广宁县政府驻地东北部	县道443线	扶楼河
平岗桥	Pínggǎng Qiáo	桥梁	广宁县政府驻地东北部	县道443线	星平河
十三行桥	Shísānháng Qiáo	桥梁	广宁县政府驻地西北部	县道443线	南街河
五一桥	Wǔyī Qiáo	桥梁	广宁县政府驻地东南部	县道443线	南街河
一中桥	Yīzhōng Qiáo	桥梁	广宁县政府驻地东北部	——	南街河
宁师桥	Níngshī Qiáo	桥梁	广宁县政府驻地西北部		南街河
红星桥	Hóngxīng Qiáo	桥梁	广宁县政府驻地东北部		南街河
洞顶桥	Dòngdǐng Qiáo	桥梁	广宁县政府驻地东南部		
泮里桥	Pànlǐ Qiáo	桥梁	广宁县政府驻地东南部		
长岗桥	Zhǎnggǎng Qiáo	桥梁	广宁县政府驻地东南部		
东乡绥江大桥	Dōngxiāng Suíjiāng Dàqiáo	桥梁	广宁县政府驻地西南部	江（屯）禄（步）	绥江
扶楼桥	Fúlóu Qiáo	桥梁	广宁县政府驻地东北部	县道443线	——
蚁坑一村桥	Yǐkēngyīcūn Qiáo	桥梁	广宁县政府驻地西北部	县道444线	石咀水
洞尾桥	Dòngwěi Qiáo	桥梁	广宁县政府驻地西北部	县道444线	石咀水
学校桥	Xuéxiào Qiáo	桥梁	广宁县政府驻地西北部	县道444线	石咀水
杨力桥	Yánglì Qiáo	桥梁	广宁县政府驻地西北部	县道444线	石咀水
蚁坑二村桥	Yǐkēng'èrcūn Qiáo	桥梁	广宁县政府驻地西北部	县道444线	石咀水
蚁坑三村桥	Yǐkēngsāncūn Qiáo	桥梁	广宁县政府驻地西北部	县道444线	石咀水
浪沙桥	Làngshā Qiáo	桥梁	广宁县政府驻地西北部	县道444线	石咀水
邵田桥	Shàotián Qiáo	桥梁	广宁县政府驻地西北部	县道444线	石咀水
南径桥	Nánjìng Qiáo	桥梁	广宁县政府驻地西北部	县道444线	石咀水
江布二桥	Jiāngbù 2 Qiáo	桥梁	广宁县西南部	——	宾亨河

（续上表）

标准名称	汉语拼音	地名类别	相对位置	所在线路	所跨河流（道路）
江布一桥	Jiāngbù 1 Qiáo	桥梁	广宁县西南部	——	宾亨河
蕉坑桥	Jiāokēng Qiáo	桥梁	广宁县西南部	——	宾亨河

4. 其他类

标准名称	汉语拼音	级别类别	相对位置
石涧车站	Shíjiàn Chēzhàn	长途汽车站	广宁县政府驻地东南部
古水客运站	Gǔshuǐ Kèyùnzhàn	长途汽车站	广宁县政府驻地西南部
江屯安捷客运站	Jiāngtún Ānjié Kèyùnzhàn	长途汽车站	广宁县政府驻地东北部
广宁县粤运汽车站	Guǎngníng Xiàn Yuèyùn Qìchēzhàn	长途汽车站	广宁县政府驻地西南部
广宁站	Guǎngníng Zhàn	火车站	广宁县政府驻地西南部
下碲道班	Xiàdì Dàobān	道班	广宁县政府驻地西北部
石涧加油站	Shíjiàn Jiāyóuzhàn	加油站	广宁县政府驻地南部
中国石油加油站	Zhōngguóshíyóu Jiāyóuzhàn	加油站	广宁县政府驻地西北部
中国石化肇庆广宁雄风加油站	Zhōngguóshíhuà Zhàoqìng Guǎngníng Xióngfēng Jiāyóuzhàn	加油站	广宁县政府驻地西北部
中国石化古水加油站	Zhōngguóshíhuà Gǔshuǐ Jiāyóuzhàn	加油站	广宁县政府驻地西北部
中国石化宁城加油站	Zhōngguóshíhuà Níngchéng Jiāyóuzhàn	加油站	广宁县政府驻地西南部
中国石油加油站	Zhōngguóshíyóu Jiāyóuzhàn	加油站	广宁县政府驻地西南部
中国石油红星加油站	Zhōngguóshíyóu Hóngxīng Jiāyóuzhàn	加油站	广宁县政府驻地东北部
中国石油加油站	Zhōngguóshíyóu Jiāyóuzhàn	加油站	广宁县政府驻地西南部
中国石化南东加油站	Zhōngguóshíhuà Nándōng Jiāyóuzhàn	加油站	广宁县政府驻地西南部
中国石油五和加油站	Zhōngguóshíyóu Wǔhé Jiāyóuzhàn	加油站	广宁县政府驻地西南部

（六）水利、电力、通信设施类

标准名称	汉语拼音	地名类别	相对位置
六丁水库	Liùdīng Shuǐkù	水库	广宁县政府驻地东北部

（续上表）

标准名称	汉语拼音	地名类别	相对位置
花山水库	Huāshān Shuǐkù	水库	广宁县政府驻地东北部
中村蛤坑口水库	Zhōngcūn Hákēngkǒu Shuǐkù	水库	广宁县政府驻地南部
中村水库	Zhōngcūn Shuǐkù	水库	广宁县政府驻地南部
宜洞水库	Yídòng Shuǐkù	水库	广宁县政府驻地东南部
江积龙坑水库	Jiāngjī Lóngkēng Shuǐkù	水库	广宁县政府驻地西南部
七星水库	Qīxīng Shuǐkù	水库	广宁县政府驻地西部
湖龙塘	Húlóng Táng	水库	广宁县政府驻地西南部
路田水库	Lùtián Shuǐkù	水库	广宁县政府驻地西南部
毕陇水库	Bìlǒng Shuǐkù	水库	广宁县政府驻地西南部
带坑水库	Dàikēng Shuǐkù	水库	广宁县政府驻地东北部
牛尿塘水库	Niúniàotáng Shuǐkù	水库	广宁县政府驻地东北部
石坎冲水库	Shíkǎnchōng Shuǐkù	水库	广宁县政府驻地东南部
上石羊水库	Shàngshíyáng Shuǐkù	水库	广宁县政府驻地东南部
天心水库	Tiānxīn Shuǐkù	水库	广宁县政府驻地西南部
拉狗塘	Lāgǒu Táng	池塘	广宁县政府驻地东北部
子母塘	Zǐmǔ Táng	池塘	广宁县政府驻地西北部
辣菜塘	Làcài Táng	池塘	广宁县政府驻地西南部
塘溪小塘	Tángxī Xiǎotáng	池塘	广宁县政府驻地西南部
坳仔山塘	Àozǎishān Táng	池塘	广宁县政府驻地西北部
井合塘	Jǐnghé Táng	池塘	广宁县政府驻地东部
三站水塘	Sānzhàn Shuǐtáng	池塘	广宁县政府驻地东南部
容家塘	Róngjiā Táng	池塘	广宁县政府驻地西南部

（七）纪念地、旅游胜地类

标准名称	汉语拼音	地名类别	相对位置
广宁县委旧址	Guǎngníng Xiànwěi Jiùzhǐ	事件纪念地	广宁县政府驻地东南部
广宁县第十四区农民协会旧址	Guǎngníng Xiàn Dì14qū Nóngmínxiéhuì Jiùzhǐ	事件纪念地	广宁县政府驻地东南部
广宁县农民协会旧址	Guǎngníng Xiàn Nóngmínxiéhuì Jiùzhǐ	事件纪念地	广宁县政府驻地东北部
广宁县烈士陵园	Guǎngníng Xiàn Lièshì Língyuán	事件纪念地	广宁县政府驻地西南部

（续上表）

标准名称	汉语拼音	地名类别	相对位置
广宁县基督教东门礼拜堂	Guǎngníng Xiàn Jīdūjiào Dōngmén Lǐbài Táng	教堂	广宁县政府驻地西部
厚溪勒封指挥庙	Hòuxī Lèfēngzhǐhuī Miào	教堂	广宁县政府驻地西南部
翠竹公园	Cuìzhú Gōngyuán	公园	广宁县政府驻地西南部
万竹园	Wànzhú Yuán	公园	广宁县政府驻地西南部
宝锭山风景区	Bǎodìngshān Fēngjǐngqū	风景区	广宁县政府驻地西南部
广宁县竹海大观景区	Guǎngníng Xiàn Zhúhǎidàguān Jǐngqū	风景区	广宁县政府驻地西南部

（八）建筑物类

标准名称	汉语拼音	地名类别	相对位置
周其鉴故居	Zhōuqíjiàn Gùjū	房屋	广宁县政府驻地东北部
石坪炮台	Shípíng Pàotái	房屋	广宁县政府驻地东北部
彭湃旧居	Péngpài Jiùjū	房屋	广宁县政府驻地东北部
北市革命烈士纪念碑	Běishì Gémìnglièshì Jìniànbēi	碑	广宁县政府驻地东北部
江屯剿匪阵亡烈士纪念碑	Jiāngtún Jiǎofěizhènwánglièshì Jìniànbēi	碑	广宁县政府驻地西北部
上林革命烈士纪念碑	Shànglín Gémìnglièshì Jìniànbēi	碑	广宁县政府驻地北部
螺岗革命烈士纪念碑	Luógǎng Gémìnglièshì Jìniànbēi	碑	广宁县政府驻地东北部
排沙革命烈士纪念碑	Páishā Gémìnglièshì Jìniànbēi	碑	广宁县政府驻地东南部
广宁县朝阳广场	Guǎngníng Xiàn Cháoyáng Guǎngchǎng	广场	广宁县政府驻地东南部
广宁县城市中心广场	Guǎngníng Xiàn Chéngshì Zhōngxīn Guǎngchǎng	广场	广宁县政府驻地西南部
城东广场	Chéngdōng Guǎngchǎng	广场	广宁县政府驻地东部
广宁县新时代购物广场	Guǎngníng Xiàn Xīnshídài Gòuwù Guǎngchǎng	广场	广宁县南街镇中华中路

（九）单位类

标准名称	汉语拼音	地名类别	相对位置
广宁县公安局北市派出所	Guǎngníng Xiàn Gōng'ānjú Běishì Pàichūsuǒ	党政机关	北市镇圩镇

(续上表)

标准名称	汉语拼音	地名类别	相对位置
广宁县北市镇人民政府	Guǎngníng Xiàn Běishì Zhèn Rénmínzhèngfǔ	党政机关	北市镇福安路6号
广宁县公安局宾亨派出所	Guǎngníng Xiàn Gōng'ānjú Bīnhēng Pàichūsuǒ	党政机关	宾亨镇宾城路
广宁县公安局石涧派出所	Guǎngníng Xiàn Gōng'ānjú Shíjiàn Pàichūsuǒ	党政机关	宾亨镇石涧新城路7号
广宁县宾亨镇人民政府	Guǎngníng Xiàn Bīnhēng Zhèn Rénmínzhèngfǔ	党政机关	宾亨镇府前路1号
广宁县赤坑镇人民政府	Guǎngníng Xiàn Chìkēng Zhèn Rénmínzhèngfǔ	党政机关	赤坑镇赤坑街
广宁县公安局赤坑派出所	Guǎngníng Xiàn Gōng'ānjú Chìkēng Pàichūsuǒ	党政机关	赤坑镇X443与Y473交叉口东北50米
广宁县古水镇人民政府	Guǎngníng Xiàn Gǔshuǐ Zhèn Rénmínzhèngfǔ	党政机关	古水镇古水大道
广宁县公安局古水派出所	Guǎngníng Xiàn Gōng'ānjú Gǔshuǐ Pàichūsuǒ	党政机关	古水镇古水大道5号
广宁县古水国土资源管理所	Guǎngníng Xiàn Gǔshuǐ Guótǔzīyuánguǎnlǐsuǒ	党政机关	古水镇政府大院
广宁县横山镇人民政府	Guǎngníng Xiàn Héngshān Zhèn Rénmínzhèngfǔ	党政机关	横山社区587乡道附近
广宁县公安局横山派出所	Guǎngníng Xiàn Gōng'ānjú Héngshān Pàichūsuǒ	党政机关	横山社区横山街
广宁县江屯镇人民政府	Guǎngníng Xiàn Jiāngtún Zhèn Rénmínzhèngfǔ	党政机关	江屯镇中华东路20号
广宁县公安局江屯派出所	Guǎngníng Xiàn Gōng'ānjú Jiāngtún Pàichūsuǒ	党政机关	江屯镇和平路与建设路交叉口东50米
广宁县公安局坑口派出所	Guǎngníng Xiàn Gōng'ānjú Kēngkǒu Pàichūsuǒ	党政机关	坑口镇Y473
广宁县坑口镇人民政府	Guǎngníng Xiàn Kēngkǒu Zhèn Rénmínzhèngfǔ	党政机关	坑口镇上林南路89号
广宁县螺岗镇人民政府	Guǎngníng Xiàn Luógǎng Zhèn Rénmínzhèngfǔ	党政机关	螺岗镇朝阳路18号
广宁县公安局螺岗派出所	Guǎngníng Xiàn Gōng'ānjú Luógǎng Pàichūsuǒ	党政机关	螺岗镇人民路与朝阳路交叉口东
广宁县木格镇人民政府	Guǎngníng Xiàn Mùgé Zhèn Rénmínzhèngfǔ	党政机关	木格镇木格社区居民

（续上表）

标准名称	汉语拼音	地名类别	相对位置
广宁县公安局木格派出所	Guǎngníng Xiàn Gōng'ānjú Mùgé Pàichūsuǒ	党政机关	木格镇木格社区居民
广宁县人民政府	Guǎngníng Xiàn Rénmínzhèngfǔ	党政机关	南街镇中华东路18号
广东省广宁县国家税务局	Guǎngdōng Shěng Guǎngníng Xiàn Guójiāshuìwùjú	党政机关	南街镇强信路18号
广东省广宁县文化广电新闻出版局	Guǎngdōng Shěng Guǎngníng Xiàn Wénhuàguǎngdiànxīnwénchūbǎnjú	党政机关	南街镇车背垌强信路20号
广东省广宁县地方税务局	Guǎngdōng Shěng Guǎngníng Xiàn Dìfāngshuìwùjú	党政机关	南街镇车背垌强信路23号
广宁县水务局	Guǎngníng Xiàn Shuǐwùjú	党政机关	南街镇南东二路61号
广宁县林业局	Guǎngníng Xiàn Línyèjú	党政机关	南街镇城南大道
广宁县国土资源局	Guǎngníng Xiàn Guótǔzīyuánjú	党政机关	南街镇城西开发区
广宁县住房和城乡规划建设局	Guǎngníng Xiàn Zhùfánghéchéngxiāngguīhuájiànshèjú	党政机关	南街镇城南路
广宁县经济贸易和信息化局	Guǎngníng Xiàn Jīngjìmàoyìhéxìnxīhuàjú	党政机关	南街镇南东一路10号
广宁县交通运输局	Guǎngníng Xiàn Jiāotōngyùnshūjú	党政机关	南街镇五一路21号
广宁县卫生和计划生育局	Guǎngníng Xiàn Wèishēnghéjìhuáshēngyùjú	党政机关	南街镇南东一路47号
广宁县公路局	Guǎngníng Xiàn Gōnglùjú	党政机关	南街镇南东一路11号
广宁县工商行政管理局	Guǎngníng Xiàn Gōngshāngxíngzhèngguǎnlǐjú	党政机关	南街镇小迳桥头
交警横山中队	Jiāojǐng Héngshānzhōngduì	党政机关	南街镇东乡桥头
广宁县人民法院	Guǎngníng Xiàn Rénmínfǎyuàn	党政机关	南街镇城西开发区
广宁县人力资源和社会保障局	Guǎngníng Xiàn Rénlìzīyuánhéshèhuìbǎozhàngjú	党政机关	南街镇车背洞达信路22号
广宁县南街镇人民政府	Guǎngníng Xiàn Nánjiē Zhèn Rénmínzhèngfǔ	党政机关	南街镇中华东路108号
广宁县公安局南街派出所	Guǎngníng Xiàn Gōng'ānjú Nánjiē Pàichūsuǒ	党政机关	南街镇南东一路33号
广宁县排沙镇人民政府	Guǎngníng Xiàn Páishā Zhèn Rénmínzhèngfǔ	党政机关	排沙镇教育路18号
广宁县公安局排沙派出所	Guǎngníng Xiàn Gōng'ānjú Páishā Pàichūsuǒ	党政机关	排沙镇东田村21号

（续上表）

标准名称	汉语拼音	地名类别	相对位置
广宁县石咀镇人民政府	Guǎngníng Xiàn Shízuǐ Zhèn Rénmínzhèngfǔ	党政机关	石咀镇石咀街32号
广宁县公安局石咀派出所	Guǎngníng Xiàn Gōng'ānjú Shíjǔ Pàichūsuǒ	党政机关	石咀镇X444
广宁县潭布镇人民政府	Guǎngníng Xiàn Tánbù Zhèn Rénmínzhèngfǔ	党政机关	潭布镇沿河路1号
广宁县公安局潭布派出所	Guǎngníng Xiàn Gōng'ānjú Tánbù Pàichūsuǒ	党政机关	潭布镇418县道西
广宁县公安局五和派出所	Guǎngníng Xiàn Gōng'ānjú Wǔhé Pàichūsuǒ	党政机关	五和镇始兴路北街
广宁县五和镇人民政府	Guǎngníng Xiàn Wǔhé Zhèn Rénmínzhèngfǔ	党政机关	五和镇始兴街1号
广宁县公安局洲仔派出所	Guǎngníng Xiàn Gōng'ānjú Zhōuzǎi Pàichūsuǒ	党政机关	洲仔圩26号
广宁县洲仔镇人民政府	Guǎngníng Xiàn Zhōuzǎi Zhèn Rénmínzhèngfǔ	党政机关	洲仔圩21号
广宁县民政局	Guǎngníng Xiàn Mínzhèngjú	党政机关	达信路8号
广宁县宾亨国土资源管理所	Guǎngníng Xiàn Bīnhēng Guótǔzīyuánguǎnlǐsuǒ	党政机关	宾亨镇社区
广宁县石涧国土资源管理所	Guǎngníng Xiàn Shíjiàn Guótǔzīyuánguǎnlǐsuǒ	党政机关	宾亨镇仁善里村
广宁县赤坑国土资源管理所	Guǎngníng Xiàn Chìkēng Guótǔzīyuánguǎnlǐsuǒ	党政机关	赤坑镇赤坑街
广宁县横山国土资源管理所	Guǎngníng Xiàn Héngshān Guótǔzīyuánguǎnlǐsuǒ	党政机关	横山镇横山社区
广宁县江屯国土资源管理所	Guǎngníng Xiàn Jiāngtún Guótǔzīyuánguǎnlǐsuǒ	党政机关	江屯镇红旗村
广宁县坑口国土资源管理所	Guǎngníng Xiàn Kēngkǒu Guótǔzīyuánguǎnlǐsuǒ	党政机关	坑口镇坑口社区
广宁县螺岗国土资源管理所	Guǎngníng Xiàn Luógǎng Guótǔzīyuánguǎnlǐsuǒ	党政机关	螺岗镇朝阳路18号
广宁县木格国土资源管理所	Guǎngníng Xiàn Mùgé Guótǔzīyuánguǎnlǐsuǒ	党政机关	木格镇木格社区
广宁县排沙国土资源管理所	Guǎngníng Xiàn Páishā Guótǔzīyuánguǎnlǐsuǒ	党政机关	排沙镇排沙社区
广宁县潭布国土资源管理所	Guǎngníng Xiàn Tánbù Guótǔzīyuánguǎnlǐsuǒ	党政机关	潭布镇潭布社区

（续上表）

标准名称	汉语拼音	地名类别	相对位置
广宁县五和国土资源管理所	Guǎngníng Xiàn Wǔhé Guótǔzīyuánguǎnlǐsuǒ	党政机关	五和镇五和社区
广宁县洲仔国土资源管理所	Guǎngníng Xiàn Zhōuzǎi Guótǔzīyuánguǎnlǐsuǒ	党政机关	洲仔镇洲仔社区
广宁县北市国土资源管理所	Guǎngníng Xiàn Běishì Guótǔzīyuánguǎnlǐsuǒ	党政机关	北市镇扶溪社区
广宁县石咀国土资源管理所	Guǎngníng Xiàn Shízuǐ Guótǔzīyuánguǎnlǐsuǒ	党政机关	石咀镇石咀社区
拓艺幼儿园	Tuòyì Yòu'éryuán	民间组织	北市镇北市村
同文小学	Tóngwén Xiǎoxué	事业单位	北市镇同文村
高桥小学	Gāoqiáo Xiǎoxué	事业单位	北市镇高桥村
北市中学	Běishì Zhōngxué	事业单位	北市镇北市墟镇
北市中心小学	Běishì Zhōngxīn Xiǎoxué	事业单位	北市镇北市村
葵洞小学	Kuídòng Xiǎoxué	事业单位	北市镇葵洞村
葵洞敬老院	Kuídòng Jìnglǎoyuàn	事业单位	北市镇葵洞村
新楼小学	Xīnlóu Xiǎoxué	事业单位	北市镇石楼村
华生幼儿园	Huáshēng Yòu'éryuán	事业单位	北市镇石楼村
新文小学	Xīnwén Xiǎoxué	事业单位	北市镇新文村
乌板小学	Wūbǎn Xiǎoxué	事业单位	北市镇乌板村
深坑小学	Shēnkēng Xiǎoxué	事业单位	北市镇浸米村
花山水库管理所	Huāshān Shuǐkùguǎnlǐsuǒ	事业单位	北市镇葵洞村
北市镇卫生院	Běishì Zhèn Wèishēngyuàn	事业单位	北市镇扶溪社区
吉崀小学	Jínlàng Xiǎoxué	事业单位	宾亨镇罗汉村
山根小学	Shāngēn Xiǎoxué	事业单位	宾亨镇山根村
永泰小学	Yǒngtài Xiǎoxué	事业单位	宾亨镇永泰村
罗蚌小学	Luóbàng Xiǎoxué	事业单位	宾亨镇罗溪村
都委小学	Dōuwěi Xiǎoxué	事业单位	宾亨镇都委村
中村小学	Zhōngcūn Xiǎoxué	事业单位	宾亨镇中村
带洞小学	Dàidòng Xiǎoxué	事业单位	宾亨镇带洞村
坑仔口小学	Kēngzǎikǒu Xiǎoxué	事业单位	宾亨镇坑口仔村
石涧卫生院	Shíjiàn Wèishēngyuàn	事业单位	宾亨镇石涧村中华中路6号
石涧广才中学	Shíjiàn Guǎngcái Zhōngxué	事业单位	宾亨镇仁善里村

(续上表)

标准名称	汉语拼音	地名类别	相对位置
石涧中心小学	Shíjiàn Zhōngxīn Xiǎoxué	事业单位	宾亨镇仁善里村
宾亨中心学校	Bīnhēng Zhōngxīn Xuéxiào	事业单位	宾亨镇沿江路8号
中亚小学	Zhōngyà Xiǎoxué	事业单位	宾亨镇横迳社区
宾亨中心卫生院	Bīnhēng Zhōngxīn Wèishēngyuàn	事业单位	宾亨镇环城东路5号
云溪小学	Yúnxī Xiǎoxué	事业单位	宾亨镇云溪村云帮口
西林小学	Xīlín Xiǎoxué	事业单位	宾亨镇江西村
江积小学	Jiāngjī Xiǎoxué	事业单位	宾亨镇江西村
合坑小学	Hékēng Xiǎoxué	事业单位	赤坑镇合坑村
洲仔小学	Zhōuzǎi Xiǎoxué	事业单位	赤坑镇洲仔村
旺垌小学	Wàngdòng Xiǎoxué	事业单位	赤坑镇旺垌村
花山小学	Huāshān Xiǎoxué	事业单位	赤坑镇花山村
汶通小学	Wèntōng Xiǎoxué	事业单位	赤坑镇汶水村
雅韶小学	Yǎsháo Xiǎoxué	事业单位	赤坑镇雅韶村
惠通希望小学	Huìtōng Xīwàngxiǎoxué	事业单位	赤坑镇惠爱村
赤坑镇子纶中心小学	Chìkēng Zhèn Zǐlún Zhōngxīn Xiǎoxué	事业单位	赤坑镇赤坑社区443县道旁
赤坑中学	Chìkēng Zhōngxué	事业单位	赤坑镇赤坑社区443县道旁
赤坑卫生院	Chìkēng Wèishēngyuàn	事业单位	赤坑镇赤坑社区
福排小学	Fúpái Xiǎoxué	事业单位	赤坑镇福排村
桂洞小学	Guìdòng Xiǎoxué	事业单位	古水镇桂洞村
下塝小学	Xiàbàng Xiǎoxué	事业单位	古水镇下蚌村
麦坑小学	Màikēng Xiǎoxué	事业单位	古水镇麦坑村
蒙坑小学	Méngkēng Xiǎoxué	事业单位	古水镇蒙坑811县道东50米
古水中心小学	Gǔshuǐ Zhōngxīn Xiǎoxué	事业单位	古水镇垌头东1号
古水中心幼儿园	Gǔshuǐ Zhōngxīn Yòu'éryuán	事业单位	古水镇古水大道5号
古水中学	Gǔshuǐ Zhōngxué	事业单位	古水镇古水社区263省道东100米
古水中心医院	Gǔshuǐ Zhōngxīn Yīyuàn	事业单位	古水镇古水垌头东侧
黄洞华威小学	Huángdòng Huáwēi Xiǎoxué	事业单位	古水镇黄洞村
南乡小学	Nánxiāng Xiǎoxué	事业单位	古水镇大平村

（续上表）

标准名称	汉语拼音	地名类别	相对位置
平岗小学	Pínggǎng Xiǎoxué	事业单位	古水镇太和村委会平岗村
太和小学	Tàihé Xiǎoxué	事业单位	古水镇太和村
油塘小学	Yóutáng Xiǎoxué	事业单位	古水镇太和村委会油塘村
礼和小学	Lǐhé Xiǎoxué	事业单位	古水镇太和村
大潘小学	Dàpān Xiǎoxué	事业单位	古水镇大潘村
梨溪小学	Líxī Xiǎoxué	事业单位	古水镇梨溪村
蒲塘小学	Pútáng Xiǎoxué	事业单位	古水镇蒲塘村
小益小学	Xiǎoyì Xiǎoxué	事业单位	古水镇小益村
湘下小学	Xiāngxià Xiǎoxué	事业单位	古水镇湘下村
大平小学	Dàpíng Xiǎoxué	事业单位	古水镇大平村
什垌小学	Shídòng Xiǎoxué	事业单位	古水镇什垌村
曾村小学	Céngcūn Xiǎoxué	事业单位	横山镇曾宽村
宽塘小学	Kuāntáng Xiǎoxué	事业单位	横山镇曾宽村
大诚小学	Dàchéng Xiǎoxué	事业单位	横山镇大诚村
白坎小学	Báikǎn Xiǎoxué	事业单位	横山镇白坎村
罗锅小学	Luóguō Xiǎoxué	事业单位	横山镇罗锅村
罗帷小学	Luówéi Xiǎoxué	事业单位	横山镇罗帷村
高村小学	Gāocūn Xiǎoxué	事业单位	横山镇高村村
祝坑小学	Zhùkēng Xiǎoxué	事业单位	横山镇大良村委会祝坑村
大志小学	Dàzhì Xiǎoxué	事业单位	横山镇大良村
大信小学	Dàxìn Xiǎoxué	事业单位	横山镇大信村
元恺中学	Yuánkǎi Zhōngxué	事业单位	横山镇厚溪村
七星小学	Qīxīng Xiǎoxué	事业单位	横山镇荔洞村
荔洞小学	Lìdòng Xiǎoxué	事业单位	横山镇荔洞村
洞庭小学	Dòngtíng Xiǎoxué	事业单位	横山镇白坎村
横山镇中心幼儿园	Héngshān Zhèn Zhōngxīn Yòu'éryuán	事业单位	横山镇横山社区厚田大道
横山镇中心小学	Héngshān Zhèn Zhōngxīn Xiǎoxué	事业单位	横山镇横山社区居委会厚田村
文杰中学	Wénjié Zhōngxué	事业单位	横山镇横山社区
横山镇卫生院	Héngshān Zhèn Wèishēngyuàn	事业单位	横山镇横山街70号

(续上表)

标准名称	汉语拼音	地名类别	相对位置
肇庆台商爱心学校	Zhàoqìng Táishāng Àixīnxuéxiào	事业单位	江屯镇大连村
江屯卫生院	Jiāngtún Wèishēngyuàn	事业单位	江屯镇大桥头侧
白带小学	Báidài Xiǎoxué	事业单位	江屯镇白带村
水月小学	Shuǐyuè Xiǎoxué	事业单位	江屯镇水月村村民委员会佛堂村
联星小学	Liánxīng Xiǎoxué	事业单位	江屯镇联星村
义和侨心小学	Yìhé Qiáoxīn Xiǎoxué	事业单位	江屯镇义和村
江屯瑞桐中心小学	Jiāngtún Ruìtóng Zhōngxīn Xiǎoxué	事业单位	江屯镇营岗村村民委员会寨岗村
新坑小学	Xīnkēng Xiǎoxué	事业单位	江屯镇新坑村
广宁县江屯中学	Guǎngníng Xiàn Jiāngtún Zhōngxué	事业单位	江屯墟镇建设一路56号
石坳佐丹奴小学	Shí'ào Zuǒdānnú Xiǎoxué	事业单位	江屯镇石坳村
联和中心小学	Liánhé Zhōngxīn Xiǎoxué	事业单位	江屯镇河口村
坑口阳光博爱小学	Kēngkǒu Yángguāng Bó'ài Xiǎoxué	事业单位	江屯镇坑口村
罗坳小学	Luó'ào Xiǎoxué	事业单位	坑口镇上带村
上带小学	Shàngdài Xiǎoxué	事业单位	坑口镇上带村
塘村小学	Tángcūn Xiǎoxué	事业单位	坑口镇塘村
坑口中心小学	Kēngkǒu Zhōngxīn Xiǎoxué	事业单位	坑口镇坑口社区
上林中学	Shànglín Zhōngxué	事业单位	坑口镇坑口社区
上林小学	Shànglín Xiǎoxué	事业单位	坑口镇上林村
丰木小学	Fēngmù Xiǎoxué	事业单位	坑口镇丰木村
赤水幼儿园	Chìshuǐ Yòu'éryuán	事业单位	坑口镇赤水村
大汕全球通希望小学	Dàshàn Quánqiútōng Xīwàngxiǎoxué	事业单位	坑口镇大汕村
古兴小学	Gǔxìng Xiǎoxué	事业单位	坑口镇古兴村
禾仓小学	Hécāng Xiǎoxué	事业单位	坑口镇禾仓村
下寨小学	Xiàzhài Xiǎoxué	事业单位	坑口镇下寨村
狮村小学	Shīcūn Xiǎoxué	事业单位	坑口镇狮村
坑洞小学	Kēngdòng Xiǎoxué	事业单位	坑口镇坑洞村

（续上表）

标准名称	汉语拼音	地名类别	相对位置
下带小学	Xiàdài Xiǎoxué	事业单位	坑口镇坑口社区
广宁县螺岗学校	Guǎngníng Xiàn Luógǎng Xuéxiào	事业单位	螺岗镇 512 乡道东
螺岗卫生院	Luógǎng Wèishēngyuàn	事业单位	螺岗镇人民路 2 号
木格中学	Mùgé Zhōngxué	事业单位	木格镇木格社区
木格镇中心幼儿园	Mùgé Zhèn Zhōngxīn Yòu'éryuán	事业单位	木格镇丰田村
册田小学	Cètián Xiǎoxué	事业单位	木格镇册田村
木格卫生院	Mùgé Wèishēngyuàn	事业单位	木格镇木格社区
九云小学	Jiǔyún Xiǎoxué	事业单位	木格镇九应村
横洞小学	Héngdòng Xiǎoxué	事业单位	木格镇芙洞村
广宁县公路局养护中心	Guǎngníng Xiàn Gōnglùjú Yǎnghùzhōngxīn	事业单位	南街镇人民路东
广宁县广宁中学	Guǎngníng Xiàn Guǎngníng Zhōngxué	事业单位	南街镇中华西路 45 号
广宁县南街镇中华西小学	Guǎngníng Xiàn Nánjiē Zhèn Zhōnghuáxī Xiǎoxué	事业单位	南街镇南坤路 57 号
广宁县南街第二小学	Guǎngníng Xiàn Nánjiē Dì'èr Xiǎoxué	事业单位	南街镇中华东路 91 号
南街镇聚和小学	Nánjiē Zhèn Jùhé Xiǎoxué	事业单位	南街镇聚和村委
江头小学	Jiāngtóu Xiǎoxué	事业单位	南街镇本策村委会江头村
本策小学	Běncè Xiǎoxué	事业单位	南街镇东乡本策二路
广宁县实验学校	Guǎngníng Xiàn Shíyàn Xuéxiào	事业单位	南街镇中华中路 47 号
广宁县机关幼儿园	Guǎngníng Xiàn Jīguān Yòu'éryuán	事业单位	南街镇新兴一巷 5 号
扶楼小学	Fúlóu Xiǎoxué	事业单位	南街镇扶楼村委会
广宁县妇幼保健院	Guǎngníng Xiàn Fùyòubǎojiànyuàn	事业单位	南街镇车背洞和合路 56 号
广宁县人民医院	Guǎngníng Xiàn Rénmín Yīyuàn	事业单位	南街镇人民路 18 号
广宁县殡仪馆	Guǎngníng Xiàn Bìnyíguǎn	事业单位	南街镇圣堂白黎尾
广宁县大迳小学	Guǎngníng Xiàn Dàjìng Xiǎoxué	事业单位	南街镇南东三路 19 号
肇庆市广宁卫生中等职业技术学校	Zhàoqìng Shì Guǎngníng Wèishēng Zhōngděng Zhíyèjìshùxuéxiào	事业单位	南街镇庄前西路

(续上表)

标准名称	汉语拼音	地名类别	相对位置
广宁县广播电视大学	Guǎngníng Xiàn Guǎngbōdiànshì Dàxué	事业单位	南街镇庄前西路
广宁科技馆	Guǎngníng Kējìguǎn	事业单位	南街镇五二路
广宁县南街五一小学	Guǎngníng Xiàn Nánjiē Wǔyī Xiǎoxué	事业单位	南街镇五一大市场对面
广宁县何楮纪念中学	Guǎngníng Xiàn Héchǔ Jìniàn Zhōngxué	事业单位	南街镇穗祥西路 31 号
新城小学	Xīnchéng Xiǎoxué	事业单位	南街镇南东一路 89 号
广宁县新城幼儿园	Guǎngníng Xiàn Xīnchéng Yòu'éryuán	事业单位	南街镇穗祥西路
广宁县广宁第一中学	Guǎngníng Xiàn Guǎngníng Dìyī Zhōngxué	事业单位	南街镇南街教育大道
其鉴纪念中学	Qíjiàn Jìniàn Zhōngxué	事业单位	南街镇其鉴路 45 号
南街中心小学	Nánjiē Zhōngxīn Xiǎoxué	事业单位	南街镇红星社区
广宁县中医院	Guǎngníng Xiàn Zhōngyīyuàn	事业单位	南街镇新宁北路 34 号
林洞小学	Líndòng Xiǎoxué	事业单位	南街镇林洞村
金山小学	Jīnshān Xiǎoxué	事业单位	南街镇 443 县道东 50 米
长安小学	Zhǎng'ān Xiǎoxué	事业单位	南街镇长安村
荷木小学	Hémù Xiǎoxué	事业单位	南街镇石马村
石马小学	Shímǎ Xiǎoxué	事业单位	南街镇荷木村
黄坪小学	Huángpíng Xiǎoxué	事业单位	南街镇黄坪村
城南小学	Chéngnán Xiǎoxué	事业单位	南街镇城南村
赛洞小学	Sàidòng Xiǎoxué	事业单位	南街镇黄盆村
黄盆小学	Huángpén Xiǎoxué	事业单位	南街镇赛洞村
江美小学	Jiāngměi Xiǎoxué	事业单位	南街镇江美村
星平小学	Xīngpíng Xiǎoxué	事业单位	南街镇星平村
横坑小学	Héngkēng Xiǎoxué	事业单位	排沙镇 418 县道横坑村委会
枫树坪小学	Fēngshùpíng Xiǎoxué	事业单位	排沙镇枫树坪村 528 乡道
春水广发希望小学	Chūnshuǐ Guǎngfā Xīwàngxiǎoxué	事业单位	排沙镇春水社区居民委员会旁
春水中学	Chūnshuǐ Zhōngxué	事业单位	排沙镇春水教育路 01 号
排沙中心小学	Páishā Zhōngxīn Xiǎoxué	事业单位	排沙镇排沙社区教育南路

（续上表）

标准名称	汉语拼音	地名类别	相对位置
排沙敬老院	Páishā Jìnglǎoyuàn	事业单位	排沙镇排沙社区
大罗小学	Dàluó Xiǎoxué	事业单位	排沙镇大罗村
木塝村幸福院	Mùbàngcūn Xìngfúyuàn	事业单位	排沙镇木蚌村村民委员会下木梁村
木源小学	Mùyuán Xiǎoxué	事业单位	排沙镇木源村
浪沙小学	Làngshā Xiǎoxué	事业单位	石咀镇浪沙村
坪沙小学	Píngshā Xiǎoxué	事业单位	石咀镇建中村村民委员会坪沙村
建中小学	Jiànzhōng Xiǎoxué	事业单位	石咀镇建中村
石咀中学	Shíjǔ Zhōngxué	事业单位	石咀镇圩镇石咀社区
沙步小学	Shābù Xiǎoxué	事业单位	石咀镇沙步村
佛光希望小学	Fóguāng Xīwàngxiǎoxué	事业单位	石咀镇南源村南径桥旁
石咀幼儿园	Shízuǐ Yòu'éryuán	事业单位	石咀镇石咀社区
石咀卫生院	Shízuǐ Wèishēngyuàn	事业单位	石咀镇石咀社区
带下小学	Dàixià Xiǎoxué	事业单位	潭布镇带下村
贝垌小学	Bèidòng Xiǎoxué	事业单位	潭布镇贝垌村
中华小学	Zhōnghuá Xiǎoxué	事业单位	潭布镇中华村
社岗小学	Shègǎng Xiǎoxué	事业单位	潭布镇社岗村
潭布敬老院	Tánbù Jìnglǎoyuàn	事业单位	潭布镇潭布社区
广宁县潭布中学	Guǎngníng Xiàn Tánbù Zhōngxué	事业单位	潭布镇永兴路40号
潭布卫生院	Tánbù Wèishēngyuàn	事业单位	潭布镇康宁路3号
潭布中心小学	Tánbù Zhōngxīn Xiǎoxué	事业单位	潭布镇潭岭路8号
潭布中心幼儿园	Tánbù Zhōngxīn Yòu'éryuán	事业单位	潭布镇潭布社区
古楼学校	Gǔlóu Xuéxiào	事业单位	潭布镇古楼村
水寨小学	Shuǐzhài Xiǎoxué	事业单位	潭布镇水寨村
塘下小学	Tángxià Xiǎoxué	事业单位	潭布镇塘下村
古灶小学	Gǔzào Xiǎoxué	事业单位	潭布镇古灶村
拆石小学	Chāishí Xiǎoxué	事业单位	潭布镇拆石村
严垌小学	Yándòng Xiǎoxué	事业单位	潭布镇严垌村
村心小学	Cūnxīn Xiǎoxué	事业单位	五和镇村心村

(续上表)

标准名称	汉语拼音	地名类别	相对位置
金鸡小学	Jīnjī Xiǎoxué	事业单位	五和镇五和社区
五和中学	Wǔhé Zhōngxué	事业单位	五和镇始兴路北街 22 号
五和镇中心小学	Wǔhé Zhèn Zhōngxīn Xiǎoxué	事业单位	五和镇始兴路北街西 50 米
金鸡医疗站	Jīnjī Yīliáozhàn	事业单位	五和镇五和社区
天心小学	Tiānxīn Xiǎoxué	事业单位	五和镇镇源村
运水医院麻风医疗区	Yùnshuǐ Yīyuàn Máfēng Yīliáoqū	事业单位	五和镇镇源村
镇源小学	Zhènyuán Xiǎoxué	事业单位	五和镇镇源村
五和敬老院	Wǔhé Jìnglǎoyuàn	事业单位	五和镇五和社区
江布小学	Jiāngbù Xiǎoxué	事业单位	五和镇江布村
横岗小学	Hénggǎng Xiǎoxué	事业单位	五和镇横岗村
金场小学	Jīnchǎng Xiǎoxué	事业单位	洲仔镇金场村
大洲小学	Dàzhōu Xiǎoxué	事业单位	洲仔镇金场村村民委员会大洲村
务水小学	Wùshuǐ Xiǎoxué	事业单位	洲仔镇务水村村民委员会石桥头村
楠木小学	Nánmù Xiǎoxué	事业单位	洲仔镇仓丰村村民委员会楠木村
仓丰小学	Cāngfēng Xiǎoxué	事业单位	洲仔镇仓丰村
清桂卫生院	Qīngguì Wèishēngyuàn	事业单位	洲仔镇清水村
清桂小学	Qīngguì Xiǎoxué	事业单位	洲仔镇清水村村民委员会清桂街
白沙小学	Báishā Xiǎoxué	事业单位	洲仔镇白沙村
洲仔中学	Zhōuzǎi Zhōngxué	事业单位	洲仔镇墟镇洲仔社区
洲仔中心小学	Zhōuzǎi Zhōngxīn Xiǎoxué	事业单位	洲仔镇洲仔社区上寨村 1 号
洲仔镇卫生院	Zhōuzǎi Zhèn Wèishēngyuàn	事业单位	洲仔镇墟镇 1 号
洲仔敬老院	Zhōuzǎi Jìnglǎoyuàn	事业单位	洲仔镇洲仔社区
富源小学	Fùyuán Xiǎoxué	事业单位	洲仔镇洲仔社区
广宁县农村信用合作联合社北市信用社	Guǎngníng Xiàn Nóngcūnxìnyònghézuòliánhéshè Běishì Xìnyòngshè	企业	北市镇圩镇
中国邮政集团公司北市分公司	Zhōngguóyóuzhèngjítuán Gōngsī Běishì Fēngōngsī	企业	北市镇圩镇

（续上表）

标准名称	汉语拼音	地名类别	相对位置
广东珠江特种纸有限公司	Guǎngdōng Zhūjiāng Tèzhǒngzhǐ Yǒuxiàngōngsī	企业	263省道西50米
广宁县农村信用合作联合社横迳信用社	Guǎngníng Xiàn Nóngcūnxìnyònghézuòliánhéshè Héngjìng Xìnyòngshè	企业	横迳圩115号
中国邮政集团公司宾亨分公司	Zhōngguóyóuzhèngjítuán Gōngsī Bīnhēng Fēngōngsī	企业	宾亨镇府前路4号
广宁县农村信用合作联合社宾亨信用社	Guǎngníng Xiàn Nóngcūnxìnyònghézuòliánhéshè Bīnhēng Xìnyòngshè	企业	宾亨镇东堤路31号
中国邮政集团公司石涧分公司	Zhōngguóyóuzhèngjítuán Gōngsī Shíjiàn Fēngōngsī	企业	石涧圩中华中路261号
石涧铁木农机厂	Shíjiàn Tiěmù Nóngjīchǎng	企业	宾亨镇石涧圩
石涧印刷厂	Shíjiàn Yìnshuāchǎng	企业	宾亨镇石涧圩
宾亨造纸厂	Bīnhēng Zàozhǐchǎng	企业	宾亨镇沙田岗村
中国邮政集团公司赤坑分公司	Zhōngguóyóuzhèngjítuán Gōngsī Chìkēng Fēngōngsī	企业	赤坑镇赤坑街46号
中国邮政集团公司古水分公司	Zhōngguóyóuzhèng Jítuán Gōngsī Gǔshuǐ Fēngōngsī	企业	古水镇古水大道2号
广宁县农村信用合作联合社古水信用社	Guǎngníng Xiàn Nóngcūnxìnyònghézuòliánhéshè Gǔshuǐ Xìnyòngshè	企业	古水镇古水大道25号
中国邮政储蓄银行横山分行	Zhōngguótóuzhèngchǔxùyínháng Héngshān Fēnháng	企业	横山镇横山街41号
广宁县农村信用合作联合社横山信用社	Guǎngníng Xiàn Nóngcūnxìnyònghézuòliánhéshè Héngshān Xìnyòngshè	企业	横山圩82号
横山镇纸厂	Héngshān Zhèn Zhǐchǎng	企业	横山镇大诚村
普罗登	Pǔluódēng	企业	江屯镇S260
中国邮政集团公司江屯分公司	Zhōngguóyóuzhèngjítuán Gōngsī Jiāngtún Fēngōngsī	企业	江屯镇前进路14号
广宁县农村信用合作联合社江屯信用社	Guǎngníng Xiàn Nóngcūnxìnyònghézuòliánhéshè Jiāngtún Xìnyòngshè	企业	江屯镇建设一路102号
广宁县农村信用合作联合社上林信用社	Guǎngníng Xiàn Nóngcūnxìnyònghézuòliánhéshè Shànglín Xìnyòngshè	企业	坑口镇坑口社区

(续上表)

标准名称	汉语拼音	地名类别	相对位置
中国邮政银行	Zhōngguóyóuzhèngyínháng	企业	螺岗镇环城路18号
中国邮政储蓄银行股份有限公司广宁县木格营业所	Zhōngguóyóuzhèngchǔxùyínháng Gǔfènyǒuxiàngōngsī Guǎngníng Xiàn Mùgé Yíngyèsuǒ	企业	木格镇木格社区
广宁县农村信用合作联合社木格信用社	Guǎngníng Xiàn Nóngcūnxìnyònghézuòliánhéshè Mùgé Xìnyòngshè	企业	木格镇木格社区
广宁宝锭山实业发展有限公司	Guǎngníng Bǎodìngshān Shíyèfāzhǎn Yǒuxiàngōngsī	企业	南街镇宝锭山风景区
广宁县五金交电化工公司	Guǎngníng Xiàn Wǔjīnjiāodiànhuàgōng Gōngsī	企业	南街镇中华东路
广宁县元宁制药厂	Guǎngníng Xiàn Yuánníng Zhìyàochǎng	企业	南街镇人民路178号
广宁华侨大酒店	Guǎngníng Huáqiáo Dàjiǔdiàn	企业	南街镇南东一路37号
广东鼎丰纸业有限公司	Guǎngdōng Dǐngfēngzhǐyè Yǒuxiàngōngsī	企业	南街镇广宁鼎丰纸业科技园
中国工商银行广宁县支行	Zhōngguógōngshāngyínháng Guǎngníng Xiàn Zhīháng	企业	南街镇中华中路6号
中国建设银行广宁支行	Zhōngguójiànshèyínháng Guǎngníng Zhīháng	企业	南街镇环城西路52号
中国农业发展银行广宁支行	Zhōngguónóngyèfāzhǎnyínháng Guǎngníng Zhīháng	企业	南街镇文化路52号
广东省中国邮政集团公司广宁分公司	Guǎngdōng Shěng Zhōngguóyóuzhèngjítuán Gōngsī Guǎngníng Fēngōngsī	企业	南街镇中华中路10号
广宁县广海大酒店	Guǎngníng Xiàn Guǎnghǎi Dàjiǔdiàn	企业	南街镇长塘山路段
广宁县水泥厂	Guǎngníng Xiàn Shuǐníchǎng	企业	南街镇东乡街124号
广宁广陶陶瓷有限公司	Guǎngníng Guǎngtáo Táocí Yǒuxiàngōngsī	企业	南街镇小径村
广东省广宁船用水泵制造有限公司	Guǎngdōng Shěng Guǎngníng Chuányòngshuǐbèngzhìzào Yǒuxiàngōngsī	企业	南街镇新宁北路63号
广宁县晶华陶瓷材料厂	Guǎngníng Xiàn Jīnghuá Táocícáiliàochǎng	企业	南街镇人民路

（续上表）

标准名称	汉语拼音	地名类别	相对位置
顺宁葡萄糖药业有限公司	Shùnníng Pútáotáng Yàoyè Yǒuxiàngōngsī	企业	排沙镇春水社区 522 乡道旁
广宁县农村信用合作联合社排沙信用社	Guǎngníng Xiàn Nóngcūnxìnyònghézuòliánhéshè Páishā Xìnyòngshè	企业	排沙镇南路 2 号
中国邮政储蓄银行排沙营业所	Zhōngguóyóuzhèngchǔxùyínháng Páishā Yíngyèsuǒ	企业	排沙镇排沙北路 21 号
广宁县排沙大罗酱料厂	Guǎngníng Xiàn Páishā Dàluó Jiàngliàochǎng	企业	排沙镇大罗村 523 乡道旁
广宁县农村信用合作联合社石咀信用社	Guǎngníng Xiàn Nóngcūn Xìnyònghézuòliánhéshè Shízuǐ Xìnyòngshè	企业	石咀镇圩镇 34 号
广宁县农村信用合作联合社潭布信用社	Guǎngníng Xiàn Nóngcūnxìnyònghézuòliánhéshè Tánbù Xìnyòngshè	企业	潭布镇永兴路 21 号
中国邮政储蓄银行潭布营业所	Zhōngguóyóuzhèngchǔxùyínháng Tánbù Yíngyèsuǒ	企业	潭布镇潭岭路 65 号
大旗山泉净水有限公司	Dàqí Shānquánjìngshuǐ Yǒuxiàngōngsī	企业	潭布镇折石村委会圣坑村
惠骏食品有限公司	Huìjùn Shípǐn Yǒuxiàngōngsī	企业	潭布镇坑头村委侧
中国邮政储蓄银行五和分行	Zhōngguóyóuzhèngchǔxùyínháng Wǔhé Fēnháng	企业	五和镇始兴路
广宁县农村信用合作联合社五和信用社	Guǎngníng Xiàn Nóngcūnxìnyònghézuòliánhéshè Wǔhé Xìnyòngshè	企业	五和镇始兴路
清桂茶场	Qīngguì Cháchǎng	企业	洲仔镇玉器街
中国邮政储蓄银行洲仔分行	Zhōngguóyóuzhèngchǔxùyínháng Zhōuzǎi Fēnháng	企业	洲仔圩镇 61 号
广宁县农村信用合作联合社洲仔信用社	Guǎngníng Xiàn Nóngcūnxìnyònghézuòliánhéshè Zhōuzǎi Xìnyòngshè	企业	洲仔镇人大西（350 省道）
清桂镇矿产材料厂	Qīngguì Zhèn Kuàngchǎn Cáiliàochǎng	企业	洲仔镇清水村
广宁县农村信用合作联合社赤坑信用社	Guǎngníng Xiàn Nóngcūnxìnyònghézuòliánhéshè Chìkēng Xìnyòngshè	企业	赤坑镇 36 号

（十）陆地水系类

1. 河流

标准名称	汉语拼音	地名类别	相对位置	发源地	所在（跨）行政区
古水河	Gǔshuǐ Hé	河流	广宁县北部	清远市坳山顶	广宁县
永固河	Yǒnggù Hé	河流	——	怀集县天厌顶	广宁县
漫水河	Mànshuǐ Hé	河流	——	江屯镇义和村委会涩仔顶	广宁县
绥江	Suí Jiāng	河流	广宁县西部	连山县擒鸦岭	广宁县
南街河	Nánjiē Hé	河流	——	东乡镇林洞	广宁县
扶罗河	Fúluó Hé	河流	——	原东乡、排沙、潭布三镇交界的石马山南麓	广宁县

2. 洲河岛湖岛矶

标准名称	汉语拼音	地名类别	相对位置
海心洲	Hǎixīn Zhōu	洲、河岛	广宁县政府驻地西南部

（十一）陆地地形类

标准名称	汉语拼音	地名类别	相对位置	所在（跨）行政区
东前坑	Dōngqián Kēng	山谷、谷地	广宁县政府驻地东北部	北市镇
胡仙塘	Húxiān Táng	山谷、谷地	广宁县政府驻地东北部	北市镇
乌石坑	Wūshí Kēng	山谷、谷地	广宁县政府驻地东北部	北市镇
牛搵涌	Niúwěnchōng	山谷、谷地	广宁县政府驻地东北部	北市镇
三百坑	Sānbǎi Kēng	山谷、谷地	广宁县政府驻地东北部	北市镇
风门坑	Fēngmén Kēng	山谷、谷地	广宁县政府驻地东北部	北市镇
亚公崩	Yàgōngbēng	山谷、谷地	广宁县政府驻地东北部	北市镇
赤水坑	Chìshuǐ Kēng	山谷、谷地	广宁县政府驻地东北部	北市镇
井坑	Jǐngkēng	山谷、谷地	广宁县政府驻地东北部	北市镇
杨梅坑	Yángméi Kēng	山谷、谷地	广宁县政府驻地东北部	北市镇
杉冲	Shānchōng	山谷、谷地	广宁县政府驻地东北部	北市镇
丹竹坑尾	Dānzhú Kēngwěi	山谷、谷地	广宁县政府驻地东北部	北市镇
梁苟尾	Liánggǒuwěi	山谷、谷地	广宁县政府驻地东北部	北市镇
龙岗塘	Lónggǎng Táng	山谷、谷地	广宁县政府驻地东北部	北市镇

（续上表）

标准名称	汉语拼音	地名类别	相对位置	所在（跨）行政区
种竹坑	Zhòngzhú Kēng	山谷、谷地	广宁县政府驻地东北部	北市镇
大塘尾	Dàtángwěi	山谷、谷地	广宁县政府驻地东北部	北市镇
飞鼠坑	Fēishǔ Kēng	山谷、谷地	广宁县政府驻地东北部	北市镇
老屋塘	Lǎowū Táng	山谷、谷地	广宁县政府驻地东北部	北市镇
瘦崀坑	Shòulàng Kēng	山谷、谷地	广宁县政府驻地东北部	北市镇
牛楼角涌	Niúlóujiǎochōng	山谷、谷地	广宁县政府驻地东北部	北市镇
黄竹坑	Huángzhú Kēng	山谷、谷地	广宁县政府驻地东北部	北市镇
大尾坳	Dàwěi Ào	山谷、谷地	广宁县政府驻地东北部	北市镇
大坑	Dàkēng	山谷、谷地	广宁县政府驻地东北部	北市镇
小崩岗坑	Xiǎobēnggǎng Kēng	山谷、谷地	广宁县政府驻地东北部	北市镇
榕坑	Róngkēng	山谷、谷地	广宁县政府驻地东北部	北市镇
干坑	Gànkēng	山谷、谷地	广宁县政府驻地东北部	北市镇
大崩岗坑	Dàbēnggǎng Kēng	山谷、谷地	广宁县政府驻地东北部	北市镇
老丁坑	Lǎodīng Kēng	山谷、谷地	广宁县政府驻地东北部	北市镇
坪坑	Píngkēng	山谷、谷地	广宁县政府驻地东北部	北市镇
横格坑	Hénggé Kēng	山谷、谷地	广宁县政府驻地东北部	北市镇
洽水坑	Qiàshuǐ Kēng	山谷、谷地	广宁县政府驻地东北部	北市镇
东西坑	Dōngxī Kēng	山谷、谷地	广宁县政府驻地东北部	北市镇
大板坑	Dàbǎn Kēng	山谷、谷地	广宁县政府驻地东北部	北市镇
吃水尾	Chīshuǐwěi	山谷、谷地	广宁县政府驻地东北部	北市镇
狮子尾	Shīzǐwěi	山谷、谷地	广宁县政府驻地东北部	北市镇
丰田坑	Fēngtián Kēng	山谷、谷地	广宁县政府驻地东北部	北市镇
阳田坑	Yángtián Kēng	山谷、谷地	广宁县政府驻地东北部	北市镇
岭仔头	Lǐngzǎitóu	山谷、谷地	广宁县政府驻地东南部	宾亨镇
研坑	Yánkēng	山谷、谷地	广宁县政府驻地东南部	宾亨镇
西坑塘	Xīkēng Táng	山谷、谷地	广宁县政府驻地东南部	宾亨镇
内坑	Nèikēng	山谷、谷地	广宁县政府驻地东南部	宾亨镇
后荣	Hòuróng	山谷、谷地	广宁县政府驻地东南部	宾亨镇
云带坑	Yúndài Kēng	山谷、谷地	广宁县政府驻地东南部	宾亨镇

(续上表)

标准名称	汉语拼音	地名类别	相对位置	所在(跨)行政区
云把坑	Yúnbǎ Kēng	山谷、谷地	广宁县政府驻地东南部	宾亨镇
三把坑	Sānbǎ Kēng	山谷、谷地	广宁县政府驻地东南部	宾亨镇
崩塘坑	Bēngtáng Kēng	山谷、谷地	广宁县政府驻地东南部	宾亨镇
大崀坑	Dàlàng Kēng	山谷、谷地	广宁县政府驻地东南部	宾亨镇
荞塘	Qiáotáng	山谷、谷地	广宁县政府驻地东南部	宾亨镇
双芦坑	Shuānglú Kēng	山谷、谷地	广宁县政府驻地东南部	宾亨镇
大涔坑	Dàcén Kēng	山谷、谷地	广宁县政府驻地东南部	宾亨镇
云把坑	Yúnbǎ Kēng	山谷、谷地	广宁县政府驻地东南部	宾亨镇
蝉带窝	Chándài Wō	山谷、谷地	广宁县政府驻地东南部	宾亨镇
云朵尾	Yúnduǒwěi	山谷、谷地	广宁县政府驻地东南部	宾亨镇
狗伞坑	Gǒusǎn Kēng	山谷、谷地	广宁县政府驻地东南部	宾亨镇
牛栏坑尾	Niúlán Kēngwěi	山谷、谷地	广宁县政府驻地东南部	宾亨镇
九坑	Jiǔ Kēng	山谷、谷地	广宁县政府驻地东南部	宾亨镇
穿带坑	Chuāndài Kēng	山谷、谷地	广宁县政府驻地东南部	宾亨镇
扁剑坑	Biǎnjiàn Kēng	山谷、谷地	广宁县政府驻地东南部	宾亨镇
深碑	Shēnbēi	山谷、谷地	广宁县政府驻地东南部	宾亨镇
大榄坑	Dàlǎn Kēng	山谷、谷地	广宁县政府驻地东南部	宾亨镇
葫芦坑	Húlú Kēng	山谷、谷地	广宁县政府驻地东南部	宾亨镇
乌石坑	Wūshí Kēng	山谷、谷地	广宁县政府驻地东南部	宾亨镇
大塘尾	Dàtángwěi	山谷、谷地	广宁县政府驻地东南部	宾亨镇
高碑	Gāobēi	山谷、谷地	广宁县政府驻地东南部	宾亨镇
仙鸡坑	Xiānjī Kēng	山谷、谷地	广宁县政府驻地东南部	宾亨镇
黄猄坑	Huángjīng Kēng	山谷、谷地	广宁县政府驻地东南部	宾亨镇
大杠坑	Dàgàng Kēng	山谷、谷地	广宁县政府驻地东南部	宾亨镇
彭坑	Péngkēng	山谷、谷地	广宁县政府驻地东南部	宾亨镇
半坑	Bànkēng	山谷、谷地	广宁县政府驻地东南部	宾亨镇
圣坑	Shèngkēng	山谷、谷地	广宁县政府驻地东南部	宾亨镇
凤塘尾	Fèngtángwěi	山谷、谷地	广宁县政府驻地南部	宾亨镇
石坑	Shíkēng	山谷、谷地	广宁县政府驻地东南部	宾亨镇
山厂	Shānchǎng	山谷、谷地	广宁县政府驻地东南部	宾亨镇

（续上表）

标准名称	汉语拼音	地名类别	相对位置	所在（跨）行政区
白水坑	Báishuǐ Kēng	山谷、谷地	广宁县政府驻地东南部	宾亨镇
迟坑	Chíkēng	山谷、谷地	广宁县政府驻地东南部	宾亨镇
西林坑	Xīlín Kēng	山谷、谷地	广宁县政府驻地南部	宾亨镇
旱坑	Hànkēng	山谷、谷地	广宁县政府驻地南部	宾亨镇
大王坑	Dàwáng Kēng	山谷、谷地	广宁县政府驻地西南部	宾亨镇
大崀	Dàlàng	山谷、谷地	广宁县政府驻地东南部	宾亨镇
彭坑口	Péngkēngkǒu	山谷、谷地	广宁县政府驻地东南部	宾亨镇
樟坑口	Zhāngkēngkǒu	山谷、谷地	广宁县政府驻地东南部	宾亨镇
黄竹坑	Huángzhú Kēng	山谷、谷地	广宁县政府驻地西南部	宾亨镇
石壁尾	Shíbìwěi	山谷、谷地	广宁县政府驻地东南部	宾亨镇
公坑	Gōngkēng	山谷、谷地	广宁县政府驻地东南部	宾亨镇
垱仔埇	Dàngzǎiyǒng	山谷、谷地	广宁县政府驻地北部	赤坑镇
白花埇	Báihuāyǒng	山谷、谷地	广宁县政府驻地北部	赤坑镇
芦笛冲	Lúdíchōng	山谷、谷地	广宁县政府驻地北部	赤坑镇
坡头冲	Pōtóuchōng	山谷、谷地	广宁县政府驻地北部	赤坑镇
屋坑冲	Wūkēngchōng	山谷、谷地	广宁县政府驻地北部	赤坑镇
黎碧坑尾	Líbì Kēngwěi	山谷、谷地	广宁县政府驻地东北部	赤坑镇
金谷坑尾	Jīngǔ Kēngwěi	山谷、谷地	广宁县政府驻地东北部	赤坑镇
凹仔坑	Āozǎi Kēng	山谷、谷地	广宁县政府驻地东北部	赤坑镇
屋角冲	Wūjiǎochōng	山谷、谷地	广宁县政府驻地东北部	赤坑镇
凤凰冲	Fènghuángchōng	山谷、谷地	广宁县政府驻地东北部	赤坑镇
黄坭田	Huángnitián	山谷、谷地	广宁县政府驻地东北部	赤坑镇
田尾冲	Tiánwěichōng	山谷、谷地	广宁县政府驻地东北部	赤坑镇
石羊坑	Shíyáng Kēng	山谷、谷地	广宁县政府驻地东北部	赤坑镇
秧地坑	Yāngdì Kēng	山谷、谷地	广宁县政府驻地东北部	赤坑镇
上册冲	Shàngcèchōng	山谷、谷地	广宁县政府驻地东北部	赤坑镇
上坑	Shàngkēng	山谷、谷地	广宁县政府驻地东北部	赤坑镇
塘坑	Tángkēng	山谷、谷地	广宁县政府驻地北部	赤坑镇
磨刀坑	Módāo Kēng	山谷、谷地	广宁县政府驻地北部	赤坑镇
水翁塘	Shuǐwēng Táng	山谷、谷地	广宁县政府驻地西北部	古水镇

（续上表）

标准名称	汉语拼音	地名类别	相对位置	所在（跨）行政区
蒲竹坑	Púzhú Kēng	山谷、谷地	广宁县政府驻地西北部	古水镇
南吉尾	Nánjíwěi	山谷、谷地	广宁县政府驻地西北部	古水镇
南吉坑	Nánjí Kēng	山谷、谷地	广宁县政府驻地西北部	古水镇
种竹坑	Zhǒngzhú Kēng	山谷、谷地	广宁县政府驻地西北部	古水镇
旱冲	Hànchōng	山谷、谷地	广宁县政府驻地西北部	古水镇
桂洞	Guìdòng	山谷、谷地	广宁县政府驻地西北部	古水镇
塘尾	Tángwěi	山谷、谷地	广宁县政府驻地西北部	古水镇
圣坑	Shèngkēng	山谷、谷地	广宁县政府驻地西北部	古水镇
大坑径	Dàkēngjìng	山谷、谷地	广宁县政府驻地西北部	古水镇
梨公坑	Lígōng Kēng	山谷、谷地	广宁县政府驻地西北部	古水镇
横冲	Héngchōng	山谷、谷地	广宁县政府驻地西北部	古水镇
元坑尾	Yuán Kēngwěi	山谷、谷地	广宁县政府驻地西北部	古水镇
兆永冲	Zhàoyǒngchōng	山谷、谷地	广宁县政府驻地西北部	古水镇
菜冲口	Càichōngkǒu	山谷、谷地	广宁县政府驻地西北部	古水镇
塘坑	Tángkēng	山谷、谷地	广宁县政府驻地西北部	古水镇
大坑	Dàkēng	山谷、谷地	广宁县政府驻地西北部	古水镇
大西坑	Dàxī Kēng	山谷、谷地	广宁县政府驻地西北部	古水镇
棱角坑	Léngjiǎo Kēng	山谷、谷地	广宁县政府驻地西北部	古水镇
三面坑	Sānmiàn Kēng	山谷、谷地	广宁县政府驻地西北部	古水镇
带口	Dàikǒu	山谷、谷地	广宁县政府驻地西北部	古水镇
磨刀坑口	Módāo Kēngkǒu	山谷、谷地	广宁县政府驻地西北部	古水镇
秋风头	Qiūfēngtóu	山谷、谷地	广宁县政府驻地西北部	古水镇
梦公尾	Mènggōngwěi	山谷、谷地	广宁县政府驻地西北部	古水镇
梦公坑	Mènggōng Kēng	山谷、谷地	广宁县政府驻地西北部	古水镇
格木坑	Gémù Kēng	山谷、谷地	广宁县政府驻地西北部	古水镇
竹马坑	Zhúmǎ Kēng	山谷、谷地	广宁县政府驻地西北部	古水镇
大窝冲	Dàwōchōng	山谷、谷地	广宁县政府驻地西北部	古水镇
杉坑	Shānkēng	山谷、谷地	广宁县政府驻地西北部	古水镇
上坑	Shàngkēng	山谷、谷地	广宁县政府驻地西北部	古水镇
石人坑	Shírén Kēng	山谷、谷地	广宁县政府驻地西北部	古水镇

（续上表）

标准名称	汉语拼音	地名类别	相对位置	所在（跨）行政区
角仔坑	Jiǎozǎi Kēng	山谷、谷地	广宁县政府驻地西北部	古水镇
冲流坑	Chōngliú Kēng	山谷、谷地	广宁县政府驻地西北部	古水镇
上黎坑	Shànglí Kēng	山谷、谷地	广宁县政府驻地西北部	古水镇
宿塝坑	Xiǔbàng Kēng	山谷、谷地	广宁县政府驻地西北部	古水镇
井坑	Jǐngkēng	山谷、谷地	广宁县政府驻地西北部	古水镇
青坑	Qīngkēng	山谷、谷地	广宁县政府驻地西北部	古水镇
分界坑	Fènjiè Kēng	山谷、谷地	广宁县政府驻地西北部	古水镇
捉鹅坑	Zhuō'é Kēng	山谷、谷地	广宁县政府驻地西北部	古水镇
茶坑	Chákēng	山谷、谷地	广宁县政府驻地西北部	古水镇
丑公坑	Chǒugōng Kēng	山谷、谷地	广宁县政府驻地西北部	古水镇
出宁坑	Chūníng Kēng	山谷、谷地	广宁县政府驻地西北部	古水镇
宝坑	Bǎokēng	山谷、谷地	广宁县政府驻地西北部	古水镇
干姜冲	Gànjiāngchōng	山谷、谷地	广宁县政府驻地西北部	古水镇
船长冲	Chuánzhǎngchōng	山谷、谷地	广宁县政府驻地西北部	古水镇
沙兰坑	Shālán Kēng	山谷、谷地	广宁县政府驻地西北部	古水镇
沙尾坑	Shāwěi Kēng	山谷、谷地	广宁县政府驻地西北部	古水镇
黄垌带	Huángdòngdài	山谷、谷地	广宁县政府驻地西北部	古水镇
汶坑	Wènkēng	山谷、谷地	广宁县政府驻地西北部	古水镇
大坑	Dàkēng	山谷、谷地	广宁县政府驻地西北部	古水镇
洪岗冲	Hónggǎngchōng	山谷、谷地	广宁县政府驻地西北部	古水镇
牛坑	Niúkēng	山谷、谷地	广宁县政府驻地西北部	古水镇
妹仔冲	Mèizǎichōng	山谷、谷地	广宁县政府驻地西北部	古水镇
老鸦坑	Lǎoyā Kēng	山谷、谷地	广宁县政府驻地西北部	古水镇
高带坑	Gāodài Kēng	山谷、谷地	广宁县政府驻地西北部	古水镇
石坳坑	Shí'ào Kēng	山谷、谷地	广宁县政府驻地西北部	古水镇
石公坑	Shígōng Kēng	山谷、谷地	广宁县政府驻地西北部	古水镇
汶坑	Wènkēng	山谷、谷地	广宁县政府驻地西北部	古水镇
水对冲	Shuǐduìchōng	山谷、谷地	广宁县政府驻地西北部	古水镇
蓝坑	Lánkēng	山谷、谷地	广宁县政府驻地西北部	古水镇
牛栏坑	Niúlán Kēng	山谷、谷地	广宁县政府驻地西北部	古水镇

(续上表)

标准名称	汉语拼音	地名类别	相对位置	所在（跨）行政区
正坑	Zhèngkēng	山谷、谷地	广宁县政府驻地西北部	古水镇
大塘坑	Dàtáng Kēng	山谷、谷地	广宁县政府驻地西北部	古水镇
麻园坑	Máyuán Kēng	山谷、谷地	广宁县政府驻地西北部	古水镇
凤坑	Fèngkēng	山谷、谷地	广宁县政府驻地西北部	古水镇
坭坑	Níkēng	山谷、谷地	广宁县政府驻地西北部	古水镇
铜锅坑	Tóngguō Kēng	山谷、谷地	广宁县政府驻地西北部	古水镇
风柜坳	Fēngguì Ào	山谷、谷地	广宁县政府驻地西北部	古水镇
下陂坑	Xiàbēi Kēng	山谷、谷地	广宁县政府驻地西北部	古水镇
高陂坑	Gāobēi Kēng	山谷、谷地	广宁县政府驻地西北部	古水镇
马坑	Mǎkēng	山谷、谷地	广宁县政府驻地西北部	古水镇
苗坑	Miáokēng	山谷、谷地	广宁县政府驻地西北部	古水镇
新田坑	Xīntián Kēng	山谷、谷地	广宁县政府驻地西北部	古水镇
长尾坑	Chángwěi Kēng	山谷、谷地	广宁县政府驻地西北部	古水镇
灶前坑	Zàoqián Kēng	山谷、谷地	广宁县政府驻地西北部	古水镇
黎垌坑	Lídòng Kēng	山谷、谷地	广宁县政府驻地西北部	古水镇
马鸟坑	Mǎniǎo Kēng	山谷、谷地	广宁县政府驻地西北部	古水镇
佛垌坑	Fódòng Kēng	山谷、谷地	广宁县政府驻地西北部	古水镇
大峡	Dàxiá	山谷、谷地	广宁县政府驻地西北部	古水镇
冷水坑	Lěngshuǐ Kēng	山谷、谷地	广宁县政府驻地西北部	古水镇
桂木坑	Guìmù Kēng	山谷、谷地	广宁县政府驻地西北部	古水镇
黄苗冲	Huángmiáochōng	山谷、谷地	广宁县政府驻地西北部	古水镇
白银坑	Báiyín Kēng	山谷、谷地	广宁县政府驻地西北部	古水镇
独脚冲	Dújiǎochōng	山谷、谷地	广宁县政府驻地西北部	古水镇
上利公	Shànglìgōng	山谷、谷地	广宁县政府驻地西北部	古水镇
下利公	Xiàlìgōng	山谷、谷地	广宁县政府驻地西北部	古水镇
水洲坑	Shuǐzhōu Kēng	山谷、谷地	广宁县政府驻地西北部	古水镇
大塘尾	Dàtángwěi	山谷、谷地	广宁县政府驻地西北部	古水镇
大蛇冲	Dàshéchōng	山谷、谷地	广宁县政府驻地西北部	古水镇
山花坑口	Shānhuā Kēngkǒu	山谷、谷地	广宁县政府驻地西北部	古水镇
麦坑尾	Màikēngwěi	山谷、谷地	广宁县政府驻地西北部	古水镇

(续上表)

标准名称	汉语拼音	地名类别	相对位置	所在（跨）行政区
闸坳	Zhá'ào	山谷、谷地	广宁县政府驻地西北部	古水镇
陂头坑	Bēitóu Kēng	山谷、谷地	广宁县政府驻地西北部	古水镇
辣菜冲	Làcàichōng	山谷、谷地	广宁县政府驻地西北部	古水镇
仕坑尾	Shìkēngwěi	山谷、谷地	广宁县政府驻地西北部	古水镇
蚊仔冲	Wénzǎichōng	山谷、谷地	广宁县政府驻地西北部	古水镇
三伯坑	Sānbó Kēng	山谷、谷地	广宁县政府驻地西北部	古水镇
扬力坑	Yánglì Kēng	山谷、谷地	广宁县政府驻地西北部	古水镇
良坑	Liángkēng	山谷、谷地	广宁县政府驻地西北部	古水镇
茶公坑	Chágōng Kēng	山谷、谷地	广宁县政府驻地西北部	古水镇
小黄沙	Xiǎohuángshā	山谷、谷地	广宁县政府驻地西北部	古水镇
黄沙冲	Huángshāchōng	山谷、谷地	广宁县政府驻地西北部	古水镇
培坑	Péikēng	山谷、谷地	广宁县政府驻地西北部	古水镇
田坑	Tiánkēng	山谷、谷地	广宁县政府驻地西北部	古水镇
方四坑	Fāngsì Kēng	山谷、谷地	广宁县政府驻地西北部	古水镇
大崀坑	Dàlàng Kēng	山谷、谷地	广宁县政府驻地西北部	古水镇
曲坑	Qǔkēng	山谷、谷地	广宁县政府驻地西北部	古水镇
长冲	Chángchōng	山谷、谷地	广宁县政府驻地西北部	古水镇
玉坑尾	Yùkēngwěi	山谷、谷地	广宁县政府驻地西北部	古水镇
大坑	Dàkēng	山谷、谷地	广宁县政府驻地西北部	古水镇
石硖	Shíxiá	山谷、谷地	广宁县政府驻地西北部	古水镇
马六坑	Mǎliù Kēng	山谷、谷地	广宁县政府驻地西北部	古水镇
梅叶洲	Méiyèzhōu	山谷、谷地	广宁县政府驻地西北部	古水镇
连石坑	Liánshí Kēng	山谷、谷地	广宁县政府驻地西北部	古水镇
石脚坑	Shíjiǎo Kēng	山谷、谷地	广宁县政府驻地西北部	古水镇
石板坑	Shíbǎn Kēng	山谷、谷地	广宁县政府驻地西北部	古水镇
石分塘	Shífēn Táng	山谷、谷地	广宁县政府驻地西北部	古水镇
水节坑	Shuǐjié Kēng	山谷、谷地	广宁县政府驻地西北部	古水镇
大坑塘	Dàkēng Táng	山谷、谷地	广宁县政府驻地西北部	古水镇
上落坑	Shàngluò Kēng	山谷、谷地	广宁县政府驻地西北部	古水镇
磨刀坑	Módāo Kēng	山谷、谷地	广宁县政府驻地西北部	古水镇

（续上表）

标准名称	汉语拼音	地名类别	相对位置	所在（跨）行政区
刀铁坑	Dāotiě Kēng	山谷、谷地	广宁县政府驻地西北部	古水镇
涩坑尾	Bàn Kēngwěi	山谷、谷地	广宁县政府驻地西北部	古水镇
马鹿坑	Mǎlù Kēng	山谷、谷地	广宁县政府驻地西北部	古水镇
老虎冲	Lǎohǔchōng	山谷、谷地	广宁县政府驻地西北部	古水镇
磨刀坑	Módāo Kēng	山谷、谷地	广宁县政府驻地西北部	古水镇
元坑	Yuánkēng	山谷、谷地	广宁县政府驻地西北部	古水镇
连坑	Liánkēng	山谷、谷地	广宁县政府驻地西北部	古水镇
巡径口	Xúnjìngkǒu	山谷、谷地	广宁县政府驻地西北部	古水镇
高四坑	Gāosì Kēng	山谷、谷地	广宁县政府驻地西北部	古水镇
大塘坑	Dàtáng Kēng	山谷、谷地	广宁县政府驻地西北部	古水镇
念义坑	Niànyì Kēng	山谷、谷地	广宁县政府驻地西北部	古水镇
带仔头	Dàizǎitóu	山谷、谷地	广宁县政府驻地西北部	古水镇
桃花坑	Táohuā Kēng	山谷、谷地	广宁县政府驻地西北部	古水镇
下川	Xiàchuān	山谷、谷地	广宁县政府驻地西北部	古水镇
鸭䴔冲	Yānǎchōng	山谷、谷地	广宁县政府驻地西北部	古水镇
上川	Shàngchuān	山谷、谷地	广宁县政府驻地西北部	古水镇
旱塘尾	Hàntángwěi	山谷、谷地	广宁县政府驻地西北部	古水镇
竹拱	Zhúgǒng	山谷、谷地	广宁县政府驻地西北部	古水镇
高山冲	Gāoshānchōng	山谷、谷地	广宁县政府驻地西北部	古水镇
合坑口	Hé Kēngkǒu	山谷、谷地	广宁县政府驻地西北部	古水镇
金蒲坑	Jīnpú Kēng	山谷、谷地	广宁县政府驻地西北部	古水镇
伯公冲	Bógōngchōng	山谷、谷地	广宁县政府驻地西北部	古水镇
船长埇	Chuánzhǎngyǒng	山谷、谷地	广宁县政府驻地西北部	古水镇
干姜	Gànjiāng	山谷、谷地	广宁县政府驻地西北部	古水镇
长塘口	Chángtángkǒu	山谷、谷地	广宁县政府驻地西北部	古水镇
生活坑	Shēnghuó Kēng	山谷、谷地	广宁县政府驻地西北部	古水镇
草皮坑	Cǎopí Kēng	山谷、谷地	广宁县政府驻地西北部	古水镇
石仔坳	Shízǎi Ào	山谷、谷地	广宁县政府驻地西北部	古水镇
过江面	Guòjiāngmiàn	山谷、谷地	广宁县政府驻地西北部	古水镇
曲坑塘	Qǔkēng Táng	山谷、谷地	广宁县政府驻地西北部	古水镇

（续上表）

标准名称	汉语拼音	地名类别	相对位置	所在（跨）行政区
竹洼	Zhúwā	山谷、谷地	广宁县政府驻地西北部	古水镇
杨梅塘	Yángméi Táng	山谷、谷地	广宁县政府驻地西北部	古水镇
东坑口	Dōng Kēngkǒu	山谷、谷地	广宁县政府驻地西北部	古水镇
走曲坑	Zǒuqǔ Kēng	山谷、谷地	广宁县政府驻地西北部	古水镇
大黄公	Dàhuánggōng	山谷、谷地	广宁县政府驻地西北部	古水镇
南木坑	Nánmù Kēng	山谷、谷地	广宁县政府驻地西北部	古水镇
根竹窝	Gēnzhú Wō	山谷、谷地	广宁县政府驻地西南部	横山镇
磨刀坑	Módāo Kēng	山谷、谷地	广宁县政府驻地西南部	横山镇
大尾	Dàwěi	山谷、谷地	广宁县政府驻地西南部	横山镇
老鼠坑	Lǎoshǔ Kēng	山谷、谷地	广宁县政府驻地西南部	横山镇
鬼仔坑	Guǐzǎi Kēng	山谷、谷地	广宁县政府驻地西南部	横山镇
石门坑	Shímén Kēng	山谷、谷地	广宁县政府驻地东部	横山镇
青皮尾	Qīngpíwěi	山谷、谷地	广宁县政府驻地西南部	横山镇
谢垌	Xièdòng	山谷、谷地	广宁县政府驻地西南部	横山镇
自地坑	Zìdì Kēng	山谷、谷地	广宁县政府驻地西南部	横山镇
倒装坑	Dǎozhuāng Kēng	山谷、谷地	广宁县政府驻地西南部	横山镇
杨梅坑	Yángméi Kēng	山谷、谷地	广宁县政府驻地西南部	横山镇
磨刀坑	Módāo Kēng	山谷、谷地	广宁县政府驻地东北部	螺岗镇
带下洛	Dàixiàluò	山谷、谷地	广宁县政府驻地东北部	螺岗镇
侧文尾	Cèwénwěi	山谷、谷地	广宁县政府驻地东北部	螺岗镇
乌杭坑	Wūháng Kēng	山谷、谷地	广宁县政府驻地东北部	螺岗镇
少树坑	Shǎoshù Kēng	山谷、谷地	广宁县政府驻地东北部	螺岗镇
白石坑	Báishí Kēng	山谷、谷地	广宁县政府驻地东北部	螺岗镇
社朱坑	Shèzhū Kēng	山谷、谷地	广宁县政府驻地东北部	螺岗镇
棕油坑	Zōngyóu Kēng	山谷、谷地	广宁县政府驻地东北部	螺岗镇
灯心坑	Dēngxīn Kēng	山谷、谷地	广宁县政府驻地东北部	螺岗镇
冲荒冲	Chōnghuāngchōng	山谷、谷地	广宁县政府驻地东北部	螺岗镇
南蛇坑	Nánshé Kēng	山谷、谷地	广宁县政府驻地东北部	螺岗镇
大坳冲	Dà'àochōng	山谷、谷地	广宁县政府驻地东北部	螺岗镇

（续上表）

标准名称	汉语拼音	地名类别	相对位置	所在（跨）行政区
星仔坑	Xīngzǎi Kēng	山谷、谷地	广宁县政府驻地东北部	螺岗镇
单竹坑	Dānzhú Kēng	山谷、谷地	广宁县政府驻地东北部	螺岗镇
梅树坑	Méishù Kēng	山谷、谷地	广宁县政府驻地东北部	螺岗镇
瓦古坑	Wǎgǔ Kēng	山谷、谷地	广宁县政府驻地东北部	螺岗镇
佛子坑	Fózǐ Kēng	山谷、谷地	广宁县政府驻地东北部	螺岗镇
塘下坑	Tángxià Kēng	山谷、谷地	广宁县政府驻地东北部	螺岗镇
下打铁	Xiàdǎtiě	山谷、谷地	广宁县政府驻地东北部	螺岗镇
上打铁	Shàngdǎtiě	山谷、谷地	广宁县政府驻地东北部	螺岗镇
塘仔坑	Tángzǎi Kēng	山谷、谷地	广宁县政府驻地东北部	螺岗镇
联石坑	Liánshí Kēng	山谷、谷地	广宁县政府驻地东北部	螺岗镇
旱坑	Hànkēng	山谷、谷地	广宁县政府驻地东北部	螺岗镇
泥枝坑	Nízhī Kēng	山谷、谷地	广宁县政府驻地东北部	螺岗镇
横坑	Héngkēng	山谷、谷地	广宁县政府驻地东北部	螺岗镇
苟比坑	Gǒubǐ Kēng	山谷、谷地	广宁县政府驻地东北部	螺岗镇
落坑	Luòkēng	山谷、谷地	广宁县政府驻地东北部	螺岗镇
何木坑	Hémù Kēng	山谷、谷地	广宁县政府驻地东北部	螺岗镇
黄坭坑	Huángní Kēng	山谷、谷地	广宁县政府驻地偏北部	木格镇
接坑	Jiēkēng	山谷、谷地	广宁县政府驻地北部	木格镇
双斗坑	Shuāngdǒu Kēng	山谷、谷地	广宁县政府驻地北部	木格镇
大坑	Dàkēng	山谷、谷地	广宁县政府驻地北部	木格镇
六坑	Liùkēng	山谷、谷地	广宁县政府驻地西部	木格镇
二坑	Èrkēng	山谷、谷地	广宁县政府驻地西部	木格镇
正坑	Zhèngkēng	山谷、谷地	广宁县政府驻地西部	木格镇
长坑尾	Cháng Kēngwěi	山谷、谷地	广宁县政府驻地西部	木格镇
小坑	Xiǎokēng	山谷、谷地	广宁县政府驻地西部	木格镇
长坑	Chángkēng	山谷、谷地	广宁县政府驻地西部	木格镇
长坑口	Cháng Kēngkǒu	山谷、谷地	广宁县政府驻地西部	木格镇
六坑	Liùkēng	山谷、谷地	广宁县政府驻地西部	木格镇
金仔坑	Jīnzǎi Kēng	山谷、谷地	广宁县政府驻地西部	木格镇
双宜坑	Shuāngyí Kēng	山谷、谷地	广宁县政府驻地西部	木格镇

（续上表）

标准名称	汉语拼音	地名类别	相对位置	所在（跨）行政区
南婆坑	Nánpó Kēng	山谷、谷地	广宁县政府驻地西部	木格镇
长坑	Chángkēng	山谷、谷地	广宁县政府驻地北部	木格镇
乌糯坑	Wūnuò Kēng	山谷、谷地	广宁县政府驻地西南部	木格镇
上簇坑	Shàngcù Kēng	山谷、谷地	广宁县政府驻地西部	木格镇
上龙坑	Shànglóng Kēng	山谷、谷地	广宁县政府驻地西部	木格镇
力田坑	Lìtián Kēng	山谷、谷地	广宁县政府驻地西部	木格镇
长坑口	Cháng Kēngkǒu	山谷、谷地	广宁县政府驻地西部	木格镇
夜鬼冲	Yèguǐchōng	山谷、谷地	广宁县政府驻地西部	木格镇
山得坑	Shāndé Kēng	山谷、谷地	广宁县政府驻地南部	南街镇
米仔坑	Mǐzǎi Kēng	山谷、谷地	广宁县政府驻地东南部	排沙镇
公坑	Gōngkēng	山谷、谷地	广宁县政府驻地东南部	排沙镇
长坑	Chángkēng	山谷、谷地	广宁县政府驻地东南部	排沙镇
观音顶	Guānyīn Dǐng	山谷、谷地	广宁县政府驻地东南部	排沙镇
大路坑	Dàlù Kēng	山谷、谷地	广宁县政府驻地西北部	石咀镇
马栏坑	Mǎlán Kēng	山谷、谷地	广宁县政府驻地西南部	石咀镇
吉笼坑	Jílóng Kēng	山谷、谷地	广宁县政府驻地西北部	石咀镇
牛栏坑	Niúlán Kēng	山谷、谷地	广宁县政府驻地西北部	石咀镇
磨刀坑	Módāo Kēng	山谷、谷地	广宁县政府驻地西北部	石咀镇
进坑	Jìnkēng	山谷、谷地	广宁县政府驻地西北部	石咀镇
崩坑	Bēngkēng	山谷、谷地	广宁县政府驻地西北部	石咀镇
塘文坪	Tángwén Píng	山谷、谷地	广宁县政府驻地西部	石咀镇
雨坑	Yǔkēng	山谷、谷地	广宁县政府驻地西部	石咀镇
沙坑	Shākēng	山谷、谷地	广宁县政府驻地西北部	石咀镇
聂坑	Nièkēng	山谷、谷地	广宁县政府驻地东部	潭布镇
佛坳	Fó'ào	山谷、谷地	广宁县政府驻地东部	潭布镇
分水坳	Fēnshuǐ Ào	山谷、谷地	广宁县政府驻地东部	潭布镇
温坑	Wēnkēng	山谷、谷地	广宁县政府驻地东北部	潭布镇
南坑尾	Nán Kēngwěi	山谷、谷地	广宁县政府驻地东北部	潭布镇
石勒坑	Shílè Kēng	山谷、谷地	广宁县政府驻地西南部	五和镇
朦坑	Méngkēng	山谷、谷地	广宁县政府驻地西南部	五和镇

(续上表)

标准名称	汉语拼音	地名类别	相对位置	所在（跨）行政区
墩坑	Dūnkēng	山谷、谷地	广宁县政府驻地西南部	五和镇
横塘	Héngtáng	山谷、谷地	广宁县政府驻地西南部	五和镇
公塘	Gōngtáng	山谷、谷地	广宁县政府驻地西南部	五和镇
罗云坑	Luóyún Kēng	山谷、谷地	广宁县政府驻地西南部	五和镇
焦坑尾	Jiāo Kēngwěi	山谷、谷地	广宁县政府驻地西南部	五和镇
下坑	Xiàkēng	山谷、谷地	广宁县政府驻地西南部	五和镇
昆长坑	Kūncháng Kēng	山谷、谷地	广宁县政府驻地西南部	洲仔镇
山德坑	Shāndé Kēng	山谷、谷地	广宁县政府驻地西南部	洲仔镇
白石坪	Báishí Píng	山谷、谷地	广宁县政府驻地西南部	洲仔镇
黄猄坑	Huángjīng Kēng	山谷、谷地	广宁县政府驻地西南部	洲仔镇
黄牛塘	Huángniú Táng	山谷、谷地	广宁县政府驻地西南部	洲仔镇
务水坑	Wùshuǐ Kēng	山谷、谷地	广宁县政府驻地西南部	洲仔镇
独岗坑	Dúgǎng Kēng	山谷、谷地	广宁县政府驻地西南部	洲仔镇
南木坑	Nánmù Kēng	山谷、谷地	广宁县政府驻地西南部	洲仔镇
井坑尾	Jǐng Kēngwěi	山谷、谷地	广宁县政府驻地西南部	洲仔镇
二九坑	Èrjiǔ Kēng	山谷、谷地	广宁县政府驻地西南部	洲仔镇
珠坑	Zhūkēng	山谷、谷地	广宁县政府驻地西南部	洲仔镇
横坑	Héngkēng	山谷、谷地	广宁县政府驻地西南部	洲仔镇
淘金坑	Táojīn Kēng	山谷、谷地	广宁县政府驻地西南部	洲仔镇
菜篮坑	Càilán Kēng	山谷、谷地	广宁县政府驻地西南部	洲仔镇
上步咀	Shàngbùzuǐ	山谷、谷地	广宁县政府驻地西南部	洲仔镇
清水坑	Qīngshuǐ Kēng	山谷、谷地	广宁县政府驻地西南部	洲仔镇
大塘	Dàtáng	山谷、谷地	广宁县政府驻地西南部	洲仔镇
五道坪	Wǔdào Píng	山谷、谷地	广宁县政府驻地西南部	洲仔镇
一坑	Yīkēng	山谷、谷地	广宁县政府驻地西南部	洲仔镇
石槁排	Shígǎopái	山谷、谷地	广宁县政府驻地西南部	洲仔镇
旱坑	Hànkēng	山谷、谷地	广宁县政府驻地西南部	洲仔镇
焦浪	Jiāolàng	山谷、谷地	广宁县政府驻地西南部	洲仔镇
磨刀坑	Módāo Kēng	山谷、谷地	广宁县政府驻地西南部	洲仔镇
都塘坑	Dōutáng Kēng	山谷、谷地	广宁县政府驻地西南部	洲仔镇

（续上表）

标准名称	汉语拼音	地名类别	相对位置	所在（跨）行政区
大圳坑	Dàzhèn Kēng	山谷、谷地	广宁县政府驻地西南部	洲仔镇
小金坑	Xiǎojīn Kēng	山谷、谷地	广宁县政府驻地西南部	洲仔镇
二坑	Èrkēng	山谷、谷地	广宁县政府驻地西南部	洲仔镇
正坑	Zhèngkēng	山谷、谷地	广宁县政府驻地西南部	洲仔镇
横坑	Héngkēng	山谷、谷地	广宁县政府驻地西南部	洲仔镇
单竹坑	Dānzhú Kēng	山谷、谷地	广宁县政府驻地西南部	洲仔镇
黄沙肚	Huángshādù	山谷、谷地	广宁县政府驻地西南部	洲仔镇
竹高坑	Zhúgāo Kēng	山谷、谷地	广宁县政府驻地西南部	洲仔镇
铜锣坑	Tóngluó Kēng	山谷、谷地	广宁县政府驻地西南部	洲仔镇
石羊脚	Shíyángjiǎo	山谷、谷地	广宁县政府驻地西南部	洲仔镇
神坑	Shénkēng	山谷、谷地	广宁县政府驻地西南部	洲仔镇
三坑	Sānkēng	山谷、谷地	广宁县政府驻地西南部	洲仔镇
马鸟坑	Mǎniǎo Kēng	山谷、谷地	广宁县政府驻地西南部	洲仔镇
金坑	Jīnkēng	山谷、谷地	广宁县政府驻地西南部	洲仔镇
双降坑	Shuāngjiàng Kēng	山谷、谷地	广宁县政府驻地西南部	洲仔镇
栏门坑	Lánmén Kēng	山谷、谷地	广宁县政府驻地西南部	洲仔镇
周田坑	Zhōutián Kēng	山谷、谷地	广宁县政府驻地西南部	洲仔镇
井尾坑	Jǐngwěi Kēng	山谷、谷地	广宁县政府驻地西南部	洲仔镇
立集坑	Lìjí Kēng	山谷、谷地	广宁县政府驻地西南部	洲仔镇
茅岗坑	Máogǎng Kēng	山谷、谷地	广宁县政府驻地西南部	洲仔镇
大青皮	Dàqīngpí	山谷、谷地	广宁县政府驻地西南部	洲仔镇
涧坑	Jiànkēng	山谷、谷地	广宁县政府驻地西南部	洲仔镇
一坑	Yīkēng	山谷、谷地	广宁县政府驻地西北部	坑口镇
二坑	Èrkēng	山谷、谷地	广宁县政府驻地西北部	坑口镇
三坑	Sānkēng	山谷、谷地	广宁县政府驻地西北部	坑口镇
黄泥坑	Huángní Kēng	山谷、谷地	广宁县政府驻地北部	坑口镇
莫四坑	Mòsì Kēng	山谷、谷地	广宁县政府驻地北部	坑口镇
王蒋冲	Wángjiàngchōng	山谷、谷地	广宁县政府驻地北部	坑口镇
枫树坑	Fēngshù Kēng	山谷、谷地	广宁县政府驻地北部	坑口镇
苏归坑	Sūguī Kēng	山谷、谷地	广宁县政府驻地北部	坑口镇

（续上表）

标准名称	汉语拼音	地名类别	相对位置	所在（跨）行政区
番石坑	Fānshí Kēng	山谷、谷地	广宁县政府驻地北部	坑口镇
造坑	Zàokēng	山谷、谷地	广宁县政府驻地北部	坑口镇
朱带冲	Zhūdàichōng	山谷、谷地	广宁县政府驻地北部	坑口镇
木坑	Mùkēng	山谷、谷地	广宁县政府驻地北部	坑口镇
善冲	Shànchōng	山谷、谷地	广宁县政府驻地北部	坑口镇
连四坑	Liánsì Kēng	山谷、谷地	广宁县政府驻地北部	坑口镇
倒流坑	Dǎoliú Kēng	山谷、谷地	广宁县政府驻地北部	坑口镇
黄陂坑	Huángbēi Kēng	山谷、谷地	广宁县政府驻地北部	坑口镇
大市坑	Dàshì Kēng	山谷、谷地	广宁县政府驻地北部	坑口镇
佛仔尾	Fózǎiwěi	山谷、谷地	广宁县政府驻地北部	坑口镇
杭坑	Hángkēng	山谷、谷地	广宁县政府驻地北部	坑口镇
冷坑冲	Lěngkēngchōng	山谷、谷地	广宁县政府驻地北部	坑口镇
竹搭坑	Zhúdā Kēng	山谷、谷地	广宁县政府驻地北部	坑口镇
测田坑	Cètián Kēng	山谷、谷地	广宁县政府驻地北部	坑口镇
东坑	Dōngkēng	山谷、谷地	广宁县政府驻地北部	坑口镇
龙坑	Lóngkēng	山谷、谷地	广宁县政府驻地北部	坑口镇
圣坑	Shèngkēng	山谷、谷地	广宁县政府驻地北部	坑口镇
铁炉埇	Tiělúyǒng	山谷、谷地	广宁县政府驻地北部	坑口镇
大塅	Dàduàn	山谷、谷地	广宁县政府驻地北部	坑口镇
大蓝坑	Dàlán Kēng	山谷、谷地	广宁县政府驻地北部	坑口镇
丁坑	Dīngkēng	山谷、谷地	广宁县政府驻地北部	坑口镇
大塘坑	Dàtáng Kēng	山谷、谷地	广宁县政府驻地北部	坑口镇
苦竹坑	Kǔzhú Kēng	山谷、谷地	广宁县政府驻地北部	坑口镇
下圣	Xiàshèng	山谷、谷地	广宁县政府驻地北部	坑口镇
乌排坑	Wūpái Kēng	山谷、谷地	广宁县政府驻地北部	坑口镇
竹冲	Zhúchōng	山谷、谷地	广宁县政府驻地北部	坑口镇
对坑塘	Duìkēng Táng	山谷、谷地	广宁县政府驻地北部	坑口镇
东头坑	Dōngtóu Kēng	山谷、谷地	广宁县政府驻地北部	坑口镇
坑仔冲	Kēngzǎichōng	山谷、谷地	广宁县政府驻地北部	坑口镇
南坑垌	Nánkēngdòng	山谷、谷地	广宁县政府驻地北部	坑口镇

（续上表）

标准名称	汉语拼音	地名类别	相对位置	所在（跨）行政区
滩长坑	Tāncháng Kēng	山谷、谷地	广宁县政府驻地北部	坑口镇
癞坑埇	Làikēngyǒng	山谷、谷地	广宁县政府驻地北部	坑口镇
大良坑	Dàliáng Kēng	山谷、谷地	广宁县政府驻地北部	坑口镇
崩塘坑	Bēngtáng Kēng	山谷、谷地	广宁县政府驻地北部	坑口镇
禾李尾	Hélǐwěi	山谷、谷地	广宁县政府驻地北部	坑口镇
胡狮坑	Húshī Kēng	山谷、谷地	广宁县政府驻地北部	坑口镇
中心坑	Zhōngxīn Kēng	山谷、谷地	广宁县政府驻地北部	坑口镇
下汶坑	Xiàwèn Kēng	山谷、谷地	广宁县政府驻地北部	坑口镇
大汶坑	Dàwèn Kēng	山谷、谷地	广宁县政府驻地北部	坑口镇
蓝青坑	Lánqīng Kēng	山谷、谷地	广宁县政府驻地北部	坑口镇
五步坑	Wǔbù Kēng	山谷、谷地	广宁县政府驻地北部	坑口镇
下桥冲	Xiàqiáochōng	山谷、谷地	广宁县政府驻地北部	坑口镇
上桥冲	Shàngqiáochōng	山谷、谷地	广宁县政府驻地北部	坑口镇
山猪冲	Shānzhūchōng	山谷、谷地	广宁县政府驻地北部	坑口镇
前滩坑	Qiántān Kēng	山谷、谷地	广宁县政府驻地北部	坑口镇
李坑	Lǐkēng	山谷、谷地	广宁县政府驻地北部	坑口镇
乌石	Wūshí	山谷、谷地	广宁县政府驻地北部	坑口镇
来坑	Láikēng	山谷、谷地	广宁县政府驻地北部	坑口镇
众坑	Zhòngkēng	山谷、谷地	广宁县政府驻地北部	坑口镇
罗坑冲	Luókēngchōng	山谷、谷地	广宁县政府驻地北部	坑口镇
毕碌坑	Bìlù Kēng	山谷、谷地	广宁县政府驻地北部	坑口镇
对坑	Duìkēng	山谷、谷地	广宁县政府驻地北部	坑口镇
柴厂尾坑	Cháichǎngwěi Kēng	山谷、谷地	广宁县政府驻地北部	坑口镇
大汕坑	Dàshàn Kēng	山谷、谷地	广宁县政府驻地东北部	赤坑镇
社坑	Shèkēng	山谷、谷地	广宁县政府驻地东北部	赤坑镇
小塔坑	Xiǎotǎ Kēng	山谷、谷地	广宁县政府驻地东北部	赤坑镇
大白花	Dàbáihuā	山谷、谷地	广宁县政府驻地北部	赤坑镇
田仔尾	Tiánzǎiwěi	山谷、谷地	广宁县政府驻地东北部	赤坑镇
乌塱坑	Wūlǎng Kēng	山谷、谷地	广宁县政府驻地东北部	赤坑镇
铜鼓冲	Tónggǔchōng	山谷、谷地	广宁县政府驻地东北部	赤坑镇

(续上表)

标准名称	汉语拼音	地名类别	相对位置	所在（跨）行政区
樟旦冲	Zhāngdànchōng	山谷、谷地	广宁县政府驻地东北部	赤坑镇
上岭坑	Shànglǐng Kēng	山谷、谷地	广宁县政府驻地东北部	赤坑镇
松根坑	Sōnggēn Kēng	山谷、谷地	广宁县政府驻地东北部	赤坑镇
沙鸠冲	Shājiūchōng	山谷、谷地	广宁县政府驻地东北部	赤坑镇
阿龙塘	Ālóng Táng	山谷、谷地	广宁县政府驻地东北部	赤坑镇
大老坑	Dàlǎo Kēng	山谷、谷地	广宁县政府驻地东北部	赤坑镇
莲花坑	Liánhuā Kēng	山谷、谷地	广宁县政府驻地东北部	赤坑镇
担水坑	Dānshuǐ Kēng	山谷、谷地	广宁县政府驻地东北部	赤坑镇
深圳坑	Shēnzhèn Kēng	山谷、谷地	广宁县政府驻地东北部	赤坑镇
牛老坑	Niúlǎo Kēng	山谷、谷地	广宁县政府驻地东北部	赤坑镇
江崀坑	Jiānglàng Kēng	山谷、谷地	广宁县政府驻地东北部	赤坑镇
三达坑	Sāndá Kēng	山谷、谷地	广宁县政府驻地东北部	赤坑镇
荷菜埇	Hécàiyǒng	山谷、谷地	广宁县政府驻地东北部	赤坑镇
吊颈坪	Diàojǐng Píng	山谷、谷地	广宁县政府驻地东北部	赤坑镇
贺田坑	Hètián Kēng	山谷、谷地	广宁县政府驻地东北部	赤坑镇
风胜坑	Fēngshèng Kēng	山谷、谷地	广宁县政府驻地北部	赤坑镇
寮坑	Liáokēng	山谷、谷地	广宁县政府驻地北部	赤坑镇
三份坑	Sānfèn Kēng	山谷、谷地	广宁县政府驻地北部	赤坑镇
黄沙坑	Huángshā Kēng	山谷、谷地	广宁县政府驻地北部	南街镇
径坑	Jìngkēng	山谷、谷地	广宁县政府驻地北部	南街镇
天川坑	Tiānchuān Kēng	山谷、谷地	广宁县政府驻地北部	南街镇
先锋尾	Xiānfēngwěi	山谷、谷地	广宁县政府驻地东北部	南街镇
黄松坑	Huángsōng Kēng	山谷、谷地	广宁县政府驻地东北部	江屯镇
大石塘	Dàshí Táng	山谷、谷地	广宁县政府驻地东北部	江屯镇
小石塘	Xiǎoshí Táng	山谷、谷地	广宁县政府驻地东北部	江屯镇
得坑	Dékēng	山谷、谷地	广宁县政府驻地西北部	南街镇
黄贝坑	Huángbèi Kēng	山谷、谷地	广宁县政府驻地东北部	南街镇
塘猪坑	Tángzhū Kēng	山谷、谷地	广宁县政府驻地北部	赤坑镇
高尾坑	Gāowěi Kēng	山谷、谷地	广宁县政府驻地西南部	横山镇
小古坑	Xiǎogǔ Kēng	山谷、谷地	广宁县政府驻地东北部	螺岗镇

（续上表）

标准名称	汉语拼音	地名类别	相对位置	所在（跨）行政区
大古坑	Dàgǔ Kēng	山谷、谷地	广宁县政府驻地东北部	螺岗镇
社坑	Shèkēng	山谷、谷地	广宁县政府驻地西北部	古水镇
上崀坑	Shànglàng Kēng	山谷、谷地	广宁县政府驻地西北部	古水镇
桂坑	Guìkēng	山谷、谷地	广宁县政府驻地西北部	古水镇
沙坑	Shākēng	山谷、谷地	广宁县政府驻地西北部	古水镇
铁炉坑	Tiělú Kēng	山谷、谷地	广宁县政府驻地西北部	古水镇
下德坑	Xiàdé Kēng	山谷、谷地	广宁县政府驻地西北部	古水镇
立坑	Lìkēng	山谷、谷地	广宁县政府驻地西北部	石咀镇
沙坑冲	Shākēngchōng	山谷、谷地	广宁县政府驻地西北部	石咀镇
三桂	Sānguì	山谷、谷地	广宁县政府驻地东南部	潭布镇
黄沙水坑	Huángshāshuǐ Kēng	山谷、谷地	广宁县政府驻地东南部	潭布镇
清湾口	Qīngwānkǒu	山谷、谷地	广宁县政府驻地东部	潭布镇
黄沙坑	Huángshā Kēng	山谷、谷地	广宁县政府驻地东南部	潭布镇
大塘坑	Dàtáng Kēng	山谷、谷地	广宁县政府驻地东部	潭布镇
坑口	Kēngkǒu	山谷、谷地	广宁县政府驻地东部	潭布镇
猪坑底	Zhū Kēngdǐ	山谷、谷地	广宁县政府驻地东部	潭布镇
靛坑	Diànkēng	山谷、谷地	广宁县政府驻地东部	潭布镇
涎坑	Bànkēng	山谷、谷地	广宁县政府驻地西南部	洲仔镇
南坑	Nánkēng	山谷、谷地	广宁县政府驻地西南部	洲仔镇
高坑	Gāokēng	山谷、谷地	广宁县政府驻地西南部	洲仔镇
倒装坑	Dǎozhuāng Kēng	山谷、谷地	广宁县政府驻地西南部	洲仔镇
深掘冲顶	Shēnjuéchōng Dǐng	山峰	广宁县政府驻地东北部	赤坑镇
乌栏顶	Wūlán Dǐng	山峰	广宁县政府驻地东北部	赤坑镇
石硲顶	Shí'è Dǐng	山峰	广宁县政府驻地东北部	赤坑镇
深坑顶	Shēnkēng Dǐng	山峰	广宁县政府驻地东北部	赤坑镇
通天顶	Tōngtiān Dǐng	山峰	广宁县政府驻地东北部	赤坑镇
石窝顶	Shíwō Dǐng	山峰	广宁县政府驻地东北部	赤坑镇
界档顶	Jièdàng Dǐng	山峰	广宁县政府驻地东北部	赤坑镇
鱼梁顶	Yúliáng Dǐng	山峰	广宁县政府驻地东北部	赤坑镇

(续上表)

标准名称	汉语拼音	地名类别	相对位置	所在（跨）行政区
三王坐殿	Sānwángzuòdiàn	山峰	广宁县政府驻地东北部	赤坑镇
高圳尾	Gāozhènwěi	山峰	广宁县政府驻地北部	赤坑镇
黄土顶	Huángtǔ Dǐng	山峰	广宁县政府驻地北部	赤坑镇
南坑顶	Nánkēng Dǐng	山峰	广宁县政府驻地东北部	赤坑镇
大游顶	Dàyóu Dǐng	山峰	广宁县政府驻地东北部	赤坑镇
塔坑顶	Tǎkēng Dǐng	山峰	广宁县政府驻地东北部	赤坑镇
撑排岭	Chēngpái Lǐng	山峰	广宁县政府驻地东北部	赤坑镇
高地顶	Gāodì Dǐng	山峰	广宁县政府驻地东北部	赤坑镇
狮子团球	Shīzǐtuánqiú	山峰	广宁县政府驻地东北部	赤坑镇
崀仔顶	Làngzǎi Dǐng	山峰	广宁县政府驻地东北部	赤坑镇
木龙挡	Mùlóngdǎng	山峰	广宁县政府驻地东北部	赤坑镇
三宿山	Sānxiǔ Shān	山峰	广宁县政府驻地西北部	古水镇
松柏头	Sōngbǎitóu	山峰	广宁县政府驻地西南部	横山镇
大芒顶	Dàmáng Dǐng	山峰	广宁县政府驻地西南部	横山镇
马竹岭	Mǎzhú Lǐng	山峰	广宁县政府驻地西南部	横山镇
铜鼓顶	Tónggǔ Dǐng	山峰	广宁县政府驻地西南部	横山镇
达天顶	Dátiān Dǐng	山峰	广宁县政府驻地西南部	横山镇
风柜坳	Fēngguì Ào	山峰	广宁县政府驻地东北部	坑口镇
黄莲山	Huánglián Shān	山峰	广宁县政府驻地西南部	五和镇
风门坳	Fēngmén Ào	山峰	广宁县政府驻地西南部	五和镇
大洼顶	Dàwā Dǐng	山峰	广宁县政府驻地西南部	五和镇
崀米山	Làngmǐ Shān	山峰	广宁县政府驻地西南部	五和镇
大尾顶	Dàwěi Dǐng	山峰	广宁县政府驻地西南部	五和镇
黄坭岗	Huángní Gǎng	山峰	广宁县政府驻地西南部	五和镇
狮子顶	Shīzǐ Dǐng	山峰	广宁县政府驻地西南部	五和镇
大潮山	Dàcháo Shān	山峰	广宁县政府驻地西南部	五和镇
花顶	Huādǐng	山峰	广宁县政府驻地西南部	五和镇
围寨顶	Wéizhài Dǐng	山峰	广宁县政府驻地西南部	五和镇
九屈路	Jiǔqūlù	山峰	广宁县政府驻地西南部	五和镇
倒庄坑	Dǎozhuāng Kēng	山峰	广宁县政府驻地西南部	五和镇

（续上表）

标准名称	汉语拼音	地名类别	相对位置	所在（跨）行政区
十二带	Shí'èrdài	山峰	广宁县政府驻地西南部	五和镇
黄坑	Huángkēng	山峰	广宁县政府驻地西南部	五和镇
湖垌顶	Húdòng Dǐng	山峰	广宁县政府驻地西南部	五和镇
桂梯岭	Guìtī Lǐng	山峰	广宁县政府驻地西南部	五和镇
马中山	Mǎzhōng Shān	山峰	广宁县政府驻地西南部	五和镇
狗𤞽脊	Gǒunǎjǐ	山峰	广宁县政府驻地西南部	五和镇
上沙坳	Shàngshā Ào	山峰	广宁县政府驻地西南部	五和镇
豺狗塘	Cháigǒu Táng	山峰	广宁县政府驻地西南部	五和镇
黄竹顶	Huángzhú Dǐng	山峰	广宁县政府驻地西南部	五和镇
石人顶	Shírén Dǐng	山峰	广宁县政府驻地西南部	五和镇
大鹰顶	Dàyīng Dǐng	山峰	广宁县政府驻地西南部	五和镇
围寨顶	Wéizhài Dǐng	山峰	广宁县政府驻地西南部	五和镇
龙头山	Lóngtóu Shān	山峰	广宁县政府驻地西南部	五和镇
崩塘顶	Bēngtáng Dǐng	山峰	广宁县政府驻地西南部	五和镇
老丫岗	Lǎoyā Gǎng	山峰	广宁县政府驻地西南部	五和镇
磨刀坑顶	Módāokēng Dǐng	山峰	广宁县政府驻地西南部	五和镇
木坑	Mùkēng	山峰	广宁县政府驻地西南部	五和镇
天平架	Tiānpíngjià	山峰	广宁县政府驻地西南部	五和镇
大围头	Dàwéitóu	山峰	广宁县政府驻地西南部	五和镇
边崀头	Biānlàngtóu	山峰	广宁县政府驻地西南部	五和镇
公塘顶	Gōngtáng Dǐng	山峰	广宁县政府驻地西南部	五和镇
柴头顶	Cháitóu Dǐng	山峰	广宁县政府驻地西南部	五和镇
龙塘山	Lóngtáng Shān	山峰	广宁县政府驻地西南部	五和镇
围寨顶	Wéizhài Dǐng	山峰	广宁县政府驻地西南部	五和镇
长坑顶	Zhǎngkēng Dǐng	山峰	广宁县政府驻地西南部	五和镇
白石坑顶	Báishíkēng Dǐng	山峰	广宁县政府驻地西南部	五和镇
金竹窝	Jīnzhú Wō	山峰	广宁县政府驻地西南部	五和镇
后黄竹顶	Hòuhuángzhú Dǐng	山峰	广宁县政府驻地西南部	五和镇
尖咀石	Jiānzuǐshí	山峰	广宁县政府驻地西南部	五和镇
旱塘岗	Hàntáng Gǎng	山峰	广宁县政府驻地西部	洲仔镇

（续上表）

标准名称	汉语拼音	地名类别	相对位置	所在（跨）行政区
龙颈岗	Lóngjǐng Gǎng	山峰	广宁县政府驻地西北部	洲仔镇
瓦塘坑顶	Wǎtángkēng Dǐng	山峰	广宁县政府驻地西北部	洲仔镇
大罗冲顶	Dàluóchōng Dǐng	山峰	广宁县政府驻地西北部	洲仔镇
寒山顶	Hánshān Dǐng	山峰	广宁县政府驻地西南部	洲仔镇
七星顶	Qīxīng Dǐng	山峰	广宁县政府驻地西南部	洲仔镇
南坑顶	Nánkēng Dǐng	山峰	广宁县政府驻地西南部	洲仔镇
青林顶	Qīnglín Dǐng	山峰	广宁县政府驻地西南部	洲仔镇
高排顶	Gāopái Dǐng	山峰	广宁县政府驻地西南部	洲仔镇
观音顶	Guānyīn Dǐng	山峰	广宁县政府驻地西南部	洲仔镇
竹蒿头	Zhúhāotóu	山峰	广宁县政府驻地西南部	洲仔镇
银坑	Yínkēng	山峰	广宁县政府驻地西南部	洲仔镇
高顶	Gāodǐng	山峰	广宁县政府驻地西南部	洲仔镇
糯米顶	Nuòmǐ Dǐng	山峰	广宁县政府驻地西南部	洲仔镇
大茛顶	Dàlàng Dǐng	山峰	广宁县政府驻地西南部	洲仔镇
黄竹山	Huángzhú Shān	山峰	广宁县政府驻地西南部	洲仔镇
鸡抱岭顶	Jībàolǐng Dǐng	山峰	广宁县政府驻地西南部	洲仔镇
鹿仔顶	Lùzǎi Dǐng	山峰	广宁县政府驻地西南部	洲仔镇
麦石顶	Màishí Dǐng	山峰	广宁县政府驻地西南部	洲仔镇
双陂坑顶	Shuāngbēikēng Dǐng	山峰	广宁县政府驻地西南部	洲仔镇
象山顶	Xiàngshān Dǐng	山峰	广宁县政府驻地西南部	洲仔镇
旱坑顶	Hànkēng Dǐng	山峰	广宁县政府驻地西南部	洲仔镇
大松尾	Dàsōngwěi	山峰	广宁县政府驻地西南部	洲仔镇
大坑坳	Dàkēng Ào	山峰	广宁县政府驻地西南部	洲仔镇
打铁坑顶	Dǎtiěkēng Dǐng	山峰	广宁县政府驻地西南部	洲仔镇
陂角窝	Bēijiǎo Wō	山峰	广宁县政府驻地西南部	洲仔镇
石桥头	Shíqiáotóu	山峰	广宁县政府驻地西南部	洲仔镇
庞栏肚	Pánglándù	山峰	广宁县政府驻地西南部	洲仔镇
天堂顶	Tiāntáng Dǐng	山峰	广宁县政府驻地西南部	洲仔镇
香炉头	Xiānglútóu	山峰	广宁县政府驻地西南部	洲仔镇

（续上表）

标准名称	汉语拼音	地名类别	相对位置	所在（跨）行政区
高村顶	Gāocūn Dǐng	山峰	广宁县政府驻地西南部	洲仔镇
金坑顶	Jīnkēng Dǐng	山峰	广宁县政府驻地西南部	洲仔镇
大氹岗	Dàdàng Gǎng	山峰	广宁县政府驻地西南部	洲仔镇
大坑尾	Dà Kēngwěi	山峰	广宁县政府驻地西南部	洲仔镇
种姜坑	Zhǒngjiāng Kēng	山峰	广宁县政府驻地西南部	洲仔镇
风柜坳	Fēngguì Ào	山峰	广宁县政府驻地西南部	洲仔镇
大坟顶	Dàfén Dǐng	山峰	广宁县政府驻地西南部	洲仔镇
石洼顶	Shíwā Dǐng	山	广宁县政府驻地东北部	北市镇
鸡公冠	Jīgōngguàn	山	广宁县政府驻地东北部	北市镇
田螺塘	Tiánluó Táng	山	广宁县政府驻地东北部	北市镇
禅坑顶	Chánkēng Dǐng	山	广宁县政府驻地东北部	北市镇
大旺顶	Dàwàng Dǐng	山	广宁县政府驻地东北部	北市镇
大猫窝	Dàmāo Wō	山	广宁县政府驻地东北部	北市镇
六丁顶	Liùdīng Dǐng	山	广宁县政府驻地东北部	北市镇
六丁径	Liùdīngjìng	山	广宁县政府驻地东北部	北市镇
霜头坳	Shuāngtóu Ào	山	广宁县政府驻地东北部	北市镇
君仔田	Jūnzǎitián	山	广宁县政府驻地东北部	北市镇
风车扭	Fēngchēniǔ	山	广宁县政府驻地东北部	北市镇
楠木窝	Nánmù Wō	山	广宁县政府驻地东北部	北市镇
张星坳	Zhāngxīng Ào	山	广宁县政府驻地东北部	北市镇
哈嬷坟	Hānǎfén	山	广宁县政府驻地东北部	北市镇
鸡公冠	Jīgōngguàn	山	广宁县政府驻地东北部	北市镇
咸鱼头	Xiányútóu	山	广宁县政府驻地东北部	北市镇
石山	Shíshān	山	广宁县政府驻地东北部	北市镇
岐山仔	Qíshānzǎi	山	广宁县政府驻地东北部	北市镇
山寨顶	Shānzhài Dǐng	山	广宁县政府驻地东北部	北市镇
独头顶	Dútóu Dǐng	山	广宁县政府驻地东北部	北市镇
樿坑顶	Shànkēng Dǐng	山	广宁县政府驻地东北部	北市镇
柴坑	Cháikēng	山	广宁县政府驻地东北部	北市镇
高顶	Gāodǐng	山	广宁县政府驻地东北部	北市镇

(续上表)

标准名称	汉语拼音	地名类别	相对位置	所在（跨）行政区
杨梅头	Yángméitóu	山	广宁县政府驻地东北部	北市镇
虿头	Chàitóu	山	广宁县政府驻地东北部	北市镇
石蛤顶	Shíhá Dǐng	山	广宁县政府驻地东北部	北市镇
横窝山	Héngwō Shān	山	广宁县政府驻地东北部	北市镇
石寨	Shízhài	山	广宁县政府驻地东北部	北市镇
石蛤寨	Shíházhài	山	广宁县政府驻地东北部	北市镇
桐油涌尾	Tóngyóuyǒngwěi	山	广宁县政府驻地东北部	北市镇
铁坑	Tiěkēng	山	广宁县政府驻地东北部	北市镇
石山	Shíshān	山	广宁县政府驻地东北部	北市镇
星子岭	Xīngzǐ Lǐng	山	广宁县政府驻地东北部	北市镇
尖峰岭	Jiānfēng Lǐng	山	广宁县政府驻地东北部	北市镇
禾坭坑	Héní Kēng	山	广宁县政府驻地东北部	北市镇
石田坑	Shítián Kēng	山	广宁县政府驻地东北部	北市镇
仙人坑	Xiānrén Kēng	山	广宁县政府驻地东北部	北市镇
棚公坑	Pénggōng Kēng	山	广宁县政府驻地东北部	北市镇
塘窝	Tángwō	山	广宁县政府驻地东北部	北市镇
竹窝尾	Zhúwōwěi	山	广宁县政府驻地东北部	北市镇
上七星	Shàngqīxīng	山	广宁县政府驻地东北部	北市镇
长岭背	Chánglǐngbèi	山	广宁县政府驻地东北部	北市镇
长岭	Chánglǐng	山	广宁县政府驻地东北部	北市镇
白头顶	Báitóu Dǐng	山	广宁县政府驻地东北部	北市镇
大尾坳	Dàwěi Ào	山	广宁县政府驻地东北部	北市镇
径头山	Jìngtóu Shān	山	广宁县政府驻地东北部	北市镇
下七星	Xiàqīxīng	山	广宁县政府驻地东北部	北市镇
长尾仔	Chángwěizǎi	山	广宁县政府驻地东北部	北市镇
烧炭窝	Shāotàn Wō	山	广宁县政府驻地东北部	北市镇
墩板	Dūnbǎn	山	广宁县政府驻地东北部	北市镇
莲塘冲	Liántángchōng	山	广宁县政府驻地东北部	北市镇
木薯坳	Mùshǔ Ào	山	广宁县政府驻地东北部	北市镇
杨梅窝顶	Yángméiwō Dǐng	山	广宁县政府驻地东北部	北市镇

（续上表）

标准名称	汉语拼音	地名类别	相对位置	所在（跨）行政区
高顶	Gāodǐng	山	广宁县政府驻地东北部	北市镇
尖峰顶	Jiānfēng Dǐng	山	广宁县政府驻地东北部	北市镇
大岭	Dàlǐng	山	广宁县政府驻地东北部	北市镇
饭锅顶	Fànguō Dǐng	山	广宁县政府驻地东北部	北市镇
摩天岭	Mótiān Lǐng	山	广宁县政府驻地东北部	北市镇
坭城顶	Níchéng Dǐng	山	广宁县政府驻地东北部	北市镇
石榴花坑	Shíliúhuā Kēng	山	广宁县政府驻地东北部	北市镇
牛颈筋	Niújǐngjīn	山	广宁县政府驻地东北部	北市镇
香炉坪	Xiānglú Píng	山	广宁县政府驻地东北部	北市镇
下至坑	Xiàzhì Kēng	山	广宁县政府驻地东北部	北市镇
马头山	Mǎtóu Shān	山	广宁县政府驻地东北部	北市镇
黄泥坑	Huángní Kēng	山	广宁县政府驻地东北部	北市镇
横坑	Héngkēng	山	广宁县政府驻地东北部	北市镇
陆块田顶	Lùkuàitián Dǐng	山	广宁县政府驻地东北部	北市镇
梁苟尾	Liánggǒuwěi	山	广宁县政府驻地东北部	北市镇
反盖印	Fǎngàiyìn	山	广宁县政府驻地东北部	北市镇
狮子尾	Shīzǐwěi	山	广宁县政府驻地东北部	北市镇
鸡笼山	Jīlóng Shān	山	广宁县政府驻地东北部	北市镇
鬼涌顶	Guǐyǒng Dǐng	山	广宁县政府驻地东北部	北市镇
黄茅坪	Huángmáo Píng	山	广宁县政府驻地东北部	北市镇
高顶	Gāodǐng	山	广宁县政府驻地东北部	北市镇
尖峰顶	Jiānfēng Dǐng	山	广宁县政府驻地东北部	北市镇
铜锣顶	Tóngluó Dǐng	山	广宁县政府驻地东北部	北市镇
塘尾	Tángwěi	山	广宁县政府驻地东北部	北市镇
石厘顶	Shílí Dǐng	山	广宁县政府驻地东北部	北市镇
黄茅坳	Huángmáo Ào	山	广宁县政府驻地东北部	北市镇
高尾	Gāowěi	山	广宁县政府驻地东北部	北市镇
黄鳝田	Huángshàntián	山	广宁县政府驻地东北部	北市镇
黑冲	Hēichōng	山	广宁县政府驻地东北部	北市镇
川上坳	Chuānshàng Ào	山	广宁县政府驻地东北部	北市镇

（续上表）

标准名称	汉语拼音	地名类别	相对位置	所在（跨）行政区
大湾洛顶	Dàwānluò Dǐng	山	广宁县政府驻地东北部	北市镇
飞羊顶	Fēiyáng Dǐng	山	广宁县政府驻地东北部	北市镇
鱼屋顶	Yúwū Dǐng	山	广宁县政府驻地东北部	北市镇
白石坑	Báishí Kēng	山	广宁县政府驻地东北部	北市镇
飞羊屯	Fēiyángtún	山	广宁县政府驻地东北部	北市镇
担水冲顶	Dānshuǐchōng Dǐng	山	广宁县政府驻地东北部	北市镇
印塘顶	Yìntáng Dǐng	山	广宁县政府驻地东北部	北市镇
大坑边	Dàkēngbiān	山	广宁县政府驻地东北部	北市镇
大岭脚	Dàlǐngjiǎo	山	广宁县政府驻地东北部	北市镇
凸公坳	Tūgōng Ào	山	广宁县政府驻地东北部	北市镇
田陂坑	Tiánbēi Kēng	山	广宁县政府驻地东北部	北市镇
上庙背	Shàngmiàobèi	山	广宁县政府驻地东北部	北市镇
南地坪	Nándì Píng	山	广宁县政府驻地东北部	北市镇
罗壳田	Luókétián	山	广宁县政府驻地东北部	北市镇
大岭冲	Dàlǐngchōng	山	广宁县政府驻地东北部	北市镇
崩岗坳	Bēnggǎng Ào	山	广宁县政府驻地东北部	北市镇
阿罗山	Āluó Shān	山	广宁县政府驻地东北部	北市镇
白石坑顶	Báishíkēng Dǐng	山	广宁县政府驻地东北部	北市镇
磨路坑	Mólù Kēng	山	广宁县政府驻地东北部	北市镇
冯公庙背	Fénggōngmiàobèi	山	广宁县政府驻地东北部	北市镇
丹竹仔	Dānzhúzǎi	山	广宁县政府驻地东北部	北市镇
骑马山	Qímǎ Shān	山	广宁县政府驻地东北部	北市镇
白鹤顶	Báihè Dǐng	山	广宁县政府驻地东北部	北市镇
风门坳	Fēngmén Ào	山	广宁县政府驻地东北部	北市镇
烂印	Lànyìn	山	广宁县政府驻地东北部	北市镇
石穿顶	Shíchuān Dǐng	山	广宁县政府驻地东北部	北市镇
庙坪山	Miàopíng Shān	山	广宁县政府驻地东北部	北市镇
尖峰岭	Jiānfēng Lǐng	山	广宁县政府驻地东北部	北市镇
坪坑尾	Píng Kēngwěi	山	广宁县政府驻地东北部	北市镇

（续上表）

标准名称	汉语拼音	地名类别	相对位置	所在（跨）行政区
大崀顶	Dàlàng Dǐng	山	广宁县政府驻地东北部	北市镇
竹湘顶	Zhúxiāng Dǐng	山	广宁县政府驻地东北部	北市镇
大石坪顶	Dàshípíng Dǐng	山	广宁县政府驻地东北部	北市镇
石顶	Shídǐng	山	广宁县政府驻地东北部	北市镇
深坑口	Shēn Kēngkǒu	山	广宁县政府驻地东北部	北市镇
浪康顶	Làngkāng Dǐng	山	广宁县政府驻地东北部	北市镇
鸡公冠	Jīgōngguàn	山	广宁县政府驻地东北部	北市镇
干烂顶	Gànlàn Dǐng	山	广宁县政府驻地东北部	北市镇
东西坑顶	Dōngxīkēng Dǐng	山	广宁县政府驻地东北部	北市镇
独台顶	Dútái Dǐng	山	广宁县政府驻地东北部	北市镇
对针	Duìzhēn	山	广宁县政府驻地东北部	北市镇
干松顶	Gànsōng Dǐng	山	广宁县政府驻地东北部	北市镇
黄蜂顶	Huángfēng Dǐng	山	广宁县政府驻地东北部	北市镇
黄连档	Huángliándàng	山	广宁县政府驻地东北部	北市镇
丰田坑	Fēngtián Kēng	山	广宁县政府驻地东北部	北市镇
阳田坑	Yángtián Kēng	山	广宁县政府驻地东北部	北市镇
大湾山	Dàwān Shān	山	广宁县政府驻地东北部	北市镇
打锣顶	Dǎluó Dǐng	山	广宁县政府驻地东北部	北市镇
长尾仔	Chángwěizǎi	山	广宁县政府驻地东北部	北市镇
大王公	Dàwánggōng	山	广宁县政府驻地东北部	北市镇
大田坳	Dàtián Ào	山	广宁县政府驻地东北部	北市镇
鸭仔顶	Yāzǎi Dǐng	山	广宁县政府驻地东北部	北市镇
浚角顶	Xùnjiǎo Dǐng	山	广宁县政府驻地东北部	北市镇
大坳	Dà'ào	山	广宁县政府驻地东北部	北市镇
黄瓜坳	Huángguā Ào	山	广宁县政府驻地东北部	北市镇
蛤蟆顶	Hánǎ Dǐng	山	广宁县政府驻地东北部	北市镇
坭城顶	Níchéng Dǐng	山	广宁县政府驻地东北部	北市镇
茶煲岭	Chábāo Lǐng	山	广宁县政府驻地东北部	北市镇
冷水仔	Lěngshuǐzǎi	山	广宁县政府驻地东北部	北市镇
饭煲顶	Fànbāo Dǐng	山	广宁县政府驻地东北部	北市镇

(续上表)

标准名称	汉语拼音	地名类别	相对位置	所在（跨）行政区
大顶	Dàdǐng	山	广宁县政府驻地东北部	北市镇
纪坑	Jìkēng	山	广宁县政府驻地东北部	北市镇
六层点站	Liùcéngdiǎnzhàn	山	广宁县政府驻地东北部	北市镇
六层	Liùcéng	山	广宁县政府驻地东北部	北市镇
六层坑	Liùcéng Kēng	山	广宁县政府驻地东北部	北市镇
六层尾	Liùcéngwěi	山	广宁县政府驻地东北部	北市镇
大勃坑	Dàbó Kēng	山	广宁县政府驻地东北部	北市镇
佛手冲	Fóshǒuchōng	山	广宁县政府驻地东北部	北市镇
勃坑顶	Bókēng Dǐng	山	广宁县政府驻地东北部	北市镇
二唐厂	Èrtángchǎng	山	广宁县政府驻地东北部	北市镇
下猪六冲	Xiàzhūliùchōng	山	广宁县政府驻地东北部	北市镇
上猪六冲	Shàngzhūliùchōng	山	广宁县政府驻地东北部	北市镇
锅笃顶	Guōdǔ Dǐng	山	广宁县政府驻地东北部	北市镇
大山口	Dàshānkǒu	山	广宁县政府驻地东北部	北市镇
黄茅坪坑	Huángmáopíng Kēng	山	广宁县政府驻地东北部	北市镇
芴稿坑	Wùgǎo Kēng	山	广宁县政府驻地东北部	北市镇
瑶仔坑	Yáozǎi Kēng	山	广宁县政府驻地东北部	北市镇
尖峰顶	Jiānfēng Dǐng	山	广宁县政府驻地东北部	北市镇
观音岩	Guānyīn Yán	山	广宁县政府驻地东南部	宾亨镇
天鹅塘	Tiān'é Táng	山	广宁县政府驻地东南部	宾亨镇
周坑尾	Zhōu Kēngwěi	山	广宁县政府驻地东南部	宾亨镇
风门坳	Fēngmén Ào	山	广宁县政府驻地东南部	宾亨镇
上厘田	Shànglí Tián	山	广宁县政府驻地东南部	宾亨镇
萝卜坑顶	Luóbokēng Dǐng	山	广宁县政府驻地东南部	宾亨镇
猪文斗	Zhūwéndǒu	山	广宁县政府驻地东南部	宾亨镇
青塘顶	Qīngtáng Dǐng	山	广宁县政府驻地东南部	宾亨镇
坭城顶	Níchéng Dǐng	山	广宁县政府驻地东南部	宾亨镇
石杰口	Shíjiékǒu	山	广宁县政府驻地东南部	宾亨镇
吊藤尾	Diàoténgwěi	山	广宁县政府驻地东南部	宾亨镇

（续上表）

标准名称	汉语拼音	地名类别	相对位置	所在（跨）行政区
大洼头	Dàwātóu	山	广宁县政府驻地东南部	宾亨镇
水鸡塘顶	Shuǐjītáng Dǐng	山	广宁县政府驻地东南部	宾亨镇
大岗顶	Dàgǎng Dǐng	山	广宁县政府驻地东南部	宾亨镇
佛仔公	Fózǎigōng	山	广宁县政府驻地东南部	宾亨镇
罗梳坑	Luóshū Kēng	山	广宁县政府驻地东南部	宾亨镇
竹子坑	Zhúzǐ Kēng	山	广宁县政府驻地东南部	宾亨镇
青龙池	Qīnglóngchí	山	广宁县政府驻地东南部	宾亨镇
鸡嫲头	Jīnǎtóu	山	广宁县政府驻地东南部	宾亨镇
石山岗	Shíshān Gàng	山	广宁县政府驻地东南部	宾亨镇
上塘口	Shàngtángkǒu	山	广宁县政府驻地东南部	宾亨镇
下塘口	Xiàtángkǒu	山	广宁县政府驻地东南部	宾亨镇
里埂山	Lǐgěng Shān	山	广宁县政府驻地东南部	宾亨镇
仙鸡林场	Xiānjīlínchǎng	山	广宁县政府驻地东南部	宾亨镇
石马	Shímǎ	山	广宁县政府驻地东南部	宾亨镇
莲花山	Liánhuā Shān	山	广宁县政府驻地东南部	宾亨镇
大石湾	Dàshíwān	山	广宁县政府驻地东南部	宾亨镇
黄塘山	Huángtáng Shān	山	广宁县政府驻地东南部	宾亨镇
芋合塘	Yùhé Táng	山	广宁县政府驻地东南部	宾亨镇
岭龙顶	Lǐnglóng Dǐng	山	广宁县政府驻地东南部	宾亨镇
上塘	Shàngtáng	山	广宁县政府驻地东南部	宾亨镇
下塘	Xiàtáng	山	广宁县政府驻地东南部	宾亨镇
白坟头	Báiféntóu	山	广宁县政府驻地东南部	宾亨镇
四方岭	Sìfāng Lǐng	山	广宁县政府驻地东南部	宾亨镇
樟坑顶	Zhāngkēng Dǐng	山	广宁县政府驻地东南部	宾亨镇
鼓油排	Gǔyóupái	山	广宁县政府驻地东南部	宾亨镇
马骝反斤斗	Mǎliúfǎnjīndǒu	山	广宁县政府驻地东南部	宾亨镇
黄牛岗	Huángniú Gǎng	山	广宁县政府驻地东南部	宾亨镇
大王坑山	Dàwángkēng Shān	山	广宁县政府驻地西南部	宾亨镇
老虎尾	Lǎohǔwěi	山	广宁县政府驻地南部	宾亨镇
黄草岗	Huángcǎo Gǎng	山	广宁县政府驻地东南部	宾亨镇

（续上表）

标准名称	汉语拼音	地名类别	相对位置	所在（跨）行政区
芒尾	Mángwěi	山	广宁县政府驻地东南部	宾亨镇
荷木岗	Hémù Gǎng	山	广宁县政府驻地东南部	宾亨镇
芦狄坑顶	Lúdíkēng Dǐng	山	广宁县政府驻地东南部	宾亨镇
观音坐莲	Guānyīnzuòlián	山	广宁县政府驻地东南部	宾亨镇
塘仔尾	Tángzǎiwěi	山	广宁县政府驻地东南部	宾亨镇
粉坪岭	Fěnpíng Lǐng	山	广宁县政府驻地东南部	宾亨镇
公岗	Gōnggǎng	山	广宁县政府驻地东南部	宾亨镇
佛仔茄	Fózǎiqié	山	广宁县政府驻地东南部	宾亨镇
涅田顶	Niètián Dǐng	山	广宁县政府驻地东南部	宾亨镇
塔岗	Tǎgǎng	山	广宁县政府驻地东南部	宾亨镇
塔岗坳	Tǎgǎng Ào	山	广宁县政府驻地东南部	宾亨镇
冬瓜岭	Dōngguā Lǐng	山	广宁县政府驻地东南部	宾亨镇
麻中崀	Mázhōnglàng	山	广宁县政府驻地东南部	宾亨镇
高岭	Gāolǐng	山	广宁县政府驻地东南部	宾亨镇
步垌	Bùdòng	山	广宁县政府驻地南部	宾亨镇
沙仁山	Shārén Shān	山	广宁县政府驻地西南部	宾亨镇
鸡公头	Jīgōngtóu	山	广宁县政府驻地南部	宾亨镇
白水带	Báishuǐdài	山	广宁县政府驻地西南部	宾亨镇
麦后塘	Màihòu Táng	山	广宁县政府驻地东南部	宾亨镇
扁剑头	Biǎnjiàntóu	山	广宁县政府驻地东南部	宾亨镇
高墩仔	Gāodūnzǎi	山	广宁县政府驻地东南部	宾亨镇
牛角窝顶	Niújiǎowō Dǐng	山	广宁县政府驻地北部	赤坑镇
带仔顶	Dàizǎi Dǐng	山	广宁县政府驻地北部	赤坑镇
怀杆顶	Huáigǎn Dǐng	山	广宁县政府驻地北部	赤坑镇
挡仔埇顶	Dàngzǎiyǒng Dǐng	山	广宁县政府驻地北部	赤坑镇
崩岗顶	Bēnggǎngdǐng	山	广宁县政府驻地北部	赤坑镇
大洼下墩	Dàwāxiàdūn	山	广宁县政府驻地北部	赤坑镇
高带	Gāodài	山	广宁县政府驻地北部	赤坑镇
宁仔埇	Níngzǎiyǒng	山	广宁县政府驻地北部	赤坑镇
黄姜顶	Huángjiāng Dǐng	山	广宁县政府驻地北部	赤坑镇

（续上表）

标准名称	汉语拼音	地名类别	相对位置	所在（跨）行政区
三堆谷	Sānduīgǔ	山	广宁县政府驻地北部	赤坑镇
三毛顶	Sānmáo Dǐng	山	广宁县政府驻地北部	赤坑镇
挡冲顶	Dǎngchōng Dǐng	山	广宁县政府驻地北部	赤坑镇
富竹顶	Fùzhú Dǐng	山	广宁县政府驻地北部	赤坑镇
旱社顶	Hànshè Dǐng	山	广宁县政府驻地北部	赤坑镇
山寨顶	Shānzhài Dǐng	山	广宁县政府驻地北部	赤坑镇
大树坑顶	Dàshùkēng Dǐng	山	广宁县政府驻地东北部	赤坑镇
三叠帽顶	Sāndiémào Dǐng	山	广宁县政府驻地东北部	赤坑镇
牛湖坪	Niúhú Píng	山	广宁县政府驻地东北部	赤坑镇
下窝	Xiàwō	山	广宁县政府驻地东北部	赤坑镇
金谷坳	Jīngǔ Ào	山	广宁县政府驻地东北部	赤坑镇
大洼	Dàwā	山	广宁县政府驻地东北部	赤坑镇
牛湖冲	Niúhúchōng	山	广宁县政府驻地东北部	赤坑镇
筛神窝	Shāishén Wō	山	广宁县政府驻地东北部	赤坑镇
秀崀	Xiùlàng	山	广宁县政府驻地东北部	赤坑镇
天仔地	Tiānzǎidì	山	广宁县政府驻地东北部	赤坑镇
牛屎岭	Niúshǐ Lǐng	山	广宁县政府驻地东北部	赤坑镇
上林冲	Shànglínchōng	山	广宁县政府驻地东北部	赤坑镇
大冲顶	Dàchōng Dǐng	山	广宁县政府驻地东北部	赤坑镇
山塘尾	Shāntángwěi	山	广宁县政府驻地东北部	赤坑镇
大坪	Dàpíng	山	广宁县政府驻地东北部	赤坑镇
碑头冲顶	Bēitóuchōng Dǐng	山	广宁县政府驻地东北部	赤坑镇
大炉冲顶	Dàlúchōng Dǐng	山	广宁县政府驻地东北部	赤坑镇
大窝尾	Dàwōwěi	山	广宁县政府驻地东北部	赤坑镇
金峰顶	Jīnfēng Dǐng	山	广宁县政府驻地东北部	赤坑镇
旱坑岭	Hànkēng Lǐng	山	广宁县政府驻地东北部	赤坑镇
曲崀顶	Qǔlàng Dǐng	山	广宁县政府驻地东北部	赤坑镇
下坑	Xiàkēng	山	广宁县政府驻地东北部	赤坑镇
肇咀岗	Zhàojǔ Gǎng	山	广宁县政府驻地东北部	赤坑镇
石额坑	Shí'é Kēng	山	广宁县政府驻地东北部	赤坑镇

(续上表)

标准名称	汉语拼音	地名类别	相对位置	所在（跨）行政区
老禾尾	Lǎohéwěi	山	广宁县政府驻地东北部	赤坑镇
鸭茶冲	Yācháchōng	山	广宁县政府驻地东北部	赤坑镇
圳仔顶	Zhènzǎi Dǐng	山	广宁县政府驻地东北部	赤坑镇
担杆拗	Dāngǎnniù	山	广宁县政府驻地东北部	赤坑镇
鸡婆尖顶	Jīpójiān Dǐng	山	广宁县政府驻地东北部	赤坑镇
担水坑尾	Dānshuǐ Kēngwěi	山	广宁县政府驻地东北部	赤坑镇
雅鹰顶	Yǎyīng Dǐng	山	广宁县政府驻地东北部	赤坑镇
突公坳	Tūgōng Ào	山	广宁县政府驻地东北部	赤坑镇
深圳坳	Shēnzhèn Ào	山	广宁县政府驻地东北部	赤坑镇
仙人掌	Xiānrénzhǎng	山	广宁县政府驻地东北部	赤坑镇
冷瓮顶	Lěngwèng Dǐng	山	广宁县政府驻地东北部	赤坑镇
白岩	Báiyán	山	广宁县政府驻地东北部	赤坑镇
青皮坑	Qīngpí Kēng	山	广宁县政府驻地东北部	赤坑镇
文由坳	Wényóu Ào	山	广宁县政府驻地东北部	赤坑镇
蓝房顶	Lánfáng Dǐng	山	广宁县政府驻地东北部	赤坑镇
油锣寨顶	Yóuluózhài Dǐng	山	广宁县政府驻地东北部	赤坑镇
牛大藤坑	Niúdàténg Kēng	山	广宁县政府驻地东北部	赤坑镇
大坪坳	Dàpíng Ào	山	广宁县政府驻地东北部	赤坑镇
塝排坑	Bàngpái Kēng	山	广宁县政府驻地东北部	赤坑镇
大塝	Dàbàng	山	广宁县政府驻地东北部	赤坑镇
罗壳山	Luóké Shān	山	广宁县政府驻地东北部	赤坑镇
大跃翅顶	Dàyuèchì Dǐng	山	广宁县政府驻地东北部	赤坑镇
大山口	Dà Shānkǒu	山	广宁县政府驻地东北部	赤坑镇
黄泥坑	Huángní Kēng	山	广宁县政府驻地北部	赤坑镇
揽滩坑	Lǎntān Kēng	山	广宁县政府驻地北部	赤坑镇
白水带	Báishuǐdài	山	广宁县政府驻地北部	赤坑镇
担杆坳	Dāngǎn Ào	山	广宁县政府驻地北部	赤坑镇
崩岗头	Bēnggǎngtóu	山	广宁县政府驻地北部	赤坑镇
西坑	Xīkēng	山	广宁县政府驻地北部	赤坑镇
三块顶	Sānkuài Dǐng	山	广宁县政府驻地东北部	赤坑镇

（续上表）

标准名称	汉语拼音	地名类别	相对位置	所在（跨）行政区
杉冲顶	Shānchōng Dǐng	山	广宁县政府驻地东北部	赤坑镇
石杰顶	Shíjié Dǐng	山	广宁县政府驻地东北部	赤坑镇
白藤顶	Báiténg Dǐng	山	广宁县政府驻地东北部	赤坑镇
茅山冲顶	Máoshānchōng Dǐng	山	广宁县政府驻地西北部	古水镇
石壕山顶	Shíháoshān Dǐng	山	广宁县政府驻地西北部	古水镇
高岗	Gāogǎng	山	广宁县政府驻地西北部	古水镇
鸦坪顶	Yāpíng Dǐng	山	广宁县政府驻地西北部	古水镇
高尾顶	Gāowěi Dǐng	山	广宁县政府驻地西北部	古水镇
横排顶	Héngpái Dǐng	山	广宁县政府驻地西北部	古水镇
高湘	Gāoxiāng	山	广宁县政府驻地西北部	古水镇
高尖顶	Gāojiān Dǐng	山	广宁县政府驻地西北部	古水镇
石杰屈	Shíjiéqū	山	广宁县政府驻地西北部	古水镇
鸡𪙊头	Jīnǎtóu	山	广宁县政府驻地西北部	古水镇
石壁	Shíbì	山	广宁县政府驻地西北部	古水镇
苏木坑顶	Sūmùkēng Dǐng	山	广宁县政府驻地西北部	古水镇
龙葫坑	Lónghú Kēng	山	广宁县政府驻地西北部	古水镇
桂口	Guìkǒu	山	广宁县政府驻地西北部	古水镇
冲坑山	Chōngkēng Shān	山	广宁县政府驻地西北部	古水镇
岩空	Yánkōng	山	广宁县政府驻地西北部	古水镇
石应顶	Shíyīng Dǐng	山	广宁县政府驻地西北部	古水镇
梨公顶	Lígōng Dǐng	山	广宁县政府驻地西北部	古水镇
炮台	Pàotái	山	广宁县政府驻地西北部	古水镇
城楼顶	Chénglóu Dǐng	山	广宁县政府驻地西北部	古水镇
禾眉顶	Héméi Dǐng	山	广宁县政府驻地西北部	古水镇
扬力顶	Yánglì Dǐng	山	广宁县政府驻地西北部	古水镇
竹失冲顶	Zhúshīchōng Dǐng	山	广宁县政府驻地西北部	古水镇
高山	Gāoshān	山	广宁县政府驻地西北部	古水镇
牛岐坳	Niúqí Ào	山	广宁县政府驻地西北部	古水镇
高顶	Gāodǐng	山	广宁县政府驻地西北部	古水镇

（续上表）

标准名称	汉语拼音	地名类别	相对位置	所在（跨）行政区
榜塘	Bǎngtáng	山	广宁县政府驻地西北部	古水镇
黄坭坳	Huángní Ào	山	广宁县政府驻地西北部	古水镇
浪冲尾	Làngchōngwěi	山	广宁县政府驻地西北部	古水镇
中横基	Zhōnghéngjī	山	广宁县政府驻地西北部	古水镇
上横基	Shànghéngjī	山	广宁县政府驻地西北部	古水镇
横基	Héngjī	山	广宁县政府驻地西北部	古水镇
梅树顶	Méishù Dǐng	山	广宁县政府驻地西北部	古水镇
西水顶	Xīshuǐ Dǐng	山	广宁县政府驻地西北部	古水镇
大印冲顶	Dàyìnchōng Dǐng	山	广宁县政府驻地西北部	古水镇
下横基	Xiàhéngjī	山	广宁县政府驻地西北部	古水镇
带头尾	Dàitóuwěi	山	广宁县政府驻地西北部	古水镇
龟地	Guīdì	山	广宁县政府驻地西北部	古水镇
石岗塘	Shígǎng Táng	山	广宁县政府驻地西北部	古水镇
大崩顶	Dàbēng Dǐng	山	广宁县政府驻地西北部	古水镇
黄泥风	Huángnífēng	山	广宁县政府驻地西北部	古水镇
志才岗	Zhìcái Gǎng	山	广宁县政府驻地西北部	古水镇
狗应顶	Gǒuyīng Dǐng	山	广宁县政府驻地西北部	古水镇
石夹顶	Shíjiá Dǐng	山	广宁县政府驻地西北部	古水镇
福塝顶	Fúbàng Dǐng	山	广宁县政府驻地西北部	古水镇
大坑山	Dàkēng Shān	山	广宁县政府驻地西北部	古水镇
黎井坑	Líjǐng Kēng	山	广宁县政府驻地西北部	古水镇
五指顶	Wǔzhǐ Dǐng	山	广宁县政府驻地西北部	古水镇
竹马头	Zhúmǎtóu	山	广宁县政府驻地西北部	古水镇
白湘尾	Báixiāngwěi	山	广宁县政府驻地西北部	古水镇
龙降顶	Lóngjiàng Dǐng	山	广宁县政府驻地西北部	古水镇
白蛤峒	Báihádòng	山	广宁县政府驻地西北部	古水镇
龙尾坳	Lóngwěi Ào	山	广宁县政府驻地西北部	古水镇
三级石	Sānjíshí	山	广宁县政府驻地西北部	古水镇
鱼良山	Yúliáng Shān	山	广宁县政府驻地西北部	古水镇
齐岗	Qígǎng	山	广宁县政府驻地西北部	古水镇

（续上表）

标准名称	汉语拼音	地名类别	相对位置	所在（跨）行政区
高尖顶	Gāojiān Dǐng	山	广宁县政府驻地西北部	古水镇
罗卜岭	Luóbo Lǐng	山	广宁县政府驻地西北部	古水镇
塔贤顶	Tǎxián Dǐng	山	广宁县政府驻地西北部	古水镇
金叉顶	Jīnchā Dǐng	山	广宁县政府驻地西北部	古水镇
松树冲	Sōngshùchōng	山	广宁县政府驻地西北部	古水镇
天心顶	Tiānxīn Dǐng	山	广宁县政府驻地西北部	古水镇
大坑山	Dàkēng Shān	山	广宁县政府驻地西北部	古水镇
马鞍岭	Mǎ'ān Lǐng	山	广宁县政府驻地西北部	古水镇
大罗冲顶	Dàluóchōng Dǐng	山	广宁县政府驻地西北部	古水镇
拾仔坑顶	Shízǎikēng Dǐng	山	广宁县政府驻地西北部	古水镇
芋合塘坳	Yùhétáng Ào	山	广宁县政府驻地西北部	古水镇
石轮顶	Shílún Dǐng	山	广宁县政府驻地西北部	古水镇
白虎头	Báihǔtóu	山	广宁县政府驻地西北部	古水镇
旱冲顶	Hànchōng Dǐng	山	广宁县政府驻地西北部	古水镇
南门冲顶	Nánménchōng Dǐng	山	广宁县政府驻地西北部	古水镇
李仔顶	Lǐzǎi Dǐng	山	广宁县政府驻地西北部	古水镇
山寨顶	Shānzhài Dǐng	山	广宁县政府驻地西北部	古水镇
狗头壳	Gǒutóuké	山	广宁县政府驻地西北部	古水镇
七星顶	Qīxīng Dǐng	山	广宁县政府驻地西部	古水镇
七星头	Qīxīngtóu	山	广宁县政府驻地西北部	古水镇
带头塘	Dàitóu Táng	山	广宁县政府驻地西北部	古水镇
秋风顶	Qiūfēng Dǐng	山	广宁县政府驻地西北部	古水镇
黄泥坳	Huángní Ào	山	广宁县政府驻地西北部	古水镇
天堂顶	Tiāntáng Dǐng	山	广宁县政府驻地西北部	古水镇
竹冲顶	Zhúchōng Dǐng	山	广宁县政府驻地西北部	古水镇
四婆埇顶	Sìpóyǒng Dǐng	山	广宁县政府驻地西北部	古水镇
三点梅花	Sāndiǎnméihuā	山	广宁县政府驻地西北部	古水镇
大黄顶	Dàhuáng Dǐng	山	广宁县政府驻地西北部	古水镇
高埇顶	Gāoyǒng Dǐng	山	广宁县政府驻地西北部	古水镇
园岗	Yuángǎng	山	广宁县政府驻地西北部	古水镇

（续上表）

标准名称	汉语拼音	地名类别	相对位置	所在（跨）行政区
庙前岗	Miàoqián Gǎng	山	广宁县政府驻地西北部	古水镇
旱田冲	Hàntiánchōng	山	广宁县政府驻地西北部	古水镇
老鸦头	Lǎoyātóu	山	广宁县政府驻地西北部	古水镇
福船坳	Fúchuán Ào	山	广宁县政府驻地西北部	古水镇
鸡公关	Jīgōngguān	山	广宁县政府驻地西北部	古水镇
高壁	Gāobì	山	广宁县政府驻地西北部	古水镇
大洼岗	Dàwā Gǎng	山	广宁县政府驻地西北部	古水镇
高坪塘	Gāopíng Táng	山	广宁县政府驻地西北部	古水镇
倒庄山	Dǎozhuāng Shān	山	广宁县政府驻地西北部	古水镇
马岗顶	Mǎgǎng Dǐng	山	广宁县政府驻地西北部	古水镇
高峰	Gāofēng	山	广宁县政府驻地西北部	古水镇
黄草岇顶	Huángcǎohuì Dǐng	山	广宁县政府驻地西北部	古水镇
横岗	Hénggǎng	山	广宁县政府驻地西北部	古水镇
大洼山	Dàwā Shān	山	广宁县政府驻地西北部	古水镇
石苗坑	Shímiáo Kēng	山	广宁县政府驻地西北部	古水镇
大洪岗	Dàhóng Gǎng	山	广宁县政府驻地西北部	古水镇
企山脊	Qǐshānjǐ	山	广宁县政府驻地西北部	古水镇
天堂顶	Tiāntáng Dǐng	山	广宁县政府驻地西北部	古水镇
倒装	Dǎozhuāng	山	广宁县政府驻地西北部	古水镇
山仔顶	Shānzǎi Dǐng	山	广宁县政府驻地西北部	古水镇
连塘尾	Liántángwěi	山	广宁县政府驻地西北部	古水镇
连石顶	Liánshí Dǐng	山	广宁县政府驻地西北部	古水镇
利公坑	Lìgōng Kēng	山	广宁县政府驻地西北部	古水镇
三丫尾	Sānyāwěi	山	广宁县政府驻地西北部	古水镇
炮楼顶	Pàolóu Dǐng	山	广宁县政府驻地西北部	古水镇
企山	Qǐshān	山	广宁县政府驻地西北部	古水镇
霹雳顶	Pīlì Dǐng	山	广宁县政府驻地西北部	古水镇
宫殿坑	Gōngdiàn Kēng	山	广宁县政府驻地西北部	古水镇
小坑	Xiǎo Kēng	山	广宁县政府驻地西北部	古水镇
松山坑	Sōngshān Kēng	山	广宁县政府驻地西北部	古水镇

（续上表）

标准名称	汉语拼音	地名类别	相对位置	所在（跨）行政区
黄蜂冲	Huángfēngchōng	山	广宁县政府驻地西北部	古水镇
罗汉崀	Luóhànlàng	山	广宁县政府驻地西北部	古水镇
牛摩坪	Niúmó Píng	山	广宁县政府驻地西北部	古水镇
连石崀	Liánshílàng	山	广宁县政府驻地西北部	古水镇
黄皮塘	Huángpí Táng	山	广宁县政府驻地西北部	古水镇
上黄皮	Shànghuángpí	山	广宁县政府驻地西北部	古水镇
长迳坳	Chángjìng Ào	山	广宁县政府驻地西北部	古水镇
黄姜山	Huángjiāng Shān	山	广宁县政府驻地西北部	古水镇
鱼仔尾	Yúzǎiwěi	山	广宁县政府驻地西北部	古水镇
狮子头	Shīzǐtóu	山	广宁县政府驻地西北部	古水镇
磨赖顶	Mólàidǐng	山	广宁县政府驻地西北部	古水镇
屋角冲	Wūjiǎochōng	山	广宁县政府驻地西北部	古水镇
沙雾伞	Shāwùsǎn	山	广宁县政府驻地西北部	古水镇
石马顶	Shímǎdǐng	山	广宁县政府驻地西北部	古水镇
横挡冲	Héngdǎngchōng	山	广宁县政府驻地西北部	古水镇
良坑尾	Liáng Kēngwěi	山	广宁县政府驻地西北部	古水镇
拾石顶	Shíshídǐng	山	广宁县政府驻地西北部	古水镇
三堆石顶	Sānduīshí Dǐng	山	广宁县政府驻地西北部	古水镇
高碛顶	Gāoqì Dǐng	山	广宁县政府驻地西北部	古水镇
高斜顶	Gāoxié Dǐng	山	广宁县政府驻地西北部	古水镇
石川	Shíchuān	山	广宁县政府驻地西北部	古水镇
马钟顶	Mǎzhōng Dǐng	山	广宁县政府驻地西北部	古水镇
小高冲	Xiǎogāochōng	山	广宁县政府驻地西北部	古水镇
上格顶	Shànggé Dǐng	山	广宁县政府驻地西北部	古水镇
塘冲	Tángchōng	山	广宁县政府驻地西北部	古水镇
横路	Hénglù	山	广宁县政府驻地西北部	古水镇
老虎岩	Lǎohǔyán	山	广宁县政府驻地西北部	古水镇
塘下	Tángxià	山	广宁县政府驻地西北部	古水镇
旱冲顶	Hànchōng Dǐng	山	广宁县政府驻地西北部	古水镇
猪公塘	Zhūgōng Táng	山	广宁县政府驻地西北部	古水镇

（续上表）

标准名称	汉语拼音	地名类别	相对位置	所在（跨）行政区
板梯岭	Bǎntī Lǐng	山	广宁县政府驻地西北部	古水镇
秋风尾	Qiūfēngwěi	山	广宁县政府驻地西北部	古水镇
落为顶	Luòwéi Dǐng	山	广宁县政府驻地西北部	古水镇
横排	Héngpái	山	广宁县政府驻地西北部	古水镇
梨仔坑垌	Lízǎikēngdòng	山	广宁县政府驻地西北部	古水镇
五佰钱	Wǔbǎiqián	山	广宁县政府驻地西北部	古水镇
鸡冠尖	Jīguànjiān	山	广宁县政府驻地西北部	古水镇
石磨顶	Shímó Dǐng	山	广宁县政府驻地西北部	古水镇
三莲根	Sānliángēn	山	广宁县政府驻地西北部	古水镇
上冲	Shàngchōng	山	广宁县政府驻地西北部	古水镇
落为尾	Luòwéiwěi	山	广宁县政府驻地西北部	古水镇
坑尾	Kēngwěi	山	广宁县政府驻地西北部	古水镇
桐油尾	Tóngyóuwěi	山	广宁县政府驻地西北部	古水镇
禾婆冲顶	Hépóchōng Dǐng	山	广宁县政府驻地西北部	古水镇
白马头	Báimǎtóu	山	广宁县政府驻地西南部	横山镇
大岭田	Dàlǐngtián	山	广宁县政府驻地西南部	横山镇
高山	Gāoshān	山	广宁县政府驻地西南部	横山镇
三坑顶	Sānkēng Dǐng	山	广宁县政府驻地西南部	横山镇
矮岗	Ǎigǎng	山	广宁县政府驻地西南部	横山镇
陈坑顶	Chénkēng Dǐng	山	广宁县政府驻地西南部	横山镇
内岭	Nèilǐng	山	广宁县政府驻地西南部	横山镇
七星岭	Qīxīng Lǐng	山	广宁县政府驻地西南部	横山镇
芋塘坑	Yùtáng Kēng	山	广宁县政府驻地西南部	横山镇
东瓜窿	Dōngguālóng	山	广宁县政府驻地西南部	横山镇
大松顶	Dàsōng Dǐng	山	广宁县政府驻地西南部	横山镇
高尖顶	Gāojiān Dǐng	山	广宁县政府驻地西南部	横山镇
石蛤坑	Shíhá Kēng	山	广宁县政府驻地西南部	横山镇
高坑尾	Gāo Kēngwěi	山	广宁县政府驻地西南部	横山镇
白云头	Báiyúntóu	山	广宁县政府驻地西南部	横山镇
白云山	Báiyún Shān	山	广宁县政府驻地西南部	横山镇

（续上表）

标准名称	汉语拼音	地名类别	相对位置	所在（跨）行政区
屋背山	Wūbèi Shān	山	广宁县政府驻地西南部	横山镇
高屋冲	Gāowūchōng	山	广宁县政府驻地西南部	横山镇
岩头	Yántóu	山	广宁县政府驻地西南部	横山镇
丫角山	Yājiǎo Shān	山	广宁县政府驻地西南部	横山镇
高崀顶	Gāolàng Dǐng	山	广宁县政府驻地西南部	横山镇
路田	Lùtián	山	广宁县政府驻地西南部	横山镇
寨博	Zhàibó	山	广宁县政府驻地西南部	横山镇
茶坑塘	Chákēng Táng	山	广宁县政府驻地西南部	横山镇
狗㜮脊	Gǒunǎjǐ	山	广宁县政府驻地西南部	横山镇
高岭	Gāolǐng	山	广宁县政府驻地西南部	横山镇
鹅顶岭	Édǐng Lǐng	山	广宁县政府驻地西南部	横山镇
罗帏	Luówéi	山	广宁县政府驻地西南部	横山镇
黄石顶	Huángshí Dǐng	山	广宁县政府驻地西南部	横山镇
大旗岗	Dàqí Gǎng	山	广宁县政府驻地西南部	横山镇
岭陇	Lǐnglǒng	山	广宁县政府驻地西南部	横山镇
大尾顶	Dàwěi Dǐng	山	广宁县政府驻地西南部	横山镇
冲仔窝	Chōngzǎi Wō	山	广宁县政府驻地西南部	横山镇
风柜坳	Fēngguì Ào	山	广宁县政府驻地西部	横山镇
归江	Guījiāng	山	广宁县政府驻地西南部	横山镇
庙坑	Miàokēng	山	广宁县政府驻地西南部	横山镇
石冲	Shíchōng	山	广宁县政府驻地西南部	横山镇
长滩坳	Chángtān Ào	山	广宁县政府驻地西南部	横山镇
磨米顶	Mómǐ Dǐng	山	广宁县政府驻地西南部	横山镇
高顶	Gāodǐng	山	广宁县政府驻地西北部	横山镇
大塘	Dàtáng	山	广宁县政府驻地西南部	横山镇
大良	Dàliáng	山	广宁县政府驻地西南部	横山镇
良坑	Liángkēng	山	广宁县政府驻地西南部	横山镇
大坪顶	Dàpíng Dǐng	山	广宁县政府驻地西南部	横山镇
百花坑	Bǎihuā Kēng	山	广宁县政府驻地南部	横山镇
大坑	Dàkēng	山	广宁县政府驻地西南部	横山镇

(续上表)

标准名称	汉语拼音	地名类别	相对位置	所在（跨）行政区
龙塘	Lóngtáng	山	广宁县政府驻地西南部	横山镇
北坑迳	Běikēngjìng	山	广宁县政府驻地西南部	横山镇
青龙山	Qīnglóng Shān	山	广宁县政府驻地西南部	横山镇
下沙	Xiàshā	山	广宁县政府驻地西南部	横山镇
梅坑	Méikēng	山	广宁县政府驻地东部	江屯镇
长尾	Chángwěi	山	广宁县政府驻地东部	江屯镇
旧坑	Jiùkēng	山	广宁县政府驻地东部	江屯镇
坪坑	Píngkēng	山	广宁县政府驻地西南部	江屯镇
大坑	Dàkēng	山	广宁县政府驻地东部	江屯镇
人字顶	Rénzì Dǐng	山	广宁县政府驻地南部	江屯镇
白石顶	Báishí Dǐng	山	广宁县政府驻地东部	江屯镇
松树坳	Sōngshù Ào	山	广宁县政府驻地南部	江屯镇
大杉窝	Dàshān Wō	山	广宁县政府驻地东部	江屯镇
高其顶	Gāoqí Dǐng	山	广宁县政府驻地东部	江屯镇
老山	Lǎoshān	山	广宁县政府驻地西南部	江屯镇
坪坑坳	Píngkēng Ào	山	广宁县政府驻地西南部	江屯镇
羊七山	Yángqī Shān	山	广宁县政府驻地南部	江屯镇
三幅岭	Sānfú Lǐng	山	广宁县政府驻地南部	江屯镇
狗窝顶	Gǒuwō Dǐng	山	广宁县政府驻地东部	江屯镇
大岭头	Dàlǐngtóu	山	广宁县政府驻地东部	江屯镇
长坑	Chángkēng	山	广宁县政府驻地东部	江屯镇
大壁岭顶	Dàbìlǐng Dǐng	山	广宁县政府驻地南部	江屯镇
香炉顶	Xiānglú Dǐng	山	广宁县政府驻地东部	江屯镇
三堆谷	Sānduīgǔ	山	广宁县政府驻地西南部	江屯镇
梅仔山	Méizǎi Shān	山	广宁县政府驻地西部	江屯镇
大旗山	Dàqí Shān	山	广宁县政府驻地西部	江屯镇
大坳	Dà'ào	山	广宁县政府驻地西部	江屯镇
西坑	Xīkēng	山	广宁县政府驻地西部	江屯镇
坑口	Kēngkǒu	山	广宁县政府驻地西部	江屯镇
杨梅冲	Yángméichōng	山	广宁县政府驻地南部	江屯镇

（续上表）

标准名称	汉语拼音	地名类别	相对位置	所在（跨）行政区
猪头窝	Zhūtóu Wō	山	广宁县政府驻地西北部	江屯镇
坳头顶	Àotóu Dǐng	山	广宁县政府驻地西北部	江屯镇
高顶	Gāodǐng	山	广宁县政府驻地西北部	江屯镇
新山	Xīnshān	山	广宁县政府驻地西北部	江屯镇
牛利坳	Niúlì Ào	山	广宁县政府驻地西部	江屯镇
公垠顶	Gōngyín Dǐng	山	广宁县政府驻地西部	江屯镇
小角坑	Xiǎojiǎo Kēng	山	广宁县政府驻地西北部	江屯镇
屙屎坳	Kēshǐ Ào	山	广宁县政府驻地西部	江屯镇
倒装窝	Dǎozhuāng Wō	山	广宁县政府驻地西北部	江屯镇
杉窝	Shānwō	山	广宁县政府驻地西北部	江屯镇
百足岭	Bǎizú Lǐng	山	广宁县政府驻地西北部	江屯镇
山塘窝	Shāntáng Wō	山	广宁县政府驻地西北部	江屯镇
锯龙顶	Jùlóng Dǐng	山	广宁县政府驻地西北部	江屯镇
石灰顶	Shíhuī Dǐng	山	广宁县政府驻地东北部	江屯镇
花岭顶	Huālǐng Dǐng	山	广宁县政府驻地西北部	江屯镇
高顶	Gāodǐng	山	广宁县政府驻地西北部	江屯镇
三木坑	Sānmù Kēng	山	广宁县政府驻地东北部	江屯镇
大岗顶	Dàgǎng Dǐng	山	广宁县政府驻地东北部	江屯镇
大坳顶	Dà'ào Dǐng	山	广宁县政府驻地东北部	江屯镇
大龙山	Dàlóng Shān	山	广宁县政府驻地西北部	江屯镇
大挞咀	Dàtàjǔ	山	广宁县政府驻地西北部	江屯镇
横屈	Héngqū	山	广宁县政府驻地东北部	江屯镇
黄泥坑	Huángní Kēng	山	广宁县政府驻地东北部	江屯镇
碰仔顶	Pèngzǎi Dǐng	山	广宁县政府驻地东部	江屯镇
坭城顶	Níchéng Dǐng	山	广宁县政府驻地东部	江屯镇
三古塘	Sāngǔ Táng	山	广宁县政府驻地东部	江屯镇
深坳	Shēn'ào	山	广宁县政府驻地东北部	江屯镇
箩盖顶	Luógài Dǐng	山	广宁县政府驻地东北部	江屯镇
大岭顶	Dàlǐng Dǐng	山	广宁县政府驻地东北部	江屯镇
小企山	Xiǎoqǐ Shān	山	广宁县政府驻地东北部	江屯镇

（续上表）

标准名称	汉语拼音	地名类别	相对位置	所在（跨）行政区
担竹迳	Dānzhújìng	山	广宁县政府驻地东北部	江屯镇
担竹顶	Dānzhú Dǐng	山	广宁县政府驻地东北部	江屯镇
胜古塘	Shènggǔ Táng	山	广宁县政府驻地东北部	江屯镇
霜头坳	Shuāngtóu Ào	山	广宁县政府驻地东北部	江屯镇
将军顶	Jiāngjūn Dǐng	山	广宁县政府驻地东北部	江屯镇
老熊冲	Lǎoxióngchōng	山	广宁县政府驻地东北部	江屯镇
小坑	Xiǎokēng	山	广宁县政府驻地东北部	江屯镇
和叉顶	Héchā Dǐng	山	广宁县政府驻地东北部	江屯镇
粜米坪	Tiàomǐ Píng	山	广宁县政府驻地东北部	江屯镇
大坪顶	Dàpíng Dǐng	山	广宁县政府驻地东北部	江屯镇
六丁迳	Liùdīngjìng	山	广宁县政府驻地东北部	江屯镇
六丁顶	Liùdīng Dǐng	山	广宁县政府驻地东北部	江屯镇
大山	Dàshān	山	广宁县政府驻地东北部	江屯镇
王牛公	Wángniúgōng	山	广宁县政府驻地东北部	江屯镇
杉仔尾	Shānzǎiwěi	山	广宁县政府驻地东北部	江屯镇
石银坑	Shíyín Kēng	山	广宁县政府驻地东北部	江屯镇
西坑	Xīkēng	山	广宁县政府驻地东北部	江屯镇
黄泥坑	Huángní Kēng	山	广宁县政府驻地东北部	江屯镇
岩孔坑	Yánkǒng Kēng	山	广宁县政府驻地东北部	江屯镇
庙仔顶	Miàozǎi Dǐng	山	广宁县政府驻地东北部	江屯镇
佛仔公	Fózǎigōng	山	广宁县政府驻地东北部	江屯镇
企岭屈	Qǐlǐngqū	山	广宁县政府驻地东北部	江屯镇
牛栏屈	Niúlánqū	山	广宁县政府驻地东北部	江屯镇
三塘岗顶	Sāntánggǎng Dǐng	山	广宁县政府驻地东北部	江屯镇
山猪塘	Shānzhū Táng	山	广宁县政府驻地东北部	江屯镇
孟塘	Mèngtáng	山	广宁县政府驻地东北部	江屯镇
电仔尾	Diànzǎiwěi	山	广宁县政府驻地东北部	江屯镇
白石屈顶	Báishíqū Dǐng	山	广宁县政府驻地东北部	江屯镇
吊灯坑	Diàodēng Kēng	山	广宁县政府驻地东北部	江屯镇
白虎头	Báihǔtóu	山	广宁县政府驻地东北部	江屯镇

（续上表）

标准名称	汉语拼音	地名类别	相对位置	所在（跨）行政区
企山仔	Qǐshānzǎi	山	广宁县政府驻地东北部	江屯镇
杨梅冲	Yángméichōng	山	广宁县政府驻地东北部	江屯镇
黄皮冲	Huángpíchōng	山	广宁县政府驻地东北部	江屯镇
羊牯尖	Yánggǔjiān	山	广宁县政府驻地东北部	江屯镇
石坑崀	Shíkēnglàng	山	广宁县政府驻地东北部	江屯镇
大窝顶	Dàwō Dǐng	山	广宁县政府驻地东北部	江屯镇
王茅凼	Wángmáodàng	山	广宁县政府驻地东北部	江屯镇
高龙岭	Gāolóng Lǐng	山	广宁县政府驻地东北部	江屯镇
通天蜡烛	Tōngtiānlàzhú	山	广宁县政府驻地东北部	江屯镇
柴岗顶	Cháigǎng Dǐng	山	广宁县政府驻地东北部	江屯镇
高圳山	Gāozhèn Shān	山	广宁县政府驻地东北部	江屯镇
坳子厂顶	Àozǐchǎng Dǐng	山	广宁县政府驻地东北部	江屯镇
大松山	Dàsōng Shān	山	广宁县政府驻地东北部	江屯镇
银坑顶	Yínkēng Dǐng	山	广宁县政府驻地东北部	江屯镇
泥城顶	Níchéng Dǐng	山	广宁县政府驻地东北部	江屯镇
大崩吼	Dàbēnghǒu	山	广宁县政府驻地东北部	江屯镇
大冲坑	Dàchōng Kēng	山	广宁县政府驻地东北部	江屯镇
南坑坳	Nánkēng Ào	山	广宁县政府驻地东北部	江屯镇
铁厂尾	Tiěchǎngwěi	山	广宁县政府驻地东北部	江屯镇
屈仔坑	Qūzǎi Kēng	山	广宁县政府驻地东北部	江屯镇
观音山	Guānyīn Shān	山	广宁县政府驻地东北部	江屯镇
船底窝	Chuándǐ Wō	山	广宁县政府驻地东北部	江屯镇
白须公坳	Báixūgōng Ào	山	广宁县政府驻地东北部	江屯镇
大龙山	Dàlóng Shān	山	广宁县政府驻地东北部	江屯镇
茶坑口	Chákēngkǒu	山	广宁县政府驻地东北部	江屯镇
鸡仔岭	Jīzǎi Lǐng	山	广宁县政府驻地南部	江屯镇
文笔顶	Wénbǐ Dǐng	山	广宁县政府驻地东北部	江屯镇
园顶	Yuándǐng	山	广宁县政府驻地西北部	江屯镇
南山	Nánshān	山	广宁县政府驻地西北部	江屯镇
冷水坑顶	Lěngshuǐkēng Dǐng	山	广宁县政府驻地北部	坑口镇

（续上表）

标准名称	汉语拼音	地名类别	相对位置	所在（跨）行政区
山寨顶	Shānzhài Dǐng	山	广宁县政府驻地北部	坑口镇
山峰顶	Shānfēng Dǐng	山	广宁县政府驻地北部	坑口镇
知坑顶	Zhīkēng Dǐng	山	广宁县政府驻地北部	坑口镇
踏步塘	Tàbù Táng	山	广宁县政府驻地北部	坑口镇
大氹崀	Dàdànglàng	山	广宁县政府驻地北部	坑口镇
高尾顶	Gāowěi Dǐng	山	广宁县政府驻地北部	坑口镇
旧茶亭	Jiùchátíng	山	广宁县政府驻地北部	坑口镇
杉冲	Shānchōng	山	广宁县政府驻地北部	坑口镇
杉冲顶	Shānchōng Dǐng	山	广宁县政府驻地北部	坑口镇
孟塘仔顶	Mèngtángzǎi Dǐng	山	广宁县政府驻地北部	坑口镇
平湖顶	Pínghú Dǐng	山	广宁县政府驻地北部	坑口镇
油树塘顶	Yóushùtáng Dǐng	山	广宁县政府驻地北部	坑口镇
坑仔岭	Kēngzǎi Lǐng	山	广宁县政府驻地北部	坑口镇
旱坑埇口	Hànkēngyǒngkǒu	山	广宁县政府驻地北部	坑口镇
上带茶亭	Shàngdàichátíng	山	广宁县政府驻地北部	坑口镇
莲坑坳	Liánkēng Ào	山	广宁县政府驻地北部	坑口镇
庙崀	Miàolàng	山	广宁县政府驻地北部	坑口镇
水垌头	Shuǐdòngtóu	山	广宁县政府驻地北部	坑口镇
格山顶	Géshān Dǐng	山	广宁县政府驻地北部	坑口镇
石背顶	Shíbèi Dǐng	山	广宁县政府驻地北部	坑口镇
瞭望顶	Liáowàng Dǐng	山	广宁县政府驻地北部	坑口镇
禾仓冲顶	Hécāngchōng Dǐng	山	广宁县政府驻地北部	坑口镇
新山寨	Xīnshānzhài	山	广宁县政府驻地北部	坑口镇
连坑	Liánkēng	山	广宁县政府驻地北部	坑口镇
长塘坑	Chángtáng Kēng	山	广宁县政府驻地北部	坑口镇
樟油山	Zhāngyóu Shān	山	广宁县政府驻地北部	坑口镇
高尾	Gāowěi	山	广宁县政府驻地北部	坑口镇
寒点带口	Hándiǎndàikǒu	山	广宁县政府驻地北部	坑口镇
大坳	Dà'ào	山	广宁县政府驻地北部	坑口镇
对坑顶	Duìkēng Dǐng	山	广宁县政府驻地北部	坑口镇

（续上表）

标准名称	汉语拼音	地名类别	相对位置	所在（跨）行政区
高顶	Gāodǐng	山	广宁县政府驻地北部	坑口镇
大松顶	Dàsōng Dǐng	山	广宁县政府驻地北部	坑口镇
石坑	Shíkēng	山	广宁县政府驻地北部	坑口镇
狮子头	Shīzǐtóu	山	广宁县政府驻地北部	坑口镇
上树坑	Shàngshù Kēng	山	广宁县政府驻地北部	坑口镇
木运坑	Mùyùn Kēng	山	广宁县政府驻地北部	坑口镇
塘仔尾顶	Tángzǎiwěi Dǐng	山	广宁县政府驻地北部	坑口镇
听岭尾	Tīnglǐngwěi	山	广宁县政府驻地北部	坑口镇
横坑冲	Héngkēngchōng	山	广宁县政府驻地西北部	坑口镇
井汶坑	Jǐngwèn Kēng	山	广宁县政府驻地西北部	坑口镇
担水冲	Dānshuǐchōng	山	广宁县政府驻地西北部	坑口镇
上坪顶	Shàngpíng Dǐng	山	广宁县政府驻地西北部	坑口镇
石洼顶	Shíwā Dǐng	山	广宁县政府驻地西北部	坑口镇
横岗	Hénggǎng	山	广宁县政府驻地西北部	坑口镇
中塘坑顶	Zhōngtángkēng Dǐng	山	广宁县政府驻地西北部	坑口镇
崩岗顶	Bēnggǎng Dǐng	山	广宁县政府驻地西北部	坑口镇
长田坑	Chángtián Kēng	山	广宁县政府驻地西北部	坑口镇
七星顶	Qīxīng Dǐng	山	广宁县政府驻地西北部	坑口镇
踏脑山	Tànǎo Shān	山	广宁县政府驻地西北部	坑口镇
柱狗顶	Wǎnggǒu Dǐng	山	广宁县政府驻地西北部	坑口镇
茨崀厂	Cílàngchǎng	山	广宁县政府驻地西北部	坑口镇
吉地冲顶	Jídìchōng Dǐng	山	广宁县政府驻地北部	坑口镇
石阴头	Shíyīntóu	山	广宁县政府驻地北部	坑口镇
灶军顶	Zàojūn Dǐng	山	广宁县政府驻地北部	坑口镇
四份山	Sìfèn Shān	山	广宁县政府驻地北部	坑口镇
黄姜顶	Huángjiāng Dǐng	山	广宁县政府驻地北部	坑口镇
三坑顶	Sānkēng Dǐng	山	广宁县政府驻地北部	坑口镇
铁炉坑	Tiělú Kēng	山	广宁县政府驻地北部	坑口镇
头冲顶	Tóuchōng Dǐng	山	广宁县政府驻地北部	坑口镇

（续上表）

标准名称	汉语拼音	地名类别	相对位置	所在（跨）行政区
大汕水	Dàshànshuǐ	山	广宁县政府驻地北部	坑口镇
浪埇顶	Làngyǒng Dǐng	山	广宁县政府驻地北部	坑口镇
大碑顶	Dàbēi Dǐng	山	广宁县政府驻地北部	坑口镇
五汶浪顶	Wǔwènlàng Dǐng	山	广宁县政府驻地北部	坑口镇
长埇	Chángyǒng	山	广宁县政府驻地北部	坑口镇
李仔尾	Lǐzǎiwěi	山	广宁县政府驻地北部	坑口镇
杨梅坑	Yángméi Kēng	山	广宁县政府驻地北部	坑口镇
石带尾	Shídàiwěi	山	广宁县政府驻地北部	坑口镇
大王冲	Dàwángchōng	山	广宁县政府驻地北部	坑口镇
上鼻仔	Shàngbízǎi	山	广宁县政府驻地北部	坑口镇
崩岗冲	Bēnggǎngchōng	山	广宁县政府驻地北部	坑口镇
大尾	Dàwěi	山	广宁县政府驻地北部	坑口镇
圣坑顶	Shèngkēng Dǐng	山	广宁县政府驻地北部	坑口镇
大公山	Dàgōng Shān	山	广宁县政府驻地北部	坑口镇
磨刀顶	Módāo Dǐng	山	广宁县政府驻地北部	坑口镇
上圣	Shàngshèng	山	广宁县政府驻地北部	坑口镇
不录顶	Búlù Dǐng	山	广宁县政府驻地北部	坑口镇
青皮坑	Qīngpí Kēng	山	广宁县政府驻地西北部	坑口镇
特坑	Tèkēng	山	广宁县政府驻地西北部	坑口镇
下冲顶	Xiàchōng Dǐng	山	广宁县政府驻地西北部	坑口镇
乌蛇坑	Wūshé Kēng	山	广宁县政府驻地西北部	坑口镇
丫碑顶	Yābēi Dǐng	山	广宁县政府驻地西北部	坑口镇
分界坳	Fènjiè Ào	山	广宁县政府驻地北部	坑口镇
洲仔则	Zhōuzǎizé	山	广宁县政府驻地北部	坑口镇
竹坑	Zhúkēng	山	广宁县政府驻地北部	坑口镇
车前坑顶	Chēqiánkēng Dǐng	山	广宁县政府驻地北部	坑口镇
柴岗	Cháigǎng	山	广宁县政府驻地北部	坑口镇
石杰顶	Shíjié Dǐng	山	广宁县政府驻地北部	坑口镇
落坑顶	Luòkēng Dǐng	山	广宁县政府驻地北部	坑口镇
登桂顶	Dēngguì Dǐng	山	广宁县政府驻地北部	坑口镇

（续上表）

标准名称	汉语拼音	地名类别	相对位置	所在（跨）行政区
茶仔冲顶	Cházǎichōng Dǐng	山	广宁县政府驻地北部	坑口镇
高尾	Gāowěi	山	广宁县政府驻地北部	坑口镇
石岇冲	Shíhuìchōng	山	广宁县政府驻地北部	坑口镇
枫树顶	Fēngshù Dǐng	山	广宁县政府驻地北部	坑口镇
旺布坑	Wàngbù Kēng	山	广宁县政府驻地北部	坑口镇
苦竹坑	Kǔzhú Kēng	山	广宁县政府驻地北部	坑口镇
新塘坑顶	Xīntángkēng Dǐng	山	广宁县政府驻地北部	坑口镇
山寨顶	Shānzhài Dǐng	山	广宁县政府驻地北部	坑口镇
八坑顶	Bākēng Dǐng	山	广宁县政府驻地北部	坑口镇
大尾顶	Dàwěi Dǐng	山	广宁县政府驻地北部	坑口镇
坑心	Kēngxīn	山	广宁县政府驻地东北部	螺岗镇
白石岭顶	Báishílǐng Dǐng	山	广宁县政府驻地东北部	螺岗镇
柯菜尾	Kēcàiwěi	山	广宁县政府驻地东北部	螺岗镇
赤水尾顶	Chìshuǐwěi Dǐng	山	广宁县政府驻地东北部	螺岗镇
高洼顶	Gāowā Dǐng	山	广宁县政府驻地东北部	螺岗镇
香笋尾	Xiāngsǔnwěi	山	广宁县政府驻地东北部	螺岗镇
下吊尾	Xiàdiàowěi	山	广宁县政府驻地东北部	螺岗镇
牙鹰寨	Yáyīngzhài	山	广宁县政府驻地东北部	螺岗镇
深坳	Shēn'ào	山	广宁县政府驻地东北部	螺岗镇
七星头	Qīxīngtóu	山	广宁县政府驻地东北部	螺岗镇
石犁头	Shílítóu	山	广宁县政府驻地东北部	螺岗镇
大钟山	Dàzhōng Shān	山	广宁县政府驻地东北部	螺岗镇
佛堂岗	Fótáng Gǎng	山	广宁县政府驻地东北部	螺岗镇
元江仔	Yuánjiāngzǎi	山	广宁县政府驻地东北部	螺岗镇
大坳	Dà'ào	山	广宁县政府驻地东北部	螺岗镇
崀水	Làngshuǐ	山	广宁县政府驻地东北部	螺岗镇
崩岗坑	Bēnggǎng Kēng	山	广宁县政府驻地东北部	螺岗镇
黄牛岗	Huángniú Gǎng	山	广宁县政府驻地东北部	螺岗镇
对面岗	Duìmiàn Gǎng	山	广宁县政府驻地东北部	螺岗镇
草帽顶	Cǎomào Dǐng	山	广宁县政府驻地东北部	螺岗镇

（续上表）

标准名称	汉语拼音	地名类别	相对位置	所在（跨）行政区
瞭望顶	Liáowàng Dǐng	山	广宁县政府驻地东北部	螺岗镇
下贵寮	Xiàguì Liáo	山	广宁县政府驻地东北部	螺岗镇
棚公窝顶	Pénggōngwō Dǐng	山	广宁县政府驻地东北部	螺岗镇
狼狂仔	Lángkuángzǎi	山	广宁县政府驻地东北部	螺岗镇
大狼狂	Dàlángkuáng	山	广宁县政府驻地东北部	螺岗镇
木兰岗	Mùlán Gǎng	山	广宁县政府驻地东北部	螺岗镇
崩圳山	Bēngzhèn Shān	山	广宁县政府驻地东北部	螺岗镇
华仔岗	Huázǎi Gǎng	山	广宁县政府驻地东北部	螺岗镇
细塘冲	Xìtángchōng	山	广宁县政府驻地东北部	螺岗镇
疏硍顶	Shūláng Dǐng	山	广宁县政府驻地东北部	螺岗镇
贵子岗	Guìzǐ Gǎng	山	广宁县政府驻地东北部	螺岗镇
山凼顶	Shāndàng Dǐng	山	广宁县政府驻地东北部	螺岗镇
营寨顶	Yíngzhài Dǐng	山	广宁县政府驻地东北部	螺岗镇
狗耳塘	Gǒu'ěr Táng	山	广宁县政府驻地东北部	螺岗镇
草帽顶	Cǎomào Dǐng	山	广宁县政府驻地东北部	螺岗镇
石牙头	Shíyátóu	山	广宁县政府驻地东北部	螺岗镇
径山	Jìngshān	山	广宁县政府驻地东北部	螺岗镇
冲仔顶	Chōngzǎi Dǐng	山	广宁县政府驻地东北部	螺岗镇
坟冲	Fénchōng	山	广宁县政府驻地东北部	螺岗镇
吃水冲	Chīshuǐchōng	山	广宁县政府驻地东北部	螺岗镇
高陂冲顶	Gāobēichōng Dǐng	山	广宁县政府驻地东北部	螺岗镇
旱屈顶	Hànqū Dǐng	山	广宁县政府驻地东北部	螺岗镇
庙背顶	Miàobèi Dǐng	山	广宁县政府驻地东北部	螺岗镇
雄鸡扑翅	Xióngjīpūchì	山	广宁县政府驻地东北部	螺岗镇
木顿	Mùdùn	山	广宁县政府驻地东北部	螺岗镇
木塝岗	Mùbàng Gǎng	山	广宁县政府驻地东北部	螺岗镇
锅铲头	Guōchǎntóu	山	广宁县政府驻地东北部	螺岗镇
对坑山	Duìkēng Shān	山	广宁县政府驻地东北部	螺岗镇
公神坑	Gōngshén Kēng	山	广宁县政府驻地东北部	螺岗镇
榄仔尾	Lǎnzǎiwěi	山	广宁县政府驻地东北部	螺岗镇

（续上表）

标准名称	汉语拼音	地名类别	相对位置	所在（跨）行政区
大尾	Dàwěi	山	广宁县政府驻地东北部	螺岗镇
侧面虎	Cèmiànhǔ	山	广宁县政府驻地东北部	螺岗镇
禾仓冲	Hécāngchōng	山	广宁县政府驻地东北部	螺岗镇
到坑顶	Dàokēng Dǐng	山	广宁县政府驻地东北部	螺岗镇
石杰坳	Shíjié Ào	山	广宁县政府驻地东北部	螺岗镇
秀崀顶	Xiùlàng Dǐng	山	广宁县政府驻地东北部	螺岗镇
圣仔坑	Shèngzǎi Kēng	山	广宁县政府驻地东北部	螺岗镇
洲君顶	Zhōujūn Dǐng	山	广宁县政府驻地东北部	螺岗镇
陆仔坑	Lùzǎi Kēng	山	广宁县政府驻地东北部	螺岗镇
南坑顶	Nánkēng Dǐng	山	广宁县政府驻地东北部	螺岗镇
南坑仔	Nánkēngzǎi	山	广宁县政府驻地东北部	螺岗镇
旱冲顶	Hànchōng Dǐng	山	广宁县政府驻地东北部	螺岗镇
牛寮	Niúliáo	山	广宁县政府驻地东北部	螺岗镇
山牛地	Shānniúdì	山	广宁县政府驻地东北部	螺岗镇
塘尾冲	Tángwěichōng	山	广宁县政府驻地东北部	螺岗镇
大旗山	Dàqí Shān	山	广宁县政府驻地东北部	螺岗镇
芋哈塘	Yùhā Táng	山	广宁县政府驻地东北部	木格镇
石芽顶	Shíyá Dǐng	山	广宁县政府驻地偏东部	木格镇
竹洼	Zhúwā	山	广宁县政府驻地北部	木格镇
塘坳顶	Táng'ào Dǐng	山	广宁县政府驻地北部	木格镇
大石牯	Dàshígǔ	山	广宁县政府驻地北部	木格镇
黄坭坑顶	Huángní Kēngdǐng	山	广宁县政府驻地北部	木格镇
替矶岭	Tánjī Lǐng	山	广宁县政府驻地北部	木格镇
大崩山	Dàbēng Shān	山	广宁县政府驻地北部	木格镇
烂田	Làn Tián	山	广宁县政府驻地北部	木格镇
大坑山	Dàkēng Shān	山	广宁县政府驻地北部	木格镇
更塘坳	Gèngtáng Ào	山	广宁县政府驻地西部	木格镇
双成	Shuāngchéng	山	广宁县政府驻地西部	木格镇
铁炉顶	Tiělú Dǐng	山	广宁县政府驻地西部	木格镇
禾地嘴	Hédìzuǐ	山	广宁县政府驻地西部	木格镇

（续上表）

标准名称	汉语拼音	地名类别	相对位置	所在（跨）行政区
大墩头	Dàdūntóu	山	广宁县政府驻地西部	木格镇
军塘	Jūntáng	山	广宁县政府驻地西部	木格镇
山伯	Shānbó	山	广宁县政府驻地西部	木格镇
独岗	Dúgǎng	山	广宁县政府驻地西部	木格镇
力闲连	Lìxiánlián	山	广宁县政府驻地西部	木格镇
石羊山	Shíyáng Shān	山	广宁县政府驻地西部	木格镇
上龙顶	Shànglóng Dǐng	山	广宁县政府驻地西部	木格镇
莫塘	Mòtáng	山	广宁县政府驻地西部	木格镇
百上崀	Bǎishànglàng	山	广宁县政府驻地西部	木格镇
大磨岭	Dàmó Lǐng	山	广宁县政府驻地西部	木格镇
佛仔公	Fózǎigōng	山	广宁县政府驻地西部	木格镇
高尾顶	Gāowěi Dǐng	山	广宁县政府驻地西部	木格镇
石仔岭	Shízǎi Lǐng	山	广宁县政府驻地西部	木格镇
山伯	Shānbó	山	广宁县政府驻地西部	木格镇
五指山	Wǔzhǐ Shān	山	广宁县政府驻地西部	木格镇
洞心洲	Dòngxīn Zhōu	山	广宁县政府驻地西部	木格镇
塘仔洼	Tángzǎiwā	山	广宁县政府驻地西部	木格镇
中洲	Zhōngzhōu	山	广宁县政府驻地西部	木格镇
凤凰岗	Fènghuáng Gǎng	山	广宁县政府驻地西部	木格镇
石塔仔	Shítǎzǎi	山	广宁县政府驻地西部	木格镇
大门厂	Dàménchǎng	山	广宁县政府驻地西部	木格镇
荔枝山	Lìzhī Shān	山	广宁县政府驻地西部	木格镇
五指顶	Wǔzhǐ Dǐng	山	广宁县政府驻地西部	木格镇
柑仔茄	Gānzǎiqié	山	广宁县政府驻地西部	木格镇
立集顶	Lìjí Dǐng	山	广宁县政府驻地西部	木格镇
旧屋洞	Jiùwū Dòng	山	广宁县政府驻地西部	木格镇
小更	Xiǎogèng	山	广宁县政府驻地西部	木格镇
譚王	Tánwáng	山	广宁县政府驻地西部	木格镇
铁路顶	Tiělù Dǐng	山	广宁县政府驻地西部	木格镇
平罗	Píngluó	山	广宁县政府驻地西部	木格镇

（续上表）

标准名称	汉语拼音	地名类别	相对位置	所在（跨）行政区
崩岗	Bēnggǎng	山	广宁县政府驻地西部	木格镇
洼蕨	Wājué	山	广宁县政府驻地西北部	木格镇
火星顶	Huǒxīng Dǐng	山	广宁县政府驻地西部	木格镇
山寨顶	Shānzhài Dǐng	山	广宁县政府驻地西部	木格镇
牛秀	Niúxiù	山	广宁县政府驻地西南部	木格镇
芒头洼顶	Mángtóuwā Dǐng	山	广宁县政府驻地西南部	木格镇
琴听岭	Qíntīng Lǐng	山	广宁县政府驻地西北部	木格镇
白石坑顶	Báishíkēng Dǐng	山	广宁县政府驻地西北部	木格镇
大洼坳	Dàwā Ào	山	广宁县政府驻地西南部	木格镇
双德坑	Shuāngdé Kēng	山	广宁县政府驻地西部	木格镇
上龙坳	Shànglóng Ào	山	广宁县政府驻地西部	木格镇
横塘	Héngtáng	山	广宁县政府驻地西部	木格镇
天窝	Tiānwō	山	广宁县政府驻地西部	木格镇
鹤山	Hèshān	山	广宁县政府驻地西部	木格镇
石现	Shíxiàn	山	广宁县政府驻地西部	木格镇
大水	Dàshuǐ	山	广宁县政府驻地西部	木格镇
牛牯顶	Niúgǔ Dǐng	山	广宁县政府驻地北部	木格镇
双峰坑	Shuāngfēng Kēng	山	广宁县政府驻地西部	木格镇
佰公坑顶	Bǎigōngkēng Dǐng	山	广宁县政府驻地西部	木格镇
大窝顶	Dàwō Dǐng	山	广宁县政府驻地东南部	南街镇
壮吊坑顶	Zhuàngdiàokēng Dǐng	山	广宁县政府驻地西南部	南街镇
石脚顶	Shíjiǎo Dǐng	山	广宁县政府驻地西部	南街镇
马龙顶	Mǎlóng Dǐng	山	广宁县政府驻地西部	南街镇
蓝坑	Lánkēng	山	广宁县政府驻地西部	南街镇
狗头冲顶	Gǒutóuchōng Dǐng	山	广宁县政府驻地西南部	南街镇
鹅公顶	Égōng Dǐng	山	广宁县政府驻地西南部	南街镇
石龙尾	Shílóngwěi	山	广宁县政府驻地西北部	南街镇
榄塘坑	Lǎntángkēng	山	广宁县政府驻地西北部	南街镇
榄坑	Lǎn Kēng	山	广宁县政府驻地西北部	南街镇

(续上表)

标准名称	汉语拼音	地名类别	相对位置	所在（跨）行政区
高壁	Gāobì	山	广宁县政府驻地西北部	南街镇
黄苗尾	Huángmiáowěi	山	广宁县政府驻地西北部	南街镇
虎山顶	Hǔshān Dǐng	山	广宁县政府驻地西北部	南街镇
五岚尾顶	Wǔlàngwěi Dǐng	山	广宁县政府驻地西北部	南街镇
独松坳	Dúsōng Ào	山	广宁县政府驻地西北部	南街镇
黄草岗顶	Huángcǎohuì Dǐng	山	广宁县政府驻地西北部	南街镇
高岗	Gāogǎng	山	广宁县政府驻地西北部	南街镇
岗咀	Huìjǔ	山	广宁县政府驻地西北部	南街镇
杨梅坑尾	Yángméi Kēngwěi	山	广宁县政府驻地西北部	南街镇
鸡公关	Jīgōngguān	山	广宁县政府驻地西北部	南街镇
高尾	Gāowěi	山	广宁县政府驻地西北部	南街镇
桂撑坑	Guìchēng Kēng	山	广宁县政府驻地西北部	南街镇
四方岗	Sìfāng Gǎng	山	广宁县政府驻地西北部	南街镇
牛栏塘	Niúlán Táng	山	广宁县政府驻地西南部	南街镇
马勤坑	Mǎqín Kēng	山	广宁县政府驻地西北部	南街镇
中秀坑	Zhōngxiù Kēng	山	广宁县政府驻地西北部	南街镇
屋坑尾	Wūkēngwěi	山	广宁县政府驻地西部	南街镇
塘肚坑	Tángdù Kēng	山	广宁县政府驻地西北部	南街镇
大竹冲	Dàzhúchōng	山	广宁县政府驻地西北部	南街镇
高岗顶	Gāogǎng Dǐng	山	广宁县政府驻地西北部	南街镇
鬼坑	Guǐkēng	山	广宁县政府驻地西北部	南街镇
山咀	Shānjǔ	山	广宁县政府驻地西南部	南街镇
文笔岭	Wénbǐ Lǐng	山	广宁县政府驻地西南部	南街镇
大窝山	Dàwō Shān	山	广宁县政府驻地西南部	南街镇
军塘坑	Jūntáng Kēng	山	广宁县政府驻地北部	南街镇
石燕岗	Shíyàn Gǎng	山	广宁县政府驻地北部	南街镇
赤口岗	Chìkǒu Gǎng	山	广宁县政府驻地北部	南街镇
乌坑顶	Wūkēng Dǐng	山	广宁县政府驻地北部	南街镇
对面岗	Duìmiàn Gǎng	山	广宁县政府驻地北部	南街镇
竹园塘顶	Zhúyuántáng Dǐng	山	广宁县政府驻地北部	南街镇

（续上表）

标准名称	汉语拼音	地名类别	相对位置	所在（跨）行政区
牛岭屯	Niúlǐngtún	山	广宁县政府驻地北部	南街镇
火烧岗	Huǒshāo Gǎng	山	广宁县政府驻地北部	南街镇
龟塘坑	Guītáng Kēng	山	广宁县政府驻地北部	南街镇
六角坑尾	Liùjiǎo Kēngwěi	山	广宁县政府驻地北部	南街镇
山寨顶	Shānzhài Dǐng	山	广宁县政府驻地北部	南街镇
大坑尾	Dàkēngwěi	山	广宁县政府驻地县西北部	南街镇
陈一冲	Chényīchōng	山	广宁县政府驻地西北部	南街镇
园岭顶	Yuánlǐng Dǐng	山	广宁县政府驻地北部	南街镇
柴洼芳	Cháiwāhuì	山	广宁县政府驻地北部	南街镇
山伯坑	Shānbó Kēng	山	广宁县政府驻地北部	南街镇
扶楼寨顶	Fúlóuzhài Dǐng	山	广宁县政府驻地北部	南街镇
金坑	Jīnkēng	山	广宁县政府驻地西北部	南街镇
文笔顶	Wénbǐ Dǐng	山	广宁县政府驻地南部	南街镇
鸭仔口	Yāzǎikǒu	山	广宁县政府驻地东部	南街镇
带下垌	Dàixiàdòng	山	广宁县政府驻地西南部	南街镇
牛角	Niújiǎo	山	广宁县政府驻地东南部	南街镇
金鸡顶	Jīnjī Dǐng	山	广宁县政府驻地南部	南街镇
连塘尾	Liántángwěi	山	广宁县政府驻地东南部	南街镇
大氹	Dàdàng	山	广宁县政府驻地南部	南街镇
独石头	Dúshítóu	山	广宁县政府驻地东北部	南街镇
石杰坳	Shíjié Ào	山	广宁县政府驻地东北部	南街镇
马龙岭顶	Mǎlónglǐng Dǐng	山	广宁县政府驻地东北部	南街镇
鸡罩岗	Jīzhào Gǎng	山	广宁县政府驻地东北部	南街镇
笔架顶	Bǐjià Dǐng	山	广宁县政府驻地北部	南街镇
独岗顶	Dúgǎng Dǐng	山	广宁县政府驻地北部	南街镇
坟塘顶	Féntáng Dǐng	山	广宁县政府驻地东北部	南街镇
逢迳冲顶	Féngjìngchōng Dǐng	山	广宁县政府驻地北部	南街镇
东坑	Dōngkēng	山	广宁县政府驻地东北部	南街镇
西坑	Xīkēng	山	广宁县政府驻地东北部	南街镇

（续上表）

标准名称	汉语拼音	地名类别	相对位置	所在（跨）行政区
辽堤尾顶	Liáodīwěi Dǐng	山	广宁县政府驻地北部	南街镇
东头坑坳	Dōngtóukēng Ào	山	广宁县政府驻地北部	南街镇
腾加塘	Téngjiā Táng	山	广宁县政府驻地东北部	南街镇
冷水尾	Lěngshuǐwěi	山	广宁县政府驻地北部	南街镇
到桩冲	Dàozhuāngchōng	山	广宁县政府驻地北部	南街镇
官春塘	Guānchūn Táng	山	广宁县政府驻地北部	南街镇
石岩下	Shíyánxià	山	广宁县政府驻地北部	南街镇
蓝坑尾	Lánkēngwěi	山	广宁县政府驻地东部	南街镇
石马顶	Shímǎ Dǐng	山	广宁县政府驻地东部	南街镇
马鹿坑	Mǎlù Kēng	山	广宁县政府驻地东部	南街镇
石马	Shímǎ	山	广宁县政府驻地东部	南街镇
大山坑	Dàshān Kēng	山	广宁县政府驻地东部	南街镇
晒谷顶	Shàigǔ Dǐng	山	广宁县政府驻地东北部	南街镇
寨尾顶	Zhàiwěi Dǐng	山	广宁县政府驻地东部	南街镇
九龙岗	Jiǔlóng Gǎng	山	广宁县政府驻地东部	南街镇
高尾	Gāowěi	山	广宁县政府驻地东部	南街镇
带下	Dàixià	山	广宁县政府驻地东部	南街镇
黎合坳	Líhé Ào	山	广宁县政府驻地东南部	南街镇
大窝	Dàwō	山	广宁县政府驻地东部	南街镇
黄草岗	Huángcǎo Gǎng	山	广宁县政府驻地东北部	南街镇
崩岗崀	Bēnggǎnglàng	山	广宁县政府驻地东部	南街镇
大石牯	Dàshígǔ	山	广宁县政府驻地东部	南街镇
岭龙	Lǐnglóng	山	广宁县政府驻地东部	南街镇
社坑顶	Shèkēng Dǐng	山	广宁县政府驻地东北部	南街镇
龙山顶	Lóngshān Dǐng	山	广宁县政府驻地东部	南街镇
油仔埇顶	Yóuzǎiyǒng Dǐng	山	广宁县政府驻地东南部	南街镇
横坑	Héngkēng	山	广宁县政府驻地东南部	南街镇
山客塘	Shānkè Táng	山	广宁县政府驻地东南部	南街镇
黄坭岭	Huángní Lǐng	山	广宁县政府驻地东南部	南街镇
人头石	Réntóushí	山	广宁县政府驻地东南部	南街镇

（续上表）

标准名称	汉语拼音	地名类别	相对位置	所在（跨）行政区
牛栏岗	Niúlán Gǎng	山	广宁县政府驻地东南部	南街镇
松心顶	Sōngxīn Dǐng	山	广宁县政府驻地东南部	南街镇
凤官塘	Fèngguān Táng	山	广宁县政府驻地南部	南街镇
口水屈顶	Kǒushuǐqū Dǐng	山	广宁县政府驻地东南部	南街镇
狮子顶	Shīzǐ Dǐng	山	广宁县政府驻地东南部	南街镇
灯围顶	Dēngwéi Dǐng	山	广宁县政府驻地东南部	南街镇
长尾	Chángwěi	山	广宁县政府驻地西南部	南街镇
黄坑岭	Huángkēng Lǐng	山	广宁县政府驻地西南部	南街镇
岭头塘	Lǐngtóu Táng	山	广宁县政府驻地西南部	南街镇
旧屋坪	Jiùwū Píng	山	广宁县政府驻地西南部	南街镇
黄岗岭	Huánggǎng Lǐng	山	广宁县政府驻地东北部	南街镇
石离侧	Shílícè	山	广宁县政府驻地东北部	南街镇
香笋尾	Xiāngsǔnwěi	山	广宁县政府驻地东北部	南街镇
官塘径	Guāntángjìng	山	广宁县政府驻地东北部	南街镇
山寨顶	Shānzhài Dǐng	山	广宁县政府驻地东北部	南街镇
福尾	Fúwěi	山	广宁县政府驻地东北部	南街镇
芋崀尾	Yùlàngwěi	山	广宁县政府驻地东北部	南街镇
三丫坳	Sānyā Ào	山	广宁县政府驻地东北部	南街镇
苦竹塘	Kǔzhú Táng	山	广宁县政府驻地东北部	南街镇
高尖顶	Gāojiān Dǐng	山	广宁县政府驻地东北部	南街镇
福尾冲顶	Fúwěichōng Dǐng	山	广宁县政府驻地东北部	南街镇
鹿京山	Lùjīng Shān	山	广宁县政府驻地东北部	南街镇
狗骨冲顶	Gǒugǔchōng Dǐng	山	广宁县政府驻地东北部	南街镇
南蛇塘	Nánshé Táng	山	广宁县政府驻地东北部	南街镇
点山窝	Diǎnshān Wō	山	广宁县政府驻地东北部	南街镇
鸡𪃦崀	Jīnǎlàng	山	广宁县政府驻地东北部	南街镇
红岭	Hónglǐng	山	广宁县政府驻地东北部	南街镇
小石螺顶	Xiǎoshíluó Dǐng	山	广宁县政府驻地东北部	南街镇
根竹坑	Gēnzhú Kēng	山	广宁县政府驻地东部	南街镇
水凹坑	Shuǐ'āo Kēng	山	广宁县政府驻地西南部	南街镇

（续上表）

标准名称	汉语拼音	地名类别	相对位置	所在（跨）行政区
禾塘咀	Hétángjǔ	山	广宁县政府驻地西南部	南街镇
前沙	Qiánshā	山	广宁县政府驻地西南部	南街镇
白石岭头	Báishílǐngtóu	山	广宁县政府驻地南部	南街镇
三步坳	Sānbù Ào	山	广宁县政府驻地南部	南街镇
大山坑	Dàshān Kēng	山	广宁县政府驻地南部	南街镇
榕鹤头	Rónghètóu	山	广宁县政府驻地南部	南街镇
猪暗塘	Zhū'àn Táng	山	广宁县政府驻地南部	南街镇
山寨顶	Shānzhài Dǐng	山	广宁县政府驻地南部	南街镇
芋合塘	Yùhé Táng	山	广宁县政府驻地南部	南街镇
泽川塘口	Zéchuāntángkǒu	山	广宁县政府驻地东北部	南街镇
岑坑	Cénkēng	山	广宁县政府驻地东北部	南街镇
黄草岗	Huángcǎo Gǎng	山	广宁县政府驻地东北部	南街镇
山寨	Shānzhài	山	广宁县政府驻地东北部	南街镇
茶山	Chá Shān	山	广宁县政府驻地西南部	南街镇
装吊崀	Zhuāngdiàolàng	山	广宁县政府驻地西南部	南街镇
灯心岗	Dēngxīn Gàng	山	广宁县政府驻地东北部	南街镇
黄公坑	Huánggōng Kēng	山	广宁县政府驻地东北部	南街镇
杉冲顶	Shānchōng Dǐng	山	广宁县政府驻地东北部	南街镇
牛鼻尾	Niúbíwěi	山	广宁县政府驻地东北部	南街镇
先峰顶	Xiānfēng Dǐng	山	广宁县政府驻地东北部	南街镇
官路塘顶	Guānlùtáng Dǐng	山	广宁县政府驻地东北部	南街镇
旧军田坑	Jiùjūntián Kēng	山	广宁县政府驻地东北部	南街镇
岭坳	Lǐng'ào	山	广宁县政府驻地东北部	南街镇
白水带脚	Báishuǐdàijiǎo	山	广宁县政府驻地西南部	南街镇
深坑尾	Shēn Kēngwěi	山	广宁县政府驻地东部	南街镇
周坑尾	Zhōu Kēngwěi	山	广宁县政府驻地西北部	南街镇
禾枪岭	Héqiāng Lǐng	山	广宁县政府驻地东北部	南街镇
禾枪崀	Héqiānglàng	山	广宁县政府驻地北部	南街镇
铁坑窝	Tiěkēng Wō	山	广宁县政府驻地东北部	南街镇
仙塘坑	Xiāntáng Kēng	山	广宁县政府驻地东北部	南街镇

（续上表）

标准名称	汉语拼音	地名类别	相对位置	所在（跨）行政区
坟塘	Féntáng	山	广宁县政府驻地东北部	南街镇
架迳尾	Jiàjìngwěi	山	广宁县政府驻地东北部	南街镇
白鹤塘	Báihè Táng	山	广宁县政府驻地东北部	南街镇
山寨顶	Shānzhài Dǐng	山	广宁县政府驻地西南部	南街镇
东林岭	Dōnglín Lǐng	山	广宁县政府驻地西南部	南街镇
寨垄	Zhàilǒng	山	广宁县政府驻地西南部	南街镇
坳头崀	Àotóulàng	山	广宁县政府驻地东北部	南街镇
马头针	Mǎtóuzhēn	山	广宁县政府驻地东南部	排沙镇
银老头	Yínlǎotóu	山	广宁县政府驻地东南部	排沙镇
大劈顶	Dàpī Dǐng	山	广宁县政府驻地东南部	排沙镇
田螺坟	Tiánluófén	山	广宁县政府驻地东南部	排沙镇
牛头岭	Niútóu Lǐng	山	广宁县政府驻地东南部	排沙镇
木山	Mùshān	山	广宁县政府驻地东南部	排沙镇
马古团	Mǎgǔtuán	山	广宁县政府驻地东南部	排沙镇
杉山尾头	Shānshānwěitóu	山	广宁县政府驻地东南部	排沙镇
冬瓜岭	Dōngguā Lǐng	山	广宁县政府驻地东南部	排沙镇
九曲岭	Jiǔqǔ Lǐng	山	广宁县政府驻地东南部	排沙镇
陈洞	Chéndòng	山	广宁县政府驻地东南部	排沙镇
龙颈岭	Lóngjǐng Lǐng	山	广宁县政府驻地东南部	排沙镇
担水岭	Dānshuǐ Lǐng	山	广宁县政府驻地东南部	排沙镇
大岭头	Dàlǐngtóu	山	广宁县政府驻地东南部	排沙镇
利其坑	Lìqí Kēng	山	广宁县政府驻地东南部	排沙镇
贵子石	Guìzǐshí	山	广宁县政府驻地东南部	排沙镇
冲扶	Chōngfú	山	广宁县政府驻地东南部	排沙镇
大坳	Dà'ào	山	广宁县政府驻地东南部	排沙镇
三角顶	Sānjiǎo Dǐng	山	广宁县政府驻地东南部	排沙镇
石龙坑	Shílóng Kēng	山	广宁县政府驻地东南部	排沙镇
大蛇窝	Dàshé Wō	山	广宁县政府驻地东南部	排沙镇
塘洞坳顶	Tángdòng'ào Dǐng	山	广宁县政府驻地东南部	排沙镇
大寨面	Dàzhàimiàn	山	广宁县政府驻地东南部	排沙镇

（续上表）

标准名称	汉语拼音	地名类别	相对位置	所在（跨）行政区
黄竹岭顶	Huángzhúlǐng Dǐng	山	广宁县政府驻地东南部	排沙镇
新秧地	Xīnyāngdì	山	广宁县政府驻地东南部	排沙镇
石坭窝	Shíní Wō	山	广宁县政府驻地东南部	排沙镇
磜虾顶	Qìxiā Dǐng	山	广宁县政府驻地东南部	排沙镇
大往顶	Dàwǎng Dǐng	山	广宁县政府驻地东南部	排沙镇
海螺地	Hǎiluódì	山	广宁县政府驻地东南部	排沙镇
高排顶	Gāopái Dǐng	山	广宁县政府驻地东南部	排沙镇
崩岗下	Bēnggǎngxià	山	广宁县政府驻地东南部	排沙镇
石坎岭	Shíkǎn Lǐng	山	广宁县政府驻地东南部	排沙镇
黄坭窝	Huángní Wō	山	广宁县政府驻地东南部	排沙镇
高山	Gāoshān	山	广宁县政府驻地东南部	排沙镇
下乌榄	Xiàwūlǎn	山	广宁县政府驻地东南部	排沙镇
洋坑	Yángkēng	山	广宁县政府驻地东南部	排沙镇
大东坑	Dàdōng Kēng	山	广宁县政府驻地东南部	排沙镇
和枪头	Héqiāngtóu	山	广宁县政府驻地东南部	排沙镇
公王背	Gōngwángbèi	山	广宁县政府驻地东南部	排沙镇
高尾岭顶	Gāowěilǐng Dǐng	山	广宁县政府驻地东南部	排沙镇
船底窝顶	Chuándǐwō Dǐng	山	广宁县政府驻地东南部	排沙镇
担水坑	Dānshuǐ Kēng	山	广宁县政府驻地东南部	排沙镇
队杉叉	Duìshānchā	山	广宁县政府驻地东南部	排沙镇
茅坪	Máopíng	山	广宁县政府驻地东南部	排沙镇
和尚塘	Héshàng Táng	山	广宁县政府驻地东南部	排沙镇
黄猄带口	Huángjīngdàikǒu	山	广宁县政府驻地东南部	排沙镇
飞羊肚	Fēiyángdù	山	广宁县政府驻地东南部	排沙镇
路堆岗	Lùduī Gǎng	山	广宁县政府驻地东南部	排沙镇
禾连米	Héliánmǐ	山	广宁县政府驻地东南部	排沙镇
角头窝	Jiǎotóu Wō	山	广宁县政府驻地东南部	排沙镇
罗丫头	Luóyātóu	山	广宁县政府驻地东南部	排沙镇
大崩孔	Dàbēngkǒng	山	广宁县政府驻地东南部	排沙镇
苦竹尾	Kǔzhúwěi	山	广宁县政府驻地东南部	排沙镇

（续上表）

标准名称	汉语拼音	地名类别	相对位置	所在（跨）行政区
崩头山	Bēngtóu Shān	山	广宁县政府驻地东南部	排沙镇
红岭	Hónglǐng	山	广宁县政府驻地东南部	排沙镇
蛇坑顶	Shékēng Dǐng	山	广宁县政府驻地东南部	排沙镇
黎索顶	Lísuǒ Dǐng	山	广宁县政府驻地东南部	排沙镇
大坪崀	Dàpínglàng	山	广宁县政府驻地东南部	排沙镇
大坑蚌	Dàkēngbàng	山	广宁县政府驻地东南部	排沙镇
曾塝	Céngbàng	山	广宁县政府驻地东南部	排沙镇
泥城	Níchéng	山	广宁县政府驻地东南部	排沙镇
旱窝平	Hànwōpíng	山	广宁县政府驻地东南部	排沙镇
鲜坑	Xiānkēng	山	广宁县政府驻地东南部	排沙镇
梅崀岭	Méilàng Lǐng	山	广宁县政府驻地东南部	排沙镇
山寮	Shānliáo	山	广宁县政府驻地东南部	排沙镇
登华顶	Dēnghuá Dǐng	山	广宁县政府驻地东南部	排沙镇
田螺岗	Tiánluó Gǎng	山	广宁县政府驻地东南部	排沙镇
白石塘	Báishí Táng	山	广宁县政府驻地东南部	排沙镇
大岭顶	Dàlǐng Dǐng	山	广宁县政府驻地东南部	排沙镇
大崩岗	Dàbēng Gǎng	山	广宁县政府驻地东南部	排沙镇
心坑山	Xīnkēng Shān	山	广宁县政府驻地东南部	排沙镇
坑口	Kēngkǒu	山	广宁县政府驻地东南部	排沙镇
大顶	Dàdǐng	山	广宁县政府驻地东南部	排沙镇
早禾顶	Zǎohé Dǐng	山	广宁县政府驻地东南部	排沙镇
油仔树顶	Yóuzǎishù Dǐng	山	广宁县政府驻地东南部	排沙镇
孔坑顶	Kǒngkēng Dǐng	山	广宁县政府驻地东南部	排沙镇
马骝翻斤斗	Mǎliúfānjīndǒu	山	广宁县政府驻地东南部	排沙镇
大窝顶	Dàwō Dǐng	山	广宁县政府驻地东南部	排沙镇
岗口仔	Gǎngkǒuzǎi	山	广宁县政府驻地东南部	排沙镇
归头	Guītóu	山	广宁县政府驻地东南部	排沙镇
高排顶	Gāopái Dǐng	山	广宁县政府驻地东南部	排沙镇
大岭顶	Dàlǐng Dǐng	山	广宁县政府驻地东南部	排沙镇
坭城顶	Níchéng Dǐng	山	广宁县政府驻地东南部	排沙镇

（续上表）

标准名称	汉语拼音	地名类别	相对位置	所在（跨）行政区
冻子	Dòngzǐ	山	广宁县政府驻地东南部	排沙镇
黄坑顶	Huángkēng Dǐng	山	广宁县政府驻地东南部	排沙镇
坪山	Píngshān	山	广宁县政府驻地东南部	排沙镇
马坑岭顶	Mǎkēnglǐng Dǐng	山	广宁县政府驻地东南部	排沙镇
龙塘岭	Lóngtáng Lǐng	山	广宁县政府驻地东南部	排沙镇
力仔岗	Lìzǎi Gǎng	山	广宁县政府驻地东南部	排沙镇
大松顶	Dàsōng Dǐng	山	广宁县政府驻地东南部	排沙镇
长岭岗	Chánglǐng Gǎng	山	广宁县政府驻地东南部	排沙镇
笔架岭	Bǐjià Lǐng	山	广宁县政府驻地东南部	排沙镇
铁墩头	Tiědūntóu	山	广宁县政府驻地东南部	排沙镇
望云顶	Wàngyún Dǐng	山	广宁县政府驻地东南部	排沙镇
石鸡陂	Shíjībēi	山	广宁县政府驻地东南部	排沙镇
牙鹰头	Yáyīngtóu	山	广宁县政府驻地东南部	排沙镇
罗洪山	Luóhóng Shān	山	广宁县政府驻地东南部	排沙镇
大松头	Dàsōngtóu	山	广宁县政府驻地东南部	排沙镇
大坟岭	Dàfén Lǐng	山	广宁县政府驻地东南部	排沙镇
石磨顶	Shímó Dǐng	山	广宁县政府驻地东南部	排沙镇
高岭	Gāolǐng	山	广宁县政府驻地东南部	排沙镇
了坑顶	Lekēng Dǐng	山	广宁县政府驻地东南部	排沙镇
庙背岭	Miàobèi Lǐng	山	广宁县政府驻地东南部	排沙镇
牛牯坑	Niúgǔ Kēng	山	广宁县政府驻地东南部	排沙镇
大板面	Dàbǎnmiàn	山	广宁县政府驻地东南部	排沙镇
圳下窝	Zhènxià Wō	山	广宁县政府驻地东南部	排沙镇
大径	Dàjìng	山	广宁县政府驻地东南部	排沙镇
熟槐山	Shúhuái Shān	山	广宁县政府驻地东南部	排沙镇
九敦	Jiǔdūn	山	广宁县政府驻地东南部	排沙镇
利带	Lìdài	山	广宁县政府驻地东南部	排沙镇
庙背山	Miàobèi Shān	山	广宁县政府驻地东南部	排沙镇
大塘山	Dàtáng Shān	山	广宁县政府驻地东南部	排沙镇
白芒坑尾	Báimáng Kēngwěi	山	广宁县政府驻地东南部	排沙镇

（续上表）

标准名称	汉语拼音	地名类别	相对位置	所在（跨）行政区
高排洞	Gāopái Dòng	山	广宁县政府驻地东南部	排沙镇
立坑尾	Lìkēngwěi	山	广宁县政府驻地西北部	石咀镇
破六冲	Pòliùchōng	山	广宁县政府驻地西北部	石咀镇
捉鹅坑	Zhuō'é Kēng	山	广宁县政府驻地西北部	石咀镇
园墩岭	Yuándūn Lǐng	山	广宁县政府驻地西北部	石咀镇
赤岭	Chìlǐng	山	广宁县政府驻地西北部	石咀镇
佛仔头	Fózǎitóu	山	广宁县政府驻地西北部	石咀镇
吊头坑顶	Diàotóukēng Dǐng	山	广宁县政府驻地西北部	石咀镇
大座坑	Dàzuò Kēng	山	广宁县政府驻地西北部	石咀镇
马宝岭	Mǎbǎo Lǐng	山	广宁县政府驻地西北部	石咀镇
龙宫	Lónggōng	山	广宁县政府驻地西北部	石咀镇
大坑顶	Dàkēng Dǐng	山	广宁县政府驻地西北部	石咀镇
老鸦山	Lǎoyā Shān	山	广宁县政府驻地西北部	石咀镇
猪陆岭	Zhūlù Lǐng	山	广宁县政府驻地西北部	石咀镇
马鞍岭	Mǎ'ān Lǐng	山	广宁县政府驻地西北部	石咀镇
破左坑	Pòzuǒ Kēng	山	广宁县政府驻地西北部	石咀镇
罗塘	Luótáng	山	广宁县政府驻地西北部	石咀镇
大坜	Dàlì	山	广宁县政府驻地西北部	石咀镇
第二降	Dì'èrjiàng	山	广宁县政府驻地西北部	石咀镇
油茶山	Yóuchá Shān	山	广宁县政府驻地西南部	石咀镇
三门石	Sānménshí	山	广宁县政府驻地西南部	石咀镇
金塘冲	Jīntángchōng	山	广宁县政府驻地西南部	石咀镇
木棉山	Mùmián Shān	山	广宁县政府驻地西南部	石咀镇
南吊坑	Nándiào Kēng	山	广宁县政府驻地西北部	石咀镇
南蒙坑	Nánméng Kēng	山	广宁县政府驻地西南部	石咀镇
狗头壳	Gǒutóuké	山	广宁县政府驻地西北部	石咀镇
寒山顶	Hánshān Dǐng	山	广宁县政府驻地西南部	石咀镇
三峰地顶	Sānfēngdì Dǐng	山	广宁县政府驻地西部	石咀镇
黄草山	Huángcǎo Shān	山	广宁县政府驻地西北部	石咀镇
佛仔岭	Fózǎi Lǐng	山	广宁县政府驻地西部	石咀镇

（续上表）

标准名称	汉语拼音	地名类别	相对位置	所在（跨）行政区
百步岭	Bǎibù Lǐng	山	广宁县政府驻地西北部	石咀镇
芋头坪	Yùtóu Píng	山	广宁县政府驻地西北部	石咀镇
南坑顶	Nánkēng Dǐng	山	广宁县政府驻地西南部	石咀镇
龟地	Guīdì	山	广宁县政府驻地西北部	石咀镇
七星顶	Qīxīng Dǐng	山	广宁县政府驻地西部	石咀镇
大坟冲	Dàfénchōng	山	广宁县政府驻地西南部	石咀镇
坪沙	Píngshā	山	广宁县政府驻地西部	石咀镇
塘坳顶	Táng'ào Dǐng	山	广宁县政府驻地西南部	石咀镇
四坑顶	Sìkēng Dǐng	山	广宁县政府驻地西南部	石咀镇
木榕顶	Mùróng Dǐng	山	广宁县政府驻地西南部	石咀镇
大顶	Dàdǐng	山	广宁县政府驻地西南部	石咀镇
上咀	Shàngjǔ	山	广宁县政府驻地西南部	石咀镇
燕仔岗	Yànzǎi Gǎng	山	广宁县政府驻地西北部	石咀镇
马鞍岭	Mǎ'ān Lǐng	山	广宁县政府驻地西北部	石咀镇
大窝	Dàwō	山	广宁县政府驻地西北部	石咀镇
上坑	Shàngkēng	山	广宁县政府驻地西南部	石咀镇
风帆坳	Fēngfān Ào	山	广宁县政府驻地西部	石咀镇
高忱顶	Gāochén Dǐng	山	广宁县政府驻地西部	石咀镇
佛仔坳	Fózǎi Ào	山	广宁县政府驻地西部	石咀镇
大半山	Dàbàn Shān	山	广宁县政府驻地西南部	石咀镇
三年山	Sānnián Shān	山	广宁县政府驻地西南部	石咀镇
山寨顶	Shānzhài Dǐng	山	广宁县政府驻地西南部	石咀镇
陆仔顶	Lùzǎi Dǐng	山	广宁县政府驻地西南部	石咀镇
双民	Shuāngmín	山	广宁县政府驻地西南部	石咀镇
老陈坑	Lǎochén Kēng	山	广宁县政府驻地西南部	石咀镇
尖峰顶	Jiānfēng Dǐng	山	广宁县政府驻地东南部	潭布镇
福船岭	Fúchuán Lǐng	山	广宁县政府驻地东南部	潭布镇
石冲口	Shíchōngkǒu	山	广宁县政府驻地东南部	潭布镇
大帽顶	Dàmào Dǐng	山	广宁县政府驻地东南部	潭布镇
大塘岭	Dàtáng Lǐng	山	广宁县政府驻地东南部	潭布镇

（续上表）

标准名称	汉语拼音	地名类别	相对位置	所在（跨）行政区
圆岭	Yuánlǐng	山	广宁县政府驻地东南部	潭布镇
马楼岭	Mǎlóu Lǐng	山	广宁县政府驻地东南部	潭布镇
牛头山	Niútóu Shān	山	广宁县政府驻地东南部	潭布镇
风门坳	Fēngmén Ào	山	广宁县政府驻地东北部	潭布镇
水声岭	Shuǐshēng Lǐng	山	广宁县政府驻地东部	潭布镇
杨家坟	Yángjiāfén	山	广宁县政府驻地东北部	潭布镇
粥坑山	Zhōukēng Shān	山	广宁县政府驻地东部	潭布镇
吉古岗	Jígǔ Gǎng	山	广宁县政府驻地东部	潭布镇
指甲头	Zhǐjiǎtóu	山	广宁县政府驻地东部	潭布镇
炸塔山	Zhàtǎ Shān	山	广宁县政府驻地东部	潭布镇
十二岭顶	Shí'èrlǐng Dǐng	山	广宁县政府驻地东部	潭布镇
三堆谷	Sānduīgǔ	山	广宁县政府驻地东部	潭布镇
石马顶	Shímǎ Dǐng	山	广宁县政府驻地东部	潭布镇
大坳	Dà'ào	山	广宁县政府驻地东部	潭布镇
风坑坳	Fēngkēng Ào	山	广宁县政府驻地东部	潭布镇
佛坳	Fó'ào	山	广宁县政府驻地东部	潭布镇
坑塝屈	Kēngbàngqū	山	广宁县政府驻地东部	潭布镇
十二岭	Shí'èr Lǐng	山	广宁县政府驻地东部	潭布镇
坭城顶	Níchéng Dǐng	山	广宁县政府驻地东部	潭布镇
深山蛇影	Shēnshānshéyǐng	山	广宁县政府驻地东部	潭布镇
花岭	Huālǐng	山	广宁县政府驻地东部	潭布镇
卜圳山	Shàngzhèn Shān	山	广宁县政府驻地东部	潭布镇
田枕坪	Tiánzhěn Píng	山	广宁县政府驻地东部	潭布镇
大岭	Dàlǐng	山	广宁县政府驻地东部	潭布镇
三堆谷	Sānduīgǔ	山	广宁县政府驻地东部	潭布镇
潭岭顶	Tánlǐng Dǐng	山	广宁县政府驻地东部	潭布镇
知府带	Zhīfǔdài	山	广宁县政府驻地东部	潭布镇
对坑	Duìkēng	山	广宁县政府驻地东部	潭布镇
吊望岭	Diàowàng Lǐng	山	广宁县政府驻地东部	潭布镇
鸡蹄岭	Jītí Lǐng	山	广宁县政府驻地东部	潭布镇

（续上表）

标准名称	汉语拼音	地名类别	相对位置	所在（跨）行政区
寒山顶	Hánshān Dǐng	山	广宁县政府驻地东部	潭布镇
佛坳顶	Fó'ào Dǐng	山	广宁县政府驻地东部	潭布镇
何树窝	Héshù Wō	山	广宁县政府驻地东南部	潭布镇
三桂山	Sānguì Shān	山	广宁县政府驻地东部	潭布镇
王牛公	Wángniúgōng	山	广宁县政府驻地东北部	潭布镇
竹仔坳	Zhúzǎi Ào	山	广宁县政府驻地东北部	潭布镇
崩岗	Bēnggǎng	山	广宁县政府驻地东北部	潭布镇
坳仔背	Àozǎibèi	山	广宁县政府驻地东北部	潭布镇
枫树凹	Fēngshù Āo	山	广宁县政府驻地东北部	潭布镇
十排山	Shípái Shān	山	广宁县政府驻地东北部	潭布镇
歧山仔	Qíshānzǎi	山	广宁县政府驻地东北部	潭布镇
大岭顶	Dàlǐng Dǐng	山	广宁县政府驻地东北部	潭布镇
三堆谷	Sānduīgǔ	山	广宁县政府驻地东北部	潭布镇
鸡仔岭	Jīzǎi Lǐng	山	广宁县政府驻地东北部	潭布镇
大旗山	Dàqí Shān	山	广宁县政府驻地东北部	潭布镇
黑云头	Hēiyúntóu	山	广宁县政府驻地东北部	潭布镇
塔岗山	Tǎgǎng Shān	山	广宁县政府驻地东北部	潭布镇
十排山	Shípái Shān	山	广宁县政府驻地东北部	潭布镇
田螺岗	Tiánluó Gǎng	山	广宁县政府驻地南部	潭布镇
公太岭	Gōngtài Lǐng	山	广宁县政府驻地东部	潭布镇
老崀屈	Lǎolàngqū	山	广宁县政府驻地东部	潭布镇
佛塘岭	Fótáng Lǐng	山	广宁县政府驻地东部	潭布镇
林坑顶	Línkēng Dǐng	山	广宁县政府驻地东南部	潭布镇
大岭	Dàlǐng	山	广宁县政府驻地东南部	潭布镇
老虎尾	Lǎohǔwěi	山	广宁县政府驻地东南部	潭布镇
高望顶	Gāowàng Dǐng	山	广宁县政府驻地西南部	五和镇
石仁顶	Shírén Dǐng	山	广宁县政府驻地西南部	五和镇
七星顶	Qīxīng Dǐng	山	广宁县政府驻地西南部	五和镇
石梯	Shítī	山	广宁县政府驻地西南部	五和镇
高排顶	Gāopái Dǐng	山	广宁县政府驻地西南部	五和镇

（续上表）

标准名称	汉语拼音	地名类别	相对位置	所在（跨）行政区
三县顶	Sānxiàn Dǐng	山	广宁县政府驻地西南部	五和镇
大洼顶	Dàwā Dǐng	山	广宁县政府驻地西南部	五和镇
毕教顶	Bìjiào Dǐng	山	广宁县政府驻地西南部	五和镇
围寨顶	Wéizhài Dǐng	山	广宁县政府驻地西南部	五和镇
胜塘	Shèngtáng	山	广宁县政府驻地西南部	五和镇
马头山	Mǎtóu Shān	山	广宁县政府驻地西南部	五和镇
围寨顶	Wéizhài Dǐng	山	广宁县政府驻地西南部	五和镇
白石岗	Báishí Gǎng	山	广宁县政府驻地西南部	五和镇
佛仔坳	Fózǎi Ào	山	广宁县政府驻地西南部	五和镇
水吊尾	Shuǐdiàowěi	山	广宁县政府驻地西南部	五和镇
坭埕顶	Níchéng Dǐng	山	广宁县政府驻地西南部	五和镇
佛仔公	Fózǎigōng	山	广宁县政府驻地西南部	五和镇
沙坪	Shāpíng	山	广宁县政府驻地西南部	五和镇
石人头	Shíréntóu	山	广宁县政府驻地西南部	五和镇
石塘	Shítáng	山	广宁县政府驻地西南部	五和镇
鸡公头	Jīgōngtóu	山	广宁县政府驻地西南部	五和镇
高尾顶	Gāowěi Dǐng	山	广宁县政府驻地西南部	五和镇
黄筒坑顶	Huángtǒngkēng Dǐng	山	广宁县政府驻地西南部	五和镇
罗种	Luózhǒng	山	广宁县政府驻地西南部	五和镇
燕子坝	Yànzǐ Bà	山	广宁县政府驻地西北部	洲仔镇
登华顶	Dēnghuá Dǐng	山	广宁县政府驻地西北部	洲仔镇
鸡抱岭	Jībào Lǐng	山	广宁县政府驻地西南部	洲仔镇
蚌降坑山顶	Bàngjiàngkēngshān Dǐng	山	广宁县政府驻地西南部	洲仔镇
石屋顶	Shíwū Dǐng	山	广宁县政府驻地西南部	洲仔镇
黄沙顶	Huángshā Dǐng	山	广宁县政府驻地西南部	洲仔镇
风门凹	Fēngmén Ào	山	广宁县政府驻地西南部	洲仔镇
屙屎坳	Kēshǐ Ào	山	广宁县政府驻地西南部	洲仔镇
东坑坳	Dōngkēng Ào	山	广宁县政府驻地西南部	洲仔镇
吊板	Diàobǎn	山	广宁县政府驻地西南部	洲仔镇

（续上表）

标准名称	汉语拼音	地名类别	相对位置	所在（跨）行政区
大窝	Dàwō	山	广宁县政府驻地西南部	洲仔镇
大松尾	Dàsōngwěi	山	广宁县政府驻地西南部	洲仔镇
坳背	Àobèi	山	广宁县政府驻地西南部	洲仔镇
长坑坳	Chángkēng Ào	山	广宁县政府驻地西南部	洲仔镇
长坑	Chángkēng	山	广宁县政府驻地西南部	洲仔镇
小黄沙	Xiǎohuángshā	山	广宁县政府驻地西南部	洲仔镇
五指山	Wǔzhǐ Shān	山	广宁县政府驻地西南部	洲仔镇
偷苟厂	Tōugǒuchǎng	山	广宁县政府驻地西南部	洲仔镇
山塘尾	Shāntángwěi	山	广宁县政府驻地西南部	洲仔镇
三印顶	Sānyìn Dǐng	山	广宁县政府驻地西南部	洲仔镇
茅岗顶	Máogǎng Dǐng	山	广宁县政府驻地西南部	洲仔镇
湖垌坳	Húdòng Ào	山	广宁县政府驻地西南部	洲仔镇
荷木坳	Hémù Ào	山	广宁县政府驻地西南部	洲仔镇
三坑坳	Sānkēng Ào	山	广宁县政府驻地西南部	洲仔镇
大潮山	Dàcháo Shān	山	广宁县政府驻地西南部	洲仔镇
烂澎顶	Lànpéng Dǐng	山	广宁县政府驻地西南部	洲仔镇
崀仔	Làngzǎi	山	广宁县政府驻地西南部	洲仔镇
蛤垌	Hádòng	山	广宁县政府驻地西南部	洲仔镇
高圳坑山	Gāozhènkēng Shān	山	广宁县政府驻地西南部	洲仔镇
塘仔	Tángzǎi	山	广宁县政府驻地西南部	洲仔镇

二、历史地名

标准名称	汉语拼音	地名类型	废止时间	相对位置
富源村委会	Fùyuán Cūnwěihuì	行政区域	2004年	洲仔镇
大洲村委会	Dàzhōu Cūnwěihuì	行政区域	2004年	洲仔镇
双降村委会	Shuāngjiàng Cūnwěihuì	行政区域	2004年	洲仔镇
楠木村委会	Nánmù Cūnwěihuì	行政区域	2004年	洲仔镇
云溪村委会	Yúnxī Cūnwěihuì	行政区域	2004年	宾亨镇

（续上表）

标准名称	汉语拼音	地名类型	废止时间	相对位置
妙南村委会	Miàonán Cūnwěihuì	行政区域	2004年	宾亨镇
三角村委会	Sānjiǎo Cūnwěihuì	行政区域	2004年	排沙镇
大塘山村委会	Dàtángshān Cūnwěihuì	行政区域	2004年	排沙镇
茅岗村委会	Máogǎng Cūnwěihuì	行政区域	2004年	排沙镇
桑田村委会	Sāngtián Cūnwěihuì	行政区域	2004年	排沙镇
葵垌镇政府	Kuídòng Zhènzhèngfǔ	行政区域	2002年	北市镇
深坑乡	Shēnkēng Xiāng	行政区域	2002年	北市镇
清桂镇政府	Qīngguì Zhènzhèngfǔ	行政区域	2002年	洲仔镇
横江小学	Héngjiāng Xiǎoxué	民间组织	2008年	北市镇北市村
石屋小学	Shíwū Xiǎoxué	民间组织	2014年	北市镇石楼村
云山小学	Yúnshān Xiǎoxué	民间组织	2010年	赤坑镇汶水村
莲花岗小学	liánhuāgǎng Xiǎoxué	民间组织	2005年	赤坑镇汶水村
合成小学	Héchéng Xiǎoxué	民间组织	2008年	赤坑镇合成村
旺甘小学	Wànggān Xiǎoxué	民间组织	2002年	赤坑镇雅韶村
旺洞小学	Wàngdòng Xiǎoxué	民间组织	2014年	赤坑镇旺垌村
大村小学	Dàcūn Xiǎoxué	民间组织	2003年	坑口镇大同村
禾仓小学	Hécāng Xiǎoxué	民间组织	2018年	坑口镇禾仓村
鹿背垌小学	lùbèidòng Xiǎoxué	民间组织	1989年	坑口镇赤水村
螺岗中学	Luógǎng Zhōngxué	民间组织	2010年	螺岗镇螺岗居
螺岗中心小学	Luógǎng Zhōngxīn Xiǎoxué	民间组织	2010年	螺岗镇螺岗居
红太阳小学	Hóngtàiyáng Xiǎoxué	民间组织	1992年	螺岗镇螺岗
广东省广宁县玉雕工艺厂	Guǎngdōng Shěng Guǎngníng Xiàn Yùdiāo Gōngyìchǎng	企业	1999年	南街镇五一大平岗
广宁县厚溪制衣厂	Guǎngníng Xiàn Hòuxī Zhìyīchǎng	企业	1999年	广宁县横山镇工业开发区
广东省广宁县制药厂	Guǎngdōng Shěng Guǎngníng Xiàn Zhìyàochǎng	企业	1998年	广宁县南街镇人民路
广东省广宁县丰宁陶瓷公司	Guǎngdōng Shěng Guǎngníng Xiàn Fēngníng Táocí Gōngsī	企业	1996年	南街镇五一路19号
广东省广宁县医药总公司春水药品	Guǎngdōng Shěng Guǎngníng Xiàn Yīyào Zǒnggōngsī Chūnshuǐ Yàopǐn Gōngsī	企业	1997年	排沙镇春水墟

（续上表）

标准名称	汉语拼音	地名类型	废止时间	相对位置
广宁县木材总公司	Guǎngníng Xiàn Mùcái Zǒnggōngsī	企业	1997年	南街镇新宁南路70号
广宁县中联玉雕厂	Guǎngníng Xiàn Zhōnglián Yùdiāochǎng	企业	2000年	广宁县南街镇竹仔屈68号
广宁县红十字会果糖厂	Guǎngníng Xiàn Hóngshízìhuì Guǒtángchǎng	企业	1999年	南街镇人民路18号
广东省广宁药业有限公司	Guǎngdōng Shěng Guǎngníng Yàoyè Yǒuxiàngōngsī	企业	1998年	广宁县南街镇人民路
广东省广宁县电力发展总公司	Guǎngdōng Shěng Guǎngníng Xiàn Diànlìfāzhǎn Zǒnggōngsī	企业	1996年	南街镇人民路5号

三、地名文化遗产保护

标准名称	汉语拼音	地名类别	建议保护等级	相对位置
周其鉴故居	Zhōuqíjiàn Gùjū	红色地名	省级	广宁县南街镇红星
雷坪村彭湃旧居	Léipíngcūn Péngpài Jiùjū	红色地名	县（市）级	广宁县潭布镇社岗村
薛六故居	Xuēliù Gùjū	红色地名	县（市）级	广宁县潭布镇社岗村
广宁县农民协会旧址	Guǎngníng Xiàn Nóngmínxiéhuì Jiùzhǐ	红色地名	省级	广宁县南街镇
中国人民解放军粤桂湘纵队司令部旧址	Zhōngguórénmínjiěfàngjūn Yuèguìxiāngzòngduì Sīlìngbù Jiùzhǐ	红色地名	省级	广宁县赤坑镇赤坑社区交赞村

地名分类索引表

端州区 1
  一、现今地名 4
    （一）行政区域类 4
    （二）非行政区域类 4
    （三）群众自治组织类 5
    （四）居民点类 7
    （五）交通运输设施类 33
      1. 水上运输 33
      2. 公路运输、城镇交通运输 33
      3. 铁路运输 57
      4. 桥梁 57
      5. 其他类 58
    （六）水利、电力、通信设施类 63
    （七）纪念地、旅游胜地类 64
    （八）建筑物类 67
    （九）单位类 78
    （十）陆地水系类 157
      1. 河流 157
      2. 峡谷 158
      3. 湖泊、陆地岛屿、瀑布、泉 158
    （十一）陆地地形类 158
  二、历史地名 162
  三、地名文化遗产保护 163

鼎湖区 ······ 165
  一、现今地名 ······ 168
    （一）行政区域类 ······ 168
    （二）非行政区域类 ······ 168
    （三）群众自治组织类 ······ 178
    （四）居民点类 ······ 180
    （五）交通运输设施类 ······ 200
      1. 水上运输 ······ 200
      2. 公路运输、城镇交通运输 ······ 200
      3. 铁路运输 ······ 220
      4. 桥梁 ······ 220
      5. 其他类 ······ 225
    （六）水利、电力、通信设施类 ······ 227
    （七）纪念地、旅游胜地类 ······ 228
    （八）建筑物类 ······ 238
    （九）单位类 ······ 241
    （十）陆地水系类 ······ 269
      1. 河流 ······ 269
      2. 湖泊、陆地岛屿、瀑布、泉 ······ 270
    （十一）陆地地形类 ······ 270
  二、历史地名 ······ 282
  三、地名文化遗产保护 ······ 284

广宁县 ······ 287
  一、现今地名 ······ 290
    （一）行政区域类 ······ 290
    （二）非行政区域类 ······ 291
    （三）群众自治组织类 ······ 292
    （四）居民点类 ······ 298
    （五）交通运输设施类 ······ 414
      1. 公路运输、城镇交通运输 ······ 414
      2. 铁路运输 ······ 422
      3. 桥梁 ······ 422
      4. 其他类 ······ 424